天然气工程技术培训丛书

地面集输工程

《地面集输工程》编写组　编

石 油 工 业 出 版 社

内 容 提 要

天然气集输工艺是地面集输工程的核心内容，也是天然气工程技术中一个非常重要的生产环节。本书重点介绍了天然气集输过程中最为关键的几个部分，注重理论与实践的结合，在全面介绍天然气集输工程相关技术知识的同时，强调了这些技术在生产实际中的运用。本书主要内容包括天然气集输配系统、天然气增压、天然气脱水、天然气的计量、气田水、管道完整性管理、天然气系统集输安全技术、自动化控制、常用设备及阀门等。

本书适合从事天然气工程地面集输专业的技术、管理人员的参考与使用。

图书在版编目（CIP）数据

地面集输工程/《地面集输工程》编写组编. —北京：石油工业出版社，2017.11

（天然气工程技术培训丛书）

ISBN 978-7-5183-2143-8

Ⅰ.①地… Ⅱ.①地… Ⅲ.①油气集输工程-工程技术-技术培训-教材 Ⅳ.TE86

中国版本图书馆 CIP 数据核字（2017）第 238427 号

出版发行：石油工业出版社

（北京安定门外安华里 2 区 1 号 100011）

网 址：www.petropub.com

编辑部：（010）64251682

图书营销中心：（010）64523633

经 销：全国新华书店

印 刷：北京晨旭印刷厂

2017 年 11 月第 1 版 2017 年 11 月第 1 次印刷

787×1092 毫米 开本：1/16 印张：28

字数：645 千字

定价：98.00 元

（如出现印装质量问题，我社图书营销中心负责调换）

《天然气工程技术培训丛书》
编 委 会

《地面集输工程》编写组

主　编：刘　勤

副主编：胡德芬　刘　桂

成　员：姜　越　张　波　冯丞科　张贻虎

　　　　杨　颖　杨惠明　冉　莉　徐建新

　　　　刘正雄　何　军　罗嘉慧

序

川渝地区是世界上最早开发利用天然气的地区。作为我国天然气工业基地，西南油气田经过近60年的勘探开发实践，在率先建成以天然气为主的千万吨级大气田的基础上，正向着建设 $300\times10^8 m^3$ 战略大气区快速迈进。在生产快速发展的同时，油气田也积累了丰富的勘探开发经验，形成了一整套完整的气田开发理论、技术和方法。

随着四川盆地天然气勘探开发的不断深入，低品质、复杂性气藏越来越多，开发技术要求随之越来越高。为了适应新形势、新任务、新要求，油气田针对以往天然气工程技术培训教材零散、不够系统、内容不丰富等问题，在2013年全面启动了《天然气工程技术培训丛书》的编纂工作，旨在以书载道、书以育人，着力提升员工队伍素质，大力推进人才强企战略。

历时3年有余，丛书即将付梓。本套教材具有以下三个特点：

一是系统性。围绕天然气开发全过程，丛书共分9册，其中专业技术类3册，涵盖了气藏、采气、地面“三大工程”；操作技能类6册，包括了天然气增压、脱水、采气仪表、油气水分析化验、油气井测试、管道保护，编纂思路清晰、内容全面系统。

二是专业性。丛书既系统集成了在生产实践中形成的特色技术、典型经验，还择要收录了当今前沿理论、领先标准和最新成果。其中，操作技能类各分册在业内系首次编撰。

三是实用性。按照“由专家制定大纲、按大纲选编丛书、用丛书指导培训”的思路，分专业分岗位组织编纂，侧重于天然气生产现场应用，既有较强的专业理论作指导，又有大量的操作规程、实用案例作支撑，便于员工在学习中理论与实践有机结合、融会贯通。

本套丛书是西南油气田在长期现场生产实践中的技术总结和经验积累，既可作为技术人员、操作员工自学、培训的教科书，也可作为指导一线生产工作的工具书。希望这套丛书可以为技术人员、一线员工提升技术素质和综合技术能力、应对生产现场技术需求提供好的思路和方法。

谨向参与丛书编著与出版的各位专家、技术人员、工作人员致以衷心的感谢！

2017年2月·成都

前　言

天然气作为清洁能源和优质化工原料，对国民经济的发展和环境大气质量的保护，都正在发挥着越来越重要的作用。就当前全世界普遍关注的能源和环境保护两大主题而言，21 世纪将是天然气的世纪。天然气开采、集输方面积累丰富的经验和技术。为了适应天然气工业迅速发展、提高天然气开发专业技术队伍整体素质的需要，按照建成中国天然气工业基地要求，丛书编委会组织编著了《天然气工程技术培训丛书》，其中技术类包括《气藏工程》《采气工程》《地面集输工程》。

天然气集输工艺是地面集输工程的核心内容，也是天然气工程技术中一个非常重要的生产环节。本书重点介绍了天然气集输过程中最为关键的几个部分，注重理论与实践的结合，在全面介绍天然气集输工程相关的各种技术知识的同时，强调了这些技术在生产实际中的运用。本书章节内容主要包括天然气集输配系统、常用设备及阀门、天然气脱水、天然气增压、管道完整性管理、天然气的计量、自动化控制、气田水与集输系统安全技术等。

《地面集输工程》由刘勤任主编，由胡德芬、刘桂任副主编。全书由前言和相对独立的十章组成。具体编写分工如下：前言、第一章、第九章由胡德芬、刘桂编写；第二章由罗嘉慧、刘正雄编写；第三章由姜越、刘桂编写；第四章由刘勤编写；第五章由张波、冯丞科、张贻虎编写；第六章由杨颖编写；第七章由杨惠明、冉莉编写；第八章由徐建新编写；第十章由何军编写。

《地面集输工程》由方进主审。参与审查的人员有何玉贵、罗明、罗立然、阳梓杰、徐立、张举、李山凤、谢凌、宋晓健、陈刚、何睿、屈彦等。

在《地面集输工程》编写过程中，得到了有关领导和技术人员的大力支持和帮助，在此致以由衷的感谢！

鉴于编者水平有限，书中难免有不完善之处，诚望广大读者批评指正。

《地面集输工程》编写组

2016 年 12 月

目　录

第一章 概 述

中国是世界上开采和利用天然气最早的国家，四川油气田则是我国最早开发，也是我国最重要的天然气主产区之一。20 世纪初首先对四川天然气资源进行大量调查、考察，1937 年 10 月四川油气田石油沟巴 1 井开钻，1943 年 12 月隆昌圣灯山钻成第一口高产井，由此掀开我国天然气开采序幕。目前我国天然气主要分布在陆上西部的塔里木、鄂尔多斯、四川、柴达木、准噶尔盆地，东部的松辽、渤海湾盆地，以及东部近海海域的渤海、东海和莺—琼盆地，呈现“北方多南方少”的格局。从常规天然气的开采，到非常规气页岩气的开采，我国天然气工业将继续保持快速增长的态势，2007—2016 年，9 年间我国天然气产量翻一番，从 $677\times10^8m^3$ 快速升至 $1371\times10^8m^3$，成为世界第六大产气国。同样，我国也是世界上最早用管道输气的国家之一。明末清初，最原始的输气管道就是用竹木笕连接而成的。随着四川地区天然气工业的迅猛发展，1963 年建成我国第一条长输管线——巴渝线。目前，四川油气田已在四川盆地形成了重庆、蜀南、川中、川西北、川东北 5 个油气区，已开发气田 110 个，含气构造 35 个，建成了与“五大气区”区域性管网相连接的环形输气干线，形成了采、集、输、净化为一体的地面配套系统，现有各类生产气井、集输场站 3300 余座，集输气管线 2×10^4km，年输气能力 $250\times10^8m^3$；天然气净化厂 14 座，年净化能力 $156\times10^8m^3$。2004 年，建成我国首个天然气年产量超百亿立方米的大气区；2006 年，成为全国首个以生产天然气为主的千万吨级大油气田；2012 年川渝骨干管网形成了高低压分输、输配分离“三横、三纵、三环”及“一库”的格局，并与西气东输、中缅管道等国家环形管网有效衔接，实现国家战略储备、季节调峰和应急供气等功能。

经过半个多世纪的勘探开发，四川油气田形成了完整的天然气采、集、输、增、脱等配套集输技术。较为有特色的是天然气干气输送、高压采气管道输送、低温分离技术，尤其是高含硫开采方面，在卧龙河气田卧 63 井（含硫量 $491g/m^3$）开展特高含硫井开采先导性试验，国家能源高含硫气藏开采现场试验基地天东 5-1 井，安装在线腐蚀监测橇装试验装置，开展材料腐蚀评价、缓蚀剂评价试验，为我国类似高含硫气田的开发提供了借鉴。与此同时，通过加强与之配套的天然气储运技术研究和应用，全面提升了地面系统标准化设计、山地施工、腐蚀控制、管道完整性管理等方面的技术和管理水平。通过 SCADA 系统、生产信息化、光通信、数据平台的建设，四川油气田将全面实现对所辖“五大气区”的数字化管理。逐步形成建设 300 亿战略大气区和中国天然气工业基地所需的完备地面生产系统和技术、人员储备。

四川油气田是中国重要的天然气工业基地，天然气商品量多年位居全国前列。天然气的消费市场包括四川省、重庆市、云南省和贵州省及周边区域。拥有直供天然气工业用户1000余家，广泛应用于化肥、化工、冶金、机械、电子、军工、汽车运输、居民、CNG、LNG等行业。

第一节　天然气的组成和分类

一、天然气组成

天然气是指自然过程形成，在一定压力、温度下蕴藏于地下岩层孔隙或裂缝中由烃类和非烃类组成的混合气体。大多数天然气的主要成分是烃类，此外还含有少量的非烃类。天然气中的烃类基本上是烷烃，通常以甲烷为主，还有少量乙烷、丙烷、丁烷、戊烷及以上烃类。天然气非烃类气体，一般为氮气、氢气、二氧化碳、硫化氢，以及微量的惰性气体如氦、氩等。

天然气的组成并非固定不变，不仅不同地区油气藏中采出的天然气组成差别很大，甚至同一油气藏的不同生产井采出的天然气组成也会有所区别。

二、天然气分类

天然气的分类方法目前尚不统一，各国有自己的习惯分法。现介绍几种常见的分类方法。

（一）按烃类组成分类

天然气按烃类组成可分为干气和湿气、贫气和富气。

干气：指在地层中呈气态，采出后在一般地面设备和管线中不析出液态烃的天然气。按 C_5 界定法，干气是指 $1m^3$ 井口流出物中 C_5 以上液烃含量低于 $13.50cm^3$ 的天然气。

湿气：指在地层中呈气态，采出后在一般地面设备的操作温度、操作压力下即有液态烃析出的天然气。按 C_5 界定法，湿气是指 $1m^3$ 井口流出物中 C_5 以上液烃含量高于 $13.50cm^3$ 的天然气。

贫气：指 $1m^3$ 井口流出物中丙烷及以上烃类含量少于 $100cm^3$ 的天然气。

富气：指 $1m^3$ 井口流出物中丙烷及以上烃类含量大于 $100cm^3$ 的天然气。

（二）按来源分类

天然气按来源可分为与油有关的气（包括伴生气、气顶气）；与煤有关的气（煤层气）；天然沼气，即由微生物作用产生的气；深源气，即指来自地幔挥发性物质的气；化合物气，即指地球形成时残留地壳中的气体，如深海底的固态水合物等。

（三）按矿藏特点分类

天然气按矿藏特点可分为气藏气、凝析气和油田伴生气。

气藏气：在开采的任何阶段，矿藏流体在地层中均呈气态，但随其成分的不同，被采到地面后，在分离器或管系中可能有部分液态烃析出。气藏气甲烷含量超过90%，乙烷、丙烷、丁烷含量较低，戊烷以上的烷烃组分含量极低，相对密度大约为0.50~0.60。

凝析气：矿藏流体在地层原始状态下呈气态，但开采到一定阶段，随地层压力的下降，流体状态跨过露点线进入相态反凝析区，部分烃类在地层中即呈液态析出。凝析气甲烷含量约为60%~90%，戊烷以上的烷烃组分含量较高，相对密度大约为0.70~0.90。

油田伴生气：在地层中与原油共存（溶解气和气顶气），采油过程中与原油同时被采出，经油气分离后所得的天然气。油田伴生气甲烷含量一般低于60%，乙烷、丙烷、丁烷含量低，戊烷以上组分含量约为20%~30%，相对密度较大，有时甚至大于1。

（四）按有机母质类型分类

天然气按有机母质类型可分为腐殖型气（煤型气）、腐泥型气（油型气）、腐泥腐殖型气（陆源有机气）。

（五）按有机演化阶段分类

天然气按有机演化阶段可分为生物气、生物—热催化过渡带气、热解气（热催化、热裂解）、高温热裂解气。

（六）按生储盖组合分类

天然气按生储盖组合可分为自生自储、古生新储和新生古储等类型。

（七）按相态分类

天然气按相态可分为游离气、溶解气、吸附气、固体气（天然气水合物）。

（八）按含硫量分类

天然气按含硫量的高低可分为洁气和酸气。

洁气：不含硫或硫化氢体积含量小于0.0014%，无须净化处理即可管输和利用的天然气，又称为甜气。

酸气：指含有显著量的硫化氢甚至有可能含有有机硫化合物，需经处理才能达到管输商品气气质要求的天然气。当天然气中硫化氢或二氧化碳的当量体积含量大于0.0014%时，统称为酸性天然气。

根据硫化氢含量的多少，可将天然气分为特高含硫气藏、高含硫气藏、中含硫气藏、低含硫气藏和微含硫气藏，含硫天然气目前执行《气藏分类》（SY/T 6168—2009）划分标准（表1-1）。按照此标准，高含硫气藏的硫化氢体积百分比含量为2%~10%，也就是说，高含硫气井是指产出的天然气中硫化氢含量在30~150g/m^{3}的气井。

表1-1　含硫天然气划分标准

含酸性气体气藏的划分——中国石油天然气行业标准 SY/T 6168—2009		
气藏类型	H_2S 含量，g/m^3	H_2S，%（体积分数）
微含硫	<0.02	<0.0013
低含硫	0.02~5.00	0.0013~0.30
中含硫	5.00~30.0	0.30~2.00
高含硫	30.00~150.00	2.00~10.00

续表

含酸性气体气藏的划分——中国石油天然气行业标准 SY/T 6168—2009		
气藏类型	H_2S 含量，g/m^3	H_2S,%（体积分数）
特高含硫	150.00~770.00	10.00~50.00
纯 H_2S	>770.00	>50.00

（九）按输送介质压力分类

天然气按输送压力可分为高压天然气、中压天然气和低压天然气。

高压天然气：从井口一级节流至水套炉部分天然气，压力等级为 32MPa。

中压天然气：水套炉至集气站部分天然气，压力等级为 16MPa。

低压天然气：供用户天然气或者井站燃料气，压力等级低于 1.0MPa。

第二节　商品天然气的质量要求

由于产区不同，构造、层位、天然气组成相差较大，而且天然气用途也不尽相同，或作为燃料，或作为原料。国际标准化组织 ISO 对管输天然气质量做了如下规定。

一、管输天然气组成

大量组分 8 个，甲烷、乙烷、丙烷、丁烷、戊烷、C_{6+}、氮、二氧化碳；少量组分 5 个，氢、不饱和烃总量、一氧化碳、氧、氦；微量组分 5 个，硫化氢、硫醇、碳基硫、总硫、水分。

管输天然气的其他要求：在管输温度、压力条件下，不存在液相的水和烃类；固体颗粒的含量不影响输送与利用；存在的其他气体组分不影响输送和利用。

二、气质要求规定

天然气气质要求是根据经济效益、安全卫生和环境保护三方面的因素综合考虑制定的。通常天然气的质量要求主要有以下几项。

（一）热值（发热量）

天然气的主要用途是作为工业和民用燃料，因此，热值是对包括天然气在内的燃气的一项主要质量要求，单位为 kJ/m^3 或 kJ/kg，也可用 MJ/m^3 或 MJ/kg 表示。在一些国家的天然气质量指标中，都对热值有一定的要求，如在北美各国，一般要求天然气的热值不低于 34.5~37.3MJ/m^3。

（二）烃露点

此项要求是用于防止输气或配气管道中有液烃析出。管输过程中一旦有液烃析出，液烃将聚集在管道低洼处，导致管道流体截面减少。烃露点一般根据各国具体情况而定，我国规定进入输气管道的烃露点应低于或等于管道沿线最低点的最低环境温度。

(三) 水露点

此项要求是用于防止输气或配气管道中有液态水（游离水）析出。液态水的存在会加速天然气中的酸性组分对钢材的腐蚀，还会在特定的条件下导致水合物的生成，堵塞管道和设备。析出的液态水聚集在管道低洼处，会减少管道流体截面。水露点一般根据各国具体情况而定，在我国，规定进入输气管道的水露点应比管道沿线区域最低环境温度低5℃。

(四) 硫含量

此项要求是用于控制天然气中硫化物的腐蚀性和对大气的污染，用硫化氢含量和总硫含量表示。一般要求天然气中的硫化氢含量不高于6~20mg/m^3。除此之外，对天然气中的总硫含量也有一定的要求，一般要求小于460mg/m^{3}或更低。

(五) 二氧化碳

二氧化碳是天然气中的酸性组分，在有液态水存在时，所生成的碳酸对管道和设备造成腐蚀。尤其当硫化氢、二氧化碳与水同时存在时，对钢材的腐蚀更加严重。因此，一些国家规定天然气中二氧化碳的体积分数不高于2%~3%。

(六) 机械杂质

天然气中固体颗粒含量应不影响天然气的输送和利用，固体颗粒指标不仅规定其含量，也应说明粒径，因此中国石油天然气集团公司的企业标准《天然气长输管道气质要求》（Q/SY 30—2002）明确规定固体颗粒的粒径应小于55μm。

美国材料试验学会ASTMD-3委员会1981年7月对管输气质的要求，以及英国煤气1990年2月工程标准资料卡片见表1-2。

表1-2 美国、英国对管输气质和煤气的质量要求

组分	美国		英国	
	最小值,%	最大值,%	最小值,%	最大值,%
甲烷	65	100	87	97
乙烷	—	14	1	6
丙烷	—	5	0.2	2
丁烷类	—	2	0	1
戊烷及以上	—	0.5	0	0.286
氮和其他惰性气体	—	18	0	5
二氧化碳	—	3	0	2
氢	—	5	0	2
总不饱和烃类	—	0.5	—	—
一氧化碳	—	0.1	—	—
氧	—	0.1	0	1.3
硫化氢	—	5.175mg/m^3	0	3×10^{-6}
硫醇硫	—	11.5mg/m^3	—	—
总硫	—	22.9mg/m^3	—	—

续表

组分	美国		英国	
	最小值,%	最大值,%	最小值,%	最大值,%
水蒸气	—	110mg/m^3	—	—
甲乙硫醚	—	—	0	1×10^{-6}
丁硫醚	—	—	2×10^{-6}	12×10^{-6}
乙硫醇	—	—	0.2×10^{-6}	2×10^{-6}
叔丁醇	—	—	0.5×10^{-6}	4×10^{-6}
水气	—	—	10×10^{-6}	75×10^{-6}
甲醇蒸气	—	—	0	200×10^{-6}

加拿大、法国、德国、意大利和荷兰等国对天然气质量的要求见表1-3。

表1-3 部分国家对管输气质的质量要求

组分	加拿大	法国	德国	意大利	荷兰
二氧化碳含量,%	≤2	≤3	—	≤1.5	—
氢含量,%	—	≤6	—	—	—
一氧化碳含量,%	—	≤2	—	—	—
氧含量,%	≤0.4	≤0.5	≤0.5	≤0.5	≤0.5
硫化氢含量, mg/m^3	≤23	≤7	≤5	≤5	≤5
硫醇硫含量, mg/m^3	—	≤16.9	≤6	≤15	≤10
总硫含量, mg/m^3	≤115	≤150	≤120	≤150	≤150
水汽含量, mg/m^3	—	≤55	—	—	—
水露点,℃	—	<-10	<地温	<-10	—
烃露点,℃	<-10	<-5	<地温	<-5	—
高位发热量, MJ/m^3	38.494	38.52~46.08	—	—	—
低位发热量, MJ/m^3	—	34.20~37.80	—	—	—
沃贝指数 H	48.24~56.52	46.1~56.5	47.1~52.3	—	—
资料日期	1979.10	1990.02	1990.02	1990.02	1990

我国对天然气质量的要求如下：

（1）《输气管道工程设计规范》（GB 50251—2015）规定管输天然气气质要求为：①进入输气管道的气体必须清除其中的杂质；②水露点应低于输气条件下最低管输气体温度5℃；③烃露点应低于或等于最低管输气体温度；④气体中硫化氢含量不大于20mg/m^3；⑤如输送不符合上述质量的气体，必须采取相应的保护措施。

（2）《天然气》（GB 17820—2012）规定商品天然气质量要求，见表1-4。作民用燃料的天然气，总硫和硫化氢含量应符合一类、二类气的技术指标。

表1-4 中国各类天然气气质标准

项目		一类	二类	三类
高位发热量, MJ/m^3	≥	36.0	31.4	31.4

续表

项目		一类	二类	三类
总硫（以硫计）含量，mg/m^3	≤	60	200	350
硫化氢含量，mg/m^3	≤	6	20	350
二氧化碳含量，%	≤	2.0	3.0	—
水露点，℃		在交接点压力下，水露点应比输送条件下最低环境温度低 5℃		

第三节 天然气集输单元

天然气集输是继气田勘探、开发和开采之后一个非常重要的生产过程。天然气从气井采出，经过一系列集输站场的预处理（节流降压、气液分离、调压、计量、腐蚀控制和防止水合物生成等处理），再输送至天然气处理厂或长输管道首站，最后成为合格的商品天然气，并外输至用户。

天然气的集输过程如图 1-1 所示。

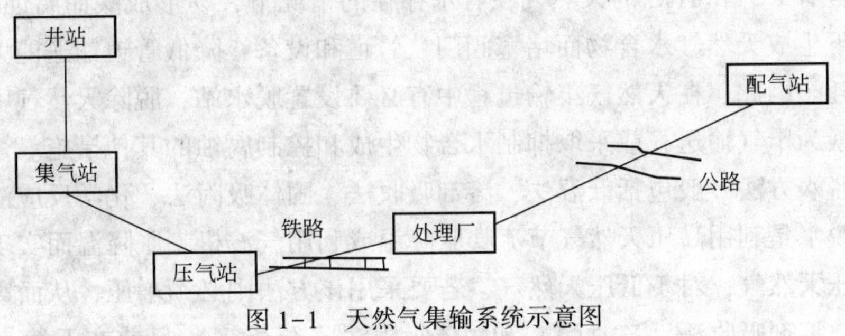

图 1-1 天然气集输系统示意图

一、井站

根据气井数量，井站可分为单井井站和丛式井站，其主要功能为调控气井的产量和采气管线的输气压力，防止天然气形成水合物。一般在气井所在地设置井站装置，简单的井站只有采气树装置。当需要对单井进行处理时，常在井站设置一套具有调压、分离、计量等设备，使从气井出来的天然气经节流降压后，在分离器中脱除游离水、凝析油及机械杂质，经计量后输入集气管线。不同井站通常有 4 种流程：加热防冻、注抑制剂防冻、井下节流器防冻及井站分离。

二、集气站

一般将两口以上的气井用管线接至集气站，在集气站对天然气进行节流降压、分离（油、水、机械杂质）、计量，然后输入集气管线，输向天然气处理厂。集气站流程分为常温集气分离和低温集气站，其中低温集气站较常温集气站复杂得多。

三、增压站

增压站分为矿场压气站和输气干线压气站，增压的目的：一是满足集输管网对输送压力的要求；二是满足天然气凝液回收时回收工艺对压力的需求。

在气田开发后期或低压气田，当气井井口压力不能满足生产和输送所要求的压力时，就得设置矿场压气站，将天然气进行增压，然后输送到天然气净化厂或输气管线。此外，天然气在输气干线中流动时，压力不断下降，为保证管输能力就必须在输气干线一定位置上设置压气站，将天然气压缩到所需的压力。压气站设在输气干线起点的称为起点压气站或首站，其任务是将处理厂来的天然气，经除尘、计量、增压后输送到下一站；压气站设在输气干线中间位置的称为中间压气站，其任务是将压力下降了的天然气进行增压，继续往下一站输送，中间压气站可以根据输送距离设置多个。当需要天然气中回收凝液，而天然气自身的压力又不能满足制冷的需要时，应对天然气进行增压。

四、脱水站

从地层采出的天然气，通常处于被水饱和的状态。天然气中水分的存在往往会造成严重的后果：含有 CO_2和 H_2S 的天然气在有水存在的情况下，易形成酸而腐蚀管路和设备；在一定条件下生成天然气水合物而堵塞阀门、管道和设备；降低管道输送能力，造成不必要的动力消耗。因此，在天然气集输过程中有必要设置脱水站，脱除天然气中的水分，使湿气输送转换为干气输送，或采取抑制水合物生成和控制腐蚀的其他措施。

天然气脱水方法一般包括低温法、溶剂吸收法、固体吸附法、化学反应法和膜分离法等。低温法脱水是利用高压天然气节流膨胀降温或利用气波机膨胀降温而实现的，这种工艺适合于高压天然气；对于低压天然气，若要采用该方法则必须增压，从而影响了脱水过程的经济性。溶剂吸收法（三甘醇）和固体吸附法（分子筛）目前在天然气工业中应用较广泛。

五、集输气管网

矿场集输气管网是对气田或一定产气区域内，由气井井口到集气站的采气管道和由集气站、单井站到天然气净化厂之间的原料气输送管道，以及净化处理后天然气输送到用户所构成的网状管路系统的统称。一般来讲，将各气井的天然气输送到集气站和将各集气站的天然气送往天然气处理厂的输气管道通统称为集气管网；从天然气处理厂将处理后的天然气输送到用户的输气管道称为输气干线。输气干线在经过铁路、公路、河流、沟谷时，有穿跨越工程。但所有的集输管网都是密闭而统一的连续流动通道系统。

六、天然气净化处理厂

对于含有硫化氢等杂质和凝析油的天然气，经集气站汇集预处理后，还需进入天然气处理厂，在处理厂进行脱硫化氢、二氧化碳、凝析油和水，使天然气达到管输和商品天然气的质量标准。

七、储配设施

经过净化处理后的天然气，主要输送至用户，多余的天然气也可存储起来，作为季节调峰使用。目前主要存储方式有储罐、地下储气库。与地面球罐等方式相比较，地下储气库具有储存量大、机动性强、调峰范围广、经济合理等优点，虽然造价高，但是经久耐用，使用年限长达30~50年或更长，且安全系数大，安全性远远高于地面设施。目前世界上典型的天然气地下储气库类型有4种：枯竭油气藏储气库、含水层储气库、盐穴储气库、废弃矿坑储气库。

八、配气站

一般设置在输气支线的起点或输气干线的终点，也可以设置在输气干线中途某个位置，它可以有很多个，其任务是将天然气分配给用户。

九、配套附属设施

在天然气集输过程中，除上述集输单元外，往往还需要设置一些配套的附属设施。

阴保站：为防止和延缓埋在土壤内的输气干线的电化学腐蚀，在输气干线上每隔一定距离就设置一个阴极保护站。

清管装置：为清除管道内的积液和污物，提高管线的输送能力，常在集（输）气干线上设置清管站或在站场安装使用清管装置。

阀室：为方便管线检修，减少放空损失，限制管线发生事故后的危害，在集气管线上，每隔一定距离要设置线路截断阀室，或者是以利于集气干线上与支线的沟通，设置预留阀室或阀井等。

习 题

1. 天然气主要由哪些气体组成？
2. 天然气集输过程中包括哪些集输单元？

第二章 天然气集输配系统

第一节 天然气矿场集输系统

西南油气田经过多年地面工程建设，已建成较完善的天然气集输配套系统，以重庆为起点、成都为终点，建成了南北两条环形输气大干线，形成了川渝盆地完整的环形输气管网，其强有力的输配能力，为整个川渝地区用户提供了供气保障。

一、集输系统流程

矿场集输系统是指井口至天然气处理厂之间的内部集气管网、井场及集气站等，该系统通过集气管网将井口天然气收集起来集中输送至下游天然气处理厂，最后成为合格的产品气输送至下游用户。其主要设施包括集输管网、集输场站、天然气净化厂及自动控制和数据采集系统。

（一）集输管网的构成

矿场集输管网主要构成为采气管道、集气支线和集气干线。

采气管道是指气井与集气站之间的连接管道，其作用是将相互临近的一组气井产出的天然气汇集到集气站。采气管道所输送的天然气是气井产出未经气液分离和其他矿厂处理的天然气，气质条件较差，一般含有井底所带出的液相水、烃和固体杂质，具有压力高、腐蚀性强道特点。采气管道通常管径小、距离短，其输送能力由气井的产量和输送压力确定。

集气支线是指集气站（或单井站）到集气干线之间的连接管道，其作用是将在集气站（或单井站）经过矿场预处理的天然气输送到集气干管道中去。集气支线所输送的是已在集气站（或单井站）经过气液分离、过滤和其他场站预处理后符合天然气处理厂要求的原料天然气，气质条件一般比采气管道好，工作压力比采气管道低，管径一般比采气管道大，输送距离则取决于集气站离集气干线的距离。

集气干线作用是接纳各集气支管道的来气，将它们最终汇集到天然气净化厂。

（二）集输管网的结构形式

气田集气管网的布置，即天然气集输管网的结构形式应根据气田的形状、井位分布、气藏特征、气体组分条件、气田所在地区的地形地貌和产品流向、公路交通条件、产气区与净化厂的相对位置等因素，按照安全可靠、技术适宜、经济合理、管理方便的原则，通过技术经济对比确定。常见的集气管网有以下几种类型：线型管网、放射型管网、成组型管网、环型管网等。

1. 线型（枝状式）管网集输系统流程

线型管网流程的管网呈树枝状，经气田主要产气区的中心建一条贯穿气田的集气干线，将集气干线两侧各井的天然气经集气支线纳入集气干线，并输送到集气总站，如图 2-1(a) 所示。该管网适用于气田面积狭长且井网距离较大的气田，而且满足接替式开发方式的要求，也适合生产操作管理。

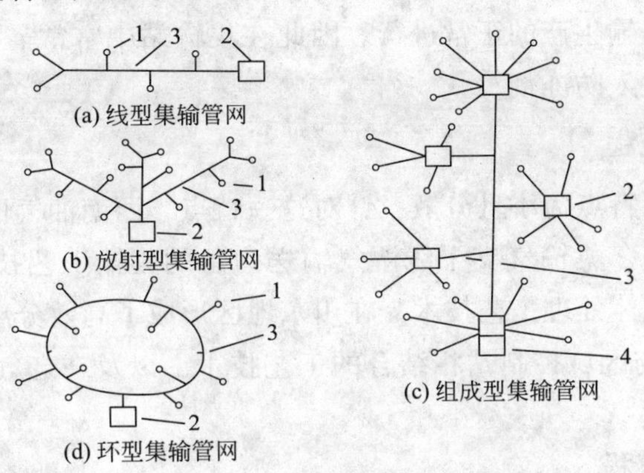

图 2-1　矿场集输管网类型

1—气井；2—集气站；3—集气管道；4—总站或增压站

2. 放射型管网集输系统流程

放射型管网由几条线型集气干线从一点（集气站）呈放射状分开，如图 2-1(b) 所示。该管网适用于气田面积较大，井数较多，气井分布区域的长轴和短轴尺寸相近，且地面被几条深沟所分割的矿场，天然气处理厂设于产气区中心部位的情况，也可作为多井集气流程中的一个组成单元。放射型管网便于天然气的集中预处理和集中管理，能减少操作人员数量，节省费用。

3. 成组型（放射枝状组合式）管网集输系统流程

成组型管网流程如图 2-1(c) 所示，当气田区域面积较大，单井数量较多，管网布置较复杂时，可采取两条或多条放射枝状组合式管网集输布置。这种集气管网形式能充分发挥设备效率，提高自动化程度，减少辅助生产设施和操作人员。

4. 环型管网集输系统流程

环型管网流程如图 2-1(d) 所示。其适用于面积较大的圆形或椭圆形气田。具备上述条件的气田，如果地形条件复杂，例如气田处于深山区，则不宜采用。其优点：气田内各集气站汇集周边气井来气后可就近通过集气干线与下游净化厂或外输首站相连通，气量调度方便，环型集气干线局部发生事故也不影响正常供气。缺点：工程总投资较大，只适用于区域面积大，气井分布较分散的大型气田开发。

二、集输站场流程

（一）集输站场的作用

汇集作用：将两口及以上的气井用管线汇集至集输站进行集中处理。

预处理：由于从井场来的天然气中含有凝析油、水、泥沙等杂质，为了不影响天然气的输送和生产，需要将天然气在集气站进行预处理以脱除杂质。

调压计量：由于集输站是汇集两口以上气井的天然气进行集中处理，不同气井的压力存在差异，同时井场来气压力与集气站外输压力常常有压差，因此在集输站中需要调压。为了了解天然气的产量，在集输站需要设置一些计量仪表用于计量天然气的产量。

防止生成水合物：由于天然气中含有一定数量的水，在一定条件下会生成水合物，堵塞管路、设备，影响集输生产的正常进行。因此在集输站中常常需要防止水合物的生成，采取的措施有加热和注入防冻剂。

（二）集输站场流程

川渝片区气田主要特点为小且分散，针对这一特点，西南油气田研究形成了以单井常温集气、多井常温集气、集输气支干线湿气输送为主的集输工艺技术，以及以分离、计量、净化系统为主的气体处理工艺技术。在川东地区形成了高效分离、深度脱水、干气输送、SCADA 系统控制与区域控制站相结合的工艺技术，以及在老气田增压开采、输送的集输工艺技术。

1. 常规单井采气流程

把从气井采出的含有液（固）体杂质的高压天然气，变成适合矿场集输的合格天然气外输的工艺组合，称为采气（工艺）流程。气井采气压力（生产时的油管压力）远高于输气压力，故需在井场进行大压差降低压力，在降压过程中同时产生温降，因此，井场需防止生成水合物。单井采气工艺流程大致分防冻、调压、分离、计量和放空等某一部分或全部设备的流程。

1）工艺过程

气井采出的天然气，经采气树节流阀调压后进入加热设备（水套炉、导管换热器、电热带）加热升温，升温后的天然气再一次经节流阀降压到系统设定压力后进入分离器，在分离器中除去液体和固体杂质，天然气从分离器顶部出口出来进入计量管段，经计量装置计量后，进入集气支线输出。分离出来的液（固）体从分离器下部进入计量罐计量，再分别排入油罐和污水池中，如果气井不产油，则分离出的液体直接排入污水池，经过污水计量，再集中进行处理，经处理后的污水排放或回注到地层。由于单井站各工艺设备区压力等级不同，为保证采气安全，在工艺设备各压力区（高压、中压、低压）分别安装有安全阀和放空阀，一旦设备超压，安全阀会自动开启泄压，同时启动井口自动切断系统，切断井口气源。对含硫化氢等腐蚀性气体较高的气井，在井口装有缓蚀剂注入装置，以便定期向井内注入缓蚀剂，如图 2-2 所示。

2）单井采气工艺流程的应用

（1）单井采气工艺流程适用于气田边远地区的气井。气田边远地区一般井数较少，如果用多井集输气，则集气支线长，耗费管材多。

（2）用于产水量大的气水同产井。产水量大的气井必须就地把水分离后输出，如果气水两相混输，将造成输气阻力增大，导致井口压力升高，产气量下降，严重时可能把气井“憋死”，造成水淹停产。同时气水混输还会加快管线腐蚀。

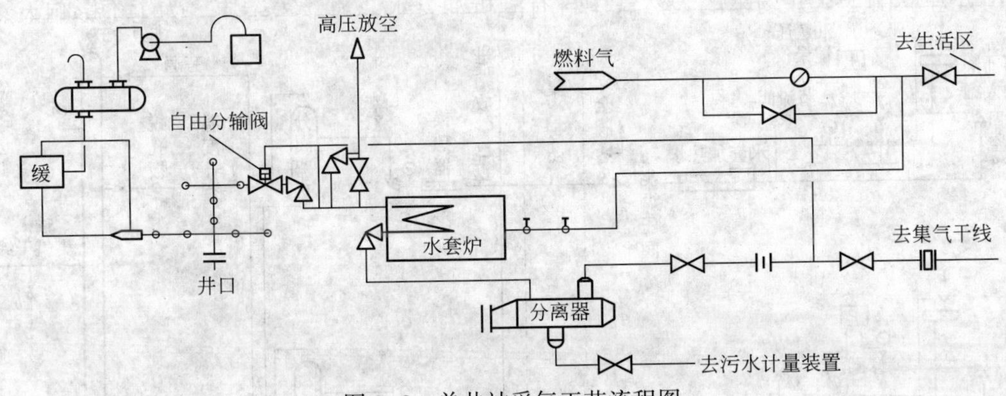

图 2-2　单井站采气工艺流程图

(3) 由于气井井口压力低，气井生产受到集气干线压力影响，单井采气便于气井生产后期增压开采，保持产气稳定。

2. 增压采气流程

气田进入开发后期挖潜生产阶段，气井普遍低压，采出的天然气不能靠自身自然能量输送。通过采用压缩机增压输送，可降低气井（气水井）井口流动压力，进一步提高气藏采收率。图 2-3 所示为某气矿增压气举单井生产流程。

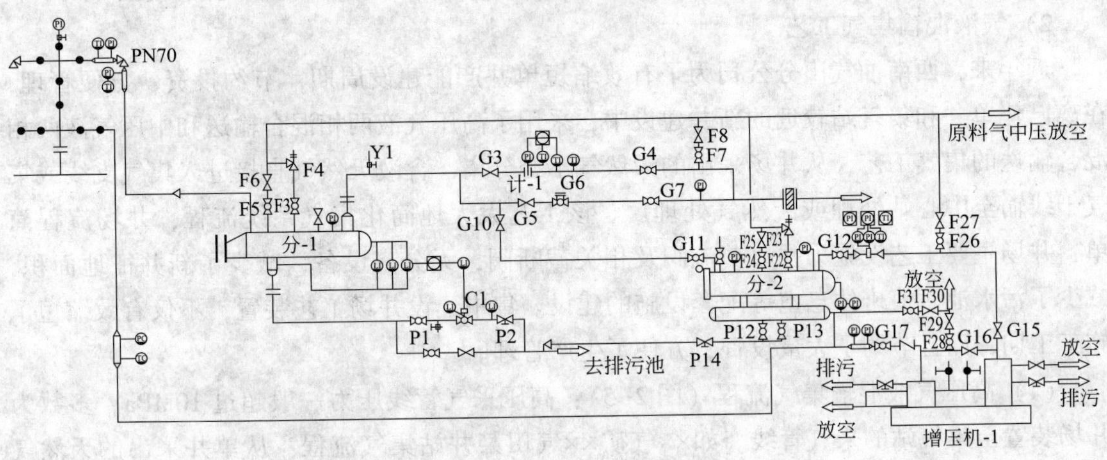

图 2-3　单井增压气举流程

3. 集气流程

把几口单井的采气流程集中在气田某一适当位置进行集中采气和管理的流程，称为多井集气流程，具有这种流程的站称为集气站，如图 2-4 所示。

1) 常规多井集气工艺

(1) 多井集气工艺包括单井工艺和集气站工艺。各单井站经节流降压后输至集气站或由高压管线与集气站连接。在集气站的工艺过程一般包括加热、降压、分离、计量等部分。加热设备根据各单井的进站压力确定。当进站压力较低，在节流过程中不形成水合物时，集气站内工艺可简化为节流、分离、计量，然后进入汇管输出。根据气井分布和各单井的开采要求，流程可进行不同的组合。图 2-3 是目前气田开采中较多采用的流程。

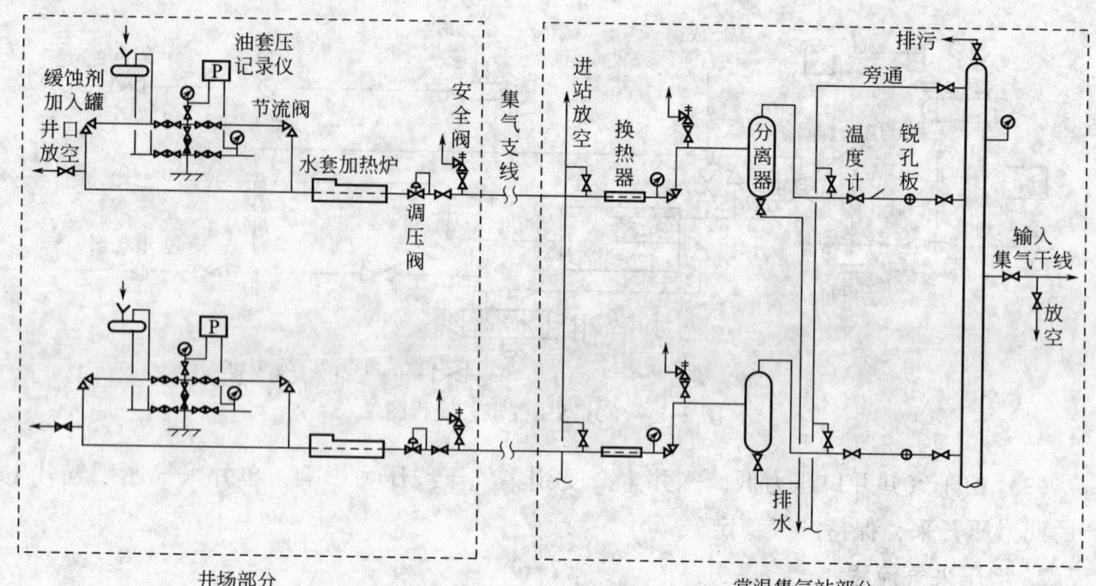

图 2-4　多井集气站常温分离流程

（2）多井常温集气工艺流程优点包括：管理集中，方便气量调节和自动控制；减少管理人员，节省管理费用；实现水、电、气和加热设备的一机多用，节省采气生产成本。

2）气液混输集气工艺

近年来，西南油气田分公司为了有效缩短单井产能建设周期，节约投资，方便管理，在离已建单井和集气站较近的新井建设中，采用了高压气液两相混合输送和中压气液两相混合输送的集气工艺，从井场采出的天然气不经分离，含液天然气直接进入集气支线或集气干线输至中心站处理或天然气处理厂。该工艺大大地简化集气系统流程，井场流程简单，井场主要工艺设施为井口节流阀及相关截断阀，无分离设备，减少了新井征地面积，减少了污水池、值班休息室等配套设施的建设。集中建设井场工艺装置，不仅有效缩短了施工工期，而且节约了大量投资，方便了生产管理。

（1）高压气液混输集气流程（图 2-5）：高压采气管线压力一般超过 10MPa，多数为井场装置至集气站的采气管线。如××气矿××气田某井站集气流程：从单井采出的天然气不经分离装置，只进行计量后直接进入下游中心站与其他单井来气进行集中处理。但由于高压气液混输集气流程容易受地形、脏物或积液、天然气组分及工况、地温、输送压力和温度、保温材料、采气管线管径、流速等影响，现逐步被中压气液混输集气流程所取代。

（2）中压气液混输集气流程：由于采用高压气液混输容易出现管线堵塞现象，目前大多使用井下节流器的中压气液混输，使气体在井筒内完成热膨胀过程，降低在井口节流处形成水合物堵塞管线的风险，产出的天然气根据气质需要，气井简单的分离除去固体杂质或直接进入下游中心站集中处理。

4. 低温回收凝析油采气流程

低温回收凝析油工艺流程主要用于含凝析油气藏的开发，其特点为充分利用高压天然气的节流制冷，大幅度降低天然气的温度，使天然气中的重烃成分（丙烷、丁烷、戊烷

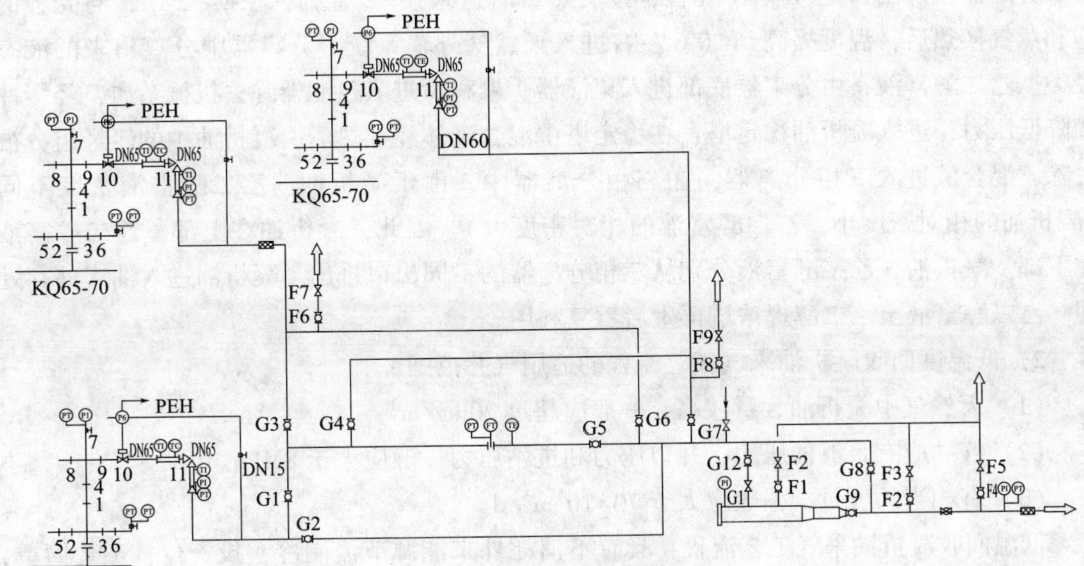

图 2-5 高压气液混输集气流程

以上组分）凝析出来，进行回收。20 世纪 80 年代后期，在川东卧龙河气田建成了三座这种低温集气站，但随着气田压力降低，低温站回收的油量逐步减少，卧龙河各站压力基本降到低限值，失去了收油能力，已停止使用。该工艺的典型流程如图 2-6 所示。

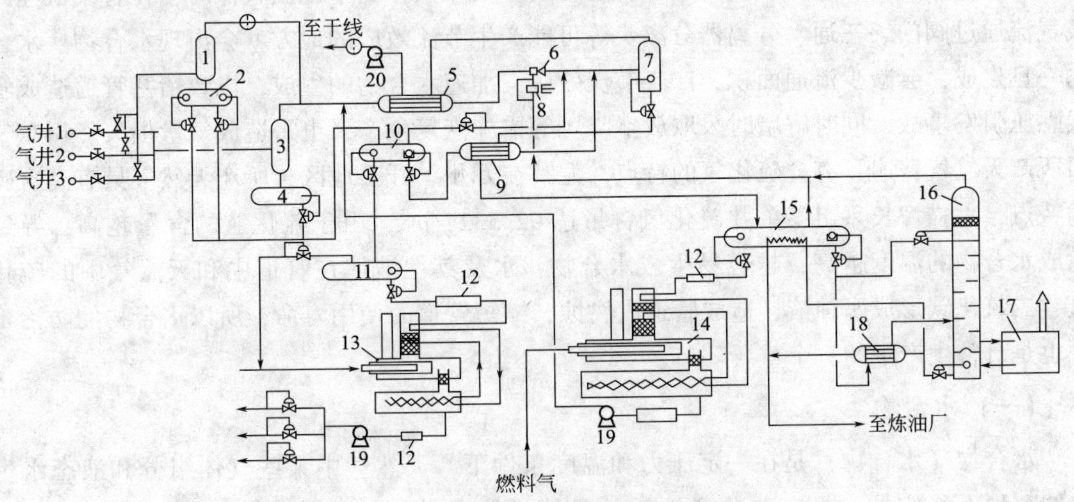

图 2-6 节流膨胀低温分离回收凝析油流程

1）工艺过程

从井口来的高压天然气，经节流降压至 12MPa 左右，进入常温高压分离器除去游离水和固体杂质，经计量装置计量后进入乙二醇混合室，在混合室内天然气与从乙二醇注入泵高压注入的乙二醇贫液混合后，进入换热器（换-1）管程，与换热器壳程的由低温分离器出来的冷天然气进行热交换，降温后的高压天然气由节流阀大幅度降压（从 12MPa 降至 4.50~6.00MPa）。使天然气温度急剧降低（可降至-25~-15℃）。由于温度下降，天然气中的重烃组分由气态变成凝析油，在低温分离器中被分离出来。除去凝析油的天然气从分离器顶部出口进入换-1壳程，接受热量后进入换-2管程，在换-2中，与壳程的饱和蒸气换热后，温度提高到20℃左右进入天然气外输系统。分离器中分离出来的液态烃类、乙二醇富液，由分离器底部进入集液器，聚积后进入过滤器除去机械杂质，经缓冲罐降低压力，进入凝析油稳定塔，在稳定塔中混合液体经加热后，凝析油中的轻烃组分被去除，混合液进入三相分离器，在三相分离器中，由于凝析油、乙二醇富液密度不同（凝析油的相对密度小，乙二醇富液的相对密度大），因此，凝析油在上部，乙二醇富液在下部。凝析油、乙二醇富液分别从三相分离器的不同出口排出。凝析油进入油罐储存处理。乙二醇富液至乙二醇提浓塔再生后重复利用。

2）低温度回收凝析油采气工艺流程的适用气井范围

（1）天然气中凝析油含量较高，一般应超过20mg/m^3。

（2）气井应有足够的压力，井口压力和进站压力一般应大于8MPa。

（3）有相当的气量，一般应大于$70\times10^4 m^3/d$。

低温回收凝析油采气工艺流程，具有不消耗外来能源节流制冷，投资少，工艺简单，操作方便，经济效益高的优点。单井和多井站都可以使用。

三、天然气水合物生成及防治

在天然气管输过程中，由于流态和环境温度的变化，在管线中或多或少地会产生凝析水，并逐渐积聚。随着积聚物的增加，遇管线起伏较大、冬季气温较低时，在管线低洼处或气流通过阀门、三通、分离器分离头等可能产生节流效应的地方就会出现水合物。水合物一旦生成，会减少流通面积，产生节流效应，加速水合物的生成，以致堵塞管道造成管线憋压引发事故，同时解堵时采取放空降压等措施恢复生产，也将造成气量损失。川东气田所产天然气普遍具有含硫化氢的特点，尤其在万州、开县地区，所产天然气具有高含硫的特点，大猫坪长兴组某单井硫化氢含量达92.532g/m^3，由于硫化氢的含量越高，导致生成水合物的温度越高，越容易生成水合物，水及其他液体在管道中和天然气中的硫化氢、二氧化碳形成腐蚀液，造成管道内腐蚀，缩短管道的使用寿命，所以水合物的防治工作也是日常生产中的一个重要环节。

（一）水合物

水合物（水合物）是在一定压力和温度条件下，天然气中某些气体组分和液态水生成的一种不稳定的、具有非化合性质的晶体，外观类似松散的冰或致密的雪，密度为0.88~0.90g/cm^3。水合物的生成条件不同，其分子式亦不同。甲烷水合物的分子式为$CH_4\cdot6H_2O$，即由一个甲烷分子和六个水分子组成。乙烷、丙烷及异丁烷的水合物分子式分别为$C_2H_6\cdot8H_2O$、$C_3H_8\cdot17H_2O$、$C_4H_{10}\cdot17H_2O$，硫化氢及二氧化碳的水合物分子式分别为$H_2S\cdot H_2O$、$CO_2\cdot6H_2O$。

（二）水合物生成条件

天然气水合物的生成条件除与天然气的组分和游离水量有关系外，还需要一定的热力学条件，即一定的温度和压力。概括起来讲，天然气生成水合物必须具备以下条件：

(1) 具有能够生成水合物的气体分子，如小分子烃类物质的 H_2S 和 CO_2 等酸性组分。

(2) 有液态水存在，天然气温度必须低于天然气的水露点。

(3) 低温，系统温度低于水合物产生的相平衡度。

(4) 高压、系统压力高于水合物生成的相平衡压力。

(三) 气体水合物防治

针对管道天然气水合物的几个重要因素，有 4 种途径可阻止水合物形成。

(1) 脱除天然气中的水分，降低水露点，使水蒸气不致冷凝为自由水。

(2) 压力降低至一定温度下水合物的生成压力以下。

(3) 提高天然气的温度。

(4) 向气流中加入抑制剂，降低水合物的生成温度。

天然气长距离输送前必须有效脱除其中水分。所谓有效脱除，就是在输送的最高压力和最低温度下，天然气中的水分尚处于不饱和状态，相对湿度为 60%～70%，或者是在输送压力下天然气的露点比最低输送温度低 5～10℃。在输气场站实际生产中，防止冰堵的方法通常是脱除天然气中的液态水，降低运行压力，提高天然气的温度及采取添加抑制剂的方法。

1. 脱除液态水分

分输场站工艺中一般是通过各种排污系统（包括分离器、汇管等装置的排污管线以及工艺阀门的排污嘴）排出工艺管线、阀门和装置中存在液态水，仪表阀和引压管通过仪表阀的排污口排出液态水。在天然气含水量较高的场站，要加密排污频次，及时进行排污。特别是在冬季低温情况下，液态水很容易形成水合物（或结冰）堵塞工艺设备和管线。及时排污可以有效防止工艺管线、设备和仪表在低温情况下发生冰堵现象，但是这种方式不能完全防止低温下水合物的生成。

2. 降低运行压力

在分输场站中最容易发生冰堵部件是调压系统。因为调压过程中，压降会导致天然气的温度降低，一般情况下天然气的压力每下降 1MPa，天然气的温度要降低 3～5℃。如果天然气水露点较高，在冬季低温下，调压系统易满足生成水合物的三个条件，最容易产生冰堵现象。

输气场站降低调压系统上游的压力（或升高调压后的压力），减小调压系统中天然气的压降，可以减小天然气温度下降幅度，是防止调压系统冰堵较为有效的方法。但是在通常情况下，降低上游压力，会影响干线管道的输送能力，所以降低上游压力也是有局限性的。

3. 提高天然气温度

提高天然气的温度能有效防止水合物的生成，在输气站场中通常采用加装电伴热或加装水套炉装置来提高天然气或工艺设备的温度。

(1) 加装电伴热。在天然气分输场站对容易发生冰堵的设备或管线加装电伴热是最常见的防止冰堵的方式，比如对调压阀及调压阀的引压管加装电伴热，可以防止调压阀和引压管发生冰堵。这种方式在天然气含水量不太高的情况下很有效。

(2) 加装水套炉系统。输气场站加装水套炉系统，在调压前对管道内的天然气进行加热，使其节流后的天然气温度保持在水露点以上，避免水蒸气凝析成水，是解决输气场站冰堵现象的最有效的方式。目前水套炉的技术比较成熟，加热炉结构主要由加热炉本体、加热系统和控制系统组成，利用天然气作为燃料，PLC 进行自动控制。

4. 注入抑制剂防治

由于水合物是一晶状固体物质，天然气中一旦形成水合物，极易在阀门、分离器入口、管线弯头及三通等处形成堵塞，严重时影响天然气的收集和输送，因此必须采取措施防止水合生成。通常在天然气集输系统采取加热法和注抑制剂法防止水合物形成。

××气矿某高压、高产、高含硫井站集输流程如图 2-7 所示，为防止水合物的生成采取加热水套炉以及加注防冻剂的措施，并且为了减少硫化氢对管道的腐蚀，向集输管线内加注了缓蚀剂。

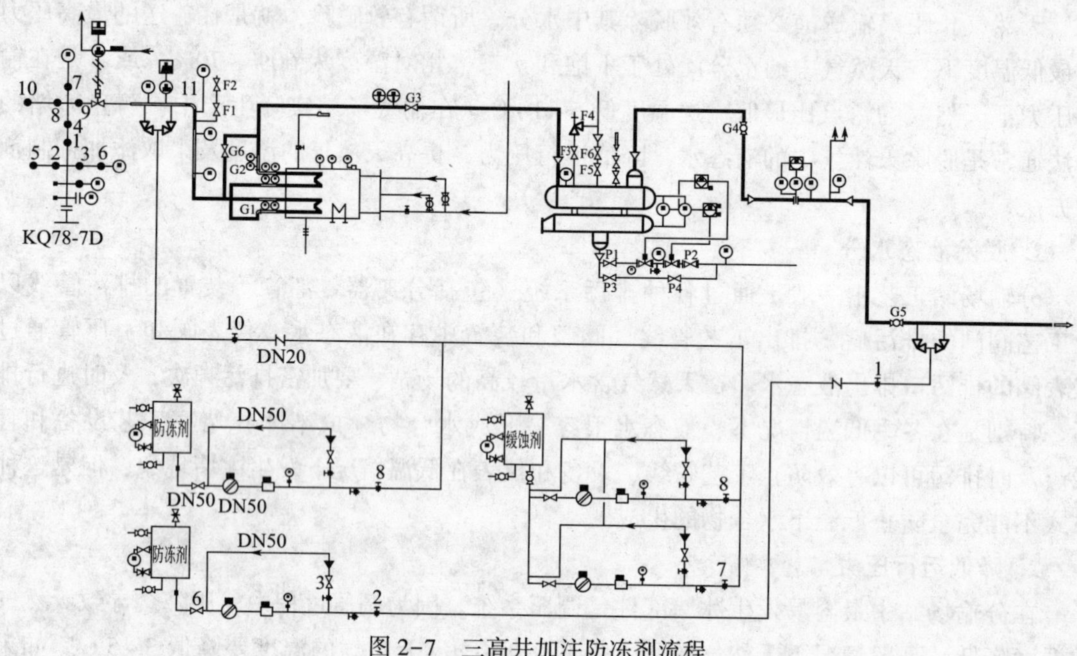

图 2-7　三高井加注防冻剂流程

水合物抑制剂分为有机抑制剂和无机抑制剂两类：有机抑制剂有甲醇和甘醇类化合物；无机抑制剂有氯化钠、氯化钙及氯化镁等。

天然气集输矿场主要采用有机抑制剂，这类抑制剂中又以甲醇、乙二醇和二甘醇最常使用。

抑制剂的加入会使气流中的水分溶于抑制剂中，改变水分子之间的相互作用，从而降低表面上水蒸气分压，达到抑制水合物形成的目的。

甲醇由于沸点较低，适用于较低温度的场合，温度高时损失较大，通常用于气量较小的井场节流设备或管线。一般喷注的甲醇蒸发到气相中的部分不再回收。液相甲醇溶液经蒸馏后可循环使用，在许多情况下回收液相甲醇并不经济，甲醇溶液不回收，废液的处理必须重视。如果甲醇用量较大，则应予以回收。

甘醇类防冻剂（常用的主要是乙二醇和二甘醇）无毒，沸点较甲醇高，蒸发损失小，一般都回收、再生后重复使用，适用于处理气量较大的井站和管线，但是甘醇类防冻剂黏度较大，在有凝析油存在，操作温度过低时，会给甘醇溶液与凝析油的分离带来困难，增加了凝析油中的溶解损失和携带损失。

由于甲醇容易挥发，有剧毒，对操作人员的健康有严重影响，同时难以回收重复使用，并且在液态烃中的溶解性很大，使用量较大，而乙二醇却没有甲醇的这些缺点，并且防止生成水合物的效果显著，所以在矿场上，特别是在集气站最常采用乙二醇作为抑制剂，喷注到气流中以防止水合物的生成。

1）有机防冻剂液相用量计算

注入集气管线的防冻剂一部分与管线中的液态水相溶，另一部分挥发至气相，消耗于前一部分的防冻剂，称为防冻剂的液相用量，用 W_1 表示。进入气相的防冻剂不回收，因而又称气相损失量，用 W_g 表示，防冻剂的实际使用量 W_t 为二者之和，即

$$W_t = W_1 + W_g \tag{2-1}$$

天然气水合物生成温度降主要决定于防冻剂的液相用量。

对于给定的水合物生成温度降ΔT，水合物抑制剂在液相水溶液中必须具有的最低浓度 W 可按下式（哈默斯米特公式）计算：

$$W = \frac{(\Delta T)M}{K+(\Delta T)M} \times 100 \tag{2-2}$$

$$\Delta T = T_1 - T_2$$

式中　ΔT——形成水化物的温度降，℃；

M——抑制剂的相对分子质量；

K——常数；

W——在最终的水相中抑制剂的质量分数（即富液的质量浓度）；

T_1——对于集气管线，T_1是在管线最高操作压力下天然气的水合物生成的平衡温度，而对于节流过程，则为节流阀后气体压力下的天然气生成水合物的平衡温度，℃；

T_2——对于集气管，T_2是管输气体的最低流动温度；对于节流过程，T_2为天然气节流后的温度，℃。

抑制剂总的需要量为：由上式给出的用来处理自由水所需要的抑制剂量，再加上蒸发到气相中所损失的抑制剂量和溶解到液态烃中的抑制剂量。

防冻剂的实际用量按下式计算：

$$W_1 = \frac{W}{100C_1 - W}\left[W_w + (1-C_1)W_g\right] \tag{2-3}$$

式中　W_1——质量分数为 C_1 的防冻剂的用量，kg/d；

W_g——按质量分数为 C_1 计算得的供气相蒸发用的防冻剂实际用量，kg/d；

C_1——防冻剂中有效成分的质量分数；

W_w——单位时间内系统产生的液态水量，kg/d。

单位时间系统产生的液态水量 W_w，包括单位时间内天然气凝析出的水量和由其他途

径进入管线和设备的液态水量之和（不包括随防冻剂而注入系统的水量）。天然气凝析水量，对于集输气管线可根据集输气管起点条件和集输气管的操作条件（对于节流过程则根据节流阀前和节流阀后的条件），按有关公式和图表计算出。

2）防冻剂用于气相蒸发的实际蒸发用量

甘醇类防冻剂气相蒸发量较小，一般估计为3.5×10^{-6}L/m^3，可取为4×10^{-6}kg/m^3。

甘醇类防冻剂的操作损失，主要是再生损失，凝析油中的溶解损失及甘醇与凝析油和水分离时因乳化而造成的携带损失等。甘醇在凝析油中的溶解损失一般为0.12～0.72L/m^3，多数情况为0.25L/m^3（约为0.28kg/m^3），甘醇防冻剂在含硫凝析油中的溶解损失约为不含硫凝析油的3倍。

甲醇的气相蒸发量可由图2-8查出，根据防冻剂使用环境的压力和温度，可查出1×$10^6$$m^3$天然气中甲醇的蒸发量（$10^{-6}$kg/$m^3$）与液相甲醇水溶液中甲醇的质量分数之比$\alpha$，1×$10^6$$m^3$天然气的甲醇蒸发量$W_g$按下式计算：

$$W_g = \alpha \frac{W}{100} \tag{2-4}$$

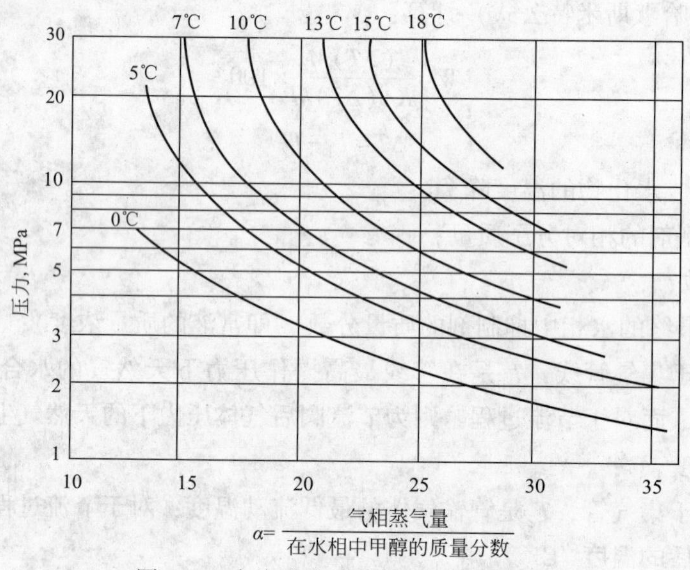

图2-8 水溶液中甲醇的汽—液平衡图

甲醇的气相蒸发量W_g（换算到矿场注入系统的甲醇溶液浓度下的用量）按下式计算：

$$W_g = 0.93 \frac{\alpha W}{C_1} Q \tag{2-5}$$

式中 C_1——矿场使用的甲醇溶液中有效成分的质量分数；

Q——天然气流量，m^3/d，其数值可由图2-8中查出。

3）喷注甘醇防止水化物形成速率计算

甘醇富液浓度由哈默斯米特公式来计算：

$$\Delta T = \frac{KW}{100M - MW} \tag{2-6}$$

水平衡：　　　　　$1+(1-W_0)x=(1-W)y$

甘醇平衡：　　　　$W_0x=Wy$

联立求解上面两个方程，得到：

$$x=\frac{W}{W_0-W},\ y=\frac{W_0}{W_0-W}$$

于是，浓度为 W_0 的贫甘醇喷注速率：

$$A=Q_wx$$

4）核对防冻剂溶液的流动性

甘醇类化合物在低温下会丧失流动性。图 2-9 是几种甘醇不同浓度下的“凝点”图。图中各曲线都有一最低值，而质量分数为 60%~75%的各种甘醇溶液具有最小的“凝点”，矿场实际使用的甘醇溶液多在此浓度范围内。

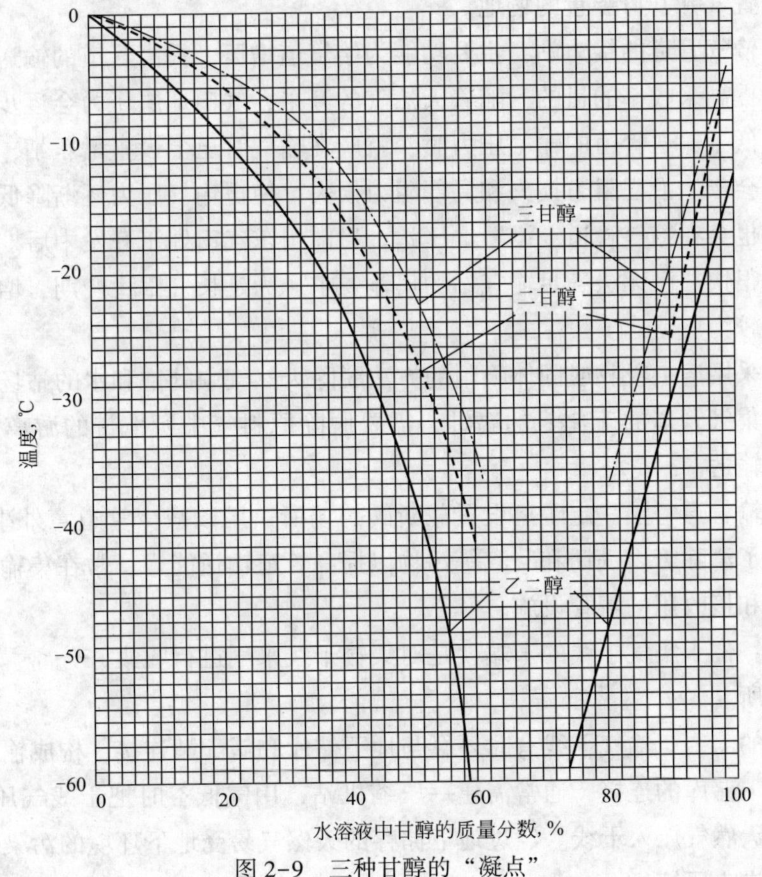

图 2-9　三种甘醇的“凝点”

第二节　天然气输配系统

重庆气矿所辖区域位于四川盆地东部，西起华荣蓥山，东到方斗山，北至温泉井、黄龙场南缘，西南与泸州古隆起接壤，地跨重庆和四川，经过多年的发展已建成以达卧线、讲渡线、万卧线等为主的原料气输送干线，以申北线、申倒线为主的净化气输送干线为重庆主城及周边地区输送天然气，在主城地区形成了以九宫庙站和两路站为中心的卧渝线、峡渝线、相两线等主城供气调配管网。

一、集输干线

目前，采用较为普遍的矿场集输干线流程为：气田集输系统的场站一般包括井场、集气站、增压站、脱水站、阀室、清管站、集气总站等，如图2-10所示。

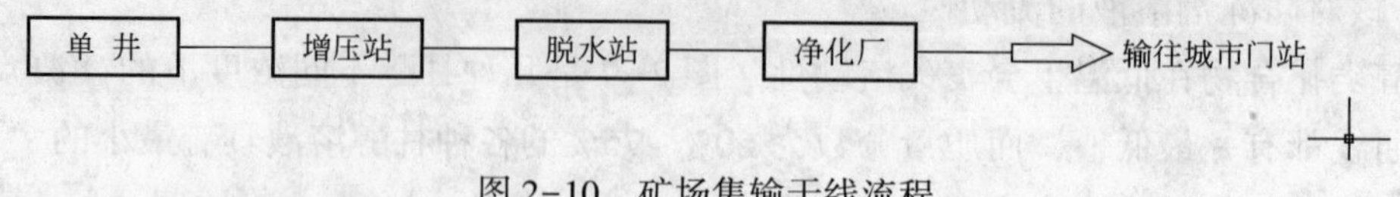

图2-10 矿场集输干线流程

井场：布置气井井口装置的场地。

增压站：输气管道的接力站，主要功能为给管道增压，提高管道的输送能力，对于气田单井能达到提高采收率的目的。随着天然气的开采，气田地层压力会逐步下降，当集气站的单井来气低于输送管道的输气压力时，就应在输气管道上设置增压站，并且在天然气输送过程中，会产生沿程阻力损失和局部阻力损失，使得输气压力逐渐降低，为达到输送气量的要求，也会在输气管道上设置增压站。目前川东气田处于开发中后期，部分低产低效井压力退减很快，已无法满足输气站的集输要求，为延长气田稳产期，增压工艺在川东片区气田应用较为广泛。

脱水站：采用溶剂吸收或固体吸附的方法脱除天然气中的饱和水的站场，对于含硫天然气，为降低集气管道的硫化氢的腐蚀，需要脱除原料气中所携带的游离水，设置脱水站，实现干气输送。

阀室：集输管道每隔一定距离设置截断阀的场所，用以减少管道意外事故的放空量。清管站是指为了清除管内铁锈和凝液等污物以提高管道输送能力，常在集输支干线端点设置清管器发送和接收用的清管设施。

集气总站：位于集气干线的末端，是对集输干线来气进行收集、分离、计量和安全截断、放空的场所。

为了调峰的需要，输气干线有时还会与地下储库和储配站连接，构成输气干线系统的一部分。与地下储库的连接，通常需建一压缩机站，用气低谷时把干线气压入地下储库，高峰时再抽出天然气压入干线。经过地下储存的天然气易受地下环境的污染，必须重新净化处理后方能进入压缩机。

二、城市燃气输配系统

（一）储配系统组成

一个完整的城市配气系统应包括：

（1）配气站。配气站建于输气干线或支线的终点，其任务是接受输气管线来的天然气，进行除尘、计量、调压、添味，然后把天然气送入配气管网，并保持管网必需的压力。配气站既是输气干线的最后一站，也是城市配气系统的第一站。

(2) 配气管网。配气管网是城市内部输送和分配天然气的管网，它把天然气从配气站输送至各类用户。

(3) 各种类型的储气设施和储气库。为了调节用气的不均衡性，必须建设各种类型的储气设施。其中输气干线末端管段和各种类型的储气站的主要任务是调节昼夜用气的不均衡性，而各种类型的储气库是调节季节用气不均衡性的主要设施。储气站常常与配气站合二为一，统称为储配站。

(二) 配气站

配气站主要是将干线来气经除尘、调压、计量、添味后，按规定的压力输入城市配气管网，以供给各类用户。

配气站根据来气压力的大小、出站压力的高低，以及配气系统和用户对压力的要求，在站上进行一级或多级调压。出站压力可以使一个压力等级或两种不同的压力等级向不同的管网和用户供气。

为了减少配气站内的噪声和震动，装有调压器管道的直径应能保证气体的流速不超过规定流速，对于噪声特别大的管段，还需要做隔音层。天然气在管道中的流速可按下式计算：

$$v = 0.12712 \frac{QZT}{d^2 p_{cp}} \tag{2-7}$$

式中 v——气体的流速，m^3/s；

Q——气体的体积流量，m^3/h；

Z——天然气的压缩系数；

T——气体的平均温度，K；

d——管道内径，mm；

p_{cp}——管道中的平均压力，MPa。

配气站的主要设备包括：

(1) 除尘器：一般采用重力式分离器和旋风式分离器。

(2) 调压阀：一般采用自立式调节阀。

(3) 流量计：一般采用孔板流量计。

(4) 压力表和温度计。

(5) 安全装置：一般采用安全阀和防爆电接点压力报警装置。当管线超压时，安全阀可自动泄压，以保护站内设备，同时报警，发出信号，以便及时发现和排除故障。

(6) 加热设备。

(7) 添味装置：为了易于发现泄漏，保证用户安全，从配气站向配气管网和用户输送天然气，需要加入一种添味剂，使天然气具有强烈的刺鼻气味，一旦气体泄漏，即可发现。添味剂用添味器加入气体之中，按添味剂的蒸发方式，添味器可分为滴入式、灯芯式和起泡式，其中应用较多的是滴入式和起泡式。滴入式常用于输气量不是很大（低于 500000m^3/d）的配气站，输气量较大的配气站常采用起泡式添味器。

（三）配气管网

城市燃气输配系统是一个综合设施，主要由燃气输配管网、储配站、计量调压站、运行操作和控制设施等组成。经过多年的发展，重庆市主城区已形成较为完备的天然气管网系统，现有旱人线、旱两线、相两线等主要供气管线贯穿重庆主城的各个城区。

城市配气管网是将门站（接收站）的天然气输送到各储气点、调压站、天然气用户，并保证沿途输气安全可靠。配气管网可按管网形状、输气压力、敷设方式、用途等加以分类。

1. 按管网形状分类

1）枝状管网

以干管为主管，呈放射状由主管引出分配管而不成环状。适用于较小城镇和企业内部，其特点为每个用气点和气体只来自一个方向。在城市配气系统中一般不单独使用。

2）环状管网

管道联成封闭的环状，在同一个环中，输气压力处于同一级制。它是城市配气系统的基本形式，可由两个或多个方向供气，当管网局部发生故障时，不致造成全面中断供气，影响面小，可靠性高。由于环状管网中的气体分布比较均匀，天然气可以同时沿几条管线流动，因此环状管网的直径比枝状管网小，但环状管网总长比枝状管网长，投资也较大。

3）环枝状管网

枝状和环状混合使用的一种管网形式，综合了枝、环状管网特点，因此是工程设计中常用的管网形式。

2. 按管网压力级制分类

由于输气管道的气密性与其他管道相比，有特别严格的要求，输气管道泄漏可能导致火灾、爆炸、中毒或其他事故。输气管道的压力越高，管道接头脱开或管道本身出现裂缝的可能性和危险性越大。输气压力不同，对管道材质、安装质量、检验标准和运行管理的要求也不同。

我国城市配气管网按输气表压 p 分七级：

（1）低压配气管网　　$p<0.01$MPa；

（2）中压配气管网 B　　0.01MPa$\leqslant p \leqslant$0.20MPa；

（3）中压配气管网 A　　0.02MPa$<p\leqslant$0.40MPa；

（4）次高压配气管网 B　　0.40MPa$<p\leqslant$0.80MPa；

（5）次高压配气管网 A　　0.80MPa$<p\leqslant$1.60MPa；

（6）高压配气管网 B　　1.60MPa$<p\leqslant$2.50MPa；

（7）高压配气管网 A　　2.50MPa$<p\leqslant$4.00MPa。

居民用户和小型公共建筑用户一般直接由低压管网供气，输送压力不大于 0.0035MPa。当低压管网上的用户都安装用户调压器时，压力也不大于 0.005MPa。

高压和中压管网必须通过区域调压室和用户专用调压室才能向较低一级压力的管网和

低压管网，或者工业企业、大型公共建筑用户以及锅炉房供气。

城市各级压力管网干管，特别是中压以上压力较高的管道，是供气的主动脉，应连成环状管网，初建时也可是半环形或枝状管道，但应逐步构成环状管网。

3. 按敷设方式分类

一般城市中的输气管道埋设于土壤中，当管段需要穿越铁路、公路时，有时需要加设套管或管沟，因此有直接埋设和间接埋设两种。工厂厂区，管道跨越障碍物，以及建筑物内的天然气管道，常采用架空敷设的方式。

4. 按用途分类

1）长距离输气管线

长距离输气管线的干线及支线的末端连接城市或大型工业企业，作为该供气区的气源点。

2）城市管道

（1）分配管道。在供气区将天然气分配到工业企业用户、公共建筑用户和居民用户。分配管道包括街区和庭院分配管道。

（2）用户引入管。将天然气从分配管道引到用户室内管道引入口的总阀门。

（3）室内管道。通过用户管道引入总阀门将天然气引向室内，并分配到每个用具。

（四）城市配气系统的选择

1. 城市天然气管道系统

城市配气系统的主要部分是天然气管网，根据所采用的管网压力级制不同可分类如下：

（1）单级系统：仅用低压或中压一种压力级制的管网来分配和供给天然气，一般只适用于供气区域小，供气范围不超过 2~3km 的小城镇。

（2）二级系统：由低压和中压 B 或低压和中压 A 两种压力级制组成的管网系统。

（3）三级系统：以低压、中压 B（或中压 A）和高压 B（或高压 A）三种压力级别组成的管网系统。

（4）多级系统：由低压、中压 B、中压 A、高压 B 和高压 A，甚至更高压力组成的多种压力级别的管网系统。

2. 选择城市天然气管网系统应考虑的因素

无论是旧有的城市，还是新建的城市，在选择配气管网系统时，应主要考虑如下因素。

（1）气源情况：气井的布置及规模，产气层的数目和性能，供气量和供气压力，天然气近期、远期规划发展等。

（2）城市规模、远景规划情况、街区和道路现状和规划、建筑特点、人口密度，以及各种类型用户数量、分布和供气方针。

（3）储气、压送、调压等设备和管道材料、管道附件的供应、生产情况，运行管理费用。

（4）城市的地理地形条件，河流、湖泊、铁路等天然及人工障碍物的分布情况。

（5）城市地下管线和地下建筑物、构筑物的现状和改建、扩建规划。

在综合考虑以上因素的基础上，提出数个方案进行技术经济比较和评价，选用经济合理的最佳方案。方案的比较必须在技术指标和工作可靠性相同的基础上进行。

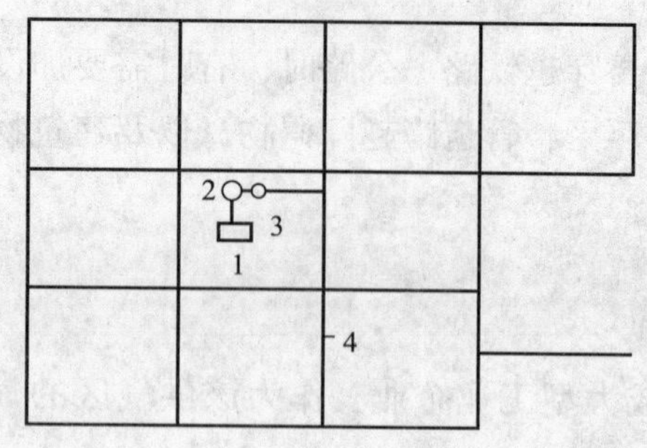

图 2-11　低压单级管网系统示意图

1—气源；2—低压储气罐；
3—稳压器；4—低压管网

3. 城市天然气管网系统举例

（1）低压供气方式和低压单级管网系统。低压单级管网系统如图 2-11 所示，从低压气源（储配站）送出天然气利用储气罐的压力进入低压管网。储气罐容积较小时，也可不设稳压器。该系统随着储气罐钟罩及塔节的升降，会产生 0.50～1.00kPa 的压力波动，因而供气压力不稳定且压力低，致使输送管道直径较大。

低压供气和低压单级管网系统的特点：

① 系统简单，管理维护方便；

② 供气安全可靠，无须压缩费用或只需少量压缩费用，运行费用低；

③ 若供气区域较大，则需敷设较大管径的管道，管材用量将急剧增加而不经济。

（2）中压供气方式和中—低两级管网系统。中压单级管网系统如图 2-12 所示，天然气自长输管线送入城市门站，经过调压送入中压输气干管，再由输气干管送入配气管网，最后经过箱式调压器或用户调压器送至用户燃具前。

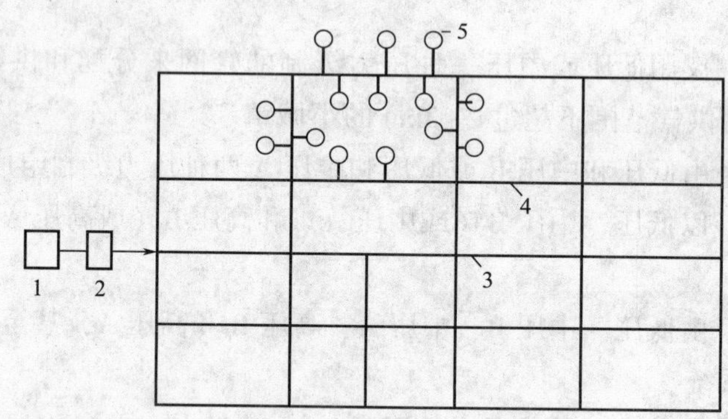

图 2-12　中压单级管网系统

1—气源；2—储配站；3—中压输气管网；4—箱式调压器；5—用户调压器

该系统减少了管材用量，故投资较小，比中低二级管网系统节省管网投资 20%左右。由于采用了箱式调压器或用户调压器供气，可保证所有用户灶具在额定压力下工作，从而提高了燃烧效率。但该系统安装水平高，供气安全性比低压单级管网差。

中压 A—低压两级管网系统如图 2-13 所示，天然气由长输管线从东西两个方向经配气站送入该城市。中压 A 管道连成环网，通过区域调压站向低压管网供气，通过专用调压站向工业企业供气。输气干线管径较小，可节省投资。低压管网根据地理条件分成三个互不连通的区域管网向居民用户和小型公共建筑用户供气。从供气安全可靠的角度，一个大型或中型城市的低压管网连成大片环网的必要性不大，穿过较多河流、湖泊、铁路和公路干线也并不合理。不同压力级制的管网应通过几个调压站来连接，以保证个别调压站关断后仍能正常供气。这样的管网方案是比较可靠和经济的。

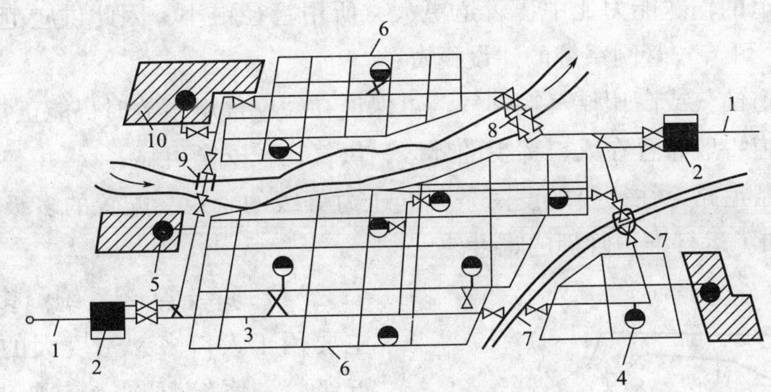

图 2-13　中压 A-低压两级管网系统

1—长输管线；2—门站；3—中压 A 管网；4—区域调压站；5—工业企业专用调压站；6—低压管网；7—穿越铁路套管敷设；8—穿越河底的过河管；9—沿桥敷设的过河管；10—工业企业

中压供气和中—低压两级管网系统的特点：

① 因输气压力高于低压供气，输气能力较大，可用较小的管径输送较多量天然气，节省管网投资费用；

② 只要合理设置中—低压调压器，就能维持比较稳定的供气压力；

③ 由于有中低两级压力级制，需要设有压缩机和调压器，因而维护管理较复杂，运行费用较高；

④ 由于压缩机需要动力制动，一旦储配站停电或出现其他事故，会影响正常供气，因此供气可靠性比低压单级管网差。

(3) 高压供气方式和高—中—低三级管网系统。高—中—低三级管网系统如图 2-14 所示，气源来自长输管线的高压天然气从天然气门站经调压、计量后输出，进入城市高压

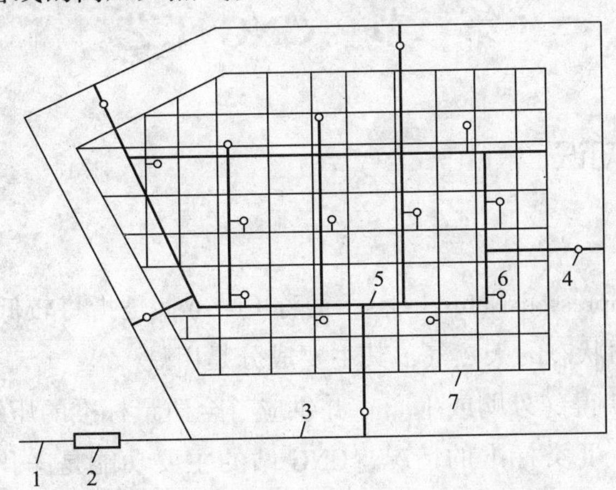

图 2-14　高—中—低三级管网系统

1—长输管线；2—门站；3—高压管网；4—高—中压调压站；5—中压管网；6—中—低调压站；7—低压管网

管网，然后经区域高—中压调压器调至中压，输入中压管网，再经区域中—低调压器调成低压，由低压管网供应天然气用户。

高压供气和高—中—低三级管网系统的特点如下：

① 高压管道的输送能力比中压管道更大，所用管径更小，因此供应范围大、供气量大，距离较远，可节省管网系统的建设投资；

② 采用管道储气或高压储气罐储气，可保证在短期停电事故时仍能正常供应天然气；

③ 高压管道一般布置在人口稀少的郊区，供气比较安全可靠；

④ 在同一条道路上往往要敷设两条不同压力等级的管道，配置的多级管道和调压器系统复杂，增加了运行维护管理的难度。

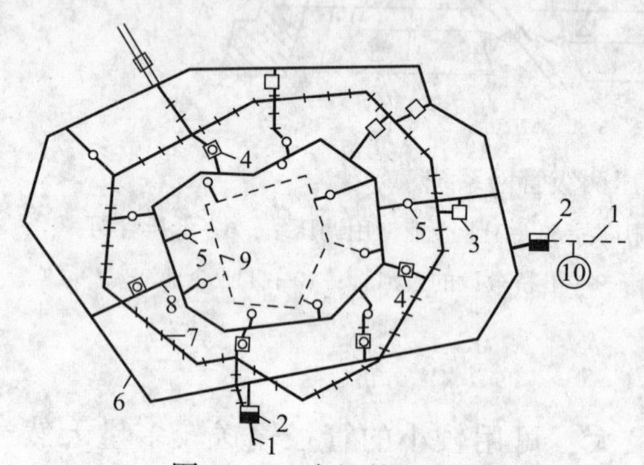

图 2-15　多级管网系统

1—长输管线；2—门站；3—调压计量站；4—储气站；5—调压站；6—高压 B 环网；7—次高压 B 环网；8—中压 A 环网；9—中压 B 环网；10—地下储气库

（4）多级管道系统。多级管网系统主要用于人口多、密度大的特大型城市。五级管网系统（图上未画出低压管网和给低压管网供气的调压站）如图 2-15 所示，气源是天然气，由地下储气库、高压储气罐站以及长输管线末端储气三种方式调节供气与用气之间的不均匀性。天然气通过几条长输管线进入城市管网，两者的分界点是配气站，天然气压力在该站降至 2.00MPa，进入城市外环的高压管网，再分别通过各级调压站降压后进入较低压力级制的管网。各级管网分布组成环状。

从运行管理方面看，该系统既安全又灵活，因为气源来自多个方向，主要管道均连成环状管网，可采取多种手段协调解决用户的用气不均匀性。

第三节　CNG 工艺

一、CNG 基础知识

（一）CNG

压缩天然气（Compressed Natural Gas，简称 CNG），是指将较低压力的天然气，经压缩机压缩至设定高压力状态的天然气，其主要成分是甲烷。

CNG 站的任务是获得（外购或生产）并供应符合质量标准的压缩天然气。在生产上，根据原料气符合天然气Ⅱ类标准的情况，CNG 站的主要功能是净化和压缩。因此，CNG 站的基本功能包括天然气的接收（进站调压计量）、净化处理、压缩、供应（包括储存、加气或加压供气）等。

（二）CNG 的基本性质

1. CNG 的密度

目前，我国使用的符合《天然气》（GB 17820）标准的商品天然气中，甲烷含量较高，一般大于 90%（摩尔浓度），其余多为 $C_2 \sim C_4$、氮气和二氧化碳。根据 $C_2 \sim C_4$ 的物理性质，在常温和 16MPa 时，$C_2 \sim C_4$ 将会被液化分离，25MPa 时所剩极微。经计算，氮气和二氧化碳的总含量在小于 10%（摩尔浓度）的情况下，即使两者的相对含量变化，对天然气压缩因子的影响很小，并十分接近甲烷的压缩因子（表 2-1）。因此，在工程上，可以用甲烷的压缩因子近似代替 CNG 的压缩因子。而 LNG 汽化后的气态天然气，其压缩因子则完全可以用甲烷的压缩因子近似代替。

表 2-1　不同温度及压力下甲烷的压缩因子 Z

温度 T,℃	压力 p，MPa（绝对）						
	0. 1	1	5	10	15	20	25
-20	0. 9967	0. 9672	0. 8314	0. 6842	0. 6482	0. 6952	0. 7724
0	0. 9974	0. 9744	0. 8728	0. 7674	0. 7278	0. 7517	0. 8086
20	0. 9980	0. 9797	0. 9017	0. 8244	0. 7914	0. 8047	0. 8476
50	0. 9985	0. 9853	0. 9313	0. 8814	0. 8603	0. 8692	0. 9007

注：表中数据按临界压力 p_c 为 4. 544MPa，临界温度 T_c 为 191K 计算。

在工程中，可由下式计算天然气的实际密度：

$$\rho=\rho_0\frac{2694p}{Z}\frac{1}{273+T} \tag{2-8}$$

式中　ρ、ρ_0——气体在实际状态、标准状态（101. 325kPa，0℃）下的密度，kg/m^3；

p——气体的绝对压力，MPa；

Z——气体压缩因子；

T——气体温度,℃。

将表 2-2 中的压力为 25MPa，温度分别为-20℃、0℃、20℃和 50℃的 Z 代入式(2-8)可以得到甲烷密度分别为标准状态下密度的 345 倍、305 倍、271 倍和 232 倍。可见在较低温度下储存天然气，可以获得更多的质量。

2. CNG 的水露点及含水量

CNG 的水露点是 CNG 净化的一个重要指标。天然气中的饱和水蒸气含量与其温度及压力有关，可根据相关资料查得不同温度和压力下的天然气含饱和水蒸气量（表 2-2）。当已知天然气中含水量，可以从表中大致判断它在某压力下的水露点。当需要准确数据（如理论研究或贸易计量）时，可查阅有关手册中的图表。

表 2-2　天然气的饱和水蒸气量（表列基准状态）　g/m^3

温度 T,℃	压力 p，MPa（绝压）						
	0. 1	1	5	10	15	20	25
50	95	10. 5	2. 2	1. 4	1. 05	0. 92	0. 81
20	18	2. 0	0. 47	0. 29	0. 23	0. 2	0. 18

续表

温度 T,℃	压力 p，MPa（绝压）						
	0.1	1	5	10	15	20	25
0	4.7	0.55	0.26	0.09	0.07	0.065	0.050
-20	1.0	0.12	0.034	0.022	0.020	0.018	0.016
-40	0.16	0.022	0.0048	0.0040	0.0035	0.0028	0.0020
-60	0.10	0.0017	0.0006	0.0004	0.0003	0.0002	0.0002

由表2-2可以看出，当CNG质量要求压力在20MPa下的水露点为-20℃，其含水量为18mg/m^3（基准状态）。如果压缩天然气的水露点为5MPa下的-20℃，则含水量约为34mg/m^3（基准状态），需要脱水的量并不大。但当压缩前天然气的水露点为1MPa下的0℃时，要求达到脱水率为97%，其含水量约为550mg/m^3（基准状态），需要脱水的量则相当大。

3. CNG相关气质标准

CNG的生产和供应，应符合《天然气》（GB 17820）、《城镇燃气设计规范》（GB 50028）和《车用压缩天然气》（GB 18047）。要注意的是在《城镇燃气设计规范》（GB 50028）中，天然气按标准状态101.325kPa，0℃下的体积计量，而在《天然气》（GB 17820）和《车用压缩天然气》（GB 18047）中则按基准状态101.325kPa、20℃下的体积计量。

4. CNG供应特点

在常温和高压力下，相同体积的天然气质量比基准或标准状态下的质量约大270~300倍，这使得天然气的储存和运输效率可以大大提高，更重要的是使天然气利用更为方便、灵活。

CNG被广泛应用于交通、城镇燃气和工业生产等领域。压缩天然气的利用，有以下特点。

（1）“点对点”供应，使供应范围增大。CNG作为中小城镇的气源，克服了管道输送的局限性，不仅使供应半径大大增加，也可以使不适宜用管道输送的名胜景区、海岛、大型湖泊阻隔的区域等能够利用天然气。

（2）供应规模弹性很大，可适用日供应量从数十立方米到数万立方米的供气规模。

（3）运输方式多样，运输量可灵活调节。可以采用车、船等运输工具。可以根据用气发展过程的变化，组织相应的运输量，与管道输送相比，可以有效地减少建设初期和发展过程的输送成本。

（4）容易获得设备气源。只要有两个以上的压缩天然气供应点，就有条件获得多气源供应，从而可以保障气源的连续供应。

（5）应用领域增大。如中小城镇调峰储存，天然气汽车、天然气火车和CNG轮船等运输领域，以及工业燃料气体供应领域等。

二、CNG加气站工艺流程

（一）CNG站基本工艺流程

CNG站的任务是获得（外购或生产）并供应符合质量标准的CNG。在生产上，根据气原料气符合天然气Ⅱ类标准的情况，CNG 站的主要功能是净化和压缩。在供应上，有加气供应和减压供应两类，以及供应前的储存。因此，CNG 站基本功能包括天然气的接收（进站调压计量）、净化处理、压缩、供应（包括储存、加气或加压供气）等。

按压缩天然气供应目的的不同，上述工序的组成又有所不同。各类 CNG 站的工艺流程框图如图 2-16 所示。

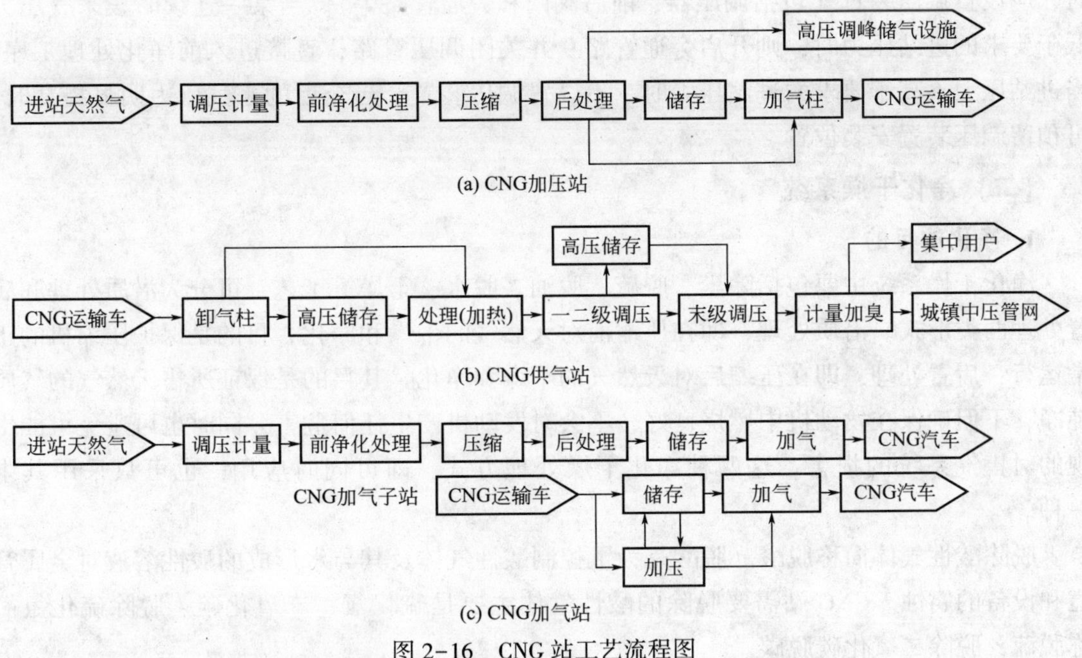

图 2-16　CNG 站工艺流程图

天然气进站调压计量工艺流程如图 2-17 所示。

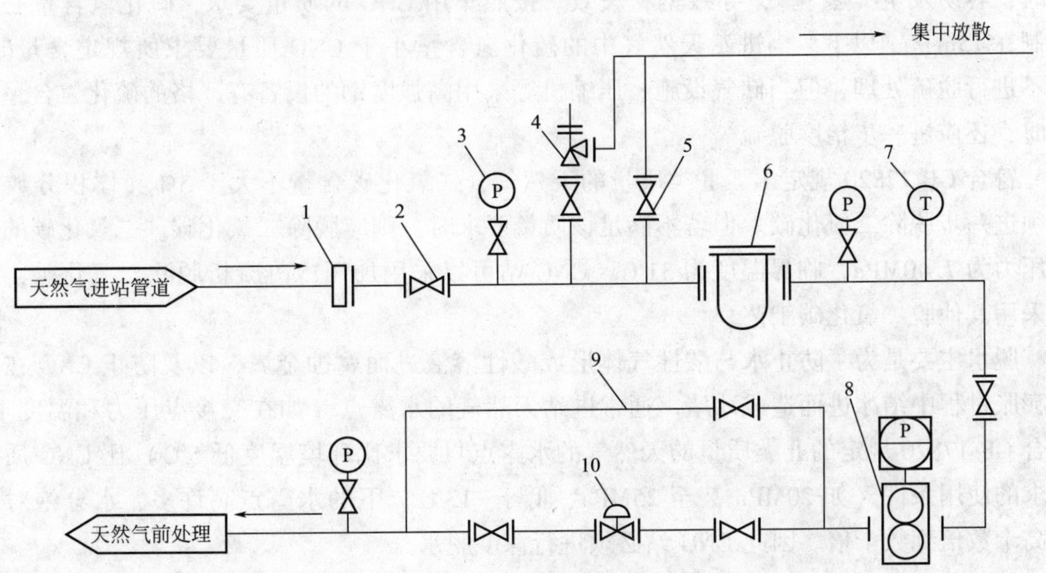

图 2-17　CNG 加压站调压计量流程

1—绝缘法兰；2—阀门；3—压力表；4—安全阀；5—放散阀；6—过滤装置；7—温度计；8—计量装置；9—旁通管；10—调压器

进站天然气经站区入口管处的紧急切断阀后，由进站管道连接至图 2-17 中所示进站调压计量工艺区。经总阀 2（也可作紧急切断阀）、过滤器 6 后，由计量装置 8 计量，再经调压器 10 调压至后续处理装置工作压力后，进入压缩前净化处理工序。

当进站压力超高时，安全阀 4 开启，超压天然气经集中放散管排至放散口排放。

当天然气进站压力克服压缩机前设备及管路的压损后，仍高于压缩机进口压力要求时，应设置调压装置（包括调压器、前后阀门和旁通管路等）。当某一连续时段来气压力低于要求的进站压力时，则开启旁通管路 9 并关闭调压管路，直接进入前净化处理工序。当进站压力不高于要求的进站压力时，不设置调压装置。当今后的来气压力明显提高时，可预留调压装置安装位置。

（二）净化干燥系统

1. 净化的目的

净化干燥系统主要包括除尘、脱硫、脱油、脱水、干燥等工艺，可分为潜质处理和后置处理两类形式。潜质处理，即在压缩前对天然气的干燥和净化，目的是保护压缩机的正常运行；后置处理，即在压缩后对天然气的干燥和净化，其目的是保证所售天然气的气质纯净，不但确保在发动机中燃烧良好，不会对发动机产生任何危害，同时也可避免可能出现的对售气系统的损害。这两种净化干燥处理方式，即可同时应用，也可只采用其中一种。

脱除酸性气体简称脱酸。脱酸是为了控制酸性气体及其与水形成的酸性溶液对金属管道和设备的腐蚀。CNG 站需要脱除的酸性气体主要是硫化氢、二氧化碳。脱除硫化氢简称脱硫，脱除二氧化碳脱碳。

CNG 站内的高压设备和管道采用的高强度钢，对硫化氢特别敏感，当硫化氢含量较高时，容易发生“氢脆”，导致钢材失效。按照车用 CNG 的质量要求，硫化氢含量必须控制在 $15mg/m^3$ 以下。当进站天然气中的硫化氢含量小于 CNG 质量要求所规定含量时，可不进行脱硫处理，但当储气设施、压缩机等采用高强度钢的设备有严格的硫化氢含量要求时，还应进一步精度脱硫。

符合 GB 17820 规定Ⅰ、Ⅱ类质量的天然气，二氧化碳含量不大于 3%（体积分数），无须进一步脱除二氧化碳。但若不满足该质量要求时，则应脱除二氧化碳。二氧化碳的临界压力为 7.40MPa，临界温度为 31℃，CNG 站可以采用加压冷凝凝析脱除二氧化碳，而不采用其他脱二氧化碳工艺。

脱水主要是为了防止水与酸性气体形成酸性溶液进而腐蚀金属，以及防止 CNG 在减压膨胀过程中结冰进而造成冰堵。通常进站天然气的水露点（如在交接点压力和温度下，符合 GB 17820 规定的Ⅱ类质量的天然气的水露点只要求比环境温度低 5℃）比 CNG 质量要求的使用条件（如 20MPa 甚至 25MPa、低于-13℃）下的水露点高许多，水分绝对含量高十数倍到数十倍。因此 CNG 站必须进行深度脱水。

《车用压缩天然气》（GB 18047）要求压缩天然气在操作压力和温度下，不应存在液态烃。而 CNG 站进站质量标准《天然气》（GB 17820）并无严格的烃类含量限制。在高压条件下，气态的重烃类物质会液化，所以 CNG 站需要脱烃。CNG 站的脱烃是指除去天

然气中 C_3 及以上的烃类物质。

脱氮气主要是减少天然气燃烧过程中产生的 NO_x 量。脱氧是为了防止在高压下氧加速对设备材料等起氧化反应。CNG 站进站天然气符合城镇燃气质量标准时，按目前国内的标准，可不进行脱氮和脱氧。

2. 净化工序配置

上述各净化处理工序位置的确定，要根据 CNG 站建站技术条件，进站天然气气质情况，净化设备工艺条件和运行技术参数，压缩天然气质量要求，以及设备选择技术经济性等因素，经综合分析后确定。CNG 站的净化处理工艺流程中，一般将安排在天然气压缩前、压缩中和压缩后的净化处理，分别称为压缩前处理（简称前处理或预处理）、压缩中处理和压缩后处理（简称后处理或终处理）。

CNG 站采用常温干法脱硫工艺时，脱硫装置通常配置为净化的第一道工序。这种配置方案的优点是能够最大限度地避免硫化氢对后续工艺设备及管路的腐蚀，而且在站内低压力段运行的脱硫设备的制造比高压段简单，操作和更换脱硫剂也相对容易。如果采用对脱硫剂保湿的干法脱硫工艺，则必须设置在第一工序，以便后续工序对其出口天然气进行深度脱水处理。当采用分子筛吸附脱硫工艺时，应采用同时脱水和脱硫的工艺设备，一般也配置在压缩机前。若压缩机对酸性气体，特别对硫化氢以及含水量没有特别要求时，也可考虑在压缩机后配置高压分子筛脱水装置。

一般情况下，CNG 站只需设置一套脱水装置，可配置于压缩前、压缩中或压缩后。

下列情况应在压缩前设置脱水装置：进站天然气中含水量高于压缩机的限制要求；采用湿法脱硫或加湿的干法脱硫工艺；压缩后天然气带出油分较多而不宜在压缩机后设置脱水装置；出气设施环境温度低于 0℃（但脱水装置工作温度不应低于 0℃）等。

下列情况应在压缩后设置脱水装置：进站天然气中重烃含量影响脱水装置脱水效果；进站压力因脱水装置及其管路系统的压损而明显影响压缩机进口压力要求等。压缩后脱水装置应有降低装置内的压力波动（如采用快充制度时）的阻尼设备，以保证其脱水时间并减少对干燥剂的机械作用。当压缩机前后配置脱水装置均不适宜时，应选用允许中间脱水并有接口的压缩机，配置中间脱水装置。其他情况可在压缩前、压缩中或压缩后灵活配置。

3. 净化工艺流程

某压缩天然气前处理工艺流程如图 2-18 所示。该工艺设备双塔脱硫装置一套，两塔并联，一用一备。脱硫塔后配置压缩前脱水装置，采用分子筛干燥剂双筒并联设置，一用一再生备用，再生用气为站内净化天然气。

自进站调压计量装置后过来的待净化天然气，经脱硫装置进气总管、支管及支管阀门 1 后，进入脱硫装置 2 的工作塔 A 进行脱硫。脱硫装置 2 的塔 B 为备用塔。脱硫后的天然气经脱硫装置出口总管、止回阀 6、过滤器 7，进入脱水装置进口管。

脱硫天然气进入脱水装置 10 进口总阀后，由上部四通阀（或控制阀门组）控制天然气自上而下进入干燥筒 C 进行深度脱水。脱水后的净化天然气，经下部四通阀（或控制阀门组）和出口总阀，流出脱水装置，经止回阀和脱水装置后的过滤器，进入压缩工序

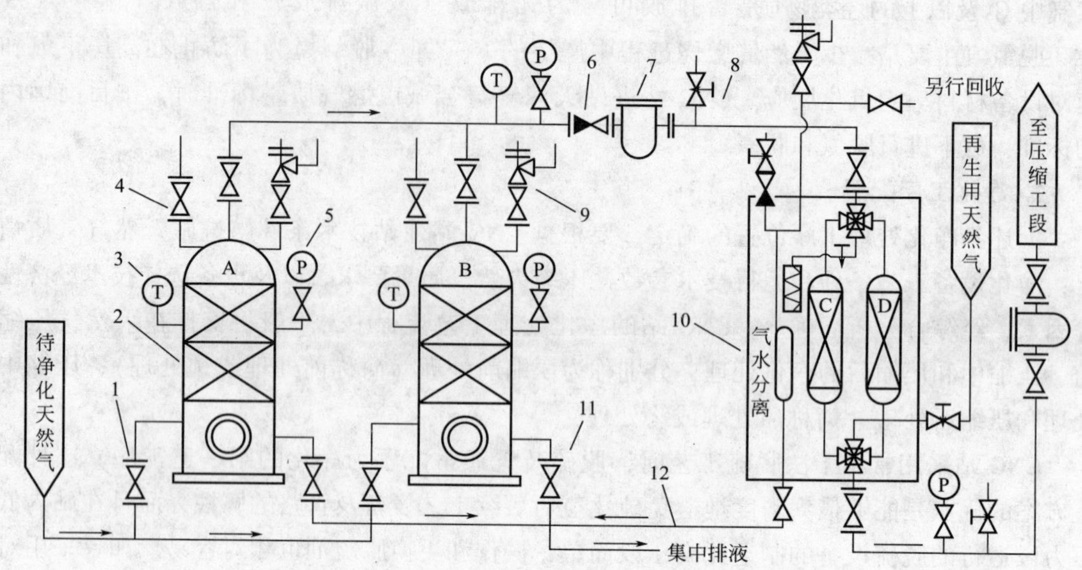

图 2-18　某压缩天然气前处理工艺流程图

1—阀门；2—脱硫装置；3—温度计；4—放散管；5—压力表；6—止回阀；7—过滤器；8—取样阀；9—安全阀；10—脱水装置；11—排污阀；12—排污总阀

（接压缩机前缓冲罐）。

脱水装置内干燥剂需要再生时，开启冷却器前的阀门，且当再生工作压力比干燥工作压力低时，应缓慢将再生筒 D，自下而上对饱和干燥剂进行脱水再生，再生气称为含饱和水蒸气的湿气。湿气经上部四通阀（或控制阀门组）、节流阀，进入冷却器冷却析水，再进入气水分离器分离。分离后的湿气，在干燥筒 C 工作时回流至其进口，在干燥筒 C 不工作时，由另一管路引出，进行其他方式的回收。

过滤器 7 过滤脱硫塔中带入的固体微粒。脱水装置后的过滤器过滤干燥剂中的粉尘。

按照设备制造要求，脱硫装置上应配备安全阀、放散阀（均接至集中放散管）、压力表和温度计，其出口总管上应设置压力表和温度计。脱水装置应配备压力表，也利用其后紧邻布置的压缩机缓冲罐上的压力表。脱硫装置和脱水装置的出口总管上，均应安装取样阀，并留有监控室可以在线取样的接管。

压缩后脱水是 CNG 站常见的工艺，其特点：由于压缩过程分离了天然气中的部分凝析水，进口气体为含水量小的饱和湿天然气，使脱水量减少，干燥剂工作时间延长；高压下脱水效率有所增加；干燥过程在压缩机排气压力下进行，工作压力有一定的波动（如 22~25MPa）；由于压缩机排气口的高压天然气温度较高，会降低脱水效率；再生操作相对复杂，例如需缓慢泄压（再生前）和升压（备用前）；干燥剂及其装填方式适应一定的压力（差）作用。压缩后脱水工艺流程与压缩前脱水工艺流程基本相同，不同的是，再生后的湿气经气水分离后，回流至压缩机前的缓冲罐（压缩机运行时）或做其他方式的回收（压缩机停机时）。

干燥剂再生工艺按加热程度可分为加热、微热和无热再生工艺；按再生气来源方式可分为装置内循环和装置外接入再生工艺；按在生气气质可分为原料气和产品气再生工艺；按再生湿气是否排放可分为无排放（或微排放）和排放（回收）再生工艺。通常，这些工艺是交叉成立的。再生工艺应根据具体工艺条件综合分析后选取。

（三）压缩系统

压缩系统是 CNG 加气站的核心部分，主要包括进气缓冲和废气回收罐、压缩机组、压缩机润滑系统、压缩机和压缩天然气的冷却系统、除油净化系统、控制系统 6 大部分。

天然气压缩是将经过处理后的天然气加压至工艺规定的压力状态的过程，是 CNG 供应站的重要工序。天然气压缩工艺流程如图 2-19 所示。

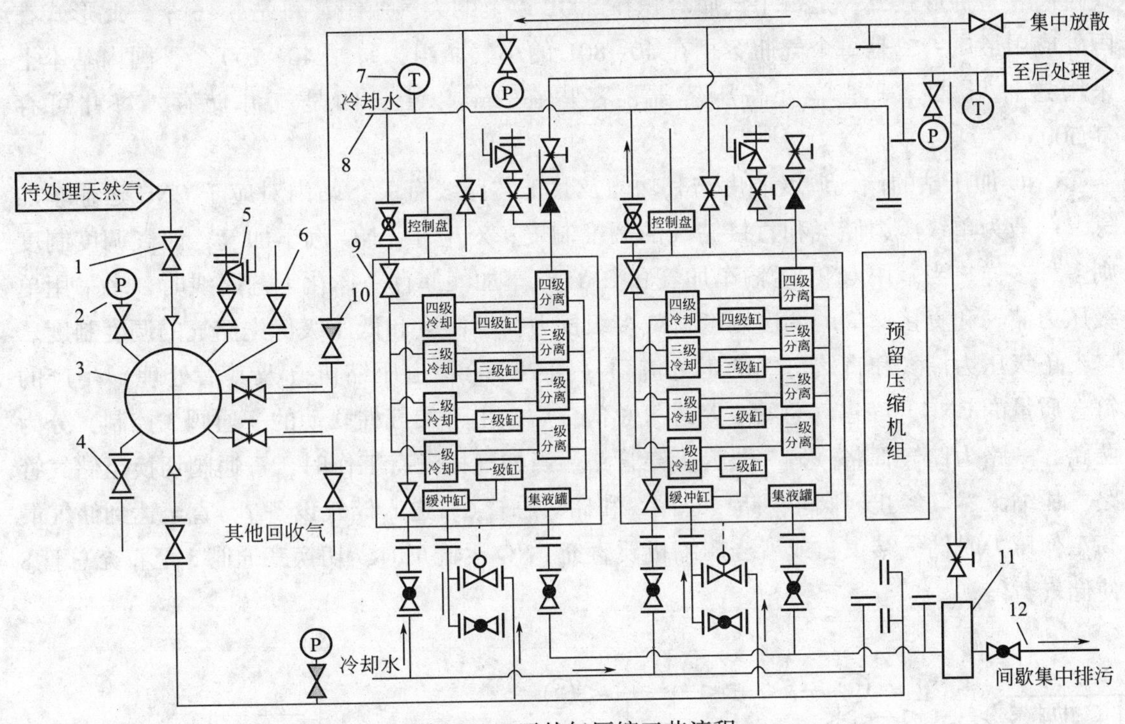

图 2-19　天然气压缩工艺流程

1—阀门；2—压力表；3—缓冲罐；4—排污阀；5—安全阀；6—放散阀；7—温度计；8—冷却水总管；9—压缩机组；10—止回阀；11—油气分离罐；12—排油总管

来自压缩前处理的天然气，通过缓冲罐进口阀 1 进入缓冲罐。压缩机开启后，天然气由缓冲罐进入压缩机进气总管，并分配至各台工作压缩机进气口，进气口上设进口截断阀。经压缩机多级压缩、级间冷却、气液（油）分离后，压送至压缩机出气口，经止回阀、出口截断阀，汇入压缩机排气总管，进入后续处理工序。

缓冲罐应满足压缩机开机和停机时压力和流量的缓冲需要。根据工艺和设备配备的不同，缓冲罐还应接收压缩机卸载排气、压缩中和压缩后脱水装置干燥剂再生后的湿天然气、加气机泄压气等。接至缓冲罐的天然气回收或回流管路上应设置流向缓冲罐的止回阀。按规定，缓冲罐上应设置安全阀、放散阀（均接至集中放散管）、压力表，必要时可装设温度计。

CNG站内均通过压缩机进口总管并连接各台压缩机，进口总管上应设置压力表，出口总管上应设置压力表和温度计。每台压缩机出口应顺序设置安全阀、止回阀和截断阀。压缩机自带启动回流（盘车）调节阀，可不设专用旁通管路，当需要现场安装回流（盘车）配管时，应按具体要求或按压缩机进出口旁通回路设置。

（四）CNG储存系统

CNG需经一定的储气工艺进行储存。储气是指根据储气调度制度，经一定程序，将待储存气按规定制度送入各储存设备的操作过程。储气调度制度包括压力分级方式、储气优先顺序及其控制等内容。储存CNG的设施包括储存设备及其管道系统。CNG的储存方式目前有4种形式，一是每个气瓶容积在500L以上的大气瓶组，每站3~6个，此形式在国外应用最广；二是每个气瓶容积在40~80L的小气瓶组，每站40~200个，国内基本上采用这种形式；三是单个高压容器，容积在2m^{3}以上；四是气井储存，每井可存气500m^3。

CNG加压站的储气调度制度与其功能及其工艺路线有关。站内对应于CNG运输车加气，一般为单级压力储气和直接储气的调度制度；对应于CNG汽车加气，储气调度制度则多种多样。当采用CNG运输车加气和CNG汽车加气储存一体化工艺路线时，多采用单级压力储气和直接储气的调度制度，或多级压力初期制度和低压级优先储气的调度制度。

单级压力储气和直接出气的工艺流程（图2-20），由压缩机（及其后处理）生产的符合质量的CNG，经进气总管1及进气总阀2后，由于加气柱联动的三通阀3控制，分为两路，一路为储气管路，另一路为直充管路。当加气柱没有工作时，三通阀切换至储气管路，压缩天然气经止回阀4、储气总阀5和储气总管6，进入储气设备7，直至达到储气最高工作压力时储气结束，或者当压缩机要直充CNG运输车时，切换三通阀3至直充总管8使储气暂停。

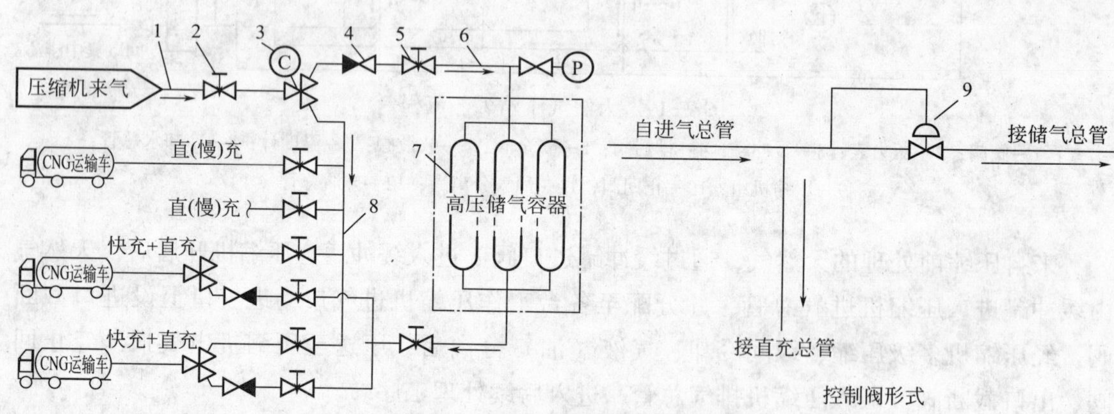

图2-20 加压站储气工艺流程图

1—进气总管；2—进气总阀；3—三通阀；4—止回阀；5—储气总阀；6—储气总管；7—初期设备；8—直充总管；9—控制阀

（五）控制系统

完整的加气站控制系统对于加气站的正常运行非常重要。一套自动化程度高、功能完善的控制系统可以极大地提高加气站的工作效率，保证加气站安全、可靠地运行。加气站的控制系统可分为 6 个部分：电源控制、压缩机组运行控制、储气控制（含优先顺序控制）、净化干燥控制、系统安全控制和售气控制。

（六）售气系统

售气系统包括高压管路、阀门、加气枪、计量、计价以及控制部分。

第四节　LNG 工艺

天然气作为目前世界上最佳能源，在我国城市气源的选择中已被高度重视，大力推广天然气已成为我国的能源政策。但由于天然气长距离管道输送的工程规模大、投资高、建设周期长，短时间内长输管线难以到达大部分城市。

利用高压将天然气体积缩小约 250 倍（CNG）进行运输，然后将其降压的方式解决了部分城市的天然气气源问题。而应用超低温冷冻技术使天然气变为液态（体积缩小约 600 倍）、采用超低温保冷槽罐，通过汽车、火车、轮船等方式远距离输送天然气，然后经超低温保冷储罐储存再汽化的 LNG 供气方式与 CNG 方式相比，输送效率更高，安全可靠性能更强，能够更好地解决城市天然气气源问题。

一、LNG 基础知识

（一）LNG

LNG 是 Liquefied Natural Gas 的简称，即液化天然气。它是天然气（甲烷）经净化，在超低温状态下（-162℃、一个大气压）冷却液化的产物。液化后的天然气体积大大减少，约为 0℃、1 个大气压时天然气体积的 1/600，也就是说 $1m^3$ LNG 汽化后可得 $600m^3$ 天然气。LNG 主要成分是甲烷，很少有其他杂质，是一种非常清洁的能源，密度约为 $426kg/m^3$。

（二）LNG 的组成及储存性质

1. LNG 的组成

LNG 是以甲烷为主要组分的烃类混合物，通常还包含少量的乙烷、丙烷、氮等其他组分。气化后天然气的爆炸极限体积分数约为 5%~15%。

一般情况，LNG 中甲烷的体积分数应高于 75%，氮的体积分数应低于 5%。

2. LNG 的储存特性

1）LNG 蒸发性

（1）LNG 作为一种沸腾液体大量存放在绝热储罐中，任何传导至储罐中的热量均将导致蒸发气（BOG）的产生。当 LNG 蒸发时，氮和甲烷首先从液体中气化出来，不论是温度低于-113℃的纯甲烷，还是温度低于-85℃含 20%氮的甲烷，都比周围的空气重。在标准条件下，天然气密度约为空气密度的 0. 6 倍。

（2）当 LNG 已有的压力降至其沸点压力以下时，部分液体产生蒸发，液体温度将降到此时压力下的新沸点，LNG 闪蒸气体的组分和剩余液体组分不同。

精确计算 LNG 闪蒸所产生的气体数量和组分是比较复杂的，可以采用有效的热力学或模拟软件，结合适当的数据库进行闪蒸计算。

2）翻滚现象

LNG 是一种液态烃类混合物，不同组分和温度会造成 LNG 密度不同。在储存 LNG 的储罐中可能存在两个稳定的分层，这是由于新注入的 LNG 与储罐底部储存的 LNG 混合不充分造成的。在每个分层内部液体密度是均匀的，但是底部液体的密度大于上层液体的密度。由于热量输入到储罐中而产生层间传热、传质，以及液体表面的蒸发，层间的密度将达到均衡并且最终混为一体，这种自发的混合称为翻滚，如果底部液体的温度过高，翻滚将伴随着蒸气溢出的增加，有时这种增加速度快且量大，将引起储罐超压。

为防止翻滚现象的发生，应根据 LNG 来源和密度不同，决定储罐进液方式，长期储存时应定期进行倒罐循环作业。

3）快速相变现象

两种温差极大的液体接触时，若热液体温度（单位为 K）比冷夜体沸点温度高 1.1 倍，则冷液体温度上升极快，表面层温度超过自发成核温度，而且以爆炸的速率产生蒸气，出现快速相变（RPT）现象。

当 LNG 与水接触时，RPT 现象就会发生，尽管不发生燃烧，但是 RPT 现象具有爆炸的所有其他特征。LNG 洒到水面上而引发的 RPT 是罕见的，而且影响也很有限。

（三）LNG 的温度控制

隔离绝热材料尽管有效，本身却不能保持 LNG 的温度。LNG 保存时像“沸腾的制冷剂”一样，也就是说，由于被储存的 LNG 和沸腾的水是非常相似的，只是沸腾温度要比水的低 243℃。水沸腾的温度（100℃）恒定不变，即使继续加热，因为蒸发作用（汽化）温度也不会上升。同样地，如果压力保持恒定，那么 LNG 将保持恒定的温度，这种现象称为“自动制冷作用”。只要蒸气（LNG 的蒸发气）可排出容器（储罐），LNG 温度将保持不变。如果蒸气不被排出，那么容器内的压力和温度将升高。然而，即使在 0.689MPa，LNG 的温度仍然仅约为−129℃。

（四）LNG 的特点

（1）低温、气液膨胀比大、能效高易于运输和储存，$1m^3$ 的天然气热值约为 9300 千卡，1t LNG 可产生 $1350m^3$ 的天然气，可发电 8300kW·h。

（2）清洁能源，LNG 被认为是地球上最干净的石化能源。LNG 硫含量极低，若 260×10^4t/a LNG 全部用于发电，与燃煤（褐煤）相比将减排 SO_2 约 45×10^4t，将阻止酸雨趋势的扩大。用天然气发电时 NO_x 和 CO_2 排放量仅为燃煤电厂的 20%和 50%。

（3）安全性能高，由 LNG 优良的理化性质决定的。燃点较高，自燃温度约为 590℃，燃烧范围较窄（5%~15%），天然气的密度小于空气、易于扩散。

LNG 作为能源，其特点有：

（1）燃烧后基本不产生污染。

（2）LNG 供应的可靠性高，由整个链系的合同和运作得到保证。

（3）LNG 的安全性是通过在设计、建设及生产过程中严格地执行一系列国际标准的基础上得到充分保证。

（4）LNG 作为电场能源发电，有利于电网的调峰，可进一步优化电源结构。

（5）LNG 作为城市能源，可以大大提高供气的稳定性、安全性及经济性。

二、LNG 加气站工艺流程

LNG 加气站工艺流程的选择与 LNG 加气站的建站方式有关，LNG 加气站的工艺主要包括 3 部分流程：卸车流程、储罐调压流程、加气流程，如图 2-21 所示。

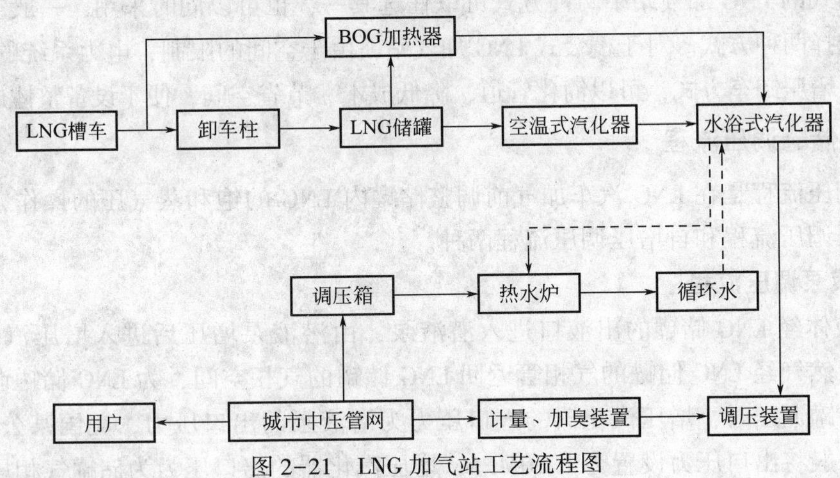

图 2-21　LNG 加气站工艺流程图

（一）卸车流程

LNG 的卸车工艺是将集装箱或槽车内的 LNG 转移至 LNG 储罐内的操作，LNG 的卸车方式主要有潜液泵卸车方式和自增压卸车方式。

1. 潜液泵卸车方式

潜液泵卸车方式是通过系统中的潜液泵将 LNG 从槽车转移到 LNG 储罐中，目前用于 LNG 加气站的潜液泵主要是美国某公司生产的 TC34 型潜液泵，该泵最大流量为 340L/min，最大扬程为 488m。潜液泵卸车方式是 LNG 经 LNG 槽车卸液口进入潜液泵，潜液泵将 LNG 增压后充入 LNG 储罐。LNG 槽车气相口与储罐的气相管连通，LNG 储罐中的 BOG 气体通过气相管充入 LNG 槽车，一方面解决 LNG 槽车因液体减少造成的气相压力降低，另一方面解决 LNG 储罐因液体增多造成的气相压力升高，整个卸车过程不需要对储罐泄压，可以直接进行卸车操作。

该方式的优点为速度快、时间短、自动化程度高，无需对站内储罐泄压，不消耗 LNG；缺点为工艺流程复杂，管道连接烦琐，需要消耗电能。

2. 自增压卸车方式

LNG 液体通过 LNG 槽车增压口进入增压汽化器，汽化后返回 LNG 槽车，提高 LNG 槽车的气相压力。将 LNG 储罐的压力降至 0. 40MPa 后，LNG 经过 LNG 槽车的卸液口充入

LNG 储罐。自增压卸车的动力源是 LNG 槽车与 LNG 储罐之间的压力差，由于 LNG 槽车的设计压力为 0.80MPa，储罐的气相操作压力不能低于 0.40MPa，故最大压力差仅有 0.40MPa。如果自增压卸车与潜液泵卸车采用相同内径的管道，自增压卸车方式的流速要低于潜液泵卸车方式，卸车时间较长。随着 LNG 槽车内液体的减少，要不断对 LNG 槽车气相空间进行增压，如果卸车时储罐气相空间压力较高，还需要对储罐进行泄压，以增大 LNG 槽车与 LNG 储罐之间的压力差。给 LNG 槽车增压需要消耗一定量的 LNG。

自增压卸车方式与潜液泵卸车方式相比，优点为流程简单、管道连接简单、无能耗；缺点为自动化程度低、放散气体多，随着 LNG 储罐内液体不断增多需要不断泄压，以保持足够的压力差。

在站房式的 LNG 加气站中两种方式可以任选其一，也可以同时采用，一般空间足够时建议同时选择两种方式。对于橇装式 LNG 加气站，由于空间的限制，电力系统的配置限制，建议选择自增压卸车方式，可以简化管道、降低成本、节省空间，便于设备整体成橇。

（二）储罐调压流程

储罐调压流程是在 LNG 汽车加气前调整储罐内 LNG 的饱和蒸气压的操作，该操作流程有潜液泵调压流程和自增压调压流程两种。

1. 潜液泵调压流程

LNG 液体经 LNG 储罐的出液口进入潜液泵，由潜液泵增压后进入增压汽化器汽化，汽化后的天然气经 LNG 储罐的气相管返回 LNG 储罐的气相空间，为 LNG 储罐调压。采用潜液泵为储罐调压时，增压汽化器的入口压力为潜液泵的出口压力，美国某公司的 TC34 型潜液泵一般将出口压力设置为 1.20MPa，增压汽化器的出口压力为储罐气相压力，约为 0.60MPa。增压汽化器的入口压力远高于其出口压力，所以使用潜液泵调压速度快、调压时间短、压力高。

2. 自增压调压流程

LNG 液体由 LNG 储罐的出液口直接进入增压汽化器汽化，汽化后的气体经 LNG 储罐的气相管返回 LNG 储罐的气相空间，为 LNG 储罐调压。采用这种调压方式时，增压汽化器的入口压力为 LNG 储罐未调压前的气相压力与罐内液体所产生的液柱静压力（容积为 $30m^3$ 的储罐充满时约为 0.01MPa）之和，出口压力为 LNG 储罐的气相压力（约 0.60MPa），所以自增压调压流程调压速度慢、压力低。

3. 加气流程

在加气流程中由于潜液泵的加气速度快、压力高、充装时间短，成为 LNG 加气站加气流程的首选方式。

（三）工艺设备

1. 卸载设备

卸载设备由 LNG 卸料臂、卸船管线、蒸发气回流臂、LNG 取样器、蒸发气回流管线及 LNG 循环保冷管线组成。

2. LNG 储罐

LNG 储罐分为地下罐和地上罐。地上罐按其结构可分为单包容式、全包容式、薄膜罐式。

3. 泵送设备

泵送设备将LNG从储罐内抽出，达到汽化器所需的压力后，然后输送到汽化器。在选择泵时，应根据汽化器所需要的压力和工艺流程合理选择其泵型、流量和扬程。

4. 气化设备

汽化器的功能是将LNG汽化，以便在高于烃露点以及不低于0℃的温度下将天然气送入输气管网。终端站内常用的汽化器有开架式汽化器（ORV）、浸没燃烧式汽化器和中间流体式汽化器。

第五节 常用工艺计算

一、集输气干线常用流量计算公式

（一）威莫斯输气计算公式

$$Q=5033.11d^{8/3}\sqrt{\frac{p_1^2-p_2^2}{ZTL\Delta}} \tag{2-9}$$

式中 Q——管线输气量，m^3/d；

p_1——管线起点压力，MPa；

p_2——管线终点压力，MPa；

d——管线内径，cm；

L——管线长度，km；

T——管线内天然气平均温度，K；

Δ——天然气对空气的相对密度；

Z——管线内天然气的平均压缩因子。

（二）潘汉德输气计算公式（B式）

$$Q=11522Ed^{2.53}\left(\frac{p_1^2-p_2^2}{ZTL\Delta^{0.961}}\right)^{0.51} \tag{2-10}$$

式中 E——输气管的效率系数。

E值可以实测，它取决于管线焊缝情况、管壁粗糙度、使用年限、清洁程度、管径大小等因素。E一般小于1，外径大于325mm的管线取E为0.90~0.94；管径小于325mm取E为0.85~0.90。

（三）集气管线流量计算公式的选用

管线流量计算公式较多，为使理论计算值尽可能地接近实际工况下的流量，因此必须选择一个适合的流量计算公式。

新潘汉德输气计算公式是在高压大口径输气管道实际统计数据的基础上建立起来的，在计算大口径输气管线流量上时精度较高。

威莫斯输气计算公式是在天然气输气管线发展初期，管线的管径和输气量较小，气体净化程度低，制管技术低的情况下，统计归纳数据的基础上建立起来的计算公式。我国目前大多数气田采气管线的工作条件与之相仿。在四川某气田集气管线的不同工况条件下运行中的实测数据，用威莫斯输气计算公式计算结果和实际流量误差为 3. 37%；用新潘汉德输气计算公式计算结果和实际数据误差 16. 46%。采用威莫斯输气计算公式计算采气管线流量比用新潘汉德输气计算公式计算出的流量更接近实际。因此对气质条件较差、管径较小的集气管线，宜采用威莫斯输气计算公式。

二、管径计算

在已知天然气流量、天然气相对密度、起终点压力、管线长度，需计算集气管线直径时，根据威莫斯公式（下同）可得：

$$d=4.09\times10^{-2}Q^{3/8}\left(\frac{ZTL\Delta}{p_1^2-p_2^2}\right)^{3/16} \tag{2-11}$$

三、起点和终点压力计算

当管径确定后起点压力、终点压力可按下两式计算：

$$p_1=\left[p_2^2+\left(\frac{3.948\times10^{-6}Q^2\Delta TLZ}{d^{16/3}}\right)\right]^{0.5} \tag{2-12}$$

$$p_2=\left[p_1^2+\left(\frac{3.948\times10^{-6}Q^2\Delta TLZ}{d^{16/3}}\right)\right]^{0.5} \tag{2-13}$$

管道平均压力可按下式计算：

$$p_{cp}=\frac{2}{3}\left(p_1+\frac{p_2^2}{p_1+p_2}\right) \tag{2-14}$$

式中　p_{cp}——管道平均压力，MPa。

习　题

一、名词解释

1. 集气干线

2. 成组型集气管网

二、简答题

1. 针对管道天然气水合物生产的几个重要因素，有哪些途径可阻止水合物的生成？

2. 城市燃气管网系统的压力级制可分为几种？

三、思考题

为什么输气管道干线采用高压输气较为经济？

第三章 常用设备及阀门

气井采出的天然气经过降压、分离、计量、净化厂处理、用户使用的整个过程是一套完备的工艺流程。由于井中采出的天然气，常带有一部分液体和固体杂质，如凝析油、游离水、气井作业后的残酸溶液、地层水、岩屑粉尘、有毒有害气体等。这些杂质具有很大的危害性，不仅腐蚀设备、仪表、管道，而且还可以堵塞阀门、管线，影响正常生产；也可能造成净化处理厂的塔器化学溶液的污染和液泛等问题。因此，天然气在集输过程中，需要通过不同的工艺设备处理天然气，保障天然集输过程的安全。目前，常用的工艺设备有加热设备、分离器、清管设备、干法脱硫装置等。

第一节 天然气加热设备

从气井采出的天然气压力高，不能直接进入集输系统输送，必须进行节流降压。气体通过节流阀时，压力降低，体积膨胀，温度急剧下降，在节流阀处可能生成水合物堵塞管道，影响正常生产。为防止水合物的生成，在节流前必须对天然气进行加热，以提高天然气节流的温度。天然气加热设备包括水套加热炉、电伴热加热器与锅炉。

一、水套加热炉

（一）水套加热炉的结构

水套加热炉是以水为传热介质的间接加热设备，水套加热炉是由筒体、烟火管、气盘管和其他附件组成（图 3-1），气盘管与筒体进出口管处用密封填料密封。筒体和大气连

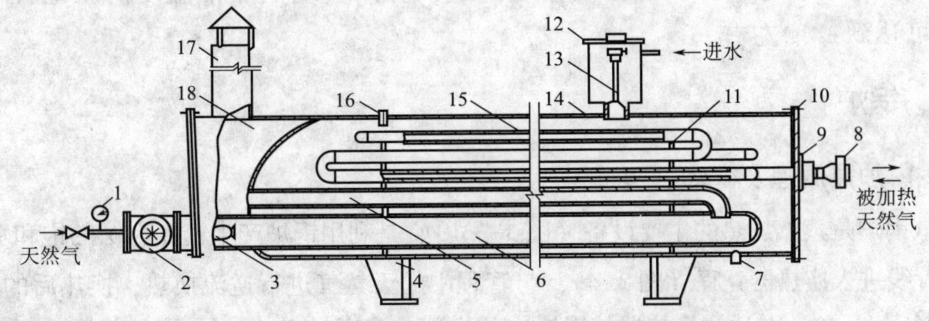

图 3-1 水套加热炉结构示意图

1—压力表；2—调风阻火器；3—燃烧器；4—支座；5—烟气出口管；6—烟火管；7—排污口；8—法兰；9—填料压盖；10—法兰盖；11—支撑板；12—水箱；13—水位计；14—筒体；15—气盘管；16—温度计管嘴；17—烟囱；18—烟箱

通，筒体内的烟火管（燃烧室）经筒体后进入烟气出口排入大气。气流从气盘管一端进入，经加热后从另一端流出。

（二）加热原理

天然气燃烧后产生的高温火焰从燃烧器喷出直接进入烟火管和烟气出口，烟火管和烟气出口附近的水受热后密度减小而上升，与气盘管传热后温度下降，密度增加而下沉，再次和烟火管接触被加热上升，如此不断地循环，流经盘管的天然气从盘管不断获得热量而温度提高。

（三）使用注意事项

（1）水套加热炉的筒体为不承压容器，应在常压下工作。

（2）水套炉气盘管的压力不能超过设计压力。

（3）水套炉用天然气作燃料时，应先点火、后开气。

二、电伴热加热器

在集输系统中，电伴热加热器是利用电阻值大的电导体在通电过程中产生的热量对天然气进行加热。电伴热加热器主要由电热带、电热板、PTV 电热管组成。

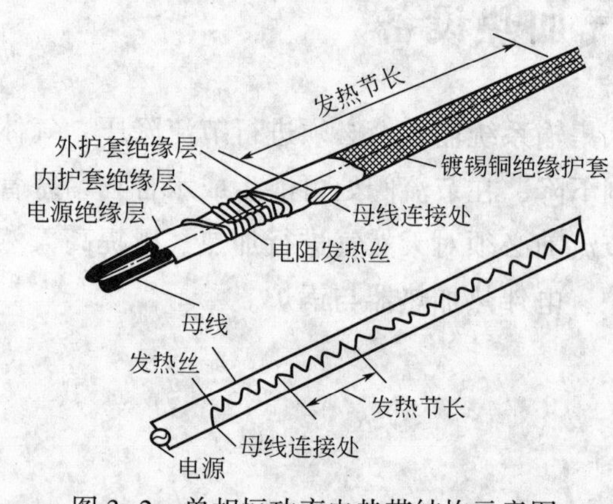

图 3-2　单相恒功率电热带结构示意图

电热带主要有单相恒功率电热带、三相功率电热带、高温电热带以及自限式电热带几种形式。现以单相恒功率电热带为例介绍其基本结构（图 3-2）。电热带主要由两根平行的电源母线和电热丝，以及必要的绝缘材料组成，电热丝每隔一定距离与母线连接，并形成连续的并联电阻，所谓“发热节长”即每根电热丝与母线连接的距离。母线通电后，将各电阻丝同时加热，形成一条连续的电加热带。对电加热带的温度控制主要利用温度控制器。温度控制器由感温包、毛细管和温控电器等组成，可以实现电热带温度的就地控制，控制精度可达到±4℃左右。

三、锅炉

（一）加热原理及循环过程

蒸汽锅炉是蒸汽加热的主要设备（图 3-3），它是利用锅炉产生密度为ρ_3的饱和水蒸气，经蒸汽管线进入换热器壳程（图 3-4），与管程中的天然气进行逆流换热，换热后的蒸汽凝析成水（密度ρ_1），并通过换热器与锅炉水位之间的高差（H_1-H_2）及密度差（$\rho_1>\rho_2>\rho_3$，ρ_2为锅炉内热水密度）形成的压头，在克服了回水管线的摩擦阻力后流回锅炉。如此不断地循环加热天然气，使天然气温度提高，达到加热天然气目的。

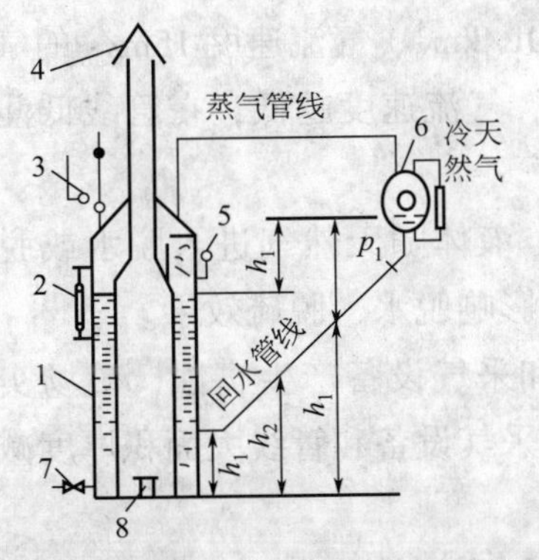

图 3-3　饱和水蒸气加热装置示意图

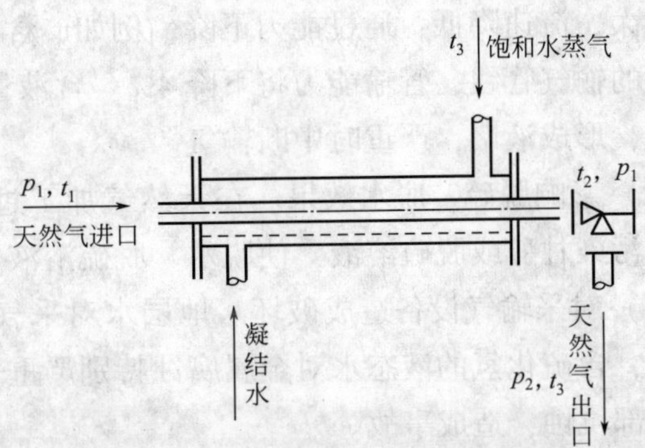

图 3-4　套管换热器示意图

（二）现场常用锅炉规范

现场常用锅炉型号有 LS0.4-8、LSG0.5-8 和 KZG1-8，锅炉规范见表 3-1。

表 3-1　常用锅炉规范

参数型号	蒸汽量，t/h	工作压力，MPa	饱和蒸汽温度，℃	给水温度，℃	锅炉重量，t
LS0.4-8	0.4	0.8	174.5	20	0.5
LSG0.5-8	0.5	0.8	174.5	20	6.0（充满水）
KZG1-8	1.0	0.8	174.5	20	7.8（充满水）

注：LS—立式水管理锅炉；LSG—立式水管固定炉排锅炉；KZG—卧式快装锅炉。

（三）操作注意事项

（1）锅炉属压力容器，在使用前必须申报当地管理部门认证后方可投入运行。

（2）锅炉在使用过程中，必须附件齐全，压力表、水位计、安全阀必须齐全合格。

（3）锅炉水位应在水位计的 2/3 高度，方可点火升压。运行中，水位不应低于最低水位线，也不允许高于最高水位线。

（4）锅炉压力升到 0.20～0.30MPa 时，方可开蒸汽使用。锅炉运行压力不允许超过最大允许压力。

（5）锅炉在运行时如发现严重缺水时，应立即停火，禁止马上加入冷水，须等待锅炉冷却后再加水。

（6）锅炉水质应经过处理，达到锅炉用水标准后才能使用。

（7）锅炉应定期排污，每次排污时间应控制在 1min 内。

（8）用天然气作锅炉燃料时，应先点火后开气。

第二节　天然气分离设备

从气井采出的天然气一般都含有液（固）体杂质。液体杂质有水、油和气井作业后的残酸溶液；固体杂质有泥砂、岩石颗粒等。这些杂质给采气、输气、天然气净化处理和用户使用带来如下较大危害：

（1）增加输气阻力。气液两相流动比单相流动时的摩阻大，当输气管线直径一定时，摩阻增大，流速降低，通过能力下降。例如，含液量 40L/km^3、气流速度 15m/s 的气液两相流动的输气管线，管输能力将下降 4%。含液量越高，气流速度越低，在管线低洼处越易积液，形成液堵，严重时中断输气。

（2）影响脱硫、脱水效果。在天然气加工过程中，液体随天然气进入脱水或脱硫装置，会污染甘醇或脱硫溶液，使脱水、脱硫溶液发泡，影响脱水、脱硫效果。

（3）对采输气设备造成破坏。地层水对采气管线和采气设备产生腐蚀，矿场实际资料证实，含硫化氢的液态水对金属腐蚀特别严重，会使采气设备和管线大面积厚度减薄或产生局部坑蚀，造成事故。

（4）固体颗粒杂质流体冲蚀管道。天然气中的固体杂质在高速流动时会对管壁造成冲蚀。高速流动的泥砂等固体颗粒在管道和设备中的运行，如同喷砂除锈一样，会对设备和管道产生强烈的冲蚀，尤其在管道转弯部位，气流方向的改变，使砂粒或固体杂质颗粒直接冲击管壁，形成一道道刻痕，造成管道局部厚度减薄，从而导致管道在这些部位破裂。

（5）使天然气流量计量不准确。用孔板差压流量计计量天然气流量时，要求被测气体干净且保持连续的单相流动。如果气液两相经过孔板，计量的流量偏大；若液体聚积在孔板下游管道低洼部位，造成管道水封、隔断气流，使隔断前压力升高，当气流压力升高到大于水阻力时，推动液体沿管道斜坡由低处向高处流动，液体被推走，使隔断前管道压力下降。在液柱重力的作用下，液体从高处又流回低处，给气流一个反方向的压力冲击波，使孔板流量计的差压下降，当气流推动液体上坡时，差压上升。这种压力波动，使流量计差压记录形成一宽带，造成计量误差增大。

为了避免上述危害，天然气从气井产出后，需消除天然气中的液、固体杂质。在采气现场除去天然气中液、固体杂质常用的工艺方法有分离、过滤等。

分离器是目前气田开发工艺中处理天然气中液、固体杂质的主要设备。根据液体流动的方向和安装形式，分离器可分为立式、卧式和球形等几种；根据其作用原理可分为重力式分离器、旋风式分离器、混合式分离器、过滤式分离器等。

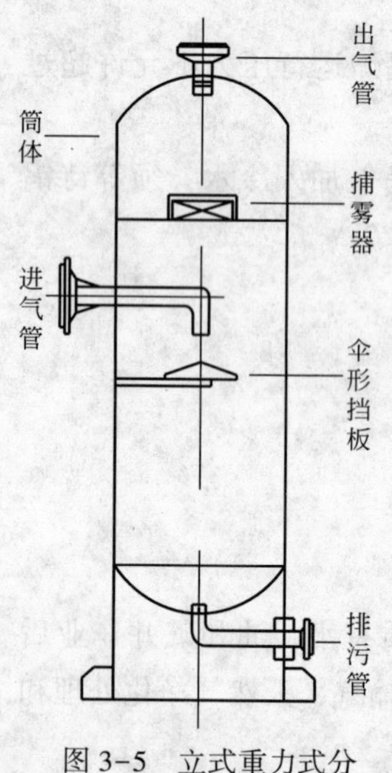

图 3-5　立式重力式分离器结构图

一、立式重力式分离器

立式重力式分离器由筒体、进口管、出口管和排污管组成。立式重力式分离器分为 4 个功能段，即分离段、沉降段、除雾段、储存段。为提高分离器的分离效果，筒体内还装有伞形挡板和捕集器等。天然气由进口管 B 进入分离器筒体内，筒体横截面积远远大于进口管横截面积，使天然气体积膨胀，流速降低。由于天然气和水、固体杂质密度不同，造成液滴和固体杂质的沉降速度大于气流的上升速度，液、固体杂质沉降到分离器底部，气体从分离器顶部的出气管 D 输走，从而实现气、液和固体杂质的分离。为了减少了气流击拍液面，造成气流挟带液体的现象，在分离器内装有伞形板（图 3-5）。

为了提高重力式分离器的效率，进口管线多以切线进入，利用离心力对液（固）体进行初步分离。捕集器利用碰撞原理分离微小的雾状液滴，雾状液滴不断碰撞到已被润湿的除雾器丝网表面，并不断聚积，当直径增大到使其重力大于气流上升的升力和丝网表面的黏着力时，液滴就会沉降下来。捕集器一般有翼状和丝网两种。翼状捕集器由平行金属盘构成的迷宫组（图 3-6）。丝网捕集器用直径 0. 10~0. 25mm 的金属丝（不锈钢、铜丝）或尼龙丝、聚乙烯丝编制而成。

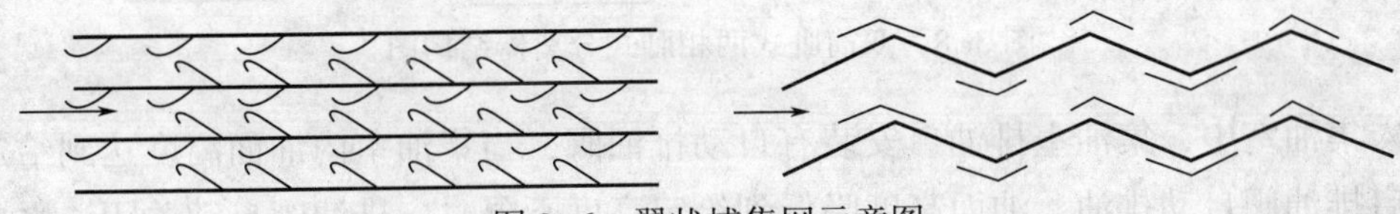

图 3-6 翼状捕集网示意图

影响立式重力式分离器效率的主要因素是分离器的直径。在处理气量一定，工作压力一定时，直径越大，气体流速低，细小液滴也容易分离，分离器的效率也就越高。

二、卧式重力式分离器

当气液混合的天然气进入分离器后，在导向板的作用下改变流向，在惯性力的作用下，直径大的液滴被分离下来，夹带直径较小液滴的气流继续向下运动（图 3-7、图 3-8）。由于分离器直径比进口管直径大得多，气流速度下降，在重力作用下较小直径的液滴被分离下来。气流通过整流板时，紊乱的气流变成直流，使更小的液滴与整流板壁接触，聚积成大的液滴而沉降，最后，雾状液滴在捕集器中被捕集下来。

在分离器直径和工作压力相同的情况下，卧式重力式分离器的处理气量比立式重力式分离器大，但卧式重力式分离器占地面积大，场地布置受限，多用于处理气量大的场站。

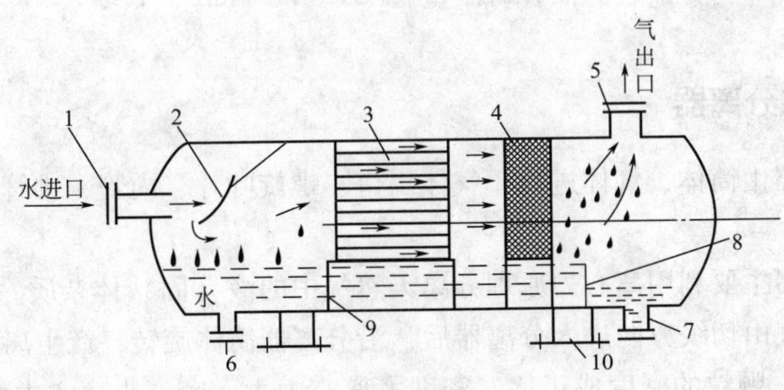

图 3-7 卧式分离器结构图

1—天然气进口；2—导向板；3—整流板；4—捕雾器；5—出口；6—排污口；7—排液口；8—堰板；9—支架；10—底座

三、三相重力式分离器

携带油、水（或乙二醇）的混合天然气进入三相重力分离器后，利用不同相之间的密度差进行分离。密度小的天然气从分离器顶部出口输出（图 3-9）。在分离器中安装有一块堰板，由于油的密度小于水的密度，油浮在上面，当油的高度超过堰板顶部时，翻过

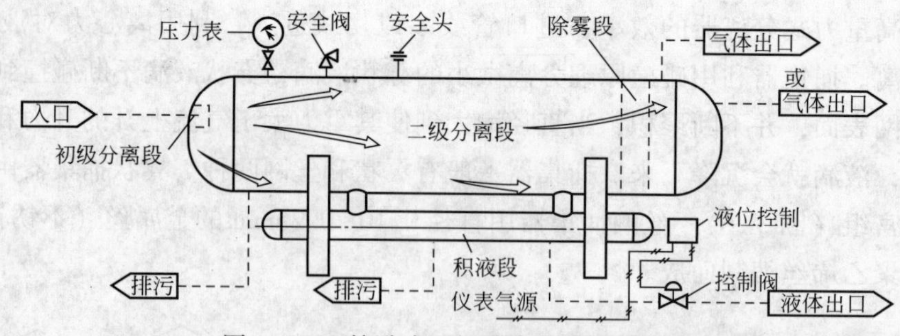

图 3-8　双筒卧式两相卧式分离器结构图

堰板进入集油室中，集油室排油口安装有自动排油阀，当集油室内油面高度达到给定高度时，开启排油阀自动排油，油面高度降低到给定高度下限时，排油阀自动关闭。水也是利用同样原理自动排放，三相重力式分离器的结构有立式和卧式，主要用于低温分离站的油和乙二醇富液的分离。

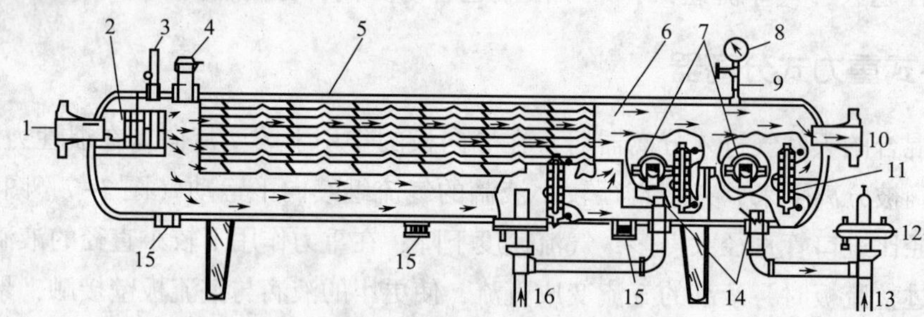

图 3-9　卧式三相分离器结构图

1—油气水混合物入口；2—入口分离器；3—安全阀；4—保安装置接口；5—除雾器；6—油脱气区；7—快速液位调节器；8—压力表；9—仪表用气出口；10—气体出口；11—液位计；12—膜片阀；13—污水出口；14—防涡流板；15—排污口；16—油出口

四、旋风式分离器

旋风式分离器由筒体、气体进口、气体出口、螺旋叶片、内管、锥管、积液器等组成(图 3-10)。

旋风式分离器主要利用离心力原理分离天然气中的液（固）体杂质。当含有液（固）体混合物的天然气由切线方向进入分离器后，沿分离器筒体旋转，产生离心力，离心力的大小与气液（固）颗粒的密度成正比，密度大离心力大；密度小离心力小。液（固）体的密度比气体大得多，产生的离心力比气体分子大得多，于是液（固）体颗粒就被抛到外圈（靠近器壁），较轻的气体则在内圈，气、液（固）体颗粒得到分离。

被抛在外圈的液（固）体颗粒继续旋转并向下沉降，沿锥管壁进入积液器，然后由排污管排出。气体则在锥管外尾部开始作向上的回旋运动，经中心管出口管输至下一级设备。

旋风式分离器的分离效果不仅与进入分离器中液体（固体）颗粒的直径和密度、气体的密度有关，而且与颗粒的旋转半径、角速度有关。在颗粒的直径和密度、气体的密度

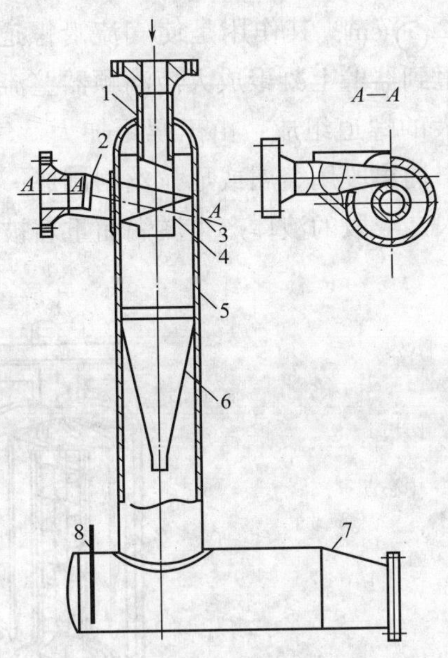

图 3-10　旋风式分离器结构图

1—气出口管；2—进气管；3—螺旋叶片；4—中心管；5—筒体；6—锥管；7—积液色；8—排污管

相同，流动状态（沉流、过渡流、紊流）相同的条件下，旋风式分离器的分离效果比重力式分离器高。同样直径、压力的情况下，旋风式分离器处理气量能力比重力式分离器高得多。常用旋风式分离器的通过能力见表 3-2。

表 3-2　旋风式分离器通过能力

直径，m	工作压力，MPa	工作温度	通过能力，$10^4m^3/d$	
			最小	最大
0.3	4.0	常温	60	100
0.2	6.4	常温	40	80
0.3	6.4	常温	90	170
0.4	6.4	常温	140	300
0.2	8.0	常温	50	90
0.3	8.0	常温	120	210
0.4	8.0	常温	210	380

五、混合式分离器

混合式分离器是利用多种分离原理进行气、液（固）体的分离，结构比较复杂，类型也很多。例如螺道式分离器、串联离心式分离器、扩散式分离器、多管旋风式分离器、过滤式分离器等。这些分离器由于现场使用较少，以下只作简单介绍。

（一）螺道式分离器

螺道式分离器是利用天然气在狭窄的螺道之中作高速旋转运动，形成强烈的离心力，使气流中的液滴聚合成较大的液滴沿器壁下沉，从而实现气液分离（图 3-11）。

螺道式分离器按其作用可分为凝聚段、扩大段、捕集段和储液段。凝聚段由 20 道螺道组成，螺道与器壁间隙为 2.50mm，其作用是使气流沿螺道高速（40~84m/s）旋转产生较大的离心力，把小液滴甩到器壁上凝聚成大液滴顺器壁流入储液段。扩大段由 2 圈紧接凝聚段之后的螺距逐渐加大的螺道组成，由于螺距加大，气流速度降低（10m/s），避免了使已聚合的液滴再分散。捕集段用金属或尼龙丝网制成，起捕集雾状液滴作用。储液段内设有破漩涡板，防止进入储液段的液体产生漩涡而重新被气流夹带。

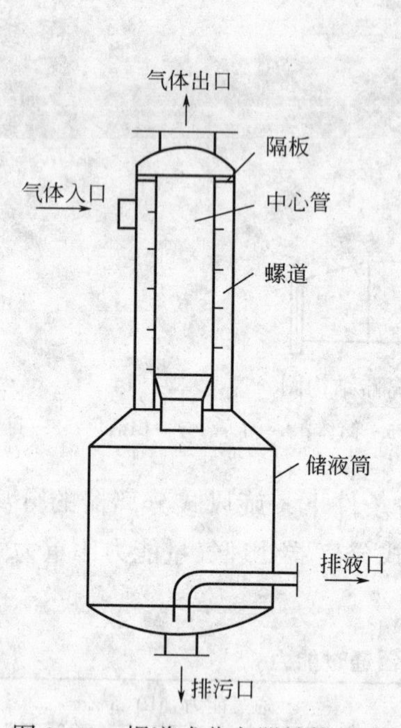

图 3-11　螺道式分离器结构示意

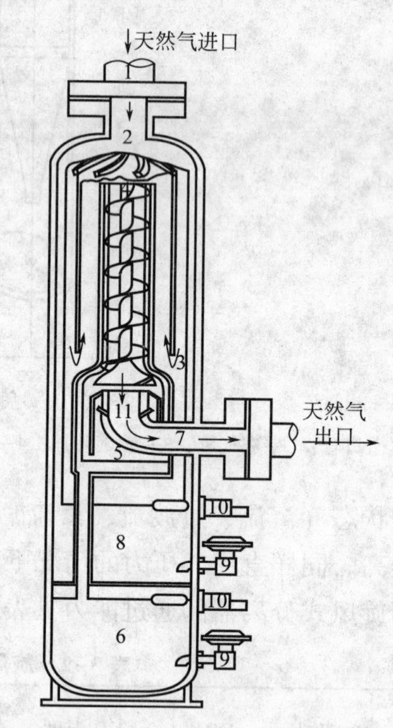

图 3-12　串联离心式分离器

1—气体进口；2—旋流发生器；3—环形空间；4—螺道；5—旋流段；6—二级储液室；7—气体出口；8——级储液器；9—排液阀；10—液面控制器；11—文丘里管

（二）串联离心式分离器

串联离心式分离器是利用重力、惯性力、离心力分离液（固）体（图 3-12）。含有液（固）体杂质的天然气从分离器顶部进入分离器后向下流动，液（固）体杂质在本身重力作用下初次沉降，气液到达环形空间底部时，气流改变流动方向拐向上流，液（固）体杂质在惯性力的作用下二次分离。此后，气流进入螺道高速旋转，液（固）杂质在离心力作用下第三次分离。最后气体经文丘里管和出口排出。为防止在压差下引起液体飞溅，储集段分为两个，液体由各自的排液口分别排出。

六、过滤式分离器

当带有液、固体杂质的天然气进入过滤式分离器后，在初始分离段中，过滤管将使流经管子的气体中的液沫聚集成较大的液滴，然后由其他捕雾元件所构成的第二段将这些聚积的液滴脱出除掉(图 3-13)。这种分离器可以 100%脱除大于 2μm 的颗粒，99%脱除 0.50μm 的微粒。过滤式分离器多用于矿场压气站的压缩机入口和仪器仪表气的净化。

七、聚结器

聚结器结构与过滤式分离器过滤端结构相同，内部结构主要包括积液包和滤芯分离元件。积液包分上下两部分，下部集液包主要用于收集天然气进入聚结器下部体积膨胀时分离出来的液体；上部集液包用于收集滤芯聚结出来的液体。聚结器的内部装有多根滤芯，密封形式采用单根密封，气体由内向外流动（图 3-14）。

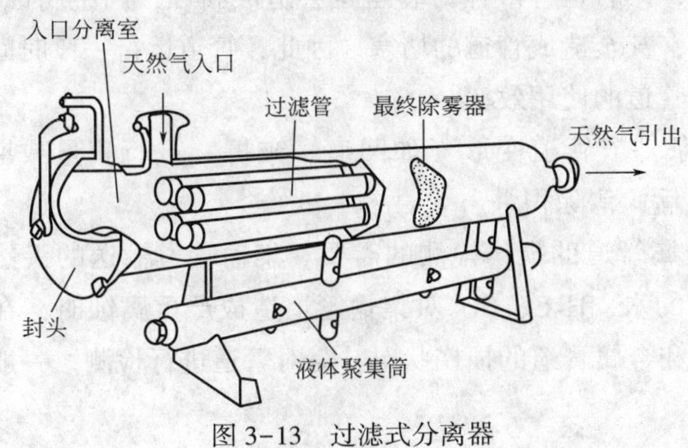

图 3-13　过滤式分离器

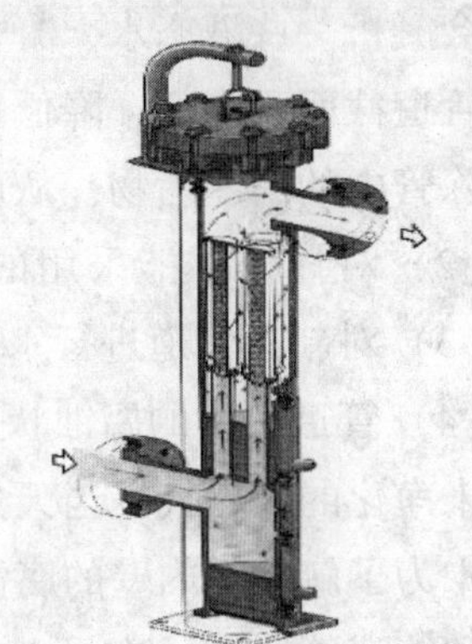

图 3-14　聚结器内部结构图

聚结器的滤芯具有多层过滤介质，其孔径是逐层递增的。当流体流过过滤介质时，小液滴竞相通过开孔，逐渐汇集成大液滴，这些大液滴更容易与连续相流体分离。聚结器分离脱液过程如图 3-15 所示。

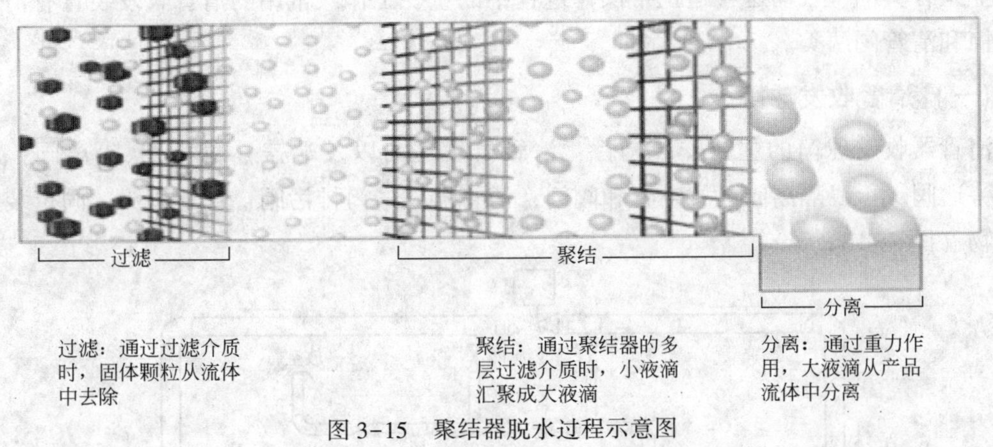

图 3-15　聚结器脱水过程示意图

聚结器滤芯可将工艺气流中的液体污染物去除至低于 0.01mL/L，同时还可脱除气流中的大于 0.30μm 的细微固体颗粒。聚结器之所以能够将液滴去除至 0.01mL/L 以下，是因为在其生产工艺中采用了颇尔专利的疏水/疏油处理技术，可以将聚结液体在只占整个滤芯 25%~30%的底部排出，从而避免液沫夹带现象。同时介质表面能量降低，可以防止聚结液体润湿介质，加速介质纤维上液体的排出。聚结器在纤维上的液体迅速从纤维上滑落，不会由于气体流动或气体夹带聚集到纤维孔中，从聚结器的脱液原理可以看出，聚结器脱除的液体是天然气中的过饱和液体，而非饱和液体。

第三节　管道清洁设备

管道清洁对管道投运、提高管输效率、腐蚀检测等方面有着重要的作用。

(1) 清除管道内污物。①在施工过程中，管内常常遗留下许多泥土、岩石和焊渣，投产前需要清理，以免在生产时堵塞管线和设备。②在生产过程中，在管线中的天然气中常常会凝析一些液态水、凝析油等，同时这些液体对管道也会造成腐蚀，产生腐蚀产物，造成管道截面积降低，降低输气量，甚至造成管道的堵塞。因此，管道运行一段时间后需要清除管内的一些污物，从而提高管道的使用效率。

(2) 对任何不能采用的限制条件或管道变形（如凹痕、皱折）进行测量或勘测。

(3) 对新建管道进行水压测试后，清除积水。

(4) 管道内壁的腐蚀状况和金属管道的损伤检测的需要。集输管道输送的天然气常常是未净化的天然气，当天然气中的水、H_2S、CO_2对集输管道造成严重腐蚀时，在清管过程中为了解管道内壁的腐蚀状况和金属管道的损伤状况，需对管道进行检测。一般可以通过智能清管器进行检测。

一、清管收发装置

管道运输具有运输效率高、成本低、安全可靠、损耗少和对环境污染小等优点。为了确保管道运输的高效和畅通，按照油气管道操作规程，必须定期对管道进行清管作业。清管作业是各类油、气输送管道正常操作过程中的重要工作。常用的清管收发装置有清管收发球筒和清管阀两类。

(一) 清管收发球筒

清管器收发球筒的主要安装构件：清管器发送筒以及端盖（盲板）；隔离阀；启动阀；旁通阀；干线隔离阀；放空管和阀门；清管器发送筒排污阀；管子弯头；固定装置与支撑物（图 3-16）。

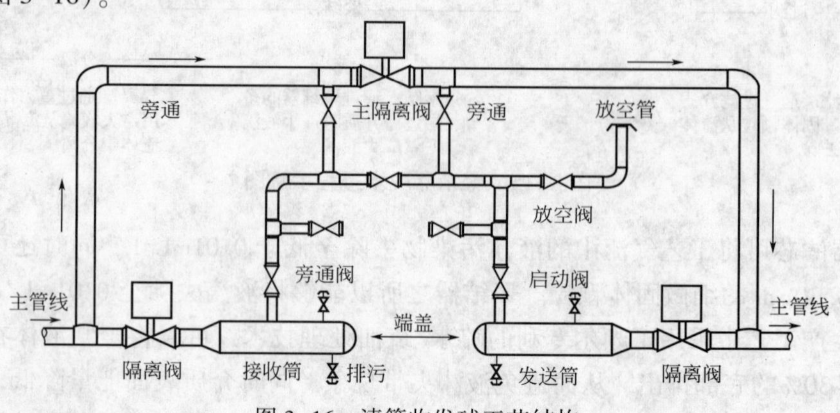

图 3-16　清管收发球工艺结构

1. 结构

1）清管器发球筒

清管器发球筒以及端盖（盲板）清管器发球筒（图 3-17）至少应是清管器长度的 1.50 倍（清理或清管检查）。

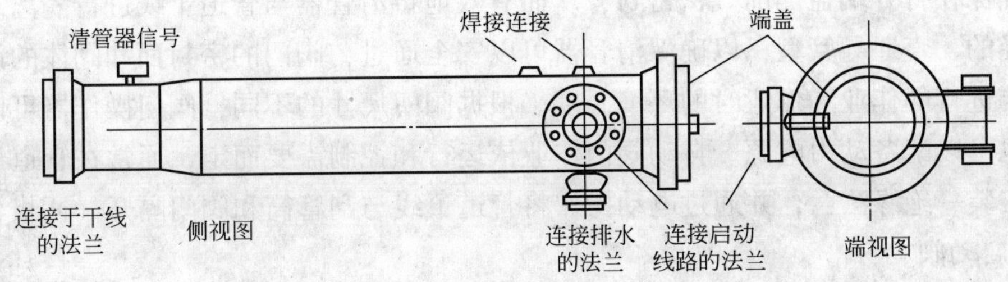

图 3-17　清管发球筒装置结构图

发球筒筒体的直径应比所清管道直径大一级，且筒体的中心线与管中心线呈一定倾角（图 3-18），即快速开关盲板端高于管线端，以便清管器推人，使其在发送前能紧贴前端的大小头。清管器的发送是利用天然气在清管器前后形成压差，将球推入管道。

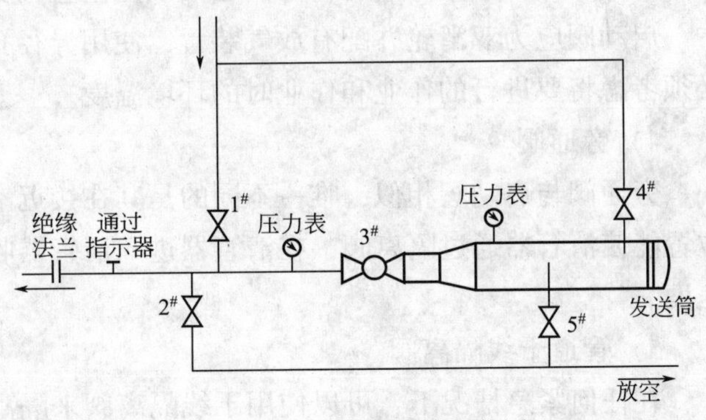

图 3-18　清管发球筒工艺图

清管器接收筒的直径较管径大 1~2 级，其长度的设计应既能适应较长清管器使用，也便于 2 个甚至 3 个清管球的接收，同时要为容纳固体杂物留下一定的空间。因此，目前所用清管器接收筒的筒体长度一般为筒径的 3~6 倍。如果考虑采用清管检测仪，则收、发球筒长度应不小于 2.50m。清管器发送筒必须配有连接器（通常是带法兰）相连，用于启动管道线路，而且如果需要进行排除作业，则应当安装排污阀。启动连接应当位于接近端盖的接收装置一侧，而且排水的出口应当位于筒的底端，同样也应该接近端盖。

对于气体管道而言，需要安装放空管和阀门。在筒上需要有用于测量、清扫及放空作业的焊接连接，而且应当位于与端盖相近的顶端部位；应在位于发送筒下游部位安装清管器信号装置，用来显示进入干线进行的清管作业。许多管道运营公司更倾向于使用无缝管作为清管器筒，管材必须使用低温材料，焊接必须是热应力已释放并适用于在较低的温度环境工作。清管接收筒应当至少是最长清管器的 2.50 倍。当需要进行清管作业时，必须注意到预期的碎屑量。

接收筒必须配备有法兰连接，用于旁路管道和排水出口。旁路连接的位置必须接近于干线。排水出口的位置应接近于端盖。筒的直径应是管道直缝管直径的 1~2 倍。

焊接连接主要用于测量、清扫和放空，建议使用无缝材料。需要使用低温材料和热应力已释放的焊缝，使之适用于在较低的温度环境下作业。

接收筒也应该安装通过指示器的清管器，指示器应安装在渐缩管的上游位置。快速开启端盖可以方便管道作业。快速开启端盖应当配备安全压力锁定装置。

2）隔离阀

需要使用一阀门将清管器筒与管道干线相隔离，隔离阀应是一个双重隔断和泄放阀，这可以确保在打开端盖之前气密密封，从而有效地将清管器与管道干线进行隔离。阀门必须是全径的、直通导管型，以确保清管器可以安全通过，阀门的密封面和阀体的设计必须考虑将要进行的作业和作业时的环境温度。根据阀门尺寸的不同，阀门操作器可以是手动操作，也可以配备动力电源。自动阀门作业依运行和控制需要而定，通常在管道干线阀门的一侧安装一绝缘法兰，并通过电动操作将管道干线与刮管筒和阀门隔开（阴极保护）。

3）启动阀

启动阀用于清管器的启动。该阀门的尺寸应是管径的 0.25~0.50 倍。根据阀门的尺寸大小，阀门可以是伞齿轮传动的也可以是垂直杆类型。通常情况，该阀门为手动操作。

启动阀应为双滑轮并配有放气装置，使用异径孔阀即可。阀门的密封面和阀体的设计必须考虑将要进行的作业和作业时的环境温度。

4）旁通阀

旁通阀与启动阀相似，唯一不同的是其在接近渐缩管或阀端处与接收筒相连接。这一位置能使清管器通过隔离阀，在清管器进入清管器收发球筒时，降低清管器之后的流量和速度。

5）管道干线隔离阀

在任何紧急情况下，可以使用干线隔离阀来隔离管道的上游部分与管道的下游部分。

6）放空管和阀门

放空装置只适用于气体作业，放空管及阀门的设计应适用于低温施工条件。

7）排污阀

尽管排污阀主要用于液体管道，但在输气管道中也是普遍存在的。阀门的材料及设计必须符合筒的设计和实际工作条件。排污阀位于筒的底部，而且通常使用管子连接于储罐或包括与储罐车相连的接头。

8）连接清管捕集装置的管子弯头

连接清管器收发球筒的管子弯头的半径必须符合由清管器制造厂家制定的清管器横向转动的要求。对于正常的清管器及批量输送管塞作业而言，其最小半径为管道外径的 3 倍即可。然而，对于电子仪表的清管器，需要更长的弯曲半径。

2. 工作原理及操作要点

1）清管前准备工作

按清管方案要求，对于不符合清管要求的设施进行整改，达到清管条件。

2）清管器的发送流程

清管器的发送流程如图 3-18 所示。

（1）发送清管器前，将管道输气压力调整到方案要求的压力。

（2）打开 5#球筒放空阀，确认球筒无压，打开球筒快开盲板，将清管器送入球筒底部大小头处并塞紧。

(3) 关闭快开盲板，装好保安装置。

(4) 关闭5#球筒放空阀。

(5) 开启4#球筒发球进气阀，平衡筒压。

(6) 全开3#阀。

(7) 关闭1#输气管道进气阀，发送清管器。

(8) 确认清管器发出后，打开1#输气管线进气阀，关闭3#阀，关闭4#球筒发球进气阀。

(9) 开启5#球筒放空阀泄压至零，检查3#阀，确认已关闭不漏气后，打开快开盲板，检查清管器是否发送成功。

(10) 清管器运行过程工艺计算。当检查清管器已发出后，进行各项工艺计算，结合沿途监听点的汇报，随时掌握清管器的运行情况，及时发现和正确处理各类问题。

(11) 清管器运行距离估算。

3) 清管器的接收流程

清管器的接收流程如图3-19所示。

(1) 关闭5#接收筒放空阀，以及6#、7#排污阀。打开4#接收筒旁通阀平衡接收筒压力，全开3#阀，关闭1#阀，接收筒处于接收状态。

(2) 一般情况下，在清管指示器发出球过信号后，关闭4#阀，打开6#、7#排污阀排污；如果遇到污水、污物较多的情况，应当在污水、污物到达接收站时，关闭4#阀，打开6#、7#排污阀排污。

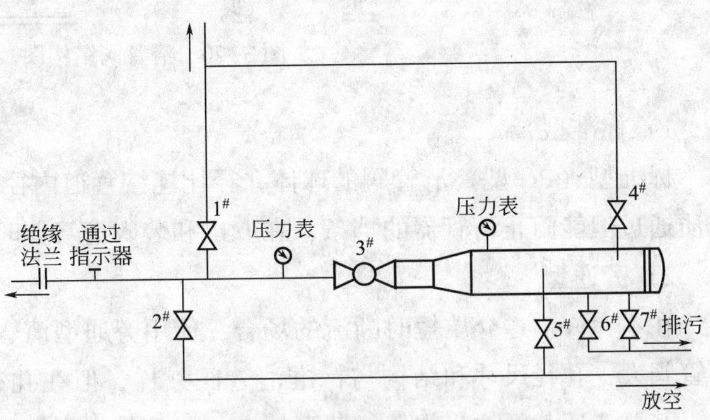

图3-19　清管收球筒工艺流程

(3) 确认清管器进入接收筒后，关闭6#、7#排污阀，关闭3#阀。

(4) 打开1#阀、恢复正常输气。

(5) 打开6#、7#排污阀，打开5#接收筒放空阀，当接收筒压力降为零时，打开快开盲板，取出清管器。如果接收筒内硫化铁粉较多，打开快开盲板前，应先向接收筒内注水，或打开快开盲板后立即向筒内注水，防止硫化铁粉在空气中自燃。

(6) 清除接收筒内污物，清洗后关闭快开盲板。

(7) 关闭5#接收筒放空阀，关闭6#、7#排污阀。

(二) 清管阀

20世纪90年代初，国外一些公司相继研制开发了一种可以作为清管器发射接收装置的新型阀门，这种阀式清管器发射接收装置简称清管阀。清管阀具备了传统清管装置的功能，使管线运输系统结构简化，清管阀有占地面积小、操作简单等优点。

1. 结构

清管阀是在 T 形三通固定式球阀结构基础上改型，增加功能后设计而成的阀门（图 3-20）。根据用途不同，清管阀可分为标准型、旁通型和隔离型 3 种类型。

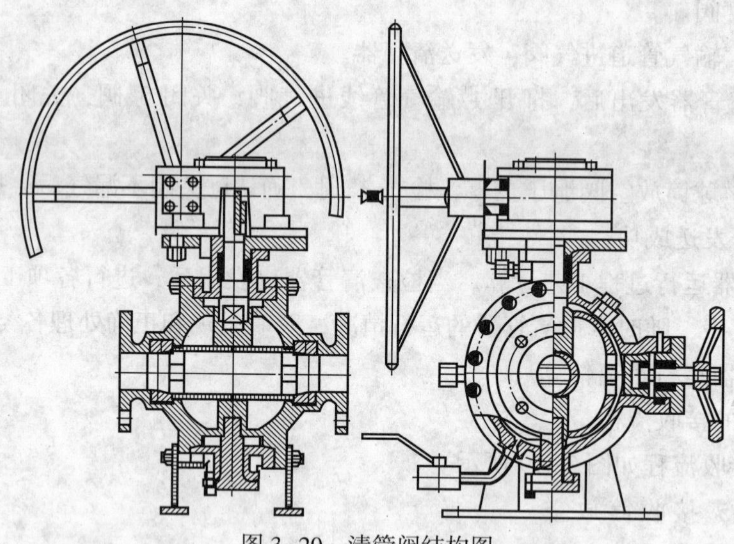

图 3-20　清管阀结构图

1）标准型

标准型（PC 型）清管阀的球体孔径比连接管道内径大约 25%，孔径的一端设有允许介质通过但能阻止清管器的挡条，在取出和装入清管器时，流体短时断流（图 3-21）。

2）旁通型

在不允许输送介质短时断流的场合，使用旁通型清管阀（图 3-22）。其球体比标准的清管阀大，孔径尺寸和结构与标准清管阀一样，但在孔径轴线垂直方向开有两个旁通流道，其总流通截面约为阀孔径截面的 25%。清管器发射接收全过程中流体流动不会中断。

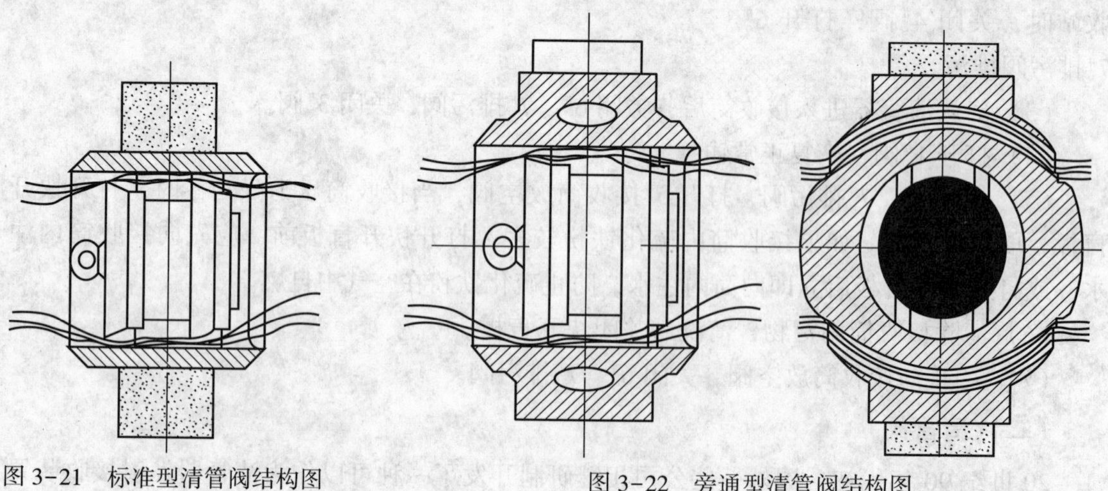

图 3-21　标准型清管阀结构图　　图 3-22　旁通型清管阀结构图

3）隔离型

离型清管阀的球体孔径只比连接管道内径大约3%。为了尽量减少隔离球上、下游介质的混合，孔径挡条上游侧安装有附加的密封环（图3-23）。

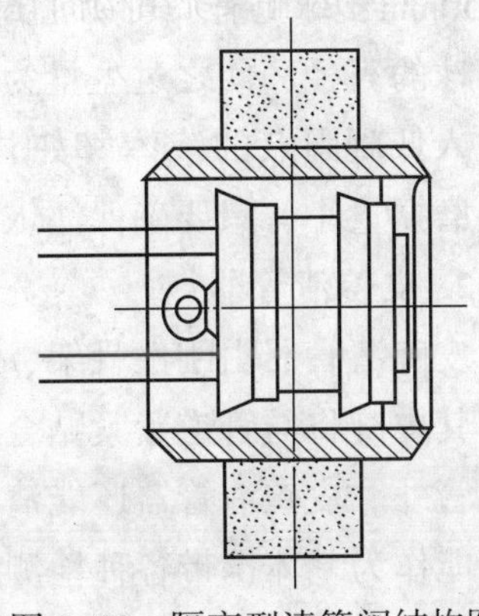

图3-23 隔离型清管阀结构图

2. 工作原理及操作要点

首先将清管器置入清管阀的球体内腔，通过球体在相互垂直的三通阀体内，作90°旋转运动。当球体通道和管线通道在同一轴线时，清管器在管道内的流体压力作用下，通过清管阀发送。发送清管器的方法为旋转球体90°，打开放泄球阀，排放后关闭，打开封门，装入清管器，关闭放泄球阀，拧紧封门，旋转球体90°，发送清管器。接收清管器的方法为旋转球体90°，打开放泄球阀，排放后关闭，打开封门，取出清管器，拧紧封门，旋转球体90°，恢复输送。

二、清管器材

（一）概述

清管器是利用流体压力推动穿过管线达到清管、测量、探测或其他目的的仪器。清管器可刮除管壁污物，在不增加动力的情况下能明显提高管道输送能力，又可用于新建管道清除杂物、积水等，提高管道投产的可靠性，因此清管技术及其工具受到石油化工企业的重视。

主要用途：

（1）对管线系统进行动态监测和管理。

（2）进行介质隔离，防止混油。

（3）清除管内污水、污物，如在液气混输管道内减少液体积存，管道分段试压的注水、排水、干燥。

（4）对管道进行内防腐处理。

（5）对新建管道或运行管道进行缺损检查，包括管道的腐蚀、裂纹、变形监测、泄漏检测等。

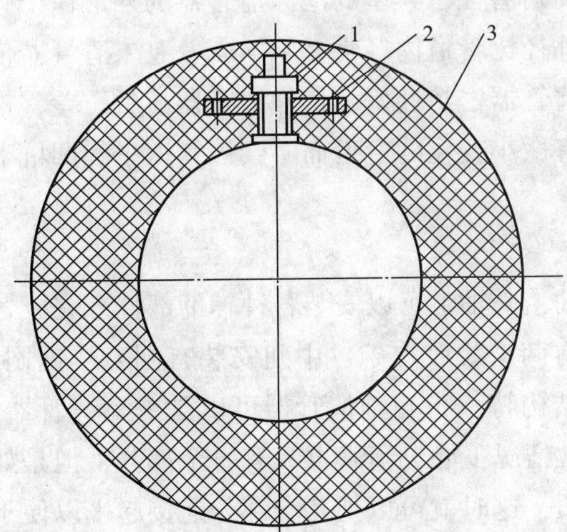

图3-24 清管球结构图

1—气嘴；2—固定岛；3—球体

（二）常用清管器材种类

1. 清管球

清管球是一种最简单的清除积液和分隔介质的可靠清管器，清管球结构如图3-24所示。清管球由耐磨耐油的氯丁橡胶制成。用于直径为100mm管道的球为实心球，大于100mm管道的球为空心球。空心球的壁厚为

30~50mm，球上有一可以密封的注水孔，孔内有一单向阀。使用前需注入液体，以调节清管球的直径，使之过盈量为管道直径的3%~8%。在0℃以下工作的清管球，球体内通常注入低凝固点的液体（如甘醇类），保持一定内压。清管球在管内运行时表面磨损均匀，磨损量小，只要确保注入口密封良好即可。

2. 皮碗清管器

皮碗清管器由刚性骨架、皮碗、压板、导向器等组成（图3-25）。当皮碗清管器作业时，其皮碗将与管道紧紧贴合，气体在前后产生压差，从而推动清管器的运动，并把污物清出管外。皮碗清管器还能清除固体阻塞物。同时，由于它可以保持固定的方向运动，所以还能作为基体携带各种检测仪器。

清管器的皮碗形状是决定清管器性能的一个重要因素。按照皮碗的形状可分为锥面、平面和球面3种皮碗清管器（图3-26）。其中锥形皮碗较为通用，使用广泛；平面皮碗清除块状固体阻塞物能力强；球面皮碗通过管道系统能力好，允许有较大的变形量。皮碗材料多为氯丁橡胶、丁腈橡胶和聚酯类橡胶。

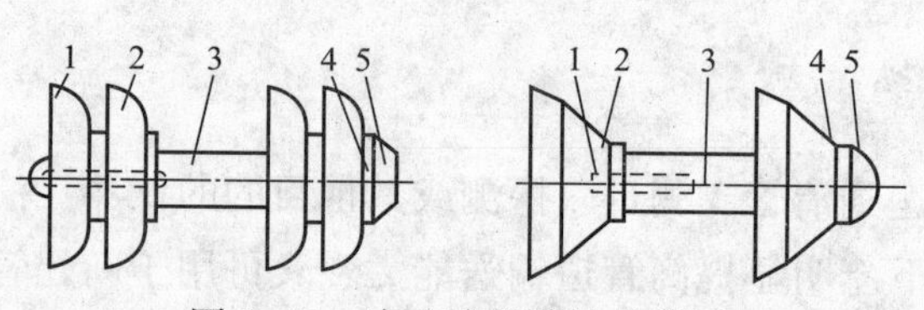

图3-25　皮碗清管器结构简图

1—清管器信号发射机；2—皮碗；3—骨架；4—压板；5—导向器

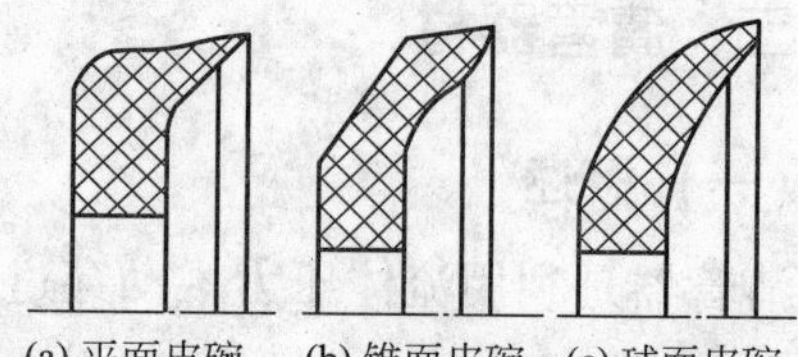

图3-26　清管器皮碗形式

3. 泡沫清管器

泡沫清管器一般由聚氨酯模制而成，没有重的金属部件，质量轻，降低了磨损和摩擦力，更具柔顺性，有更好的长距离运行性能，更易通过弯头和三通，性价比高，无须维修。表面黏接有硬的聚氨酯条或是磨料，以提高耐磨性，典型的泡沫清管器的外形像子弹头，易于通过弯头，长度一般为管径的两倍，外径比管道内径大2%~4%。泡沫清管器依靠挤压泡沫接触管壁实现刮刷结蜡和密封。该清管器密封性好，依靠清管器前后压差，推动清管器向前运行。泡沫清管器可以通过管径有微小变化的管道而不会被管道中的凹坑卡住或损坏。

4. 心轴清管器

心轴清管器的共同特点就是中间有一个心轴，心轴上可以安装各种辅助部件来完成各类需求（图3-27）。通常心轴清管器两端安装有两个橡胶皮碗，中间安装有刮刀或钢刷，用于去除管壁的结蜡或污垢。根据清洗管道的结构特点，心轴清管器可以是单个清管器，也可以是几个清管器用铰接结构连接起来。通常情况下心轴清管器只有一个部分，但是如果清管器要携带很多设备，清管器就会变得很长，这时就可以把几个部分连接起来以便于顺利通过管道中的弯头。

这类清管器是在国内外应用最广泛的清管器，按结构可分为：

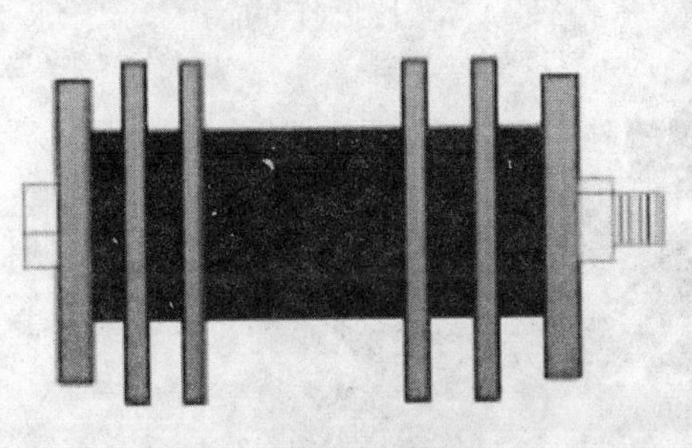

图 3-27 心轴清管器结构图

(1) 蝶形皮碗清管器。应用较广，可用作管道清洗、产品隔离和水压试验等。

(2) 锥形皮碗清管器。由其名称可知，皮碗为圆锥形。这种清管器密封性好，耐磨，使用寿命长，可通过变径管和弯头。

(3) 盘式清管器。皮碗不带裙部，仅由平盘组成，可以双向使用，清污除渣效果明显，可携带钢丝刷在管道中往返运行。

(4) 刮刀浦管器。适合清除管道中较软较厚的管道沉积物，如石蜡、焦油、淤泥等。

(5) 钢丝刷清管器。用于清除附着于管壁上薄而硬的管垢，如铁屑、钙沉积物等，但是钢丝刷清管器不适合清洗有内涂层的管壁。

(6) 万向节清管器。将两个长度较短的清管器用铰接万向节连接起来，就组成万象清管器。适合于管道弯头曲率半径较小的清管器。

5. 全聚氨酯组合式清管器

全聚氨酯组合式清管器由高强度聚氨酯心轴、皮碗、隔离幻灯严密组合在一起，磨损清洗均匀，一个人即可快速组装。具有独特的防散落结构，可根据用户需要研制组装。这种组合系统可全面完成管道维护、清扫、除水、计量、产品隔离、清除石蜡和沉积物，以及水压试验等。适用尺寸范围为 159~720mm 管道。

(三) 智能检测类清管器

智能检测清管器可以在不影响管道正常使用的情况下，检测管道内部的情况或污垢的情况，可以检测管道防腐层、管壁腐蚀、埋深位置等。运行管道检测工具收集管道内部情况数据后，由工程师和技术人员对这些数据进行分析、判断并汇报管道内部状况。显然这类清管器已经不像其他类型的清管器仅具有清扫管道的功能，它们担负着更重要的任务。不同类型的智能清管器有不同的作用，主要包括管径测量、曲率检测、温度压力记录、弯曲测量、金属损失（腐蚀测量）、射线检测、裂纹检测、结蜡层测量及产品抽样和定位。

1. 内部几何清管器

内部几何清管器是一种有许多支撑臂的测径器，支撑臂覆盖管壁一周，可测量管道内径的变化（图 3-28）。支撑臂上安装有传感器，清管器的运动情况与运动距离可通过这些传感器记录下来。

图 3-28　几何清管器结构图

2. 地理测量清管器

地理测量清管器已经发展到利用一个卫星定位系统确定清管器的位置以及管道的位置。通过卫星定位系统收集的数据结合地理测量仪器测量的信息，就可以完整地描述管道的具体位置。

3. 漏磁检测清管器

漏磁检测工具是用来确定管道的完整性，找出金属损失和腐蚀的位置。在恶劣环境条件下管道的金属损失是常见的问题。漏磁检测清管器可产生一个很强的磁场，安装在磁极之间的传感器探测磁场强度并记录磁通量通路。检测到有漏磁的地方就是有金属损失的地方。漏磁检测清管器非常适用于输气管道，因为可以在干燥的环境中运行，也不会因为管道内壁条件不好而受到影响。

4. 超声波检测清管器

超声波检测清管器同样用于检测管道内部的金属损失或裂纹。这类清管器携带着超声波发射器，超声波发射器外侧与管道管壁接触，发射器发射超声波穿过管道，超声波碰到管道内壁和外壁被反射回来。发射器接收反射回来的两列超声波，通过分析超声波的滞后计算管壁的厚度。滞后会发生变化，通过分析超声波的变化可以检测出管壁的腐蚀和裂纹。

5. 泄漏探测清管器

泄漏探测清管器通常用于检查管道的完整性，特别是无法看到管道外壁的水下穿越管道。这类清管器是通过探测穿过清管器的压降来检测泄漏点。为了准确定位泄漏点的位置，清管器的定位显得尤为重要，通常清管器携带有永久性磁铁，这样就可以在管线外探测磁场强度来确定清管器在管线内的具体位置。

6. 可视检测清管器

可视检测清管器主要应用于管道下沟后检测管道内壁衬里的状况，安装在清管器上的摄像机与管壁成90°角拍摄管壁的情况。

（四）药剂加注装置

药剂加注工艺主要应用于气井和集输场站，辅助生产过程中的药剂加注作业。目前该工艺广泛应用于气井泡沫排水采气、井筒缓蚀剂加注、管线缓蚀剂加注工艺等。药剂的相态不同，加注方式不同，其加注装置也不同。例如固体起泡剂，由井口加注筒投入，经油管投到井底，再由油管或套管排出。消泡剂的注入部位一般是在井口气液流出处，这是因为该处距分离器较远，与气水混合时间长，达到消泡和抑制泡沫再生的目的，进入分离器便于分离。缓蚀剂加入类似于液相起泡剂。

1. 固体起泡剂加注工艺

固体起泡剂加注是利用安装在采油树 7# 阀门上的固体泡排剂加注筒进行加注（图 3-29），通过该装置将固体起泡剂（如棒状起泡剂）从油管投入井内，在重力的作用下落入井底。其工艺流程如图 3-30 所示，主要用于间隙生产井、无人看守的边缘气井，水气比一般小于 $30m^3/10^4m^3$，产水量小于 $80m^3/d$，液体在井筒内的流速不宜过高。

图 3-29 固体泡排剂加注装置图

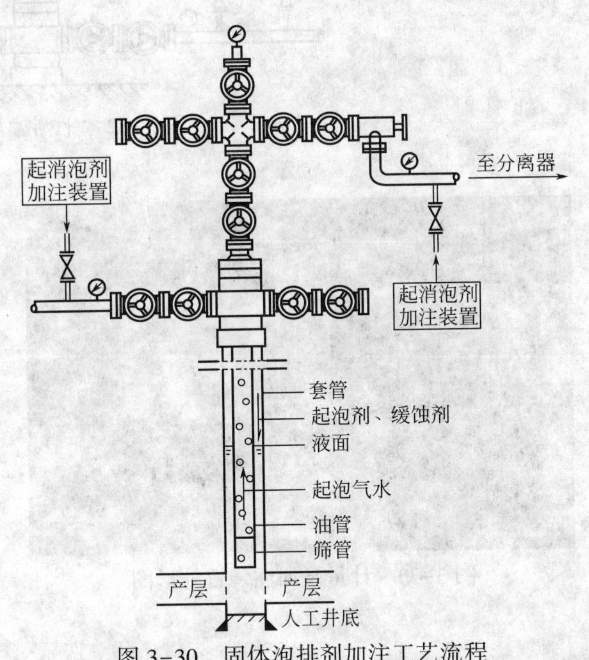

图 3-30 固体泡排剂加注工艺流程

2. 液体起泡剂加注

液体起泡剂加注是利用安装在井口的起泡剂加注装置进行加注，加注装置有：平衡罐加注装置、计量泵加注装置、泡排车加注装置和小直径管加注装置。

1）平衡罐加注装置

20 世纪 80~90 年代普遍使用平衡罐加注装置。将起泡剂溶液过滤后，倒入安装在井口的平衡罐内（图 3-31），调节平衡罐压力，使其平衡罐与井口压力平衡，起泡剂在重力的作用下从井口的套管或油管注入井底，其工艺流

图 3-31 平衡罐加注装置图

程如图 3-32 所示。主要用于间隙生产或间歇加注起泡剂、无动力电源，以及无人看守的边缘产少量凝析液、还有一定的自喷能力的气井，水气比一般大于 $30m^3/10^4m^3$。平衡罐工作压力为 10~30MPa，容量为10~100L。

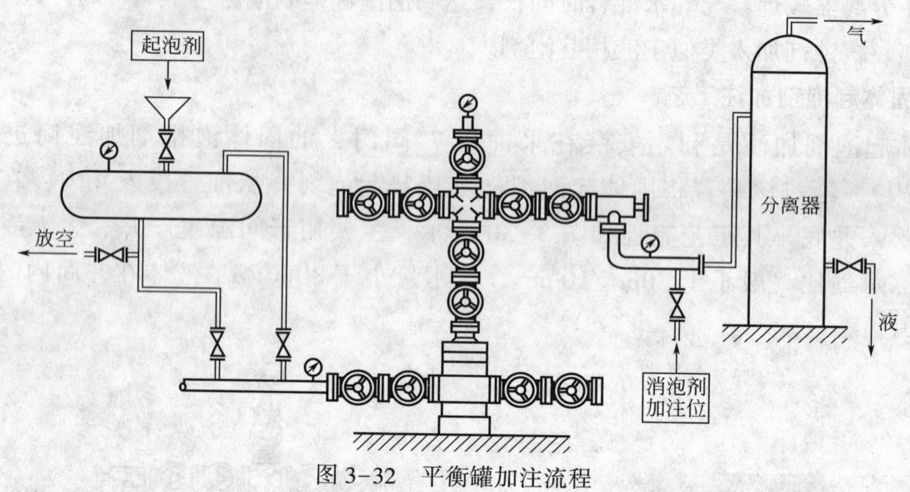

图 3-32 平衡罐加注流程

图 3-33 计量泵加注装置外形图

2）计量泵加注装置

20 世纪 90 年代后普遍使用计量泵加注装置，将过滤后的起泡剂溶液置入安装在井口附近的固定式或可移动式计量泵内（图 3-33），经泵增压后，起泡剂在压差的作用下，按照调节好的量从井口的套管或油管注入井底，其工艺流程如图 3-34 所示。主要用于连续加注起泡剂，有动力电源，以及有人看守或距井站较近的气井，也可用于间歇加注起泡

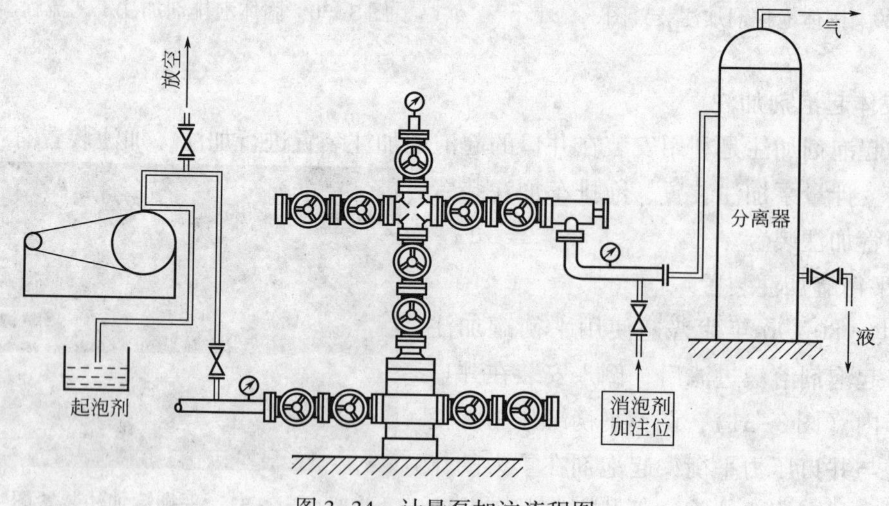

图 3-34 计量泵加注流程图

剂的气井，水气比一般大于 $60m^3/10^4m^3$。其优点为可以调节起泡剂的加注量，以便有利于改变加药制度。其缺点为井场因缺电而限制了使用范围。现该设备已改进为电机带动，并配备有小型汽油发电机，可随意搬迁使用，即为可移动式起消泡剂加注装置。

3）泡排车加注装置

泡排车为加注方式与计量泵加注方式相同，只是加注起泡剂的动力不是来自井场电源，而是由汽车供给动力。用汽车动力带动计量泵使其起泡剂增压后，按照调节好的加剂量从井口的套管或油管注入井底，该装置具有方便灵活、适应性强的特点，其工艺流程如图 3-35 所示。主要用于间隙生产或间歇加注起泡剂，无动力电源，以及无人看守的边缘产水气井，水气比一般大于 $50m^3/10^4m^3$，泡沫排水采气初期普遍使用。

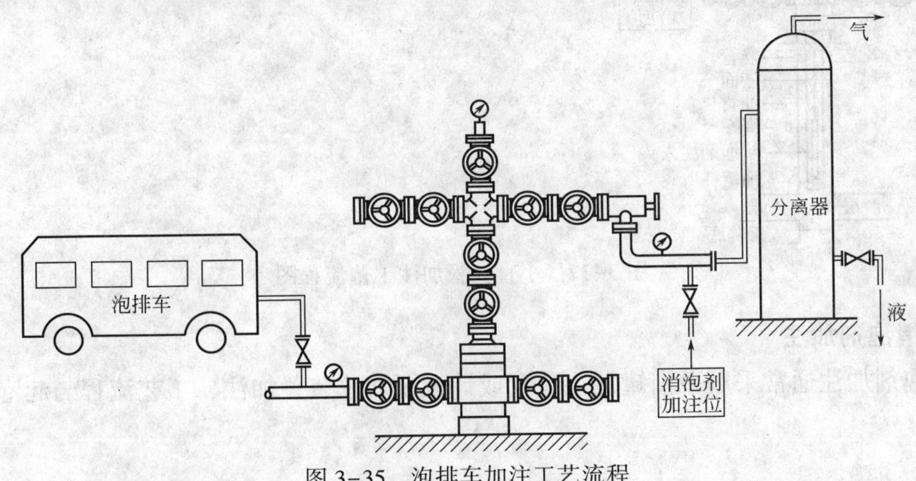

图 3-35 泡排车加注工艺流程

4）小管径管加注装置（连续油管加注）

小管径管加注是近几年发展起来的一种泡沫排水采气加注方式（图 3-36），其基本作业过程是：通过专用设备将不锈钢小管径（ϕ6.35mm 或 ϕ9.525mm）连续管下入井下生产管中，由地面注剂泵系统经小直径管将化学剂注入井内，使液体泡沫化后随天然气流携带出井筒，从而消除气井井底的液体滞留，其工艺流程如图 3-37 所示。主要用于地层压力相对较低，因积液导致产量下降或停产的采气井，通过作业区消除井底积液影响恢复产量。

图 3-36 小直径管加注装置图

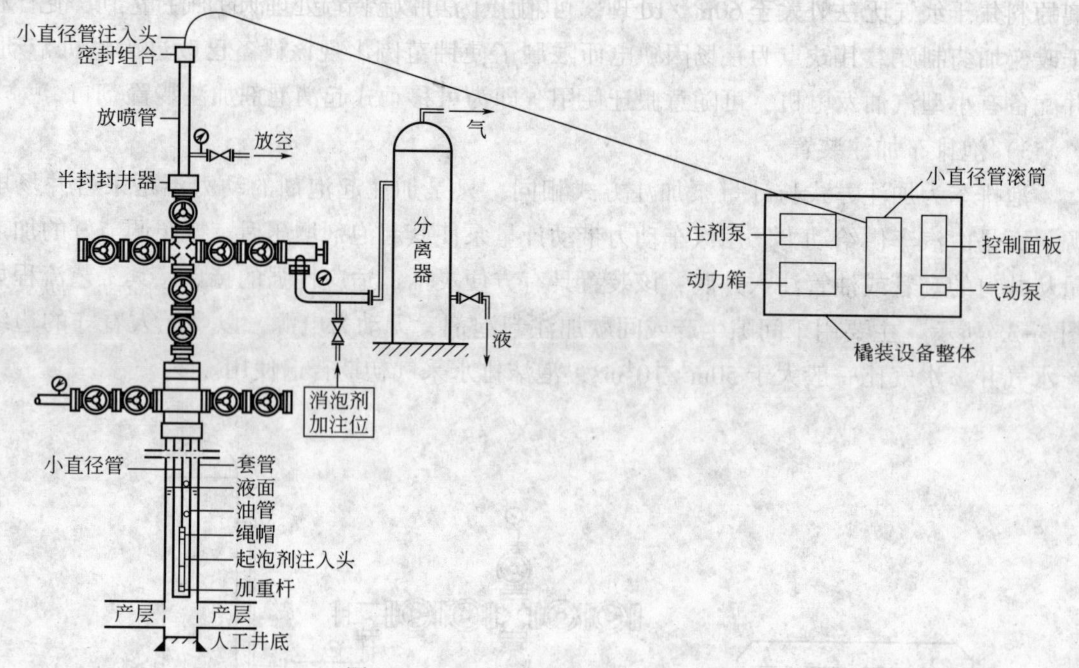

图 3-37　小直径管加注工艺流程图

3. 消泡剂加注

消泡剂加注通常采用平衡罐加注装置或计量泵加注装置加注，工艺流程与起泡剂加注相同。

第四节　干法脱硫装置其他工艺设备

一、药剂加注装置

药剂加注工艺主要应用于气井和集输场站，辅助生产过程中的药剂加注作业。目前该工艺广泛应用于气井泡沫排水采气、井筒缓蚀剂加注、管线缓蚀剂加注工艺等。药剂的相态不同，加注方式不同，其加注装置也不同。例如固体起泡剂，由井口加注筒投入，经油管投到井底，再由油管或套管排出。消泡剂的注入部位一般是在井口气液流出处，这是因为该处距分离器较远，与气水混合时间较长，达到消泡和抑制泡沫再生的目的，进入分离器便于分离。缓蚀剂加入类似于液相起泡剂。

二、干法脱硫设备

天然气脱硫方法很多，每一种工艺技术都有其适应范围。当硫化氢含量不高，且天然气总硫量不高时，宜选用固体脱硫或液相氧化还原工艺；当天然气中硫化氢量低于200kg/d 时，则采用常温固体脱硫技术更为合理。

固体脱硫工艺具有设备简单、操作方便、能耗少、可间歇操作等特点，特别适合在边远分散气井使用，目前在天然气中普遍采用的固体脱硫是氧化铁脱硫。部分天然气气井远离原料气干线，无法外输至净化厂处理，可利用干法脱硫装置处理天然气，达到净化气气质指标后直接销售用户。目前，天然气干法脱硫是针对硫化氢含量较低、碳硫比高且产量不大的气井所产的天然气，通过改良早期氧化铁法发展而来。氧化铁气体脱硫剂可分为非混合氧化物与混合氧化物两种。非混合氧化物主要由含水的纯水合氧化铁组成，在某些情况下，可能存在天然氧化铁矿中的纤维状物质。混合氧化物是由人工将细氧化铁粉载在表面较大而结构疏松的物料上制得而成。混合氧化铁的优点在于其氧化铁含量、水分以及物料的 pH 值均易于非混合氧化物控制。目前，多采用成型后的氧化铁脱硫剂来脱除天然气中的硫化氢，这是由于成型后的氧化铁脱硫剂便于运输、装卸及操作。

（一）基本原理

对硫化氢含量低、碳硫比高且产量不大而压力较高的气井所产的天然气而言，传统的醇胺法和氧化还原法处理的经济性均较差。为适应此类天然气的脱硫，国外学者在 20 世纪 50 年代将古老的常温氧化铁法加以改进，并成功地应用于天然气脱硫，这种方法称为海绵铁法，其基本化学过程可以用下列两个反应式表示：

$$2Fe_2O_3+6H_2S \longrightarrow 2Fe_2S_3+6H_2O \qquad \text{（脱硫过程）}$$

$$2Fe_2S_3+3O_2 \longrightarrow 2Fe_2O_3+6S \qquad \text{（再生过程）}$$

氧化铁具有多种类型，但只有 α 型和 γ 型水台氧化铁可用于气体脱硫，因为它们生成的硫化铁易于再生而重新被氧化为活性态的氧化铁。常温和碱性条件是上述反应发生的最理想状态。当温度高于 50℃或在中性或酸性条件下，均会造成硫化铁失去结晶水而难以再生。

西南油气田分公司天然气研究院自 1990 年起，已成功开发了以 CT8-4、CT8-4B、CT8-6、CT8-6B 等为代表的系列固体脱硫剂，它们均是以氧化铁为主要活性组分，并添加有多种助剂的常温脱硫剂，现已成功应用于边远分散气井及车用压缩天然气加气站的脱硫装置上。

（二）工艺流程及操作

典型固体氧化铁法的脱硫工艺流程如图 3-38 所示。脱硫塔的结构设计必须保证天然

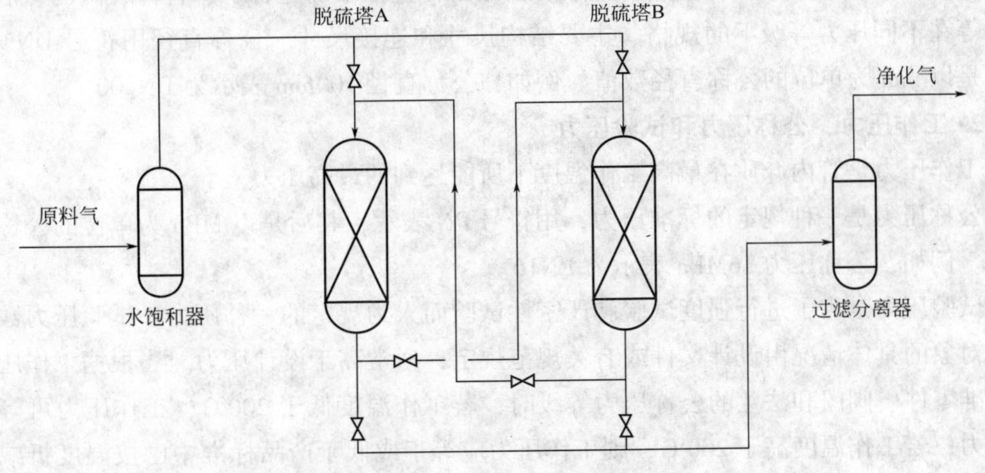

图 3-38　常温固体脱硫工艺流程

气流通过脱硫剂段时沿截面均匀分布，并应在脱硫塔内设置再分配器。从上述化学反应式可以看出，脱硫过程中需要有水的存在（气相水），必要时应在流程上设置原料气的水饱和器。在操作过程中固体脱硫剂会有粉化现象发生，故应注意净化气的过滤与分离。

干法脱硫主要适合潜硫量小于 0.10t/d 的情况。当潜硫量较大时，如果采用干法脱硫工艺，会出现废剂更换频繁、废剂处理量大等问题，因此其净化成本会明显上升。

（三）干法脱硫效果影响因素

干法脱硫装置运行效果的影响因素主要有三种：（1）设计合理。根据处理气量、气质及每日需要脱硫的硫化氢量，设计规模合适的脱硫装置及相应的附属设备是保证脱硫装置能够达到较好效果的必要条件。（2）运行操作得当。脱硫装置运行操作中携带带有液体气损坏脱硫剂，故应尽量在双塔串联操作时，充分使用其脱硫剂的饱和硫容，使其达到最好的脱硫效果。（3）脱硫剂的性能优良。脱硫剂的物化性能指标及脱硫效果均应达到要求。

第五节　常用管材、管件

一、管材

（一）管子标准化

管子和管件是天然气生产中不可缺少的材料，为了便于组织生产和用户选用，各国均制定了管子和管件（包括管件、阀门、法兰和垫片等）的标准。管子和管件标准化主要包括管子和管件规格、尺寸系列、产品结构尺寸和连接尺寸以及制造和检验标准等。管子和管件标准化中还规定了公称直径和公称压力等。国内各工厂、设计单位和使用部门均按此国家标准进行生产、设计和使用。

1. 公称直径

公称直径是一种国家规定的标准直径。钢管的公称直径既不是内径，也不是外径，而是取定的与管子内、外径相接近的整数。根据公称直径来确定管子、管件、阀门、法兰和垫片等在不同压力等级下的规格、主要结构尺寸和连接尺寸。公称直径用符号 DN 表示，其后是以 mm 为单位的公称直径数值。例如，公称直径 100mm 表示为 DN100。

2. 工作压力、公称压力和试验压力

工作压力是管内介质在最高工作温度下所能达到的最高压力。

公称压力是一种规定的标准压力，用符号 PN 表示，其后是以 MPa 为单位的公称压力数值。例如，公称压力 16MPa 表示为 PN16。

试验压力是为了进行强度试验和严密性试验而人为规定的一种压力。试验压力数值视实验对象的具体情况由设计文件或有关规范规定，通常高于设计压力。当根据工作压力选用标准零件、阀门和法兰的公称压力等级时，若工作温度低于 200℃，工作压力可等于公称压力；若工作温度高于 200℃，则工作压力应等于或低于产品标准中已按温度折减后的公称压力值。

（二）集输气常用钢管

集气管道常用的钢管主要是无缝钢管，长输管道因直径较大常用焊接钢管。钢管的规格均用外径×管壁厚表示。

1. 无缝钢管

用圆钢坯加热后经穿孔轧制而成的钢管称热轧无缝钢管；经冷拔而成外径较小的管子，称冷拔无缝钢管。

2. 焊接钢管

焊接钢管是采用钢板（或钢带）经常温或加热成型，然后在成型边缘进行焊接而制成的钢管。焊接钢管生产工艺简单，生产效率高，品种规格多，设备投资少，但一般强度低于无缝钢管。自20世纪30年代以来，随着优质带钢连轧生产的迅速发展以及焊接和检验技术的进步，焊缝质量不断提高，焊接钢管的品种规格日益增多，并在越来越多的领域替代了无缝钢管。焊接钢管按照焊缝的形式分为直缝焊管和螺旋焊管。各种钢管的使用范围见表3-3。

表3-3　各种钢管使用范围

钢管名称	钢号	公称直径，mm	使用温度，℃	介质
无缝钢管	10 20 09MnV 16Mn	100~160	-20~450 -20~450 -70~100 -40~450	油品、天然气、液化气、蒸汽、水、碱液、氢气等
螺旋焊缝钢管	10、20、Q235 Q360、S415等	300~1500	-15~300	油品、天然气、空气、水等
直缝焊接钢管	110、20、Q235 Q360、S415 A_3	100~700 10~150	-15~300 0~140	油品、天然气、空气、水等 空气、水、惰性气体等
合金钢管	Cr5MO 12CrMO 1Cr18Ni9Ti	10~600	-40~550 -40~510 -196~600	油品、氢气、酸或严重腐蚀性介质

（三）气田水输送常用钢管

1. 玻璃钢管

玻璃钢管也称玻璃纤维缠绕夹砂管（RPM管），主要以玻璃纤维及其制品为增强材料，以高分子成分的不饱和聚酯树脂、环氧树脂等为基体材料，以石英砂及碳酸钙等无机非金属颗粒材料为填料作为主要原料。玻璃钢管的标准有效长度为6m和12m，其制作方法有定长缠绕工艺、离心浇铸工艺和连续缠绕工艺三种。

玻璃钢管具有以下特点：

（1）耐腐蚀性能好。由于玻璃钢的主要原材料选用高分子成分的不饱和聚酯树脂和玻璃纤维，能有效抵抗酸、碱、盐等介质的气田水和未经处理的生活污水、腐蚀性土壤、化工废水以及众多化学液体的侵蚀，在一般情况下能够长期保持管道的安全运行。

（2）抗老化性能和耐热性能好。玻璃钢管可在-40~70℃温度范围内长期使用，采用特殊配方的耐高温树脂还可在200℃以上温度正常工作。长期露天使用的管道，其外表面添加有紫外线吸收剂，以消除紫外线对管道的辐射，延缓玻璃钢管的老化。

（3）抗冻性能好。当温度低于-20℃时，管内结冰后不会发生冻裂。

（4）玻璃钢管不仅重量轻、强度高、可塑性强、运输与安装方便，还容易安装各种分支管，且安装技术简单。

（5）水力条件好。玻璃钢管内壁光滑、输送能力强，不结垢、不生锈、水阻小。

2. 钢塑复合管

钢塑复合管是由两种或两种以上不同材质复合而成的管道，是在钢管内壁衬（涂）一定厚度的塑料层复合而成。依据复合管基材不同，钢塑复合管可分为衬塑不锈钢复合管和涂塑复合管两种。

衬塑不锈钢复合管是以不锈钢复合管为基材，内衬食品卫生级无毒塑料管（PE）。该管材外层不锈钢，中层碳素钢，内层PE塑料管。衬塑不锈钢复合管的主要特点：卫生无毒；耐腐蚀，不结垢；塑料衬层导热系数低，保温、节能；流体阻力小；安装方便；连接安全可靠，无渗漏；耐热抗老化性能好，温度可达80℃。

涂塑复合管是以普通碳素钢为基材，内涂或内外均涂塑料粉末，经加温熔融黏合而成。涂塑复合管依据用途不同可分为两种，一种内壁涂敷PE，外镀锌镍合金；另一种内外壁均涂敷PE。涂塑复合管的主要特点：优良的抗腐蚀性能，锌镍合金镀层的耐腐蚀性是镀锌层的2~4倍；优良的机械强度，能承受较强的外来冲击力；流体阻力小，热膨胀系数小；传统的安装方式，连接安全可靠；耐热性能好，塑料涂塑层可耐70℃。

二、管件

地面矿场集输工程上中常用的管件有法兰（包括螺栓、螺母、垫片）、弯头、三通、大小头、接头、活接头、四通等，均是根据所有连接的管子、设备尺寸（公称直径DN）以及工作压力、温度等选择规格和型号。有关管件的规格、型号可查阅有关手册和产品样本。

（一）法兰

1. 法兰分类

法兰在集输气管道中应用很广，管子与管子间，管子与阀门间，管子与集输设备间，均可以采用法兰连接，它具有密封可靠和可拆卸的优点。常用的法兰按型式分为平焊法兰、对焊法兰、活套法兰和螺纹法兰。按密封面形式分为榫槽式、凹凸式、平滑式、透镜式、梯形槽式等（如图3-39、图3-40、图3-41、图3-42、图3-43所示）。

2. 法兰选用原则

法兰的选用原则主要包含以下几方面：

（1）平焊法兰制作较方便，材料消耗少，但在法兰与管子连接处，管子会承受很大的弯矩使其应用压力受到限制，一般适用于PN≤2.50MPa情况。

（2）对焊法兰能承受高温高压和温度波动，密封性好，对与其连接的管子的附加矩也小，适合高温高压和要求密封可靠的管道，通常适用于 PN≥4.00MPa 情况。

（3）活套法兰适用于管道连接处空间受限制以及管道用不锈钢而法兰用碳钢的情况。螺纹法兰常用于小直径的高压管道，优点是法兰的弯矩不传递给管道，安装方便，密封性好。

在集输管道和集气站中，主要用平焊钢法兰和对焊钢法兰，高压管道的连接上也用螺纹钢法兰，集气管道一般不用松套法兰。

（4）光滑式钢法兰用于温度和压力均不高的情况，一般可用于 PN≤2.5MPa 情况。

（5）透镜式钢法兰的密封性能很好，安装较容易，可用于各种高温高压的管道连接。

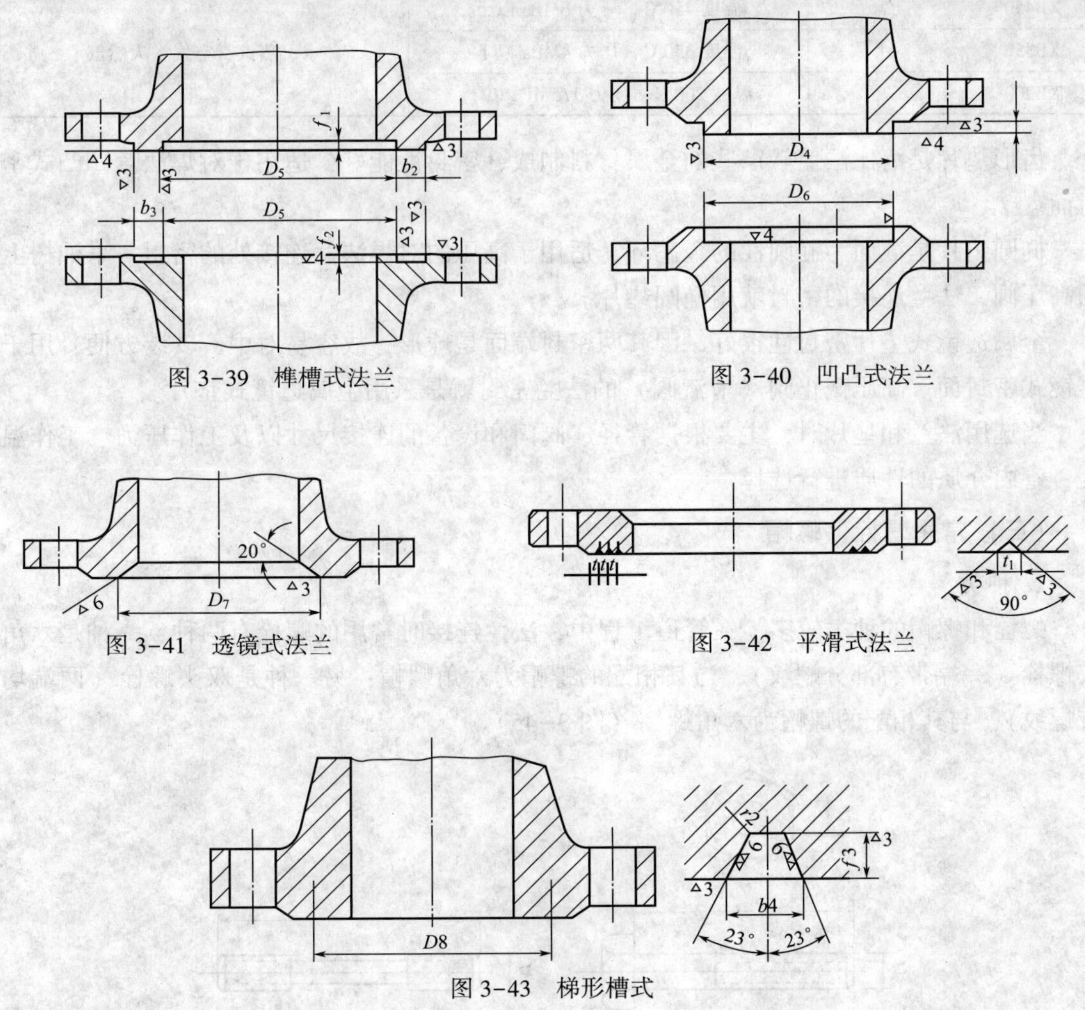

图 3-39　榫槽式法兰

图 3-40　凹凸式法兰

图 3-41　透镜式法兰

图 3-42　平滑式法兰

图 3-43　梯形槽式

（二）垫片

根据密封形式的不同，采用垫片的种类也不同。常用的垫片有平垫片、齿形垫片、椭圆形垫片和透镜式垫片（图 3-44）。

最常用的平垫片是由石棉橡胶板制成。石棉橡胶板有三种牌号，使用时根据不同的工作压力选用不同牌号的石棉橡胶板，其使用性能见表 3-4。

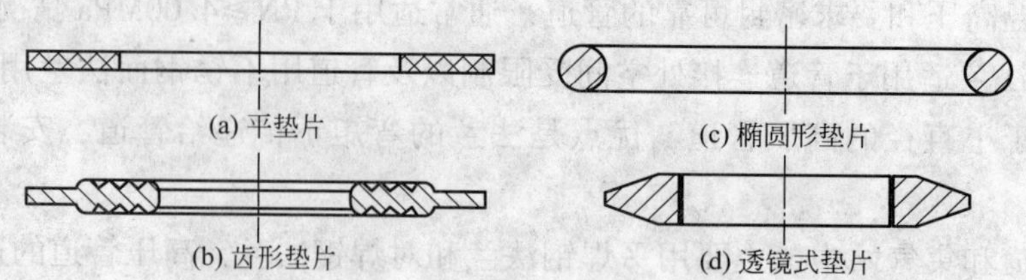

图 3-44 常用的垫片形式

表 3-4 常用石棉橡胶板牌号

牌号	表面颜色	适用范围	适用介质
XB450	紫	温度 450℃，压力 6MPa 以下	水、蒸汽、空气、天然气
XB350	红	温度 350℃，压力 4MPa 以下	
XB200	灰	温度 200℃，压力 1.5MPa 以下	

齿形垫片是由比法兰软一些的金属材料制成，密封性能好，适用于对焊法兰凹凸式密封面。

椭圆垫片是截面为椭圆性的金属环，适用于高压的对焊法兰连接处的密封。采油树上的高压阀，法兰连接的密封就用椭圆垫片。

金属透镜式垫片密封性很好，因其两密封端面是球形，故容易对中，安装方便，用于透镜式密封面。高压截止阀（节流阀）的法兰密封就是采用金属透镜式垫片。

当选用法兰和垫片时，主要根据管径、阀门和设备的连接尺寸以及工作压力、工作温度、管内介质的性质进行选择。

（三）常用螺栓、螺帽

1. 种类

螺栓和螺帽的种类较多。在管道工程中，法兰连接时常用的螺栓有两种：一种是六角头螺栓（一端带有部分螺纹），与其相配的螺帽为六角螺帽；另一种是双头螺栓（两端均有螺纹），与其相配的螺帽为六角螺帽（图 3-45）。

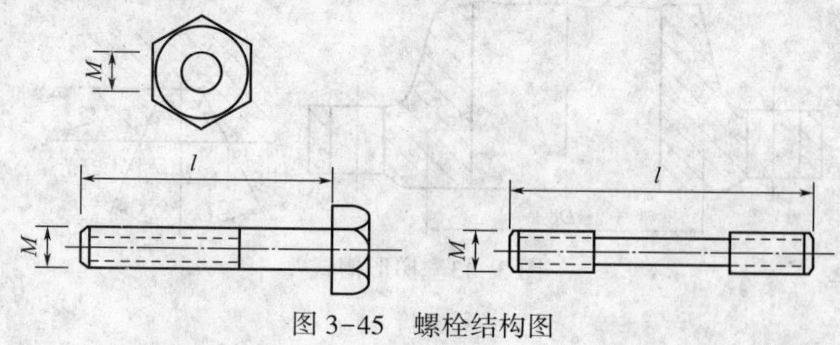

图 3-45 螺栓结构图

2. 材质

螺栓、螺帽的加工通常采用普通碳素钢、优质碳素钢或低合金钢。

3. 选型

六角头螺栓及其螺帽常用于介质工作压力不大于 1.60MPa 及工作温度不超过 250℃的给水、供热、压缩空气等管道的法兰连接。双头螺栓用于压力更高、厚度更大的法兰连接，螺栓和螺帽的选型可参照 GB/T9125《管法兰连接用紧固件》。

4. 表示方法

当螺栓的直径为 20mm，螺杆长 80mm，与其相配的螺帽为 M20 时，可表示为 M20×80。

(四) 管件

弯头、三通、盲板、丝堵、大小头等管件一般也是按照管道、阀门的规格、工作压力、工作温度和安装要求选用。管件按形式和用途一般分为弯头、三通、管接头和管封头等。按其连接方式可分为钢制对焊管件和螺纹连接（螺纹）管件。

1. 对焊管件

标准对焊管件为钢制（碳钢、低合金钢），与管道对接焊接。标准弯头按弯曲半径分为长半径弯头（$R=1.5$DN）和短半径弯头（$R=1.0$DN）；按弯曲角度分为 45°弯头、90°弯头和 180°弯头。三通分为同径三通和异径三通。异径接头分为同心异径接头和偏心异径接头。管封头为椭圆形封头。

2. 螺纹管件

螺纹管件有弯头、异径弯头、同径三通、异径三通、异径接头（大小头）、管箍、丝堵、活接头四通等。材质一般有钢、铸铁（可锻铸铁）等。

第六节 阀 门

一、阀门作用及分类

阀门是石油和天然气工业地面集输工程中应用最为广泛的一种设备。它主要用于控制和截断各种管道和设备内介质的流动。

(一) 阀门分类

阀门是采输气场站使用最多，型号最多的设备，可根据不同的用途、结构、压力、温度、通径、驱动方式、连接方式等进行分类。

1. 按用途分类

切断阀类——主要用于切断或接通介质流，主要有闸阀、截止阀、隔膜阀、旋塞阀、球阀和蝶阀等。

调节阀类——主要用于调节介质的流量、压力等，包括调节阀、节流阀和减压阀等。

止回阀类——用于阻止介质倒流、包括各种结构的止回阀。

分流阀类——用于分配、分离或混合介质，包括各种结构的分配阀和疏水阀。

安全阀类——用于设备、场站等超压安全保护，包括各种类型的安全阀。

2. 按公称压力分类

低压阀——PN≤1. 60MPa。

中压阀——2. 50≤PN≤6. 40MPa。

高压阀——PN≥10MPa。

3. 按介质工作温度分类

高温阀——$T>450℃$。

中温阀——$120℃<T\leqslant450℃$。

常温阀——$-30℃\leqslant T\leqslant120℃$。

低温阀——$T<-30℃$（有时$T<-150℃$的阀门称为超低温阀门）。

4. 按公称通径分类

小口径阀——DN<40mm。

中口径阀——DN为50~300mm。

大口径阀——DN为350~1200mm。

特大口径阀——DN≥1400mm。

5. 按驱动方式分类

手动阀——借助手轮、手柄、杠杆或链轮等，由人力驱动的阀门，传递较大的力矩时，常用蜗轮、齿轮等减速装置。

电动阀——用电动机或其他电气装置驱动的阀门。

液动阀——借助液体（水、油等介质）驱动的阀门。

气动阀——借助压缩空气驱动的阀门。

其他类型——依靠介质自身能力而动作的阀门，例如安全阀、自力式调压阀、止回阀、疏水阀等。

6. 按与管道连接方式分类

法兰连接阀——阀体带有法兰，与管道采用法兰连接。

螺纹连接阀——阀体等有内螺纹或外螺纹，与管道采用螺纹连接。

焊接连接阀——阀体带有坡口，与管道采用焊接连接。

夹箍连接阀——阀体带有夹口，与管道采用夹箍连接。

卡套连接阀——采用卡套与管道连接的阀门。

（二）阀门型号标注方法

根据《阀门　型号编制方法》（JB 308—2004）规定，阀门型号编制如下：

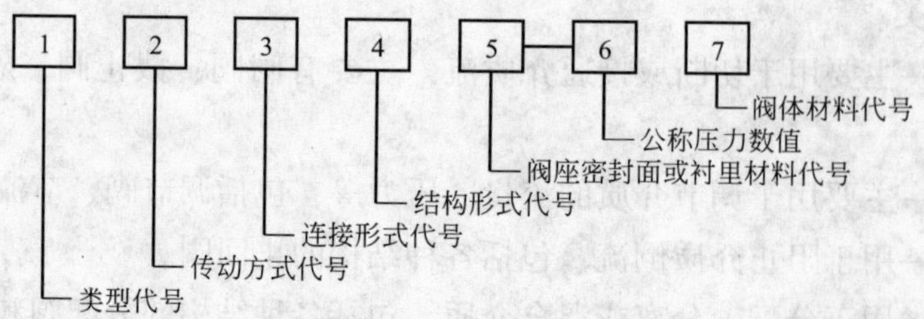

第一单元阀门类型用汉语拼音字母表示（表3-5）。

表3-5　阀门类型代号

阀门类别	闸阀	截止阀	止回阀	旋塞阀	减压阀	球阀	电磁阀	疏水器	安全阀	调节阀	隔膜阀	蝶阀	节流阀
代号	Z	J	H	X	Y	Q	ZCLF	S	A	T	G	D	L

注：低温（低于$40C^0$），保温（带加热套），带波纹管和抗硫的阀门在类型代号前分别加D、B、W、K汉语拼音字母。

第二单元用一位阿拉伯数字表示阀门的驱动方式（表 3-6）。

表 3-6　阀门的驱动方式

驱动方式	涡轮传动的机械驱动	正齿轮传动的机械驱动	伞齿轮传动的机械驱动	气驱动	液压驱动	电磁驱动	电动机驱动
代号	3	4	5	6	7	8	9

注：1. 手轮和板手传动及安全阀、减压阀、止回阀、疏水器省略本代号；2. 对于气动和液动、常开式用“6K”、“7K”表示，常闭式用“6B”、“7B”表示，气动带手动用“6S”表示，防爆电动用“9B”表示。

第三单元用一位阿拉伯数字表示阀门的连接形式（表 3-7）。

表 3-7　阀门连接形式及代号

连接形式	内螺纹	外螺纹	法兰	法兰	法兰	焊接	对夹
代号	1	2	3	4	5	6	7

注：1. 法兰连接代号 3 仅用于双弹簧安全阀；2. 法兰连接代号 5 仅用于杠杆重垂式安全阀；3. 单弹簧安全阀及其他类别阀门系法兰连接时，可采用代号 4；4. 焊接包括对焊和承插焊。

第四单元用一位阿拉伯数字表示结构形式（表 3-8）。

表 3-8　阀门结构形式及代号

代号类别	1	2	3	4	5	6	7	8	9	0
闸阀	明杆楔式单闸板	明杆楔式双闸板	明杆平行式单闸板	明杆平行式双闸板	暗杆楔式单闸板	暗杆楔式双闸板	暗杆楔式平行式单闸板	明杆平行式双闸板	—	明杆楔式弹性闸板
截止阀（节流阀）	直通式（铸造）	直角式（铸造）	直通式（锻造）	直角式	直通式	—	隔膜式	节流式	其他	—
旋塞	直通式	调节式	直通填料式	三通填料式	保温式	三通过保温式	润滑式	—	—	—
止回阀	直通升降式	立式升降式	直通升降式	单瓣旋启式	多瓣旋启式	—	—	—	—	—
疏水器	浮球式	—	浮桶式	—	钟形浮子式	—	—	脉冲式	热动力式	—
减压阀	外弹簧薄膜式	内弹簧薄膜式	膜片活塞式	波纹管式	杠杆弹簧式	气热薄膜式	—	—	—	—
弹簧式安全阀	封闭				不封闭				带散热器微启式	带散热器全启式
	微启式	全启式	带扳手微启式	带扳手全启式	微启式	全启式	带扳手微启式	带扳手全启式		
杠杆重垂式安全阀	单杠杆微启式	单杠杆全启式	双杠杆微启式	双杠杆全启式	—	脉冲式	—	—	—	—

注：杠杆式安全阀在类型代号前加汉语拼音字母“G”。

第五单元用汉语拼音字母表示阀门的密封面或衬里材料（表 3-9）。

表 3-9　阀门密封或衬里材料及代号

密封圈或衬里材料	代号	密封圈或衬里材料	代号	密封圈或衬里材料	代号
铜（黄铜或青铜）	T	硬橡胶	J	石墨石棉（层压）	S

续表

密封圈或衬里材料	代号	密封圈或衬里材料	代号	密封圈或衬里材料	代号
耐酸不锈钢或不锈钢	H	无密封圈	W	衬胶	CJ
渗氮钢	D	聚四氟乙烯	SA	衬铅	CQ
巴比特合金	B	聚三氟乙烯	SB	衬塑料	CS
渗硼钢	P	聚氯乙烯	SC	搪瓷	C
硬质合金	Y	酚醛塑料	SD	尼龙塑料	N
橡胶	X				

注：1. 由阀体直接加工的阀座密封材料代号用“W”表示；2. 当阀座和阀瓣（闸阀）密封面不同时，用低硬度材料代号表示（隔膜阀除外）。

第六单元用阿拉伯数字表示阀门公称压力。

第七单元用汉语拼音字母表示阀体材料（表 3-10）。

表 3-10　阀体材料及代号

阀体材料	代号	阀体材料	代号
HT25-47（灰铸铁）	Z	Cr5Mo	I
KT30-6（可锻铸铁）	K	1Cr18N9Ti	P
QT40-25（球墨铸铁）	Q	Cr18Ni12Mo2Ti	R
H62（铜合金）	T	12Cr1MoV	V
ZG25Ⅱ（碳素钢）	C	高硅铸铁	G
铝合金	L		

注：对于 PN<1.6MPa 的灰铸铁阀体和 PN>2.5MPa 的碳素钢阀体，则省略本单元。

（三）阀门公称通径 DN 与公称压力（PN）

1. 公称通径 DN

公称通径不是实际意义上的管道外径或内径，虽然其数值跟管道内径较为接近或相等，是供参考用的一个方便的整数。公称通径由字母 DN 和整数数字组成，是指阀门与管道连接处通道的名义直径。多数情况下，DN 即连接处通道的实际直径，但有些阀门的公称通径与实际直径表示不一致，例如有些由英制尺寸转换为公制的阀门，公称通径和实际直径有明显差别。按照《管道元件 DN（公称尺寸）的定义和选用》（GB/T 1047—2005）以及 1989 年颁发的一系列阀门国家标准，阀门的公称通径系列见表 3-11。

表 3-11　阀门的公称通径系列

mm

36	2025	5080	250125	500（225）	1000400	1800700	28001200
68	2532	10065	300150	600250	1100450	2000800	30001400
10	3240	12580	350（175）	700300	1200500	2200900	1600
15	4050	150100	400200	800350	1400600	24001000	1800
20	65	200	450	900	1600	2600	

注：1. 数字下面有横线为基本系列，应优先选用；2. 带括号的为特殊尺寸，仅用于特殊阀门。

2. 公称压力 PN

公称压力是指阀门在基准温度下允许的最大工作压力，用 PN 表示。阀门的公称压力值应符合相应国家标准规定的常见公称压力系列（表3-12）。

表3-12 管道元件公称压力系列 MPa（bar）

0.05（0.5）	2.0（20.0）	20.0（200.0）	100.0（1000.0）
0.1	2.5（25.0）	25.0（250.0）	125.0（1250.0）
0.25（2.5）	4.0（40.0）	28.0（280.0）	160.0（1600.0）
0.4（4.0）	5.0（50.0）	32.0（320.0）	200.0（2000.0）
0.6（6.0）	6.3（63.0）	42.0（420.0）	250.0（2500.0）
0.8（8.0）	10.0（100.0）	50.0（500.0）	335.0（3350.0）
1.0（10.0）	15.0（150.0）	63.0（630.0）	
1.6（16.0）	16.0（160.0）	80.0（800.0）	

3. 工作压力和压力—温度等级

阀门的工作压力是指阀门在工作温度下的最高许用压力，用p_t表示，脚码t为介质温度除以10所得的数值，例如介质温度为160℃，则对应的工作压力用p_{16}表示。当阀门的工作温度超过公称压力的基准温度时，其工作压力相应降低。同一公称压力的阀门在不同工作温度下允许的相应工作压力构成了阀门的压力—温度等级。在高温场所选用阀门时，应按照相关的标准、规范确定阀门工作压力。

二、常用阀门类型及规格

（一）闸阀

闸阀是利用闸板控制启闭的阀门。闸阀的主要启闭部件是闸板和阀座。闸板与流体流向垂直，改变闸板与阀座相对位置，即可改变通道大小或截断通道。通常在闸板和阀座上嵌镶有耐腐蚀材料，例如不锈钢、硬质合金等制成的密封面。为保证关闭严密，闸板与阀座间需研磨配合。

根据闸阀闸板的结构形式，闸阀可以分为锲式和平行式闸阀两大类。楔式闸阀根据阀杆的结构又分为明杆和暗杆两大类。明杆楔式闸阀的阀杆的螺纹及螺母不与介质接触，不受介质温度和腐蚀性介质的影响，开启程度可通过阀杆出露长度判别，在天然气生产中得到广泛应用。

暗杆闸阀的螺杆螺纹与介质接触，易受介质温度和介质的腐蚀性影响，开启程度只能按开关圈数确定。但暗杆闸阀的全开高度尺寸小，适用于非腐蚀介质输送的管道和外界环境受限制的场所。

（二）平板阀

平板阀在国外文献中又称为带导流孔的闸阀或导管式闸阀（图3-46）。平板阀与平行闸板阀的主要区别在于：平板阀在全开状态时，闸板上的开孔使气流通过阀门时几乎没有流态上的改变。同时闸板开孔完全封闭了阀体内腔，使得固体颗粒无法进入阀体，保证了阀腔的清洁。

平板阀的密封形式主要有：

（1）强制密封力。强制密封力有两种形式。一是弹簧预紧力，利用弹簧力来克服介质压力过低时，密封力不足的缺点。二是双闸板阀体、阀座上的开孔重合一致，使平板阀在其双闸板之间采用了楔式接合面的方式，当阀门到达关闭点的终点位置时，楔形面轻微提供了一个类似楔形闸阀的强制密封力。

（2）介质压力。①介质背压：即阀门关闭时阀门上流介质压力通过阀板对下流阀座所产生的静压力，其大小可用上下流压力差与阀座通径孔面积的乘积，介质背压主要使阀门实现出口密封。②阀座的活塞效应：在平板阀设计时，常常使阀座在阀体的阀座孔内有一定的配合间隙，并装上密封圈，当阀门关闭时，阀前介质压力与阀体腔内的压力差推动阀座与阀板紧密结合，以达到阀门的密封。

（3）软密封材料密封：在平板阀中，在其阀座与阀体之间采用软密封材料（橡胶、尼龙、聚四氟乙烯等），以提高阀门的密封性。

（4）密封润滑脂：大多数平板阀都把密封润滑脂作为一种提高阀门密封性能的手段。密封脂既实现了对高压气体的密封，又减少了开关力矩。密封脂密封的应用方式有两种：

① 自动加注方式：在阀体或阀座上设有密封脂储存器。储存器的一端直接通向阀门密封面的密封油槽、油孔或其他通道；另一端则直接与阀门上游或阀体腔相通，当阀门关闭不严时，阀门上、下游的压力差自动推动密封脂注入密封面实现密封脂的自动加入。密封脂储存器又与阀门外部的注入口相通，可随时补充密封脂（图 3-47）。

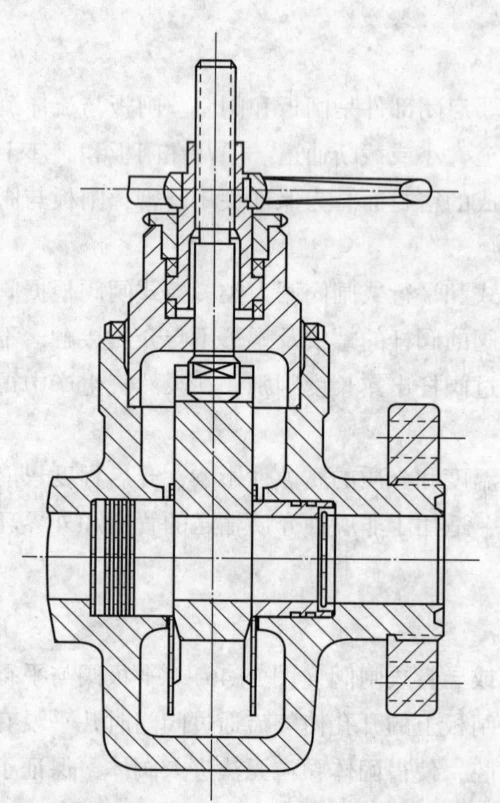
图 3-46　带密封脂自动加注装置的平板阀

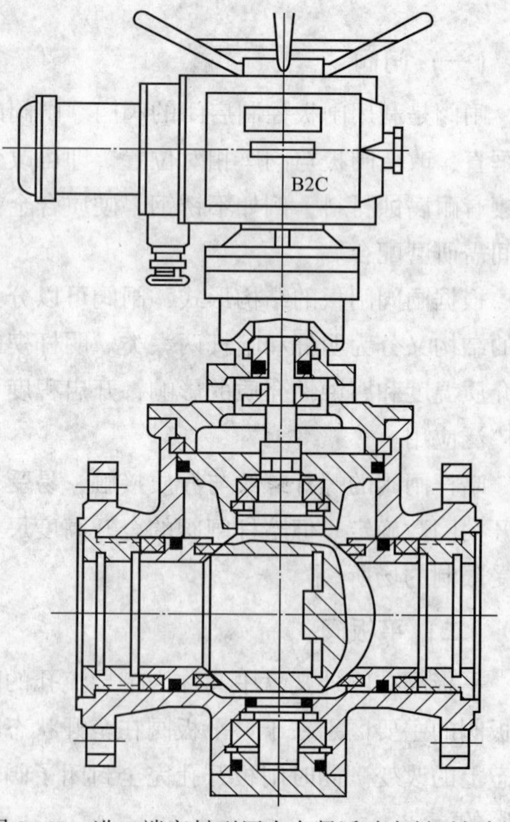

图 3-47　进口端密封型压力自紧浮动密封平板阀

② 人工外部加注方式：利用阀体外部注入口向密封面加注密封脂，这种方式是把密封脂作为二次密封，目前在平板阀中是应用较多的一种密封脂加注方式。

由于平板阀密封性能好、开关力矩小，目前在地面采气现场以集输工程较广泛推广的使用。

（三）球阀

球阀是利用一个中间开孔的球体作阀芯，靠旋转球体 90°来实现阀的开启和关闭。球阀的开孔和连接管道内径可实现一致，主要用于截断，以及需清管作业时。

球阀按球的结构形式一般可分为浮动球球阀、固定球球阀两类。

1. 浮动球球阀

浮动球球阀的球体是浮动的，在介质压力作用下，球体能产生一定的位移并压附在出口端的密封圈上，保证出口端密封(图 3-48)。

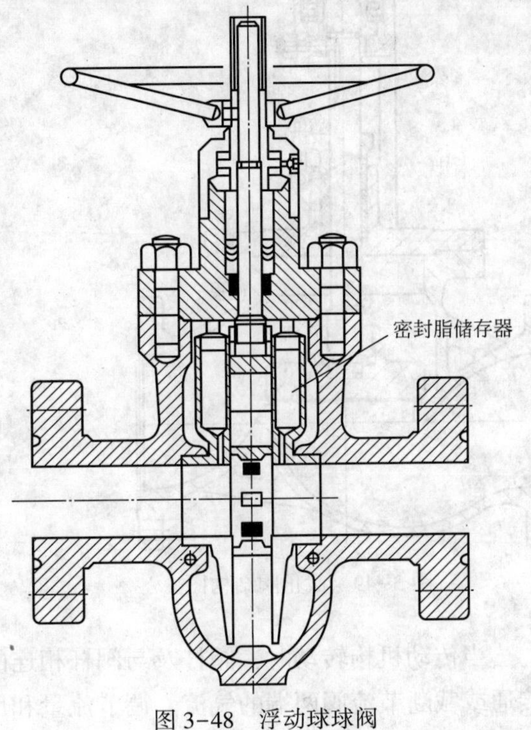

图 3-48 浮动球球阀

浮动球阀结构简单，密封性能好，但出口端密封处承压高，操作扭矩较大。这种结构广泛用于中低压球阀，适用于 DN ≤ 150mm 的管道。

2. 固定球球阀

固定球球阀的球体是固定的，在介质压力作用下，球体不产生位移，通常在与球成一体的上下轴上装有滚动或滑动轴承，操作扭矩较小，适用于高压和大口径阀门。

（四）截止阀

截止阀是指启闭件（阀瓣）沿阀座中心线上下移动的阀门（图 3-49），在管道上主要用于截断介质，也可作调节流调节操作。主要优点是密封面间的摩擦力比闸阀小，开启度小，靠阀座和阀瓣之间的接触面密封，易于制造和维修；缺点是流动阻力大，开启和关闭需要的力较大。

截止阀按其通道方向可分为直通式、角式、直流式三种。直通式安装在成一直线的管路上，适用于对流体阻力要求不严的场合。角式安装在两个垂直相交成 90°的管路上，流体阻力近于直通式。直流式阀杆处于倾斜位置，流体阻力小，但操作不便。截止阀安装时有明确的方向要求，正确的方向是“低进高出”。

（五）节流阀

节流阀主要用于调节压力和流量。节流阀与截止阀属同一类别，主要区别在于阀芯的形状，截止阀阀芯为圆盘状，节流阀的阀芯为锥状。由于阀芯的区别，节流阀的调节性能比截止阀好，但密封性能较差。节流阀主要用于需调节压力和流量的管路。

节流阀按其在管路上的安装位置可分为角式和直通式两种。

1. 角式节流阀

角式节流阀主要用于节流降压和粗调流量。角式节流阀由阀体、阀针、阀座、阀杆、阀盖、传动机构等主要部件组成（图3-50）。阀杆是明杆结构，直接显示开关状态和开关的圈数。

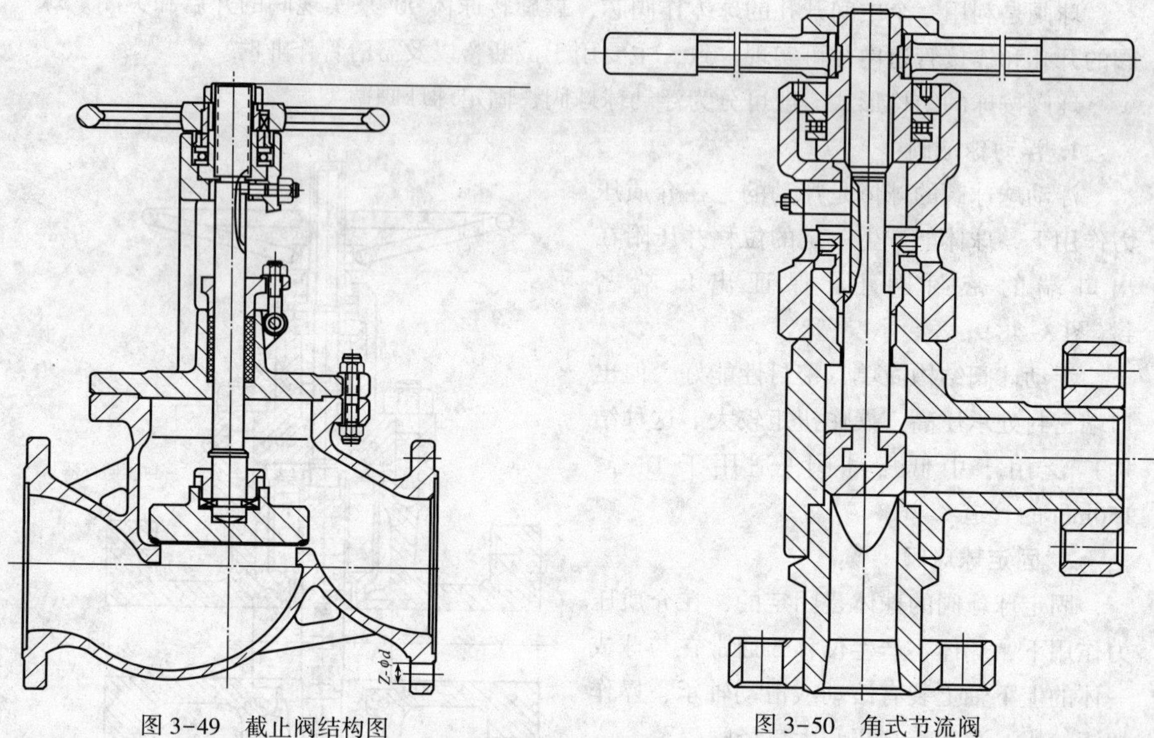

图3-49　截止阀结构图　　图3-50　角式节流阀

当传动机构转动时，阀杆及与阀杆相连的阀针作上下运动，离开或坐入阀座上，从而接通或截断节流阀两端的气流。调节流量和压力时，只需调节节流阀的阀针与阀座之间的间隙大小，阀针与阀座之间的间隙发生变化，气流的流通面积也发生变化，从而起到调节流量和压力的作用。从结构上可以看出，在节流阀阀针处压降大，介质对阀针冲蚀较严重，使用一段时间后，往往造成阀门关闭不严，因而节流阀不能当作截断阀使用，而是常常与关闭性质较好的闸阀串联使用。节流阀在管路上安装有方向性，正确的方向是阀针对着气流进口。这样安装的优点是阀芯不易被磨损；开关较省力；填料函处于低压端，可保证阀杆填料密封的可靠性。

2. 直通式节流阀

直通式节流阀其外型结构和截止阀相似，只是阀芯、阀座采用和角式节流阀相似的结构（图3-51）。进出口连接法兰在同一轴面上，在管路中有方向性，安装时应和阀门标注的流体方向一致。

（六）安全阀

安全阀是安装在管道和容器上，用以保护管道和容器安全的阀门，其结构如图3-52

所示。在采气现场常见的安全阀有弹簧式安全阀、先导式安全阀等。

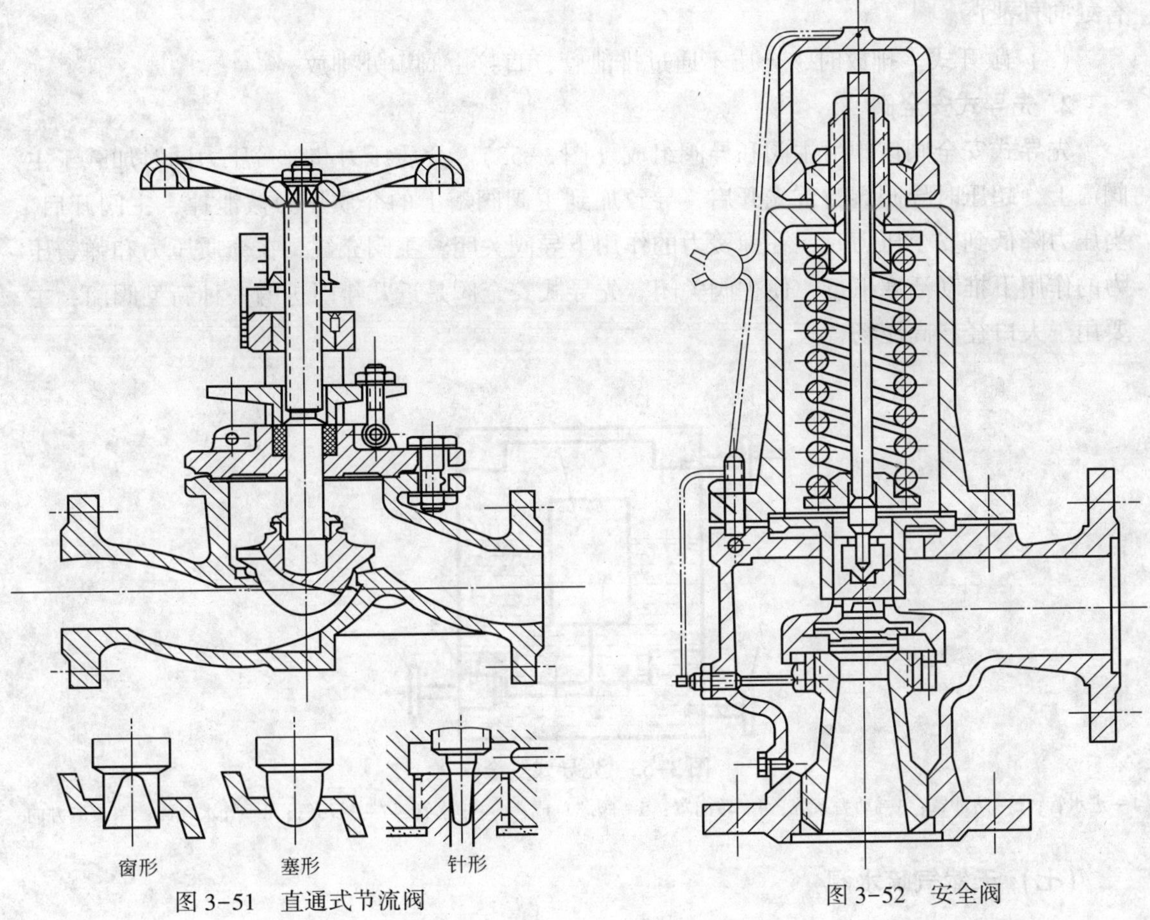

图 3-51　直通式节流阀

图 3-52　安全阀

1. 弹簧式安全阀

弹簧式安全阀将弹簧力加载到阀瓣上，载荷随开启高度变化，其优点是轻便、灵敏度高、安装位置不受严格限制，在采气现场普遍采用。

安全阀是借助外力（杠杆重锤力、弹簧压缩力、介质压力）将阀盘压紧在阀座上，当管道或容器中的压力超过外加到阀盘的作用力时，阀盘被顶开泄压；当管道或容器中的压力恢复到小于外加到阀盘的压力时，外加力又将阀盘压紧在阀座上，安全阀自动关闭。安全阀的开启压力的大小，是由设定的外加力来控制的，外加压力由套筒螺丝调节弹簧的压缩程度来控制，安全阀的开启压力应设定为管道或容器工作压力的 1. 05~1. 10 倍。

弹簧式安全阀按开启高度又分为：

（1）微启式安全阀。开启高度为阀座喉径的 1/40~1/20，通常为渐开式（开启高度随压力变化而逐渐变化）。微启式安全阀主要用于排量小的液体介质场合。

（2）全启式安全阀。开启高度等于或大于阀座喉径的 1/4，通常为急开式（阀瓣在开启的某一瞬间突然起跳，达到全开高度）。主要用于气体、蒸汽介质和泄放量大的场合。

弹簧式安全阀按阀体构造可分为：

（1）全封闭式。排放时介质不会向外泄漏而全部通过排泄管排放。

（2）封闭式。排放时，介质一部分通过排泄管排放，另一部分从阀高盖与阀杆的配合处向外泄漏。

（3）敞开式。排放时，介质不通过排泄管，直接由阀瓣处排放。

2. 先导式安全阀

先导式安全阀该阀由主阀和导阀组成（图3-53）。介质压力和弹簧压力同时加载于主阀瓣上，超压时导阀阀瓣首先开启，导致加到主阀阀瓣上的介质压力被泄掉，主阀开启。当压力降低到安全压力时，在弹簧力的作用下导阀关闭，主阀充气，在介质压力和弹簧压力的作用下推动活塞下行，使主阀关闭。先导式安全阀是近几年引进的一种新型阀门，主要用于大口径和高压场合。

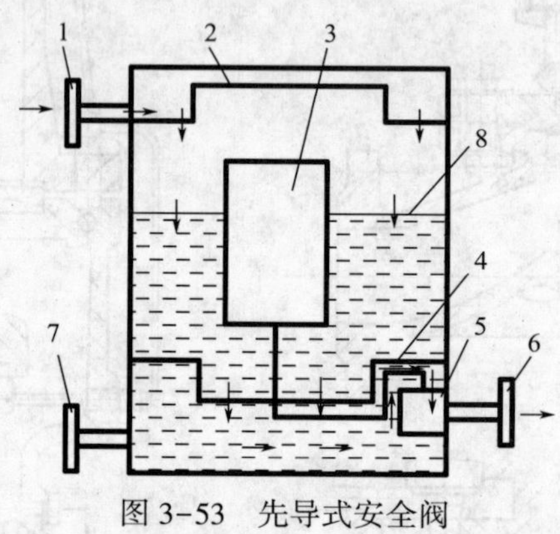

图3-53 先导式安全阀

1—进水管；2—防冲罩；3—动力系统；4—转向罩；5—阀芯总成；6—排水管；7—排污管；8—气水界面；→液流方向

（七）天然气疏水阀

天然气疏水阀是一种自动排污阀门。该阀门在无其他动力的条件下利用浮球和杠杆平衡原理实现天然气的气水分离，并自动排放天然气储罐中的沉积水（液），在排放、水（液）的过程中无天然气泄露。

1. 结构和工作原理

天然气疏水阀进液管和天然气气液分离器相接，排液前液体在重力作用下进入疏水阀，通过防冲环改变液体流向，垂直向下运动。当液面升高到一定程度时，动力系统启动向上运动并开启阀门，疏水阀开始排液。液体在系统压力的作用下，经转向罩在排水腔内向上作垂直运动，经阀芯、排液管排出阀体外。此时杂质的重力方向与液体流动方向相同，杂质将沉于阀体底部（经排污口定时排除），避免杂质对阀芯造成污染，确保疏水阀的正常运行。当液体排完后，液位下降到某一高度时，动力系统向下运动，关闭阀门。液体在阀体内形成高位水封，将天然气严密封锁而无丝毫泄漏，这就完成了一个排液周期（图3-54）。

天然气疏水阀的优点如下：

（1）利用U形结构在阀体内形成双腔，为以阀关液、以液封气的关闭系统，同时改变了介质在阀体内的流动方向，使之与重力方向重合而使液气进一步分离，促进液体中杂质的沉降速率。

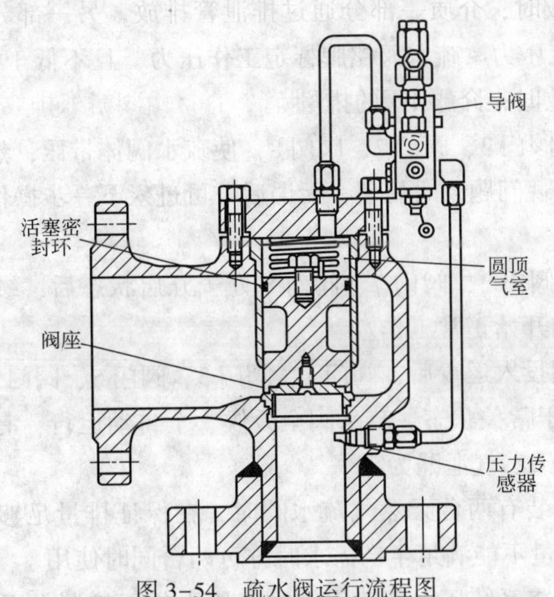

图 3-54 疏水阀运行流程图

（2）利用杠杆原理，计算所需动力以满足疏水阀在运行中的动力条件。

（3）利用连通器原理和介质密度差设计自动回气系统，使其在运行中能连续地将疏水阀中的气体回流到分离器中，以达到疏水阀连续和全自动运行的目的。

天然气疏水阀的具体运行流程如图 3-55 所示。

2. 维护和运行管理

根据厂家制定的运行规程，并结合本单位的具体情况形成自己的运行规程。规程一旦制定就必须严格执行，特别是要认真按时巡查，若发现问题应及时处理，处理不了的问题应及时通知厂家进行现场服务，在故障未排除前要关闭疏水阀，开启旁通系统，维持生产的正常运行。

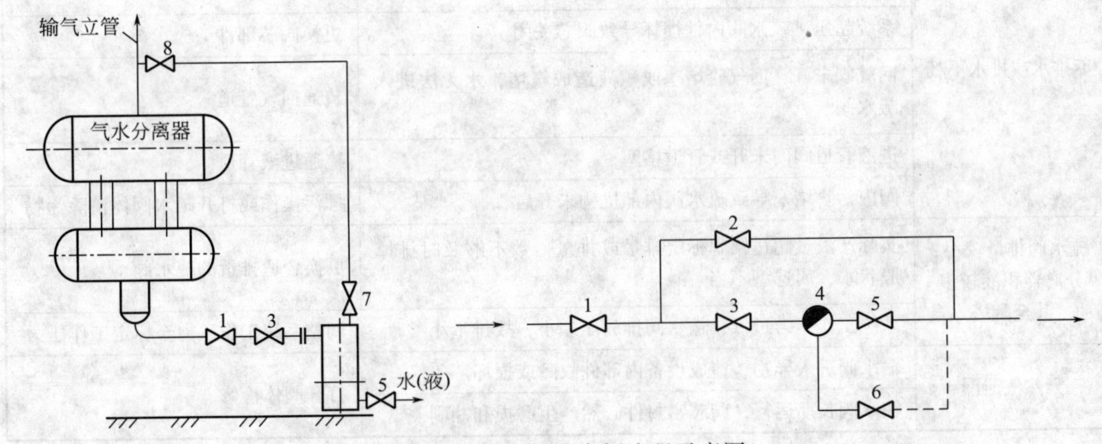

图 3-55 天然气疏水阀流程示意图

1—天然气气水分离器排水口阀门；2—旁通阀门；3—天然气疏水阀进水口前端阀门；4—天然气疏水阀；5—排水口阀门；6—排污口阀门；7—回气口阀门；8—回气管阀门

1）运行

（1）检查确定系统压力≤疏水阀铭牌标定工作压力，且不低于标定工作压力的30%，系统工作压力过低会严重减小疏水阀的排量。

（2）缓开阀门1、阀门3、阀门7、阀门8，使疏水阀体带压，然后检查各连接口、阀门、管线有无泄漏，发现问题及时处理，无误后方可进入下一步操作。

2）操作步骤

（1）确定阀门1、阀门3、阀门7、阀门8处于开启状态后，缓慢开启疏水阀排水口阀门“5”，此时疏水阀开始正常工作。

（2）天然气疏水阀投入运行后，阀门1、阀门3、阀门5、阀门7、阀门8处于常开状态，阀门2、阀门6处于常关状态。疏水阀全天候、全自动运行，有水就排，无水自动关闭，在全部作业过程中天然气泄漏为零。

（3）若一个疏水点装有两台天然气疏水阀时，在保证排量足够的前提下，应做到一开一备，只有在一台排量不能满足生产需求时方可两台同时使用。

（4）运行时，应检查系统压力即疏水阀进口压力是否控制在天然气疏水阀的工作压力范围内，不允许超压运行。

（5）在系统排水实现自动化运行后，操作人员的主要职责应是定时巡查，检查设备运动情况，维护保养设备，记录运行各项指标参数，若发现异常情况及时报告并及时处理。

3）故障判断及处理

天然气疏水阀故障判断及处理方法见表3-13。

表3-13　天然气疏水阀故障判断情况表

故障现象	原因	排除方法
不排水或排水不畅	系统超压、疏水阀自锁	调整系统工作压力至铭牌标定的工作压力以下
	系统超压、疏水阀内件损坏导致阀芯关闭	更换阀芯部件
	回气阀未开、回气管堵塞或积液造成气堵，水无法进入疏水阀	疏通回气管道
	进液管道阀门未开或管道堵塞	疏通进液管道
	阀内污物堵塞导致疏水阀内部机构未开启	排污操作或打开疏水阀体清除污物
疏水阀排量较小，分离器积液较多甚至翻塔	实际产液量超过铭牌标定排量或排量倍数不够及时排掉股状水，属选型不当	更换合适排量的疏水阀
	系统工作压力过低，输水阀排放压差小，故排量小	调整系统工作压力至标定工作压力
天然气泄漏	输水阀进入异物，造成设备内部件故障或损坏	打开阀体检修
	输水阀长期运行，阀芯密封件必然产生磨损和冲刷	

（八）节流截止阀

节流阀由于不能严密关闭的缺点，使节流截止阀的使用受到重视。

节流截止阀不仅具有很好的调节流量和压力的性能，而且经过很长时间使用后仍能保持良好的关闭截断性能，因而它具有节流和截止的双重功能（图 3-56）。这类阀门的结构特点是其节流面与截断气流的密封面分开一小段距离，当阀门处于节流工作状态时，截断密封面处于气体回流或相对静止区，因而截断密封面不受到气流的冲刷，只有当需要截断气流时才将阀芯与阀座的密封面压合，从而保证了阀门较长的密封寿命。

（九）止回阀

止回阀又称单向阀、止逆阀，其作用是保证管路中的介质定向流动而不致倒流，是控制管道内介质单向流向的阀门。

为了井口、场站设备安全需要，在部分工艺设备或管段上安装止回阀，以防止天然气的倒流。止回阀的作用是只允许介质向一个方向流动，而且阻止反方向流动。通常止回阀是自动工作的，在一个方向流动的流体压力作用下，阀瓣打开；流体反方向流动时，由流体压力和阀瓣自重作用于阀座，从而切断流动（图 3-57）。

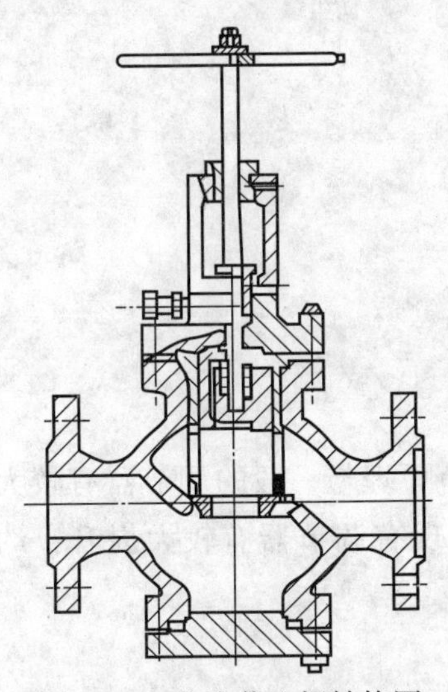

图 3-56　节流截止阀结构图

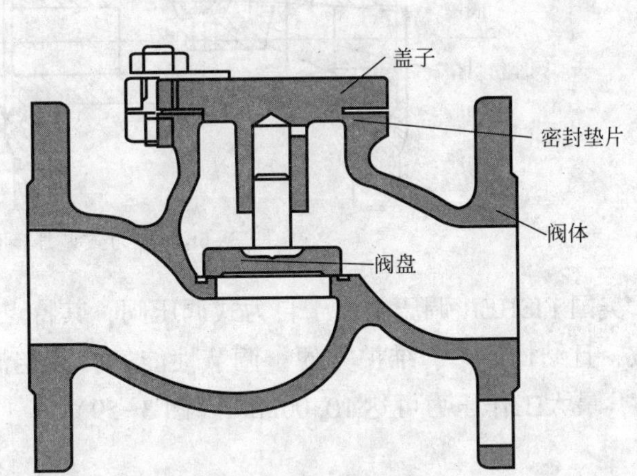

图 3-57　止回阀结构图

止回阀是指依靠介质本身流动而自动开、闭阀瓣，用来防止介质倒流的阀门，又称逆止阀、单向阀、逆流阀和背压阀。止回阀属于一种自动阀门，其主要作用是防止介质倒流，防止泵及驱动电动机反转，以及容器介质的泄放。当辅助系统的升压可能超过系统压力时，可在辅助系统的补给管路上安装止回阀。止回阀主要可分为旋启式止回阀（依重心旋转）和升降式止回阀（沿轴线移动）。

（十）调压阀

气体调压阀主要用于天然气集输配系统的压力调节，其特点是不需要外来能源，利用被调介质自身所具有的压能（压力差）自动调节，达到输出压力稳定的目的。调压器的类型很多，主要分为直接作用式（自力式）调压阀和指挥器控制式（轴流式）调压阀。

1. 自力式调压阀

自力式调压阀结构简单、维护方便、调节性能好，广泛应用于出口压力低、不需要精准调压的工艺。

调压器通过一条外部控制线路来感应下游压力，下游压力压迫一套弹簧装置，通过移动皮膜和阀芯改变调压阀流通路径的大小从而调节压力（图 3-58）。

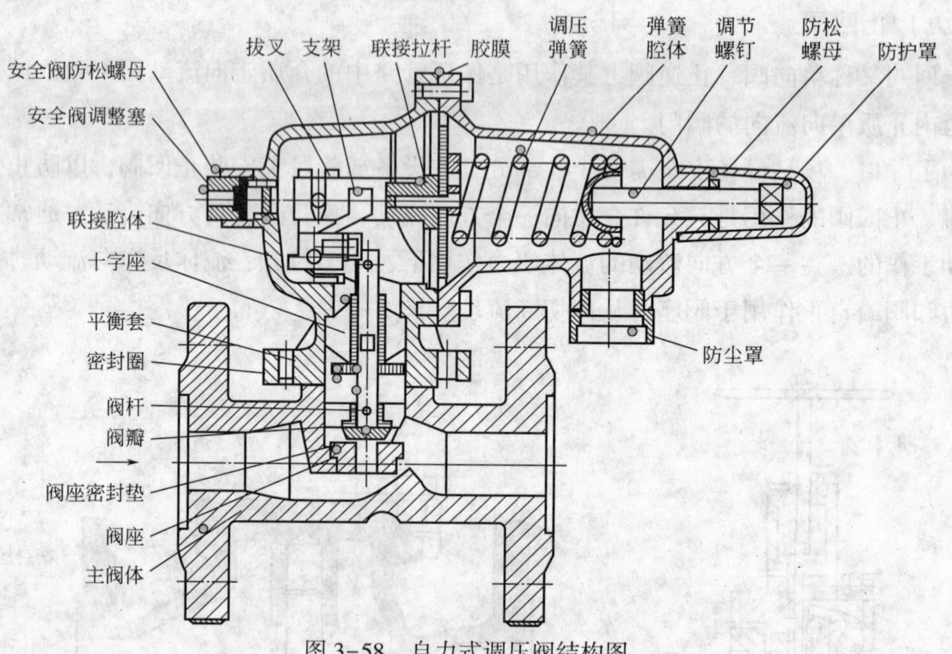

图 3-58　自力式调压阀结构图

美国 FISHER 调压阀属于自力式调压阀，其特点是调节原理与一般的调节器有较大的突破，且结构简单、维护方便、调节性能好，额定流量比现有调节器有较大提升，约为20%，最大工作压力可达 10.00MPa（图 3-59）。

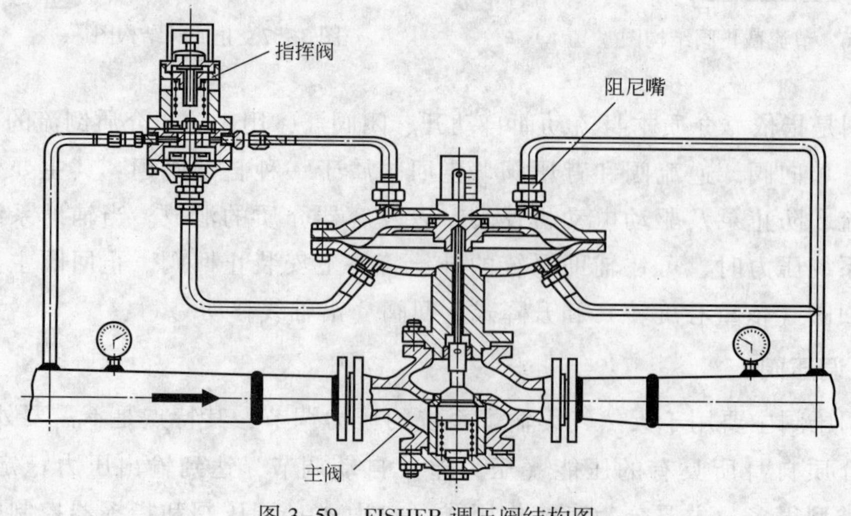

图 3-59　FISHER 调压阀结构图

2. 轴流式调压阀

轴流式适用于高流速或需要精确压力控制的情况。在这种控制方式下，阀内皮膜迅速对下游压力变化作出响应，从而在主要的阀塞位置产生即时的校正。在运行过程中不平衡力极小、无振动、噪声低、耐冲刷性好，且关闭后可实现无泄漏（图 3-60）。

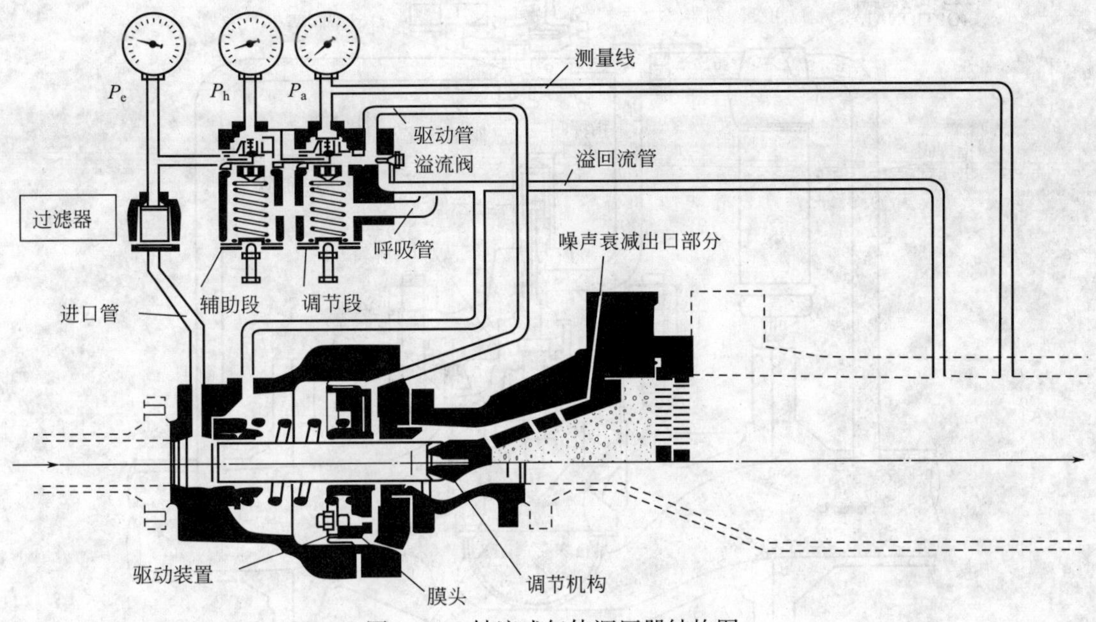

图 3-60　轴流式气体调压器结构图

1）调压器的结构形式

工作压力为 4.0MPa 的 TZ-4.0 调压器的结构如图 3-60 所示。其结构特点为主阀采用套筒式结构。

2）调压器的工作原理

以 TZ-4.0 型气体调压器为例说明其工作原理。调压器由主阀、指挥阀和阻尼嘴等组成，用 ϕ14~18mm 导压管连接成工作控制系统。

使用时调节指挥阀给定螺钉，设定阀后压力 p_2，当用户用气负荷变化，阀后压力略高于 p_2 而变为 p_2' 时，略高的 p_2 压力信号由导管立即传递到指挥阀下膜腔，迫使喷嘴挡板关小，从而主阀工作膜腔内的操作压力下降，主阀自动关小阀芯开度，使已超限的阀后压力 p_2' 回到原来给定的 p_2；反之，当阀后压力低于 p_2 而变成 p_2'' 时，指挥阀接受 p_2'' 压力信号后立即增大输出量，使主阀工作膜腔的操作压力增加，阀芯自动开大，使 p_2'' 升高至给定值 p_2。从而无论用户负荷怎样变化，都始终保持调压器阀后压力衡定。

德国卡塞尔调节与测量技术公司的高压管网使用的轴流式燃气调压器如图 3-61 所示。进口压力为 10MPa。值得注意的是，其结构设计使流量系数得到改善，使一般结构下的流量系数从 0.55 提高到 0.65，且噪声处理后不超过 85dB。

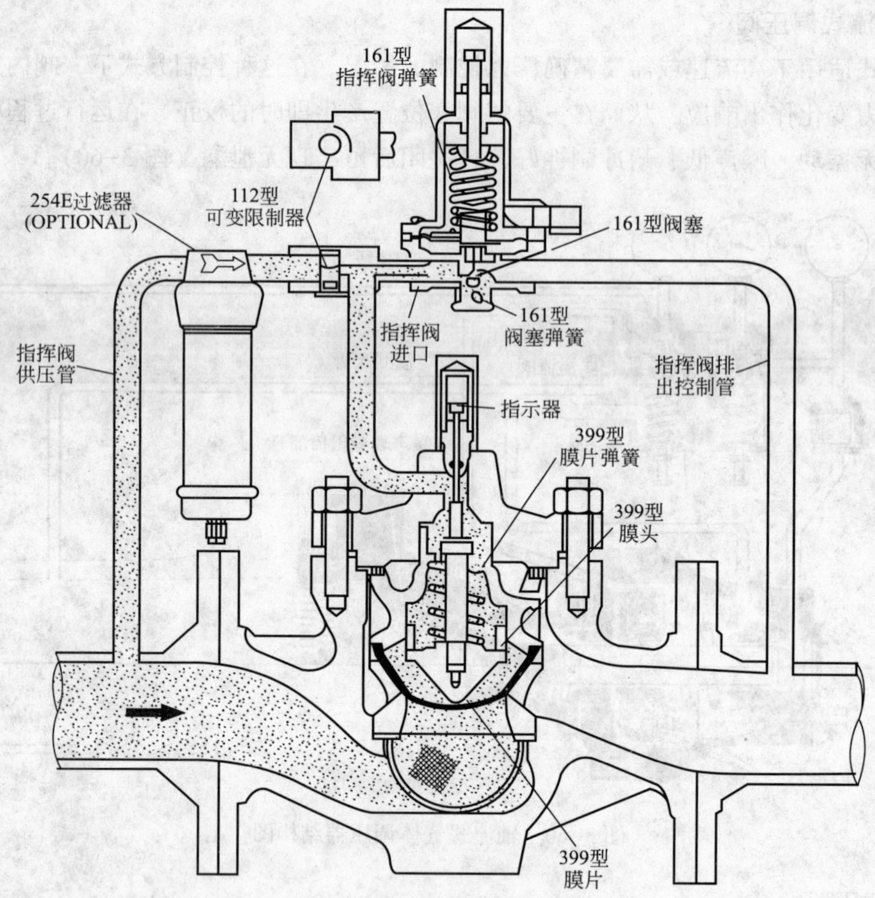

图 3-61　卡塞尔轴流式调压阀结构

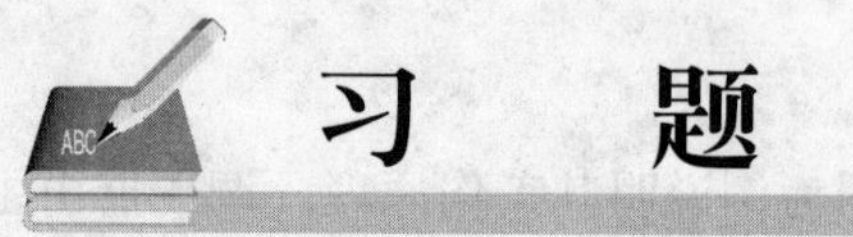

习　题

一、名词解释

1. 天然气分离设备
2. 公称直径
3. 公称压力

二、简答题

1. 常用天然气加热设备及特点？
2. 常用天然气分离设备及特点？
3. 常用管材的分类及特性？
4. 常用阀门的分类及特性？

三、思考题

DN200、PN4.0 的平板闸阀，应如何选择配套的法兰、螺栓、螺母、垫圈、垫片的型号及数量？

第四章 天然气脱水

第一节 天然气脱水方法

从地层采出的天然气，常常含有水（游离水、气态水）。对于处于液态的水，在天然气的集输过程中，可通过分离器使其从天然气中分离。但在一定压力、温度下，天然气中所含有的处于饱和状态的水气，就不能通过分离器分离。由于天然气中水分的存在，在一定条件下会生成水合物，堵塞管路、设备，影响平稳供气；另外，对于含有 CO_2、H_2S 的天然气，由于水分的存在，将导致强腐蚀性酸液的形成，会加强设备管线的腐蚀，减少管线的使用寿命。因此有必要脱除天然气中的水分，以满足管输和用户的需求。

一、常见几种脱水方法

天然气的脱水方法多种多样，按其原理可归纳为以下四种：

（一）溶剂吸收法

溶剂吸收法是利用某些液体物质不与天然气中水发生化学反应，而对水具有很好的溶解能力的原理。溶水后的溶液蒸气压很低，且可再生和循环使用，故脱水成本较低，溶剂吸收法已在天然气脱水中得到广泛的使用。最常见的溶剂吸收法为三甘醇脱水法。

（二）固体吸附法

固体吸附法是利用某些固体物质比表面高，表面空隙可以吸附大量水分子的特点来进行天然气脱水的方法。脱水后的天然气含水量可降至 1mg/L，这样的固体物质有硅胶、活性氧化铝、4A 和 5A 分子筛等。固体吸附剂一般容易被水饱和，但也容易再生，经过热吹脱附后可多次循环使用，因此固体吸附法常用于低含水天然气的深度脱水。最常见的固体吸附法为分子筛脱水法。

（三）低温冷凝法

低温冷凝是借助于天然气与水气凝结为液体的温度差异，在一定的压力下降低天然气温度，使其中的水气与重烃冷凝为液体，再借助于液烃与水的相对密度差和互补溶解的特点进行重力分离。这种方式的效果是显而易见的，但为了达到较深的脱水深度，应该有足够的温降。如果温度低于常温，则需要有制冷设施，这样会使脱水过程的工程投资、能量消耗增加，并进一步提高天然气处理的生产成本。最常见的低温冷凝法为 J-T 阀脱水法。

（四）化学试剂法

化学试剂法是采用可以与天然气中水发生化学反应的化学试剂与天然气充分接触，生成具有很低蒸气压的另一种物质。这样可以使天然气中的水气完全脱除，但化学试剂再生很困难，因此这种方法在工业上很少采用。

近年来国外正在发展利用膜分离技术进行天然气脱水，但工业上应用不多。目前，西南油气田分公司应用最广泛的是以三甘醇为脱水剂的溶剂吸收法。化学试剂法在现场很少应用，本书不对该种脱水方法做详细介绍。

二、天然气中水气含量

天然气的饱和含水量取决于天然气的温度、压力和气体组成等条件。在压力不变的情况下，温度愈高则单位体积内的水气含量就愈多；在温度不变的情况下，随着压力的升高水气含量减少；气体的相对分子质量越大，水气含量越少；当天然气中含有氮气时，水气含量会减少；当天然气中含有二氧化碳和硫化氢时，水气含量将会增多。

可以用绝对湿度 e、相对湿度 ϕ 和露点温度表示含水天然气的特征。

绝对湿度（绝对含水量）：标准状态下每立方天然气所含水气的质量，称为天然气的绝对湿度或绝对含水量，用 e 表示。

饱和含水量：一定状态下天然气与液相水达到平衡时，天然气中的含水量称为饱和含水量，用 e_s 表示。

相对湿度：在给定条件下，每立方米天然气中的水气含量与相同条件下饱和状态时每立方米天然气中水气含量之比，用 ϕ 表示：

$$\phi=\frac{e}{e_s} \tag{4-1}$$

式中 ϕ——相对湿度；

e——绝对含水量；

e_s——饱和含水量。

露点：在特定系统压力下，天然气开始冷凝析出第一滴液体时的温度，天然气有水露点和烃露点。

露点降：指在压力不变的情况下，天然气脱水前后的露点温度差。

指标要求：管输天然气水露点在起点输送压力下，应比输送条件下最低环境温度低5℃。

第二节　溶剂吸收法脱水

溶剂吸收法脱水是目前天然气工业中使用较为普遍的脱水方法。在油气田的天然气和油田伴生气集输工艺中，为避免生成水合物，须对气体进行脱水处理，自 20 世纪 30 年代后期建成二甘醇法脱水装置以来，经过不断发展，又出现了三甘醇法等多种甘醇脱水工艺。目前，甘醇吸收法脱水仍是广泛使用的天然气脱水工艺。三甘醇法脱水装置的露点降可达40℃左右。

一、甘醇物理性质

甘醇是直链的二元醇，其通用化学式为 $C_nH_{2n}(OH)_2$。二甘醇（DEG）和三甘醇（TEG）的分子结构如下：

$$\begin{array}{l} CH_2—CH_2—OH \\ | \\ CH_2—CH_2—OH \end{array} \qquad \begin{array}{l} CH_2—O—CH_2—CH_2—O \\ | \\ CH_2—O—CH_2—CH_2—OH \end{array}$$

二甘醇　　　　三甘醇

甘醇可以与水完全溶解。从分子结构看，每个甘醇分子中都有两个羟基（OH）。羟基在结构上与水相似，可以形成氢键，氢键的特点是能和电负性较大的原子相连，包括同一分子或另一分子中电负性较大的原子，这是甘醇与水能够完全互溶的根本原因。这样，甘醇水溶液就可将天然气中的水蒸气萃取出来形成甘醇稀溶液，大幅降低天然气中水气量。

一般来说，用作天然气脱水吸收剂的物质应具有对天然气有高的脱水深度，对化学反应和热作用稳定，容易再生，蒸气压低，黏度小，对天然气和烃类液体的溶解度小，对设备无腐蚀性等性质，同时还应价廉易得。甘醇法应用初期，多使用二甘醇，由于其再生温度的限制，其浓度一般约为95%，露点降约25~30℃。20世纪50年代开始，由于三甘醇再生浓度可达98%~99%，露点降可达33~47℃，甚至更高，因而三甘醇逐渐替代二甘醇作为吸收剂。与二甘醇相比，三甘醇具有以下优点：

（1）沸点较高（287.4℃，比二甘醇高43℃），可在较高的温度下再生。

（2）蒸气压较低（27℃时，仅为二甘醇的20%），因而损耗小。

（3）热力学性质稳定，理论热分解温度为206.7℃，比二甘醇高40℃。

（4）脱水操作的费用比二甘醇法低。

二甘醇和三甘醇的物理性质见表4-1。

表4-1　二甘醇、三甘醇物理性质

物理性质	二甘醇（DEG）	三甘醇（TEG）
分子式	$O(CH_2CH_2OH)_2$	$HO(C_2H_4O)_2C_2H_4OH$
相对分子质量	106.10	150.20
冰点，℃	-8.30	-7.20
闪点（开口），℃	143.30	165.60
沸点（760mmHg），℃	245.00	287.40
相对密度 d_{20}^{20}	1.1184	1.1254
折光指数 n_D^{20}	1.4472	1.4559
与水溶解度（20℃）	完全互溶	完全互溶
绝对黏度（20℃），mPa·s	35.70	47.80
汽化热（760mmHg），J/g	347.50	416.20
比热容，kJ/（kg·K）	3065	2.198

续表

物理性质	二甘醇（DEG）	三甘醇（TEG）
理论热分解温度,℃	164.40	206.70
实际使用再生温度,℃	148.90~162.80	176.70~204.40

二、三甘醇脱水基本原理

三甘醇 TEG 脱水工艺主要由甘醇吸收和甘醇再生两部分组成。三甘醇脱水工艺的典型流程如图 4-1 所示。含水天然气（湿气）经原料气分离器除去气体中的游离水和固体杂质，然后进入吸收塔。在吸收塔内原料气自下而上流经各层塔板，与自塔顶向下流动的贫甘醇液逆流接触，天然气中的水被吸收，变成干气从塔顶流出。

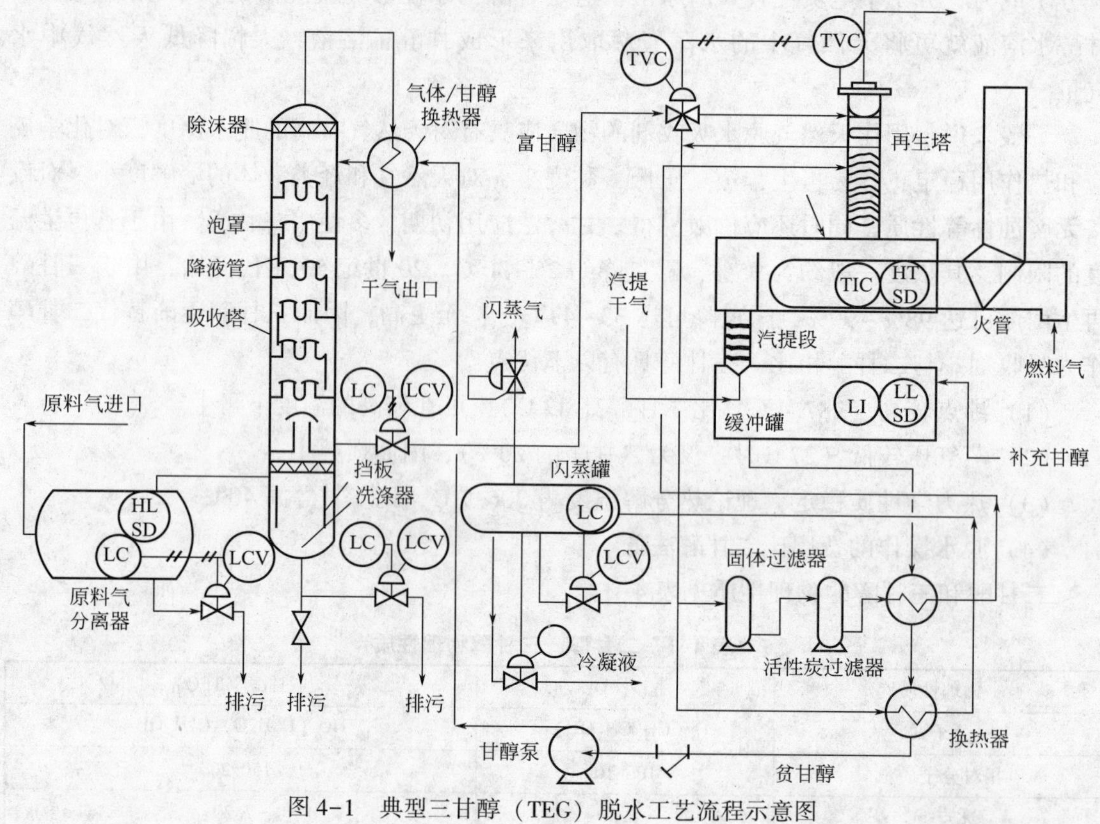

图 4-1　典型三甘醇（TEG）脱水工艺流程示意图

三甘醇溶液吸收天然气中的水后，变成富液自塔底流出，与再生后的三甘醇贫液在换热器中经热交换后，再经闪蒸、过滤后进入再生塔再生。流程中设置了闪蒸罐可使部分溶解到富甘醇溶液中的烃类气体在闪蒸罐中分离，以减少再生塔中烃蒸气量。富甘醇在再生塔中提浓后，流入储罐内，然后由泵打入吸收塔供循环使用。

三、三甘醇脱水工艺流程

三甘醇脱水工艺在国内主要的气田如四川、长庆等应用极为广泛，较为常见的工艺装置有：加拿大PROPAK（普帕克）、MALONEY（马隆尼），美国EXPRO，以及国产脱水装置，处理规模为（10~250）$\times 10^4 m^3/d$。下面以PAOPAK公司脱水装置为例，简单介绍脱水装置的工艺流程，其他装置流程基本相同。

整个脱水工艺系统可分为天然气脱水、三甘醇循环再生、燃料气、仪表风、自动控制、备用电源等子系统。

（一）天然气脱水系统

湿天然气通过过滤分离器（原料气分离器），除去液态烃和固态的杂质后，进入吸收塔的底部。在吸收塔内自下往上通过充满三甘醇的填料段或一系列的泡罩与三甘醇充分接触，被三甘醇脱去水分后，在经过吸收塔内顶部的捕雾网时，将夹带的液体拦下。脱水后的干气离开吸收塔，经干气/甘醇热交换器（换热器）后进入集输气干线（图4-2）。

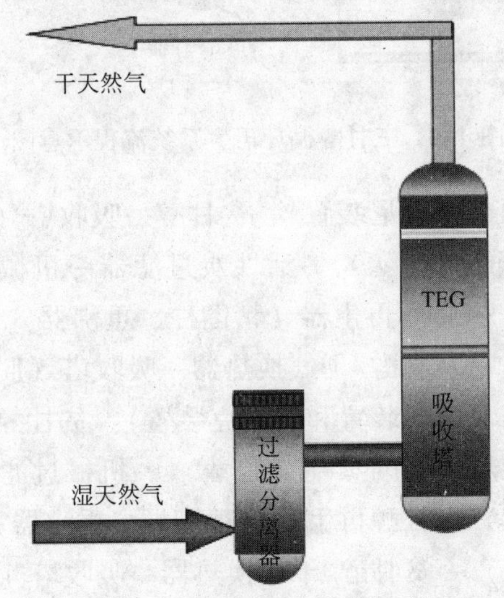

图4-2　原料气系统流程示意图

天然气脱水系统工艺流程：原料气→过滤分离器（除去液固杂质）→吸收塔（与甘醇逆流接触脱水）→干气/贫甘醇换热器→计量调压→输气管线。

天然气脱水系统中主要单体设备包括原料气分离器（除去天然气中液、固体杂质）；吸收塔（与贫甘醇逆流接触脱水）；干气/甘醇热交换器以及调压计量等。

（二）三甘醇循环再生系统

贫甘醇不断地被泵入吸收塔顶部，在塔内经溢流管向下依次流过每一个塔盘，吸收塔内向上流动的天然气中的水蒸气。吸满了水的甘醇（富甘醇）从塔底排出，经过贫甘醇缓冲器中的预热盘管后，通过闪蒸罐、过滤器后进入重沸器上的精馏柱顶部。

重沸器中产生的蒸气将向下流动的富甘醇（通过精馏柱填料层）中的水蒸气提走。上升蒸气夹带的甘醇在柱顶回流段冷凝后重新流回重沸器，而未冷凝的蒸气则从精馏柱顶部出来，进入灼烧炉燃烧。再生出的甘醇溢过重沸器中的挡板流入甘醇缓冲罐，通过冷却后由甘醇泵将甘醇压力提高到吸收塔的压力，经过贫甘醇/干气换热器后进入吸收塔顶部开始新一轮循环。

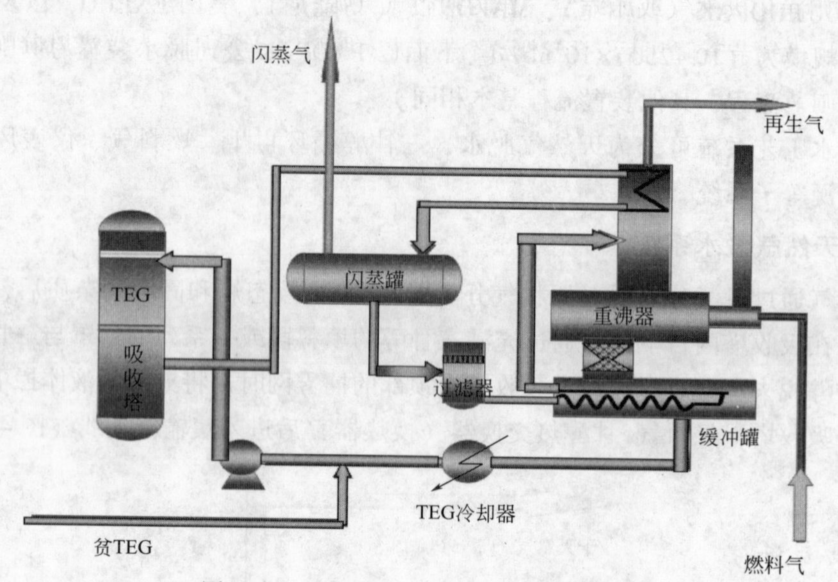

图 4-3 三甘醇循环再生系统流程示意图

TEG 循环系统工艺流程（马龙尼装置）：贫甘醇→吸收塔（变成富液）→液位调节→缓冲罐（一次换热）→闪蒸罐（闪蒸）→活性炭过滤器→机械过滤器→精馏柱（二次换热）→缓冲罐（三次换热）→甘醇再生器（精馏柱、重沸器）→缓冲罐贫/富液换热→水浴冷却器→甘醇泵（升压）→贫甘醇/干气换热器→吸收塔（脱水）。

TEG 循环系统工艺流程（国产装置和普帕克装置）：贫甘醇→吸收塔（变成富液）→液位调节→精馏柱（一次换热）→闪蒸罐（闪蒸）→机械过滤器→活性炭过滤器→机械过滤器→缓冲罐（二次换热）→甘醇再生器（精馏柱、重沸器）→缓冲罐贫/富液换热→水浴冷却器→甘醇泵（升压）→贫甘醇/干气换热器→吸收塔（脱水）。

三甘醇循环再生系统主要设备包括吸收塔、三甘醇循环泵、闪蒸罐、过滤器（机械和活性炭）、重沸器、精馏柱、缓冲罐等。

（三）燃料气系统

燃料气系统工艺流程：酸性天然气→节流→加热→脱硫→净化气过滤器→节流→计量→作脱水装置燃料气。

直接采用净化天然气作为燃料气，经节流降压后使用。

（四）仪表风系统

仪表风系统工艺流程：湿空气→过滤器→空压机→冷却器→稳压罐→油水分离器→空气干燥器→仪表风罐→各气动仪表。

（五）自动控制系统

自动控制系统用于脱水装置自动调节与控制，是保证脱水装置安全、高效、平稳运行的关键所在。自动控制系统主要设备包括仪表风、调节器及相关设备、备用电源等。调节器及相关设备、备用电源将在后续章节介绍，此处只简单介绍自控系统的仪表风。

脱水装置自动控制系统的仪表风一般有两种形式：

（1）采用净化天然气或压缩空气作为执行气气源。

将引出的干气节流降压后，经过分离器过滤、脱硫、干燥后进入仪表风分配罐，再进入各个气动调节阀。

（2）采用压缩空气作为执行气源。空气压缩机将空气压缩至0.40~0.70MPa。经过冷冻式干燥机以及精细过滤器除水、分离后进入仪表风分配罐，再进入各个气动调节阀。

（六）备用电源系统

备用电源系统主要用于停电时向脱水装置的机泵、自动控制系统等提供持续合格的电源，保证脱水装置连续运行。一般包括动力机组（柴油机组、天然气机组）、发电机（将动力机组提供的动力转换为电能）、自动转换开关（ATS，在市电与备用电源间自动切换）。

四、三甘醇脱水单体设备

（一）过滤分离器

过滤分离器作为原料天然气进入吸收塔的最后一道屏障，主要作用为除去原料气中的固体粉尘和游离水等杂质，以防止管线和装置中调压器、仪表、阀等附件的磨损或堵塞，同时经过过滤分离器后，保证下游装置（脱硫、脱水装置，压缩机站或管线）对气质的要求，防止溶液的污染，确保装置的正常运转。

过滤分离器分为过滤段和分离段，由滤芯、捕雾网、筒体、积液包等组成（图4-4）。

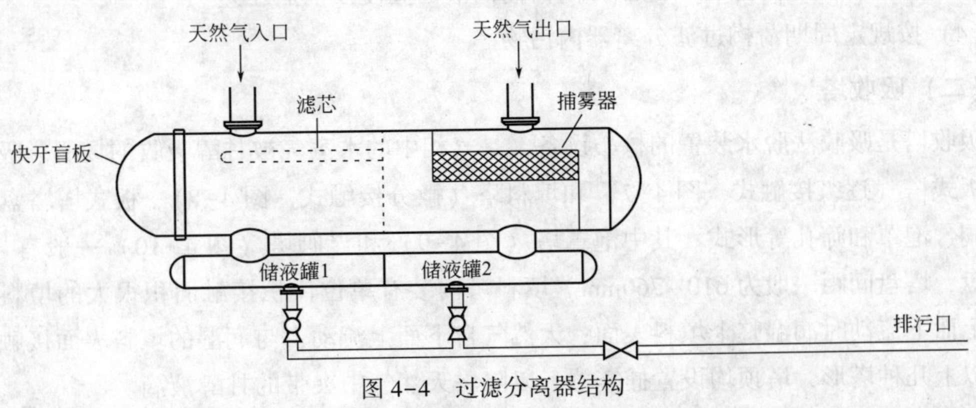

图4-4 过滤分离器结构

天然气经入口管进入过滤段，流速降低，由滤芯四周沿径向进入滤芯中部的气流通道，经中间隔板上的孔进入分离段。颗粒较大的液、固体杂质，在滤芯外壁被过滤出来，液滴与固体的混合物逐渐聚集在一起，在重力的作用下，沉降至容器底部，经连接管进入储液罐，由排污阀排出（图4-5）。

经过滤段后带有雾沫的气体，流速进一步降低，雾沫随气体以一定的流速与捕雾器的丝网发生碰撞，由于液体的表面张力而在丝网上凝结成较大的液滴，在重力作用下，沉降到容器底部，经连接管进入储液罐，由排污阀排出，天然气通过捕雾器后，经出口管进入下游设备。过滤分离器内部结构如图4-6所示。

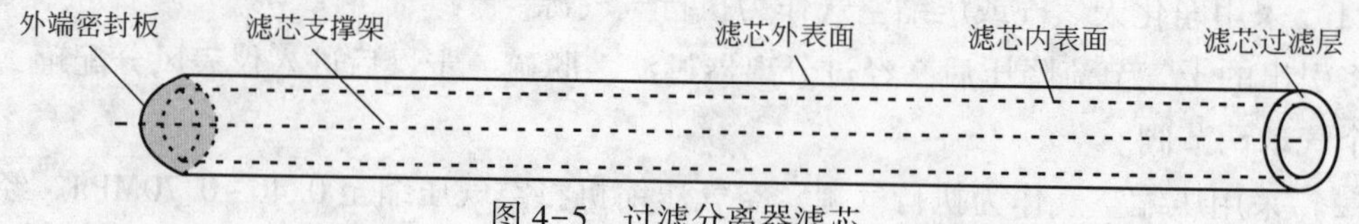

图 4-5　过滤分离器滤芯

图 4-6　过滤分离器内部结构图

注意事项：

（1）过滤分离器上应设置安全阀，并定期调校。

（2）过滤分离器的实际处理气量应符合分离器的设计处理气量，保持高效率的分离。

（3）严格控制生产过程中过滤分离器内的液面高度及前后压差。

（4）按规定周期清掏过滤分离器内污物。

（二）吸收塔

吸收塔是吸收法脱水装置的核心设备，是气相中的水蒸气被甘醇吸收的场所。吸收塔分为板式塔（逐级接触式，图 4-7）和填料塔（微分接触式，图 4-8）。板式塔塔盘结构有浮阀、泡罩和筛孔等形式。其中泡罩塔（图 4-9）和浮阀塔（图 4-10）一般有 4~12 个塔盘，塔盘间距一般为 610~760mm。填料塔内装有单位体积接触面积很大的填料，甘醇自上而下流动时润湿整个填料表面；天然气自下而上流动，与润湿的填料表面接触时传质。以上几种塔形，塔顶均设置捕雾器，以除去天然气中夹带的甘醇液滴。

吸收塔由底部的涤气段（重力分离段）、中部的传质或干燥段、顶部的甘醇冷却和捕雾器段组成。湿天然气切向进入塔底部的涤气段，由下而上流动，与自上而下的三甘醇进行逆流接触，最后变为干气经塔顶出塔，塔顶的捕雾器可确保天然气尽量少夹带三甘醇。

注意事项：

（1）密切注意产品气分析记录，根据产品气的含水量、原料气进气量与含水量，随时调整 TEG 循环量，保证产品气质。

（2）经常观察吸收塔液位，防止 TEG 液位过低和重力分离段液位过高。

（3）注意观察脱水塔压差，防止出现三甘醇溶液被产品气带走的现象。

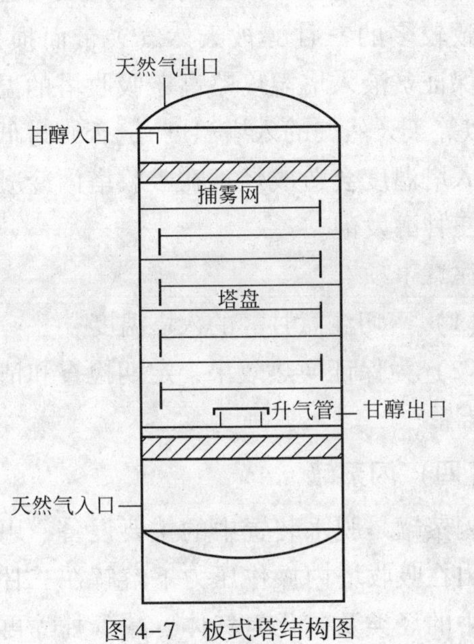

图 4-7 板式塔结构图

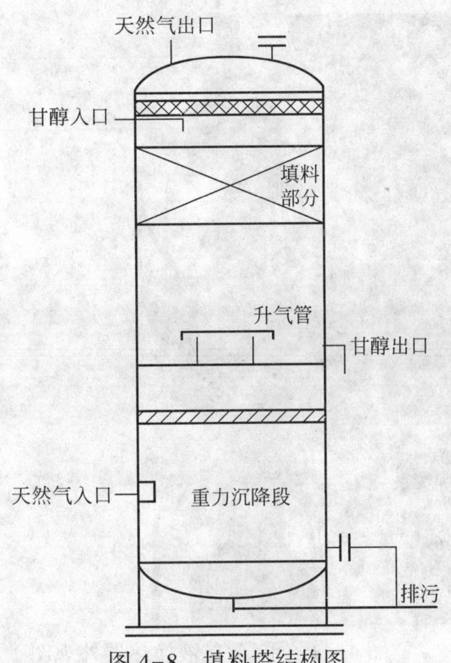

图 4-8 填料塔结构图

图 4-9 泡罩塔内部结构及塔盘

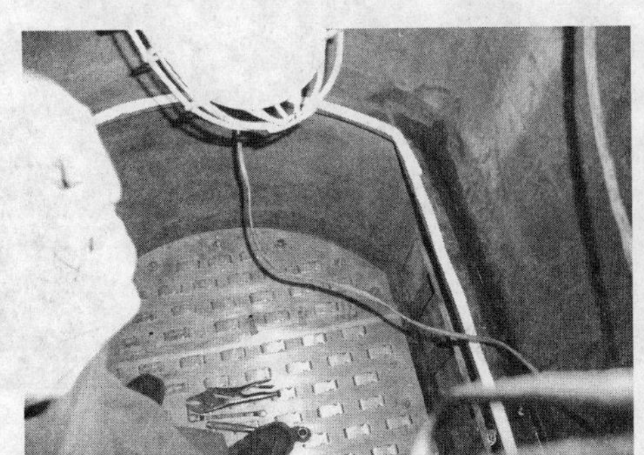
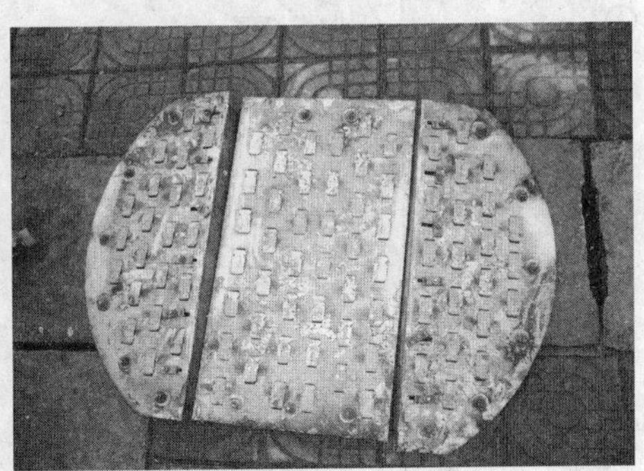
图 4-10 浮阀塔内部结构及塔盘

（三）干气/贫液换热器

干气/贫液换热器一般为安装在吸收塔顶部出口的一个换热盘管（图 4-11），主要用

图 4-11　干气/贫液换热器外观图

于出塔干气与入塔三甘醇贫液换热，目的是降低贫液的入塔温度。较高的贫液入塔温度会导致较多的三甘醇被天然气夹带而损失，必须保证贫液入塔温度略高于吸收塔的温度（近似等于天然气的入塔温度），否则过低的贫液入塔温度会造成烃类在吸收塔内冷凝而引起三甘醇发泡。

注意事项：

（1）密切注意甘醇的入塔温度。

（2）为保证换热效果，定期检查和清洗换热器。

（四）闪蒸罐

闪蒸罐是脱水装置中的主要设备，用于闪蒸出在吸收塔内操作压力下溶解在三甘醇溶液中的烃类及硫化氢气体，减少甘醇再生装置负荷，防止三甘醇溶液发泡。闪蒸罐主要由筒体、捕沫网、富液入口、富液出口、闪蒸气出口、排污口等组成（图 4-12 与图 4-13）。在闪蒸罐上安装有液位计、液位调节阀（富液出口）、压力调节阀（闪蒸气出口）和安全阀。

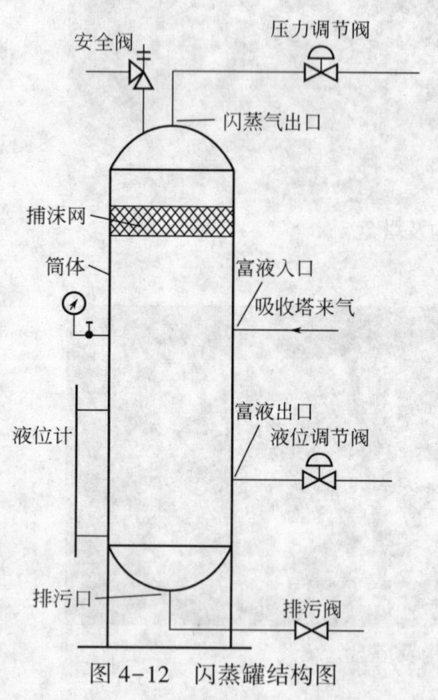

图 4-12　闪蒸罐结构图

图 4-13　闪蒸罐外观图

从吸收塔出来的三甘醇富液经液位调节阀降压后，由换热盘管加热，温度升高后进入闪蒸罐，在闪蒸罐内停留一定的时间，此时因三甘醇溶液的压力较低，温度较高，烃类气体的溶解度降低，三甘醇中溶解的烃类及硫化氢气体从甘醇中释放出来。当闪蒸罐的压力大于压力调节阀的设定压力时，气体从闪蒸罐顶部出口排出，进入灼烧炉焚烧。三甘醇的液位超过液位调节阀的设定值时，三甘醇在闪蒸罐背压的作用下从底部出口排出，进入下一级设备。

注意事项：

（1）闪蒸罐应控制一定的背压，以保证三甘醇能顺利流过下游设备。

（2）控制好闪蒸罐三甘醇的液位，保证三甘醇溶液在闪蒸罐中有足够的停留时间，以确保溶液中的烃类及硫化氢气体尽可能的被闪蒸掉。

（3）应定期对液位计进行清洗，防止出现假液位，避免液位超高，造成三甘醇进入灼烧炉。

（五）再生器

三甘醇再生器是通过加热的方法分离三甘醇中溶解的水，从而使三甘醇提浓的设备。

三甘醇再生器主要由精馏柱、重沸器、缓冲罐等组成，其中包含再生气出口、冷凝换热盘管、富液入口、富液精馏柱、烟囱、U 形火管、贫液精馏柱（溢流堰）、汽提气管线、贫液-富液换热盘管、贫液出口等（图 4-14）。

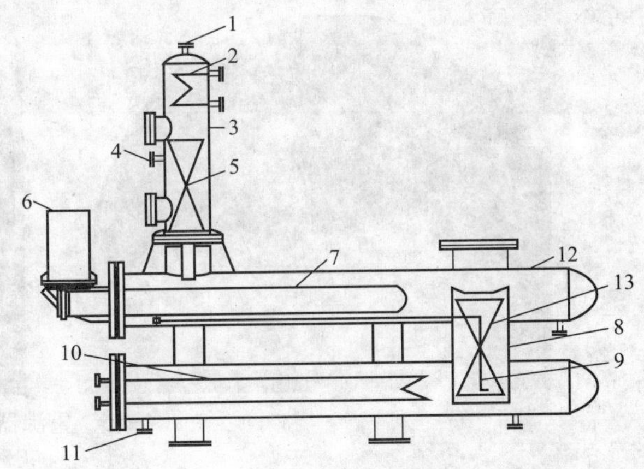

图 4-14　再生器结构图

1—再生气出口；2—冷凝换热盘管；3—精馏柱筒体；4—富液入口；5—富液精馏柱；6—烟囱；7—U 形火管；8—贫液精馏柱（溢流堰）；9—汽提气管线；10—贫液—富液换热盘管；11—贫液出口；12—重沸器筒体；13—缓冲罐筒体

三甘醇富液从精馏柱中部进入精馏柱填料中，与重沸器内蒸发出的高温蒸气逆向接触，部分水分转化为水蒸气由精馏柱顶部排出。甘醇温度升高后，流入重沸器。重沸器通过燃烧器的火焰直接加热重沸器的 U 形火管，通过 U 形火管将热量传递给重沸器中的甘醇，由于三甘醇的沸点和水的沸点相差较大，在高温下三甘醇中溶解的液态水转化为水蒸气，经富液精馏柱、再生气出口排出。提浓的甘醇，经溢流堰、贫液精馏柱进入缓冲罐，与换热盘管进行热交换，温度降低后，由甘醇出口进入甘醇循环系统。

1. 精馏柱

精馏柱通常是一个填料塔，安装于重沸器顶部，利用甘醇与水的沸点差，通过分馏将甘醇和水分离。填料通常是鞍形瓷片，为防止破裂也可用 304 不锈钢环。

在精馏柱内部，一般安装有一个内部回流盘管来冷却蒸汽。对精馏柱而言，当使用汽提气时，为防止过量的甘醇损失，回流控制是关键，大量的蒸汽离开精馏柱时会带走一些甘醇，从吸收塔来的低温富液流经柱顶的换热盘管时也会产生一定的回流。回流盘管一般都安装有手动旁通阀，正常情况下该阀处于关闭状态，全部贫液都从盘管流过。冬天由于大气温度低，就会使回流过大而使重沸器过载，这样重沸器就不能保持所需的温度。在这种情况下，大气能够提供所需的部分或全部的回流，因此部分或全部富液就不应通过回流盘管而是从旁通流过。打开旁通阀，直到重沸器回到正常温度即可。这样既减少了回流盘管产生的回流量，也减轻了重沸器的负荷。

注意要点：密切注意精馏柱顶部温度，注意换热情况。控制精馏柱顶部温度为107℃，不高于121℃。

2. 重沸器

重沸器是提供热量，并通过简单的分馏使甘醇和水分离的设备。现场脱水装置使用的重沸器一般都采用直燃式火管（图 4-15），用净化气作为燃料气（大型脱水装置的重沸器一般都采用热油或蒸汽加热）。加热部件通常是一个 U 形管。

图 4-15　重沸器烟火管

注意要点：

（1）热循环时，重沸器升温速度控制在 35℃/h 左右，重沸器温度超过 160℃时，升温速度应控制在 25℃/h 以下，严禁升温过快。

（2）水洗后的脱水装置，装置内部会有少量积水，导致三甘醇被稀释。因此，在开车热循环过程中，重沸器温度在 90℃，120℃，150℃应有足够的恒温时间，同时化验三甘醇浓度，当浓度大于 98%后装置才能正常投运。

（3）重沸器温度应控制在合理范围内，严禁超过 204℃，防止三甘醇热降解。

3. 缓冲罐

缓冲罐通常都安装有甘醇热交换盘管，冷却从重沸器流下来的贫甘醇，以及预热到精馏柱的富甘醇预热。通过罐体表面的热辐射，贫甘醇也能产生部分温降。缓冲罐主要由富液/贫液换热盘管、燃料气/贫液换热盘管组成（图 4-16、图 4-17）。缓冲罐一般不采取保温措施，也可采用水冷却协助控制贫甘醇的温度。

注意要点：

（1）密切注意换热前后甘醇的温度。

（2）密切关注缓冲罐液位，确保换热效果。

图 4-16　缓冲罐换热盘管

图 4-17　缓冲罐外观

（六）三甘醇过滤器

三甘醇过滤器包括机械过滤器和活性炭过滤器，主要用于除去三甘醇中携带的固体和液体杂质、三甘醇变质产物、设备腐蚀产物等。

1. 机械过滤器

机械过滤器主要用于除去甘醇中携带的固相杂质、设备腐蚀产物等。机械过滤器主要由筒体、滤芯支撑架、滤芯、入口阀、出口阀、排污口、泄压阀、排污阀、上下部引压阀等组成（图 4-18），外观见图 4-19。

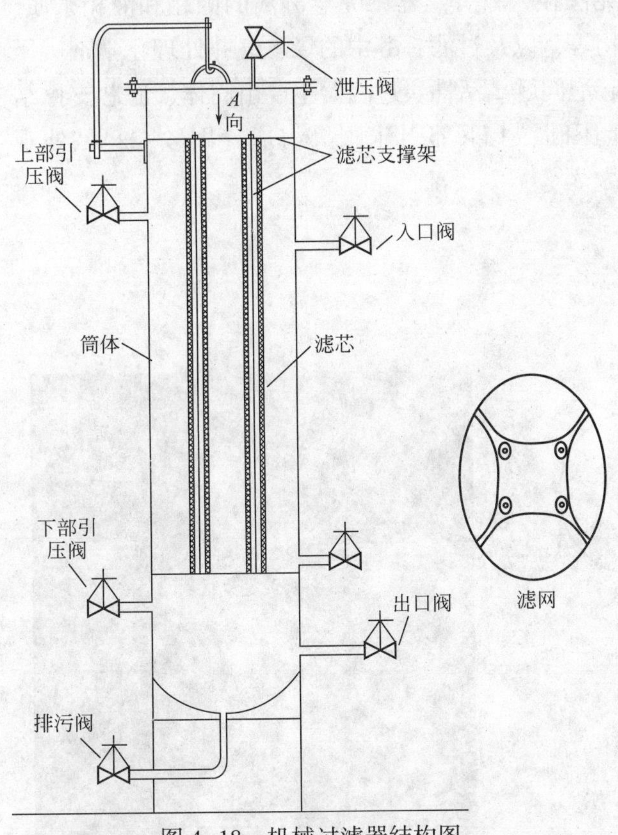

图 4-18　机械过滤器结构图

图 4-19　机械过滤器外观图

机械过滤器内部一般设置有4~8根滤芯（图4-20）。从闪蒸罐出来的三甘醇富液进入机械过滤器筒体内，在一定压力差作用下，三甘醇富液沿滤芯筒径向渗入滤芯中间的环形空间，然后再沿滤芯筒轴向流向机械过滤器下端的出口。三甘醇富液流经过滤器滤芯时，溶液中的固相杂质、三甘醇变质产物、设备锈蚀产物等固体机械杂质被过滤掉，并附着在滤芯表面，较洁净的三甘醇富液则从出口阀流出，进入下一级设备。当过滤器的进出压力差达到一定的值时，需清洗或者更换过滤器滤芯（图4-21）。

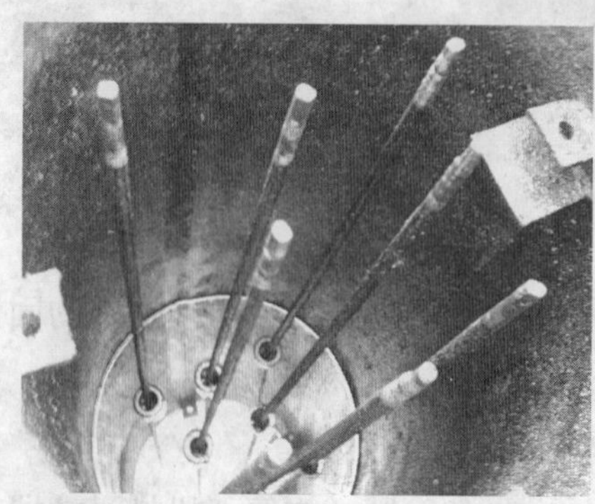
图4-20　机械过滤器内部结构图

图4-21　机械过滤器滤芯

2. 活性炭过滤器

活性炭过滤器用于过滤原料气携带的无法在入口分离器中完全分离的固相和液相杂质、烃类物质、三甘醇变质产物、设备腐蚀产物等，以及过滤甘醇中的烃、气井处理化学剂、压缩机油和其他杂质，从而有效消除大部分起泡问题。活性炭过滤器主要由筒体、滤芯支撑结构、滤芯、入口阀、出口阀、排污阀、泄压阀、上下部引压阀等组成（图4-22），外观见图4-23。

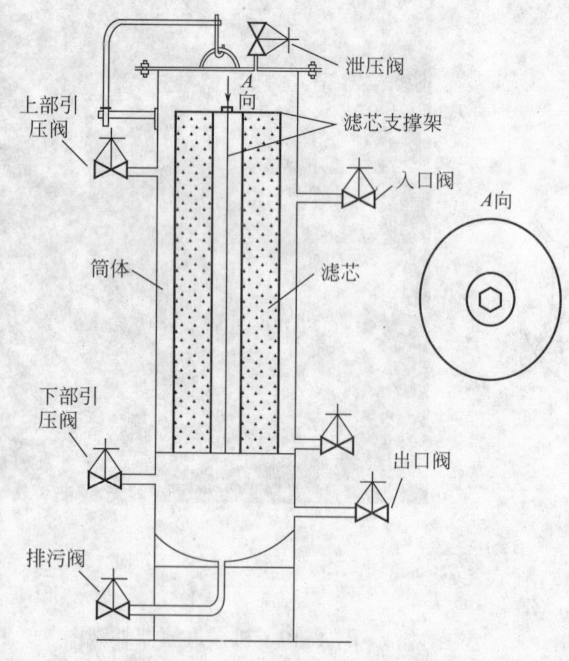

图4-22　活性炭过滤器结构图

图4-23　活性炭过滤器外观图

从机械过滤器流出的三甘醇富液，经入口阀进入活性炭过滤器筒体内，从滤芯的四周沿径向流动，活性炭将甘醇中的油污、重烃物质等杂质吸附在活性炭炭粒的表面，较洁净的甘醇则继续进入滤芯筒内部的环形空间，然后沿滤芯筒轴向流向下端的口阀，进入下一级设备，活性炭过滤器内部结构见图 4-24。当活性炭吸附物质达到饱和后则需更换过滤器滤芯（图 4-25）。

图 4-24　活性炭过滤器内部结构图

图 4-25　活性炭过滤器滤芯

3. 三甘醇过滤器的注意要点

（1）应合理控制过滤器压差，压差过大时应及时清洗或更换滤芯，以确保进入下游设备的三甘醇品质。

（2）安装滤芯时要将端面密封好，防止流体短路流通。

（七）灼烧炉

灼烧炉是用于焚烧处理脱水生产过程中产生的再生气、闪蒸气、在线分析仪取样气等尾气。通过燃烧使这些尾气转换成二氧化碳、二氧化硫、水气等后排放到大气中。灼烧炉主要由烟道、反应室、燃烧混合室组成（图 4-26），其中底部的燃烧混合室安装有燃烧器及配风系统，并设有再生气入口、闪蒸气入口、在线分析仪尾气入口等。

在脱水装置运行中，灼烧炉底部的燃烧器随时处于燃烧状态。从脱水装置输送出来的再生气、闪蒸气、在线分析仪取样气等经相应管线分别从灼烧炉的燃烧混合室进入灼烧炉内，被燃烧器的高温火焰灼烧，生成二氧化碳、二氧化硫和水气等产物。燃烧后形成的高温气体在烟囱的抽吸作用下从烟囱顶部排出，进入大气，从而达到尾气处理的目的灼烧炉外观如图 4-27 所示。

注意事项：

（1）脱水装置运行前，应首先点燃灼烧炉燃烧器，脱水装置运行过程中，燃烧器应随时处于燃烧状态。

（2）灼烧炉运行时，应通过调节配风系统将燃烧器火焰调成淡蓝色，并将反应室温度控制在 600℃左右。

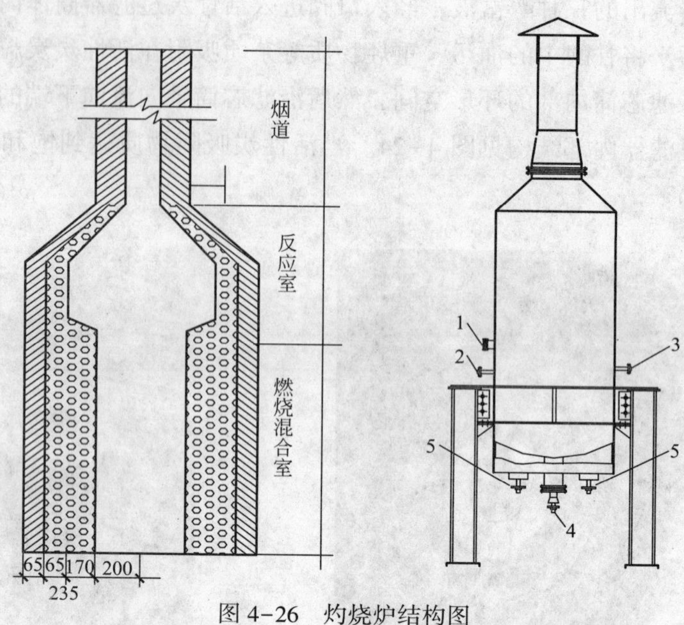

图 4-26 灼烧炉结构图

1—再生气入口；2—闪蒸气入口；3—在线分析仪尾气入口；4—燃烧器；5—配风门

图 4-27 灼烧炉外观图

（3）严禁液态水直接进入灼烧炉炉膛内。

（八）三甘醇能量回收泵

三甘醇能量回收泵主要用于富、贫液间进行能量转换，实现三甘醇的循环，具有能耗低、结构简单、操作维护方便等特点，常用于设计日处理量低于 $50\times10^4 m^3$ 的脱水装置。三甘醇能量回收泵主要由富液通道、低压贫液吸入口、中压贫液出口、中压富液入口、低压富液出口、单向阀、速度控制阀、循环泵活塞、导向柱塞、上下 D 形滑块、限位器、活塞连接杆、活塞缸、定位环等组成，能量回收泵外观如图 4-28 所示。

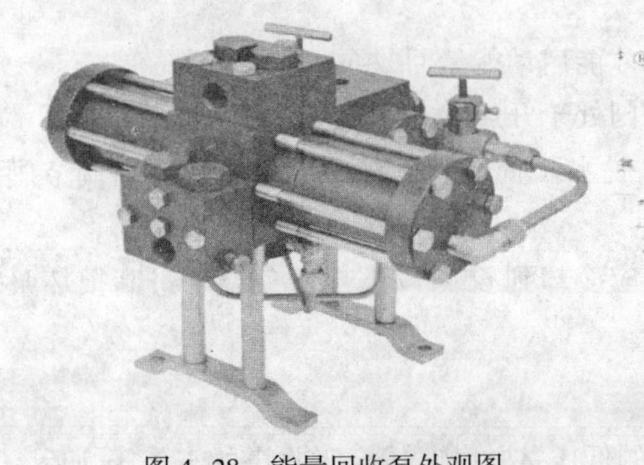

图 4-28 能量回收泵外观图

能量回收泵是双作用往复泵，由吸收塔内带压的富甘醇和少量天然气作为能量。富甘醇从吸收塔中流出并通过指挥器接口 4#，经左边的速度控制阀节流后，流至泵的活塞装置最左边，推动活塞从左往右移动。贫甘醇从左边的汽缸内被压至吸收塔，同时，右边的汽缸不断地从重沸器内抽吸贫甘醇。此时，低压的富甘醇会从泵活塞装置的最右边被释放到低压（或大气压）系统中。当泵的活塞装置接近它向右的行程终点时，活塞杆上的定位环与执行器的右边接触。然后，活塞杆继续向右移动，带动执行器与泵的 D 型滑片也随之右移。此时，1#接口打开，2#和 3#接口连通。这样，富甘醇会从指挥器活塞的最左边通过接口 2#和 3#排放到低压的富甘醇（黄色）系统中。同时，通过接口 1#（之前与接口 3#连通），富甘醇流向指挥器活塞的最右边。因此，指挥器活塞和其 D 型滑片会被驱使，从右向左移动。在新位置上的指挥器 D 型滑片会打开接口 5#，并将接口 4#和 6#连通。这样，泵活塞装置最左侧的富甘醇通过接口 4#和 6#后被排放到低压的富甘醇系统。接口 5#（此前与接口 6#连通）允许富甘醇通过右边的速度控制阀，向泵的活塞装置最右边流动。之后，泵的活塞装置开始从右向左移动；甘醇按照以上操作，反方向流动。能量回收泵结构原理图如图 4-29 所示。

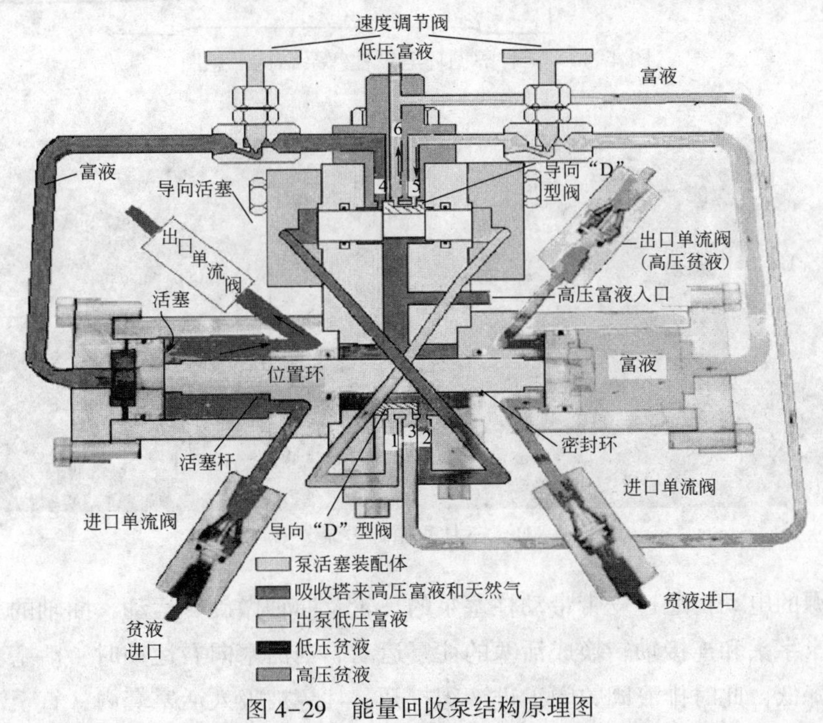

图 4-29 能量回收泵结构原理图

注意事项：

(1) 吸收塔压力必须达到规定的值后才能启动能量回收泵。

(2) 启泵前应确认甘醇流程上所有阀门处于开启状态，避免憋压。

(3) 启泵时应缓慢开启速度调节阀，脱水装置运行过程中，可通过速度调节阀控制三甘醇的循环量。

(4) 三甘醇贫液进入能量回收泵前，应冷却到65℃以下，避免温度过高损坏泵内密封元件。

(九) 三甘醇循环电泵

三甘醇电动循环泵用于将从缓冲罐来的低压贫甘醇升压至吸收塔的工作压力后，再输入吸收塔内，以此来实现脱水装置中三甘醇的循环。一套脱水装置一般安装有两台循环泵，互为备用，以保证脱水装置三甘醇的正常循环。以下以双缸柱塞泵为例。三甘醇循环电泵主要由电动机和柱塞泵两部分组成，其中柱塞泵主要由泵体、进液阀、排液阀、活塞套、活塞、连接轴、十字头、连杆、曲轴等部件组成（图4-30），三甘醇循环电泵外观如图4-31所示。

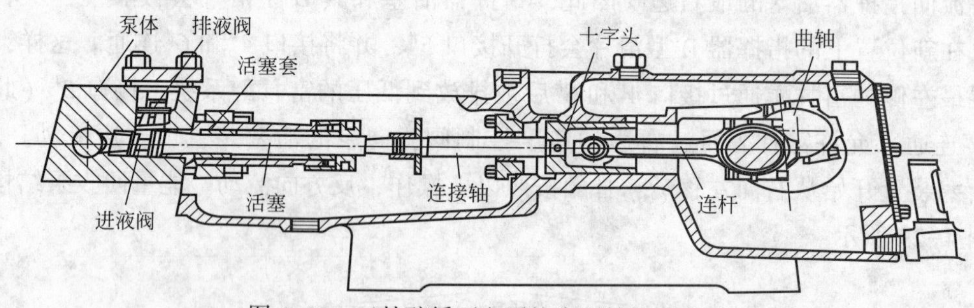

图4-30 三甘醇循环电泵柱塞泵结构示意图

图4-31 三甘醇循环电泵外观图

接通电源的电动机通过皮带带动柱塞泵的飞轮及曲轴做旋转运动，曲轴的旋转运动再经过连杆、十字头和连接轴转换成活塞的往复运动。当活塞向右运动时，活塞套内的体积增大，压力降低，此时排液阀关闭，进液阀打开，甘醇被吸入活塞套内，直至活塞运动到右死点位置时完成吸入过程；当活塞向左运动时活塞套内的体积缩小，压力增加，此时进液阀关闭，当活塞套内的压力略大于出口管线的压力时，排液阀被打开，三甘醇排出，直至活塞运动到左死点位置时排液过程完成。双缸柱塞泵有两套活塞组件，在电机的带动下作连续往复运动，交替进行吸入和排出，从而实现将低压三甘醇贫液变为高压三甘醇贫液后连续不断地输送入吸收塔，达到持续循环脱水的目的。当工况条件发生改变时，可以通过变频器来调节三甘醇循环量。

注意事项：

（1）甘醇入泵温度应低于65℃。

（2）用变频器调节流量时，应缓慢调节电源频率，使三甘醇循环量逐渐达到要求值，切忌一次性调到位。

（3）三甘醇电动循环泵在运行过程中，活塞填料压帽不能压得太紧，应将三甘醇自润滑量调节到每分钟2~3滴。

（4）泵运行过程中应定期检查曲轴箱内机油油位和油质，以保证转动部件得到充分润滑。

五、三甘醇脱水相关参数影响

三甘醇脱水是基于吸收原理实现的，影响脱水效果的主要因素包括吸收塔的操作压力和温度、三甘醇贫液浓度、三甘醇循环量，其中三甘醇的贫液浓度是最关键的因素。

（一）温度

脱水装置的脱水效率对来气的温度特别敏感。在常压下，来气温度升高，气中的水含量亦升高。例如，在7MPa、26.5℃下的饱和天然气中的含水量约为0.54g/m^3，而7MPa、49℃下的饱和天然气中的含水量为1.70g/m^3。因此，在入口温度较高的情况下，甘醇就不得不除掉约为入口温度低时3倍的水分，才能满足管输要求。同时入口温度的升高，也将增大甘醇的蒸发损失。

冬季为防止水合物的生成，使用加热器给管线保温时，应合理控制天然气的入口温度。然而，由于在温度较低时甘醇会变得很稠，脱水效率降低且极易发泡。因此，10℃被认为是甘醇脱水的最低操作温度。

（二）压力

在常温下，压力降低，入口天然气中的水含量将增加。实践表明，吸收塔的操作压力小于17MPa时，塔顶流出干气的露点温度基本与吸收塔的操作压力无关。因此，在正常操作范围内，甘醇脱水装置的压力并不十分重要。

（三）甘醇浓度

进入吸收塔顶的三甘醇贫液浓度和温度是影响脱水效率的关键因素。进入吸收塔内的甘醇浓度越高，脱水效果就越好。为了达到较大的露点降，要求有较高的三甘醇贫液浓度和适宜的温度。吸收塔顶流出的干气平衡水露点温度与进料湿气温度及进吸收塔的贫甘醇溶液浓度的关系如图4-32所示。已知进塔湿气温度和欲达到的干气露点温度，即可确定贫甘醇溶液浓度。例如，在相同条件下，如果吸收塔内的接触温度为35℃，用浓度为99%的贫甘醇脱水后的干气露点可达-29℃，而95%的贫甘醇脱水后的干气露点仅为6℃。

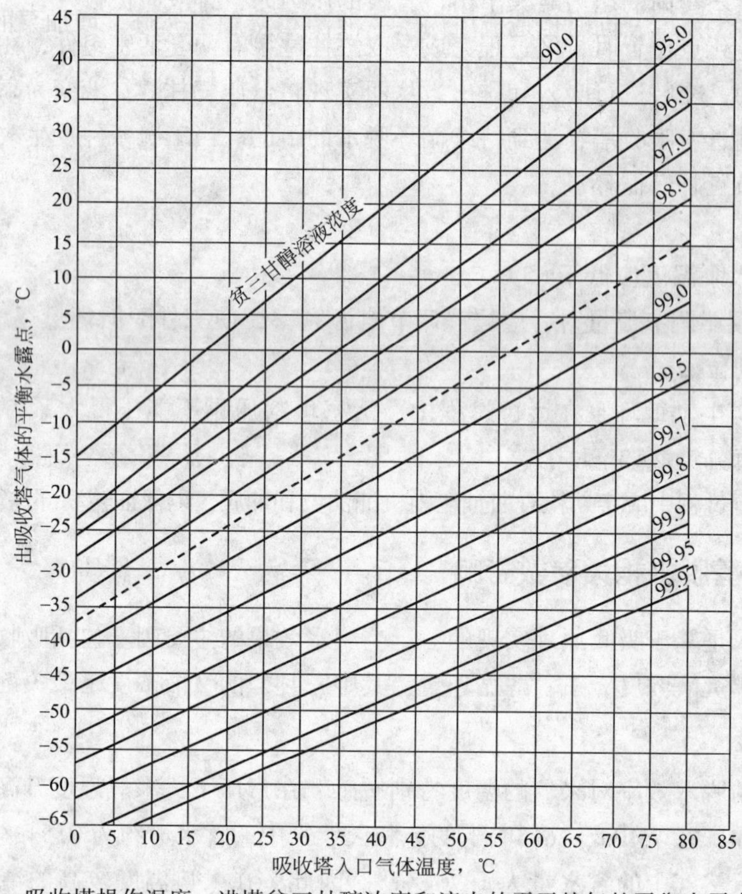

图 4-32　吸收塔操作温度、进塔贫三甘醇浓度和流出的干天然气的平衡水露点关系图

(四) 甘醇循环量

吸收塔的塔盘数和甘醇的浓度一定，饱和天然气的露点降就成为甘醇循环量的函数。为保证甘醇和天然气充分接触，在管输天然气含水量要求的范围内（最大管输压力下，天然气露点低于最低环境温度 5℃），贫三甘醇溶液循环量一般为每脱出 1kg 水，需要三甘醇贫液 25~60L。吸收塔为 1 个理论板（实际每块塔板效率为 25%，相当于 4 块实际板数）时，实验测得的贫三甘醇溶液浓度、溶液循环量和露点的关系如图 4-33 所示。当循环量超过一定值时，曲线趋于平缓，即再增加溶液循环量，露点降变化不大。同时可表明，提高甘醇的浓度比增加甘醇的循环量更容易获得大的露点降。如果循环量太大，特别是超过装置的设计能力，会使重沸器过载

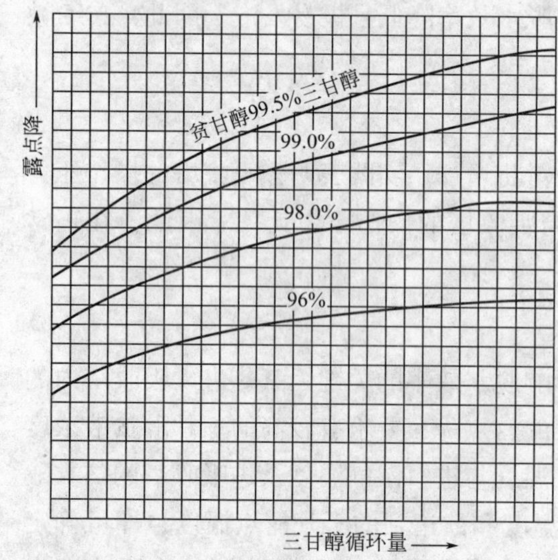

图 4-33　三甘醇溶液循环量、贫甘醇溶液浓度和露点降的关系

而降低甘醇的再生浓度，同时也造成塔内气—液两相接触不充分，增加泵的维护工作量。循环量过大同样会造成甘醇的损失量升高。

通过记录天然气/甘醇泵每分钟的冲程数即可计算甘醇的循环量。查对厂家提供的工作参数表可以确定需要的循环量。如果是电泵，关掉吸收塔底部富液排出管上的手动阀，测量单位时间内积集的甘醇高度就可计算甘醇的循环量。甘醇高度乘以吸收塔的横截面积即为泵的排量。对于大的脱水装置，应记录甘醇的循环量。

第三节　固体吸附法脱水

目前，国内外在天然气脱水工程中应用较广泛、技术较成熟的脱水方法有溶剂吸收法、低温分离和固体吸附三种方法，其中，固体吸附脱水是利用干燥剂表面吸附力，使气体的水分子被干燥剂内孔吸附而从天然气中除去的方法。

一、固体吸附剂物理性质

吸附是指用多孔性的固体吸附剂处理气体混合物，使其中所含的一种或数种组分吸附于固体表面，从而达到分离的目的。吸附作用分两种情况：一是物理吸附，固体和气体的相互作用力不强，类似凝缩，引起这种吸附所涉及的力同引起凝缩作用的范德华力相同。二是化学吸附，被吸附的气体需要在较高的温度下才能逐出，且释放出的气体已发生化学变化。物理吸附是一可逆过程，而化学吸附是不可逆的。

目前用于天然气脱水的多为固定床物理吸附（图4–34）。含水蒸气的天然气通过吸附剂床层时，水蒸气被吸附剂按不同比例所吸附，当含水天然气由上而下流动时，水蒸气被吸附段前边的吸附剂所吸附。随着吸附过程的进行，吸附段沿床层向下移动，直到吸附浓度达到床层出口时，吸附层不再吸附水蒸气，进口气体中的水蒸气含量与出口气体相等。

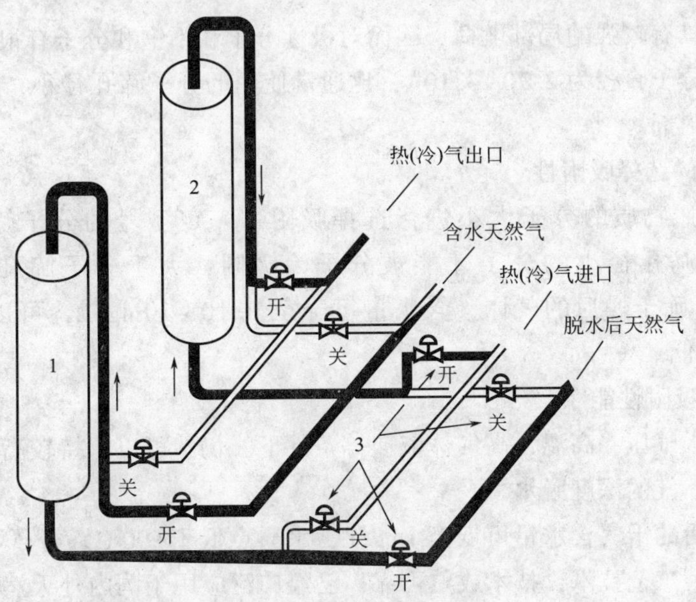

图4–34　吸附法脱水两塔运行图

当吸附剂达到饱和时，一般要将吸附剂再生后继续使用。升温脱吸是工艺上常用的再生方法，这是基于所有干燥剂的湿容量都随温度升高而降低这一特点实现的。通常采用一种经过预热的解吸气体来加热床层，使被吸附物质的分子脱吸，然后再用载体气将它们带出吸附器。吸附剂再生所需的热量由载体气带入吸附床，一般吸附剂的再生温度为175~260℃。

天然气脱水使用的吸附剂主要有活性氧化铝、硅胶、分子筛等。

（一）活性氧化铝

活性氧化铝的主要组分是部分水化的、多孔和无定型的氧化铝，以及其他金属化合物。一般是选用低铁的铝土矿石作为原料，经粉碎、烧碱熔融得到铝酸钠溶液，再经中和、浓缩、加入晶种后慢慢冷却结晶，该结晶被滤出后，将滤饼烘干，并在500~600℃焙烧，此时三氧化铝变成多孔、高吸附性能的活性氧化铝。

（二）硅胶

工业上使用的硅胶多为颗粒状，分子式为 $SiO_2 \cdot nH_2O$，硅胶具有较大的孔隙率。硅胶是用硅酸钠与硫酸反应生成水凝胶，然后洗去硫酸钠，将水凝胶干燥制成。硅胶吸附水蒸气的性能较好，具有较高的化学稳定性和热稳定性。但硅胶与液态水接触时易炸裂，产生粉尘，增加压降，降低有效湿容量。

（三）分子筛

分子筛是一种人工合成的无机吸附剂，是具有骨架结构的碱金属或碱土金属的硅铝酸盐晶体，其分子式如下：

$$M_{2/n}O \cdot Al_2O_3 \cdot xSiO_2 \cdot yH_2O$$

其中，M——某些碱金属或碱土金属离子，如 Li、Na、Mg、Ca 等；n——M 的化合价数；x——SiO_2的分子数；y——水的分子数。

分子筛表面具有较强的局部电荷，因而对极性分子和不饱和分子有很高的亲和力。水是强极性分子，分子直径为2.70~3.10Å，比通常使用的分子筛孔径小，所以分子筛是干燥气体的优良吸附剂。

1. 具有很好的选择吸附性

分子筛能按照物质的分子大小进行选择吸附。一定型号的分子筛的孔径是相同的，只有比分子筛孔径小的分子才能被分子筛吸附，大于分子筛孔径的分子就被“筛去”。经分子筛干燥后的气体，含水量可降至0.10~10mg/L，可以将天然气干燥后的露点降到很低。

2. 具有高效吸附性能

分子筛在低水气压、高温、高气体流速等条件下，仍然可以保持较高的湿容量，因而分子筛适用于天然气的深度脱水。

分子筛脱水后的干气含水量可低至1mg/L，水露点低于-90℃。分子筛脱水工艺作为固体吸附法的典型工艺技术，技术成熟可靠，已经广泛应用于国内外天然气脱水，以及对水露点要求较高的领域。川西北天然气净化厂轻烃回收装置和重庆气矿凉风脱水站高含硫气处理装置就采用了该脱水技术。在国外，分子筛脱水技术已经广泛应用于高含硫天然气的脱水。在加拿大，某些高含硫分子筛脱水装置建于20世纪60年代，至今仍总体运行情况良好。例如，加拿大北部高含硫气田（H_2S 含量为3%~20%）Husky采用了两套分子筛脱水装置，BP Canada采用了1套。这些分子筛脱水装置较多使用两塔切换流程，再生气和冷吹气均使用未脱水的原料天然气，使用量均约为装置处理量的10%，再生气的温度约为280℃。再生气和冷吹气的介质流向均为自上而下，均采用高压再生，高压冷吹(比吸附压力约高200kPa)。分子筛脱水装置产生的废水和站内气田污水仅经过低压闪蒸(155kPa）处理后，车运至回注站回注。本书重点阐述分子筛脱水相关工艺。

二、分子筛脱水基本原理

目前天然气分子筛脱水主要应用于高含硫天然气长距离输送脱水和天然气加气站(CNG）脱水等对水露点有一定要求的场所。相比于三甘醇脱水，天然气分子筛脱水的优点在于：对高含硫气质适应性更强、脱水深度更高，可以使天然气的露点温度低于-90℃。分子筛脱水原理分为吸附原理和脱附原理。

吸附原理：分子筛脱水属于固体干燥剂吸附脱水工艺的一种，所选用的固体吸附剂为分子筛。分子筛是干燥气体和液体的优良吸附剂。分子筛表面具有较强的局部电荷，因而对极性分子和不饱和分子有很高的亲和力；水是强极性分子，其直径比分子筛孔径小，当含水天然气流经分子筛时水分子就被分子筛内孔吸附，从而达到吸附脱水的目的。

脱附原理：利用高温天然气作为传热介质，将分子筛加热到180~220℃，分子筛内孔里的水分子被蒸发出来离开分子筛即脱附。脱附出来的水分子与传热介质一起进入冷却、分离设备以实现气水分离。

天然气分子筛脱水就是利用分子筛的强吸水特性，采用双塔流程。在吸附塔内将湿天然气中的水气吸附在分子筛表面后变成干气输出。当分子筛的吸附达到饱和后，进行倒换，将吸附塔进行再生，原再生塔进行吸附，从而完成连续脱水生产。

三、分子筛脱水工艺流程

(一) 两塔流程——湿气再生工艺

两塔流程——湿气再生工艺包括吸附流程和再生流程，如图4-35所示。吸附流程：原料气经进站分离器，除去原料气中的游离水和其他固体杂质，然后经节流调压后从吸附塔上部进入吸附塔内，再从上往下经分子筛表面被吸附脱水，脱水后的天然气从吸附塔下部流出，经计量后进入下游输气干线。

再生流程：在原料气脱水的同时从过滤分离器后端，按脱水处理总气量的6%~10%分配再生气到加热炉，加热至232~280℃后进入再生塔，高温再生气将床层内的分子筛加热，并使水分子从分子筛上脱附。脱附出来的水蒸气随再生气一起流出再生塔，再进入再生气冷却器进行冷却，使再生气中的大部分水蒸气冷凝、液化后进入再生气分离器中分离，从排污系统排出。除去液态水的再生气最后进入原料气管线并与原料气一起进入吸附塔进行脱水处理。

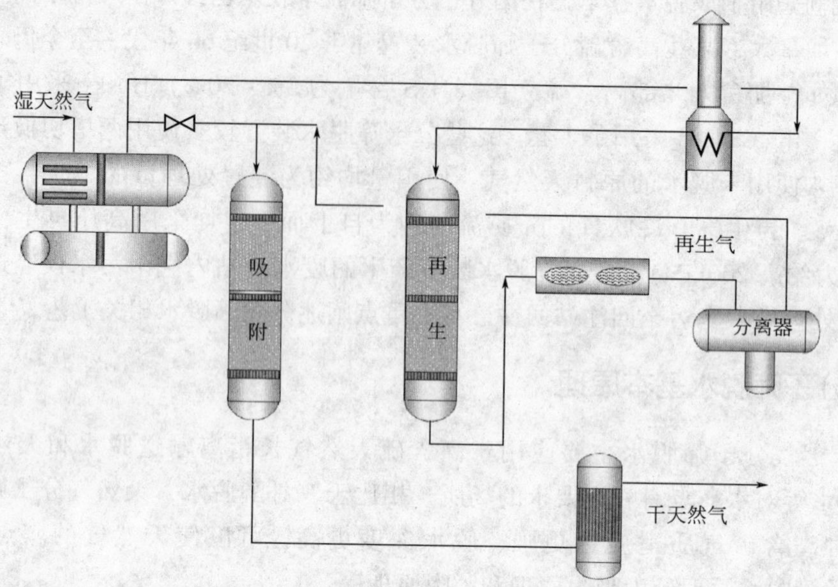

图 4-35　两塔流程——湿气再生工艺

注意事项：

（1）湿气进塔温度：一般不超过 50℃。

（2）再生气加热炉出炉温度：设定为 295℃左右。

（3）再生气进塔温度：一般控制在 232～280℃。

（4）再生气出塔温度：出塔温度达到 180～220℃，在 220℃时恒温 30min，加热完成。

（5）加热时间与冷却时间分配：加热时间与冷却时间相同，各 5h。

（6）再生塔床层冷吹温度：一般应低于 50℃。

（7）空冷器出口气流温度：一般应低于 50℃。

（8）再生气流量：再生气流量一般控制在处理天然气量的 6%～10%。

（二）两塔流程——干气再生工艺

酸性湿天然气首先进入进口过滤器，过滤器上层塔板填充有过滤和聚结材料。气流流经聚结材料时，会被过滤除去混杂在其中的固体颗粒和直径不小于 0. 30μm 的液滴，之后进入脱水干燥器（图 4-36）。按两塔流程设计，即设两个脱水干燥器，每个干燥器都填充有分子筛，一个用于吸附，另一个用于再生，两塔轮换吸附与再生。湿天然气从顶部进入脱水干燥器，由上至下通过分子筛床层，进行脱水吸附，得到水露点符合要求的干气。从脱水干燥器出来的干气进入干气过滤器，除去干气中的固体颗粒杂质后出脱水装置。分流一股脱水后的干气用于再生气，再生气经增压机增压后，通过再生气加热器加热，达到分子筛再生的所需温度。热的再生气进入脱水床层，从上至下，流经分子筛床层，加热蒸发分子筛中吸附的水分，以再生分子筛。湿热的再生气进入再生气冷却器，温度由 204℃冷却至 49℃，水分被凝结出来。随后在两相分离器中将水分离。从再生气分离器分离出来的液相水送往酸水罐。再生过程分加热和冷却两个阶段（冷却时再生气旁通加热炉），所有再生气均自再生气分离器返回吸附器的入口。两塔切换阀，以及加热、冷却再生气的切换阀均采用轨道球阀。

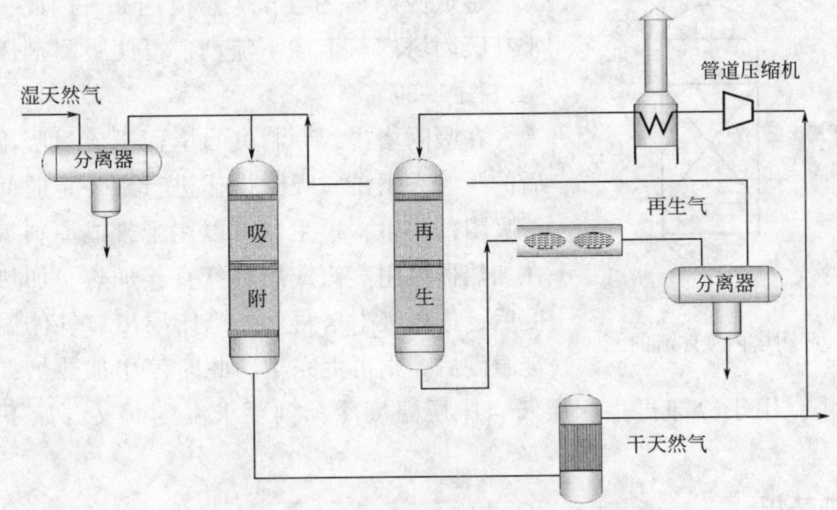

图 4-36 两塔流程——干气再生工艺

（三）干气再生工艺与湿气再生工艺对比

再生气可以为脱水之后的干气，也可以是未脱水的饱和状态下不含游离水的原料天然气。对于不含硫天然气，再生后的湿天然气经过冷却分离后，可作为加热炉的燃料气，这种工况下采用干气或湿气作为再生气对工程的投资和装置的运行管理都没有较大影响。对于含硫天然气，特别是高含硫天然气，再生气不能作为燃料气，再生气通常都是经过冷却分离后再返回到原料天然气中进行再次脱水，此时采用湿气再生可利用原料天然气自身的压力返回至脱水塔前的原料天然气中，而采用干气作为再生气，再生气则需由压缩机增压后返回至原料气中，因此，使用分子筛脱水时，在上游有压力可利用的条件下，采用湿气作为再生气，可节约一台压缩机，同时能耗较小但脱水深度相对较低，水露点一般不得超过-60℃；采用干气作为再生气，压缩机必不可少，能耗较高但脱水深度相对较高，水露点可达-120℃。对于脱水深度要求不高，水露点为-10℃即可，且井口压力又很高的情况，再生气可采用湿气。

分子筛脱水装置两塔流程湿气再生工艺投资较低、技术成熟、流程简单、操作维护方便、可能泄漏点少、可靠性和安全性高。采用湿气再生，再生气返回原料气中，没有再生气附加处理问题。

四、分子筛脱水单体设备

（一）吸附再生塔

目前用于天然气的吸附脱水装置多为固定床吸附塔。为保证装置的连续运行，至少需要两个吸附塔。工业上经常采用双塔或三塔流程。在双塔流程中，一个塔进行脱水操作，另一个塔进行吸附剂的再生和冷却，然后切换操作。在三塔流程中，一般是一塔脱水，一塔再生，另一塔冷却。

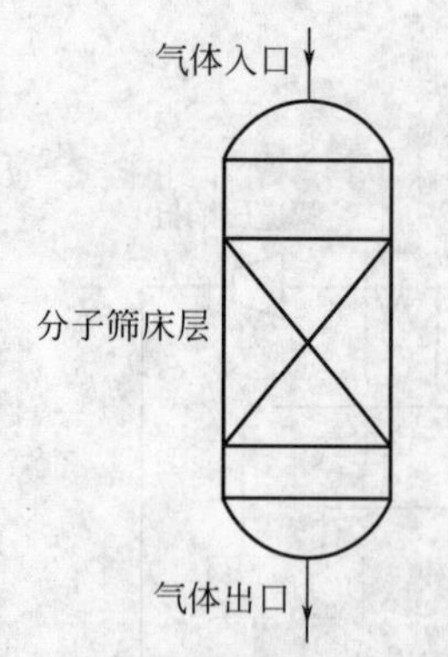

图 4-37 吸附塔内气体流向图

由于在集输站场内分子筛脱水装置的处理规模较大，造成吸附塔内气量大、流速高，因此，原料气通常在吸附塔内从上向下流动，可使吸附剂床层保持稳定（图 4-37）。

在吸附塔内，原料气自上而下流过吸附塔，脱水后的干气去下游。吸附操作进行到一定时间后，即进行吸附剂再生，再生器可以用干气或原料气，将气体在加热器内用蒸汽或燃料气直接加热，加热到一定温度后，进入吸附塔再生。当床层出口气体温度升至预定温度后，则再生完毕。此时停用加热炉，再生气经旁通入吸附塔，用于冷却再生床层。当床层温度冷却到要求温度时又开始下一循环的吸附。

（二）加热炉

加热有热载体加热、加热炉加热和电加热 3 种加热方式，应综合考虑各种因素后再确定采用哪种加热方式。对于大型连续加热的流程，加热炉具有明显优势；电加热和热载体加热操作控制比较灵活，适用于间断加热。以下重点介绍加热炉。

加热炉的供风有强制通风和自然通风两种方式，常规分子筛脱水装置采用自然通风的方式，尽管一次性投入较低，但燃烧效率低，消耗的燃料气较大，不适用于高含硫内部集输站场分子筛脱水装置。

在高含硫分子筛脱水装置中普遍采用强制通风加热炉，可以提高燃烧效率，减少燃料气的消耗，并且更加容易控制，可以确保分子筛脱水装置的平稳运行。以 $200\times10^4 m^3/d$ 的分子筛脱水装置为例，其加热炉的热负荷约为 $178.9\times10^4 kcal/h$，采用自然通风，其燃料气消耗量约为 $460m^3/h$，而采用强制通风，其燃料气消耗仅为 $365m^3/h$，燃料气耗量可减少约 20%。

烟道气中的氧含量越高，烟道气的温度越高（图 4-38）。因此，建议在高含硫分子筛脱水装置中采用强制通风式加热炉，可以减少燃料气消耗，并且由于强制通风更容易进行自动控制，可保证分子筛脱水装置的稳定运行。

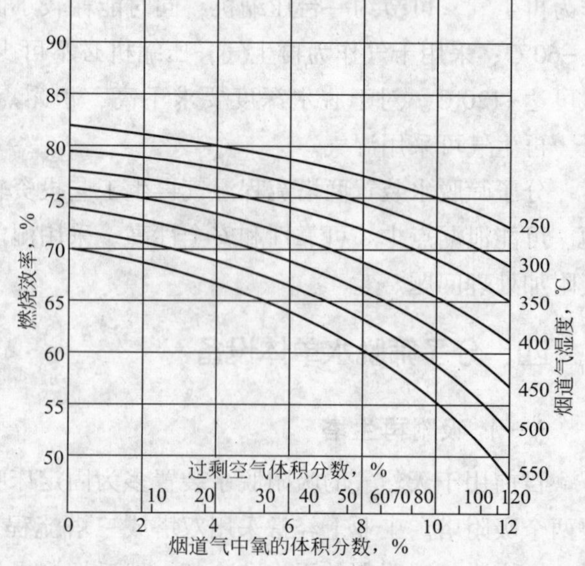

图 4-38 烟道气中氧的体积分数与烟道气温度以及燃烧效率的关系图

五、分子筛脱水相关参数影响

（一）吸附操作

1. 操作温度

为使分子筛能保持高湿容量，原料

气温度不宜高于50℃，但也不能低于其水合物生成温度。

2. 操作压力

压力对分子筛湿容量影响甚微，主要由输气管道压力决定。但是操作过程中应避免压力波动，如果脱水塔放空太急，床层截面会产生局部气速过高，引起床层移动和摩擦，甚至导致分子筛颗粒被气流夹带出塔。

3. 分子筛使用寿命

分子筛使用寿命一般为3~5年，其使用寿命主要取决于原料气的气质、吸附和再生过程的操作情况等。

为防止上游装置的缓蚀剂、胺类，以及其他液体、固体杂质随原料气进入吸附器床，必须充分重视原料气的分离和过滤，从而延长分子筛的使用寿命。

4. 操作周期

操作周期通常采用8h和10h，也可采用16h和24h。

5. 原料气流向

吸附操作时塔内气体流速最大，塔内气体从上向下流动。吸附操作时可允许较大的流速但不能造成分子筛床层扰动。

（二）加热操作

1. 再生气来源

再生气来源主要有以下几种：

（1）原料气。当采用原料气作为再生气时，在冷却期会造成床层一定程度的再饱和，限制了床层的有效能力，如果向上流动冷却，则脱除水后的天然气可达到的水露点最小。原料气适用于脱水深度较低的场合。

（2）脱水后的产品干气。

（3）工厂其他装置的干净化气。

2. 加热方式

加热有热载体加热、加热炉加热和电加热3种加热方式。

3. 再生温度

再生温度主要取决于分子筛和被脱吸物质的性质，一般为200~315℃。使用较高的再生温度可提高再生后分子筛的湿容量，但会缩短其有效使用寿命。

4. 再生压力

1）降压再生

低压气有较高的携水能力，并且对于相同质量流量，再生气通过床层的速度较快，这就使得与高压再生相比，再生气流量较低。低压再生时，切换程序必须考虑系统压力与床层压力的平衡问题，以避免切换时由于气流的剧烈流动而对分子筛床层造成损坏。

2）不降压再生

如果允许的话，再生气可直接掺入产品气中，而且由于再生和吸附压力几乎相同，切换程序不必考虑系统压力与床层压力的平衡问题。

5. 再生气流量

再生气流量通常为总处理量的5%~15%，由具体操作条件而定。再生气流量应足以保证在规定时间内将分子筛的再生温度提高到规定的温度。

6. 再生需要的时间

使再生吸附器出口气体温度达到预定的再生温度所需的时间约为总周期的1/2~5/8，若采用吸附周期为8h，对于双塔流程，则加热再生吸附床层时间约为4.50h，冷却床层时间约为3h，备用与切换时间约为0.50h。

7. 再生气流向

1）由下向上流动

再生气由下向上流动一方面可以脱除靠近进口端被吸附的污染物质，并且不使其流过床层；另一方面还可使床层底部分子筛得到完全再生，因为床层底部是湿原料气吸附干燥过程最后接触的部位，直接影响流出床层的干天然气的质量。再生时气体采用和吸附操作时相反的流向会增加切换阀门和配管的数量。

2）由上至下流动

在短周期操作时，由于床层上部脱附的水有助于床层下部烃类的脱附，故再生时气体一般采用与吸附操作时相同的流向。

（三）冷却操作

1. 冷却气流量

冷却气流量通常与再生气流量相同。

2. 冷却气流向

1）由上向下流动

如果冷却气含水，最好采用由上向下的流动方式，以使冷凝下来的水留在床层顶部，这样，在吸附周期内水分就不会对干燥后的天然气水露点产生过大影响。

2）由下向上流动

如果冷却气不含水，可采用由下向上的流动方式，这样可减少两个开关阀（利用未加热的再生气）的设置。

3. 冷却终温

冷却终温为40~55℃，通常为50℃。

（四）切换操作

吸附与再生进行切换时，降压与升压速度宜小于0.13MPa/min。

（五）注意事项

1. 装置的硫沉积问题

装置中的硫沉积很大程度上取决于原料气的组分，含有大量重烃组分一般不会有硫沉积，如果原料气中仅含有少量重烃，则容易形成更多的硫沉积。例如，罗家寨气田原料气中重烃含量较低，有硫沉积的可能性。由于分子筛颗粒对H_2S形成单质硫具有催化作用，所以在再生冷却循环过程中，有可能形成硫沉积。这些沉积硫可能会堵塞管路，并且会影响冷却器的传热能力。

由于单质硫和氧化铁会堵塞分子筛，可能会造成装置难以运行，达不到预期的脱水效果。单质硫会出现在压力、温度等急剧变化的地方。一般在分子筛塔内应该不用担心硫沉积的问题，硫沉积可能在再生气冷却系统内发生，可利用适当的溶剂解决这一问题。

可能的技术方案如下：

（1）在原料气进入集输站场分离器以前考虑设置硫溶剂加入口，避免硫在气体压力变化的过程中析出。

（2）增加分子筛脱水装置前的过滤级数，增加过滤精度，尽量确保硫不会被带入分子筛脱水装置。

（3）在分子筛脱水过程中，再生气在冷却器中冷却，温度由200℃降至49℃，可能会在冷却器管束中造成硫堵塞，因此应考虑在冷却前设置硫溶剂加入口。

2. 分子筛选型及使用寿命

目前国外常用的抗酸性分子筛有美国UOP公司的AW-500型和美国DAVISON公司的抗硫3A型。美国UOP公司的AW-500型的分子筛不太容易导致单质硫的形成，所以90%的酸性天然气分子筛脱水装置均采用这种分子筛。根据与国外公司的技术交流和国外调研的情况，影响分子筛使用寿命的因素较多，包括分子筛的型号和规格、操作温度、原料气气质条件、原料气中污染物、再生程序和操作等因素。分子筛使用寿命最保守的估计为2年，一般实际寿命约为4年，但也存在分子筛使用7年仍未更换的情况。加强原料气的过滤效果，严格操作管理将有利于提高分子筛的使用寿命。

第四节 低温冷凝法脱水

一、基本原理

低温冷凝是借助于天然气与水气凝结为液体的温度差异，在一定的压力下降低含水气天然气的温度，使其中的水气与重烃冷凝为液体，再借助于液烃与水的相对密度差和互不溶解的特点进行重力分离。这种方式的效果是显而易见的，但为了达到较深的脱水深度，应该有足够的温降。如果温度低于常温，则需要有制冷设施，这样会使脱水过程的工程投资、能量消耗增加，并进一步提高天然气处理的生产成本。最常见的低温冷凝脱水方法为J-T阀脱水。

二、J-T阀脱水基本原理

J-T阀脱水法是低温分离法的一种，主要是利用高压天然气通过J-T阀时，产生焦耳—汤姆逊（简称J-T）效应，使天然气的温度降低，经分离后脱除部分水和液烃。为了防止天然气降温生成水合物，须在J-T阀前加入水合物抑制剂，其工艺流程如图4-39所示。

天然气降温脱水脱烃后，复热外输；以甲烷为主要成分的天然气在输气工程常见的压

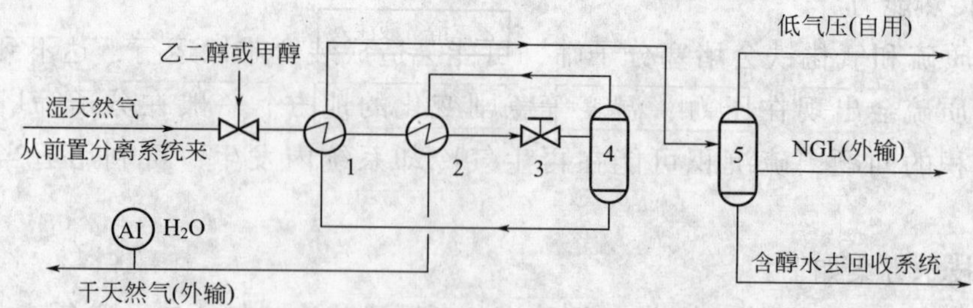

图 4-39　J-T 阀节流制冷脱水脱烃流程图

1，2—换热器；3—J-T 阀；4—低温分离器；5—三相分离器

力和温度范围内（包括在低温下），具有良好的等焓节流膨胀产生温降的热工特性。根据上述低温脱水脱烃的特点，根据工程中所能提供的节流压差，使原料气在冷端温差下得到足够大的温降，以满足天然气脱水脱烃的要求。

J-T 阀系等焓节流降温设备，制冷效率较低，在相同压降条件下温降小，但其脱水脱烃工艺过程和设备都相对简单，易于实施。

三、J-T 阀脱水工艺流程

常见的 J-T 阀脱水工艺流程主要包括制冷工艺和乙二醇再生工艺两部分，制冷工艺相对较简单，乙二醇再生工艺较复杂、设备较多，且建设投资成本较高。

（一）天然气脱水系统

某压力、温度下的天然气经分离器后完成气液分离，液体通过排液管线进入下游污水池或储罐。从分离器中出来的天然气经乙二醇混合器注入乙二醇后，通过气—气换热器降温后经 J-T 阀进一步节流降温。然后再经分离器分离后将冷凝液分离，低温液体送往储罐储存，低温天然气经换热器升温后进入外输管网（图 4-40）。

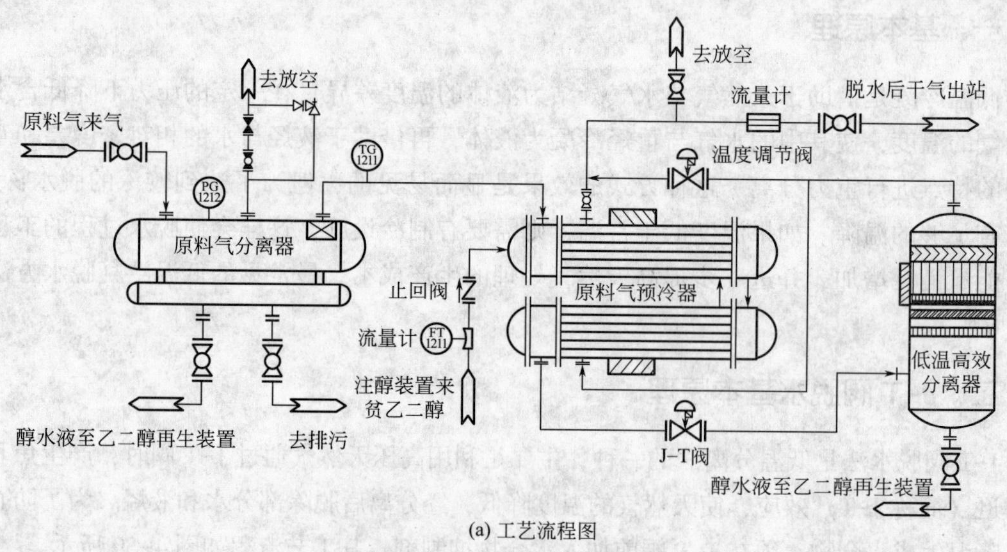

(a) 工艺流程图

图 4-40　J-T 阀脱水工艺流程图

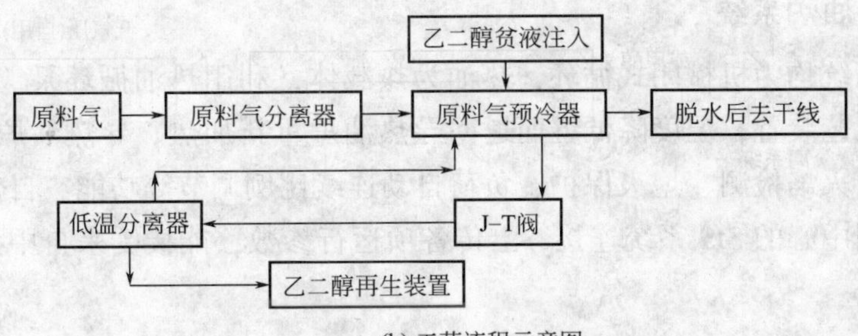

(b) 工艺流程示意图

图 4-40 J-T 阀脱水工艺流程图（续）

（二）乙二醇循环再生系统

经分离器分离出的乙二醇富液注入乙二醇富液储罐进行储存，待储罐中的乙二醇富液积累到一定量后，经乙二醇富液泵送往精馏柱，通过重沸器加热后进行汽提再生。水气从精馏柱顶部排出放空，脱水后乙二醇贫液从重沸器流出，经冷却器冷却后进入乙二醇贫液储罐储存。储罐中的乙二醇贫液通过乙二醇贫液泵送往混合器注入天然气中（图 4-41）。

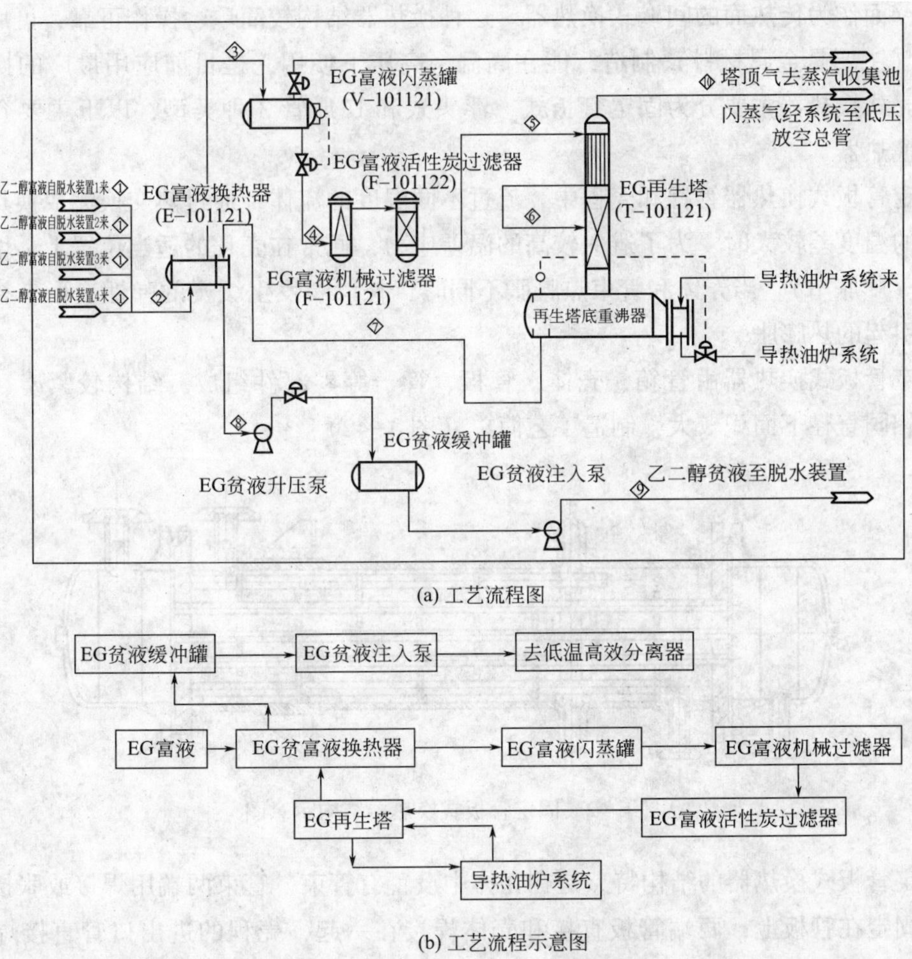

(a) 工艺流程图

(b) 工艺流程示意图

图 4-41 乙二醇循环再生工艺流程图

（三）导热油炉系统

导热油炉系统均为机械闭式循环，热油为热载体，利用热油循环泵，强制液相循环，将热能输送至工艺装置，温度降低继而返回导热油炉重新加热。导热油炉为全自动控制，具有程序点火、火焰检测、熄火保护、负荷自动连续比例调节等功能，自带控制柜，预留通信接口与控制中心的 SIS 系统连接，上传各项运行参数，能接受来自中控室内 SIS 的远程紧急停车信号。

（四）仪表风系统

仪表风系统工艺流程为：湿空气→空压机（带过滤器、冷却器）→仪表风干燥器→仪表风罐→各仪表风使用点，仪表风系统要求空气露点不超过 15℃。

四、J-T 阀脱水单体设备介绍

（一）原料气预冷器（管壳式换热器）

管壳式换热器（shell and tube heat exchanger）又称列管式换热器，是以封闭在壳体中管束的壁面作为传热面的间壁式换热器。这种换热器结构较简单、操作可靠，可用各种结构材料（主要是金属材料）制造，能在高温、高压下使用，是目前应用最广的换热器类型。管壳式换热器主要分为固定管板式、浮头式和 U 形管 3 种类型，以下主要介绍固定管板式换热器。

固定管板式换热器管程和壳程中，流过不同温度的流体，通过热交换完成换热。当两种流体的温度差较大时，为了避免较高的温差应力，通常在壳程的适当位置上，增加一个补偿圈（膨胀节）。当壳体和管束热膨胀不同时，补偿圈发生缓慢的弹性变形来补偿因温差应力引起的热膨胀。

固定管板式换热器由管箱、壳体、管板、管子等零部件组成，结构较紧凑、盘管较多，在相同直径下面积较大，制造工艺简单（图 4-42）。

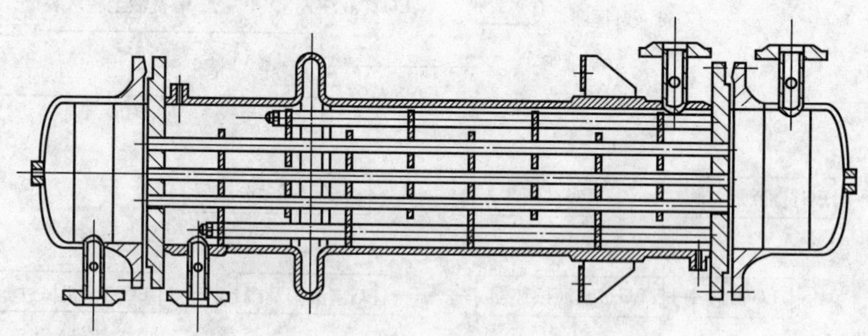

图 4-42　固定管板式换热器结构示意图

固定管板式换热器的结构特点是在壳体中设置有管束，管束两端用焊接或胀接的方法将管子固定在管板上，两端管板直接和壳体焊接在一起，壳程的进出口管直接焊在壳体上，管板外圆周和封头法兰用螺栓紧固，管程的进出口管直接和封头焊在一起，管束内根据换热管的长度设置了若干块折流板。这种换热器管程可以用隔板分成任何程数。

固定管板式换热器结构简单，制造成本低，管程清洗方便，管程可以分成多程，壳程也可以分成双程，规格范围广，故在工程上应用广泛。但是存在壳程清洗困难的问题，对于介质较脏或有腐蚀性的情况，不宜采用。当膨胀之差较大时，可在壳体上设置膨胀节，以减少因管程、壳程温差而产生的热应力。

（二）乙二醇再生塔

乙二醇再生塔结构如图 4-43 所示，其工艺流程为：富液罐来液经离心泵提升后进入换热器壳程，提温后进入再生塔塔顶，通过塔板与重沸器蒸发出的蒸气换热后，直接进入重沸器。重沸器的热源为导热油，再生合格的乙二醇进入换热器管程，经泵提压后进入高位罐。

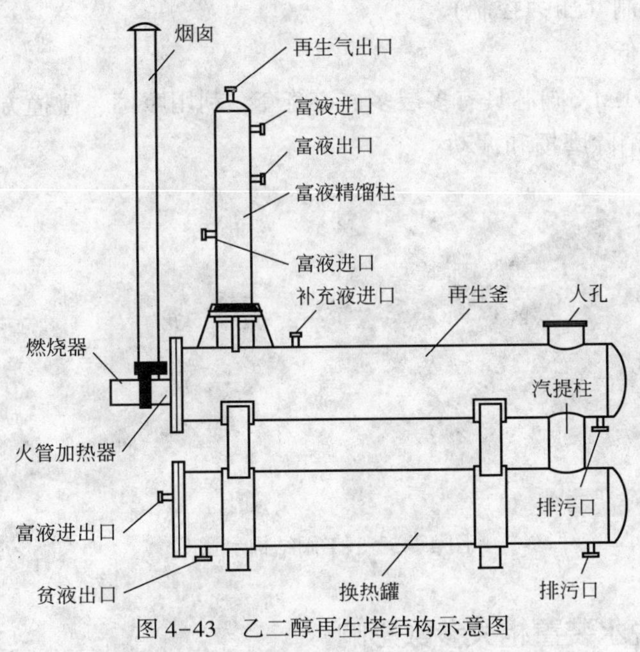

图 4-43　乙二醇再生塔结构示意图

釜式重沸器结构形式与浮头式换热器类似（图 4-44），不同点在于其“浮头”位于壳程内而非管箱内（也有采用 U 形管的），并且在管束上方增加了蒸发空间，在壳体内增加了堰板以保证釜内的液位高度。高温介质，通过管束将热量传给釜内的液体介质使其蒸发。一般用于气化部分液相产物返回塔内作为气相回流，使塔内气液两相间的接触传质得以进行，同时提供蒸馏过程所需的热量。它对操作条件的变化不敏感，可达到很高的气化率或使用很低的温差。在真空下或在接近临界压力操作时，设计比较可靠，也常用于需要

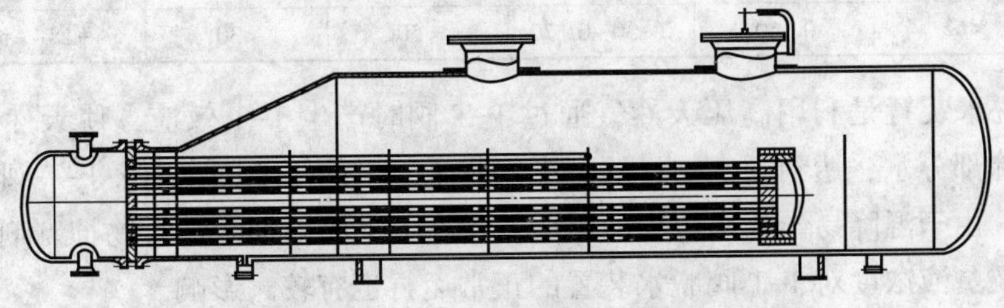

图 4-44　再生塔底重沸器结构示意图

获得高浓度产物的情况。由于加热管束（可抽出）沉浸在大壳体（釜）中的沸腾液体内，故热循环在管束与其周围液体之间进行，气液分离也在釜内上部空间完成。其优点是维修和清洗方便，传热面积大，气化率高，操作弹性大，可在真空下操作。其缺点是传热系数小，壳体容积大，物料停留时间长，易结垢，外部配管所占空间较大，投资较高。

（三）J–T 阀

J–T 阀（图 4-45）是脱水装置中的核心设备，其原理和普通的调节阀原理基本相同，以 Mokveld 调节阀（J–T 阀）为例，其具有以下优点：

（1）控制能力强。

（2）C_V 值大，低压降（流量控制）。

（3）大压差控制（压力控制）。

（4）气流噪声低。

（5）多层冲击 RMX 阀芯具有多层多通道笼套，利用摩擦、碰撞方向改变使压力逐级降低，控制流速，消除磨损和振动。

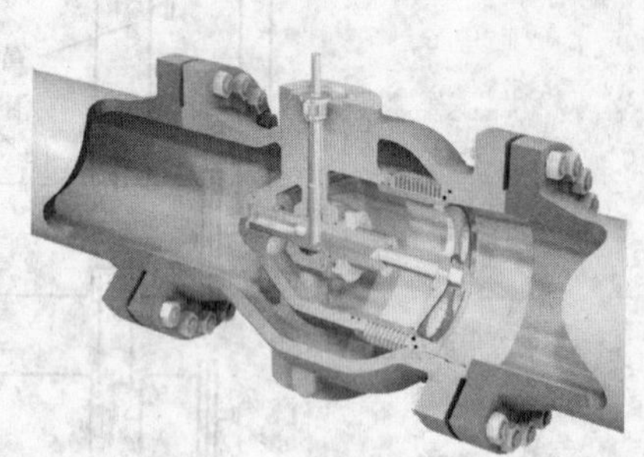

图 4–45　J–T 阀结构示意图

五、J–T 阀脱水装置相关参数影响

J–T 阀脱水装置操作参数见表 4–2。

表 4–2　J–T 阀脱水装置操作参数表

参　数	原料气压力，MPa	进站温度,℃	乙二醇循环量，kg/h	乙二醇再生温度,℃	贫液浓度,%	富液浓度,%	换热器入口温度,℃
脱水装置	9~14	8~26	370	120~129	80	62. 50	<40
参　数	换热器出口温度,℃	闪蒸罐压力，MPa	仪表风压力，MPa	过滤分离器压差，kPa	机械过滤器压差，kPa	干气露点,℃	
脱水装置	<65	0. 60	0. 30~0. 70	<50	<30	−18~−5	

J–T 阀脱水装置是利用高压天然气通过 J–T 阀时产生 J–T 效应，使天然气的温度降低，分离脱除部分水，达到脱水的目的。影响脱水效果的主要因素有：J–T 阀进出口压力和进气温度。由于温降易导致水合物的生成，需在 J–T 阀前加入水合物抑制剂，因此乙二醇的循环量及贫液浓度对 J–T 阀脱水装置的正常运行也有较大影响。

（一）进出口压力

J-T 阀前后端压差越大，脱水脱烃效果越好。对于一套脱水装置，J-T 阀出口端压力相对较稳定，随着 J-T 阀前端压力升高，J-T 阀前后端压差增大，经过 J-T 阀脱水后的温降越大，脱水效果越好。

（二）进气温度

在 J-T 阀前端压力一定的情况下，J-T 阀前端温度越低，天然气经过 J-T 阀脱水后温度越低，越能够达到良好的脱水效果。一般在 J-T 阀脱水装置前安装预冷器，以降低 J-T 阀入口天然气的温度。

（三）乙二醇循环量及贫液浓度

在 J-T 阀脱水装置中，为了防止水合物的生成，需要加入乙二醇，因此乙二醇的循环量及贫液浓度是保证不生成水合物的关键，是 J-T 阀脱水装置正常运行的重要保障。在处理量一定的情况下，循环量过低，无法有效防止水合物生成；循环量过大，乙二醇易被带入下游，造成损失。在循环量一定的情况下，乙二醇贫液浓度越高，防冻堵效果越好。

习　题

一、名词解释

1. 露点

2. 绝对含水量

二、简答题

1. 常见天然气的脱水方法有哪几种？

2. 管输天然气的指标是什么？

三、思考题

简述几种脱水方法的优缺点。

第五章 天然气增压

第一节 概 述

随着气田天然气的不断开采，气井天然气压力逐渐降低，当降至低于集气管线压力时，即不能输入集气管网，需建天然气增压站，将低压气增压后进入管网。

一、天然气增压方法

气田天然气的增压方法通常有机械增压法和高、低压气压能传递增压法。

（一）机械增压法

机械增压法所采用的设备是天然气压缩机，压缩机在原动机的驱动下运转，将天然气引入压缩机，在压缩机转子或活塞的运转过程中，通过一定的机械能转换和热力变换过程，使天然气的压能增加，从而达到增压的目的。

（二）高、低压气压能传递增压法

高、低压气压能传递增压法所使用的设备是喷射器，高压天然气通过喷射器以较高速度喷出，并将喷射器喷嘴前的低压气带走，即根据高压气引射低压气的原理，使低压气达到升压的目的。这种方法的特点是不需外加能源，结构简单，喷嘴可更换调节，操作使用方便，但效率低，且需高低压气层同时存在并同时开采才能使用。虽然这种方法在国内外油气田均有应用，但不普遍。

二、西南油气田分公司压缩机组使用现状

截至2012年年底，西南油气田分公司共有各型天然气压缩机组314台。

功率范围：单机功率范围为35~4000kW，但主要集中在170~500kW，其中ZTY265机组最多，共114台，其次分别为170~190kW和440~500kW功率的机组。

驱动方式：常用动力源为气、电和油，其中以燃气压缩机组为主，共293台。

结构形式：机型主要有ZTY、DPC、M、RTY和ZWF系列，其中整体式257台，分体式57台，整体式机组是最主要的机型。

成套厂家：国内厂家主要为成压厂、简阳华西厂、成都展望公司，国外厂家主要为ARIRL、COOPER、SUPERIOR、GE等。

三、压缩机组基础知识

（一）压缩机

1. 基本术语

压缩机：用来压缩气体借以提高气体压力的机械。压缩机在油气集输管道和长输天然气管道上得到广泛的应用。在油气开采过程中，未经处理的天然气压力较低，在收集过程以及处理加工之前一般需要用压缩机进行增压；原油稳产地下注气也离不开压缩机。在气田上，低压气井也要用压缩机增压。长输天然气管道要靠压缩机提供输送能量。

余隙容积及相对余隙容积：当压缩机活塞运动到上止点时，活塞顶端与气缸组件之间的所有容积称为余隙容积，包括气阀与气缸盖之间的容积，第一道活塞环以上的环形空间，以及气阀缸内侧空间。余隙容积与气缸工作容积之比，称为相对余隙容积。

单作用：压缩的动作发生在压缩缸的一端。

双作用：压缩的动作发生在压缩缸的两端。

吸气压力：吸入压缩机的气体压力。多级压缩机各级存在级进气压力。

排气压力：最终排出压缩机的气体压力。排气压力由排气管网决定，即排入管网的流量与用户耗气量达到平衡。多级压缩机各级存在级排气压力。

级间压力：多级压缩机末级以前各级的排出压力，或称为该级的排气压力。

单级压比及总压比：压缩机末级排气接管处压力（压缩机的名义排气压力）与第一级进气接管处压力（压缩机的名义吸气压力）之比，即压缩机的（名义）压比，也称为总压比。各级排气压力与其吸气压力之比称为级的（名义）压比。

吸气温度：压缩机第一级吸入气体的温度。多级压缩机各级的吸入气体温度称为该级的吸气温度。

排气温度：压缩机末级排出气体的温度。排气温度在末级排气法兰接管处测量。由于压缩气体（R22、乙烯、乙炔高温分解，氯气电化、氧化腐蚀）、润滑油（黏度降低、积炭）、密封材料（膨胀变形、氧化）均有运行要求，所以排气温度一般都有所限制。

级间温度：多级压缩机中间级的排出气体温度称为级间温度。

压缩机功率：在压缩机的气缸内，一个实际循环所消耗的功称为指示功，单位时间内所消耗的指示功称为指示功率，每级的指示功率称为级指示功率。

行程容积：压缩机活塞单位时间中所扫过气缸的容积，即单位时间内的理论吸气容积值，单位为 m^3/min。

吸气容积：压缩机单位时间内吸入气缸的气体容积值（在吸气压力条件下）。

压缩机排气量：单位时间内压缩机最末级排出的气体，换算到第一级吸气口状态（压力、温度、温度和压缩因子）或基准状态（$p_0=0.1013MPa$，$T_0=293K$）时的气体体积。压缩机排气量常用单位为 m^3/s，m^3/min，m^3/h，$10^4m^3/d$。

阀速：压缩机工作时气体经过气阀时的最大气流速度，也称阀隙速度，单位为 m/s。

2. 压缩机分类及其应用范围

1）按作用原理分类

压缩机按其作用原理可分为容积式和速度式两大类。容积式依赖往复运动部件或旋转部件在工作腔内周期性的运动，使吸入工作腔的气体体积缩小而提高压力，其特点是压缩机具有容积可周期变化的工作腔；速度式则借助于作高速旋转的转子，使气体获得很高速度，然后在扩容器中急剧降速，使气体动能转变为压力能，与此同时气体容积也相应减小，其特点是压缩机具有驱使气体获得流动速度的转子。

容积式压缩机和速度式压缩机按工作结构不同，还可作进一步区分。图 5-1 是一种压缩机常见的分类方法。

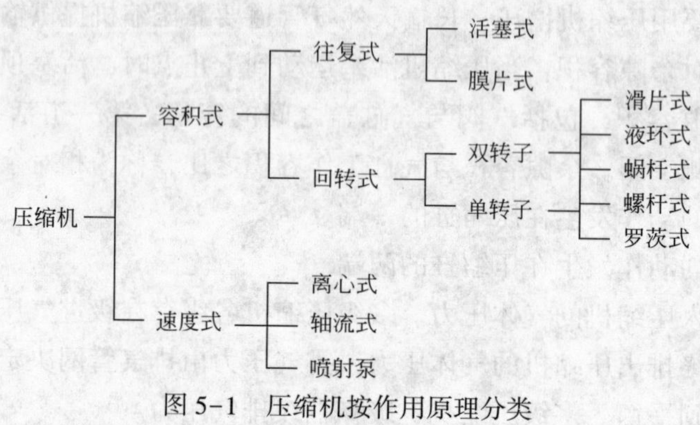

图 5-1　压缩机按作用原理分类

2）按排气压力分类

压缩机按排气压力不同可分为低压压缩机、中压压缩机、高压压缩机和超高压压缩机。它们的压力范围见表 5-1。为了区分压缩机和通风机、鼓风机的压力界限，表中还同时列出了通风机和鼓风机的压力范围。

表 5-1　压缩机按排气压力分类

分　类	名　　称	排气压力（表压）
风机	通风机	<15kPa
	鼓风机	0. 015~0. 30MPa
压缩机	低压压缩机	0. 30~1MPa
	中压压缩机	1~10MPa
	高压压缩机	10~100MPa
	超高压压缩机	>100MPa

3）按压缩级数分类

压缩机按压缩级数可分为单级、两级、多级压缩机。

（1）单级压缩机：气体仅通过一次压缩。

（2）两级压缩机：气体顺次通过两次压缩。

（3）多级压缩机：气体顺次通过多次压缩，相应通过几次便是几级压缩机。

在容积式压缩机中，每经过一次工作腔压缩后，气体便进入冷却器中进行一次冷却；在离心式压缩机中，往往经过两次或两次以上叶轮增速和扩容器中急剧降速增压后，才进入冷却器进行冷却，并把每进行一次冷却的压缩机各级合称为一个段。在日本，将容积式压缩机的级称为“段”。我国个别地区，个别文献受此影响，也将级称为段。

4）按排气量或轴功率分类

压缩机也可按排气量或轴功率不同，分为微型压缩机、小型压缩机、中型压缩机和大型压缩机，它们的排气量或轴功率范围见表 5-2。

表 5-2　各类型压缩机的排气量和轴功率

类型	排气量，m^3/min	轴功率，kW
微型压缩机	<1	<18.50
小型压缩机	1~10	18.50~55
中型压缩机	>10~100	55~500
大型压缩机	>100	>500

5）按结构特征与工作特征分类

压缩机按结构特征与工作特征的分类见表 5-3。

表 5-3　压缩机按结构特征与工作特征分类

<table>
<tr><td>分类方法</td><td colspan="11">容积式</td><td colspan="4">动力式</td></tr>
<tr><td>按工作腔中运动件或气流工作特性</td><td colspan="3">往复式</td><td colspan="8">回转式</td><td>离心式</td><td>轴流式</td><td>旋涡式</td><td>喷射式</td></tr>
<tr><td>按工作腔中运动件结构特征</td><td>活塞式</td><td>隔膜式</td><td>柱塞式</td><td>转子式</td><td>滑片式</td><td>液环式</td><td>三角转子</td><td>涡旋式</td><td>罗茨风机</td><td>双螺杆</td><td>单螺杆</td><td colspan="2">叶轮（透平式）</td><td colspan="2">喷射泵</td></tr>
<tr><td>按驱动结构特征</td><td colspan="11">曲柄（偏心轴）—连杆
曲柄—滑管（滑块）
斜盘
直线电磁（动铁或动圈）
气、液力自由活塞</td><td colspan="4"></td></tr>
</table>

6）按气缸布置方式分类

压缩机按气缸布置方式分为卧式、立式、角度式和对称平衡型 4 种。

3. 压缩机优缺点比较

1）卧式压缩机

卧式压缩机气缸均布置在曲轴一侧，气缸中心线与地面平行，分单列和两列。其特点是装卸、操作、检修比较方便，对厂房高度要求低，辅机设备及管路的安装布置方便，机身、曲轴结构简单；气缸串联多，填料数目少，可避免高压填料泄漏；转速低，易损件磨损少，技术要求低，使用寿命长。但由于级在同一列中的串联多，且各列之间难以相互平衡，故机器具有很大的不平衡惯性力；压缩机的重量和尺寸大，占地面积大，往复运动零部件重量很大，装卸维修困难，垂直度、同心度、平行度不易保证；活塞杆、活塞环、缸套、填料磨损较快，基础投资费用大。

2）立式压缩机

立式压缩机各列气缸中心线均与地面垂直。其特点是活塞和气缸镜面磨损小且均匀，活塞环使用寿命长；占地面积小；多列结构惯性力平衡好，动力性能好；机身形状简单，轻巧，比重量小；最适宜迷宫密封和无油润滑结构。但对厂房的高度要求较高，同时装卸、操作、维修、管道布置困难；横向振动大，管系防振效果差。

3）角度式压缩机

角度式压缩机各列气缸中心线之间相互成一定的夹角，但不等于 180°。按不同的气缸中心线夹角，又分为 L 形、V 形、W 形、扇形等，除 L 形外，其余各型均为小型机组。角度式压缩机的结构如图 5-2 所示。

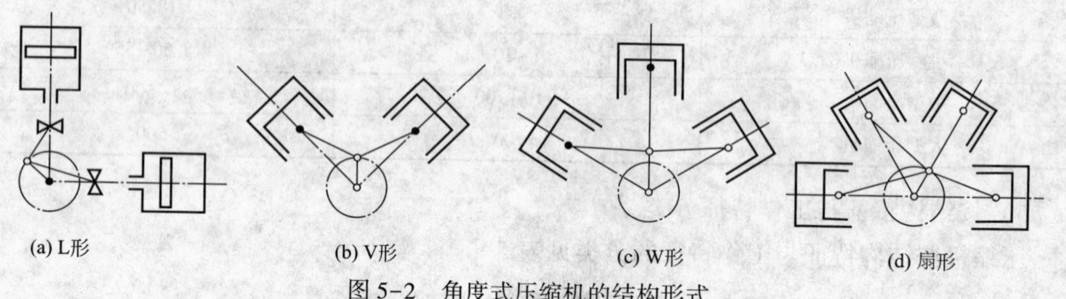

图 5-2　角度式压缩机的结构形式

其特点是：动力性能好，重量和体积相对较小；结构紧凑，布局合理，曲轴主轴承可采用滚动轴承，机械性能好。除以上优点外，L 形压缩机还有独特的优点：两列往复运动质量相等时，运转较平衡；两列 90° 夹角，立式列为大直径气缸，水平列为小直径气缸，大缸磨损较小，机身受力较好；中间冷却器和级间管道直接安装在机器上，结构更合理。但是，角度式压缩机身受力较复杂，不宜做成大型机器，管道架空安装，维修不便，L 形立式具有立式压缩机的缺点。

4）对称平衡型压缩机

对称平衡型压缩机的气缸布置在曲轴两侧，两相对列的曲柄错角为 180°。这种结构形式压缩机是 20 世纪 40 年代才出现的，优点十分显著，发展很快，是气田天然气增压中采用的最主要的形式。四列以上的对称平衡型压缩机，据驱动机设置的位置可分为 D 形、M 形、H 形等形式(图 5-3)。

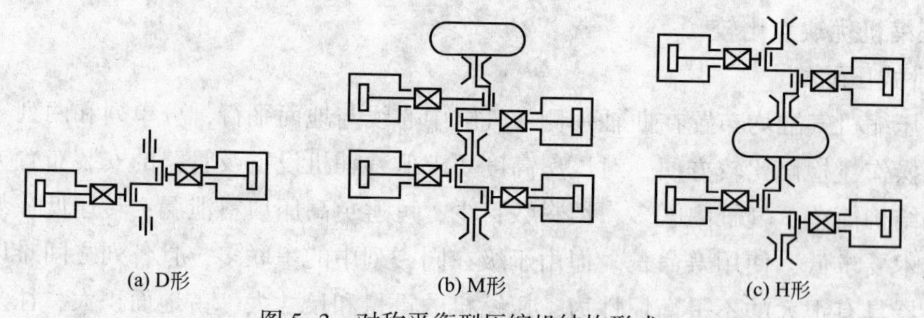

图 5-3　对称平衡型压缩机结构形式

其特点：Ⅰ、Ⅱ阶惯性力完全平衡，惯性力矩极小，甚至为零，机器运转平衡，振动极小；每两个相对列的曲柄错角为 180°。两侧活塞力全抵消，主轴承受力良好，主轴瓦的使用寿命长；机器转速高，重量和体积都很小，造价低，基础质量轻、体积小；安装检修方便，对流程变化的适应性强；对驱动机械的性能要求不高。但运动部件和填料数量较多，维修工作量大；易损件的使用寿命低；两列的对称平衡型压缩机的总切向力均匀性差。

M 形的特点：安装使用方便，便于改型，机组紧凑，占地面积小；但是检修的技术要求高，安装、操作、检修的空间较小，曲轴支承轴多，不方便检测。

H 形的特点：机器的列间距大，操作、检修方便，机身和曲轴尺寸小，支承合理，易于变形；但安装精度难于保证，且只能是四列以上的偶数列，比 M 形压缩机占地面积稍大。

据国内外的统计资料，对卧式、立式、角度式和对称平衡型活塞式压缩机的使用特性进行了对比（表 5-4）。

表 5-4　卧式、立式、角度式和对称平衡型压缩机使用特性

比较项目	卧式	立式	角度式	对称平衡型
相对占地面积	100	45	50	62
相对厂房高度	100	200	200	100
相对基础重量	100	49	49	53
相对转速	100	200	200	200
相对质量	100	70	68	70
零部件数量	少	较少	较少	多
备品备件	少	较少	较少	多
横向振动	大	小	较大	小
垂直振动	小	大	较大	小
稳定性	好	差	较差	好
噪声	中	中	中	较小
装卸工作	难	难	较易	易
维修工作	方便	不方便	中等	方便
管道工作	易	难	较难	易
电动机重量	大	较大	较小	小
电机通用性	差	较差	较好	好
电机成本	高	较高	一般	一般
压缩机成本	高	较高	较低	低
基建投资	大	较大	较小	小
流程适应性	差	较差	较好	好
最大部件重量	大	较大	—	较小
变型产品	难	难	较易	容易

（二）发动机

常用的发动机主要有 3 种：电动机、活塞式发动机、旋转式发动机。

1. 电动机

各类压缩机都广泛采用交流电动机来驱动，交流电动机一般有 3 种：

（1）鼠笼式异步电动机，结构简单、紧凑、价格较低、管理方便，但功率因素低。

（2）同步电动机，能改善电网的功率因素，但价格较高，管理要求也较高。一般适用于功率400kW以上的场合。

（3）绕线式异步电动机，具有启动电流小的特点，一般属于笼式异步电动机，启动电流为额定电流的4.50~7倍，同步电动机为3~5倍，而绕线式异步电动机仅为1.50~2倍。故电网容量不大时，应采用绕线式异步电动机。

2. 活塞式发动机

一般压缩机常用的活塞式发动机有柴油机、燃气发动机和蒸汽机。

1）柴油机

柴油机具有结构紧凑、工作可靠的优点，但其结构较复杂，维修不方便。对于具有工作独立性特点的移动式压缩机，采用柴油机来驱动最为合适。

2）燃气发动机

燃气发动机具有结构紧凑，动力平衡性好的优点，但其结构较复杂，工作可靠性差。对于拥有大量廉价的可燃气体作燃料的场合，如油、气田，采用燃气发动机经济性良好。

燃气发动机是内燃机的一种，它以可燃气体（天然气、石油伴生气、煤气等）作为燃料。按工作循环方式可分为四冲程和二冲程两种，其循环又可分为奥图（otto）和狄塞尔（Diesel）两种循环。

在上述循环中，如果是高速燃烧，气缸内气体压力几乎在容积不变的条件下上升，近似于定容过程。对于电点火的以混合气为燃料的燃气发动机与汽油机均属于这种定容燃烧的循环，称为奥图循环。

低速燃烧则缸内气体几乎在压力不变的条件下膨胀，近似于定压过程。对于压缩纯空气产生高温，引入燃料，借高温高压而燃烧的燃气发动机或柴油机均属于这种定压燃烧的循环，称为狄塞尔循环。

燃气—奥图发动机：指发动机吸入可燃气体—空气混合气，进行一定压缩后以电火花点火。

燃气—狄塞尔发动机：指发动机以纯空气压缩，在压缩终止时将高度压缩的燃气喷入而引起自然，为避免着火时的硬性引燃压力冲击，在喷入的瞬间，必须在燃气之前置以微量的油，否则将会发生有规则的冲击。

奥图—狄塞尔发动机：即喷射引燃—燃气发动机，或称狄塞尔—燃气发动机，也称双燃料发动机。这种发动机吸入燃气—空气混合气，此混合在压缩终了，喷入少量液体燃料（引燃油）引起燃烧。此时压缩比基本未变，故发动机可用液体或气体燃料，亦可用两种燃料，同时在任何情况下运转。

以上区分基本上保留了奥图机和狄塞尔机的两种基本观念。如前所述，凡用异物引燃的所有以混合气压缩的发动机以奥图命名。以压缩引燃的所有以纯空气压缩的发动机以狄塞尔命名。但为简化起见，凡用电火花点火的混合气压缩后作燃的机器简称为“燃气机”。而用油引燃的以纯空气或混合气压缩后作燃料的机器则简称为“喷射引燃—燃气机”。

狄塞尔与奥图循环比较：由于狄塞尔发动机进气时进入气缸的是空气，故压缩比可提高，使发动机出力增加，经济性提高。压缩引燃减少了电点火系统，设备相对简单，管理方便，且运转也较为稳定。但设备零件粗大笨重，制造精度要求高，启动也较困难，通常狄塞尔发动机优点多一些。

内燃机可按以下几种情况分类：

按气缸排列形状可分为立式、卧式、V 形等。按气缸数目可分为单缸、双缸和多缸（常见四缸、六缸、八缸、十二缸）。按启动方式可分为手摇、电动、压缩气、膨胀透平、辅助汽油机等。

3）蒸汽机

蒸汽机具有调节方便、结构紧凑的优点，但成本高，运转、修理复杂，工作可靠性差，且排出的废汽被油污染，回水不能重复使用。现代压缩机中几乎已不采用。

3. 旋转式发动机

1）燃气轮机

燃气轮机具有体积小、重量轻、启动快，结构较简单，调节方便，运行维修方便，便于集中控制，少用或不用水冷却等优点，但热效率比燃气发动机低，要求耐高温材料，且高温件寿命短，从而影响经济性与可靠性。

2）蒸汽轮机

蒸汽轮机具有结构紧凑、调节方便、转速高，安全、可靠性好的优点，但启动比燃气轮机慢，耗水量及金属、占地面积均比燃气轮机大。

综上所述，在气田上对于往复压缩机的驱动，以燃气发动机和电动机为宜。燃气发动机可以就地取得燃料，不需专门的供电线路，缺点是机组较笨重，安装费用较高，辅助设备多，振动较大，工作可靠性不如电动机高；电动机的优点是运行平稳，安装维修费用低，可靠性好，缺点是调节转速困难，操作灵活性差，需要敷设供电线路投资大，经营管理费用高。故只有在距离电源比较近、电源可靠、电力充足、电费低廉的地区，采用电动机才是经济合理的。压缩机各类驱动机的特点及其应用范围见表 5–5。

表 5–5　各类驱动机的特点及应用范围

型式	结构特点	一般转速 r/min	变速范围	为额定值的倍数			效率	使用范围
				过载力矩	启动力矩	使用范围		
鼠笼式异步电机	结构简单，紧凑，价格低廉，管理方便，工作可靠，但功率因素低	$\frac{3000}{N}$ N 极对数 $N=1\sim8$	不变	1.6~3	0.8~2.2	4.5~7	7.5kW：70%~93% 75kW：88~94.5%	小于 100kW，如电网有足够功率储备和适宜启动设备小于 2200kW，$n=600\sim1500$r/min
绕线式异步电动机	启动装置复杂，价格高，管理不方便	$\frac{3000}{N}$ $N=1\sim8$	不变	1.8~3	0.6~1.0	1.5~2.0	750kW：超过 94%	100~4000kW

续表

型式	结构特点	一般转速 r/min	变速范围	为额定值的倍数			效率	使用范围
				过载力矩	启动力矩	使用范围		
同步电动机	能够改善电网的功率因素，成本高，管理水平要求较高	$\frac{3000}{N}$ $N=2\sim20$	不变	1.5	低于500r/min为0.4，高于500r/min为0.4~1.0	3.0~5.0	93%~97%	100~4000kW
燃气发动机	结构紧凑，动力平衡性好，经济，结构较复杂，工作可靠性较差	400~1400	60%~100%	1.2	0		热效率40%	适宜于不易获得电源，但有大量可燃气体的场合
燃气轮机	结构紧凑，调节方便，便于集中控制，但高温件寿命短，从而影响经济性与可靠性	2500~10000	50%~110%				热效率24%~30%	适宜于不易获得电源，但有大量可燃气体的场合
蒸汽机	调节方便，结构复杂，成本高，工作可靠性较差，管理要求高	140~400	25%~100%	1.15	约1.2		朗肯循环效率50%~75%	近代采用不多，40~3000kW
蒸汽轮机	调节方便，结构紧凑，但传动装置复杂	1800~34000	25%~100%	3.0以上	1.75~3.0		朗肯循环效率35%~82%	超过4000kW

（三）气体热力学基础知识

1. 气体状态方程

气体与液体、固体不一样，其分子间的距离较大，彼此间的约束力较弱，因此它不仅没有固定的形状，而且也没有固定的容积。气体能自高压区向低压区自由扩散，充满任意大小的容积；也可以凭借外力，自低压区向高压区压缩，并可压缩至任意需要的容积，只要该容积大于气体分子容积之和。

通常，用3个物理量来表征气体所处的状态，即压力p，温度T，比容V，p、V、T称为气体的状态参数，联系p、V、T之间关系的方程称为状态方程，气体又分为理想气体和实际气体。

物质的聚集状态
- 气体　V受T、p的影响很大
- 液体、固体　V受T、p的影响很小（又称凝聚态）

1）理想气体状态方程

理想气体：即假定气体分子不占有容积，分子之间没有作用力。

低压气体定律：

（1）玻义尔定律（R. Boyle，1662）：

$$pV=常数(n,T\ 一定) \tag{5-1}$$

（2）盖·吕萨克定律（J. Gay-Lussac，1808）：

$$V/T=常数(n,p\ 一定) \tag{5-2}$$

（3）阿伏加德罗定律（A. Avogadro，1811）：

$$V/n=常数(T,p\ 一定) \tag{5-3}$$

也可表示为：

$$pV=nRT \tag{5-4}$$

式中　n——物质的量，mol，$n=m/M$，其中 M 为相对分子质量。

虽然理想气体实际上并不存在，但对于气体分子的体积相对于气体比容很小，分子间作用力相对于气体压力也很小时，为计算方便，通常将它们作为理想气体来处理。例如，临界温度大大低于环境温度的氧、氮、氢、氦等气体，当压力低于 100×10^5Pa 时，误差为 1%~2%。但是，如果压力超过上述范围，便会出现较大的误差；此外，在超低温范围内，即使压力不高，应用理想气体状态方程误差也较大，因此，以上情况下都不能按理想气体处理。

2）实际气体状态方程

Z 值是气体的一种特性，其数值大小表示实际气体偏离理想气体的程度，其与气体固有的临界状态参数，即临界压力 p_c、临界温度 T_c、临界比容 γ_c 和介质所处的实际状态参数 p、T、γ 有关，具体反映在对比参数，即对比压力 p_r、对比温度 T_r 及对比比容 γ_r（$p_r=\dfrac{p}{p_c}$，$T_r=\dfrac{T}{T_c}$，$\gamma_r=\dfrac{\gamma}{\gamma_c}$）。由实际气体状态方程及对比参数定义，得：

$$Z=\frac{p\gamma}{RT}=\frac{p_c\gamma_c p_r\gamma_r}{RT_c\,RT_r}=Z_c\,\frac{p_r\gamma_r}{T_r} \tag{5-5}$$

其中

$$Z_c=\frac{p_c\gamma_c}{RT_c}$$

式中　Z_c——临界压缩因子。

利用热力学的对比态定律（对于能满足同一对比态方程的两种或几种介质，若它们的对比参数中有两个相同，则第三个对比参数一定相同）这一原理绘制的压缩因子通用图，如图 5-4 所示。在没有单独的实验曲线时，可用此图求 Z 值。

2. 压缩过程中热力关系

压缩机运转时，气缸内气体的状态是不断变化的。为了研究方便，假定：气缸没有余隙容积而且没有泄漏现象；吸排气阀启闭及时且没有阻力损失；气体的压缩过程曲线是按不变的指数进行的。符合以上假定的压缩机工作循环称为理论循环。

压缩机理论循环过程见图 5-5。活塞运动时，气缸内气体压力的变化曲线为：0→1 为吸气过程；1→2 为压缩过程；2→3 为排气过程。0→1→2→3→0 为一个理论循环。

在理论循环中，只有 1→2 才是热力学过程。0→1 与 2→3 两个过程，气缸中气量是不断变化的，因此都不是热力学过程。

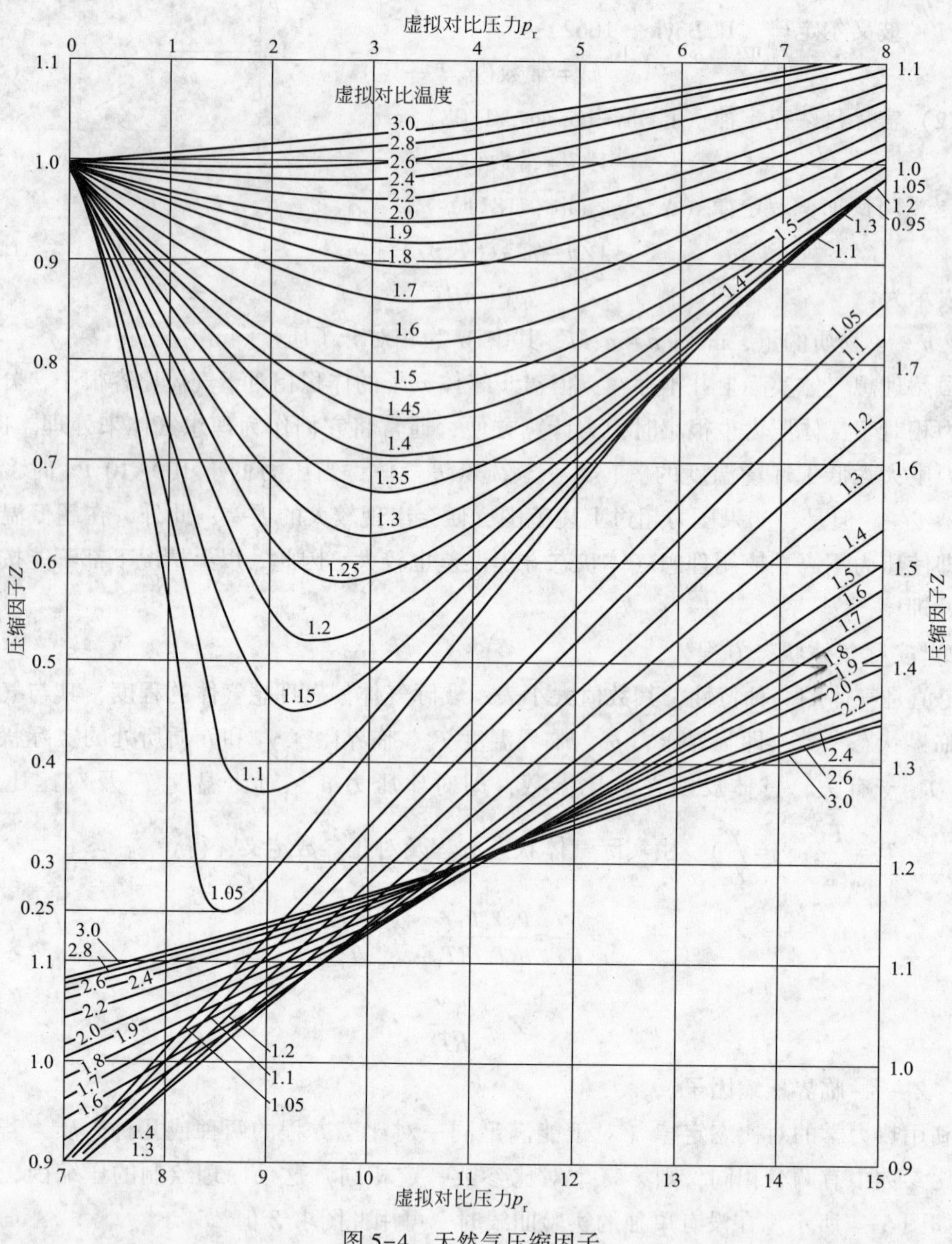

图 5-4　天然气压缩因子

据气体与气缸壁换热情况的不同，压缩过程可分为等温、绝热和多变 3 种典型情况。

1）等温压缩过程

在压缩过程中，如果压缩过程所消耗的功将变成热量，并全部传给外界，过程气体温度始终保持不变称为等温压缩过程。等温压缩的过程气体方程为：

$$pV=\text{常数} \tag{5-6}$$

具有等温压缩过程的等温循环，单位质量气体所消耗的循环功为：

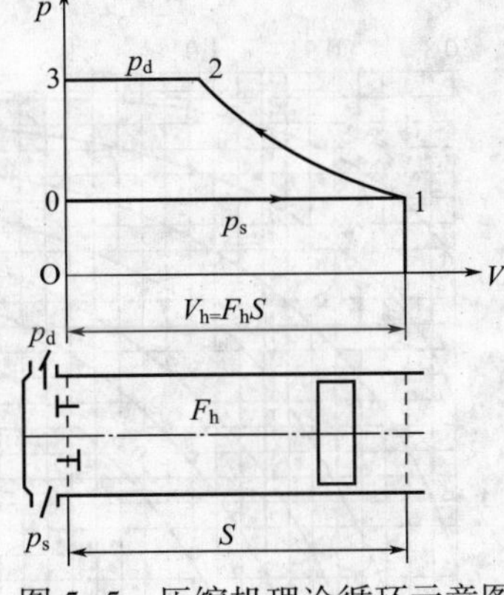

图 5-5 压缩机理论循环示意图

（1）理想气体

$$W'_{is}=p_s \cdot \gamma_s \ln \frac{p_d}{p_s} \tag{5-7}$$

（2）实际气体

$$W_{is}=p_s \gamma_s \ln \frac{p_d}{p_s} \frac{Z_s+Z_d}{2Z_d} \tag{5-8}$$

式中 p_s——吸气压力；

p_d——排气压力；

γ_s——吸入气体的比容；

Z_s、Z_d——吸气和排气状态下的气体压缩因子；

W'_{is}、W_{is}——理想气体和实际气体的等温循环功，J。

2）绝热压缩过程

在气缸内进行压缩的过程中，如果气体和外界没有热交换，称为气体的绝热压缩过程，过程方程为：

（1）理想气体

$$pV^K=常数 \tag{5-9}$$

（2）实际气体

$$pV^{K_V}=常数 \tag{5-10}$$

$$K=\frac{C_p}{C_V} \tag{5-11}$$

式中 K——气体绝热指数；

C_p——气体的比定压热容；

C_V——气体的比定容热容；

K_V——容积绝热指数。

绝热指数 K 与气体的性质、温度有关。对于理想气体：单原子气体 $K=1.667$；双原子气体 $K=1.4$；三原子气体 $K=1.333$。

混合气体的 K 值按下式计算：

$$\frac{1}{K-1}=\sum \frac{r_i}{K_i-1} \tag{5-12}$$

式中 K_i——混合气体中某组分的绝热指数；

r_i——混合气体中某组分的体积分数。

由于 K_V 值随压力和温度的改变而产生明显的变化，在实际应用时差异较大，因此设计计算中常改用温度绝热指数 K_T 计算。常用气体在不同的温度和压力下的 K_T 值见表 5-6，也可根据常压的绝热指数 K 及对比温度、对比压力查得（图 5-6）。常用气体在常压下的绝热指数如图 5-7 与图 5-8 所示。

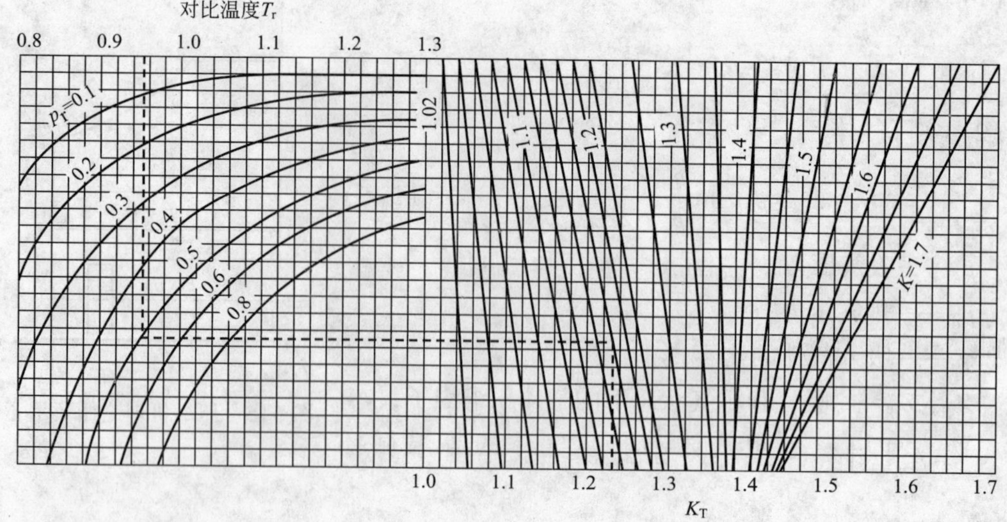

图 5-6　气体绝热指数 K_T 计算图

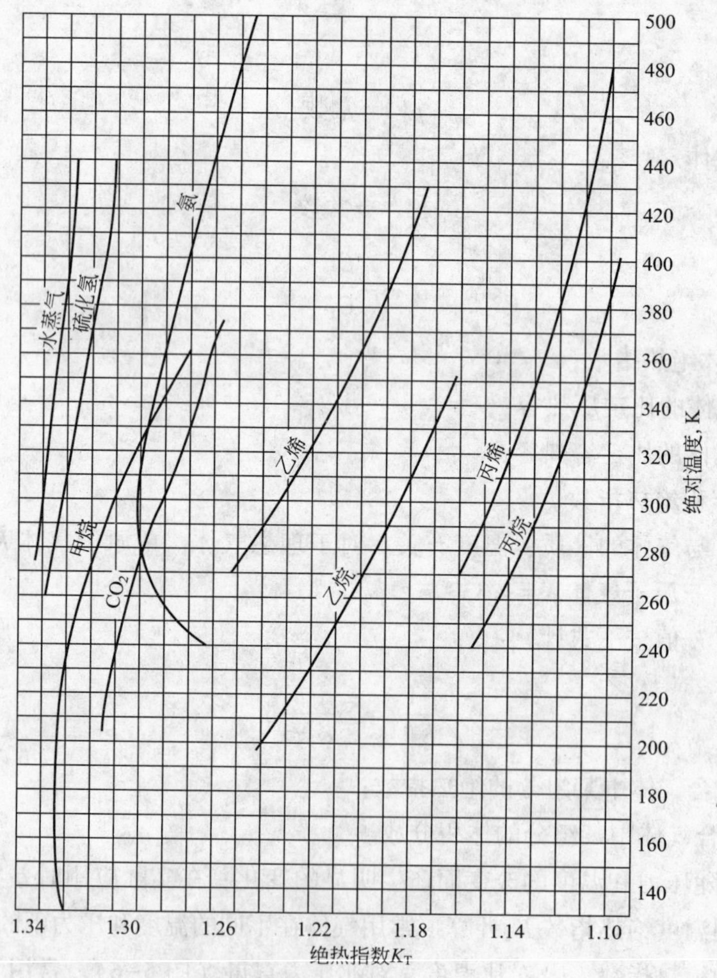

图 5-7　常用气体的绝热指数（一）

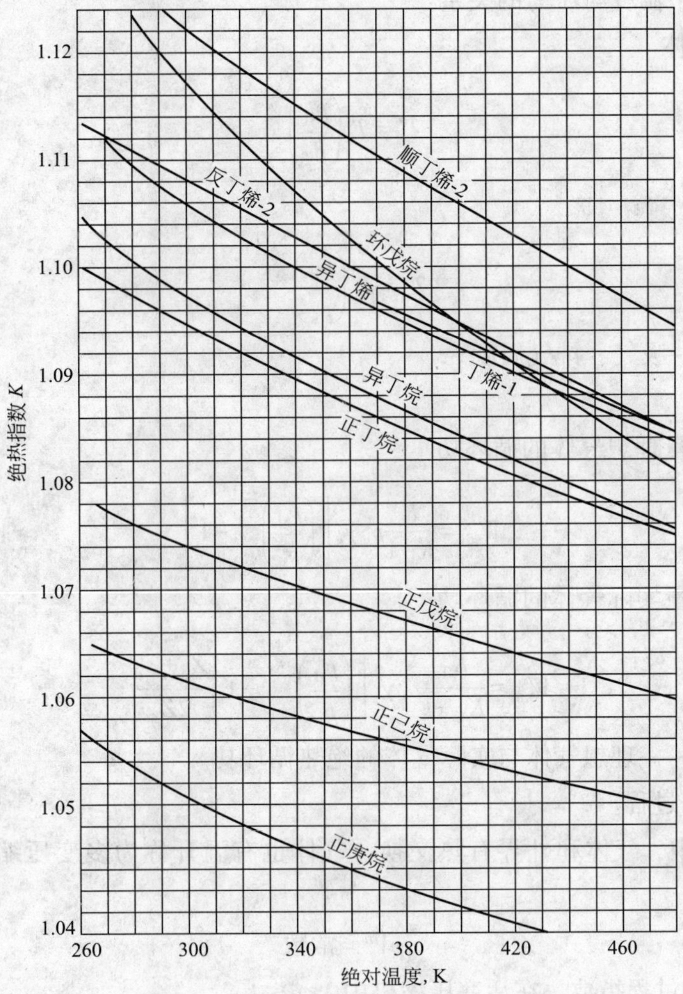

图 5-8　常用气体的绝热指数（二）

表 5-6　不同压力和温度下绝热指数 K_T

气体	温度 ℃	压力，10^5Pa						
		1	100	200	300	600	800	1000
氮	20	1.410	1.416	1.400	1.379	1.345	1.340	1.346
	100	1.406	1.419	1.426	1.419	1.377	1.372	1.373
	200	1.400	1.409	1.409	1.408	1.387	1.380	1.374
氢	25	1.404	1.407	1.408	1.407	1.402	1.394	1.390
	100	1.398	1.399	1.400	1.401	1.396	1.393	1.388
	200	1.396	1.397	1.398	1.399	1.396	1.394	1.392
一氧化碳	25	1.400	1.433	1.414	1.394	1.349	1.344	1.341
	100	1.400	1.422	1.424	1.422	1.395	1.390	1.390
	200	1.399	1.407	1.415	1.422	1.408	1.403	1.398
甲烷	25	1.320	1.360	1.280	1.240	1.220	1.210	1.210
	100	1.270	1.300	1.300	1.280	1.250	1.230	1.220
	200	1.230	1.260	1.250	1.250	1.240	1.240	1.230

在绝热过程中温度与压力的关系：

（1）理想气体

$$T'_{d}=T_{s}\left(\frac{p_{d}}{p_{s}}\right)^{\frac{K-1}{K}} \tag{5-13}$$

（2）实际气体

$$T_{d}=T_{s}\left(\frac{p_{d}}{p_{s}}\right)^{\frac{K_{T}-1}{K_{T}}} \tag{5-14}$$

式中　T_{s}、T_{d}——吸气、排气温度。

绝热循环功：

（1）单位质量理想气体的循环功

$$W'_{ad}=\frac{K}{K-1}p_{s}\gamma_{s}\left[\left(\frac{p_{d}}{p_{s}}\right)^{\frac{K-1}{K}}-1\right] \tag{5-15}$$

（2）单位质量实际气体的循环功

$$W_{ad}=\frac{K_{T}}{K_{T}-1}p_{s}\gamma_{s}\left[\left(\frac{p_{d}}{p_{s}}\right)^{\frac{K_{T}-1}{K_{T}}}-1\right]\frac{Z_{s}+Z_{d}}{2Z_{s}} \tag{5-16}$$

式中　W'_{ad}、W_{ad}——理想气体与实际气体的绝热循环功。

3）多变压缩过程

在压缩过程中，气体和外界有热交换，气体也有温升称为多变压缩过程，其过程方程为：

$$pV^{n}=常数 \tag{5-17}$$

式中　n——多变过程指数，在活塞压缩机中 $1<n\leqslant K$。

多变过程压力和温度的关系为：

$$T_{d}=T_{s}\left(\frac{p_{d}}{p_{s}}\right)^{\frac{n-1}{n}} \tag{5-18}$$

多变循环功：

（1）单位质量理想气体的多变压缩循环功为

$$W'_{pol}=\frac{n}{n-1}p_{s}\gamma_{s}\left[\left(\frac{p_{d}}{p_{s}}\right)^{\frac{n-1}{n}}-1\right] \tag{5-19}$$

（2）单位质量实际气体的多变压缩循环功为

$$W_{pol}=\frac{n}{n-1}p_{s}\gamma_{s}\left[\left(\frac{p_{d}}{p_{s}}\right)^{\frac{n-1}{n}}-1\right]\frac{Z_{s}+Z_{d}}{2Z_{s}} \tag{5-20}$$

在实际压缩机中，压缩过程指数 n 可按以下经验数据选取：大、中型压缩机 $n=K$；微小型压缩机 $n=(0.9\sim0.98)K$。多变压缩过程指数 n 选择得正确与否，将影响压缩机的实际排气温度和计算温度的偏差，以及实际耗功与计算耗功的偏差。

选择压缩过程指数 n 时，气缸冷却情况良好，可取较小值；压缩机转速越高，压缩过程越接近于绝热，因而可取较大值；气缸中的压力比较高时，气体压缩终了的温度与气缸壁的平均温度虽都升高，但气体温升较快，因而气体和缸壁间的温差便趋于增大，促使热交换加强，故可取较小值；在压力及压力比相同时，气缸的尺寸较大，气缸表面积相对于气缸容积的比值减小，气体热交换减弱，故可取较大值；对多级压缩机，各级的排气量大多数情况下几乎是相等的，但是低压级热交换表面比高压级的大得多，虽然随压力增加气体的放热系数提高，但并不能抵偿热交换面积减小所带来的影响，因此 n 值逐级增大。

4）实际循环

理论循环在实际压缩机中并不存在，这是由于实际压缩机气缸中存在以下问题：

（1）存在余隙容积。当排气结束后，活塞返回行程时，残存在余隙容积中的气体，其压力由排出压力 p_d 降到吸气压力 p_s，出现了膨胀过程，图 5-9 所示的 3→4 为余气膨胀过程曲线。膨胀了的余气占据一部分气缸容积，减小了新鲜气体的吸入量。

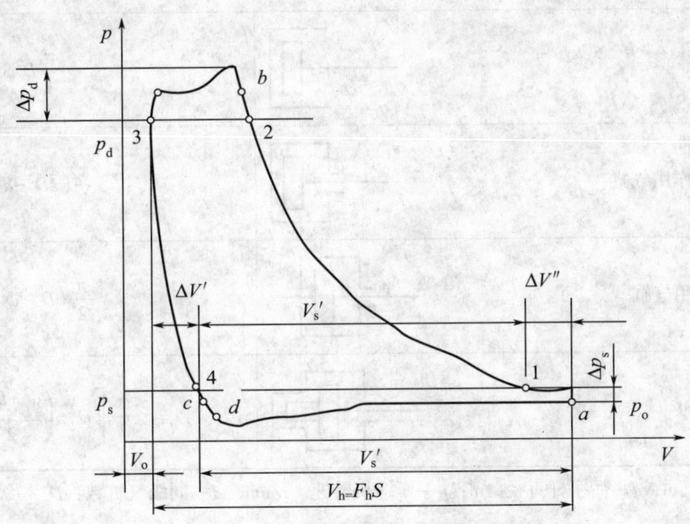

图 5-9　压缩机气缸实际循环

（2）吸、排气阀的阻力、阀片的运动惯性、振动以及管道的压力脉动等，使得循环图上的吸排气过程线不是直线，而是带弯曲和波纹形的曲线。同时，吸排气过程线的压力也不同于理论吸排气压力 p_s 和 p_d，压力差 Δp 是用于克服气阀弹簧压力和阀片的运动惯性力，使阀片启闭。

（3）气体和气缸壁之间存在复杂的热交换，实际过程的压缩指数和膨胀指数并不是定值。由于余隙容积 V_0 的存在，余气膨胀过程使 $\Delta V'$ 的气缸工作容积被丧失掉，使实际工作容积由 V_h 减少到 V''_s；吸入终了压力 p_0，常比名义吸气压力 p_s 小，仅当活塞压缩到点 1 时，方开始达到名义吸气压力 p_s，这样又有 $\Delta V''$ 的容积失效，实际工作容积又由 V''_s 降到 V'_s；吸气过程气体被加热（缸体温度较高），温度升高，气体的比容增大，即体积膨胀了，按排气量的定义，把 V'_s 从较高的温度换算到较低的吸气管温度，相当于工作容积又一次缩小了。实际循环还因压力损失的存在，使实际循环功耗增多。

3. 压缩机的热力性能参数及其影响因素

1）排气量及其影响因素

（1）压缩机的排气量。单位时间内压缩机最末级排出的气体，换算到第一级吸气口状态（压力、温度、温度和压缩因子）或基准状态（$p_0=0.1013\text{MPa}$，$T_0=293\text{K}$）时的气体体积即称为压缩机的排气量，常用单位为 m^3/min 或 m^3/h。

理想压缩机在吸气状态下的排气量 Q' 等于其行程容积：

$$Q'=V_t=V_h n \tag{5-21}$$

式中 V_t——行程容积（即单位时间内的理论吸气容积），m^3/min；

V_h——气缸工作容积（即活塞在一个行程所扫过的容积），m^3；

n——压缩机的转速，r/min。

压缩机某级气缸行程容积 V_t 与气缸结构尺寸的关系见表 5-7。

表 5-7 行程容积 V_t 与气缸结构尺寸的关系

气缸形式		V_t，m^3/min
单作用气缸	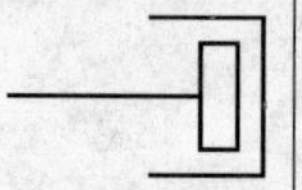	$\frac{\pi}{4}D^2SnI$
带不贯穿活塞杆的双作用气缸	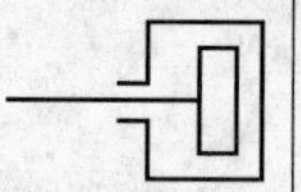	$\frac{\pi}{4}(2D^2-d^2)SnI$
带贯穿活塞杆的双作用气缸	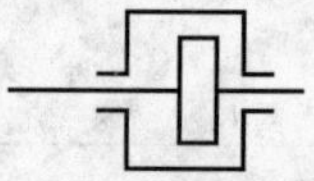	$\frac{\pi}{2}(D^2-d^2)SnI$
级差活塞的双作用气缸	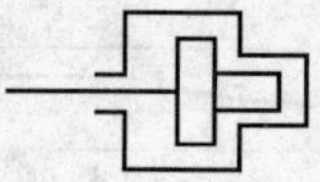	$\frac{\pi}{2}\left[D^2-\left(\frac{d^2+D_m^2}{2}\right)\right]SnI$

注：D—气缸直径，m；d—活塞杆直径，m；n—压缩机转速，r/min；I—同级气缸数；D_m—级差活塞小端直径，m；S—活塞行程，m。

由于压缩机余隙的存在，吸气终了状态的变异、气体在吸气过程被加热以及气体泄漏等方面的影响，使气缸的有效吸气容积减少。在压缩机的热力计算中，考虑到上述四个因素对排气量的影响而引用的修正系数称排气系数，以 λ 表示：

$$\lambda=\frac{Q}{V_t}=\lambda_V\lambda_p\lambda_T\lambda_g \tag{5-22}$$

式中 Q——压缩机吸气状态实际排气量，m^3/min；

λ_V——容积系数；

λ_p——压力系数；

λ_T——温度系数；

λ_g——泄漏系数或称气密系数。

因此，倘若已知压缩机的同级气缸数 I，行程容积 V_t，以及压缩机的转速 n，则压缩机吸气状态的实际排气量为：

$$Q=V_t\lambda_V\lambda_p\lambda_T\lambda_g nI \tag{5-23}$$

标准状态的排气量 Q_0 则为：

$$Q_0=\frac{(p_s-\varphi_s p_{sa})T_0Q}{p_0T_s} \tag{5-24}$$

式中 φ_s——吸气状态的相对湿度；

p_{sa}——吸气温度下的饱和蒸气压，10^5Pa。

式(5-24) 中各系数只考虑了由于压缩机某一级气缸的各种实际情况对排气量的影响，因此，式(5-23) 和式(5-24) 只适用于计算单级压缩机的排气量。多级压缩机，还必须考虑气体本身在中间冷却器中，因温度压力条件的改变，可能会有凝液产生，使得排量减少。当式(5-25) 成立时，气体经前一级压缩后，其蒸气的分压高于经中间冷却后气体出口温度下的饱和蒸气压力，即有析出现象发生。此时需考虑凝液对气缸工作容积的影响，用析水系数 μ_d 表示。

$$\varphi_{sI}p_{saI}\frac{p_{si}}{p_{sI}}>p_{sai} \tag{5-25}$$

式中 φ_{sI}——I 级吸入气体的相对湿度；

p_{sai}、p_{saI}——第 i 级和第 I 级吸气温度下的饱和蒸气压，10^5Pa；

p_{si}、p_{sI}——第 i 级和第 I 级吸气压力，10^5Pa。

析水系数的计算公式为：

$$\mu_{di}=\frac{p_{sI}-\varphi_{sI}p_{saI}p_{si}}{p_{si}-\varphi_{si}p_{sai}p_{sI}} \tag{5-26}$$

由于凝液的影响，压缩机各段气缸的重量排气并不相等，单级压缩机或多级压缩机的 I 级气缸按式(5-22) 或式(5-23) 求取，多级压缩机的其余各级 i 的排气量 Q_i 按下式求取：

$$Q_i=V_{ti}\frac{\gamma_{Vi}\lambda_{pi}\lambda_{Ti}\lambda_{gi}}{\mu_{di}}\frac{p_{si}}{p_{sI}}\frac{T_{sI}}{T_{si}} \tag{5-27}$$

当考虑压缩因子时，计算公式为：

$$Q_i=V_{ti}\frac{\gamma_{Vi}\lambda_{pi}\lambda_{Ti}\lambda_{gi}}{\mu_{di}}\frac{p_{si}}{p_{sI}}\frac{T_{sI}}{T_{si}}\frac{Z_{sI}}{Z_{si}} \tag{5-28}$$

(2) 影响压缩机排气量的因素。从压缩机排气量计算公式中可以看出，决定压缩机的排气量的因素除气缸工作容积 V_h 的大小，同级缸个数以及压缩机的转速外，还有余隙容积的大小，吸气终了的状态、温度以及泄漏量等因素。

① 余隙容积的影响。压缩机的余隙容积 V_0 内的气体膨胀，使压缩机的实际吸气体积减小，其程度用容积系数 λ_V 来度量，计算公式如下：

理想气体

$$\lambda'_V=1-\alpha(\varepsilon^{\frac{1}{m}}-1) \tag{5-29}$$

实际气体

$$\lambda_V=1-\alpha\left(\frac{Z_s}{Z_d}\varepsilon^{\frac{1}{m}}-1\right) \tag{5-30}$$

式中　α——气缸相对余隙容积，$\alpha=\dfrac{V_0}{V_h}$；

ε——压力比，$\varepsilon=\dfrac{p_d}{p_s}$；

m——膨胀过程指数。

据统计，压缩机的相对余隙容积值一般在以下范围内：$p_d \leqslant 2.1$MPa，$\alpha=0.07\sim0.12$；$p_d>2.0$MPa，$\alpha=0.12\sim0.18$。

相对余隙值一般由制造厂设计制造时确定。生产管理计算时可从说明书中查得。

据 λ_V 的计算公式分析可知，当压力比 ε 大到残留在余隙容积 V_0 的高压 p_d 气体膨胀到低压 p_s 时，全部充满气缸工作容积，则吸气量为零，即压缩机不排气。根据排气温度 T_d 的计算公式可知，ε 越大 T_d 就越高，而天然气中的重组分在温度较高时易生成焦油状产物，黏附在阀片、填料和活塞环等部位，且压缩机的润滑油在 160~180℃开始失去润滑作用，这些因压力比过大而出现的问题都将破坏压缩机的正常运转。因此，气田天然气增压压缩机的单级压比，通常应视所输气体的性质和吸入状态而控制在 4 以下。

膨胀过程指数 m 表示余隙容积中的气体膨胀时和气缸间的热交换情况。对于双原子气体从常压吸气的压缩机，*I* 级气缸的 m 值为：压缩机转速 $n \leqslant 200$r/min，则 $m=1.2\sim1.30$；压缩机转速 $n>200$r/min，则 $m=1.25\sim1.35$；压缩机转速 $n>500$r/min，则 $m=K$。

不同吸入压力的 m 值见表 5-8。

表 5-8　不同吸入压力下的 m 值

吸入压力 p_s	m 值	
	K 为任意值	$K=1.4$
$p_s=0.15$	$m=1+0.5(K-1)$	$m=1.2$
$0.15<p_s\leqslant0.4$	$m=1+0.62(K-1)$	$m=1.25$
$0.4<p_s\leqslant1.0$	$m=1+0.75(K-1)$	$m=1.3$
$1.0<p_s\leqslant3.0$	$m=1+0.88(K-1)$	$m=1.35$
$p_s>3.0$	$m=K$	$m=1.4$

理想气体的容积系数 λ_V 可由图 5-10 查得。

② 吸气终了状态的影响。吸气终了时，由于吸气阀的压损和吸气管内压力的脉动，使实际吸气终了压力比吸气管中的名义吸气压力小而使吸入气体体积减小，其程度用压力系数 λ_p 来衡量，计算公式为：

$$\lambda_p=\frac{V_s'}{V_s''}\approx\frac{p_0}{p_s} \tag{5-31}$$

式中　p_0——吸气终了缸内压力，MPa；

p_s——吸气管道内的名义压力，MPa。

由于压力系数测定较麻烦，根据经验，多级压缩机的Ⅰ、Ⅱ级（包括单级压缩机），取 λ_p 为 0.95~0.98；Ⅲ级以后取 $\lambda_p=1$。

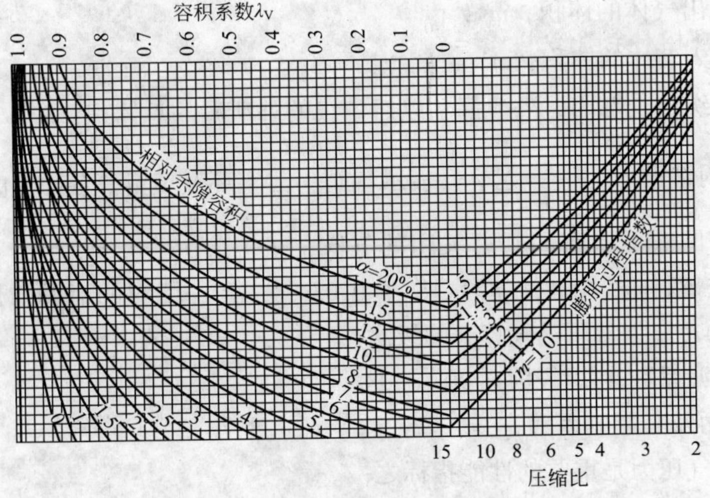

图 5-10　容积系数 λ_V 的计算图

③ 吸气过程气体温度的影响。吸入缸内的气体，在吸入过程受到温度较高的缸壁等的加热，其温度高于吸气管的气体温度而使吸入气缸的气体体积减小，其程度用温度系数 λ_T 度量，计算公式为：

$$\lambda_T = \frac{T_s}{T'} \tag{5-32}$$

式中　T_s——吸入管中气体的热力学温度，K；

T'——吸入终了气缸内气体的热力学温度，K。

λ_T 与压缩机的级次、转速、气缸冷却情况、气体性质、气阀的配置与结构等因素有关。精确求取 λ_T 值比较困难，其近似值可按图 2-36 查得。

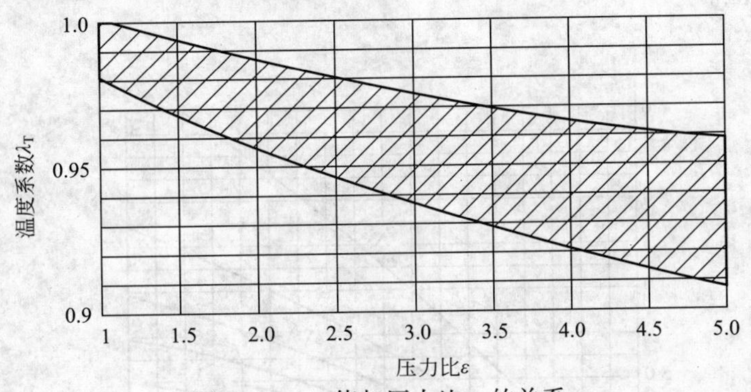

图 5-11　λ_T 值与压力比 ε 的关系

④ 泄漏的影响。无论设计制造多么完善的压缩机，都不可避免地有气体泄漏的现象发生，经长时间运转而又没有妥善保养维修的压缩机，泄漏现象就更加严重。泄漏包括内、外泄漏两种。影响排气量的程度以泄漏系数 λ_g 表示，即：

$$\lambda_g = \frac{V_d}{V_s} = \frac{V_d}{V_d + V_g} = \frac{1}{1 + \dfrac{V_g}{V_d}} = \frac{1}{1+\gamma} = \frac{1}{1+\sum \gamma_i} \tag{5-33}$$

式中 V_d——排出气体的体积，m^3；

V_s——吸入气体的体积，m^3；

V_g——该级的全部内、外泄漏和以后各级的外泄漏的总体积，m^3；

γ——相对泄漏，$\gamma=\frac{V_g}{V_d}=\sum\gamma_i\gamma_i$ 表示气阀、活塞环及填料等各部位的相对泄漏。

γ_i 的数值范围：不严密和延迟关闭的气阀，$\gamma_V=0.01\sim0.04$；单作用气缸活塞环，$\gamma_R=0.01\sim0.05$；双作用气缸活塞环，$\gamma_R=0.03\sim0.015$；填料的泄漏与压力有关，$\gamma_p=(0.0005\sim0.001)i$，$i$ 为常压进气算起的级次。

压缩机的泄漏系数 λ_g 一般为 0.90~0.98。

2）排气压力及其影响因素

压缩机的排气压力是重要的性能指标之一。

（1）背压的影响。压缩机各级排气压力的大小并不是由该级本身的几何尺寸和工作状况所决定的，而是由该级之后的排气管道中的压力（通常称背压）决定的。各级背压根据用户的要求和压缩机的经济性要求确定。对于单级压缩机，完全由用户要求确定；多级压缩机各级的排气压力，则由级数的选择和各级压比的合理分配而定。

在选择级数时，应遵循使压缩机消耗功率最小、排气温度在允许的范围内、质量小、使用方便的原则。具体决定级数时，可先确定每一级的最佳压力比 ε_0，然后由总的名义压力比 ε_t，利用下式求得级数 B 并取整。

$$B=\frac{\ln\varepsilon_t}{\ln\varepsilon_0} \tag{5-34}$$

ε_0 由图 5-12 查出，图中的相对压力损失 δ 一般取 10%~20%，大型机可取中间值，小型机可取较大值。

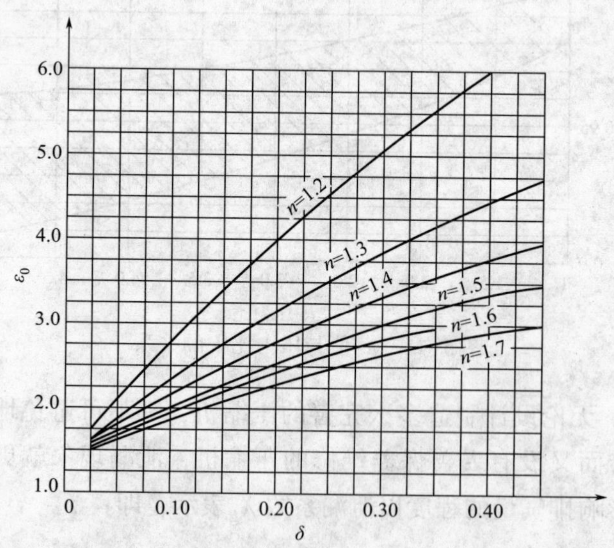

图 5-12　级中最佳压比 ε_0 与相对压力损失值 δ 的关系曲线

经计算得到的级数，必须满足天然气组分对排气温度的限制要求。气田天然气增压压缩机，可利用图5-13的曲线，据允许的排气温度确定级中的压比，然后按压比计算公式求得所需的级数。

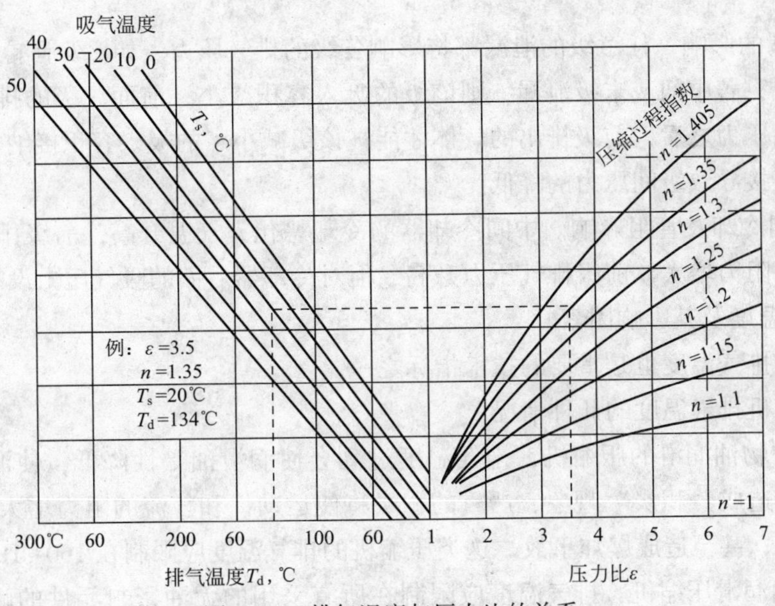

图5-13　排气温度与压力比的关系

压缩机的级数确定后，就可确定各级气缸的排气压力，即各气缸的压比。按压缩机消耗功最小的原则，各级压比应相等，即：

$$\varepsilon_i = B\sqrt{\frac{p_{dB}}{p_{sI}}} \tag{5-35}$$

式中　p_{dB}——第 B 级气缸的排气压力，MPa；

p_{sI}——第 I 级气缸的吸气压力，MPa。

多级压缩机任一级的排气压力 p_{di}，应等于该级的吸气压力 p_{si} 乘以压比 ε_i，即 $p_{di}=\varepsilon_i p_{si}$。

在实际压缩机中，往往根据各种需要，在等压比的基础上进行修正，例如，为了提高 I 级气缸的容积系数，通常取 I 级压比为：

$$\varepsilon_I = (0.9\sim0.95)\sqrt[B]{\varepsilon_t} \tag{5-36}$$

式中　ε_t——总压比，$\varepsilon_t=\frac{p_{dB}}{p_{sI}}$。

为了防止压缩机末级因排气量调节引起末级压比升高而导致末级温度过高，因此 ε_B 也取为：

$$\varepsilon_B = (0.9\sim0.95)\sqrt[B]{\varepsilon_t} \tag{5-37}$$

为了平衡活塞力，使压缩机受力均匀，提高机械效率，往往还根据结构方案对各级压力进行修正。

（2）吸气压力变化的影响。对于多级压缩机，吸气压力的变化将使各级压比重新分配。在末级背压不变的情况下，末级的压比变化最大，即倒数第二级的排气压力变化最大，越往低压级变化越小。

（3）余隙容积变化的影响。余隙容积改变，吸入容积也改变，同时引起各级的吸气压力（即前一级的排气压力）的变化。余隙容积变化越大，前一级的排气压力的变化也越大。

（4）泄漏的影响。任意级的泄漏都将影响各级的排气压力。如I级泄漏，各级的排气压力均会降低，若中间或末级泄漏，则该级的吸入容积减小，前面一级的排气压力增高。因为只有提高压力之后，前级排出的气体才能被该级减小了的吸入容积接纳。级间连接管道的泄漏，直接导致级间压力的降低。

（5）中间冷却及管阻影响。中间冷却器的冷却恶化，气温升高，前级排气压力升高。冷却器内管路阻力增大，前级排气压力升高，但对冷却器后面的吸气压力没有影响。

3）排气温度及其影响因素

压缩机的排气温度也是重要的技术指标之一。

限制压缩机排气温度的几种情况：

（1）用矿物油润滑的压缩机，排气温度过高会使润滑油黏性降低，使润滑中的轻馏分迅速挥发，造成“积炭”现象，严重的积炭将使运动件和气流的阻力增大，加剧磨损，失去密封作用，甚至造成爆炸事故。这类压缩机的排气温度应限制在160~180℃。

（2）无油润滑压缩机，排气温度应限制在所有采用的无油密封元件的耐温性能允许范围内，如用氟塑料和聚丙胺材料时，排气温度应低于170℃。

（3）对排气温度有特别限制的各种气体压缩机，最高排气温度则应分别限制在各自的允许范围内。天然气压缩机为了防止轻烃结焦，排气温度应小于110℃。

由排气温度的计算公式可知，其影响因素为：

（1）吸气温度。吸入温度通常是由流程确定的。但对多级压缩机，级间某级的吸气温度则由该级前的级间冷却效果来确定，且与吸入管道和吸气腔的传热情况有关。改善吸气部位的冷却情况，使气体在吸入过程避免加热和选择良好的中间冷却，对降低排气温度是有利的。

（2）压缩过程指数。它取决于气体性质和压缩过程的传热情况。加强气缸压缩容积的冷却，有利于降低排气温度。

（3）压比。压比越大，排气温度越高，所以降低压比是工程上降低排气温度最有效的方法。当总压比一定时，采用较多的级数，固然能降低压比，但其经济性就需全面论证。降低吸、排气过程的压力损失是降低实际压比的最佳途径。在多级压缩机中，若要降低某一级的排气温度，可增大这一级的余隙容积，使这一段的压力比下降，而把一部分压比分摊到前级中去。

4）压缩机的功率、效率及其影响因素

压缩机是耗功机械，它必须由驱动机不断地供给能量才能工作。计算压缩机的功率并分析影响因素是为了给正确选配驱动机提供依据，是评价压缩机的工作性能，并探讨降低功耗，提高效率的途径。

（1）压缩机的指示功率。在压缩机的气缸内，一个实际循环所消耗的功称为指示功，即压缩机四条过程曲线所圈闭的面积。单位时间内所消耗的指示功称为指示功率，每级的指示功率称为级指示功率。若干个工作容积组成一个级，则级指示功率应为各工作容积指示率的总和。

每个气缸工作容积的指示功率的求解方法有两种：

① 对实际运转压缩机，用示功器测各气缸的工作循环指示图，再按下式计算：

$$N_{id}=16.662m_{p}m_{V}f_{i}n \tag{5-38}$$

式中 N_{id}——压缩机的指示功率，kW；

m_p——指示图的压力坐标比例尺，MPa/cm；

m_V——指示图的气缸工作容积坐标比例尺，m^3/cm；

f_i——指示图圈闭面积，cm^2；

n——压缩机转速，r/min。

多级压缩机应将每一气缸的指示功率相加。

② 压缩机的指示功率也可用计算方法求得。为了计算方便，对实际示功图进行简化，即实际排气过程线为直线，并平行于名义压力线，如图 5-14 所示。

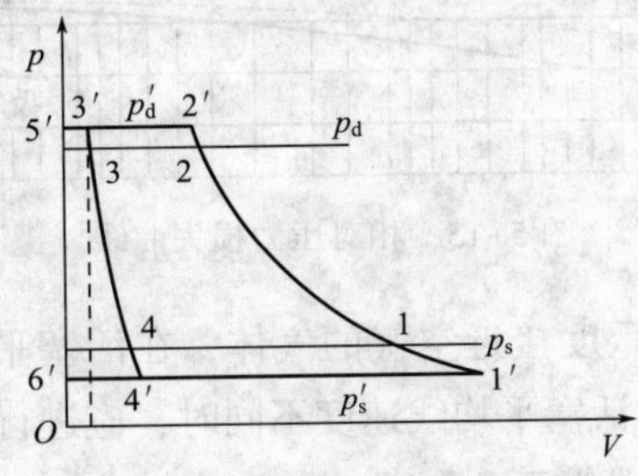

图 5-14 实际示功图简化图

压缩和膨胀过程曲线的过程指数均为定值，且近似地等于绝热指数 K。经简化后，导出计算公式如下：

理想气体

$$N_{id}=\sum_{i=1}^{B}N_{i}d_{i}=16.662\sum_{i=1}^{B}p_{si}V_{ti}\lambda_{Vi}\frac{K_{i}}{K_{i}-1}\left[\left(\frac{p'_{di}}{p'_{si}}\right)^{\frac{K_{i}-1}{K_{i}}}-1\right] \tag{5-39}$$

实际气体

$$N_{id}=\sum_{i=1}^{B}N_{i}d_{i}=16.662\sum_{i=1}^{B}p_{si}V_{ti}\lambda_{Vi}\frac{K_{Ti}}{K_{Ti}-1}\left[\left(\frac{p'_{di}}{p'_{si}}\right)^{\frac{K_{Ti}-1}{K_{Ti}}}-1\right]\frac{Z_{si}+Z_{di}}{2Z_{di}} \tag{5-40}$$

式中 N_{id}——压缩机的指示功率，kW；

p_{si}——第 i 级的名义吸气压力，MPa；

V_{ti}——第 i 级气缸行程容积，m^3/min；

λ_{Vi}——第 i 级的容积系数；

p'_{di}、p'_{si}——第 i 级气缸考虑压损后的实际排气和吸气压力，MPa；

K_i——第 i 级理想气体的绝热指数；

K_{Ti}——第 i 级实际气体的温度绝热指数；

Z_{si}、Z_{di}——第 i 级名义吸气和排气压力状态下的压缩因子。

考虑吸排气过程压力损失 δ_s 和 δ_d 的实际压力，按下式求取：

$$p'_{si}=p_{si}(1-\delta_{si}) \tag{5-41}$$

$$p'_{di}=p_{si}(1+\delta_{di}) \tag{5-42}$$

δ_{si}、δ_{di} 可由图 5-15 查得。

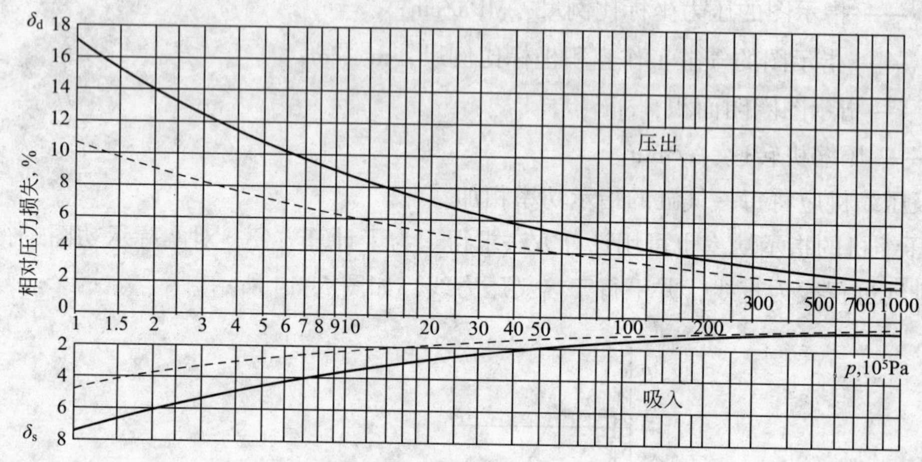

图 5-15　相对压力损失曲线

图 5-15 是根据空气以及重度接近空气的气体，在活塞平均线速度为 3.5m/s 的压缩机绘出来的。当气体的重度和活塞平均线速度不同时，应进行修正。

当重度不同时，δ 值按下式修正：

$$\delta'=\delta\left(\frac{\gamma}{1.29}\right)^{\frac{2}{3}} \tag{5-43}$$

式中　δ'——修正后的压损率；

γ——压缩气体的重度。

当活塞平均线速度不同时，δ 值按下式修正：

$$\delta'=\delta\left(\frac{C_m}{3.5}\right)^2 \tag{5-44}$$

式中　C_m——实际压缩机活塞平均线速度。

图中实线适用于压力损失较大的吸排气系统；虚线适用于压力损失较小的系统。

（2）轴功率和驱动机功率。从压缩机的曲轴端输入的功率称为轴功率，轴功率包括压缩机的指示功率 N_{id} 和运动零部件的机械损失功率 N_f。机械损失功率很难精确计算，通常以压缩机的机械效率 η_m 来衡量，故轴功率 N 为：

$$N=\frac{N_{id}}{\eta_m} \tag{5-45}$$

对大中型压缩机，$\eta_m=0.90\sim0.95$；小型压缩机，$\eta_m=0.85\sim0.90$。

驱动机功率还应考虑到压缩机的脉动载荷以及工况的波动影响，需留有轴功率的

5%~15%的储备量，其次还需考虑传动装置的功率损耗，即传动效率影响。因此，驱动机功率 N_e 应按下式计算：

$$N_e=(1.05\sim1.15)\frac{N}{\eta_e} \tag{5-46}$$

式中　η_e——传动效率。

皮带传动 $\eta_e=0.96\sim0.99$；齿轮传动 $\eta_e=0.97\sim0.99$；半弹性联轴节 $\eta_e=0.97\sim0.99$；刚性联轴节 $\eta_e=1$。

综上所述，压缩机的指示功率和选用驱动机的功率之间存在如下关系：

$$N_e=(1.05\sim1.15)\frac{N_{id}}{\eta_m\eta_e} \tag{5-47}$$

（3）压缩机的效率和比功率。压缩机的理论循环功率与实际消耗功率的比值称为压缩机效率。它是衡量压缩机经济性的指标。压缩机效率分为等温效率和绝热效率。

等温效率为等温功率与轴功率之比：

$$\eta_{is}=\frac{N_{is}}{N} \tag{5-48}$$

绝热效率为绝热功率与轴功率之比：

$$\eta_{ad}=\frac{N_{ad}}{N} \tag{5-49}$$

在评价压缩机的经济性时，常用等温效率来衡量水冷压缩机，用绝热效率来衡量冷却较差，以及压缩高临界温度气体的压缩机。我国目前气田天然气增压中常用的几类压缩机的等温效率为0.64~0.73。

压缩机的比功率 N_r 是指在一定的排气压力下，单位排量所消耗的功率。其计算式为：

$$N_r=\frac{N}{Q} \tag{5-50}$$

式中　N——压缩机的轴功率，kW；

Q——压缩机的排气量，m^3/min。

比功率是评价工作条件相同的压缩机经济性的指标。

第二节　往复式压缩机

一、发动机

油气田在使用的往复式压缩机组中，其动力多数采用活塞式燃气发动机，其特点是：结构紧凑，动力平衡性好。但结构复杂，较笨重，工作可靠性差。由于油、气田有大量廉价的天然气，其使用经济性较好。

内燃机的基本机构包括气缸、气缸盖、活塞、活塞销、连杆、曲轴、飞轮、曲轴箱和进、排气气门等。

活塞可在气缸内上下往复运动，活塞销穿过活塞和连杆的上端，使活塞和连杆成为铰链式连接。连杆下端套在曲轴弯曲部分的曲柄销（连杆轴颈）上，也是铰链式连接。

曲轴两端由曲轴箱上的轴承支承，曲轴可在轴承中转动。活塞在气缸中往复运动时，曲轴则绕其轴心线做旋转运动。曲轴每转一周，活塞上下各行一次（两个行程）。

活塞离曲轴中心最大距离的位置称为上（左）极端（又称为止点或死点），活塞离曲轴中心最小距离的位置称为下（右）极端，在上下极端时，活塞运动方向改变，同时速度为零。上极端和下极端间的距离称为活塞行程，活塞行程等于曲轴半径的两倍。

在气缸中，活塞从上极端到下极端所扫过的容积称为气缸工作容积 V_h 计算公式为：

$$V_h=\frac{\pi}{4}D^2S\times10^{-6} \tag{5-51}$$

式中 V_h——气缸工作容积，L；

D——气缸直径，mm；

S——活塞行程，mm。

如果内燃机有 i 个气缸，i 个气缸的气缸工作容积 i 和称为内燃机的总排量，用 V_H 表示，则：

$$V_H=V_{hi}=\frac{\pi}{4}iD^2S\times10^{-6} \tag{5-52}$$

当活塞在下极端时，活塞上方的气缸容积称为气缸总容积，以 V_a 表示。当活塞在上极端时，活上方的气缸容积称为燃烧室容积，以 V_c 表示。

因此，一个气缸总容积：

$$V_a=V_h+V_c \tag{5-53}$$

气缸总容积与燃烧室容积之比称为压缩比：

$$\varepsilon=\frac{V_a}{V_c}=\frac{V_h+V_c}{V_c}=1+\frac{V_h}{V_c} \tag{5-54}$$

压缩比表示气缸中的气体被压缩后体积缩小的倍数，它对内燃机的性能有重要影响。不同性质燃料的内燃机，ε 也不同。一般柴油机压缩比较大，ε 为 12~22；汽油机压缩压较小，ε 为 6~9。

（一）基本结构

1. 主机

发动机主机为压缩机组的主体部分，主要包括动力部分、机身部分和压缩部分。动力和压缩部分共用一根曲轴，呈 180°对称平衡布置。发动机的动力通过十字头和曲轴连杆机构传递给压缩机做功。发动机和压缩机以及部分配套设施安装在机座上，压力容器安装在底座及压缩缸上，燃料分离器安装在机座上，构成一台整体式橇装机组。

1）动力部分

动力部分是一个典型的二冲程发动机，曲轴每旋转一周动力活塞就有一个做功冲程。当活塞向缸头端运动时，活塞后部腔形成瞬时负压，在压差的作用下混合阀打开并吸入新鲜空气。压缩冲程为活塞头部首先封闭进气口，然后再封闭排气口，继续运动直至上止点。封在活塞头部内的这部分混合气体在接近压缩冲程终点前，由火花塞点燃，混合气体燃烧膨胀做功，迫使活塞向曲轴端运动，这就是做功冲程。当活塞运动至不能封闭排气口时，燃烧后的废气就由排气口排出，活塞继续运动，进气口被打开，这时，在压缩冲程中进入活塞后部的空气已被压缩到具有一定的压力，其形成扫气泵，在此压力下，新鲜的空气由进气口进入活塞头部空腔，并吹扫残留在缸内的废气，有助于废气的排出，这就是排气、进气冲程，稍后，活塞又向缸头运动，又开始新的冲程。

2）机身部分

机身部分由机身、中体、动力连杆、压缩连杆、曲轴及轴承等构成。机身两端分别安装动力缸和压缩缸，呈180°对称布置，使得机组的振动降低到最少。刮油器使动力缸与机身完全隔开，避免了燃烧所产生的废气进入机身内部。曲轴两端分别安装皮带轮和飞轮，皮带轮用于驱动水泵，飞轮主要用于储能，以稳定机组转速和减小振动。

3）压缩部分

压缩部分由压缩缸总成构成，每种压缩缸总成与中体接口尺寸完全一致，可根据工况需要选择不同的压缩缸总成与机身部分组合，以构成不同用途的机组。

压缩缸总成设计为双作用形式，但可根据需要拆除进气阀，进行单作用运行，以实现对排气量的大幅度调节。

压缩缸总成带可调余隙。余隙缸安装在压缩缸的缸头端，通过调节余隙活塞的行程以调节余隙容积，即可实现机组在最大功率和最大排量下运行，也可满足部分变工况的要求。

压缩活塞杆采用优质高强度合金钢并加镀耐磨层，压缩填料密封环聚四氟乙烯填充料，使得摩擦最小，寿命最长。

2. 燃料供给与调速系统

燃料供给与调速系统主要包括卧轴控制组件、注气系统、燃料进气组件、调速系统等。其作用为根据机组负荷情况，保证定时适量地供给动力缸燃料气，使之工作转速平稳。

1）卧轴控制组件

卧轴控制组件的主要作用是驱动注气系统、调速器、注油器、发电机等附属机构，并直接控制燃料气定时配气。

卧轴控制组件的主要传力部件是一根优质钢制的卧轴，它通过一对圆柱斜齿轮由曲轴驱动，其传动比为1∶1。卧轴上装有凸轮、圆柱斜齿轮以驱动注塞泵、调速器、注油器、磁电机，凸轮的位置是按所需的燃料气配气定时在出厂前调定好，并用定位销固定在卧轴上。凸轮用优质钢表面渗碳高频淬火制成。

2）注气系统部件

注气系统主要由柱塞泵、油罐、压力油管路、燃气进气转阀及喷射阀等组成。油罐及管路内充有液压油，要求液压油的黏度及稳定性不随温度而变化，以保证注气系统的正常工作。油罐内油面顶部通入燃料气以平衡管路正常油压。燃气进气转阀安装在燃料气进气管路上，并通过杠杆机构与调速器连接，其开度大小直接由调速器控制。转阀外的手柄与阀连接在同一轴上，手柄开、闭的极限位置可由两个销子限制，手柄上钻有几个等距的小孔，通过不同的孔与调速器操纵机构连接来正确调整转阀的开度。

注气系统的柱塞泵和喷射阀均有一对精密配合的柱塞偶件。

喷射阀安装在动力缸盖上，气门采用优质合金钢制成，与气门配合的气门座是用耐热钢制成并镶在阀体上，阀体一侧设有燃料进气口，与燃料进行管路连接。喷射阀与柱塞泵是与液压油路相通，喷射阀的开启由凸轮驱动柱塞泵来控制，关闭由弹簧复位，其升程大小可通过调整调节环来实现。调整时，将固定调节环的定位螺钉松开，用提供的专用喷射阀调节扳手转动调节环至所需的位置，右旋增加气量，反之减少气量，从而调节进入动力缸的燃料气量，达到各缸工作一致。

3）燃料进气组件

燃料进行组件是由燃气分离器、压力调节阀、燃气电磁切断阀进气管及球阀等组成。

燃气分离器是一个分为两层的筒状压力容器。上层装有可更换的超细玻璃纤维滤芯，能过滤掉燃气中的粉尘，该滤芯安装在中间隔板的支座上。筒体顶端装有法兰，以便更换、安装滤芯。容器下层是叶片式液体分离装置，被分离出的液体分别存于上、下层的底部，相互隔开，液体可通过排液管路排除，固体粉尘则堆积在滤芯上，滤芯长时间运行后会增加燃气的压力损失，压降可由安装在分离器上的压力表直接测得，当压降超过0.03MPa时，应将上层分离室的放空阀打开与大气相通，对滤芯进行吹扫。如果设备处于危险区，不允许将燃气放空，则应停止过滤器的工作，将滤芯由壳体内取出清洗，并同时清除筒体底部的固体及液体杂质。经过2~3次清洗后，就需要更换新的滤芯。下层分离室内的排液也通过管路排除。两级分离室均装有磁跟踪液位计，以便观察容器内排液量，根据液位情况适时打开排液管上的放污阀排出污液。燃气压力调节阀安装在燃气分离器之后的燃气进气管线上，其作用是将燃气的进气压力由0.50~1.07MPa（表压）调整到0.056~0.14MPa，并使进入动力缸的燃气压力稳定。

燃气电磁切断阀设在压力调节阀之后，用以控制燃气的进入，机组运转时阀门处于开启状态，当发生异常情况时，由控制柜发一信号至燃气电磁切断阀，使之关闭，从而切断燃气进缸，迫使机组停机，因此燃气电磁切断阀是所有安全停车保护的最终执行器。当再次启动时，应将阀门手柄复位到开启位置。

4）调速器及操纵机构

机组在运行中，由于压缩缸的进气压力和排气量的变化而导致功率变化，为保证机组在负荷变化时转速保持稳定，就必须用调速器及操纵机构来完成此调节过程。

液压调速器由卧轴齿轮驱动，调速器摇臂通过关节轴承、拉杆与燃气转阀摇臂相连。当转速发生变化时，可通过卧轴齿轮使调速器转速也发生变化。调速器通过操纵机构调节转阀的开度，以控制燃气进气量，达到控制转速的目的。

3. 进排气系统

进排气系统主要包括空气进气总成、排气管及消声器和工艺气管路等。其作用为机组运动提供清洁的空气和排出废气。

1）空气进气总成

往复式压缩机配备的是干式沙漠空气滤清器，当空气通过滤清器的压力损失达到245Pa时，应清洁或更换滤芯，压力损失值可通过安装在空气进气总管上的压差计读出。沙漠空气滤清空气进气总管由支架固定在机身上，与机身相连处安装有混合阀。

混合阀是一种自动单向阀，阀片两侧气体压力差开启，靠弹簧复位关闭。混合阀安装在机身上，每个动力缸有一个，阀体由铸铁制成，上部法兰口与空气进气总管连接，阀体上装有数道条形阀片，通过固定的阀体上的限制器及弹簧将阀片压贴在阀体的密封面上，当活塞向上止点运动时阀片打开，新鲜空气被引入扫气室内；当活塞向下止点运动时，阀片关闭，使扫气室与大气隔开，并可使扫气压力升至0.048MPa而进入动力缸内，空气与燃气直接在缸内混合。

2）排气管及消声器

二冲程发动机排气系数的设计，以及发动机的正确安装对保证发动机具有良好性能极其关键，每个动力缸配有一根排气管，排气管为圆形截面，两端焊有两个弯管，弯管头均有法兰，分别与动力缸的排气口和消声器进气法兰相连，靠近动力缸端的弯管处有一锥螺纹接头，用以安装热电偶，通过热电偶可直接测得动力缸排温，并观察两缸工作是否平衡，排气管应保持良好散热。

3）工艺气管路

压缩机进气前设置有分离器，能最大限度地将气体中的油水分离干净，底部设置排污阀。

气缸均设置有进气和排气缓冲罐，用以稳定压缩缸的进、排气压力，进气和排气管路上均安装有安全阀。

4. 点火系统

点火系统可以提供机组运转的能量和整个仪表控制系统的工作电源。点火系统由触发线圈、磁电机电火线圈、火花塞和点火导线组成。

（1）触发线圈控制机组点火时间、提供触发信号（配合起动磁极和运转磁极，磁极是制造厂安装在飞轮面上钻好的孔中的圆柱形磁铁，它们的位置是固定的）。触发线圈安装在飞轮的内侧面上。磁极与触发线圈的距离应保证在3.2mm。

（2）磁电机的作用为将机械能转换为电能；将产生的交流转换为脉动直流提供仪表柜电源；接收触发线圈的触发信号，送出点火指令。

（3）点火线圈可将磁电机发出的低压提升之几千伏的高压。

（4）火花塞的作用为将混合气体点燃推动活塞运动，完成压缩过程，每个气缸配备两个火花塞。

（5）点火导线用于传输电能。

5. 润滑系统

润滑系统主要由注油器油箱和润滑管路组成。其作用为对各相互运动表面提供充分润滑。

润滑系统采用飞溅、油浴和压力润滑三种方式。机身内部的曲柄、主轴承、十字头、十字头销、曲轴齿轮、卧轴齿轮及卧轴轴承采用飞溅润滑方式，注油器和调速器采用油浴润滑方式，动力缸、压缩缸及填料由注油器进行压力润滑。

1）机身内部件的润滑

在机组启动前，将机身顶盖打开，向机身内注入天然气压缩机专用机油，油面至机身上平面高度约为710mm，大约为114L润滑油。机组在额定转速下运行时，机身内油位高度可由与机身相连通的油位计显示，此油位计还通过管路与油箱相连通，当机身内油位过低时，油箱能自动向机身内补充，确保油面始终保持在规定高度。

为保证机组的正常工作，应严格注意润滑油的清洁，在工作初期，润滑油中会含在大量的金属微粒和污垢，因此必须按时更换机油。一般初次工作100h后，应进行第一次更换，继续工作1000h后，应进行第二次更换，以后可每工作4000h更换一次。换油时，待旧油放空后，应彻底清洁机身内部。

2）气缸压力润滑

气缸压力润滑是通过由卧轴驱动的注油器来实现的。每个动力缸有三个润滑点，压缩缸有一个润滑点，填料有一个或二个润滑点。注油器使用天然气压缩机专用机油，其上面有管路与油箱连通，可自动补充润滑油，注油器内有浮子开关，能控制供油量，油量由注油器上的油位计显示。

每个动力缸润滑油消耗量以3.40L/d计，因缸内润滑油过量是不经济的，也是造成积炭的主要原因，故规定此上限，但也不宜过少，建议在任何情况下，柱塞冲程一次不得少于2滴。注油器上每个注油泵都有调节螺母，顺时针方向旋转可减少供油，反之则增加供油。调整完毕后，必须拧紧锁紧螺母。滴油量可以从设置在注油器上的滴油管上精确地记录。压缩缸的注油量一般为7~10滴/分钟。

机组启动前，应以手按动每个注油泵，向各润滑管内泵油，直到管内空气全部被排除，机油达到各润滑表面为止。

3）油箱及其他各润滑部位

油箱为200L油桶，设置有油标和油管路，出油管直接与注油器上的浮子开关和机身上油位计相连，以便随时补充机组消耗的润滑油，应注意补充油箱内的机油。

开机前，应向注油器内注入约1.40L天然气压缩机专用油以供传动齿轮及调速器油预润滑。

用油枪向冷却器风扇的油嘴内注入普通黄油，用以润滑风扇轴承，一般当发动机连续工作4000~5000h加油一次。

用油枪向燃料喷射阀油杯内注入适量7019-1抗磨润滑脂，或二硫化钼锂基润滑脂。

各类油品应准备相应的油壶、油枪，并做出标记，切不可混淆。

6. 冷却系统

冷却系统主要包括冷却器及水管路等。其作用为降低压缩介质的温度，提高机器效率；降低机组工作温度，提高使用寿命。

1）冷却的必要性

对动力缸和压缩缸，如气缸内壁温度过高，将会引起润滑油变质，从而加速气缸的磨损。缸内温度不均，局部温度过高或过低，将产生较大的热应力，降低气缸的强度。同时温度过高将降低气缸的容积效率，使动力缸功率下降，压缩缸效率下降。此外，压缩气体的后冷却还可减少管道积水和避免排气管高温而发生事故。

2）水管路系统

水管路系统是由水泵、水箱及水管路组成的一个闭式循环系统。水泵通过皮带轮由曲轴驱动，将冷却后的循环水泵入水管路，再分别进入动力缸水套及压缩缸水套，冷却水由下部进入，缸体上部流出，将缸体冷却后的水汇集进入冷却水箱，冷却后再返回水泵，如此循环。冷却器由风扇冷却，风扇通过皮带轮由电动机驱动。水箱上部设有膨胀水箱，可向系统内加水，也可由此向外排除系统产生的水蒸气。

冷却水应是无腐蚀的清洁软水，其水质要求：pH 值 7~8，硬度小于 0.30mg/L，并可以直接加入美孚防冻液。

压缩气缸夹套水进水温度最小 32℃，最大 71℃。动力缸夹套水进水温度 74℃，出水温度 82℃，可通过节温器调节。动力缸水温过低会增加热损失，过高则导致工作条件恶化，对整个机组不利，为此在动力缸上方出水管路上安装一温度调节器，可自动调节循环水温度。此外，还可通过调节动力缸及压缩缸进水管的截止阀来控制冷却水量，使冷却水温度控制在最佳状态。

应定期清除水箱外的灰尘及嵌入物，以保证其冷却效果。

3）风扇及冷却器

风扇及冷却器的作用是冷却经压缩缸压缩后的气体和循环水。压缩气体根据机组不同有两组管束箱体，循环水有一组管束箱体，从而构成一个组合式冷却器。冷却器为列管式，列管用钢管外缠绕铝翅片，以增加换热面积，被冷却的气体从管内通过，管外过冷却风，风扇为铝合金制造，具有较高的效率。

7. 启动系统

启动系统主要包括启动阀和管路等，用于启动机组。

采用缸头直接启动方式，启动阀设置在卧轴箱体上，其阀杆由卧轴上的启动凸轮驱动，从而接通或断开启动气源。凸轮的角度已在厂内调定，恰好是在动力活塞处于上止点稍过的位置。凸轮将启动阀的顶杆顶起，启动气体通过止回阀，进入动力缸头上的安全阀，打开安全阀向缸内充气，直接推动活塞运动。安全阀上设置有一个截止阀，启动机组时，应将截止阀关闭，启动完毕后，先将安全阀关闭，然后方可打开截止阀，将止回阀至缸头管路内的气体排除。

此操作方式方便可靠，在几秒钟内即可顺利启动机组，启动转速约为 100r/min。启动气体压力应为 1.80~2.50MPa。

（二）活塞式压缩机的基本原理

1. 分体式压缩机燃气发动机的基本原理

工作循环在曲轴旋转两周，活塞四次行程的期间内完成，如图 5-16 所示。

（1）进气冲程（第一冲程），如图 5-16(a) 所示。在进气冲程中，活塞由气缸的上极端到下极端移动，进气阀开启，排气阀关闭。这时活塞上方的气缸容积增大，于是气缸

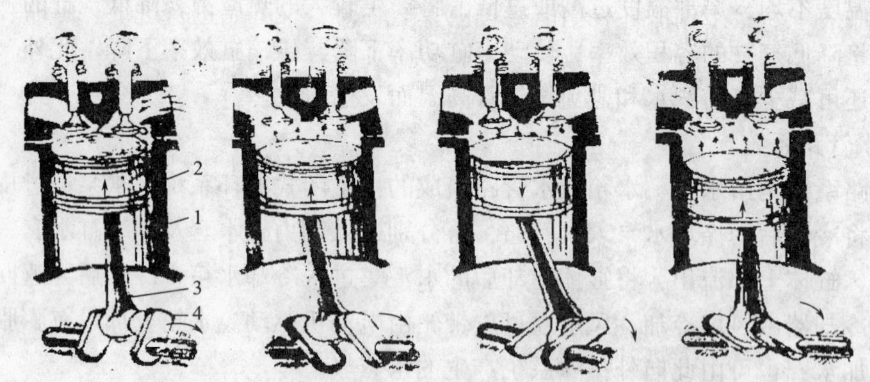

(a) 进气冲程(第一冲程)　(b) 压缩冲程(第二冲程)　(c) 做功冲程(第三冲程)　(d) 排气冲程(第四冲程)

图 5-16　四冲程发动机工作原理图

内压力降低，小于进气支管的气压力（近于大气压力），气体经过进气阀进入气缸。柴油机进入气缸的气体是空气，汽油机（或燃气机）是空气和燃料的混合物。直到活塞移动到下极端位置，气缸内充满了空气（或燃料混合气）和少量残余废气。

（2）压缩冲程（第二冲程），如图 5-16(b) 所示。当进、排气阀关闭后，活塞由气缸的下极端返回上极端。

当压缩冲程开始时，活塞位于下极端，曲轴在飞轮惯性作用下带动旋转，通过连杆推动活塞向上移动，气缸内气体容积逐渐减小，气缸内气体被压缩，气体的压力和温度升高。

为实现高温气体引燃柴油的目的，柴油机都具有较大的压缩比（12~22），使压缩终了时，气缸内气体温度比柴油的自然温度高 200~300℃。为了充分利用燃料燃烧所产生的热能，要求燃烧过程能够在活塞移动到上极端略后位置迅速完成，以使燃烧后的气体充分膨胀多做功。但是，由于燃料喷入气缸内时必须经过一定的着火准备阶段，才能实现燃烧。因此，在实际柴油机工作中，在压缩冲程结束前（上极端前 10°~35°曲轴转角）开始将燃料喷入气缸内。

当汽油机/燃气机压缩冲程将结束时，安装于气缸盖上的，其头部伸入燃烧室内的火花塞发出电火花，点燃被压缩的工作混合气。

（3）做功冲程（第三冲程），如图 5-16(c) 所示。活塞又从上极端移动到下极端，此时，进、排气阀仍然都关闭着。

气缸内燃料因着火而燃烧。燃烧过程可能很快，而缸内的气体压力在极短时期内达到最高，高温、高压气体推动活塞向下移动，通过连杆带动曲轴旋转。

（4）排气冲程（第四冲程），如图 5-16(d) 所示。活塞从下极端移动到上极端，此时排气阀打开，进气阀关闭。

排气冲程开始时，活塞位于下极端，气缸内充满着燃料燃烧后并已膨胀做功的废气。排气阀打开，缸内压力立刻降至大气压力，最后活塞由下向上行（排气冲程）而将缸内废气推出。

排气冲程结束后，曲轴依靠飞轮转动的惯性作用，仍继续旋转。至此，四个冲程完毕，亦即完成了一次工作循环。当活塞再由上至下时，又开始进行进气、压缩、工作、排气的第二个工作循环，如此周而复始，不断产生动力，推动活塞往复运行。

2. 整体式压缩机燃气发动机的基本原理

从四冲程工作循环可以看出，只是第三冲程产生动力，其余三个冲程为辅助冲程。减少辅助冲程是提高发动机功率的有效方法，因此便出现二冲程循环，二冲程的进气冲程和排气冲程不是以单独的冲程进行，而是附属在压缩冲程和做功冲程里，进气冲程在活塞开始压缩之前完成，而排气冲程在做功冲程末尾进行，曲轴旋转一周，活塞来回各一次完成一个工作循环，故不能像分析四冲程循环时那样，按进气、压缩、工作、排气四个冲程来说明，而只能以活塞冲程的顺序来分析，二冲程循环燃气发动机原理如图 5-17 所示。

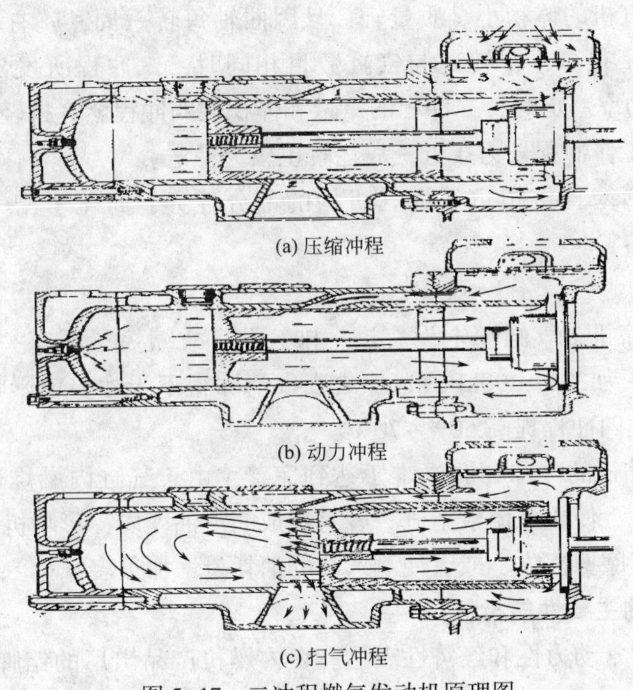

(a) 压缩冲程

(b) 动力冲程

(c) 扫气冲程

图 5-17 二冲程燃气发动机原理图

当活塞朝向气缸头运动时，活塞首先关闭吸入口，然后关闭排出口，封住吸入的新鲜燃料与空气的混合物。活塞压缩吸入的这部分气体，在接近压缩冲程的末了由火花塞点火燃烧，燃烧产生的高温高压燃烧气迫使活塞在其动力冲程上朝向曲柄方向运动，气体继续膨胀直到活塞不能遮盖住排气口，使得爆燃后的废气能排出。当活塞进一步朝向曲柄方向运动时吸入口打开，燃料混合物进入气缸而取代气缸存留的燃烧后的废气，达到冲程的曲柄端后，活塞又向气缸头运动，开始另一次循环。

燃气发动机—压缩机的十字头结构，使曲轴箱有可能完全与发动机气缸室隔开，使活塞曲柄端与气缸形成一个扫气室，并提供了一台有效的扫气泵。

燃料和空气进入气缸分两种情况：

(1) 在压缩冲程中，气缸曲柄端扫气室形成局部真空，压差打开进气混合阀（即为止回阀），并吸入燃料与空气混合物，直到活塞到达冲程的点火端。活塞的动力冲程迅速关闭进气混合阀，并将扫气室中的混合气压缩到一定的压力，当打开气缸进气口时，则把稍微加压后的混合气送入气缸。

（2）进气混合阀吸入口处进入的只是空气，在排出口封住后的压缩过程中，才由气缸盖上的喷射阀向气缸内喷入燃料气，后与空气混合成混合气。

以上就是二冲程的工作原理，即曲轴每旋转一周提供一个动力冲程，或者说活塞每两个冲程（压缩与动力冲程）就有一个动力冲程。扫气过程发生在动力冲程的终了，吸入与排出口未被盖住时。

3. 整体式与分体机燃气发动机优缺点比较

1）优点

（1）二冲程燃气机的体积小、质量轻，且因曲轴每转一周，就有一个工作冲程，故比四冲程马力提高了很多，在转速与气缸数目相同时，二冲程所发出功率为四冲程的1.50~1.70倍，即功率一定时，二冲程的重量和体积较四冲程燃气机轻而小，造价也低。

（2）二冲程因工作冲程较为接近，故运转也较为稳定。

（3）二冲程的活塞直接担负了配气机构的部分任务，简化了配气机构，机械效率较高。

2）缺点

（1）二冲程压缩机，气缸壁上设有进、排气孔，故缩短了活塞一部分的有效冲程，故平均有效压力低（为392~490kPa），加之废气清除得不干净，也影响了有效压力的提高，故功率只可能比四冲程提高50%~70%。

（2）二冲程压缩机的冷却和润滑难于达到完善，由于气缸内燃烧过程接近，散出的热量大，热传导不易，使机械温度上升，容易造成润滑油变质，影响机件润滑油变质，影响机件润滑，增加了摩擦损失，或者使润滑油的消耗量增加很多。

4. 燃气发动机的主要性能指标

内燃机的性能通常动力性和经济性表达。在内燃机产品出厂的铭牌和使用说明书中，都标有几种有代表性的性能指标，以便于使用人员了解内燃机的性能，达到正确合理使用的目的。下面介绍几种主要性能指标。

1）有效扭矩

内燃机飞轮上对外输出的扭矩，称为有效扭矩，用符号 M_e 表示，单位为 N·m。有效扭矩是指燃料在气缸内燃烧发热、膨胀做功所产生的力，除了克服各部分摩擦阻力和驱动各辅助装置（水泵、油泵、风扇、发电机等）之外，最后在飞轮上可以供给外界使用的扭矩。

2）有效功率

内燃机在单位时间内对外做功的量，称为有效功率，用符号 N_e 表示，单位为 kW。当台架试验测得内燃机的有效扭矩 M_e 和转速 n 后，内燃机的有效功率 N_e 便可按下面公式计算：

$$N_e = \frac{2\pi n}{60} M_e \times 10^{-3} \tag{5-55}$$

有效功率是内燃机最主要的性能指标之一。在产品的铭牌使用说明书中，都明确规定有效功率最大使用界限，按照国际标称为标定功率。根据内燃机的不同用途规定有四种标定功率，其名称定义和主要用途如下：

（1）15 分钟功率为内燃机允许连续运转 15min 的最大有效功率。适于汽车、摩托车、摩托艇等用途内燃机的功率标定。

（2）1 小时功率为内燃机允许连续运转 1h 的最大有效功率。适于工业用拖拉机、工程机械、内燃机车、船舶等用途内燃机的功率标定。

（3）12 小时功率为内燃机允许连续运转 12h 的最大有效功率。适于农业用的拖拉机、农业排灌、内燃机车、内河船舶等用途内燃机的功率标定。

（4）持续功率为内燃机允许长期连续运转的最大有效功率。适于压缩机增压、农业排灌、船舶、电站等用途内燃机的功率标定。还需指出，在标定任一功率时，须同时标定出相应的转速，称为标定转速。

（5）有效燃料消耗率。内燃机对外作相同的功，所消耗的燃料越少，其经济性越好。内燃机每发出 1kW 有效功率，在 1h 内所消耗的燃料量，称为有效燃料消耗率（简称比油耗），用符号 g_e 表示，单位为 $m^3/(kW \cdot h)$，显然，比油耗越低，该内燃机的经济性越好。

二、压缩机

（一）压缩机的结构形式及特点

1. 结构形式

一般气田增压常用往复活塞式压缩机（简称往复压缩机）。往复活塞式压缩机主要由运动机构、工作机构和机身三大部分组成。主要部件可分为机体部件和气缸部件。

机体部件由曲轴箱体、曲轴及轴承、连杆、十字头及套承、传动机构等组成（飞轮不包括在曲轴组件中）。由于曲轴周期性地受拉、压交变负荷，曲轴不仅应具有足够的强度，而且还应有足够的刚性和耐磨性。曲轴上安装的平衡块的作用是平衡惯性力和惯性力矩。连杆是十字头和曲轴的连接件，由杆身、连杆大头（曲轴端）和连杆小头（十字头端）所组成，连杆采用工字形截面受力最好，其功用是将曲轴的旋转运动转换为活塞的往复运动。十字头用来连接活塞杆与连杆，它具有连接件和导向作用，十字头与活塞杆的连接形式有螺纹和法兰连接，因为十字头在交变负荷下工作，时而受压，时而受拉，其螺栓在工作中受交变负荷作用，因此，十字头体通常采用铸钢制造。铸铁十字头滑槽外面用肋加固，并设有可拆卸的边盖，一方面滑槽淬火，使用寿命长；另一方面在滑槽顶部和底部接有充满压力润滑油管接头，以达到极小的磨损，且有埋入钢滑槽螺钉。铸铁十字头滑槽由十字头体、端板、十字头销、铜套、止动销、双头螺栓及螺母、十字头螺母、止动螺钉等组成，其活塞杆填料的工作原理是靠气体压力使填料抱紧活塞杆，阻止气体泄漏。

气缸部分包括压缩缸体、活塞总成和气阀等部件。每种压缩缸总成与中体的接口尺寸完全一致（同种系列），可根据工况的实际需要选择不同的压缩缸总成与曲轴箱部分组合，以构成不同用途的压缩机。气缸作用分双作用（活塞来回都要排气做功）和单作用

（活塞单方向排气做功），参看 DPC 压缩机部分内容，即曲柄端（CE）或头端（HE）排气做功。活塞有筒形活塞和盘形活塞两大类。气阀的开启与关闭是靠阀片两边的压力差来实现的，气阀质量是限制转速提高的关键问题之一。压缩缸设有可调余隙，余隙活塞属于调节系统之内。

2. 特点

往复压缩机与其他类型的压缩机相比特点为：

（1）压力范围广。从低压到超高压都适用，目前工业上使用的最高工作压力达 $3500kgf/cm^2$，实验室中使用压力则更高。

（2）热效率较高。由于工作原理不同，往复压缩机比离心压缩机的效率高得多。而回转式压缩机由于高速气流阻力损失和气体内泄漏等原因，效率亦较低。

（3）适应性强。往复式压缩机的排气量可在较广范围内进行选择，特别是在较小排气量的情况下，要采用速度型压缩机，往往很困难，甚至是不可能的。此外，气体的重度对压缩机性能的影响，亦不如速度型压缩机那样显著。故同一规格的压缩机，将其用于不同介质时，较易改造。

（4）对制造压缩机的大多数材料不是很苛刻。

往复压缩机的主要缺点是：外形尺寸和重量较大，需要较大的基础，气流有脉动性，易损零件较多。

往复压缩机的发展趋向为：高压、高速、大容量；提高效率和延长使用期限；按系列化、标准化、通用化进行生产；整体化（原动机、压缩机、启动与自控装置以公用底盘构成振动小、噪音低的紧凑机组）、露天化、自动化。

（二）压缩机变工况运转及排量调节

压缩机都是根据一定条件设计的，运转过程中如果某些参数（如压力、转速等）变化，对压缩机的工作性能会产生影响。当实际使用的工况与原设计工况有重大改变时，须进行核算，以确定新工况下的压缩机的主要性能参数（排量、功率、经济性、排温）。

1. 参数改变对压缩机的影响

1）吸气压力改变

在高原上使用压缩机，当吸气压力降低，而排气压力不变时，对于单级压缩机，则压比势必升高，容积系数降低，排气量将明显下降；对于多级压缩机，主要导致末级压比升高，容积系数下降，并使末级吸气压力也相应回升，依次影响各级压比的回升，所以 1 级排气量亦将有所下降。但是级数越多，回升的影响越小，所以对排气量的影响也越小。例如，两级空压机在海拔 4500m 以下，海拔高度升高 1000m，大气平均压力降低 10%~12%，压缩机的容积系数平均降低 2.00%~3.00%，相应地导致排气量的降低。

吸气压力改变时，功率亦变化，只有当压缩机的设计压比大于 $1.1(K+1)$ 时（K 为气体绝热指数），吸气压力降低，则功率也降低（因为吸气压力下降所减少的功率，超过因压比上升所增加的功率）。但是，当设计压比低于 $1.1(K+1)$ 时，则吸气压力下降时功率反而上升。

2）排气压力改变

如果吸气压力不变，而排气压力增加，则压比上升，容积系数 λ_V 减少，排气量相应减少。反之若排气压力下降，则 λ_V 增加，排气量将有所增加。对单级压缩机，这种影响较明显。提高排气压力对多级压缩机，主要影响末级压比，但各级的压比也略有上升，即影响要小一些。提高排气压力，功率多半是增加的。

3）压缩介质改变

（1）容积系数与气体的绝热指数有关，在相同的吸排气压力和相同的气缸余隙容积时，压缩较高绝热指数的气体，容积系数较大，排气量将比压缩低绝热指数的气体大些；绝热指数高的气体，所需压缩功率比绝热指数低的气体大。

（2）压缩具有不同重度的气体时，重度大的气体，在经过气阀和管道时，阻力损失大，使气缸吸气终了压力下降，故排气量略有降低，并使得轴功率增加。当天然气压缩机用空气试车时，要特别加以注意，有可能引起原动机超载。

（3）导热系数大的气体，吸气过程气体受热强烈，温度系数 λ_T 较低，将会使压缩机排气量减少。

（4）在相同的吸排气压差下，压缩性系数 Z 大的气体，由于膨胀过程要短些，容积系数 λ_V 相应大些，会使压缩机排气量增大，功率消耗增加。

4）转速改变

压缩机在一定范围内增加转数，排气量会相应增加。但是如果压缩机在不改变有关气体流通部件（如气阀、中间管道、冷却器等）的情况下增加转数，则功率增加的速度要大大超过排气量增加的速度，是很不经济的。因为转速增加，气体流动速度增加，若看成阻力损失同流速平方成正比，则气缸的实际压比会因压缩机转数增加而明显上升，这又导致压缩机的容积系数 λ_V 下降；气体流动阻力损失增加还使得气缸的吸气温度上升，引起温度系数 λ_T 降低；增加转数时，为提高阀片寿命，应使气阀的弹簧力增强些，这又导致压力系数 λ_P 降低。基于以上原因，增加转数后，排气量将不会成比例的增加，所以提高转数时，应对压缩机的有关气体流通部件进行相应的改造。

当压缩机进行变工况运行时，应对机组进行核算，可利用前述诸公式，求得新工况下压缩机的排气量、排气温度、功率等参数，核对是否满足工艺要求。有无超温及过负荷的现象，从而得知允许的运行与调节范围。

2. 压缩机排量调节

通常压缩机的选型往往根据最大的用户耗气量确定。然而在生产过程中，压缩机总会因种种原因，要求改变其排气量，以适应用户耗气量的变化。例如，由于工艺和流程上的原因要求减少供气量；由于用户用气量或气田产量、压力变化，要求压缩机调节其排量；由于压缩机吸入条件的变化而要求排气量能进行改变。

从压缩机的作用原理得知，容积或压缩机的排气量不会由于背压的升高而自动降低，因此，如不进行有效的调节，可能存在导致危险事故风险，所以必须设置调节控制机构，以进行调节，同时还要求既经济而方便地进行调节。至于调节的方便与可靠，同样必须考虑。往复压缩机调节排气量的方法很多，下面介绍几种主要的方法：

1）部分机组停转调节

在压气站或者其他石油化工场所，压缩机一般为多机配置。可以根据生产的需要，采用停止部分压缩机的运转来调节系统的供气量；如果配置的各压缩机排气量相同，还能实现成比例的分级调节。一般是使原动机和压缩机同时停转，这样能量没有任何无效的耗损。

但是，对于启动次数较多的场合，为了避免频繁地启动原动机，也可以采用离合器使原动机和压缩机脱开。

2）改变转速的调节

改变转速调节可使调节过程连续，同时，也是各种调节方法中最经济的调节方法。

（1）转速降低时，气阀和管路中气体流速将相应减小，因此，压力损失减小，从而使功率消耗降低。

（2）由于转速降低，气体在气缸与管路中通过的时间加长，因而气体获得较强烈的冷却，也使功率消耗略有减小。

（3）机械摩擦损失与速度成正比，排气量随转速的降低而降低时，机械摩擦功耗也成正比例的减小。

由上可知，当转速降低时，压缩机的功率消耗减少的比例比排气量减少的比例还要大些。但是用转速调节要受到原动机的限制。电动机驱动的压缩机，如果使用直流电动机，变速较方便，但工业上广泛使用的是交流电，因此如果采用转速能连续调节的交流电动机，不但价格昂贵，而且运转的经济性也较差，只有在特殊的场合才采用。燃气发动机或柴油机驱动的压缩机，由于具有一定的调速范围，故常使用转速调节。

3）控制吸入的调节

控制吸入的调节，在中型空气压缩机上采用较多。控制方法有停止吸入和节流吸入两种。停止吸入时，压缩机转入空转，因而只能进行间断的调节。节流吸入理论上可以进行连续的无级调节，然而在排气量降低，排气压力不变的情况下，压比反而会增加，因此功率并不随着降低，同时排气温度可能达到不许可的范围，有时甚至还不及将多余的气体通过旁通阀放空经济，因此这种方式在工业上很少采用。

停止吸入的调节是依靠减荷阀来切断气体的进入而实现的，当压缩机排气量过剩，出口管路的压力高于额定值时，压力调节器内的阀被顶开，压缩气进入减荷阀的气缸，使减荷阀关闭，吸气口被截断。使机器进入空载运转。当管路压力降低后，减荷阀由于弹簧作用会自动打开。减荷阀上一般还配有手轮，可用手轮手动关闭吸气口。应该注意到，吸气口被截断后，压缩机并不立即停止输气，需将吸气阀与减荷阀之间容积中的气体抽净，故截断后，压缩机尚需延续转若干转，才能完全停止输气。如果减荷阀不严密，会有少量气体被吸入，类似于节流吸入，这会带来气缸内温度的急剧升高。为了避免这种情况，减荷阀放置应尽量靠近吸气阀，阀的密封应相当可靠。由于减荷阀截断进气，所以吸入气体的压力降低，接近真空，如果背压不变，在活塞上所形成的压差会造成转矩的峰值增加，因而造成启动困难。在大多数情况下，停止吸入的调节往往同时配置使吸入与压出连通的管路，这样方便于启动。

4）排出与吸入连通的调节

排出与吸入连通的调节方法比较可靠，简便易行，但功率消耗巨大，因为它是将已压缩的气体减压后再回入吸入口进行再压缩来达到排气量的减少，故极不经济。从作用方式上可分两种：一是自由连通，可借用旁通阀的完全开启，气体回流到吸入管路中，形成封闭循环而不输出气体；二是用节流阀代替旁通阀，将节流降压后的气体再引至吸气管中，故称节流连通。吸入与排出连通的调节方式，亦可以作为压缩机卸荷之用，故压缩机启动时经常采用此种装置。在使用中根据不同的要求，经常采用的旁通管线，大致可分如下三种配置方式：

（1）将一部分气量直接排入大气中，以放空量来调节装置的用气量，便于对流量实行连续地自动调节。当用来启动压缩机时，启动时的卸载比较完善。紧急卸荷时比较迅速。但对易燃、易爆和有害的气体，不宜放入大气时，不能采用这种方法。

（2）压缩机末级排出的气体经冷却后，通过旁通节流阀返回第一级入口，可以在保证各级工况（压力、温度）均不变的情况下工作，而且可以连续地调节气量，此种调节一般用于短期运转以及作辅助微量调节。在高压下节流阀由于高速气流的冲击，经常损坏旁通阀，会影响正常工作时管线的严密性。此外，有些气体节流时会伴随着强烈的冷却而发生冻结现象。

（3）压缩机各级排出的气体经冷却后，通过旁通阀返回第一级入口（图 5-18）。

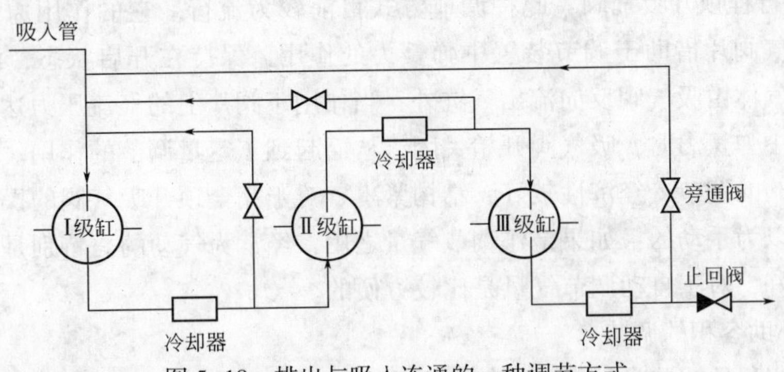

图 5-18　排出与吸入连通的一种调节方式

在大型多级压缩机中，经常配置有这种管路，既可作压缩机启动卸荷之用，也可用作调节各级的压比。如果用作气量调节时，当第一级导去部分气量至吸入管后，就必然会发生压比的重新分配。第一级的压比降低，中间各级中的压比保持原状，而末级中的压比会随着排气量的降低程度成比例上升。所以当排气量降幅太大时，末级中的温度会上升到不允许的范围。如果每级之后均设有旁通，虽然调节起来比较方便，但管线的设置比较复杂，故有时仅按工艺需要，在一定级后装旁路。此外，还应注意旁路通道截面的大小，如果通道不足，空载时的功率消耗将增高，通道截面应根据最大的调节量，在临界速度时所应具有的面积来计算。另外在各级旁通管路与正常的输气管路之间，应设有止回阀。

除了应用自由连通作为独立的调节方式外，还经常与前述的调节方式联合使用。例如，压缩机切断吸入口的同时，还必须使排气管的止回阀与末级气缸的排气阀之间的气体卸除，以利启动。在停转调节中，也必须装设放空阀。所以吸入与排出连通的管路，不仅是作为调节气量之用，而且还是启动压缩机所必需的。作为调节气量，虽很不经济，但是操作的可靠性却比其他方式强，因而大型压缩机仍广泛使用这种调节方式。

5）顶开吸气阀的调节

目前顶开吸气阀调节应用较为普遍，而且结构形式也较多，在大、中型压缩机上使用较多，可作为卸荷空载启动之用。顶开吸气阀的调节作用是：气体被吸入气缸后，在活塞反行程时，又将部分或全部已吸入缸内气体推出气缸，这样视推出气体的多少，实现压缩机排气量的变化。顶开吸气阀的调节装置，又可分为三种形式：

（1）完全顶开吸气阀：将吸气阀完全开启，气体可自由地从吸气阀吸入并排出，排气量可接近于零。对于多级压缩机，各级的吸气阀压开均由总的输气量调节器来实现。在同一级气缸内，所有的吸气阀均应备有压开装置。

（2）部分顶开吸气阀：吸气阀不是完全开启，而只是部分开启。当气体通过缝隙泄出时，由于缝隙的阻力，不可能将吸入的气体全部推出，因而仍有部分气体被送至压出管道。从吸入阀推出的气体，即为所降低的排气量。这种结构有很多缺点，因为所推出的气体，在气缸内已经过不同程度的压缩，温度较高，再经多次压缩，必然使排气管路中气体的温度过高；另外，由于薄的阀片不停地压向压叉，受到冲击造成弯曲，会产生严重的残余变形，在吸气阀片关闭时，就不能保证气阀的严密性，故实际上很少采用这种调节方式。

（3）部分行程顶开吸气阀：此种调节方式目前较为流行。它的作用原理为压缩机吸气终了时，吸气阀片借助于调节装置中弹簧力的作用，保持在开启状态，活塞反向运动时，气缸内的气体由吸气阀反向流出气缸外，当作用于阀片上的气流压力达到一定值，能克服调节装置中弹簧力时，吸气阀开始关闭，从而起到了定量调节的作用。

顶开吸气阀的调节，经济性较好，结构紧凑。对于完全顶开吸气阀的操纵，如果仅为启动卸载，可以为手动的；如果是作调节气量之用，经常为气动的。特别是部分行程顶开吸气阀经济性好，对于自动调节气量是比较方便的。

6）连接补助容积的调节

连接补助容积的调节，是借助于加大余隙，使余隙内存有的已被压缩了的气体，在膨胀时压力降低，体积增加，从而使气缸中吸入的气体减少，排气量降低。利用这种连通补助容积以降低排气量的装置，有固定余隙腔和可变余隙腔两种，前者的排气量只能调节一个固定的值，后者可以分级调节，都称为余隙调节。

近年来，有采用部分行程中连通补助容积的调节装置。所连通的补助容积，在整个循环中，并非全部处于打开状态，由于在补助容积的入口处设置一个连通阀（一般与具有顶开装置的吸气阀相似），它受到补助容积中所发生的压力的作用而进行周期性的关闭。若连通阀在全循环中关闭，将补助容积与气缸隔开，压缩机即进入正常的工作。这种调节的特点在于补助容积中的气体并不被压缩到最终压力，因而补助容积中气体的温度并不太高，而膨胀时从连接容积中出来的气体，对气缸内气体的加热不厉害，因而其压缩与膨胀过程曲线比固定余隙容积的调节来得平缓，或者说更接近于正常压缩的过程。

压缩机常用调节装置分类见表5-9。

表 5-9　压缩机常用调节装置的分类表

调节分类	调节形式和方法	序次	调节方法特点及使用条件	调节的性质		
				断续	分级	连续
作用于驱动机或驱动机构上的调节	（1）停转调节（单机）	1	简单易行，但只适宜于小功率压缩机			
	（2）多机分机停转	2	大型压缩机站及化工厂中，此法方便简单	×	×	
	（3）压缩机与驱动机脱开	3	内燃机驱动机的压缩机易于实现			
	（4）无级变速调节	4	内燃机驱动的压缩机靠调节转数实现	×		
	（5）分级变速调节	5	电动机驱动则较难实现		×	×
作用于管路上的调节	（1）截断吸气口	6	装置简单可靠，中型空压机中多采用			
	（2）排出与吸入连通	7	操作方便可靠，但不经济	×		×
	（3）排出与吸入节流连通	8	经济性差，可用于辅助性微调			×
作用于气缸腔内的调节	（1）完全顶开吸气阀	9	除能降低气量外，亦可用于压缩机启动时卸荷	×		
	（2）部分行程顶开吸气阀	10	调节的经济性较好，制造复杂		×	×
	（3）加入固定补助容积	11	调节可靠，大型压缩机备用			
	（4）加入可变补助容积	12	可靠性较差，大型压缩机多用		×	
	（5）部分行程中连通补助容积	13	经济性较好，但结构复杂	×	×	×
综合调节	（1）联合使用序次 6 和 7		使压缩机进入空转，空压机中多用	×		
	（2）联合使用序次 1 和 7		停转与卸荷同时动作，小型中使用	×		
	（3）联合使用序次 4 和 6		移动式压缩机中采用	×	×	
	（4）联合使用序次 4 和 7		移动式压缩机中使用	×	×	

（三）多级压缩机

在实际生产中，往往碰到气体进口压力很低，如气田开发后期井口压力只有几百千帕，而出口压力要求很高，如脱硫厂要求出口压力为 6.28MPa，这样如果只用一级压缩机的话，压比就会变得很高，压比高了之后会产生以下问题：压比太高，气体温度太高，润滑将被破坏，一般压缩机的润滑油闪点是 200~240℃，超过此温度润滑油就被烧成炭渣。另外，有些气体如石油气，温度高了会炭化，对压缩终点的温度有严格限制。再则压比高，余隙内气体残留就多，吸入量就减少了，降低了压缩机的排量，所以一般一级压缩的压比不超过 4，压比再高时，就采用两级或三级压缩。

1. 多级压缩机的优点

增加了级间冷却、分离设备，经一级压缩后的气体到级间冷却器冷却，然后再到分离器分离出油和水，经冷却分离后气体温度基本接近一级进口时的温度再进入二级压缩，如此循环经三级压缩后，温度不太高，而压力则达到所需压力。

2. 压缩机级数的选择和各级压比

从示功图上可以看出来，多级压缩比单级压缩（单级压缩比以 2.50~3.50 为宜）省功，但级数太多，使压缩机结构变得很复杂，制造困难，设备费用大大增加，一般最多不超过 7 级。

在选择压缩机的级数时，一般应遵循下列原则：

（1）使压缩机消耗功率最小（压缩机运动部件摩擦发热损失越小，机械效率越高）、排气温度应在使用条件下许可的范围内、机器重量轻、造价低。

（2）要使机器具有较高的热效率，则级数越多越好（各级压比越小越好），即多级压缩节省功率消耗，降低排气温度，提高了容积系数，降低活塞上的作用力。

（3）多级压缩也不是级数越多越好，级数过多，会使结构趋于复杂，阻力损失增加，整个装置的尺寸、重量、造价都要上升，总效率反而降低，发生故障的可能性也要增加。

因此，必须根据压缩机的容量和工作特点，恰当地选择级数和各级的压比。对于长期连续运转的大、中型压缩机，可靠性和经济性最为重要。在选择级数时，从获得较多效率的观点出发，可以运用级中最佳压比 ε_0 为相对压力损失值 δ 的关系曲线图来初步确定所需的级数（图 5-19）。

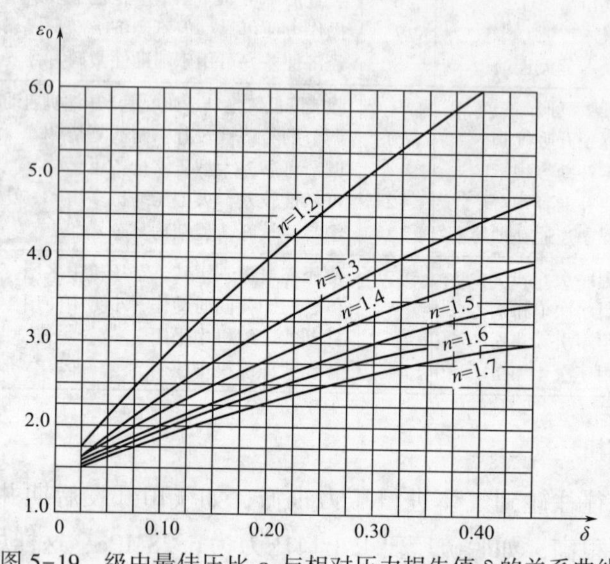

图 5-19　级中最佳压比 ε_0 与相对压力损失值 δ 的关系曲线

级中的相对压力损失 δ 一般为 10%～20%，大型压缩机可取中间值，小型压缩机可取大值。按级中最佳压比 ε_0 确定压缩机的级数，则可达较高效率。若已知压缩机总的压比 ε_t，则压缩机级数 i 为：

$$i=\frac{\ln\varepsilon_t}{\ln\varepsilon_0} \tag{5-56}$$

如果相对压力损失降低，则级中最佳压比（实际压缩机理论等温效率最大时的压力比）减小，这时压缩机的级数可取多些。例如压缩一些重度较小的气体，它们的相对压力损失较小，在同样的吸气和排气压力的条件下，级数可取得多一些。最佳压比也和压缩过程指数 n 有关，对于同一种气体而言，n 值表示压缩气体与气缸壁之间的热交换情况，n 值越低，级中最佳压比越高，相应的级数越少。但是在大、中型压缩机中，气缸冷却对压缩指数 n 影响甚小，可以看作绝热压缩，这时压缩指数 n 的差别，主要表征气体绝热指数 K 值的差别。

对压缩终了温度有特别限制的气体的压缩机，为了保证压缩机安全运行，就要优先按温度的限制来选择所需的级数和各级压比。可用排气温度与压比的关系曲线（图 5-20），根据允许的排气温度确定级中的压比，然后按式(5-56) 求得所需的级数。

如果按排气温度的限制、吸气温度、压缩过程指数 n（或 K），以及由图 5-20 所查得

的压比 ε，进而求出的压缩机级数，比按相对压力损失和最佳压比所求出的级数为少，则应按相对压力损失决定的较多的级数，这样既满足了较高效率，又符合排气温度的限制。

一般对压缩缸排气温度要求是：由于输送的天然气含有氧气和油蒸气的存在，故总有燃烧和爆炸的可能性，为了减少润滑油的结焦与着火的危险，安全运转的温度极限可定为约 300℉（148.9℃），在大多数油田中取这个数值，一般最高允许排气温度应不超过 330℉（170℃）。若气流中没有氧存在，即使机械或工艺技术条件一般要求稍微低一些，也可以认为该温度最大值为 350~400℉（176.7~204.4℃）。由于密封件受气体高温、高压双重作用，故会大大地缩短密封寿命，因此，在较高的排出压力下，实际极限终温可取 250~275℉（121.1~135℃）。

级数确定后，再按等压比分配原则（等压比分配原则是指各级压力比相等，且吸入温度相同时，总指示功最小），求得各级的压比 ε。

$$\varepsilon=\sqrt[i]{\varepsilon_{t}} \tag{5-57}$$

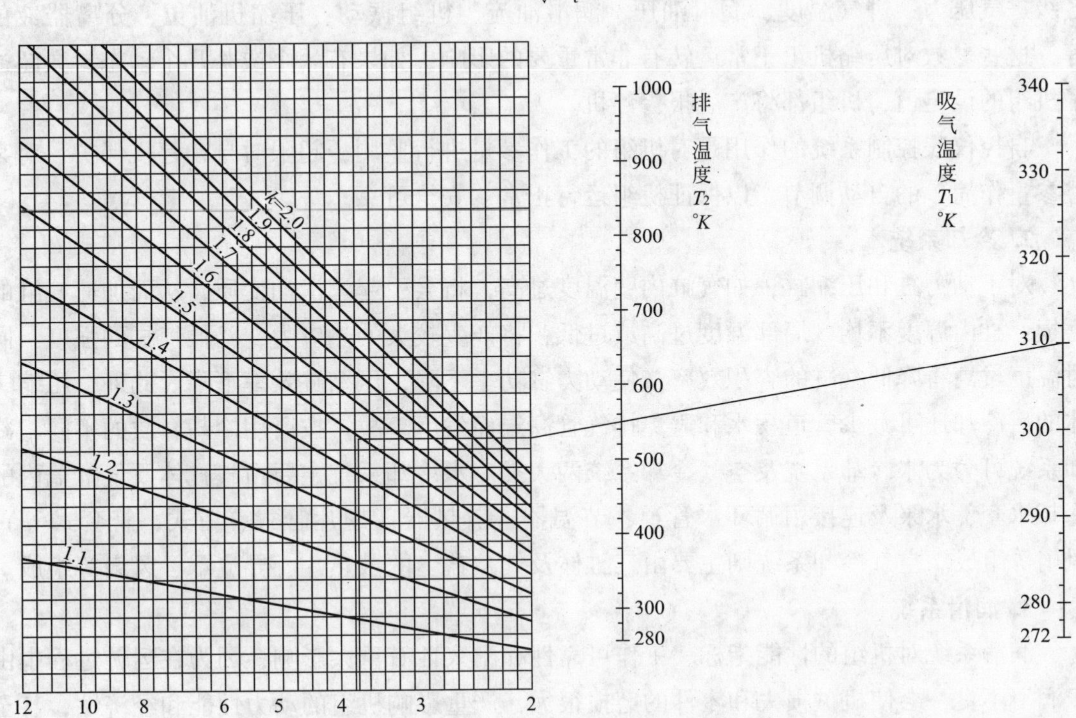

图 5-20 排气温度与压比的关系

压缩机的各级压比一般为 2~4。实际上，压缩机各级压比的分配不能只考虑耗功最小这一个原则，故各级压比并不是完全相等的。一般第一级压比取小一些，以提高容积系数，使第一级尺寸不致过大。第一级压比采取比其他级低 5%~10%，即：

$$\varepsilon_{1}=(0.9\sim0.95)\sqrt[i]{\varepsilon_{t}} \tag{5-58}$$

但是，也有为了确保各级排气温度比较均匀，一级的吸气温度往往比较低，有意将一级的压比提高一些，如果压缩机可能要在超过规定的排气压力下工作，或者所用的调节方式（如余隙容积调节和部分行程调节）会引起末级压比上升而造成末级气缸温度过高。为此，可先将末级压比 ε_i 值取得较低一些，可按下式选取：

$$\varepsilon_i=(0.9\sim0.75)\sqrt[i]{\varepsilon_t} \tag{5-59}$$

中间各级的压比应为：

$$\varepsilon_2=\varepsilon_3=\cdots=\varepsilon_{i-1}=\sqrt[i-2]{\frac{\varepsilon_t}{\varepsilon_1\varepsilon_i}} \tag{5-60}$$

（四）往复式压缩机的辅助系统

1. 自控仪表系统

自控仪表控制系统由一次仪表和仪表盘组成。一次仪表为检测各参数的各种仪表组成，负责检测压缩机的参数（如热电偶、压力表等）。仪表盘安装于橇座上，主要功能是提供机组参数的集中显示和启停控制。仪表控制系统主要功能是监测压缩机的运行参数，并对机组进行自动保护，一般需要电气控制柜对仪表系统供电。压缩机组的动态参数包括各级进气压力、进气温度、润滑油压、润滑油流、机组振动、压缩机油位、分离器液位等，这些参数对压缩机组正常运转有非常重要的影响，如果有一个或某几个动态参数超过了机组的设定值，机组都将产生报警停机。

自控仪表控制系统的作用是对机组的工作参量进行监测，超限时自动停机保护，对某些参量作简单的自动调节，以保证机组运行正常、安全可靠。

2. 冷却系统

对于动力缸和压缩缸，如气缸内壁温度过高，将会引起润滑油变质，从而加速气缸的磨损；缸内温度不均，局部温度过高或过低，将产生较大的热应力，降低气缸的强度；同时温度过高将降低气缸的容积效率，使动力缸功率下降，压缩缸效率下降。此外，压缩气体的后冷却还可减少管道积水和避免排气管高温而发生事故。按所用冷却介质的不同，冷却系统可分为水冷却系统及空气冷却系统两大类。水冷却系统主要由气缸体及气缸盖内的冷却水套、水泵及连接用循环水管道、节温器、散热器（翅片管式、塔式、管套式等）、风扇等组成。空气冷却系统则主要由气缸体及气缸盖上的散热片、导流罩、风扇等组成。

3. 润滑系统

润滑系统对机组的性能指标、工作可靠性和耐久性有重大影响，因为在运转过程中由于润滑不良，会使机械损失和零件的磨损很大，严重影响机组的动力性能和经济性，甚至导致机组不能正常运转。

润滑系统的主要任务是供应润滑剂至摩擦表面，使摩擦表面达到液体摩擦，减少摩擦功、功率消耗和零件的磨损。摩擦表面上形成的油膜，能防止金属表面直接接触，减少零件之间的摩擦和磨损，并能保护金属表面，减少零件腐蚀。润滑系统中的循环机油可冲掉摩擦表面上的机械杂质，带走摩擦热，使零件工作温度不致过高，从而保证滑动部位必要的运转间隙，使机械磨损减少和防止滑动部位咬死或烧伤。用油作润滑剂时，还有防止零件生锈的作用。因此，润滑系统在减少机械损失、提高机械效率、延长机组使用寿命等方面起着重要的作用。

为使机组润滑良好，必须使用合适的机油，并要有机油净化的过滤装置，采用精滤器润滑油中杂质含量是不采用精滤器的$\frac{1}{5}$~$\frac{1}{10}$倍；要有可靠的供油装置，保证有适量的润滑油输送至各运动部位；系统中要有便于检查供油情况的部位和仪表。此外，整个系统的布置要紧凑、整齐、便于拆装和清洗。

根据发动机和压缩机结构的特点，可以采用不同的方式进行润滑。常见的润滑的方式有三种：

（1）飞溅润滑：借助于运动零件激溅起来的油滴或油雾，将润滑油送到摩擦表面上去。例如，装在连杆上的打油杆或油勺，将油激起，泼溅到各润滑部位进行润滑。飞溅润滑的特点是结构简单、消耗功率少、成本低。但润滑作用可靠性差，并且容易造成机油的氧化与污染。

（2）压力润滑：利用油泵或注油器，使润滑油产生一定的压力，连续不断地压送到各摩擦表面。一般气缸和填料由注油器注油润滑，而发动机和压缩机的主要运动件的润滑，是由油泵连续供油的。压力润滑的特点是工作可靠、润滑效果好，并具有强烈的净化和冷却作用。缺点是结构复杂。

（3）人工润滑：即在润滑点由人工加油润滑。

一般燃气发动机——压缩机组是同时采用压力、飞溅、人工润滑几种方式相结合的复合式润滑。其主要运动件（如主轴承、连杆轴承）和压力油可以达到的部位是依靠机油泵供给的压力机油来进行润滑的，其油路构成一个循环系统。压缩机的气缸和填料是由注油器进行压力润滑的。一些零件则由飞溅的机油来润滑。还有不少润滑点用人工加油润滑。总之，应根据发动机和压缩机结构的特点，选用上述不同的方式进行润滑。近年来无油润滑和少油润滑逐步得到推广。例如，压缩机气缸的润滑可采用固体的自润滑材料。

润滑系统一般由油箱、油泵、润滑油过滤器、油冷却器和调压阀等部件组成。依据油泵的传动方式可分为内传动（油泵由主轴直接带动）和外传动（油泵是用单独的驱动机构带动，因而油路各部件可单独构成一个独立的系统）。

发动机和压缩机应根据不同的工作条件来选用润滑油，甚至有些情况下不能采用矿物油。一般对润滑油有下述要求：

（1）应使润滑油在高温情况下具有足够的黏度。以便保持一定的油膜强度，同时对各密封间隙才能保持一定的密封能力。

（2）要有良好的化学稳定性。否则将会容易出现积炭，不仅容易破坏润滑性能，而且还可能引起爆炸事故。

（3）润滑油应具有一定的闪点。闪点低的机油易于蒸发，从而会增加使用耗量。通常要求闪点高于排气温度20~25℃即可。过高也无意义，因高闪点的油，其黏度也将增加，而高黏度的油产生积炭现象的倾向也愈加严重。

（4）气缸所用的油，不应与水形成乳化物。因为乳化物的出现将大大影响油的润滑性能。

在润滑油中加入添加剂以改善润滑油的性能，是一种简便有效的方法。已有各种类型的添加剂，例如抗氧化添加剂、抗凝添加剂、极压抗磨添加剂等，在发动机和压缩机中已广泛采用。

一般新安装或大修后的发动机，第一次工作 100h 后即应更换机油，历经 1000h 后即第二次换机油。机油应当在发动机热的时候放出，即在停车后立即进行更换。机组正常运行后一般采用使用专业仪器定期检测，测定润滑油的性能来实现按质换油。

4. 机组燃料供给系统

机组燃料供给系统的功用是向内燃机气缸内供给燃料。由于所用的燃料及混合气形成方法不同，柴油机与汽油机的燃料供给系统在结构上差别很大。

柴油机燃料供给系统的功用：定时、定量、定压向燃烧室内喷入燃料，并创造良好的燃烧条件以满足燃烧过程的需要。供给系统由柴油箱、输油泵、柴油滤清器、喷油泵（高压油泵）、喷油器（喷油嘴）及调速器等组成。

汽油机燃料供给系统的功用是：根据汽油机工作要求，将汽油与空气按一定的比例形成可燃混合气，连续地供给气缸以满足混合气燃烧过程的需要。供给系统由汽油箱、输油泵、汽油滤清器、化油器及调速器等组成。

燃气发动机燃料供给系统的功用：根据燃气发动机工作要求，将燃气与空气按一定的比例形成可燃混合气，连续地供给气缸以满足混合气燃烧过程的需要。燃气发动机是由燃气过滤罐、压力调节器、汽化器、涡轮增压器、压差调节器、后冷器（或空冷器）及调速器等组成。

5. 点火系统

点火系统是汽油机和燃气机所特有的一个系统，其功用是：在预定的时刻，及时产生电火花点燃气缸内的工作混合气。点火系统分蓄电池点火系统和磁电机点火系统，蓄电池点火系统广泛应用于汽车用汽油机上，由火花塞、点火线圈、分电器及点火提前装置等组成。磁电机点火系统则由磁电机和火花塞等组成，主要应用于小型农用汽油机、摩托车及燃气发动机上。

三、机组维护保养

良好的维护保养是压缩机组安全运行、延长使用寿命及降低运行成本的基本保证。整体机组的维护保养分为常规维护保养和特殊维护保养，常规维护保养包括预防性维护、每班、每周、每月、半年、一年、三年维护保养。每次作业应认真做好保养记录。

（一）预防性维护保养

（1）保持润滑油和冷却液清洁，进入系统前的润滑油应进行沉淀、过滤。

（2）严禁大量低温冷却液进入热的夹套水道内，以防缸壁骤冷。

（3）保证曲轴箱和注油器内有足够的润滑油，防止水或杂质进入润滑系统。

（4）冷却系统应充满冷却液，不允许有气堵或泄漏。

（5）对于刚启动的机组，启动后不要马上加载，应使其空转，待机组升温后再加载。

（6）在机组的运行过程中，应避免超过额定转速。

（7）对运转中发出的不正常响声，应查找原因，排除后再启动运行。

（8）机组启动前进行预润滑和盘车，机组停机（包括自动和人工停机）后应进行后润滑和盘车。

（二）每班维护保养

（1）检查并消除机组油、水、气泄漏现象，保持设备表面和环境的清洁。

（2）检查冷却水箱、高位油箱、曲轴箱、液压油油罐、调速器及注油器液位，必要时添加润滑油和冷却水；检查注油器的运行情况与供油量；检查润滑油压力和温度。

（3）每小时记录一次工艺气进排气压力和温度、冷却水温度、空气进气温度、发动机排温、排烟是否正常，观察压力和温度的变化以判断压缩机组的运行情况。多级压缩时，若一级排气压力和温度下降，说明一级缸有效行程容积减小；一级排气压力和温度上升，说明二级缸有效行程容积减小，以此类推。针对这些现象应重点检查气阀和填料泄漏、活塞环磨损、气缸内零件损坏。

（4）查看填料是否泄漏，活塞杆是否过热。

（5）检查滤油器、空滤器的阻力指示，根据需要清洗或更换。

（6）检查并排放洗涤罐的积液，防止液体进入气缸造成事故。洗涤罐自动排液后，液位计中应没有液体存在。

（7）检查刮油器排污管，若液体太多，说明刮油器窜油，应查明原因及时排除。

（8）排放燃气分离器与原料气分离器的积液，检查工艺气过滤分离器压差应不大于0.02MPa。

（9）检查机组运行转速是否正常；运转中无论有任何异常振动和异常响声，都应立即查明原因并排除。

（10）检查阀盖、十字头、曲轴箱、空冷器、油冷器、油泵、水泵、调速器齿轮传动等重要部位温度。

（11）检查曲轴箱呼吸系统、空气进气系统、废气排放系统工作是否正常。空气进气过滤系统的差压计水柱高度之差不应大于25.4mm。

（12）检查仪表风压力是否稳定在0.55～0.85MPa；空气压缩机工作是否正常，油位是否正常；对空气压缩罐、管线上滤清器进行排污。

（13）检查控制柜内各控制仪表工作是否正常，检查电气设备工作是否正常。

（14）检查整体机组的运行参数，主要运行参数控制值见表5-10。

表5-10 整体机组主要运行参数控制值

类别	控制参数范围	备注
压比	一级压缩机组 $\varepsilon \leqslant 3.5$；二级压缩机组 $\varepsilon > 3.5$	各级压比差 $\varepsilon_e \leqslant 0.5$
转速，r/min	DPC230：≤360； DPC360、ZTY265、ZTY440：≤400； ZTY470（DPC2803）：≤440	$n_{运} = (80\% \sim 90\%) n_{额}$
动力缸排温，℃	DPC230、DPC360、ZTY265、ZTY440：≤400	两缸温差≤20
	ZTY470（DPC2803）、ZTY630：≤420	两缸温差≤20
夹套水温，℃	动力缸：≤55～85； 压缩缸：≤50～80	

续表

类　别	控制参数范围	备　注
曲轴箱油温,℃	30~80	
压缩缸排温,℃	≤150	
燃料气压力，MPa	燃气进机压力应为 0.055~0.083（DPC2803、ZTY470、ZTY630 为 0.056~0.14），温度≥2℃	在机组调压阀前为 0.5~1.0
启动气压力，MPa	≤2.5	温度≥2℃
机身振动，mm/s	良好：≤7.1，合格：≤18	

（三）每周维护保养（150 工作小时）

（1）每班维护保养的全部内容。

（2）初次运转一周后，检查全部紧固件的拧紧情况，以后根据实际情况定期检查。

（3）初次运转一周后，检查轴承间隙和活塞杆的跳动，以后半年检查一次。

（4）初次运转一周后，将压缩机组曲轴箱润滑油全部更换，清洗压缩机润滑油粗滤，以后根据定期检测情况更换润滑油。

（5）初次运转一周后，检查皮带的张紧程度，运行中皮带应平稳，以后每月检查一次。

（6）向燃料气喷射阀补充适量的抗高温润滑脂。

（7）安装润滑油循环加热系统的机组应开启系统对润滑油进行过滤，每次运行时间为 10~15min。

（四）每月维护保养（700 工作小时）

（1）每周维护保养的全部内容。

（2）清洗空气滤清器滤芯，更换空滤器机油。

（3）检查测量燃气过滤分离器的压力降，超过规定值时应对过滤器滤芯进行清洗和吹扫。

（4）检查清洗空气进气混合阀，更换损坏零件。

（5）检查调整火花塞电极间隙，清除火花塞积垢，清除高压线圈高低压导线接点的氧化物，检查调整触发线圈与磁钢的间隙，清除其脏物。

（6）根据现场运行情况，检查清洗压缩机组进、排气阀，并对气阀进行验漏；对损坏部件进行更换（对于环状气阀应全部更换弹簧、阀片）。

（7）停机排放动力缸扫气室、十字头导轨存油池内积存的润滑油，并清洁十字头导轨的存油池；检查十字头滑道间隙情况及动力缸中体侧盖板到传动箱油路是否畅通，检查并适度拧紧十字头销、活塞杆锁紧螺钉及活塞杆并紧螺帽和并紧螺帽的止动块，检查刮油环、填料连接紧固情况。

（8）打开曲轴箱盖板检查润滑油外观色泽和曲轴箱油位；用油品分析仪检查曲轴箱油质和水分，根据检测结果并结合推荐的换油周期更换曲轴箱润滑油；盘车检查连杆大头螺栓及油匙紧固情况，检查中间轴瓦存油池、滑道上方存油池有无杂物。

（9）给风扇轴承、水泵轴承、惰轮轴承、余隙丝杆加注规定牌号的润滑脂。

（10）检查传动皮带松紧程度和磨损情况，进行必要的调整和更换。

（11）检查燃料气、启动气球阀是否内漏或关闭不严，燃气转阀检查是否存在磨损、开口位置是否正确，并进行必要的调整和更换。

（12）清洁飞轮表面，检查飞轮外观有无裂纹、紧固螺栓及键（胀紧）连接有无松动、飞锤紧固情况；检查各地脚螺栓、压缩缸支撑螺栓、各主要联结螺栓的紧固情况。

（13）检查机组所有安全保护装置和仪控系统的工作可靠性、灵敏度。

（14）试运转，检查机组是否正常。

（五）半年维护保养（4000 工作小时）

（1）每月保养的全部内容。

（2）检查点火系统电路、电器工作情况，检查或更换火花塞。

（3）检查、拧紧连杆螺栓与连杆大头瓦盖上的油匙锁紧情况。

（4）检查曲轴轴向窜动，检查记录中体滑道间隙。

（5）检查清洗燃料喷射阀，更换或修理损坏件。

（6）检查清洗卧轴传动装置，包括启动器分配阀、注油器、调速器、柱塞泵等。

（7）清洗冷却器散热面上的昆虫和杂物，冷却液水质化验。

（8）检测、调校仪控系统压力表、压力变送器、信号回路。

（9）试运转，检查机组是否正常。

（六）一年维护保养（8000 工作小时）

（1）半年维护保养的全部内容。

（2）检查点火系统中交流发电机工作的可靠性。

（3）清洗检查润滑装置，润滑系统管路及阀、泵等零部件，更换修理损坏件。

（4）清除动力缸、压缩缸、活塞、活塞环、气缸盖及进排气口上的积炭。

（5）检查并记录活塞、活塞杆、活塞环、气缸的磨损、断裂与弯曲情况、活塞开口间隙及侧向间隙、刮油环、填料组件，必要时进行修理或更换。

（6）检查调整压缩缸活塞死点间隙，使缸头端为曲柄端间隙（冷态）的两倍。检查活塞杆填料的磨损和密封情况，更换磨损件。

（7）清洗检查燃气注入系统管路、管件及阀件，更换磨损件。

（8）检查更换冷却器风扇传动皮带；检查更换水泵传动皮带、水泵机械密封和水泵其他易损件。

（9）检测飞轮端面跳动及径向跳动情况。

（10）检查、清洗工艺管路各安全阀，按期对安全阀进行调校。

（11）检查仪表柜上仪表显示是否正常，仪表柜与端子柜里连接线路工作是否正常；校验温度变送器、温度表。

（12）试运转，检查机组是否正常。

（七）三年维护保养（24000 工作小时）

（1）一年维护保养的全部内容。

（2）检查主机各主要零部件，例如机身、曲轴、飞轮、轴承、轴瓦、轴颈、连杆及大小瓦、十字头与十字头销、中体滑道、活塞及活塞杆、压缩缸、余隙缸等磨损情况及其损坏情况，按需要进行修理和更换。

（3）检查各管道系统、压力容器、阀门的腐蚀与损坏情况，按 GB 150、TSG R004、JB/T 4730 等标准要求对压力容器及其附件做探伤、测厚等无损检测和压力试验。

（八）长期封存机组的维护保养

（1）排尽冷却系统的冷却液，排尽高位油箱、曲轴箱润滑油，清洗曲轴箱内部、十字头与中体滑道等部位。在曲轴箱、十字头、中体滑道、连杆、活塞杆及填料等各部位均匀涂抹防锈油。

（2）拆下空气进气总成，清洗混合阀，均匀涂抹防锈油；清洗空气滤清器，加入足够的机油。

（3）拆下燃气进气转阀，清洗并润滑阀体和阀芯。

（4）清洗动力缸、动力活塞、扫气室、压缩缸、压缩活塞及气阀，均匀涂抹防锈油。

（5）在余隙缸、余隙活塞和余隙活塞杆上均匀涂抹防锈油，余隙活塞杆外露部分涂抹润滑脂。

（6）用黄油均匀涂抹调速装置各轴承、空冷器风扇轴与轴承。

（7）在机组所有未涂漆的金属裸露外表面涂上防锈油脂。

（8）调整张紧轮位置，使三角皮带卸载。

（9）用盲板封堵机组燃料气口、工艺气进排气口、放空口，使机组与场站工艺系统隔开。

（10）仪控系统电源采用物理隔断，仪控系统与机组上锁挂停用标识。

（11）采取必要措施遮挡机组，防止风沙或大气中有害气体的侵蚀，防止零件和工具丢失、损坏。

（九）启封后的维护保养

（1）拆下曲轴箱的侧盖与顶盖，检查清洗曲轴与曲轴箱，按要求的量加入规定牌号的润滑油。

（2）拆下空气进气总成，清洗混合阀；清洗空气滤清器并加注规定牌号的轻质油至规定刻度。

（3）拆下动力缸盖，清洗气缸内孔及动力活塞，清洗压缩缸、余隙缸、气阀、轴承、十字头、中体与活塞杆等零件，并加注或涂抹润滑油。

（4）清洗填料组件的刮油环、密封环并涂抹润滑油。

（5）拆开调速装置，清洗并检查调速装置是否灵活，按要求加注润滑脂。

（6）排放注油器内的润滑油，加入新润滑油，拆开每一根油管，手动注油器，检查润滑油是否能顺利到达每个注油点。

（7）调整三角皮带的松紧程度，检查空冷器百叶窗开关是否灵活，并涂抹润滑脂。

（8）检查各重要连接螺栓、螺母是否锈蚀、松动，扭矩值是否符合要求。

(9) 拆除所有盲板，使各管线连接正常，防止泄漏。

(10) 接通机组电源，检查仪控系统显示是否正常，检查超速停车开关调整是否适当。

(十) 电动机与仪表控制系统的维护保养

(1) 电动机的维护保养：对油加热器电动机的维护保养应严格按防爆电动机维护保养规程和要求进行（详见相应的电动机使用说明书）。

(2) 检测仪表的维护保养：压力表、温度表、温度变送器等按其相应标准规定的周期进行检定、调整，满足各自技术指标的要求。

(3) 接地电阻的测量：仪表控制系统接地电阻的大小应保证控制系统使用安全和工作可靠、稳定，并满足相关标准要求。

(4) 控制柜每半年应由专业人员检修一次，检修时应特别注意：

① 继电器、接触器的动作和触点接触是否可靠。

② 电流互感器次级决不允许有接触不良或开路现象。

③ 安全栅的本安特性不得降低。

④ 各停车报警点的参数设置和自动启动、停止的参数设置是否正确，动作是否可靠。

⑤ 经常检查一次线路及相关电气元件，确认紧固螺钉是否有松动，接触是否良好，动作有无卡滞。

⑥ 对电磁阀的检查应注意保持其隔爆特性。

(5) 控制系统使用维护注意事项：

① 对控制系统的任何元器件进行插拔或电气连接，必须在控制柜断电的状态下进行。

② 机组长期停用期间，应将控制系统电源断开。

四、常见故障及处理

(一) 点火系统主要故障及处理

点火系统主要故障及处理见表 5-11。

表 5-11 点火系统主要故障及处理

故障现象	故障原因	故障排除方法
永磁交流发电机工作不正常	发电机电压不正常	检查发电机，排除故障
	点火系统接线错误	仔细检查点火系统接线
	有异常接地	排除异常接地
	卧轴驱动的齿轮松动或损坏	检查驱动机构，紧固，更换
电子盒工作不正常	内部接线错误	检查错误，重新接线
	内部元件损坏	检查内部元件并更换
	电容器损坏	检查电容器并更换
	可控硅损坏	检查可控硅并更换

续表

故障现象	故障原因	故障排除方法
飞轮磁极及触发线圈工作不正常	永久磁铁失磁	更换永久磁铁
	触发线圈断路或短路	更换触发线圈
	飞轮磁极与触发线圈距离太远	调整飞轮磁极与触发线圈的距离
	启动转速过低	提高启动转速
点火线圈工作不正常	点火线圈损坏	更换点火线圈
	点火线圈受潮或接线松脱	烘干或压紧点火线圈接头
	高压电缆绝缘损坏，对地放电	更换高压电缆
火花塞工作不正常	火花塞受潮或电极积炭	拆下火花塞清除积炭并烘干
	火花塞电极间隙过大或过小	调整火花塞间隙
	火花塞绝缘损坏	更换新火花塞

（二）发动机主要故障及处理

发动机主要故障及处理见表5-12。

表5-12　发动机主要故障及处理

故障现象	故障原因	故障排除方法
动力缸爆燃	负载过大	调整负荷到规定值以内
	润滑油太稀，因而参加燃烧	按规定使用润滑油
	燃气压力过高，混合燃料气被点燃前的压缩比过大	调整燃料气调节阀
	点火时间过早	调整点火正时
	空气滤清器堵塞	清洗滤芯，更换新机油
动力缸敲缸	燃气压力过高	调整燃料气调节阀
	点火时间过早	调整点火正时
	空气滤清器堵塞	清洗滤芯，更换新机油
	燃料气中液体成分过多	清扫燃料分离器或更换滤芯
	连杆轴瓦或动力十字头销铜套松动或间隙过大	拧紧连杆螺栓，紧固十字头销或更换新件
	活塞与气缸的间隙过大	更换活塞，活塞与缸之间的距离应在规定值范围内
	缸内有异物	拆下缸盖检查
回火故障	点火定时不当	调整点火定时
	排气口积炭过多	清除积炭，检查润滑情况
	燃料气压力过高	调整燃料气调节器
	永磁电动机故障	检查或更换永磁电动机

续表

故障现象	故障原因	故障排除方法
动力缸熄灭	点火系统发生故障	详见“点火系统故障排除”
	火花塞高压电缆断裂	更换电缆
	永磁电机传动装置损坏	修理或更换
	燃气压力损失太大	排除堵塞、泄漏等故障
	空气滤清器堵塞	清洗滤芯，更换新机油
	混合阀堵塞或损坏	清洗混合阀或更换损坏件
	负载过大	调节负荷至规定值以内
	喷射阀不动作	调整喷射阀调节螺母，检查液压系统是否正常
	燃气进气转阀卡滞	清洗并检修
温度过高	负载过大	调节负荷至规定值以内
	空气滤清器堵塞	清洗滤芯，更换新机油
	消声器或排气口堵塞	排除堵塞
	水箱损坏造成缺水	更换
	水箱或水管路堵塞	排除堵塞物
	气缸及活塞环积炭过多	注油量过多，检查调整注油量及填料是否泄漏
	燃气中液体成分过多	清扫燃气分离器，或更换滤芯
	点火时间不当	调整点火定时
	冷却水量不足	检查原因并加注冷却水
	冷却水温过高	查明原因并排除
两动力缸工作不平衡	混合阀损坏	检修混合阀
	火花塞损坏	更换火花塞
	进气口堵塞	排除堵塞物
	喷射阀动作不协调	调整喷射阀升程，使两缸工作达到平衡
	点火系统发生故障	详见“点火系统故障排除”
动力缸排烟色不正常	冒白烟，燃烧室进水	检查缸盖有无裂缝
	冒青烟，过量的润滑油进入燃烧室，曲轴箱油位及注油器油位	检查活塞环安装是否正常，磨损情况
	冒黑烟，负载过大，排气温度过高	调节负载至规定值以内
动力缸活塞烧结	燃料气压力过高	调整燃料气调节阀
	混合燃料气浓度太高	排除空气滤清器的堵塞，调节燃料气调整阀至正常
	注油器机油过稀	更换符合规定的机油
	积炭过多，参与燃烧	清除积炭以及查清产生过多积炭的原因并加以排除
	负载过大，带负荷困难	调节负荷至规定值范围以内

续表

故障现象	故障原因	故障排除方法
动力缸活塞烧结	活塞或活塞环与气缸卡滞，阻力增大	调整润滑油量
	轴承发热，不当间隙的存在，降低发动机的有效轴功率	调整轴承的不当间隙
	动力缸进排气孔堵塞	清除堵塞物，检查润滑情况
	燃料气压力过低，造成动力缸的功率不够	调整燃料气调节阀
	喷射阀工作不正常，气减少	排除液压系统的空气或加注黄油保证导致进入气缸的燃料喷射阀润滑良好
活塞环积炭过多	燃气中液体成分过多	清扫燃料气分离器，或更换滤芯
	注油器供油率过高，导致过多的润滑油在活塞环上凝结，形成积炭	调节注油器，调整注油量到规定值范围以内
	刮油器或填料密封环损坏，油进入气缸	检查并更换刮油器或填料密封环，确保安装正确或无损坏
消声器发红	燃气压力过高	调整燃气调节阀
	所用润滑油闪点过低	检查并更换润滑油
	消声器堵塞	检查并排除堵塞物
	负载过大	调节负荷至规定值以内
动力缸不工作	点火系统发生故障	检查永磁交流发电机、电子盒、飞轮磁极与触发线圈、点火线圈、火花塞等工作正常否，对不正常的加以排除
	燃气压力过低或过高	调整燃气调压阀
	调速操纵机构装配不当	重新装配，使开车时能及时打开燃料进气调节阀
	空气滤清器阻塞	清洗空气滤清器滤芯，更换滤清油
	混合阀损坏	检修混合阀，更换混合阀片
	动力缸压缩比不足	检查动力缸、动力活塞、活塞环磨损情况动力活塞的上死点位置是否正常，并排除
	喷射阀不动作	调整喷射阀调整螺母，检查液压系统是否正常
	燃料储气罐内充满油水	排除燃料储气罐内油水
发动机运转不正常	火花塞损坏或间隙不当	更换火花塞或调整间隙
	燃气调节阀故障	检修或更换燃气调节阀
	永磁电机磨损或太脏	清除污物重新调整
	调速器失灵或卡滞	检修调速器
	调速操纵机构的连接杆磨损	检修或更换连接杆

（三）压缩机主要故障及处理

压缩机主要故障及处理见表 5-13。

表 5–13　压缩机主要故障及处理

故障现象	故障原因	故障排除方法
压缩缸排气量不足	进气压力低或排气压力升高	调整工况
	吸排气阀故障	检修气阀
	活塞环窜气	更换活塞环或调整开口角度，气缸轻微拉伤，可用砂纸打磨
	填料函不严、漏气	检修填料
	余隙容积过大	根据机组工况曲线调整余隙
压缩缸内异响	安装检修压缩缸时，气缸的余隙容积留得过小，气缸盖与活塞的前后死点间隙小，产生直接碰撞	应调整活塞行程，一般是在活塞杆与十字头体接合处增减垫片，增加活塞与气缸的死点间隙
	气缸填料在运行中损坏和磨损	必须修理或更换新填料，而且应严格检查密封件之间的贴合程度，轴向弹簧的弹力是否降低，是否应更换
	气缸润滑油过多或过少，都会引起气缸产生不正常响声，润滑油过多会产生油击，油量过少又会产生拉缸，使气缸磨损	对气缸润滑油的油量要调节适当，还要认真清洗活塞和气缸
	安装压缩机时，由于曲轴和连杆与气缸中心线不重合，误差超过允许值，在压缩机运行过程中也会出现气缸的敲击声	对压缩机进行重新安装调整，必须保证连杆、活塞与气缸的中心线相重合
	在压缩机运行过程中，若活塞端面的螺栓松动，甚至脱落，螺栓和气缸盖相碰撞，产生不正常的响声	必须进行检查，拧紧活塞端面的螺栓，并采取防松措施
	余隙小活塞松动	拧紧余隙小活塞
	压缩机吸进的气体太潮湿，在被压缩后，气体中的水被析出，因水分是不可压缩的，这样使气缸产生“水击”的响声	必须提高油水分离器的效能或在气缸下部加排水阀，排出气缸的水分
	气缸中掉入金属碎片和其他的杂质，也会产生不正常的响声	检查清理异物，检查气缸和活塞是否拉伤，并及时修理
	由于压缩机安装与检修中，活塞杆与十字头紧固不牢或者十字头与滑道间隙不符合要求，使活塞杆在往复行程中产生跳动，带动活塞向上窜动，撞击气缸而产生不正常的响声	应检查活塞杆与十字头紧固情况，检查活塞杆在往复行程中的跳动值，使其控制在技术要求的范围内
	压缩机长期运转后，急剧冷却，气缸套发生松动和断裂，导致气缸产生不正常响声	更换气缸套或整个气缸
	压缩机运行过程中，由于润滑油或冷却水不足，而引起活塞、活塞环在高温条件下干摩擦，造成活塞环轴向间隙过大，会出现异常声响	拆下活塞，取出活塞环，进行清洗、检查，对烧伤和损坏的活塞环要进行修理或更换，并在压缩机运行过程中要严格控制冷却水和润滑油量
	压缩机长期运行，气缸和活塞、活塞环磨损剧烈，因而，相对间隙增大，气缸和活塞环之间产生松动和不正常的响声	更换气缸套、活塞环和活塞。也可镗磨气缸套再配合适的活塞和活塞环

续表

故障现象	故障原因	故障排除方法
压缩机组气阀异响	吸排气阀的阀片是易损件，当发生阀片起落被卡住，弹簧倾斜或损坏，阀片材质不良，弹簧力太大等原因，都会造成阀片过早磨损，产生气阀不正常的响声	检修气阀，更换符合规定的阀片和弹簧
	在压缩机运行中，如果弹簧折断和变软，会使阀片对阀座或升程限制器的冲击力加大，产生不正常的响声	更换符合要求的弹簧
	阀座伸入气缸与活塞相撞	用加垫的方法使阀升高
	阀座安装在阀室的位置不正，或阀室上的压盖螺栓没拧紧，造成气阀的窜动，发出不正常的响声	检查阀的安装是否良好，阀室外的螺栓是否拧紧
压缩机组排气温度异常	因一级吸气阀不良产生逆流，一级吸气管路加热，出现一级吸气温度异常升高	更换新部件，移开接近吸气管的高温物体
	中间级吸排气阀不良产生逆流及前一级冷却器效率低，出现中间级吸气温度异常升高	检查吸排气阀气密性及工作是否灵敏可靠，更换新部件，要确保冷却水量，清洗冷却器
	因前一级吸排气阀不良产生逆流，使级间气压下降，次级吸排气阀不良产生级间气压升高，连接管路阻力大，会出现排气温度异常升高	对气阀进行检修或更换新部件，检查与清洗管路
	次一级吸气前由于向机外泄漏，排气压力下降，出现中间级排气温度异常低	检查泄漏部位，采取措施制止泄漏
	因产生水垢或污垢，使冷却器冷却效率低，连接次一级背管路阻力大，而出现级间温度异常高	确保冷却水量，清洗冷却器；更换新部件；检查与清洗管路
	放泄阀、旁通阀关闭不严，出现中间级吸气温度异常低	彻底关闭放泄阀和旁通阀
	因阀片变形、破损，阀座面不良，阀附着夹杂物、阀安装不良，安装面密封不良、贴合不严，阀簧破损等引起吸排气温度异常	更换阀片，对阀座面进行机械加工或重新磨合。清洗阀，排除夹杂物、紧固阀，重新研配，换密封垫，使阀彻底贴合。更换阀弹簧等措施
吸排气压力异常	排气压力异常升高 排气阀、单流阀阻力大，排气管路异常，散热器堵塞 一级吸气压力异常升高 （1）一级吸、排气阀不良，吸气不足 （2）高压气体流入吸气管路，吸气管路异常 中间级吸气压力异常升高 （1）该级吸、排气阀不良 （2）一级吸入压力过高 （3）活塞环泄漏引起排气量不足 （4）前一级冷却器、冷却能力不足	检查单流阀，全开排气阀，解堵，过程检查，排除故障。 （1）拆除换新的部件 （2）彻底紧闭旁通阀，检查程序，排除故障，注意防止过载 （1）检查气阀，更换损坏零件 （2）检查并消除（如果是进站压力升高，则属正常现象） （3）更换活塞环 （4）检查修理冷却器

续表

故障现象	故障原因	故障排除方法
吸排气压力异常	前级排气压力异常升高	
	（1）进气温度低，进气压力高，一级冷却器效率低	（1）检查排除
	（2）次级吸、排气阀不良，吸气不足	（2）检查排除气阀故障，更换新部件
	（3）级间管路阻力大	（3）检查修理管路，降低阻力
	中间级排气压力异常升高	
	（1）该级冷却器冷却能力差	（1）检查修理并注意防止过载
	（2）下一级吸、排气阀不良，吸气不足	（2）查气阀，拆除故障更换新部件
	（3）下一级管路阻力大	（3）检查清洗管路使之畅通
	一级吸气压力异常低吸入管路阻力大	检查清洗管路，开启吸气阀
	中间级吸气压力异常低	
	（1）一级吸、排气阀不良，引起排气不足及第一级活塞环泄漏过大	（1）检查气阀、活塞环，更换新部件
	（2）前一级排出后机外泄漏	（2）检查泄漏处并消除
	（3）吸入管路阻力大	（3）检查清洗管路使之通畅
	一级排气压力异常低	
	（1）进气管路阻力大	（1）检查清洗管路使之通畅
	（2）一级进、排气阀不良	（2）检查气阀，更换新部件
	（3）一级活塞环泄漏过多	（3）检查更换活塞环
	（4）放空阀、旁通阀漏失	（4）关闭放空阀和旁通阀
	中间级排气压力异常低。下一级吸气前，向机外泄漏	检查泄漏部位，并采取措施修复
压缩缸发热	冷却水不足或中断	适当加大冷却水量，调节冷却水温度不要太高，检查供水管路，堵塞时要进行清洗
	硬水中的沉积物太多附于气缸水套	检查、清洗气缸夹套，除去水污
	由于中间冷却器冷却不好，造成后级气缸过热	必须检查清洗中间冷却器，适当加大冷却水的流量，控制冷却水的进水温度
	活塞、活塞环发生故障或气缸中缺油引起干摩擦	清洗、检查活塞、活塞环磨损情况，注油器泵油情况
	气缸余隙过小，使上下死点压缩比过大或余隙过大，残留在气缸内的高压气过多，而引起气缸内温度升高	调整气缸的上下死点间隙，保持间隙在规定的标准内
	由于活塞杆弯曲，使活塞在气缸中不垂直，引起活塞与气缸贴面倾斜摩擦加剧产生高温	更换活塞杆
	进排气阀损坏或安装不到位	检修气阀
压缩缸发生不正常振动	填料或活塞杆磨损	检查活塞杆和填料，更换填料
	气缸内落入异物	拆检气缸并消除异物
	十字头与滑道间隙过大	十字头外径补焊巴氏合金并加工至规定间隙值
	气缸余隙过小，上下死点造成活塞碰撞气缸内端面	检查活塞上下死点间隙并调整至规定值
	活塞的压紧螺帽松动	加以可靠的紧固和止动
	余隙小活塞松动	重新铆死小活塞

续表

故障现象	故障原因	故障排除方法
压缩缸发生不正常振动	活塞杆并帽松动	拧紧
	连接管振动引起	彻底检查各管道的匹配和连接安装是否符合技术要求，消除管路的振动
	支撑不良	检查气缸支腿各处间隙及螺栓的受力情况，使之支撑良好
压缩缸接管振动	管道安装时拐弯弧度过小，气流方向发生急剧变化，管壁受到的反力增大，导致管道振动	在安装管道时应避免拐弯的弧度过小
	安装管路时，管卡太松或断裂也会造成振动	安装时应紧固管卡，尽量把支承或振动段悬挂在弹性悬座上，并在振动段的管道与支座间加木质或橡皮垫，如断裂应更换新件
	气流脉动引起的共振	加大管径，在管道上安装节流孔板等方法，均可减少接管振动
	因支承刚度不够，导致管路不稳定而产生振动	加固或增加支承数目，提高支承的刚度
	管路受热膨胀产生变形而引起振动	要采取有效的降温手段或在管路中加热补偿器

（四）其他主要故障及处理

其他主要故障及处理见表5-14。

表5-14 其他故障及处理

故障现象	故障原因	故障排除方法
曲轴箱机油消耗过多	油位过高	调整油位至规定高度
	活塞杆填料损坏	修理或更换
	活塞环拉伤	更换活塞环
压缩机组转轴转速下降	空气滤清器堵塞	清洗滤芯，更换新机油
	活塞环被卡住	检修或更换活塞环
	轴承发热以至咬住	检查润滑情况是否正常，检查轴瓦配合间隙
	燃气压力损失太大	排除燃气堵塞、泄漏等故障
	负载过大	调整负荷至规定值以内
曲轴箱异响	连杆大头与轴承之间磨损松弛或轴承与曲拐间隙过大	检修调整各处配合间隙，间隙超差太大需要更换轴承
	十字头销与十字头体松动	检查维修，调好间隙，超差过大需修理或更换
	曲轴轴颈磨损严重，曲轴椭圆度和锥形度超差过大	检查曲轴轴颈，超差过大需修理或更换
	曲轴瓦断油或过紧以致烧坏	检查供油情况，配合间隙要合规定，更换损坏轴瓦
	十字头与机体导轨间隙过大，或十字头滑板上的螺钉松弛，与十字头体产生间隙	检查十字头与导轨的间隙，超差太大需修理。拧紧紧固螺栓
	发动机工作不平稳	检查燃气、点火系统

续表

故障现象	故障原因	故障排除方法
活塞杆过热	活塞杆与填料盒装配时产生倾斜	重新装配，不得倾斜
	活塞杆与填料配合间隙过小或卡住不能自由移动	按规定调整或重新安装填料
	活塞杆与填料的润滑油有污垢，或润滑油不足造成干摩擦	清洗油污垢，保证有足够的供油量或重新更换润滑油
	填料函中有杂物	取出填料函拆开清洗
	填料函中的密封圈卡住，不能自由移动	在安装时应试一下，活动要自由，并按规定保持一定间隙
	填料函中的密封圈装错，油路堵住，润滑油供不上	拆开检查，看看是否装错，若错应及时改装过来
	填料函往机身上装配时螺栓紧的不正，使其与活塞杆产生倾斜，活塞杆在运转时与填料中的金属盘摩擦加剧发热	重新检查填料函，将其倾斜改过来
	压缩缸排气温度高	调整工况
连杆螺栓拉断	压缩机超速	控制转速并使超速保护保持在灵敏、可靠状态
	压缩机负载过大	按机组工况负荷曲线控制负荷
	压缩机连杆瓦，十字头铜套间隙过大	更换
	发动机提速过猛或转速波动过大	精心、平稳操作
	连杆螺栓疲劳或预紧力过大	按规定扭矩扭紧
风扇轴承发热	润滑油脂加注不够或过多	适量加注
	风扇皮带调整过紧	重新调整，适当减小预紧力
	轴承走内圆或外圆	更换
功率消耗增大	压比增大	调整工况
	缸内气阀结垢阻塞（伴随排出压力降低）	清洗气阀
	曲轴箱油面过高	调整至规定油面
	吸入气体状态发生变化（如有雾状水进入）	加强气水分离
压缩机组供水不正常	水泵不上水或排水量不足 （1）被吸入的冷却水温度太高，没有足够的压力，产生气蚀 （2）水泵叶轮磨损严重 （3）水泵皮带脱落或断裂 （4）水泵及水管路严重泄漏 出水压力低 （1）水管线堵塞 （2）水中有气泡产生涡流 水泵振动太大 （1）产生汽蚀 （2）泵轴弯曲，轴承磨损严重；间隙过大	（1）控制冷却水进水的温度 （2）检修或更换新叶轮 （3）重新安装或更换水泵皮带 （4）消除泄漏 （1）消除管线堵塞 （2）采取措施使水平面平静 （1）检查吸水管路是否有漏气的地方 （2）更换轴或轴承，安装应对正中心，检查地基螺栓应锁紧

续表

故障现象	故障原因	故障排除方法
压缩机组供水不正常	冷却水排出有气泡 (1) 动力缸垫破断或检修安装时没压紧，产生漏气 (2) 压缩缸水密封不严 中间冷却器和冷却水温度高 (1) 排水有气泡冷却水进水温度过高，冷却效率低 (2) 冷却器上水垢、污物太多，影响了散热效果 (3) 冷却器管子破裂	(1) 更换新气缸垫或将缸盖螺栓锁紧 (2) 更换压缩缸水密封 (1) 控制冷却水进水的温度 (2) 检修清洗冷却器的水垢和油污 (3) 检修或更换破裂的管子
压缩机组油路供油异常	注油器注油异常 (1) 吸油滤网堵塞，油管路堵塞或油管路中有破裂漏油 (2) 注油器的油泵柱塞与泵体磨损严重，压力达不到要求 (3) 注油器调节的不合适，使油量过多或过少 (4) 泵中的止逆阀与阀套，球阀与阀座磨损严重或卡死不起作用 (5) 注油器中有气阻现象 (6) 通向气缸的单向阀堵塞 (7) 注油器堵塞或损坏 (8) 注油器油位不够 (9) 注油器传动失灵 滑道上方存油池油孔堵塞 动力缸侧盖板上到传动箱的油导管堵塞 中间轴瓦、曲轴主轴承油路堵塞	(1) 清洗检查过滤网，油管，对破裂漏油的进行修理更换 (2) 修理或更换新的零部件 (3) 重新调整注油泵的行程 (4) 检查清洗、配研阀与阀座 (5) 排除注油器中空气 (6) 排除堵塞物 (7) 检修或更换 (8) 检查浮子开关或润滑油 (9) 检查注油器传动装置并排除故障 清洗油孔 清洗导油管 清洗油路

五、典型故障案例介绍

（一）某增压站气阀阀片频繁断裂

1. 基本情况

某增压站于 2009 年 11 月 2 日正式投产，站内设置 RTY1250MH9. 125in×9. 125in×6. 25in×6. 25in 增压机组一台，两级压缩，设计排压 7. 57MPa，排量（42. 50～103. 70）×$10^4 m^3/d$。该机组动力机为瓦克厦 L7044GSI 天然气发动机，压缩机组为成压厂 FY2000 系列机组。截至 2010 年 12 月累计运行 9863h，机组负荷 81%。

2. 故障情况

2009 年 11 月—2010 年 3 月，某增压站共发生 11 次故障停机，共影响气量约 197. 5×$10^4 m^3/d$，故障停机率 12%，机组平均约 13d 发生 1 次故障，尤其是气阀阀片断裂故障次数重复出现（5 次，图 5-21、图 5-22）。

3. 故障主要原因

（1）气阀阀片的针对性设计不强（机组原本计划在五百梯应用，后变更了使用地点，但阀片却未重新设计），阀片使用寿命仅 200～300h。

图 5-21 损坏的气阀阀片

图 5-22 分离器端二级压缩缸进气阀阀片断裂

（2）某增压站过滤分离器、机组进气分离器分离效果较差，无法彻底分离天然气中的液体杂质，残存在天然气中的液体进入压缩缸对进气阀产生液击（图 5-23、图 5-24），阀片外圈最薄弱且靠近压阀罩液击量最大导致阀片外圈最先断裂。

（二）某增压站过滤分离器故障导致气阀频繁损坏

1. 基本情况

某增压站于 2008 年 12 月 20 日正式投产，站内设置 ZTY310H-7in×7in 增压机组二台，一级压缩，设计排压 7.00MPa，排量 $(3.20\sim48.40)\times10^4m^3/d$。该机组为成都天然气压缩机厂生产。截至 2010 年 12 月，1#机组累计运行 16597h，2#机组累计运行 16538h，机组负荷 56%。

2. 故障情况

2010 年 4 月 14 日，某增压站 2#机压缩缸排温高停机，在处理故障中发现气阀上有金

图 5-23　分离器端 1 级压缩缸靠近分离器侧进气阀阀盖上有乳白色液体

图 5-24　分离器端 1 级压缩缸靠近分离器侧进气阀阀窝处有润滑油和水的混合物

属丝（图 5-25 至图 5-28），打开机组气液分离器检查，发现分离器里有大量金属丝，经过对比发现，金属丝为工艺区的过滤分离器分离端的滤网。同时过滤分离在运转过程发出

图 5-25　机组分离器排污口清除出金属丝

撞击声，说明除沫器已经松动，在气流的作用下与过滤分离器壁发生撞击。

图 5-26 投产前机组分离器排污口清除出金属丝

图 5-27 故障时机组分离器排污口清除出金属丝

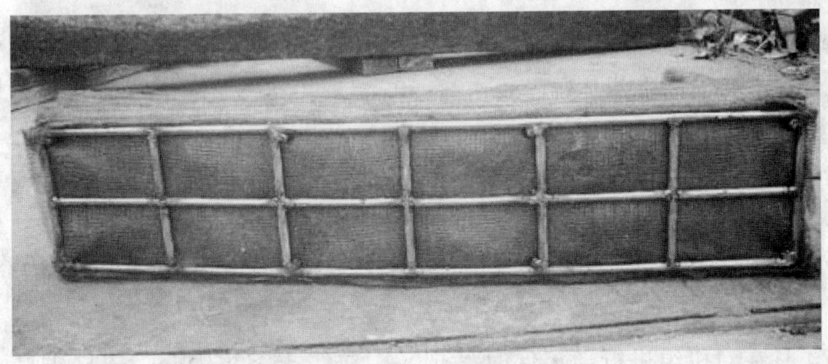

图 5-28 重新设计的除沫器

3. 故障主要原因

过滤分离器存在设计缺陷，除沫器设计不合理，挡板没有固定好。在使用过程中气流冲击除沫器，使除沫器的金属网损坏，脱落的金属网随气流带入增压站机组，造成气阀断裂。

（三）某增压站联轴器断裂

1. 基本情况

某增压站于2009年9月6日正式投产，站内设置RTY400-150×112增压机组一台，一级压缩，实际排量18.90×$10^4m^3/d$。该机组为成都天然气压缩机厂组装。截至2010年12月，机组累计运行10671h，机组负荷69%。

2. 故障情况

截止2010年7月，机组工况正常情况下，檀木场增压站共发生4次联轴器断裂，均是橡胶部位发生熔断（图5-29）。

图5-29　联轴器断裂（熔断）

3. 故障主要原因

（1）联轴器橡胶不能够承受机组的扭力，造成橡胶部分断裂。

（2）联轴器橡胶在运转过程中，由于温度过高，导致橡胶性能降低，在设计允许的负荷下发生熔断。

（四）某增压站1#机组十字头和连杆铜套腐蚀

1. 基本情况

某增压站安装一台RTY400-MH150×112分体式天然气压缩机组，于2009年9月建成投产，主要对檀木场气田七里13、28、49、50、53、028-x1等7口气井进行增压后输送到檀木脱水站脱水后外输，处理规模约14.0×$10^4m^3/d$，机组负荷73.5%。

2. 故障情况

2010年12月进行例行维护保养时，发现增压机组一级压缩十字头铜套、连杆铜套出现异常磨损并发蓝，后经作业区联系维护单位对损坏零部件进行更换后压缩机组恢复正常运行。

2011年4月在对机组进行半年保时发现一、二级十字头铜套、连杆铜套再次出现异常磨损并发蓝，作业区再次联系成压厂对机组进行详细检查并对损坏部件进行更换后，机组恢复正常生产。

2012年1月7日维护单位对机组进行年保时发现一级压缩缸连杆铜套脱落，经检查发现该铜套存在发蓝现象，铜套内部出现了不同程度的腐蚀（图5-30）。

十字头铜套也出现了发蓝现象，铜套内部也同样存在不同程度的腐蚀（图5-31）。

图 5-30 铜套腐蚀现状

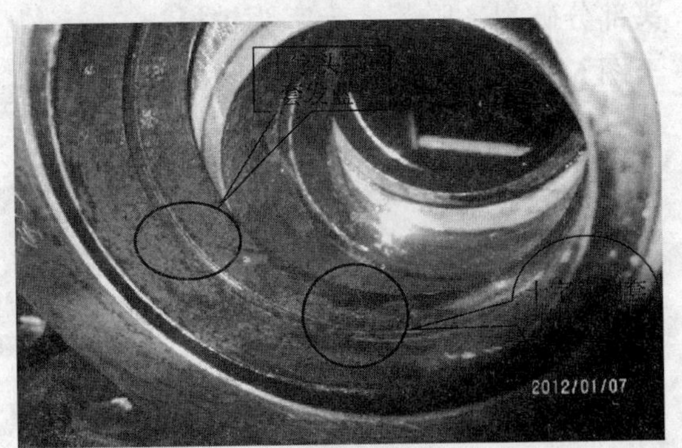

图 5-31 十字头铜套腐蚀现状

一级 2 缸和二级 2 缸的十字头销不能拆卸，分析为连杆铜套和十字头销由于长期腐蚀作用黏在一起造成。同时观察已拆卸的十字头发现存在发黑的现象（图 5-32）。

此外，该缸活塞环已断裂，气阀缓冲片破裂（图 5-33）。

图 5-32 十字头腐蚀现状

图 5-33 活塞环断裂现状

3. 故障主要原因

该类型的机组压缩缸填料和刮油环都安装于一个总成内，活塞杆在长期运行中存在一定的磨损，一旦出现填料密封不严的情况，含硫天然气（目前檀木场含硫量为 5.181g/m^3）就会直接进入曲轴箱内，长期运行就会对十字头及连杆的铜套造成一定程度的腐蚀。

（五）某增压站 1#机组动力二缸十字头破损

1. 基本情况

某增压站安装 2 台 ZTY265、1 台 ZTY170 整体压缩机组，于 2004 年 6 月建成投产，该站运行 3 台机组，至故障时 ZTY265-1#机组累计运行 49532h，负荷 63.8%。

2. 故障情况

2011 年 7 月 11 日 16 点 05 分，值班人员发现 ZTY265-1#机组有微弱异响，马上对各个部位进行监听，16 点 08 分异响突然加大，出现明显的敲击声，随后 ZTY265-1#机组立即自动停机，就地故障显示器故障代码显示机身振动大停机，停机后发现动力二缸的十字头部分破裂、脱落，十字头销退出 2/3，铜套烧毁，十字头上下表面磨损严重（图 5-34 至图 5-37）。

图 5-34　动力二缸十字头部分退出（正视）

图 5-35　动力二缸十字头部分退出（侧视）

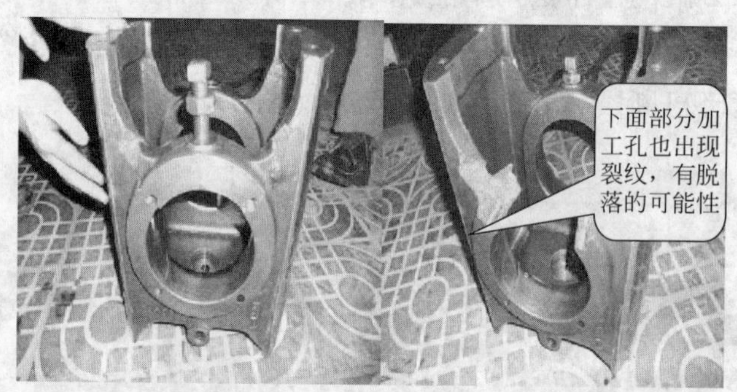

图 5-36　十字头破损脱落部分

图 5-37　铜套高温烧结变黑情况

动力二缸十字头销一侧有明显的磨损痕迹（图 5-38）。

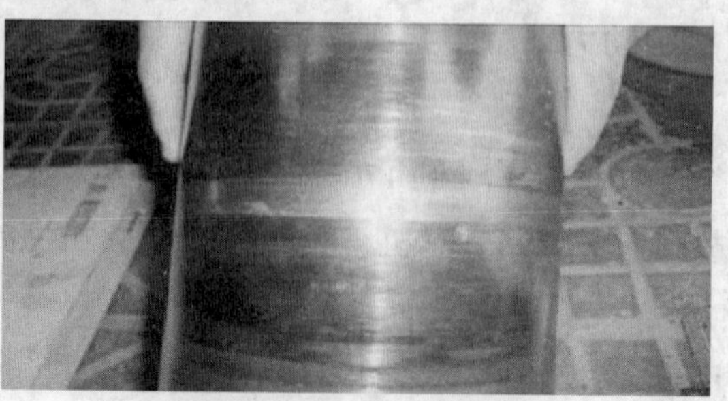

图 5-38　十字头销子磨损情况

方头凹端紧定螺钉断裂（凹端），并被滚压成球饼状，方头圆柱端紧定螺钉的圆柱端被磨短 2mm 左右（图 5-39）。

图 5-39　十字头销紧定螺钉断裂磨损情况

动力二缸曲轴连杆瓦外观未有损伤和磨损（图 5-40）。

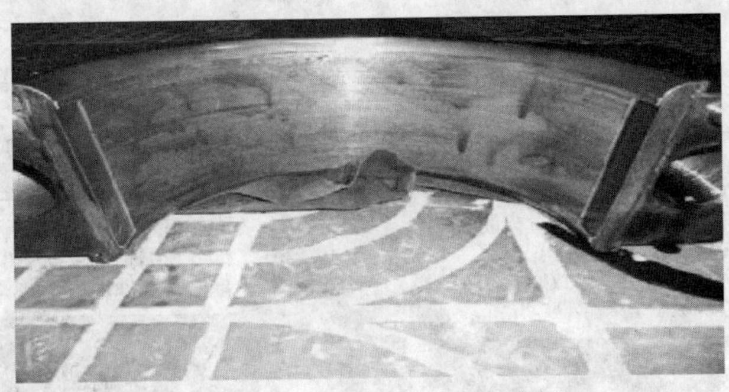

图 5-40　连杆瓦外观未有磨损

由以上各图显示十字头、十字头销、铜套均已损坏，连杆瓦没有较大的磨损。同时对机组动力缸的上下滑道进行检查，没有磨损。

3. 故障主要原因

十字头销紧固螺钉疲劳断裂，导致销子退出，十字头受力不均而破裂是故障发生的主要原因，具体分析如下：

（1）由于十字头销子不是绝对固定不动的，是由方头凹端紧固螺钉和方头圆柱端紧固螺钉所固定。在机组的运行中，起定位作用的方头圆柱端紧固螺钉在其十字头销子定位孔中移动，导致方头凹端紧固螺钉在其定位孔中移动。

（2）在机组的运行过程中，定螺钉承受冲击载荷，导致螺钉凹端疲劳受损断裂，而在日常维修中，主要是对其紧固程度进行检查，较难发现其断裂情况。在交变载荷作用下，导致螺纹发生冲击变形，在拧紧和机组运行过程中被滚压成球饼状，失去压紧和定位功能；球状部分运动中造成对螺孔边缘及其空间的磨损，最终随着机组的运动，断裂部分从侧面脱落（图 5-41、图 5-42）。

（3）十字头销从十字头销孔中转动和移出，机组运行过程中动力连杆、十字头、十字头销等的受力发生变化（受力大小和方向），产生扭曲变形，使十字头销与连杆铜套的

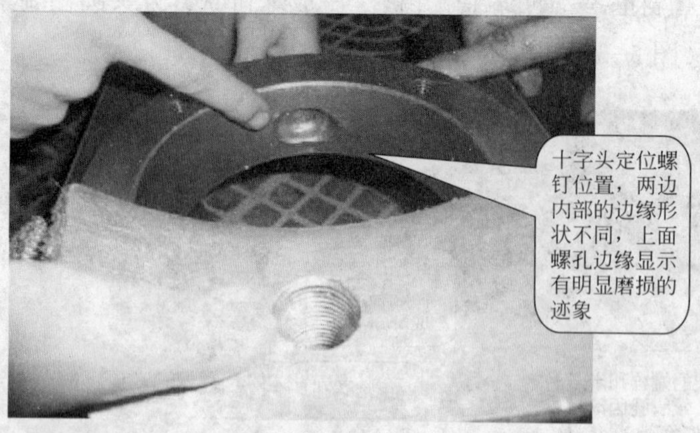

图 5-41　螺孔边缘磨损现状

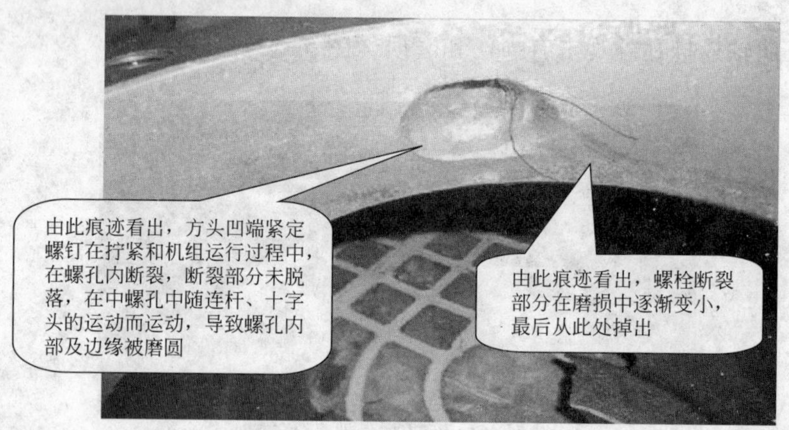

图 5-42　螺孔内部及边缘被磨圆

同心度发生改变，即动力连杆铜套与十字头销的配合间隙在两端发生改变，同时十字头与滑道的间隙也发生改变，使连杆铜套两端、十字头与上滑道之间出现局部的临界润滑，产生局部高温，连杆铜套两端出现胀裂式烧损和裂纹，润滑油结焦，十字头巴氏合金异常磨损（图 5-43）。

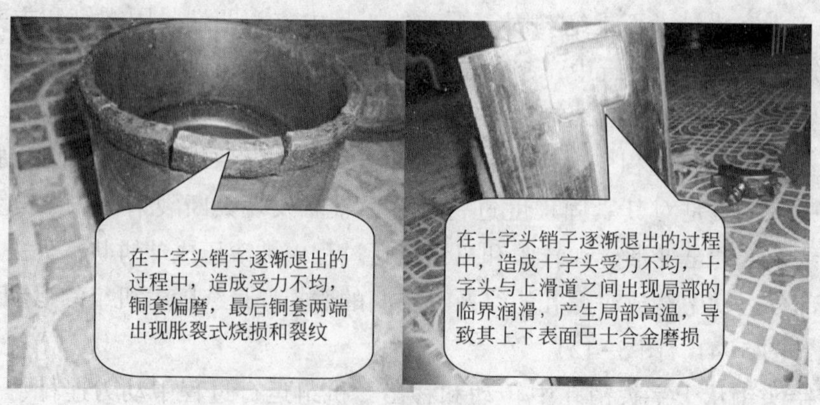

图 5-43　十字头销子退出过程中产生的危害

（六）某增压站分离器螺栓断裂

1. 故障情况

某增压站已陆续出现过跟振动有关的固定螺栓断裂、液位计本体外漏、冷却管束箱错位等一系列故障。

2011 年某增压站 RTY1250-1#、2#和 3#机组一级、二级分离器均出现过地脚螺栓断裂，累计次数 7 次（图 5-44）。

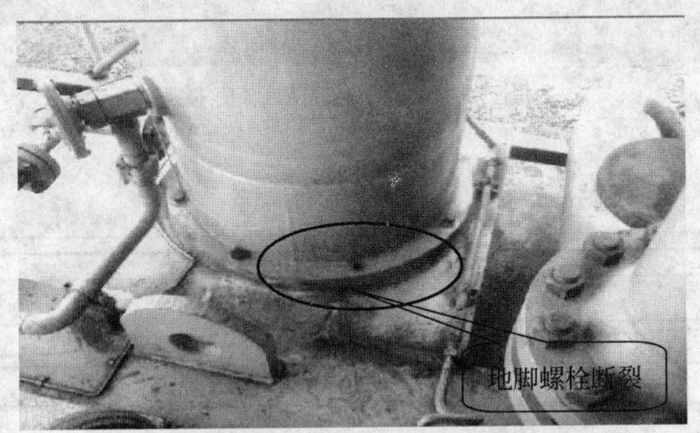

图 5-44 分离器地脚螺栓断裂

2. 故障主要原因

气通过测量压缩机组不同工况条件下配套工艺管线振动情况，进行振动点频谱分析，固有频率、激振频率和压力脉动计算和分析、振动及压力脉动测试，建立振动分析模型，找出气流压力脉动是工艺管线振动的主要原因。

3. 采取措施及建议

（1）改造工艺区配套工艺管线及汇管设备结构（图 5-45）。

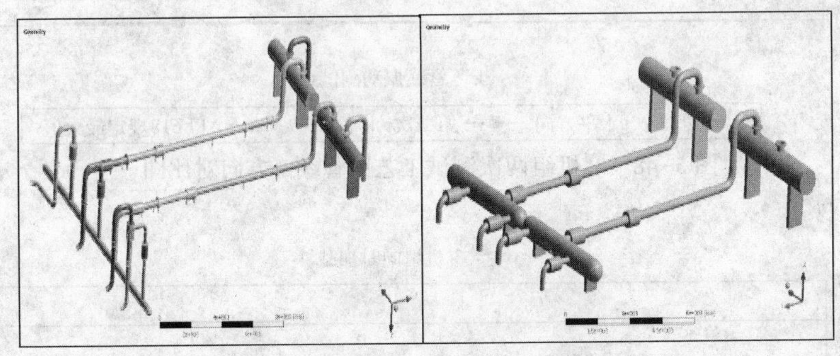

图 5-45 工艺区汇管整改前后对比模型图

（2）更换机组一、二级进排气缓冲罐，增加机组缓冲罐容积 52.90%，增设节流孔板（图 5-46）。通过以上措施，有效地减少了压力脉动和振动。

4. 整改效果

目前，已完成 3#、2#机组缓冲罐更换。以 3#机前后振动、脉动效果对比情况为例进行说明。

3#机组工艺区管线不同方向的振动烈度如图 5-47 至图 5-49 所示，加载压力脉动如

图 5-50 所示。

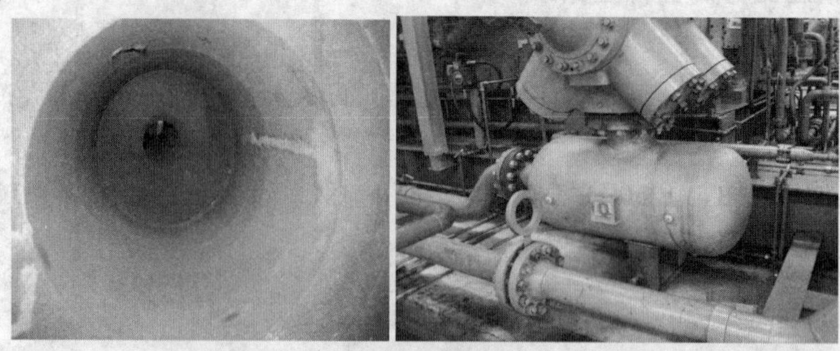

图 5-46　机组缓冲罐更换

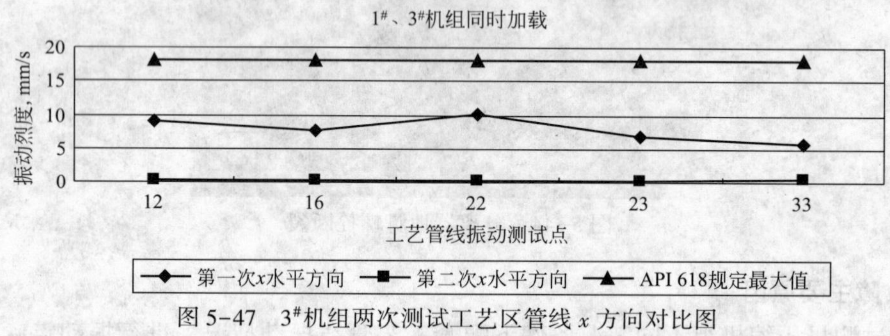

图 5-47　3#机组两次测试工艺区管线 x 方向对比图

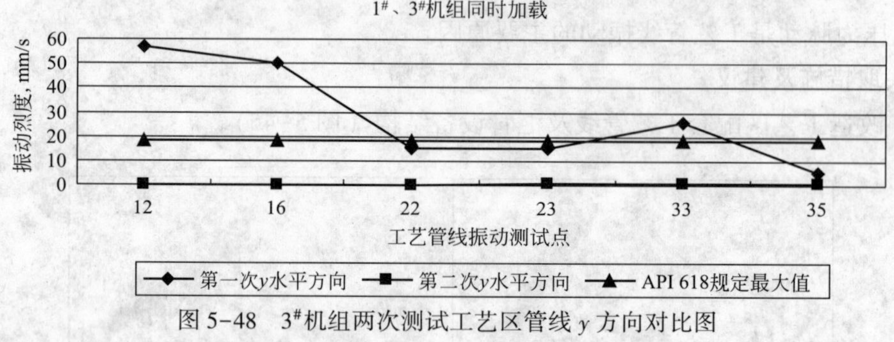

图 5-48　3#机组两次测试工艺区管线 y 方向对比图

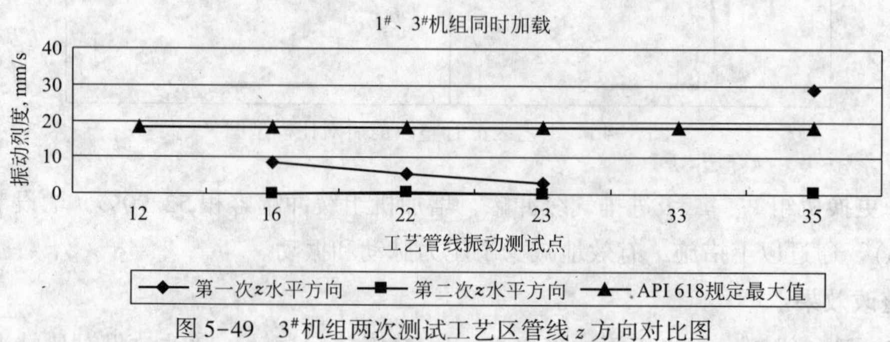

图 5-49　3#机组两次测试工艺区管线 z 方向对比图

通过测试对比发现：第二次测试与第一次测试工况基本未发生变化，但是工艺区管线振动由原来的 56. 90mm/s 下降为 1. 40mm/s；工艺区压力脉动由 4. 16%下降至 0. 55%，达

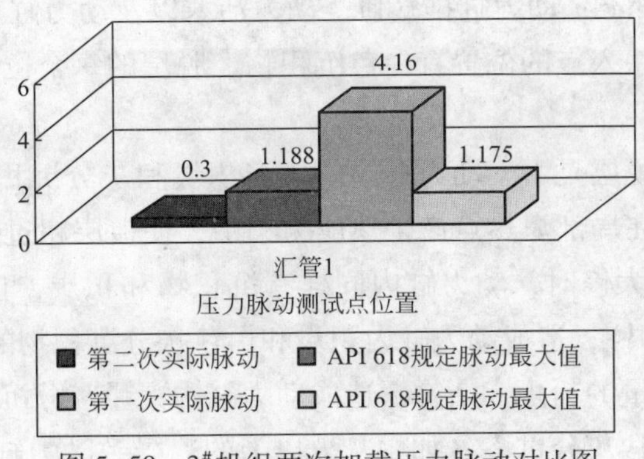

图 5-50 3#机组两次加载压力脉动对比图

到 API 618 规定要求。整改后分离器故障 2012 年分离器故障仅出现 2 次。

(八) 某增压站 2#机组动力缸镀层龟裂、脱落故障

1. 故障情况

外委维护单位 2008 年 9 月对 2#机组进行年度保养时，发现 2#机组两个动力缸都有脱层的情况（图 5-51）。脱层的位置且距动力缸上死点约为 100mm 左右，其中动力二缸最

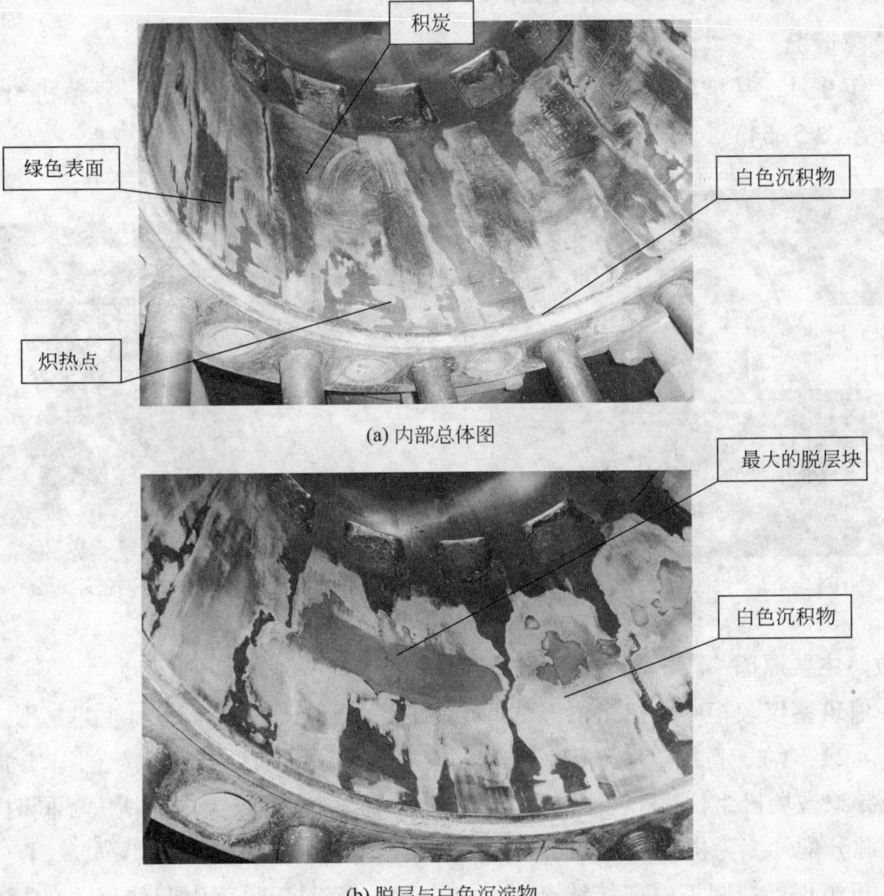

(a) 内部总体图

(b) 脱层与白色沉淀物

图 5-51 2#机组故障情况

大一块脱层约为116.25cm²；动力缸排气口、动力活塞以及动力缸盖上都存在明显的积炭现象；动力缸上润滑油注入点的位置有白色沉积物，脱层的每个位置都是黑黄色。

2. 故障主要原因

动力缸镀层龟裂、脱层是由于动力缸内的较多积炭和灰分沉积物处产生局部炽热点，导致发动机爆燃，从而在局部炽热点产生热应力集中，使镀层超过疲劳极限应力，镀层龟裂、脱落（2007年6月大修时，动力缸内同样有沉积物和积炭，但未发现脱层，当时应力未超过镀层的疲劳极限），造成动力缸内积炭和白色灰分沉积物的原因如下：

（1）燃料气中含大量的粉尘、杂物，造成动力缸内大量灰分沉积。

（2）润滑油含硫酸盐灰分过多（如中灰分以上的）导致动力缸积炭和灰分沉积。

（3）空滤器压差过大，不仅使热效率降低，而且曲轴箱的润滑油会被大量吸收扫气室，再经进气通道进入缸内，加剧积炭的生成和灰分沉积。

（4）注油量偏大，动力端密封填料过度磨损、泄漏，也是过多积炭和灰分沉积的原因。

从前述动力缸的现象，认为燃料气不清洁，含粉尘、杂物，以致使动力缸内产生大量白色沉积物，是镀层脱落的主要原因。

（九）某增压站3#、4#机组仪表系统电源烧毁

1. 故障情况

2012年9月，某增压站机组仪表系统线路短路，造成电源烧坏，导致机组掉电停机（图5-52至图5-54）。

图5-52　机组仪表柜

图5-53　备用电源

2. 故障主要原因

（1）值班室仪表柜中为机组供电的两个西门子电源（一用一备）并联，使用的电源电压过低（23.5V）、备用电源过高（28V）损坏、无法调节电压，引起的电压波动较大，瞬间高压导致现场机组仪表击穿烧坏，仪表内部短路引起线路上电流增大，同时值班室仪表柜中电源分配器上为机组供电的开关保险烧毁，导致机组掉电停机。

（2）机组现场控制柜内部接线杂乱，部分接头松动、脱落引起线路上的短路，可能是导致现场机组仪表烧坏的原因。值班室仪表柜中电源分配器上为机组供电的开关保险烧损，导致机组掉电停机。

（3）两个西门子电源电压较低，同时线路老化，铜线被氧化发黑变绿。铜的氧化会引起铜线导电率的下降，电阻的增大，从而影响到在同等大小电压下电流量的减小，所以会影响电感器的质量，增大电压损耗，引起值班室至现场就地控制箱电压下降幅度（达到3V），最终导致现场供电不足，机组无法启机。

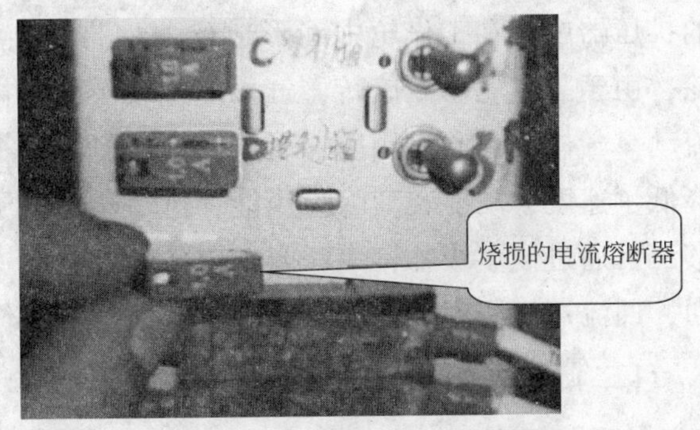

图5-54　损坏的电流熔断器

（十）某增压站压缩机组异响及负荷异常故障

1. 故障情况

2012年4月22日某增压站压缩机组年保结束后，启机运行中出现橡胶烤糊的气味，立即停机进行检查。经检查后发现弹性联轴器靠近发动机一端的橡胶片断裂（图5-55）。最后采用将弹性联轴器更换为膜片式联轴器（图5-56），解决了故障问题。

图5-55　联轴器橡胶断裂

图5-56　新更换的联轴器

2. 故障主要原因

（1）机组使用的弹性联轴器是压缩机组早期产品，存在易断裂的缺陷。

（2）联轴器损坏前，机组负荷及转速波动频率大，联轴器承受的交变载荷很大，致使联轴器在交变扭矩的作用下靠近发动机一端的橡胶断裂。

（3）外委单位在机组保养作业过程中不够仔细，发动机和压缩机的对中在年保中没有按要求进行检查。

第三节　离心式压缩机

一、离心式压缩机的基本原理及基本结构

（一）工作原理

汽轮机或电动机带动压缩机主轴叶轮转动，在离心力作用下，气体被甩到工作轮后面

的扩压器中。在工作轮中间形成稀薄地带，前面的气体从工作轮中间的进气部分进入叶轮，由于工作轮不断旋转，气体能连续不断地被甩出去，从而保持了气压机中气体的连续流动。气体因离心作用增加了压力，还可以以很大的速度离开工作轮，气体经扩压器逐渐降低了速度，动能转变为静压能，进一步增加了压力。如果一个工作叶轮得到的压力还不够，可通过使多级叶轮串联起来工作的办法来达到对出口压力的要求。级间的串联通过弯通，回流器来实现。这就是离心式压缩机的工作原理。

（二）基本结构

离心式压缩机由转子及定子两大部分组成（图5-57），转子包括转轴，固定在轴上的叶轮、轴套、平衡盘、推力盘及联轴节等零部件。定子则有气缸，定位于缸体上的各种隔板以及轴承等零部件。在转子与定子之间需要密封气体之处还设有密封元件。

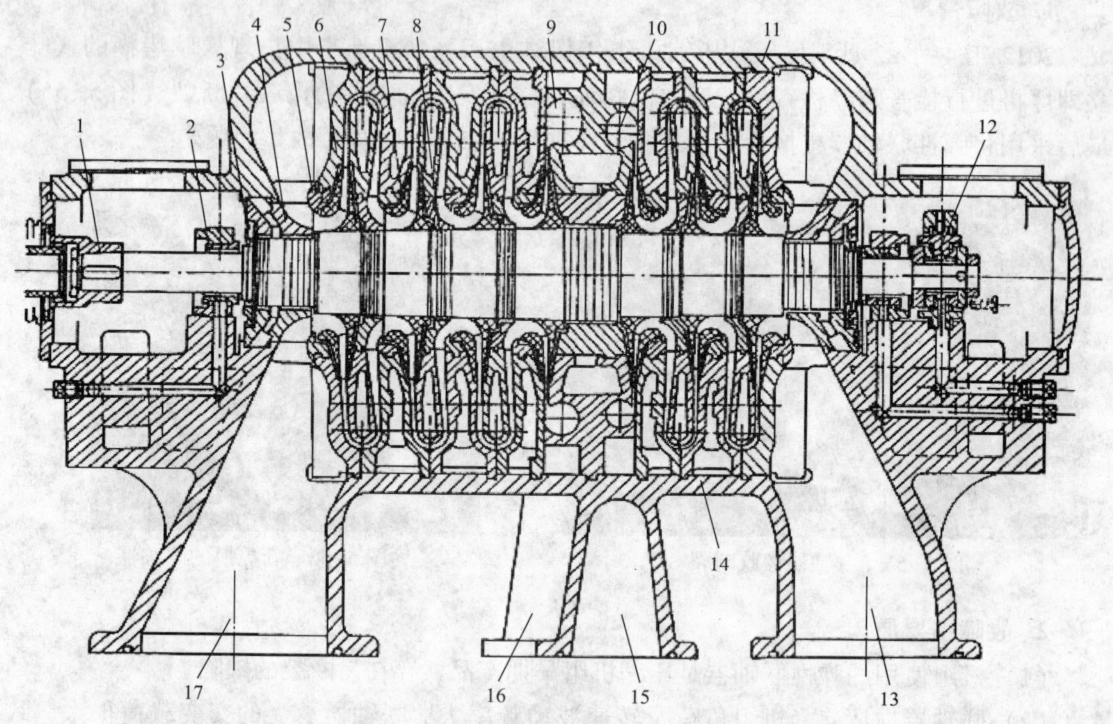

图5-57　离心式压缩机结构图

1—联轴器；2—主轴承；3—油封；4—轴封；5—轮盖密封；6—隔板；7—叶轮；8—级间轴封；9—一段排气蜗室；10—二段排气蜗室；11—上机壳；12—止推轴承；13—二段吸气管；14—下机壳；15—二段排气管；16—一段排气管；17—一段吸气管

（1）叶轮：离心式压缩机中最重要的一个部件，驱动机的机械功即通过此高速回转的叶轮对气体做功而使气体获得能量，它是压缩机中唯一的做功部件，亦称工作轮。叶轮一般是由轮盖、轮盘和叶片组成的闭式叶轮，也有无轮盖的半开式叶轮。

（2）主轴：起支持旋转零件及传递扭矩作用。根据其结构形式可分为阶梯轴和光轴两种，光轴有形状简单，加工方便的特点。

（3）平衡盘：在多级离心式压缩机中因每级叶轮两侧的气体作用力大小不等，使转子受到一个指向低压端的合力，这个合力称为轴向力。轴向力对于压缩机的正常运行是有害的，容易引起止推轴承损坏，使转子向一端窜动，导致动件偏移与固定元件之间失去正确的相对位置，情况严重时，转子可能与固定部件碰撞造成事故。平衡盘是利用它两边气体压力差来平衡轴向力的零件。它的一侧压力是末级叶轮盘侧间隙中的压力，另一侧通向大气或进气管，通常平衡盘只平衡一部分轴向力，剩余轴向力由止推轴承承受，在平衡盘的外缘需安装气封，用来防止气体漏出，保持两侧的差压。轴向力的平衡也可以通过叶轮的两面进气和叶轮反向安装来平衡。

（4）推力盘：由于平衡盘只平衡部分轴向力，其余轴向力通过推力盘传给止推轴承上的止推块，构成力的平衡，推力盘与推力块的接触表面应确保光滑，在两者的间隙内要充满合适的润滑油，在正常操作下推力块不致磨损。在离心压缩机起动时，转子会向另一端窜动，为保证转子应有的正常位置，转子需要两面止推定位，其原因是压缩机起动时，各级的气体还未建立，平衡盘两侧的压差还不存在，只要气体流动，转子便会沿着与正常轴向力相反的方向窜动，因此要求转子双面止推，以防止造成事故。

（5）联轴器：由于离心式压缩机具有高速回转、大功率，以及运转时难免有一定振动的特点，因此所用的联轴器既要能够传递大扭矩，又要允许径向及轴向有少许位移，联轴器分齿型联轴器和膜片联轴器，目前常用的都是膜片式联轴器，该联轴器不需要润滑剂，制造容易。

（6）机壳：机壳也称气缸，对中低压离心式压缩机，一般采用水平中分面机壳，利于装配，上下机壳由定位销定位，即用螺栓连接。对于高压离心式压缩机，则采用圆筒形锻钢机壳，以承受高压；这种结构的端盖是用螺栓和筒型机壳连接的。

（7）扩压器：气体从叶轮流出时，仍具有较高的流动速度。为了充分利用这部分速度能，以提高气体的压力，在叶轮后面设置了流通面积逐渐扩大的扩压器。扩压器一般有无叶、叶片、直壁形扩压器等多种形式。

（8）弯道：在多级离心式压缩机中级与级之间，气体必须拐弯，弯道是由机壳和隔板构成的弯环形空间。

（9）回流器：在弯道后面连接的通道称为回流器，回流器的作用是使气流按所需的方向均匀地进入下一级，它由隔板和导流叶片组成。导流叶片通常是圆弧的，可以和气缸铸成一体也可以分开制造，然后用螺栓连接在一起。

（10）蜗壳：蜗壳的主要目的是把扩压器后或叶轮后流出的气体汇集起来引出机器，蜗壳的截面形状有圆形、犁形、梯形和矩形。

（11）密封：为了减少通过转子与固定元件间的间隙的漏气量，常装有密封。密封分内密封，外密封两种。内密封的作用是防止气体在级间倒流，如轮盖处的轮盖密封，隔板和转子间的隔板密封。外密封是为了减少和杜绝机器内部的气体向外泄漏，或外界空气窜入机器内部而设置的，如机器端的密封。离心压缩机中密封种类很多，常用的有以下几种：

① 迷宫密封：迷宫密封是目前离心式压缩机应用较为普遍的密封装置，用于压缩机的外密封和内密封。迷宫密封的气体流动，当气体流过梳齿形迷宫密封片的间隙时，气体

经历了一个膨胀过程，压力从 p_1 降至右端的 p_2。这种膨胀过程是逐步完成的，当气体从密封片的间隙进入密封腔时，由于截面积的突然扩大，气流形成很强的旋涡，使得速度几乎为零，密封面两侧的气体存在压差，密封腔内的压力和间隙处的压力一样，从气体膨胀的规律来看，随着气体压力的下降，速度应该增加，温度应该下降，但是由于气体在狭小缝隙内的流动是属于节流性质的，此时气体由于压降而获得的动能在密封腔中完全损失，而转化为无用的热能，这部分热能转过来又加热气体，气体温度瞬间恢复到压力没有降低时的温度。气流经过后部的每一个密封片和空腔都将重复一次上面的过程，直到压力降至 p_2。由此可见迷宫密封是利用节流原理，当气体每经过一个齿片，压力就有一次下降，经过一定数量的齿片后就有较大的压降，实质上迷宫密封就是给气体的流动以压差阻力，从而减小气体的通过量。

② 油膜密封：即浮环密封，浮环密封的原理是依靠高压密封在浮环与轴套间形成的膜，产生节流降压，阻止高压侧气体流向低压侧，浮环密封既能在环与轴的间隙中形成油膜，环本身又能自由径向浮动。高压侧的环称为高压环，低压侧的环称为低压环，这些环可以自由沿径向浮动，但不能转动。密封油压力通常比工艺气压力高 49kPa 左右进入密封室，一路经高压环和轴之间的间隙流向高压侧，在间隙中形成油膜，将高压气封住；另一路则由低压环与轴之间的间隙流出，回到油箱。通常低压环有好几只，从而达到密封的目的。浮环密封用钢制成，端面镀锡青铜，环的内侧浇有巴氏合金，以防轴与油环的短时间的接触，巴氏合金作为耐磨材料。浮环密封可以做到完全不泄漏，被广泛地用于压缩机的轴封装置。

③ 机械密封：机械密封装置有时用于小型压缩机轴封上，压缩机用的机械密封与一般泵用的机械密封的不同点，主要是转速高、线速度大、PV 值高、摩擦热大和动平衡要求高等。因此，在结构上一般将弹簧及其加荷装置设计成静止式而且转动零件的几何形状力求对称，传动方式不用销子、链等，以减少不平衡质量所引起的离心力的影响，同时从摩擦件和端面比压来看，尽可能采取双端面部分平衡型，其端面宽度要小，摩擦副材料的摩擦系数低，同时还应加强冷却和润滑，以便迅速导出密封面的摩擦热。

④ 干气密封：随着流体动压机械密封技术的不断完善和发展，密封型螺旋槽面气体动压密封，即干气密封在石化行业得到了广泛的应用。相对于封油浮环密封，干气密封具有较多的优点：运行稳定可靠易操作，辅助系统少，大大降低了操作人员维护的工作量，密封消耗的只是少量的氮气，既节能又环保。

（12）轴承：离心式压缩机有径向轴承和推力轴承。径向轴承为滑动轴承，其作用是支持转子使之高速运转，止推轴承则承受转子上剩余轴向力，限制转子的轴向窜动，保持转子在气缸中的轴向位置。

径向轴承主要由轴承座、轴承盖、上下两半轴瓦等组成。

① 轴承座：用于放置轴瓦，可以与气缸铸在一起，也可以单独铸成后支持在机座上，转子加给轴承的作用力最终都要通过它直接或间接地传给机座和基础。

② 轴承盖：盖在轴瓦上，并与轴瓦保持一定的紧力，以防止轴承跳动，轴承盖用螺栓紧固在轴承座上。

③ 轴瓦：用于直接支承轴颈，轴瓦圆表面浇巴氏合金，由于其减摩性好，塑性高，易于浇注和跑合，在离心压缩机中广泛采用。在实际中，为了装卸方便，轴瓦通常是制成上下两半，并用螺栓紧固，目前使用巴氏合金厚度通常为1~2mm。轴瓦在轴承座中的放置有两种：一是轴瓦固定不动；二是活动的，即在轴瓦背面有一个球面，可以在运动中随着主轴挠度的变化自动调节轴瓦的位置，使轴瓦沿整个长度方向受力均匀。润滑油从轴承侧表面的油孔进入轴承，在进入轴承的油路上，安装一个节流孔板，借助于节流孔板直径的改变，就可以调节进入轴承油量的多少，在轴瓦的上半部内有环状油槽，这样使得润滑油能更好地循环，并对轴颈进行冷却。

推力轴承与径向轴承一样，也是分上下两半，中分面有定位销，并用螺栓连接，球面壳体与球面座间用定位套筒，防止相对转动。

① 推力与轴承为球面支承或可根据轴挠曲程度而自动调节，推力轴承与推力盘一起作用，安装在轴上的推力盘随着轴转动，把轴传来的推力压在若干块静止的推力块上，在推力块工作面上浇铸一层巴氏合金，推力块厚度误差小于0.01mm。

② 离心压缩机中广泛采用米切尔式推力轴承和金斯泊雷式轴承。离心压缩机在正常工作时，轴向力总是指向低压端，承受这个轴向力的推力块称为主推力块。在压缩机起动时，由于气流的冲力方向指向高压端，这个力使轴向高压端窜动。为了防止轴向高压端窜动，设置了另外的推力块，这种推力块在主推力块的对面，称为副推力块。推力盘与推力块之间留有一定的间隙，以利于油膜的形成，此间隙一般为0.25~0.35mm，间隙的最大值应当小于固定元件与转动元件之间的最小轴向间隙，这样才能避免动、静件相碰。

③ 润滑油从球面下部进油口进入球面壳体，再分两路，一路经中分面进入径向轴承，另一路经两组斜孔通向推力轴承，进推力轴承的油一部分进入主推力块，另一部分进入副推力块。

(三) 离心压缩机的工作点

当离心压缩机向管网中输送气体时，如果气体流量和排出压力都相当稳定（即波动甚小），这就是表明压缩机和管网的性能协调，处于稳定操作状态。这个稳定工作点具有两个条件：一是压缩机的排气量等于管网的进气量；二是压缩机提供的排压等于管网需要的端压。因此这个稳定工作点一定是压缩机性能曲线和管网性能曲线交点。

(四) 最大流量工况及喘振工况

1. 最大流量工况

当压缩机流量达到最大时的工况为最大流量工况。造成这种工况有两种可能：一是级中流道中某喉部处气流达到临界状态，这时气体的容积流量已是最大值，任凭压缩机背压再降低，流量也不可能再增加，这种情况称为“阻塞”工况。另一种情况是流道内并未达到临界状态，即尚未出现“阻塞”工况，但压缩机在大流量下，机内流动损失很大，所能提供的排气压力很小，仅够用于克服排气管的流动阻力以维持这样大的流量，这也是压缩机的最大流量工况。

2. 喘振工况

离心压缩机最小流量时的工况为喘振工况。当离心式气压机的流量减少到使气压机工作于特性曲线 A3 点时，如果因某种原因压缩机的流量进一步下降，就会使气压机的出口压力下降，但是管路与系统的容积较大，而且气体有可压缩性，故管网中的压力不能立即下降，仍大于压缩机的排压，就会出现气体倒流进入机器内。气压机由于补充了流量，又使出口压力升高，直到出口压力高于管网压力后，就又排出气体到系统中。这样气压机工作在 A3 点左侧时造成气体在机内反复流动振荡，造成流量和出口压力强烈波动，即所谓的喘振现象。当压缩机发生喘振时，排出压力大幅度脉动，气体忽进忽出，出现周期性的吼声以及机器的强烈振动。如不及时采取措施加以解决，压缩机的轴承及密封必将首先遭到破坏，严重时甚至发生转子与固定元件相互碰擦，造成恶性事故。A3 点所对应的工况就是压缩机的最小流量工况。出现喘振的原因是压缩机的流量过小，小于压缩机的最小流量，管网的压力高于压缩机所提供的排压，造成气体倒流，产生大幅度的气流脉动。防喘振的原理就是针对着引起喘振的原因，在喘振将要发生时，立即设法加大压缩机的流量。

二、离心式压缩机的优缺点

重庆气矿气田增压广泛采用活塞式压缩机，阿姆河地区采用离心式压缩机进行长输管线增压。与活塞式压缩机相比，离心式压缩机有以下一些优缺点。

（一）优点

1. 流量大

离心压缩机中气体是连续流动，流通截面较大，同时叶轮转速很高，故流量很大，进气量在 $5000m^3/min$ 以上。

2. 转速高

离心压缩机中转子只作旋转运动，转动惯量小，且与静止部件不接触。这不仅减少了摩擦，还可大大提高转速。

3. 结构紧凑

机组质量及占地面积都比同一气量的活塞压缩机小得多。

4. 运转可靠

由于转动部件与静止部件不直接接触摩擦，因而运转平稳、排气均匀、易损件少，一般可连续运转一年以上。不需备用机组，维修量小。

5. 其他

工作平稳、可靠，振动小，噪声较低；使用期限长、易损件少，易于自控。

（二）缺点

1. 单级压力比不高

目前，排气压力要求超过 500×10^5Pa 时，只能使用活塞式压缩机。

2. 效率稍低

由于离心式压缩机中气流速度较大，造成能量损失较大，故效率较活塞式压缩机稍低。

3. 易发生喘振

任何离心式压缩机按其结构尺寸，在某一固定的转速下，都有一个最高的工作压力，在此压力下有一个相应的最低流量。当离心压缩机出口的压力高于此数值时，就会产生喘振。发生喘振，对压缩机的密封损坏较大，密封的损坏将使润滑油窜入流道，影响冷却器和冷凝器的效率。严重的喘振很容易造成转子轴向窜动，烧坏止推轴瓦，叶轮有可能被打碎。极严重时，可能导致压缩机遭到破坏，会损伤齿轮箱、电动机，以及连接压缩机的管线和设备等。

4. 其他

离心式压缩机转速高、功率大、无备机，一旦发生事故，后果是严重的，需有一系列紧急安全保障设施。

三、离心式压缩机的应用

早期，由于离心式压缩机只适于低，中压力、大流量的场合，而不为人们所注意。但近来，由于化学工业的发展，各种大型化工厂、炼油厂、长输管线的建立，离心式压缩机已成为压缩和输送各种气体的关键机器，占有极其重要的地位。随着气体动力学研究的不断发展。离心压缩机效率也不断提高，同时高压密封，小流量窄叶轮的加工，多油楔轴承等关键技术的突破，解决了离心压缩机向高压力、宽流量范围发展而带来的一系列问题，使离心式压缩机的应用范围大为扩展，以致在很多场合可取代往复压缩机。工业用高压离心压缩机压力为15~35MPa，海上油田注气用的离心压缩机压力高达70MPa。作为高炉鼓风用的离心式鼓风机的流量可达7000m^3/min，功率可达52900kW，转速一般超过10000r/min。对于集输行业，离心式压缩机主要用于长输管线增压，用来克服长距离输送带来的阻力损失。

第四节　增压开采生产技术管理

一、增压相关标准、规范简介

（一）《工业企业厂界环境噪声排放标准》（GB 12348—2008）

1. 基本术语

工业企业厂界环境噪声：指在工业生产活动中使用固定设备等产生的、在厂界处进行测量和控制的干扰周围生活环境的声音。

厂界：由法律文书（如土地使用证、房产证、租赁合同等）中确定的业主所拥有使用权（或所有权）的场所或建筑物边界。各种产生噪声的固定设备的厂界为其实际占地的边界。

噪声敏感建筑物：指医院、学校、机关、科研单位、住宅等需要保持安静的建筑物。

频发噪声：指频繁发生、发生的时间和间隔有一定规律、单次持续时间较短、强度较高的噪声，如排气噪声、货物装卸噪声等。

偶发噪声：指偶然发生、发生的时间和间隔无规律、单次持续时间较短、强度较高的噪声。如短促鸣笛声、工程爆破噪声等。

2. 厂界环境噪声排放限值

工业企业厂界环境噪声不得超过表 5-15 中规定的排放限值。

表 5-15　工业企业厂界环境噪声排放限值　　dB（A）

边界处声环境功能区类型	时段	
	昼间	夜间
0	50	40
1	55	45
2	60	50
3	65	55
4	70	55

（1）夜间频发噪声的最大声级超过限值的幅度不得高于 10dB(A)。

（2）夜间偶发噪声的最大声级超过限值的幅度不得高于 15dB(A)。

（3）增压站噪声排放标准执行《工业企业厂界环境噪声排放标准》（GB 12348—2008）2 类，昼间 60dB(A)，夜间 50dB(A)。

3. 测量方法

1）测量仪器

（1）测量仪器为积分平均声级计或环境噪声自动监测仪，其性能应不低于 GB/T 3785 和 GB/T 17181 对 2 型仪器的要求。测量 35dB 以下的噪声应使用 1 型声级计，且测量范围应满足所测量噪声的需要。校准所用仪器应符合 GB/T 15173 对 1 级或 2 级声校准器的要求。当需要进行噪声的频谱分析时，仪器性能应符合 GB/T 3241 中对滤波器的要求。

（2）测量仪器和校准仪器应定期检定合格，并在有效使用期限内使用；每次测量前、后必须在测量现场进行声学校准，其前、后校准示值偏差不得大于 0. 5dB，否则测量结果无效。

（3）测量时传声器加防风罩。

（4）测量仪器时间计权特性设为“F”挡，采样时间间隔不大于 1s。

2）测量条件

（1）气象条件：测量应在无雨雪、无雷电天气，风速低于 5m/s 时进行。不得不在特殊气象条件下测量时，应采取必要措施保证测量准确性，同时注明当时所采取的措施及气象情况。

（2）测量工况：测量应在被测声源正常工作时间进行，同时注明当时的工况。

3）测点位置

（1）测点布设。

根据工业企业声源、周围噪声敏感建筑物的布局以及毗邻的区域类别，在工业企业厂界布设多个测点，其中包括距噪声敏感建筑物较近以及受被测声源影响大的位置。

（2）测点位置的一般规定。

一般情况下，测点选在工业企业厂界外 1m、高度 1. 20m 以上、距任一反射面距离不小于 1m 的位置。

（3）测点位置的其他规定。

当厂界有围墙且周围有受影响的噪声敏感建筑物时，测点应选在厂界外1m、高于围墙0.50m以上的位置。

当厂界无法测量到声源的实际排放状况时（如声源位于高空、厂界设有声屏障等），应按相应要求设置测点，同时在受影响的噪声敏感建筑物户外1m处另设测点。

室内噪声测量时，室内测量点位设在距任一反射面至少0.50m以上、距地面1.20m高度处，在受噪声影响方向的窗户开启状态下测量。

固定设备结构传声至噪声敏感建筑物室内，在噪声敏感建筑物室内测量时，测点应距任一反射面至少0.50m以上、距地面1.20m、距外窗1m以上，窗户关闭状态下测量。被测房间内的其他可能干扰测量的声源（如电视机、空调机、排气扇以及镇流器较响的日光灯、运转时出声的时钟等）应关闭。

4）测量时段

（1）分别在昼间、夜间两个时段测量。夜间有频发、偶发噪声影响时同时测量最大声级。

（2）被测声源是稳态噪声，采用1min的等效声级。

（3）被测声源是非稳态噪声，测量被测声源有代表性时段的等效声级，必要时测量被测声源整个正常工作时段的等效声级。

（二）《容积式压缩机机械振动测量与评价》（GB/T 7777—2003）

1. 适用范围

《容积式压缩机机械振动测量与评价规范》（GB/T 7777—2003）规定了容积式压缩机机械振动测量与评价，适用于额定转速为120~12000r/min的压缩机。

2. 基本术语

振动位移：物体相对于某一参考坐标位置变化的矢量，单位为mm。

振动速度：振动位移的时间变化率的矢量，单位为mm/s。

振动烈度：表征振动强烈程度的一个通用词，GB/T 7777—2003规定用振动速度有效值表征压缩机的振动烈度，单位为mm/s。

3. 测量仪器

振动测量仪器应能直接显示复合振动的振动速度有效值，频率响应范围应在2~3000Hz内选取，仪器精度应不低于5%。

4. 测点

（1）对于往复式压缩机，振动测点位于每只气缸的缸盖上，以三个互相垂直的方向进行测量，三个方向分别为往复方向（x方向），曲轴轴线方向（z方向）和垂直于前两个方向的y方向。

（2）对于回转压缩机，振动测点位于每只转子两端轴承位置，以三个互相垂直的方向进行测量，三个方向分别为转子主轴线方向（z方向），水平方向（x方向）和垂直于前两个方向的y方向。

5. 机械振动测量与评价

往复式压缩机振动烈度要求见表5-16。

表 5-16 往复式压缩机振动烈度

往复式压缩机	振动烈度，mm/s	
	固定式	非固定式
对称平衡型	18	—
角度式(L 形，V 形，W 形、扇形)、对置式、立式	28	28
其他卧式	45	45
微型、无基础	—	45
移动式、直联便携式	—	71

(三) 配套工艺系统脉动控制和振动相关计算

1. 流通面积要求

集气汇管的流通面积应大于进气管流通面积总和的 3 倍。

集气汇管的流通面积 $S_{集}$：

$$S_{集}=\frac{\pi D_{集}^2}{4} \tag{5-61}$$

进气管流通面积 $S_{总}$：

$$S_{总}=\sum_{i=1}^{n}\frac{\pi d_i^2}{4} \tag{5-62}$$

式中 $S_{集}$——集气汇管的流通面积，m^2；

$S_{总}$——进气管流通面积的总和，m^2；

$D_{集}$——集气汇管的内径，m；

d_i——各进气管的内径，m；

n——进气管数。

2. 缓冲容积的限定

脉动控制装置的最小吸气缓冲容积和最小排气缓冲容积不应少于 0.03m^2，由以下计算式确定：

$$V_s=8.1\times pD\left(\frac{kT_s}{M}\right)^{\frac{1}{4}} \tag{5-63}$$

$$V_d=1.6\left(\frac{V_s}{R}\times\frac{1}{4}\right) \tag{5-64}$$

式中 V_s——最小吸气缓冲容积，m^3；

V_d—最小排气缓冲容积，m^3；

K——绝热指数；

R——级压力比；

T_s——绝对吸气温度，K；

M——摩尔质量，g/mol；

pD——压缩机气缸每转净排出的总容积，m^3/r。

3. 最小许用管径限定

管线的脉动峰峰值应限定在下式公式确定值内：

$$p_1=\frac{4.1}{(p_L)^{\frac{1}{3}}}\% \tag{5-65}$$

根据管线中的绝对压力 p_L，计算中管路平均压力百分数 p_1。

工作压力为0.35~35MPa的管线，再利用以下公式，计算出管线内径 d：

$$p_1=\sqrt{\frac{a}{350}}\times\frac{400}{\sqrt{10p_L df}} \tag{5-66}$$

其中，激发频率 f 的计算式：

$$f=\frac{n}{60}i \tag{5-67}$$

声速 a 根据介质查表所得，也可以通过以下公式进行计算：

$$a=\sqrt{kgRT} \tag{5-68}$$

式中 p_1——与主频率和谐波频率相对应的各个脉动分量的最大许用峰值，以管路平均压力百分数表示；

p_L——管线内的绝对压力，MPa；

d——管路管子的内径，mm；

a——声速，m/s；

f——脉动频率，Hz；

n——往复式压缩机转速，r/min；

i——双作用时等于2，单作用时等于1；

k——绝热指数；

g——重力加速度，m/s^2；

R——气体常数，J/(K·mol)；

T——绝对温度，K。

4. 管线部分

1）共振管长要求

共振管长指激发频率 f 一定时，导致管道发生气柱共振的管道长度，管线设计时要尽可能避开共振管长。

（1）一端为闭端，另一端为开端的管道，对应 m 阶气柱共振的共振管长为：

$$l_m=(0.8\sim1.2)\frac{(2m-1)}{4}\cdot\frac{a}{f} \tag{5-69}$$

式中 l_m——第 m 阶共振管长（m=1，2，3，4），m。

当一端的容器缓冲容积很小，另一端容积较大时，中间连接的管道可看做一端为闭端，另一端为开端的情况。

（2）两端均为闭端的管道，对应 m 阶气柱共振的共振管长为：

$$l_m=(0.8\sim1.2)\frac{m}{2}\cdot\frac{a}{f} \tag{5-70}$$

当两端容器缓冲容积很小时，中间仅由管道连接时，这中间管道可以认为两端为闭端的情况。

（3）两端均为开端的管道。

两个大容器之间用管道连接，可认为是二端均为开端的管道。共振管长计算与两端均为闭端的管道结果相同。

2）频率分割准则

根据相关标准，管线结构的各阶机械固有频率与压缩机转速对应的激振频率应满足20%的频率分隔区（即共振区为激发频率的±20%范围内）。由于建模的限制，实际系统设计中相差±10%也可。

3）压力降与压力脉动设计

压力降不应超过平均绝对管线压力的0.25%，或由下式计算确定：

$$\Delta p=1.67\left(\frac{R-1}{R}\right)\% \tag{5-71}$$

式中　Δp——最大压力降，用管线平均绝对压力的百分比来表示；

R——级压力比。

管线的脉动峰峰值应限定在下式公式确定值内：

$$p_1=\frac{4.1}{(p_L)^{\frac{1}{3}}}\% \tag{5-72}$$

二、新建增压站技术规定

（一）总体要求

增压工程应在气田开发方案中统一论证，总体规划。在集中增压的基本原则下，可根据气田生产情况实行高低压分输、分阶段增压。相关技术经济指标应符合下列要求：

（1）增压站布局应根据气田开发井网、气井的生产特点、脱水站、脱硫厂、周边管网及方便生产管理来合理确定。

（2）增压工程应合理利用气井流体的压力能，同时应考虑管道输送压力损失。

（3）增压方案在满足开发方案及开发调整方案所确定的规模、井口压力、采收率等基础上，应根据建设投资、总的能量消耗、维护维修等综合对比择优选择。

（二）增压工程设计遵循下列原则

（1）遵守国家法律、法规和地方政府部门的有关规定。

（2）压缩机组选型应成熟可靠，工艺及辅助系统配套方案应优化合理。

（3）增压站噪声控制应作单体设计，应做到技术可行，经济合理、符合公众健康、安全和环境保护的要求。

（4）压缩机组及配套由压缩机组成套方完整提供。压缩机组及配套的各项指标及参数应满足气田气质、压力、处理规模及环境条件要求，应在技术规格书中明确和规定。

（5）增压站设计应满足压缩机组各接口界面及技术参数的要求。

（三）增压工程施工

增压工程施工应按照设计文件要求进行，应建立质量管理体系，确保各分项工程的施工质量。

（四）压缩机组的交接与验收

压缩机组的交接与验收应符合相关标准规范和技术协议书的规定，增压工程交接验收应符合设计要求。

（五）压缩机组的选型及配置

（1）压缩机组应选用成熟可靠产品，型号和台数应根据开发方案及开发调整方案各阶段处理总气量、总压比、气质，分公司范围内压缩机组调剂和机组备用方式等，进行技术经济比较后确定。

（2）单台机组不同工况下，以及机组不同组合运行方式的处理能力应满足各阶段增压的要求，并考虑压缩机组高效运行的区间及变型改造的因素。

（3）气田增压开采用的压缩机宜选用往复式活塞压缩机。

（4）压缩机的驱动机宜选用天然气发动机，其功率应有适当裕量，能满足运行环境温度、海拔高度对功率降的影响，能克服运行年限增长等原因可能引起的功率降。压缩机的轴功率可按《输气管道工程设计规范》（GB 50251）计算或执行相关制造厂工况计算软件。

（5）不同制造厂发动机的选用应进行技术经济指标的对比。

（6）整体式压缩机组（630kW 及以下）宜采用国产化压缩机组系列。

（7）压缩机组及配套系统应满足《油气生产用配套往复式压缩机规范》API 11P 等相关标准规范要求。压缩机组的成套方案应尽量减少站场与之配套的辅助系统，应控制压缩机组运行的综合能耗。

（8）压缩机组选型应考虑运输、吊装等因数，满足现场安装条件。应考虑国内市场售后服务保障能力。

（六）增压站工艺及辅助系统

（1）增压站的天然气进口端应设置分离过滤设备，增压天然气应满足压缩机组对气质的要求。过滤效果要求除去：不小于 5μm 粉尘 99.90%，不小于 5μm 液滴 99.00%。

（2）压缩机进排气管道直径应不小于压缩机进排气管口的直径。排气管和易出现冷凝的部位不应采用架空管道。压缩机工艺管道应采用地上或埋地敷设，不宜采用明沟或暗沟敷设。

（3）压缩机组的原料气放空和排污应分别接入站场的排放系统。活塞杆填料的泄漏气不应在厂房内排放，单台机组宜独立设置排放系统。机组燃料气放空应接入站场低压放空系统，燃料气分离过滤器排污系统应设置止回阀。

（4）压缩机组进气管道宜设双阀控制，中间加放空。原料气工艺系统应设置置换口，进气管道宜设置在截断阀后，排气管道宜设置在出口止回阀与截断阀之间。

（5）压缩机组冷却系统应符合下列要求：

① 整体式压缩机组冷却器宜采用主机皮带传动直接驱动。大功率分体式压缩机组冷却器在皮带传动或轴传动存在困难的情况下，可采用电机独立驱动，电动机宜采用变频调速电机。冷却器运行状况应与压缩机组运行连锁监控。

② 机组夹套水冷却器、气体冷却器宜采用空冷。

③ 气体通过冷却器的压力损失不宜大于 0.07MPa，冷却液通过冷却器的压力损失不宜大于 0.1MPa。

④ 压缩机组夹套用冷却液应满足设备制造厂要求。分体式压缩机组夹套冷却宜采用防冻液，整体式压缩机组宜采用软化水。

（6）压缩机组仪表控制系统应符合下列要求：

① 新建压缩机组应采用 PLC/RTU 控制系统，宜设置在增压站仪控室。系统应是机组监控的独立单元，应具有压缩机组启动、停车、监视控制、连锁保护、紧急停车等功能，同时应可靠地与站控系统信息交换。

② 压缩机组紧急停车系统应在 PLC/RTU 控制系统外设置硬连线控制回路，紧急停车按钮应分区设置。停车信号输出后继电器状态反馈应有监控。

③ 控制系统应实现对机组的燃料系统、点火系统的控制。燃料系统切断放空、点火系统切断接地应独立设置、联合受控。

④ PLC/RTU 控制系统应采用不间断电源系统（UPS）供电，UPS 的运行和报警应能在站控系统中监视。压缩机组的供电回路应单独设置。

⑤ 系统所有供电、信号、通信回路均应设置浪涌保护器或信号隔离处理器。

⑥ 压缩机组就地 MURPHY、ALTRONIC 仪表控制系统应增设电磁阀的磁性开关转接器（Magnetic Switch Adapter），并宜增设点火系统控制箱。

⑦ 压缩机组仪表控制系统的选型及安装应符合《石油、化学、和天然气工业用往复式压缩机》（SY/T 6650）、《油气生产用配套往复式压缩机规范》（API 11P）及《油气田及管道仪表控制系统设计规范》（SY/T 0090）等的要求。

（七）增压站站控系统

（1）增压站站控系统设计应符合《油气田及管道计算机控制系统设计规范》（SY/T 0091）要求。

（2）增压站宜设置独立的 ESD 系统，通过网络和硬线与相关系统连接。

（3）站控系统应对压缩机组运行状态进行全过程信息的综合管理，数据报表、事件报表、趋势分析应具有分阶段、分类查询功能。

（4）增压站宜设置 1 台小型发电机组（或采用压缩机组主机驱动发电机的方式供电）为机组仪表及站控系统备用供电，并宜考虑应急照明和事故通风设施的需要。

（八）仪表风系统

当压缩机组使用仪表风时，仪表风的压力、流量、露点、过滤精度等应满足设备要求，仪表风系统可与压缩机组启动气共用。

（九）启动方式

整体式压缩机组可采用缸头直接启动方式或气马达起动方式，分体式压缩机组采用气马达启动方式。

（十）压缩机组启动气系统

压缩机组启动气系统应符合下列要求：

（1）启动气可采用压缩空气或压缩天然气。

（2）启动气的气质、压力等参数应符合压缩机组制造厂的要求。

（3）启动气管线应设置超压保护装置，宜设置缓冲罐，并应具有排污功能，管道流通能力应满足压缩机组启动过程瞬时流量要求。

（4）采用天然气启动系统的管道上宜设置双阀，中间设放空系统。启动天然气放空不应在厂房内排放，宜单台机组独立设置排放系统并与站场低压放空系统连接。气马达启动系统的背压应满足正常启动的要求。

（十一）压缩机组燃料气系统

压缩机组燃料气系统应符合下列要求：

（1）燃料气气质、压力等参数应满足天然气发动机制造厂的要求。

（2）燃料气应设调压和对单台机组的计量，应设超压保护装置。

（3）燃料气在进入压缩机厂房前及每台压缩机组前应设截断阀，单台机组的燃料气应设置停机或故障时的自动切断气源及排空设施，由站控系统和ESD系统控制。

（十二）压缩机组供油系统

压缩机组供油系统应符合下列要求：

（1）增压站宜设置桶装油存放棚区，应设置废油回收罐或污油池，污油池应作防渗处理。

（2）压缩机组供油系统应作过滤加注及计量设计。过滤器应为全流量精油过滤器，精度为5μm或更细。

（3）当发动机、压缩机采用不同润滑油品时，应分别设置供油系统。

（十三）压缩机组的布置

（1）压缩机组的布置应符合下列要求：

① 增压站总平面及竖向布置，应符合《石油天然气工程设计防火规范》（GB 50183）、《石油天然气工程总图设计规范》（SY/T 0048）的有关规定；未涉及部分，应符合《建筑设计防火规范》（GB 50016）、《石油化工企业设计防火规范》（GB 50160）和《工业企业总平面设计规范》（GB 50187）的有关规定。四级站的固定消防设施应符合《石油天然气工程设计防火规范》（GB 50183）的要求。

② 天然气发动机直接拖动的压缩机组及厂房距井口装置不应小于20m，距仪控值班室不应小于25m，距辅助生产厂房不应小于15m；距10kV及以下户外变压器、配电间不

应小于 15m；距污水池不应小于 10m。

③ 压缩机组布置与有防振要求较高的仪器、设备的防振间距应符合《工业企业总平面设计规范》（GB 50187）第 4.2.4 的规定。

④ 压缩机组的布置应考虑修井作业的要求，应满足《油田油气集输设计规范》（GB 50350）的要求。

⑤ 机组之间的间距及机组与墙的间距，应满足操作、检修的场地和通道要求。机组与墙的间距除保证检修能够抽出气缸中的活塞部件外，并宜有不小于 0.50m 的余量；同时应考虑机组燃料气系统、原料气系统工艺管线及阀门的安装、操作与维护空间，其净宽不宜小于 1.20~1.50m；当一侧布置有操作盘柜时，其净宽不宜小于 2.00m；机组与墙之间设有操作平台时，平台通道宽度不宜小于 1.20m。机组之间的间距应满足压缩机组最大尺寸部件吊装的要求，垂直方向不应小于 0.50m，水平方向不应小于 0.40m，并应考虑机组大修吊装车辆的布置和操作空间。车行道下的管线、电缆等应作保护设计。

⑥ 机组宜单列布置，并应便于管道安装、电缆等的敷设。

（2）发动机尾气应排出室外，排气方向应避开有爆炸危险的场所。消声器排气口应高于新鲜空气进气口，宜位于进气口当地最小风频上风向，废气排放口与新鲜空气进气口应保持足够距离。

（3）整体式压缩机组冷却器应采用主机直接驱动，室内布置。大功率分体式压缩机组冷却器室内布置与室外布置应作技术经济对比。冷却系统的布置应考虑临近散热设施的关系，避免相互干扰。

（4）压缩机组布置应考虑机组及工艺系统的噪声和振动等对周围建筑物、构筑物、人和生产设施的影响。

（5）压缩机组不宜布置在易窝风的区域。

（6）压缩机组布置应考虑下游脱水、脱硫系统对温度的要求，若超过脱水、脱硫系统设计进气温度，应设置二次冷却系统。

（7）控制室应远离振源、噪声源和有电磁干扰场所，控制室周围不存在造成室内楼地面振幅大于 0.10mm、频率为 25Hz 的连续振源。控制室距离变压器、高压母线、电动机不小于 5m，且应远离磁感应强度 1GS 的经常性的电磁干扰源。控制室内噪声卫生限制值为 60dB（A），工效限制值为 55dB（A）。

（十四）增压站厂房设计及噪声控制

（1）增压站噪声治理应遵照《工业企业噪声控制设计规范》（GB/T 50087）、《石油化工噪声控制设计规范》（SH/T 3146）等的有关规定。

（2）压缩机组噪声源控制指标应满足下列要求：

① 发动机消声器应进行合理设计，消声器出口处发动机基频频带噪声不宜超过 100dB（A）。消声器噪声测量执行《内燃机排气消声器　测量方法》（GB/T 4759）。

② 发动机空气进气系统应根据进气噪声的频谱特性，结合进气消声器与空气滤清器结构因素进行合理设计，宜设置共振腔以消除低频噪声。

③ 发动机排气管应作隔热隔声处理。整体式压缩机组宜设置围护结构（砖砌或钢筋

混凝土），结构内部宜填充不燃吸声材料，围护结构振动烈度有效值不应超过 2.10mm/s。

④ 压缩机组外表面及空气冷却器壳体振动烈度有效值不应超过 7.10mm/s。

（3）增压站噪声控制设计应符合下列要求：

① 厂界噪声执行《工业企业厂界噪声标准》（GB 12348）Ⅱ类标准。

② 增压站低频噪声对周边环境影响执行《城市区域环境振动标准》（GB 10070—88）的昼间 70dB、夜间 67dB 要求，监测方法执行相关规定，必要时测量点置于建筑物墙面。

③ 增压站工作地点和非噪声工作地点噪声卫生限值应满足《工业企业设计卫生标准》（GBZ 1）的相关要求。

④ 倍频带允许声压级执行《石油化工噪声控制设计规范》（SH/T 3146—2004）。

（4）增压站厂房设计应符合《建筑设计防火规范》（GB 50016）、《压缩机厂房建筑设计规定》（HG/T 20673）、《石油化工生产建筑设计规范》（SH/T 3017）及《钢结构设计规范》（GB 50017）等的有关规定。

（5）压缩机房宜采用敞开式或半敞开式，不得采用地下或半地下式厂房。当采用封闭式建筑时，应符合下列要求：

① 通风应设计成防止泄漏气体的再循环或聚集。

② 压缩机组的管道及消声器的布置应避免管道振动对建筑物造成有害影响。

③ 压缩机组房内为防爆 1 区；压缩机房屋顶处的通风口外 3m 范围内为防爆 1 区；压缩机房外距墙 7.5m 范围内的区域为防爆 2 区。在上述区域内的电气仪表、设备及其相关部分的防爆等级必须满足有关标准的要求。

④ 压缩机组空气冷却器的热风宜采用导风罩的方式导出降噪房外，宜设置风道消声器，以满足降噪要求和厂房内温度控制要求。采用热压为主的自然通风时，热源尽量布置在天窗下方。

⑤ 厂房内应设置可燃气体检测系统，并根据原料气 H_2S 含量按规定设置相应的 H_2S 浓度检测系统。

⑥ 应设置强制通风系统，满足事故状态下厂房内的换气次数不得小于 16 次/h。强制通风系统应与可燃气体、H_2S 浓度监测系统连锁控制。厂房内气体浓度超过低爆炸极限的 40%时，压缩机组应立即停车。

⑦ 宜设置火灾自动报警设施，并宜在装置区和巡检通道及厂房出入口设置手动报警按钮。设计应遵循《火灾自动报警系统设计规范》（GB 50116）。

⑧ 泄压面积与厂房体积的比值（m^2/m^3）不宜小于 0.15，泄压面积计算按《建筑设计防火规范》（GB 50016）相关规定执行；当厂房内采取机械通风、正压通风或设备采取密闭时，其比值可不小于 0.11。泄压面积应采用易于脱落的门窗或易于泄压的轻质墙体、轻质屋顶；作为泄压面积的屋顶和墙体，其面积密度不宜超过 $60kg/m^2$，普通玻璃不得作为泄压面积。泄压面积应均匀分布，要靠近爆炸危险源，并避开主要道路和人员集中部位。

⑨ 厂房的承重结构及不作为泄压面积的主要部位应具备足够的抗爆性能。

⑩ 厂房的耐火等级不应低于二级。

⑪ 压缩机组点火系统应采用屏蔽式。

⑫ 安全出口门必须是外开式且不应少于两个，厂房内任一点到最近安全出口的距离不应大于25m。可根据实际情况设置检修通道用门，检修通道应明确标识。

（6）压缩机厂房结构型式的选取应根据气田滚动开发情况合理选取，对短期气田开发区块可采用临时性或可拆装移动的结构。

（7）压缩机厂房宜采用钢筋混凝土柱或钢柱承重的框、排架结构、轻型钢结构等有利于防爆、泄压的结构，不应采用砖混结构。厂房的建筑和结构宜采用轻型方案。

（8）降噪房采用钢筋混凝土柱或钢柱承重的框、排架结构时，应符合下列要求：

① 宜采用轻质墙体，可采用防爆墙体，不应采用砖砌墙体。防爆墙体的设计应符合《石油化工生产建筑设计规范》（SH/T 3017）相关规定。

② 厂房结构的吸隔声量应根据墙体设计进行计算，应满足噪声控制设计要求。

（9）降噪房采用轻型方案时，应符合下列要求：

① 降噪房结构的吸隔声量应按声源的频谱特征、倍频带允许声压级进行合理设计。隔声结构、隔声屏障的隔声量按《石油化工噪声控制设计规范》（SH/T 3146）相关规定执行。

② 降噪房的吸隔声体应模块化制作，所有建筑构件必须采用非燃烧材料。模块使用的吸声材料宜选用岩棉（GB/T 11835）、玻璃棉（GB/T 13350）等多孔不燃材料，禁止采用玻璃纤维；吸声材料的护面层宜选用玻纤布（JC 170、JC 271）等；模块隔声构件可选用耐潮纸面石膏板（GB 11978）、硅酸钙板（GB/T 10699）等。

③ 外墙面及屋面宜采用岩棉或玻璃棉夹芯板，厚度规格可采用50mm、55mm、60mm、65mm、75mm等，容重不宜低于150kg/m^3，不宜单独采用单层薄壁彩钢板。

④ 吸声材料的容重应根据材料各频带吸声系数及设计所需吸声降噪量综合确定，超细玻璃棉为15~25kg/m^3，岩棉宜选用120~150kg/m^3。

⑤ 吸声材料的厚度应根据所选材料的容重、吸声特性及结构确定，岩棉模块宜为50~150mm。

⑥ 降噪房声源侧内墙体宜采用吸声设计。对低频明显的噪声宜采用孔板共振的吸声结构，其腔深、穿孔率应根据声源频率特性经计算确定，腔内孔板侧宜填充吸声材料，吸声材料背后宜留一定厚度的空气层，推荐空气层厚度为7~15cm。

⑦ 各层吸隔声模块之间及模块与外墙护面之间宜设空气层，空气层厚度可选取5~10cm。

⑧ 隔声构件可采用不同厚度板材进行组合（10mm、12mm等），板之间宜敷设阻尼层。隔声构件的规格应满足《石油化工噪声控制设计规范》（SH/T 3146）所规定的频率控制要求（推荐尺寸规格不宜超过长2.4m×宽1.2m）。

⑨ 吸隔声结构各层模块之间不应采用刚性连接，同层模块、模块与轻型钢结构、墙体与基础之间均应设置一定厚度的减振阻尼材料（宜选用阻燃橡胶类制品、毛毡等）。

⑩ 双层隔声结构各层的厚度不宜相同，宜采用不同刚度或加阻尼。

⑪ 各层吸隔声结构的振动由内向外应逐层降低，到外墙护面板的振动烈度有效值不

宜超过1mm/s，不应出现与声源峰值频段相吻合的稳定频谱。

⑫ 隔声门应选用填充吸声材料的夹层结构，隔声量应满足要求。降噪房各层结构所有拼接缝均应作密封声学处理。

⑬ 降噪房的进风方式可采取墙腰进风或设置进风通道的方式，进风通道应作消声处理，风道消声器的消声量应不小于吸隔声结构的隔音量。进风通道的布置应满足厂房全面通风要求，防止通风死角。

(10) 压缩机组厂房内温度应以机组周围1m范围进行测量。当室外实际出现的气温等于本地区夏季通风室外计算温度时，测量区域内温度应符合下列要求：

① 散热量小于23W/(m^3·h) 的厂房不得超过室外温度3℃；

② 散热量23~116W/(m^3·h) 的厂房不得超过室外温度5℃；

③ 散热量大于116W/(m^3·h) 的厂房不得超过室外温度7℃。

(11) 压缩机房内应根据压缩机检修的需要及检修周期合理配置固定起吊设备。

(12) 分体式压缩机组空气冷却器室外布置应进行噪声治理。噪声治理后空气冷却器的风量、风压应满足冷却要求。

(13) 消声器对发动机的背压不得超过设备制造厂的技术规定。室外布置的消声器可加设隔声罩等方式实施二次隔声。

(14) 厂房的防腐蚀设计应符合《工业建筑防腐蚀设计规范》GB 50046的要求。

(15) 压缩机厂房内设置的视频安防监控系统，其设计应符合《视频安防监控系统工程设计规范》(GB 50395) 的要求。

(十五) 压缩机组基础及增压站振动控制

(1) 压缩机组基础设计应遵照《动力机器基础设计规范》(GB 50040) 及参照《石油化工压缩机基础设计规范》(SH 3091) 进行设计。

(2) 压缩机组水平及垂直方向最大一阶力、最大一阶力矩、最大二阶力、最大二阶力矩，扰力作用点位置，压缩机曲轴中心线至基础顶面的距离，机组重心和重量，机组转速等参数由压缩机组制造厂提供。

(3) 压缩机组基础应设计减振基础（采用混凝土垫层或抗剪切耐腐蚀吸振层等），采用混凝土结构，其形式为大块式，基础的混凝土应一次连续浇注完成。

(4) 压缩机组基础设计，应符合下列要求：

① 基组（包括机器、基础、基础底板上的附属设备及填土）重心与基础底面形心应力力求位于同一垂直线上。如偏心不能避免时，则偏心值与平行于偏心方向基础底边长的比值应符合下列要求：

a. 对地基承载力标准值小于150kPa时，应小于或等于3%。

b. 对地基承载力标准值大于150kPa时，应小于或等于5%。

② 对400kW以下的压缩机组基础质量不应小于机组质量的5倍，对400kW以上压缩机组基础质量宜为机组质量的8~10倍。

③ 压缩机组基础振动应同时控制顶面的最大振动线位移和最大振动速度。基础顶面控制点的最大振动线位移不应大于0.20mm（转速大于400r/min不宜大于0.15mm），最

大振动速度不应大于6.3mm/s。

④ 压缩机组基础的自振频率与压缩机的扰力频率避开25%，以防止发生共振。

⑤ 动力机器基础设计不得产生有害的不均匀沉降。压缩机基础倾斜限值小于1/1000。压缩机的安装水平偏差不应大于0.20/1000，并应在机身滑道面或其他基准面上测量。

（5）基础材料的选用，应符合下列原则：

① 基础应采用钢筋混凝土，强度等级不宜低于C20，垫层混凝土强度等级为C10。

② 压缩机组底座范围内二次灌浆层应采用比基础强度高一等级的微膨胀混凝土或其他高强无收缩灌浆材料，高强无收缩灌浆材料宜选用环氧树脂灌浆料。

③ 钢筋可采用Ⅰ级、Ⅱ级钢筋，不得采用冷加工钢筋。受冲击力较大的部位宜采用热轧变形钢筋，钢筋连接不宜采用焊接接头。

（6）基础构造尺寸，应符合下列要求：

① 压缩机组底橇边缘至基础边缘的距离不应小于100mm。基础顶面应预留不小于30mm的找平灌浆层，灌浆层厚度应满足压缩机组制造厂要求，最小不应小于25mm，最大不应超过76mm。基础垫层厚度宜为100mm。

② 预埋螺栓及螺栓孔至基础边缘尺寸，应符合下列规定：

a. 螺栓孔边缘至基础边缘的距离：当螺栓直径小于36mm时，不得小于100mm；当螺栓直径超过36mm时，不得小于150mm；螺栓中心至基础边缘的最小距离不应小于4倍螺栓直径，若不满足要求时，应采取加强措施。

b. 预埋螺栓底部至基础底面距离不应小于50mm，如为预留孔，则孔底至基础底面距离不应小于100mm。

③ 地脚螺栓埋置深度，按下列规定确定：

a. 按机器制造厂提供的螺栓长度。

b. 无锚板的标准地脚螺栓不得小于20d（d为螺栓直径）。

c. 锚板式地脚螺栓不得小于15d。

d. 构造螺栓不得小于10d。

（7）基础的配筋应符合下列规定：

① 体积为20~40m^{3}的大块式基础应在基础顶面配置直径10mm、间距200mm的钢筋网。

② 体积大于40m^{3}的大块式基础应沿四周和顶底面配置直径10~14mm，间距200~300mm的钢筋网。

③ 当基础上的开孔或切口尺寸大于600mm时，应沿孔或切口周围配置直径不小于12mm间距不大于200mm的钢筋。

（8）对于整体式压缩机组，厂房设计宜避开机组的共振区。

（9）厂房基础应与压缩机组基础脱开，其间距不宜小于100mm，压缩机组基础底标高与厂房基础宜在同一标高。在压缩机厂房的地面与压缩机基础交接处，可设置20cm防振间隙，缝内嵌沥青麻丝等弹性材料，以减少基础振动对地面的破坏；也可采用地面与压缩机基础之间不设缝的做法。压缩机组基础产生的地面振动衰减至压缩机厂房基础位置的振动加速度级宜小于75dB。厂房的抗震设计除应满足《建筑抗震设计规范》（GB 50011）要求外，还应考虑振动对厂房结构安全的影响。

（10）压缩工艺管系振动应根据激振频率与允许振幅加以控制：激振频率5Hz，振幅不宜超过0.178mm；激振频率6Hz，振幅不宜超过0.165mm；激振频率7Hz，振幅不宜超过0.152mm；激振频率10Hz，振幅不宜超过0.127mm；激振频率20Hz，振幅不宜超过0.096mm；激振频率30Hz，振幅不宜超过0.076mm（其余激振频率所允许的振幅可按插值法确定）。管系设计应避开共振管长度。管系振动可采取消减气流脉动减小激振力、合理支撑或加固调整管道固有频率的措施进行控制。埋地管道应严格控制回填质量，回填应满足《石油天然气站内工艺管道工程施工及验收规范》（SY 0402）的相关要求。

（11）增压站受振动1~80Hz影响的辅助用室（办公室、会议室、值班休息室、计算机房等），其垂直或水平振动强度应满足《工业企业设计卫生标准》（GBZ 1—2002）要求。

（12）在采用基础减振设计技术措施的基础上，振动随距离衰减值仍不满足设计要求的，可设置隔振沟。隔振沟的深度宜等于基础深度，宽度不宜小于100mm。隔振沟内宜充填吸隔振材料，并应有防止天然气积聚措施。减振沟的设置不得对压缩机组基础、厂房基础产生有害影响。

（13）降噪房基础与压缩机基础的施工，宜按照先施工深基础，后施工浅基础的原则进行。

（十六）增压站工程的交工与验收

（1）增压工程按设计文件所规定的范围全部完成，管道和站场吹扫试压合格、电气和仪表调试及单机试车合格后（压缩机组的试运考核及验收可在主体工程交工后单独进行），可办理交工手续。

（2）增压工程交工验收前，施工单位向建设单位提交的技术资料应符合相关标准规范要求。

（3）增压站噪声、振动控制工程的验收应由具备相应资质的检测单位进行测量。

（4）厂界噪声、辅助用室（办公室、会议室、值班休息室、计算机房等）噪声与振动应满足厂界噪声执行《工业企业厂界环境噪声排放标准》（GB 12348—2008）Ⅱ类标准，增压站低频噪声对周边环境影响执行《城市区域环境振动标准》（GB 10070—1988）的昼间Ⅱ类标准。降噪厂房内的温度以机组周围1m范围进行测量，当室外实际出现的气温等于本地区夏季通风室外计算温度时，测量区域内温度应符合下列要求：

① 散热量小于23W/（m^3·h）的厂房不得超过室外温度3℃。

② 散热量23~116W/（m^3·h）的厂房不得超过室外温度5℃。

③ 散热量大于116W/（m^3·h）的厂房不得超过室外温度7℃。

控制室应远离振源、噪声源和有电磁干扰场所，控制室周围不存在造成室内楼在面振幅大于0.1mm、频率为25Hz的连续振源。控制室距离变压器、高压母线、电动机不小于5m，且应远离磁感应强度2Gs的经常性电磁干扰源。控制室内噪声卫生限制值为60dB（A），工效限制值为55dB（A）。

（5）压缩机组基础振动验收指标应满足基础顶面控制点的最大振动线位移不应大于0.20mm（转速大于400r/min不宜大于0.15mm），最大振动速度不应大于6.3mm/s。降噪厂房的振动指标应满足各层吸隔声结构的振动由内向外应逐层降低，到外墙护面板的振动烈度有效值不宜超过1mm/s，不应出现与声源峰值频段相吻合的稳定频谱。降噪厂房基础振动应满足压缩机组基础产生的地面振动衰减至压缩机厂房基础位置的振动加速度级宜小于75dB。压缩工艺管系振动指标应满足激振频率5Hz，振幅不宜超过0.178mm；激振频率6Hz，振幅不宜超过0.165mm；激振频率7Hz，振幅不宜超过0.152mm；激振频率10Hz，振幅不宜超过0.127mm；激振频率20Hz，振幅不宜超过0.096mm；激振频率30Hz，振幅不宜超过0.076mm。

（6）压缩机组验收应满足下列要求：

① 压缩机应符合《石油、化学、和天然气工业用往复式压缩机》（SY/T 6650）、《大型往复活塞压缩机技术条件》（JB 9105）、《工艺流程用压缩机安全要求》（JB 8935）、《容积式压缩机验收试验》（GB/T 3853）等的相关要求。

② 发动机验收以制造厂遵循的发动机规范为依据，可参照《油田用往复式内燃机规范》（SY/T 5031）的要求进行。

③ 压缩机组振动、噪声测量与评价按《容积式压缩机机械振动测量与评价》（GB 7777）《往复式机器整机振动测量与评级方法》（GB/T 12779）、《往复式内燃机辐射的空气噪音测量》（GB/T 1895）等执行。压缩机组低频噪声及振动应满足本规定相关要求。

④ 燃料气消耗率应为相应工况下理论消耗率的±5%范围内。

⑤ 压缩机的容积流量应无负偏差。

⑥ 机组运行数据及控制系统功能应符合技术协议。

三、增压管理办法

西南油气田分公司（以下简称分公司）对已进入开采中后期的气田（气井），采用增压开采方式，提高其采收率和降低综合递减率。为进一步加强和理顺分公司增压开采的生产技术管理，确保设备安全生产和经济运行，根据《全民所有制工业交通企业设备管理条例》、相关标准及规范和中国石油天然气股份有限公司等有关办法，结合分公司实际情况，制定了《西南油气田分公司增压开采生产技术管理办法（试行）》。

增压开采的生产技术管理实行分公司、气矿、作业区（运销部）三级负责制。

（一）增压机组购置、安装、试运、验收管理

（1）增压机组购置应根据生产需要，结合本单位实际情况，编制设备及基本配置的购置计划，遵循“控制总量，优化增量，提高质量，盘活存量”的基本原则。

（2）各单位应根据生产实际需要，开展气田（气井）增压需求论证，综合分析并优选增压开采用设备，对气井井况掌握困难、选用固定式增压机组效益较差的，宜选用移动式(车载式或无固定安装要求）增压设备。

（3）增压机的选型及配套技术规格书由气矿编制，开发部组织专家会审评定，为设备采购提供依据。

(4) 增压机的选型及配套要求应根据工艺处理、设备效率、精度性能、控制水平、可维修性、耐用性、节能性、环保、成套等方面的需求，合理选取技术上先进、经济上合理、生产上可行的设备及配套设施。

(5) 增压机的购置管理推行选型选厂的质量保证和技术支持，推行设备后期评价制度、设备驻厂监造制度，坚持设计与使用相结合，不断提高设备的效能水平。

(6) 增压机组到货后，应按合同和装箱单清点设备、配件和技术资料进行检查验收，技术资料应归档。引进的增压机组，成套商还应提供商检报告。

(7) 增压机组的安装必须按规定标准进行，做到平、稳、正、全、牢和“四不漏”(电、油、气、水)，保证安装质量，不符合安装标准的设备不准投产运行。

(8) 设备安装后，应按设备技术性能指标进行验收。

(9) 验收合格后办理“设备安装验收移交书”。

(10) 新设备安装、验收过程中发现问题，要及时分析原因，并加以解决。

(11) 新设备投用时，应根据说明书及润滑要求，制订操作规程、维护保养规程及润滑图表等；新型机组的检修技术规程应在投运后一年内制定完成。

(12) 新设备按技术规定使用到磨合期满后，应及时组织检验、调整、校正。

(二) 增压机组操作、运行管理

1. 安全操作管理制度

(1) 增压机组的操作指增压机组的启动、空负荷运行、加载、卸载、正常停机与紧急停机等。

(2) 增压装置的启动与正常停机应在调度指令下完成，紧急情况下的停机可以先处理后汇报，所有操作应严格按照操作规程进行，并及时填写 HSE 作业记录单。

(3) 操作人员应熟练掌握增压机组操作规程，达到：“四懂三会”即：懂原理、懂结构、懂性能、懂用途；会操作、会维护保养、会检查和排除故障。

(4) 增压机组操作人员必须进行操作前的培训，必须持证上岗。增压站的行车、仪表等工种应经劳动部门或有关部门考核（试）合格，取得特种操作证。

2. 安全运行管理制度

(1) 增压机组巡回检查制度。各单位应根据增压站的实际情况建立健全增压站的巡检保证体系、巡检标准和巡检周期，巡检质量实行分级负责制，并进行定期监督和考核。

(2) 增压机组运行动态、信息传递与反馈和报表编制。各单位应建立增压站日常运行信息传递与反馈的工作机制，及时掌握增压生产系统的动态情况，并根据增压机组运行要求定期进行资料录取、报表编制和资料存档。

(3) 增压机组安全运行参数控制：各种机型运行参数必须通过相应机型的工况软件计算通过，并预留合理的安全操作空间，不得超越技术边界条件运行。

(三) 增压机组维护管理

(1) 增压机组维护包括日常维护和定期维护。日常维护主要是正确判断、排除增压机组常见故障，保证增压生产工艺系统正常、安全的运行。定期维护主要是指增压机组在运行一定的周期之后进行的检查和检修，主要包括班、周、月、半年、年度维护保养，维护保养周期：每班为8h，周保为150h，月保为700h，半年为4000h、年度为8000h，维护保养具体内容按相应机型的使用说明书和“维护保养规程”进行。

（2）在增压机组维护技术和手段上，各单位应积极推广应用状态监测和故障诊断技术，零部件更换应实行参数化管理。

（3）各单位结合实际情况建立相应的专业维护队伍或维护外委，负责增压机的大型维护作业。

（4）增压机的维护应实行质量考核制度，考核内容有两方面：达到相应机型检修技术标准规定的技术参数、技术条件和允许偏差的程度；设备检修验收后在保修期内的返修率。

（5）增压机故障处理实行分级管理。

（6）维护人员严格执行维护保养规程和 QHSE 作业文件的具体要求。

（7）增压机月保或以上维护保养，应取得增压设备相应部位的精度数据，并进行统计分析和存档；增压机年度及以上维护保养，必须检测增压机重要系统或部件的装配尺寸并建档。

（8）操作维护人员应做好相关维护资料（建立到每台机组）记录。

（四）增压机组大（项）修管理

各单位应积极推进增压设备状态维修技术管理，重点做好振动、噪音、负荷能力、效率水平等反映机组性能状态及劣化趋势信息的监测和统计分析工作，避免出现维修过剩和失修情况，提高大（项）修质量，强化换件管理，优化控制设备修理费用。

1）增压机组修理分类

（1）大修是工作量最大的一种计划修理，对设备的全部或大部分部件解体，修理基准件，更换或修复主要件、大型件及所有不合格零件，恢复设备的规定精度和性能。

（2）项修（项目修理）是针对检查部位，对设备进行部分拆卸、分解，对修理部位进行修复，恢复所修部分的性能和精度。

2）增压机组大（项）修

（1）大（项）修设备必须是在册固定资产设备。

（2）对已经达到大修期限的增压机组，应作修前预检及评估，以确定修理内容。对于只需进行零部件修复或更新即可恢复性能及功能的增压机组，实施项修立项；对于需要上机床检测、调整、修复才能够满足增压机组技术参数要求的增压机组，实施大修立项。

（3）对已经超过大修期限的增压机组，应根据性能劣化趋势定期检测分析，加强增压机组安全、技术和经济性评估，确保各项性能参数在增压机组允许技术参数范围内。

（4）大（项）修的修前技术鉴定内容：设备（质控点）精度数据、性能、效率、能耗、油水质参数等主要技术经济指标，历次维护保养精度检测数据，故障统计分析，运行参数分析，配件、油品、冷却水（防冻液）、燃料消耗水平，辅助设施及系统的安全状态等为评估依据，全面分析增压系统的安全技术状态，增压机的工作能力及设备性能劣化趋势。

增压机组大修主要是进行设备主要系统和重要部件的检测、调整、更换、修理，恢复设备功能及性能。主要设备包括：动力缸（动力活塞组件）、压缩缸（压缩活塞组件）、曲轴、机身、连杆、十字头、注油器总成、喷射阀总成、电磁截断阀、调速器总成、消声器、冷却器、进排气缓冲罐、分离器、飞轮及皮带轮、风扇及轴总成、仪表柜及站控系统、启动系统、燃料气系统、工艺系统等。

增压机组大（项）修按大修管理程序执行，各单位会同年度大修项目计划一同上报，经相关职能部门审查立项，完成大修方案论证后实施。因突发事故且严重影响正常生产和人身安全的设备大修，各单位可经请示分公司主管部门批准后实施，实施完成后必须按大修管理程序补办有关手续。

大（项）修后的增压机组验收：修理单位需提供增压机大修前后的相关技术参数，各项参数必须符合技术要求，并且通过 48 小时连续考核运转，合格后，按照大修管理程序组织验收，大（项）修的质保期不得少于 6 个月。

大修理的竣工资料由承修单位整理，装订成册，交使用单位归档。竣工资料内容包括：施工方案、施工合同、施工组织设计、设计图纸、材料合格证、更改通知单、隐蔽工程验收单、施工总结、质检报告、试运行记录、竣工验收资料、文件等。

（五）增压设备的更新改造

（1）各单位应根据气田增压开采的发展需要和增压机组设计技术边界条件，结合设备的实际技术性能状况，及时开展增压开采环节的适应性分析和技术经济论证，采用先进的检测、维修、改造技术，适时进行设备的更新改造，并充分利用设备修理的有利时机进行技术改造，提高设备的安全技术性能。

（2）适应性分析内容包括：增压机组工况适应范围（含变型设计工况优化）、经济运行条件、管网调度系统的压力气质参数要求、周边地区用气需求、技术薄弱环节等；技术经济论证的内容包括技术性、实用性、经济性、可靠性、维修性和安全环保性等。

（3）更新改造项目完成后，要进行效果分析和评价，按投资管理程序组织验收。

（六）增压设备的闲置、报废和处置

（1）增压设备闲置期间，按相应机型的维护规程进行封存和定期保养，保持设备的良好状况。

（2）闲置增压设备应综合考虑生产实际需要，结合老区改造项目和产能建设项目根据分公司固定资产管理规定加以统一调剂使用；调剂的设备，其所有档案资料随设备一起移交。

（3）闲置设备重新使用时，必须经过全面的技术检验，确认符合技术要求，经职能部门批准后，方可使用。

（4）增压设备的报废执行分公司相关管理规定和办法。

（5）增压设备报废的具体安全技术经济指标：

① 已经过多次修理，技术性能不能满足工艺要求或不能保证安全运行。主要技术性能指标包括：增压机的实际负荷能力小于 60%；主机振动烈度超过 18mm/s，气缸盖轴线

上纵向运动峰值全振幅超过曲轴轴线至测点距离的 10^{-4} 倍；曲轴箱、机身等出现渗漏；动力缸、压缩缸、主要传动件、基础件的形位误差及精度超过相应机型的设计参数、出现裂纹等。

② 若经过修理，虽然能恢复性能，但一次性修理费超过原值 60%，没有更新经济的。

③ 燃料气消耗率指标超过原机标准 20%，对影响能耗指标的动力缸精度参数、传动机构的效率、压缩机容积效率及辅助配套系统等环节技术改造又不经济。

(6) 设备的处置原则、处置方式、处置程序，按《西南油气田分公司油气资产及固定资产处置管理实施细则》(西南司财〔2006〕73 号) 执行。

(七) 备品备件管理

(1) 增压设备及其工艺系统的备品备件应进行分类管理。低值易损件（单价低于 3000 元)，日常消耗油品、防冻剂和冷却水处理药剂主要由生产现场管理；高值非易损件（单价高于 3000 元）主要由各单位物资采购管理部门统一储备、管理和供应，保证生产需求并优化库存。

(2) 增压开采所需的备品备件应由各单位物质采购部门统一采购，未经职能管理部门许可，各作业区（运销部)、增压站不得为厂家试验材料及零配件，不得出具试验有关的证明或说明，不得擅自购买增压配件。

(3) 各单位更换下来的高值非易损件应妥善保存，未经职能管理部门鉴定或同意不得擅自处理。

(八) 增压机组油水管理

(1) 各单位应建立完善的设备润滑图册、手册，选用油品的参数必须满足相应机型的设备润滑要求，定期检查化验，不合格的及时更换。

(2) 使用润滑油应实行“一沉淀、三过滤”，防止杂物进入设备，润滑脂应采取小包装；实行六定管理（即定人负责、定期检测、定点润滑、定时加油、定量给油、定质换油)；做到油品对路（对号率为 100%)，量足时准，加注清洁。

(3) 油料的储存及保管。桶装油品要防止雨水、尘土进入桶内，油桶要排放整齐、分类存放；油桶应注明所存油品牌号、入库时间、厂家；油罐每年清洗一次，以清除杂质；油壶、油杯、油泵等加油用具做到专具专用，不得混用。

(4) 油料有统计，消耗有定额；设备操作、保养、维修人员应熟悉各类设备用油牌号、性能及使用要点。

(5) 加强增压机组软化水处理设施（备）的维护及水质的定期检测工作，软化水应达标。冬季低温条件下，冷却循环系统应加注防冻液或排尽冷却水。

(九) 增压设备的安全、环保与节能

(1) 增压机组的安全状态是指压力部件及连接焊缝、旋转部件及传动机构、动力缸及压缩缸等做功部件等是否存在强度缺陷、疲劳损伤，仪表控制系统、辅助设施及安全防护系统工作性能是否发生改变。技术状态是指机组各零部件装配参数是否在允许控制范围内，形位误差是否在技术规范允许范围，各系统工作性能是否符合工作要求，机组各运行

参数是否真实、合格。

(2) 各单位应根据辖区内增压机组运行动态情况及检测情况，定期开展增压机组安全技术状态评估，目的是要摸清机组关键零部件及系统的安全状态，确保增压机的本质安全，控制可靠，同时跟踪分析机组各项关键技术参数及劣化趋势，查找薄弱环节，以实现预防维修和提前控制。

(3) 增压设备事故管理按分公司相关管理办法执行。

(4) 严格遵守国家环境保护法规和相关技术标准规范的各项要求，积极采用新型环保设备，加强环保技术改造。增压站降噪工程应取得安全、环保和经济效益的结合，不得影响机组安全、稳定和经济运行等方面的性能，具体指标有：发动机空气进气温度、进气真空度及排气背压，冷却器进排气温度和主机运行温度，仪表控制系统安全运行温度等。

(5) 积极推广应用节能技术，实现增压设备和系统的经济运行。

(十) 科技与培训

(1) 各单位应积极开展增压设备技术交流活动，学习国内外先进的设备管理方法，交流新设备、新技术、新材料的应用推广经验，提高管理水平和技术水平。

(2) 加强增压设备相关的新零部件、新技术、新材料的推广应用管理，结合增压设备实际运行情况，重点工作放在提高机组工作效率、延长关键零部件使用寿命、增强运行可靠性和安全性等方面。

(3) 做好增压设备类科技项目的立项管理和实施工作，同时坚持设备管理与生产的结合，做好气田（气井）增压开采规律和特点的分析论证，为新建或大修改造增压项目合理选型及配置等提供依据。

(4) 有计划、分层次地开展设备管理人员与设备操作、维修人员的培训工作，提高增压生产技术管理队伍的业务水平和综合能力。

(十一) 增压机组技术档案与资料管理

(1) 各单位应根据增压生产技术管理相关业务建立健全相关规章制度，技术资料、档案与台账，日常管理记录和报表等四类资料。设备技术档案、各种资料还应录入计算机，建立完备的设备管理信息数据档案并进行统计分析。

(2) 增压设备管理的相关规章制度：

① 国家的有关政策法规。

② 集团公司、股份公司的有关规章制度。

③ 分公司相关管理办法和规章制度。

④ 各单位的增压生产技术管理细则。

(3) 增压设备技术档案、资料与台账。

① 增压设备原始技术档案：使用说明书、操作维护手册、图纸、技术协议、设备精度检验标准或合格证、设备零部件图册及配件目录，以及交接验收资料、调试报告等。

② 技术规程：操作规程、维护保养规程与检修技术规程。

③ 技术标准和规范：相关国家、行业技术标准、规范；增压设备大修工艺和技术标准。

④ 基础台账应按照单台增压设备进行建立，包括静态和动态数据和信息。静态资料主要内容见附则；动态资料主要内容有：历史工况及调整，零部件维修、检测、调整和更换，油品使用（润滑油牌号、油量调整）、油料消耗，燃气、配件、冷却水（防冻液）消耗，历次故障统计，更新改造，调拨等。

（4）日常管理记录内容。

① 增压设备运行记录。

② 增压设备计划维护管理记录：包括定期维护计划和检修保养工作记录；增压机组及仪表控制系统、增压机组（质控点）精度性能检查记录。

③ 增压机组日常故障维修管理记录：日常故障统计和处理工作记录。

④ 增压机组配件管理记录：配件计划、库存、维护与消耗记录。

⑤ 大（项）修管理记录：历次大（项）修方案、大（项）修技术经济管理资料、大（项）修验收资料。

⑥ 增压机组油水管理记录：计划、库存、油水分析检测报告等。

⑦ 增压机组能耗记录：水、电、气、柴油等。

⑧ 增压机组安全运行监督、检查与考核管理记录：历次增压安全检查、考核资料（单项设备完好检查记录表）、增压机组安全技术状态评估。

（5）各单位应定期统计汇总报表，并进行分析，掌握设备状况，及时发现并解决问题。

（6）各单位定期上报开发部的报表如下：对增压设备、工艺中出现的较重大异常情况或维修情况在报表中不能详细说明的可附专题报告说明，随工程报表一并上报。

四、压缩机组启动前安全检查

（一）启动前安全检查管理规定

启动前安全检查（简称为 PSSR）是在工艺设备启动前对所有相关因素进行检查确认，并将所有必改项整改完成，批准启动的过程，是为了确保地面工程项目启动前所有影响工艺、设施和施工安全环保运行的因素在启动前被识别并得到有效控制。

目前气矿在执行启动前安全检查时遵循的文件有《启动前安全检查管理规范》（Q/SY 1245—2009）和西南油气田公司《启动前安全检查管理规定》（西南司质【2009】148 号）。

涉及工艺装置、设备设施启动的项目实施启动前安全检查，项目包括但不限于新、改、扩建项目（包括租借），工艺设备变更项目，天然气净化及油气化工装置、油气生产场站、采输气管道的停工检维修等。

（二）压缩机组启动前安全检查主要内容

根据项目性质可将压缩机组启动前安全检查分为新改扩建项目检查和检维修项目检查

两大类，由现场实际情况确定检查内容并编制检查清单。对于新改扩建项目检查清单内容应包括：单位组织机构、安全生产责任制、安全教育培训、工程完工情况、技术文件准备、人员组织及培训、压缩机组、其他设施及电气设备、安全消防设施、环境保护、应急响应和职业卫生及劳动保护等内容。对于检维修项目清单内容则包括：清理检修材料、消防与安全设备、工艺管线与设备、压缩机组、其他检查项等。

五、增压前期论证

（一）项目提出的背景、依据

（1）老油气田调整改造项目：应说明本气田生产现状（生产井数、生产规模、油套压输压参数，产水规模），应说明本气田气（油）藏开发（调整）方案（包括挖潜方案）预计开发规模、预测气（油）藏增压、出水时间以及本气（油）藏实际开发状况，为老油气田调整改造项目的提出提供切实依据。

（2）方案论证类前期项目：应说明该气藏勘探开发简况、该区块地震（老）资料处理解释情况、上一方案执行情况、该区块该气藏以往曾开展过的前期研究项目完成情况以及得出的主要结论，为方案类前期项目的提出提供切实依据。

（二）开展前期工作的必要性

应详细说明现有气田开发方案等、地面设施与公用和信息设施存在的问题，制约生产发展的瓶颈，以及影响勘探、开发、生产的主要矛盾，开展前期工作研究要达到的目的和意义。

（三）前期论证

内容包括站址选择、机组选型及配置等方面进行论证。

1. 站址选择

（1）增压站站址的选择要避开噪声敏感区域，尤其要避开当地居民居住区、学校等区域。

（2）增压站站址应尽量选择在地势开阔的地带。

（3）应尽量靠近地质稳定和不利于振动传播的地带，避免选择台地前缘和整体岩石上建设。

（4）对岩石结构地基的压缩机组基础下增设沙夹石换填减振层。

2. 机组选型及配置

（1）对分散偏远、无良好气质的燃料气供机组使用、增压规模较小的气田或单井的增压开采或采用排水采气工艺的气井，在所需总功率低于310kW及以下的选用低速整体式压缩机组。

（2）对于增压规模较大、日处理气量大、所需总功率较大的增压开采选用中高速分体式压缩机组。

（3）对于扩建增压站，宜选用与站内相同机型的机组，以便于备品备件的储备和便于生产运行管理。

(4) 应充分考虑最大功率时的持续时间，若该工况条件下持续时间不长，可考虑进行削峰，以降低增压功率，减少投资。

(5) 应从增压开采年限、机组最大使用频率以及机组本身的使用寿命等，进行多种方案的配置计算。

(6) 应从机组燃料气耗量、机组耗电量、人员配置等生产运行成本方面进行核算，同时与总体投资等一起进行技术经济比较，最后推荐出经济合理的机组配置方案。

(7) 对于增压开采规模较大的增压站，优先考虑大功率压缩机组和小功率压缩机组搭配使用，提高机组的利用率；对增压开采规模较小的增压站，优先考虑采用相同功率压缩机组，提高机组调配性。

(8) 根据气田开发（调整）方案中推荐的增压开采方案、动态预测数据以及后期补充井的开发状况等分析，提出合理的建设实施进度，必要时可以分期建设，在增压后期根据一期增压开采的实际生产情况，确定是否需要进行后期工程的建设，以降低投资风险。

习　题

一、名词解释

1. 压缩机
2. 单作用
3. 双作用
4. 单级压比
5. 总压比。

二、简答题

1. 简述整体式压缩机燃气发动机的基本原理。
2. 参数改变对压缩机有哪些影响？

三、思考题

1. 压缩机排量可通过哪些方式进行调节？
2. 机组点火系统的组成及作用各是什么？

第六章 管道完整性管理

完整性管理是可靠性评价及风险评价基础上的全面概括与提升，作为更全面的管道管理技术，完整性管理以保证管道的经济安全运行为核心目标，综合运用可靠性分析、风险分析评价、管道内外检测以及数据与信息管理等多项技术，对管道进行多元的动态管理，其内容包括了管道的设计、建设、运行、操作、检测与维护的全部过程，并贯穿管道整个运行期；其基本思路是调动全部因素来改进管道安全性，并通过适当的预防性检测、评价以及实施减轻风险的措施等来改善管道安全状况，达到减少事故并合理分配资源、节约维修费用的目的。

第一节　管道完整性管理概况

一、管道完整性管理概念

（一）定义

管道完整性（Pipeline Integrity）是指管道始终处于安全可靠的服役状态，包括管道在结构和功能上是完整的，管道处于受控状态，管道管理者不断采取措施防止管道事故的发生等内涵。

管道完整性管理（Pipeline Integrity Management，PIM）是指管道管理者为保证管道系统的完整性而进行的一系列管理活动，具体指管道管理者针对管道不断变化的因素，对管道运营中面临的风险因素进行识别和评价，制定相应的风险控制对策，不断改善识别到的不利影响因素，采取各种风险减缓措施，将风险控制在合理、可接受的范围内，建立通过监测、检测、检验等各种方式，获取管道完整性的信息，对可能是管道失效的主要威胁因素进行检测、检验，据此对管道的适应性进行评估，最终达到持续改进、减少和预防管道事故的发生、经济合理地保证管道安全运行的目的。

（二）内涵

管道完整性管理，也是对所有影响管道完整性的因素进行综合的、一体化的管理，包括：

（1）拟定工作计划、工作流程和工作程序文件。

（2）进行风险分析和安全评价，了解事故发生的可能性和将导致的后果，指定预防和应急措施。

（3）定期进行管道完整性检测与评价，了解管道可能发生事故的原因和部位。
（4）采取修复或减轻失效威胁的措施。
（5）培训人员，不断提高人员素质。

（三）原则

管道完整性管理原则为：

（1）在设计、建设和运行新管道系统时，应融入管道完整性管理的理念和做法。
（2）应结合管道的特点，建立对应的完整性管理体系，定期对体系动态进行管理。
（3）要明确管道完整性管理的职责、建立管理流程、配备必要的手段。
（4）要对所有与管道完整性管理相关的信息进行分析整合。
（5）必须持续不断地对管道进行完整性管理。
（6）应当不断地在管道完整性管理过程中采用各种新技术。

二、管道完整性管理程序

管道完整性管理的流程是一个不断循环更新的过程，其管理流程的核心内容包括数据收集与整合、高后果区识别、风险评价、完整性评价、维修与维护和效能评价、管道完整性的持续评价和再评估等，并且每一步骤在实施过程中通常需要多次的循环和重复。完整性管理的主要流程如图 6-1 所示。

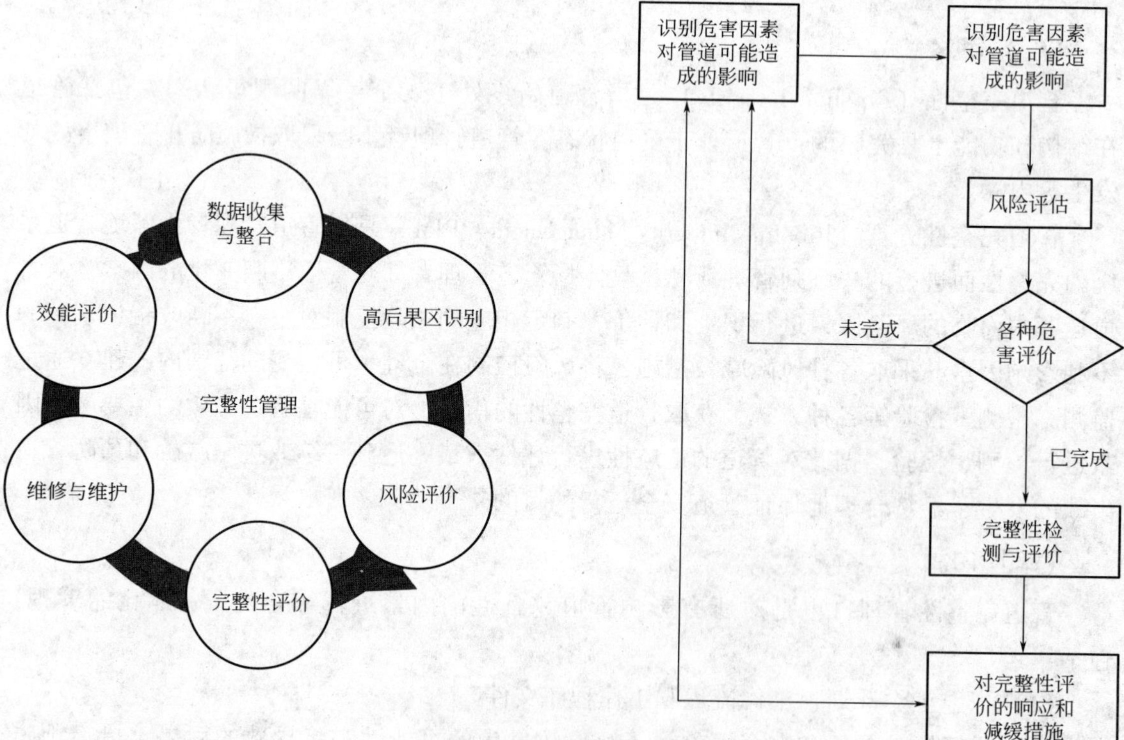

图 6-1　管道完整性管理流程图

（一）数据收集与整合

完整性管理数据收集与整合是完整性管理的重要内容，可为实施完整性管理的有效性打下坚实的基础，为管道管理者提供一个可以获取完整性评估必需的数据方法。

数据的来源是多方面的，可分为以下五类：

（1）设计、材料、建设资料。设计信息用来确定设计压力与其他载荷、管道公称直径和设计壁厚。材料信息包括钢材等级、焊接类型、焊接工艺类型、涂层类型、管材制造商和有效的材料认证记录。重要的建设记录包括竣工图、管道敷设程序、现场弯曲和焊接程序、回填类型和覆盖深度。对稳态和瞬态条件下的过压保护也很重要。

（2）管道建设占地记录。管道建设占地记录用来确定管道位置。这个信息对于确定管道可能影响的地区、建立巡逻系统、防止第三方破坏非常重要。

（3）运行、维护、检测和维修记录。运行数据和控制程序用来确定最大运行压力、压力波动、运输产品、运行温度、控制和通讯硬件和软件、操作者资格和培训等。维护记录用来确定防腐及其他保护管道完整性措施的效果。内检测和其他检测数据用来确定腐蚀、压痕、裂纹和其他缺陷的范围。维修记录用来确定以前发生过且将来还可能发生的问题。这些记录也应用于识别已被解决的问题的具体位置。

（4）确定高影响区和敏感区管段的记录。用来建立影响区及影响区与管道沿线地区的关系，其数据包括任何关于环境影响的报告。

（5）事故和风险报告、泄漏和污染报告对于完整的后果分析是非常重要的，其中，安全和事故应急反应也应包含在内。

（二）高后果区识别

高后果区是指管道发生泄漏会对人口健康、安全、环境等造成较大破坏的区域。管道线路的完整性管理首先从高后果区的识别和管理开始，识别高后果区存在的威胁，明确完整性管理的重点。每年应对所辖管道至少进行一次高后果区识别和更新，当管道及周边环境发生变化时，应及时进行高后果区再识别。新建管道投用后的首次高后果区识别，应在投用后半年内进行。

（三）风险评价

1. 目的

管道的风险评估是为了识别可能诱发管道事故的具体事件的位置及状况，确定事件发生的可能性和后果，通过管道风险评价，对管道完整性管理活动进行排序，合理制定完整性管理计划，优化维修决策，降低管道管理运行成本。

根据管道危害的时间因素和事故模式进行分组，正确进行风险评估、完整性评价和减缓活动。各类相关的管道风险因素及管道危害见表6-1。

表6-1 管道风险因素及管道危害

管道风险因素	管道危害
与时间有关的危害	（1）外腐蚀 （2）内腐蚀 （3）应力腐蚀开裂

续表

管道风险因素	管道危害
稳定因素	（1）与制管有关的缺陷：管体焊缝缺陷、管体缺陷 （2）与焊接/制造有关的缺陷：管体环焊缝缺陷、制造焊缝缺陷、折皱弯头或壳曲、螺纹磨损/管子破损/管接头损坏
设备因素	（1）O 形垫片损坏 （2）控制/泄压设备故障 （3）密封/泵填料失效 （4）其他
与时间无关的危害	第三方/机械损坏：甲方、乙方或第三方造成的损坏（瞬间/立即损坏）、以前损伤的管子（滞后性失效）、故意破坏
误操作	操作程序不正确
与天气有关的因素和外力因素	（1）天气过冷 （2）雷击 （3）暴雨或洪水 （4）土体移动

除此之外，还应考虑多种危险（即在一个管段上同时发生的一个以上的危险）的相互作用，例如出现腐蚀的部位同时受到第三方损坏。

根据经验，金属疲劳已经不再成为危害输气管道的重要问题。但是，如果管道的运行方式改变，运行压力出现明显波动，就应将金属疲劳作为一个附加因素进行考虑。

在按照选定程序进行每个管道系统或管段的完整性管理时，应单独或依照类型考虑每一种危害。

2. 流程

管道风险评价由管道风险因素识别、数据收集与综合、管道风险计算、风险排序、风险控制（管道风险减缓措施）组成。

风险评价流程是一个不断反馈和迭代循环的过程，它说明了风险评价的一个主要流向。风险评价主要流程的结构框图如图 6-2 所示。

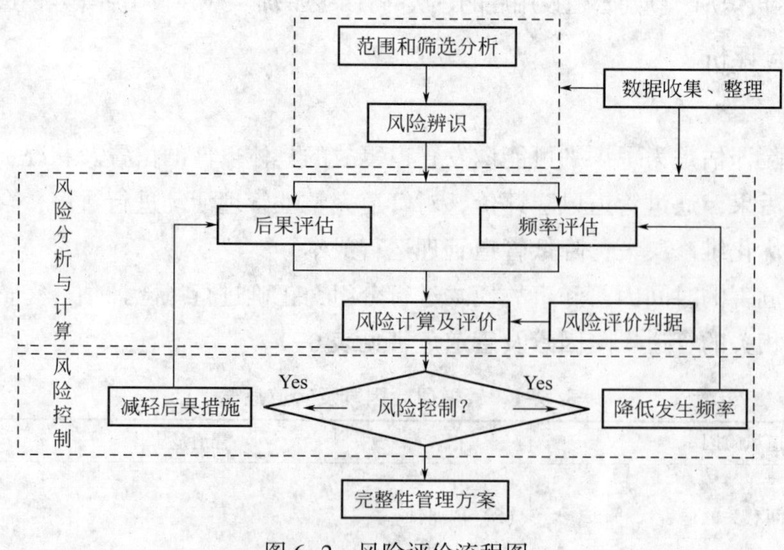

图 6-2　风险评价流程图

(四) 完整性评价

1. 目的

完整性评价的目的是通过完整性评价来确定管体的状态，明确维修计划、方法、再检测内容、再检测周期及可接受的运行工况等。管道建成投产后，应对管道进行基线检测和评价。

2. 原则

完整性评价的基本原则是具备评价能力的机构合法、科学、公正地开展评价。管道管理者根据管道状况提出完整性评价需求，并且根据评价结果制定管体修复计划、修复方法、再检测内容和周期以及再评价周期，开展针对性修复并根据评价结果明确输送工艺条件。

3. 方法

完整性评价方法主要有：内检测评价法、打压试验、直接评价法和其他方法。

1）内检测评价法

内检测评价法是指通过内检测器检测出管体缺陷，然后根据缺陷尺寸和其他数据对管体状况进行评价。内检测方法包括变形检测器检测、轴向漏磁检测器检测、周向漏磁检测器检测、三维漏磁检测器检测、超声壁厚检测器检测、超声裂纹检测器检测、其他智能内检测器检测等。内检测器的选择应根据风险评价结果，针对管体存在的缺陷风险状况，针对性地确定检测方法。

内检测应按照《油气管道内检测技术规范》（SY/T 6597）、《管道内检测系统的资格》（API 1163）、《管道内检测的推荐做法》（NACE RP0102）等标准的要求进行。

2）打压试验

打压试验是指通过对管道打压，根据管道能够承受的最高压力或要求压力，确定管道在此压力下的完整性，进而暴露出不能够承受此压力的缺陷。

打压试验参照国标《液体石油管道压力试验》（GB/T 16805）的要求进行。

3）直接评价法

直接评价法是指通过数据的收集整合，借助一定的管道外检测结果和开挖检测结果进行系统评价，得出管道外腐蚀或内腐蚀状况，从而判断出管体整体状态的方法。直接评价可以作为管道的基础性评价或辅助性评价，直接评价只限于评价三种具有时效性的缺陷对管道完整性的风险，即外腐蚀、内腐蚀和应力腐蚀。

直接评价一般在管道处于下述情况时选用：

（1）不具备内检测或打压试验实施条件的管道。

（2）不能确认是否能够打压或内检测的管道。

（3）使用其他方法评价需要昂贵改造费用的管道。

（4）无法停止输送的单一管道。

（5）打压水源不足并且打压水无法处理的管道。

（6）确认直接评价更有效，能够取代内检测或压力试验的管道。

管道外腐蚀直接评价参照《管道外部腐蚀的直接评价方法（ECDA）》（NACE RP－

0502）执行。

4）其他评价方法

其他评价方法是指技术上被证明能够确认管体完整性的方法。

完整性评价的各种方法都具有一定的优点和局限性，管道管理者应根据管道的状况来选择合适的评价方法。开展完整性评价，首先应确认对所评管道适用的评价方法。

4. 内容

完整性评价的内容主要包括以下几方面：

（1）数据采集，包括管线材料的性能、设计、运行和维护信息、内检测数据、其他外检测数据等。

（2）内检测数据分析，包括缺陷的位置统计、尺寸统计、复查内检测的结果以确定被报告缺陷（腐蚀、环焊缝异常、凹陷等）的特征（范围、位置、形状和尺寸），鉴定管道内所有缺陷的类型等。

（3）确认用于评价异常点的最适合的方法，即相对于缺陷类型和管道当前运行状况最适合的评价方法。

（4）评价得出缺陷在已知缺陷条件、管体地理环境条件下的安全工作压力及整体管道的最大允许运行压力。评价确认缺陷的安全系数，如剩余强度对管道完整性的影响状况。

（5）基于可用的信息评价缺陷增长机制（如腐蚀），应用估算的增长速率信息确定被报告金属缺陷特征的未来增长行为及其对管道未来完整性的影响。

（6）管道安全运行所需要考虑的其他因素分析。

（7）根据对缺陷的评价结果，列出优先维修表，包括推荐的时间安排等，确认需要修复的列表内容和建议的时间安排，确定未来需要维修的数目、位置和类型，估算未来5年运营时间内的维修数目。

（8）根据评价结果，确认再检测方法和时间间隔；再检测时机的选择应以缩短维修需要的支出和安全为目的；考虑相关的管道法规建议的最大再检测时间间隔。

（五）维修与维护

完整性管理是实施管道维护科学化、管理科学化的重要内容，完整性修复技术是完整性管理风险削减和减缓的重要措施，是保证管道安全运行的重要内容之一，可为实施完整性管理的最终安全打下坚实的基础，修复在役管道的不可接受的缺陷，建立管道修复基础档案，经济合理地制定维修方案，从而确保管道的安全运行，避免管道事故的发生。完整性修复技术有利于完成完整性管理程序所规定的内容，并将各种事故提前预控。

完整性修复技术中主要的维修方法：换管；打磨；钢制修补套筒A型套筒；钢制保压修补B型套筒；玻璃纤维修补套筒（复合材料纤维缠带）；焊接维修/堆焊/打补丁；环氧钢壳修复技术；临时抢修夹具。

（六）效能评价

1. 目的

效能评价是对完整性管理实施效果的评价，即用于评价完整性管理程序的所有目标是否达到以及通过实施完整性管理程序后，管道的完整性和安全性是否有效提高等。

2. 分类

完整性管理程序的效能评价一般可分为四类。

1）过程或措施测试

过程或措施测试可用于评价、预防或减缓活动，过程或措施测试可确定实施完整性管理程序各步骤的好坏程度。在进行测试前，应仔细选择与过程和措施有关的测试方法，确保在实际的时间框架内进行效能评价。

2）操作测试

操作测试包括操作和维护趋势的测试，确定系统对完整性管理程序作出响应的好坏程度。例如，可以测试在实施更为有效的阴极保护后腐蚀速率的变化情况，以及在实施预防措施（如完善开挖通知的方法）后第三方损坏的次数等。

3）直接完整性测试

直接完整性测试包括泄漏、破裂和伤亡测试。

4）前期测试和后期测试

除上述几类外，效能测试还可分为前期测试和后期测试。前期测试是指管道实施完整性管理程序之前，对预期效果进行测试。后期测试是指管道实施完整性管理程序之后，对取得的效果进行测试。

3. 效能改进

应利用效能测试和审核结果，对完整性管理程序进行修改，使其不断完善。除完整性管理程序中要求的测试外，还应采用内外审核结果，评价完整性管理程序的有效性。对完整性管理程序的修改或改进建议，应以效能测试和审核的结果分析为依据。针对这些分析结果、提出的建议和对完整性管理程序所做的相应修改，都必须形成文件。

三、场站完整性管理程序

（一）场站资产的完整性管理

场站资产的完整性管理流程如图 6-3 所示，主要工作流程包含：数据收集与整理、RBM 分析、执行检验、维护、测试与评估、审核和效能评价。站场资产完整性管理也是一个持续循环和不断改进的过程。

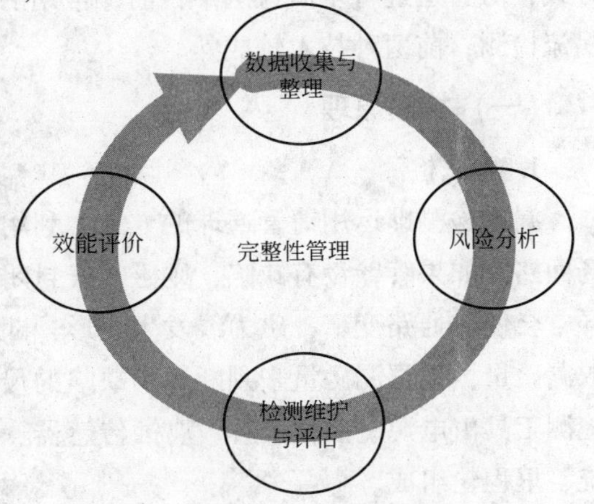

图 6-3 场站资产的完整性管理流程

（二）风险分析

不同的站场资产类型，其潜在的失效原因、失效模式和发生的可能性以及造成的后果都不相同，因此，应对不同的站场资产类型采用不同的分析评估方法，建立有针对性的预防和减缓风险的措施，推荐采用如下方法：

（1）站内工艺管道与所有承压静设备，采用基于风险的检验（RBI）技术，建立检验计划。

（2）压缩机、泵、电机等转动设备以及静设备维护，采用以可靠性为中心的维护（RCM）技术，建立预防性的主动维护策略。

（3）保护装置、安全控制系统，采用安全完整性等级评估（SIL）技术，建立测试计划。

（三）站场的检测、维护、测试和状态评估

针对不同的资产类型，建立不同的基于风险的检验、维护和测试计划，在此基础上应保证措施的有效执行，并且执行检测、维护和测试的结果应能达到资产的安全性、可靠性和完整性管理的要求。

对所辖场站的管道及设备每年进行以宏观检查及壁厚测定为主要内容的年度检验。

在对资产进行检测和维护时，针对发现的缺陷应进行状态评估，以确定设备是否继续使用、降级使用、进行维修或更换。

（四）持续评价和再评价

场站完整性管理流程执行完成后，形成场站完整性管理方案，对各场站的下一次完整性管理活动做出针对性的计划和安排，系统地指导未来的风险评估、完整性评价、第三方破坏预防、地质灾害防治以及管体或涂层缺陷修复等完整性管理工作。根据上次风险评价、检测评价和维修维护情况，动态更新完整性管理方案，并以完整性管理方案为基础制定基于风险的场站完整性评价计划。

第二节　监测与检测技术

一、内检测技术

管道内检测是利用无损检测中的漏磁原理、超声波技术或涡流技术，通过清管通球的方式，对管道进行全面检测。目前，常用的三种检测技术是漏磁检测、超声波检测和脉冲涡流检测，前两种技术较成熟。

（一）检测原理

1. 漏磁检测

漏磁检测即运用清管通球的方式，利用设备自身携带的磁铁，在管壁上产生一纵向磁场回路。如果管壁没有缺陷，则磁力线封闭于管壁内，均匀分布，而管道内外壁上的任何异常会使磁通路变窄，磁力线发生变形，部分磁力线穿出管壁产生漏磁，探测器探测和录取漏磁量，根据漏磁量来判断识别缺陷的尺寸和各类其他因素，如管件、阀门、焊缝等。检测工具由电源、磁化装置、腐蚀传感器、内/外径腐蚀传感器、数据记录装置、定位系统、里程轮组成。

漏磁检测的优点：它能检测内腐蚀、外腐蚀、壁厚变化、环形焊缝、凹陷、阀门、三通、金属接近物和其他管道特性，适应能力高于超声波智能检测，能通过所有标准管道部件，对焊缝敏感，操作成本低于超声波智能检测，操作简单。

漏磁检测的缺点：不能识别管道中的夹层和裂纹，检测精度和准确度相对于超声波智能检测稍低。检测工具运行速度要求较严，速度过快时资料录取不完整；速度过慢时造成检测仪停顿多。启动速度快，数据不完整，精度不高。管道被磁化后，在焊接维修过程中，需进行消磁处理。

2. 超声波检测

超声波检测是利用超声波在同一介质中匀速传播，且可在金属表面发生部分反射的特性进行管道探伤检测。超声波检测的原理是将压电晶体产生的声波脉冲在检测材料中传导，声脉冲被材料的前后表面以及材料中部的较大缺陷反射回来，用同一块或另一块压电晶体接收，将检测到的缺陷信号放大，显示在示波器上，从而分析确定缺陷的尺寸。

超声波检测的优点：测量精度可达±0.02mm，可探测极小缺陷，可确定缺陷的位置、尺寸、方位、形状和性质；操作安全，对附近人员、设备、材料无影响；能够发现裂纹缺陷。

超声波检测的缺点：需要耦合剂，不适合气体管道的检测，对操作人员的技术要求极高，无法探测表面附近浅层中的缺陷。

3. 脉冲涡流检测

脉冲远场涡流管道检测方法的传感器结构与正弦激励下的传感器结构相似，由间隔一定距离的激励线圈和检测线圈组成，检测线圈位于远场区。脉冲激励电流通常为周期性的具有一定占空比的方波，激励线圈中的脉冲电流产生一个脉冲磁场，变化的磁场在管壁中感应出瞬态脉冲涡流，从而产生涡流磁场，这两部分磁场在检测线圈上感应出随时间变化的电压。如果管壁上存在缺陷，则会影响涡流分布，最终使得检测线圈上的瞬态感应电压发生变化，通过测量瞬态感应电压，就可以得到有关缺陷的信息。将这种在激励线圈上加载脉冲信号源，且检测线圈位于远场区情况下的管道涡流检测方法，称为脉冲远场涡流管道检测方法。

（二）漏磁检测工作程序及技术要求

在管道基本运行条件（如压力、气量、输送介质、管径等）满足检测器运行条件（可参见相关标准）的基础上，可通过一系列的工作程序进行管道智能检测。

通常要求检测器运行压力控制在2~7MPa，运行速度控制在1~4m/s。

1. 工艺适应性改造

工艺适应性改造是指对检测服务方评估的不满足检测器运行的管道及管道附属设施进行改造或更换，主要包括：收发球筒、阀门、三通、弯头、架空管段等一系列的改造，来满足检测器的运行。

收发球筒应满足收、发检测器的尺寸，阀门、三通、弯头内径应满足检测的通过能力，架空管道应进行加固。

2. 管道沿线定标、建标

为了对检测器进行跟踪定位及记录通过时间，管道沿线约每1km都要设置一个固定的标识点，即定标、建标。根据通过记录的时间进行管道检测数据分析时，方便检测数据精确定位，同时通过建标点，可以方便查找管道特征（如缺陷、管节位置等）。

通常定标位置应交通方便，定标桩应埋设在管道正上方，管道埋深小于 2.5m，且尽可能远离电力通讯线缆。

3. 清管作业

为了尽可能不影响检测精度，管道应尽可能保持清洁。通常清管作业为日常清管方式（如清管球、标准清管器等），带钢丝刷清管器、带磁铁清管器、除垢器的特殊清管方式进行管道的清洁，管道清洁应满足检测方的要求。

管道清洁后再利用带测径板清管器进行管道测径，测径板直径宜为正常管道最小内径的 95%。

4. 运行模拟体

运行模拟体主要是为运行下一步的几何检测器及漏磁检测器做准备，通过相同的管道运行条件（气量、压力）运行模拟体，从而确定下一步的检测计划。

5. 几何检测

几何检测主要是为漏磁检测做准备，通过几何检测器检测管道的长度、径向几何尺寸的变化、凹凸度、椭圆度（大于 5%的椭圆度变形）、三通和其他特征，从而判断被检测管段能否进行腐蚀检测。

6. 漏磁检测

漏磁检测主要是是检测管道的内/外腐蚀缺陷、制造缺陷、凹陷、壁厚变化、环形焊缝异常、弯头、阀门、三通、套管和其他管道特性。

漏磁检测运行与清管作业运行方式相同。因漏磁检测器较重（约 300~500kg），且磁力较强，与管道的摩阻较大，因此运行时，应比理论计算气量增加考虑 10%左右的运行气量。

运行几何及漏磁检测器前，应提前安排好人员对定标监测点进行跟踪，定标盒应紧挨定标桩摆放，且与管道气流方向一致。

二、外防腐层检测技术

（一）PCM 检测

由英国雷迪公司 RD（radiodetection）生产的管道电流测绘系统，是一种应用于检测管道防腐层质量的新技术，也称为交流电流衰减法（PCM）。该技术能识别因管道与其他金属结构接触而引起的各种短路故障和管道的各种防腐绝缘层故障，还可以和 A 字架一起使用进行密间距极化电位测量。

PCM 适用于除钢套管、钢丝网加强的混凝土配重层（套管）外，且远离高压交流输电线地区，任何交变磁场能穿透的覆盖层下的管道外防腐层质量检测。对埋地管道的埋深、位置、分支、外部金属构筑物、大的防腐层破损，均能给出准确的信息；根据电流衰减的斜率，可以定性确定各段管道防腐层质量的差异，为开展更准确的防腐层破损点详查提供了基础。

1. 仪器介绍

PCM 仪器包括发射机和接收机两大单元，此外，还包含配套的电源设备、连接线、接地电极、A 字架及磁力仪等。

2. 工作原理

PCM 工作原理是在管道上施加一个近似直流的电流信号（4Hz），用接收机沿管道走向每隔一定的距离测量一次管道电流的大小，当防腐层质量存在缺陷时电流就会加速衰减，通过分析管道电流的衰减率，可确定防腐层的缺陷和漏电状况，从而评价防腐层的优劣，利用 A 字架可以对防腐层破损点进行精确定位，同时确定防腐层的破损优劣程度。

（二）DCVG 检测

直流地电位梯度检测系统（DCVG）是地面检漏中查找、定位埋地管道外防腐层破损点的重要方法，并可结合 CIPS 法识别腐蚀活跃点及对破损点的大小和严重程度进行定性分类。

1. 检测系统介绍

DCVG 仪器主要包括断流器（断续器或中断器）和测量仪（接收机）两部分，以及配套的带 $Cu/CuSO_4$ 电极的探杖、连接导线等。

2. 工作原理

DCVG 工作原理是在管道上施加采用周期性同步通/断的阴极保护直流电流（与管道上施加阴极保护电流类似），电流可以通过有抵抗力的土壤到达有防腐层破损的金属管道处，管道防腐层破损点与土壤间会存在一个电压梯度场，利用两根硫酸铜参比电极探杖，以密间隔测量管道上方土壤中的直流地电位梯度，在接近破损点附近电位梯度会增大，破损面积越大，电位梯度也越大，根据测量的电位梯度变化，可确定防腐层破损点的位置；通过检测破损点处土壤中电流的方向，可识别破损点的腐蚀活性；依据破损点 IR%定性判断破损点的大小及严重程度。

（三）CIPS 密间距电位测量

密间距电位测量管道阴极保护检测仪（CIPS）可采用管地电位检测仪或数字式万用表两种方式测量，而在实际测量过程中，考虑花费时间、人力及准确性等因素，通常采用管地电位检测仪。管地电位检测仪测量主机具有高输入阻抗，能滤除交流干扰的直流毫伏表微功耗高速数据采集器设备，可测量距离（与线轴配合）、管地电位、电压梯度和 GPS 坐标，并可储存、显示这些数据及与计算机连接输出数据。

1. 仪器系统介绍

CIPS 检测仪系统是由 CIPS 检测记录仪（Quantum 量子数据记录仪）、探杖式硫酸铜参比电极、GPS 卫星同步电流中断器（若干个）、线轴、卫星天线及各种连线组成。

2. 测量原理

CIPS 是一种用来提供管道对地电位与距离关系详细情况的地面检测技术。它主要由一个高灵敏的毫伏表和两根 $Cu/CuSO_4$半电池探杖以及一个尾线轮组成。测量时，在阴极保护电源输出线上串接中断器，中断器周期性断开或接通阴极保护电流，CIPS 通过测量保护电流的ON电位和OFF电位，进而得到整个管道上的保护电位分布图，从而实现在没有IR降影响的基础上对管道真实保护情况进行准确的评估。

三、管道与设备壁厚检测技术

（一）仪器构成

超声波壁厚检测仪由主机、探头两部分构成。

（二）工作原理

超声波测量厚度的原理与光波测量原理相似。探头发射的超声波脉冲到达被测物体并在物体中传播，到达材料分界面时被反射回探头，通过精确测量超声波在材料中传播的时间来确定被测材料的厚度。

（三）测量技术要求

1. 测量表面

（1）测量前应清除被测物体表面所有的灰尘、污垢及锈蚀物，铲除油漆等覆盖物。

（2）测量前应尽量使被测材料表面光滑，可使用磨、抛、锉等方法使其光滑，还可使用高黏度耦合剂。

（3）当被测物表面温度超过60℃时，应使用高温探头。

2. 测量圆柱型表面

选择探头串音隔层板与被测材料轴线交角方向的标准取决于材料的曲率。直径较大的管材，选择探头串音隔层板与管子轴线垂直；直径较小的管材，则选择与管子轴线平行和垂直两种测量方法，取读数中的最小值作为测量厚度。

3. 测量中的几种方法

（1）单测量法：在一点的测量。

（2）双测量法：在一点处用探头进行两次测量，两次测量中探头串音隔层板要互相垂直。

（3）多点测量法：在某一测量范围内进行多次测量，取最小值为材料厚度值。

4. 探头

探头表面为丙烯树脂，对粗糙表面的重划很敏感，因此在使用中应轻按。

四、腐蚀监测技术

在线腐蚀监测技术较多，工业最常用的监测技术有腐蚀挂片法（失重法）、电阻探针法（ER）、线性极化电阻法（Linear Polarization Resistance，LPR）、零阻电流法（ZRA）/电位法、氢探针、微生物法和沙探针/冲蚀。其中挂片法、电阻探针法和线性极化电阻法构成了工业用腐蚀监测系统的核心。

（一）腐蚀挂片法

挂片法是最常用、最简单的腐蚀监测技术。把一个挂片放到工艺环境中，待一定时间后取出挂片进行分析。其基本的测量原理就是失重，即在一定的暴露时间内发生的重量损失就是腐蚀速率。

在典型监测项目中，挂片的暴露时间为90d，然后取出进行实验室分析。这提供了一年4次的基本的腐蚀速率测量。每个腐蚀挂片的重量损失对应于在暴露时间内的平均腐蚀速率。挂片法的缺点是，如果在暴露时间内发生腐蚀波动，单独使用挂片不能判断波动发生的时间，不能根据波动的峰值和时间段记录重量损失显著增加的时间。

因此，挂片监测最适用于腐蚀速率长期不发生显著变化的环境中。此外，它可以提供与其他技术（如ER和LPR等）的相关信息。

（二）电阻探针法

ER探针可以看成“电子的”腐蚀挂片，与挂片一样，ER探针测量的是金属损失，且可以随时进行测量。

E/R技术测量暴露出流程介质中的金属元件的欧姆阻抗的变化。金属元件表面的腐蚀导致其横截面积的减小，相应的其电阻增大。电阻的增加与金属的损失直接相关，故将金属损失与时间的函数定义为腐蚀速率。虽然这仍然是时间平均技术，但是其响应时间远远短于挂片法。

（三）线性极化电阻法

LPR技术基于复杂的电化学原理。基本来说，就是在浸入溶液中的电极上施加一个很小的电压（或极化电压），需要产生一个很小的电流来维持此电压漂移（典型为10mV），此电流与溶液中的电极表面腐蚀直接相关，通过测量电流即可得到腐蚀速率。

LPR技术的优点为腐蚀速率的测量是瞬时的。相对于挂片法和ER法来说，它是一个很强大的工具，因为它不是基于金属损失的，不需要暴露一定时间来确定腐蚀速率。其缺点是LPR技术只能成功应用于相对干净的含水电解液里，不适用于气体或水/油乳液中，电极上的污垢会妨碍测量。

五、管道测绘

为清楚掌握管道的走向及位置分布，需要对管道开展测绘工作，测绘成果为GIS系统的建立和应用奠定了基础。

（一）坐标系统

分公司测绘使用的坐标主要有平面坐标系统和高程系统两种。

（1）平面坐标系统：国家“1980西安坐标系”，高斯—克吕格投影；采用3°分带，在两相邻带的拼接处应设立重叠部分，并至少布设一对E级GPS点，重叠部分控制点应有西带、东带的二套平面坐标。

（2）高程系统：国家“1985国家高程基准”。

（二）数据内容

测绘数据包括：管道图形数据、管道GIS数据、管道调查表、管道相关照片。

图形数据为按国家相应图示表达的全要素的1：500和1：2000地形图，GIS数据为核心要素数据。

六、阴极保护系统检测技术

阴极保护是控制金属电化学腐蚀的保护方法之一。通过外加直流电源以及辅助阳极，对被保护金属施加阴极电流，使被保护金属电位低于周围环境，从而抑制被保护金属自身的腐蚀过程。该方法主要用于保护大型或处于高土壤电阻率土壤中的金属结构，如长输埋地管道，大型罐群等。

外部电源通过埋地的辅助阳极将保护电流引入地下，通过土壤提供给被保护金属，被保护金属在大地中仍为阴极，其表面只发生还原反应，不再发生金属离子化的氧化反应，故腐蚀受到抑制。而辅助阳极表面则发生失电子氧化反应。因此，辅助阳极本身存在消耗。

（一）系统组成

外加电流阴极保护系统由直流电源、辅助阳极、被保护管道及附属设施组成。

1. 直流电源

强制电流系统要求电源设备能够不断地向被保护金属构筑物提供阴极保护电流，目前管道阴极保护中提供电源的设备常为恒电位仪。

2. 辅助阳极

辅助阳极是外加电流阴极保护系统中，将保护电流从电源引入土壤中的导电体。通过辅助阳极把保护电流送入土壤，经土壤流入被保护的管道，使管道表面发生阴极极化，电流再由管道流入电源负极形成一个回路，这一回路形成了一个电解池，管道在回路中为负极处于还原环境中，抑制腐蚀，而辅助阳极进行氧化反应遭受腐蚀。

辅助阳极地床是阴极保护站重要的辅助设施，阳极寿命应尽可能长，选择合适的数量并埋设在土壤电阻率低的位置以降低阳极接地电阻。其型式可分为深井阳极和水平连续浅埋阳极两种形式，浅埋阳极应置于冻土层以下，埋深一般不小于 1m，深埋阳极宜为 15~300m。常用的阳极材料有高硅铸铁、石墨、柔性阳极、钢铁等。

（二）杂散电流排流防护

沿规定回路以外流动的电流叫杂散电流。在规定的电路中流动的电流，其中一部分自回路中流出，流入土地、水等环境中，形成了杂散电流。当该环境中存在油气管道时，电流从管道的某一部位进入，沿管道流动一段距离后，又从管道另一部位流出进入土壤，在电流流出部位，管道发生腐蚀，我们称该腐蚀为杂散电流腐蚀。

把油气管道中流动的杂散电流直接流回至电气化铁路的铁轨，需要将油气管道与铁路的铁轨用导线做电气上的连接，这一做法称为排流法，利用排流法保护油气管道免受杂散电流的危害，称为排流防护措施。排流保护法可分为直流排流法、极性排流法、强制排流法和接地排流法。

1. 直接排流法

把管道与电气化铁路变电所中的负极或回归线（铁轨）用导线直接连接起来的排流方法称为直接排流法（图 6-4）。这种方法无须排流设备，简单且造价低，排流效果好，但是当管道对地电位低于铁轨对地电位时，铁轨电流将流入管道内，称作逆流。所以直流排流法只能适用于铁轨对地电位永远低于管地电位的情况。

2. 极性排流法

由于负荷的变动，变电所负荷分配的变化等，管地电位低于铁轨对地电位而产生逆流的现象比较普遍，为防止逆流，使杂散电流只能由管道流入铁轨，必须在排流线中设置单向导通二极管整流器、逆电压继电器装置，这种装置称为排流器。这种具有防止逆流的排流法称为极性排流法（图 6–5）。

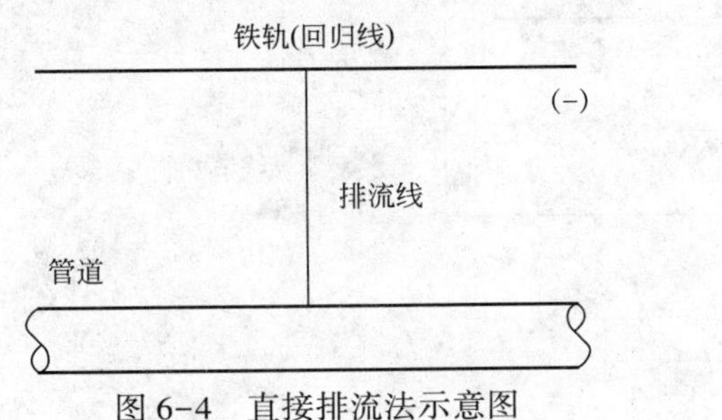

图 6–4　直接排流法示意图

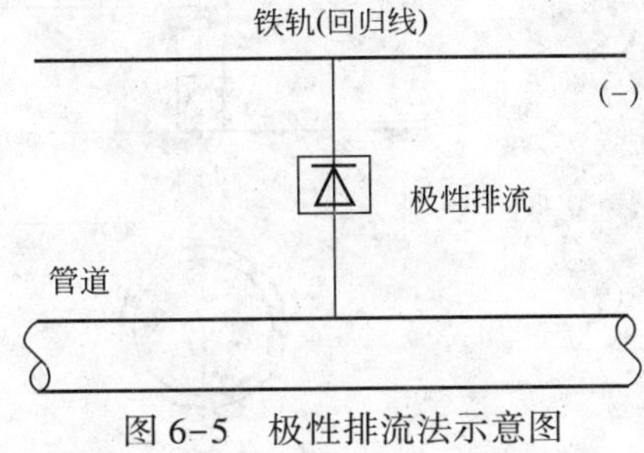

图 6–5　极性排流法示意图

3. 强制排流法

强制排流法是指在油气管道和铁轨的电气接线中加入直流电流，以达到促进排流的目的（图 6–6）。这种方法也可看做是利用铁轨做辅助阳极的强制电流阴极保护。在管地电位正负极性交变、电位差小且环境腐蚀性较强时，可以采用此防护措施。

4. 接地排流法

与前三种排流法不同的是，接地排流法中的管道中的电流不是直接通过排流线和排流器流回铁轨，而是连接到一个埋地辅助阳极上，将杂散电流从管道排出至辅助阳极，散流于大地，然后再经大地流回铁轨（图 6–7）。这种排流法还可以派生出极性排流法和强制排流法。虽然该方法的排流效果较差，但是在不能直接向铁轨排流的情况却有优越性，缺陷点要定期更换阳极。

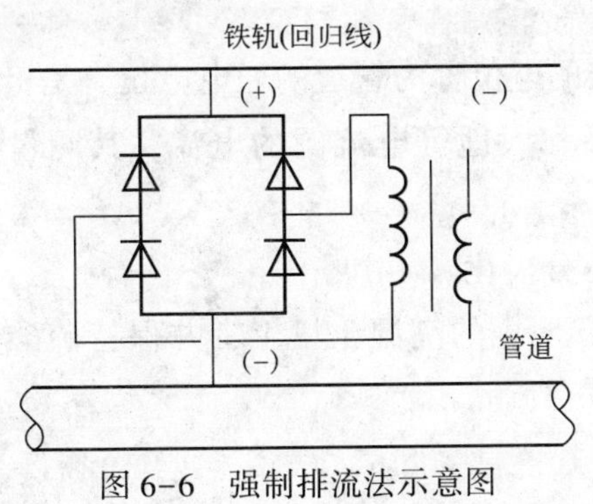

图 6–6　强制排流法示意图

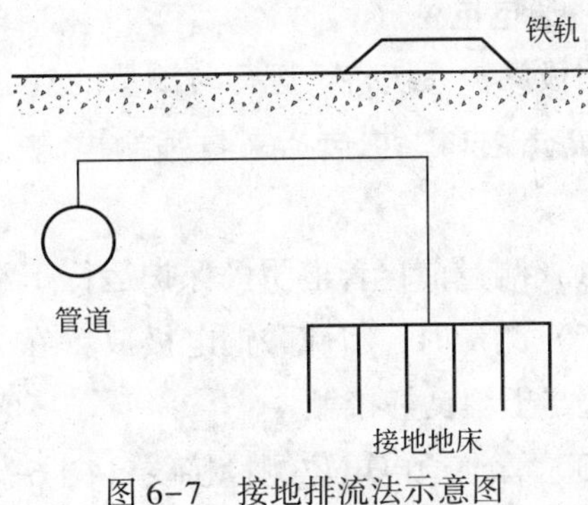

图 6–7　接地排流法示意图

（三）阴极保护参数测量方法

1. 管地电位

管道与其相邻土壤的电位差称为管地电位。管地电位测量常采用数字万用表进行，测量时将电压表的负接线柱（COM 端）与硫酸铜电极连接，正接线柱（V 端）与管道连接，管地电位测量接线如图 6-8 所示。数字万用表显示的是管道相对于参比电极的电位值，正常情况下显示负值。

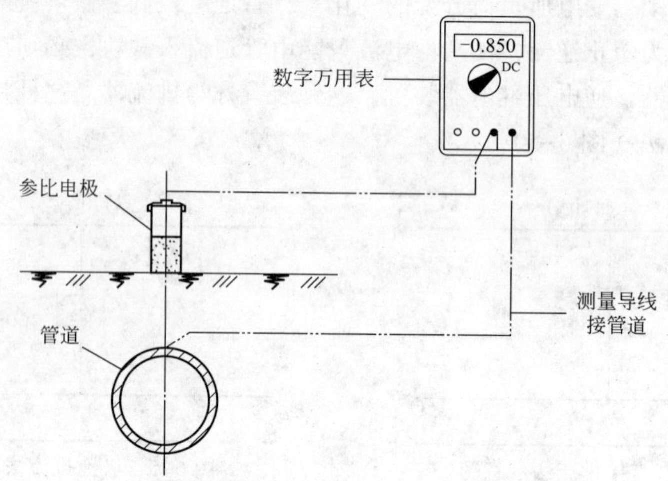

图 6-8 数字万用表管地电位测量连接图

2. 自然电位

未施加阴极保护电流的管道腐蚀电位称为管道自然电位，是了解管道基本情况和去极化电位测试的基准数据，其测量步骤如下：

（1）测量前，管道应没有施加阴极保护。对已进行阴极保护的管道应在完全断电 24h 后再进行测量。

（2）测量时，将硫酸铜电极放置在管顶正上方地表的潮湿土壤上，并保持硫酸铜电极底部与土壤良好接触。

（3）按照图 6-8 的测量接线方式，将电压表与管道及硫酸铜电极相连接。

（4）将电压表调至适宜的量程上，所读取数据即为管道的自然电位。

3. 通电电位（V_{on}）

阴极保护系统持续运行时测量的管道对电解质的电位称为管道的通电电位，是极化电位与 IR 降之和，它包括来自强制电流、牺牲阳极和大地等电流源的电流。其测量步骤如下：

（1）测量前，管道阴极保护运行正常，且已充分极化。

（2）测量时，将硫酸铜电极放置在管顶正上方地表的潮湿土壤上，并保持硫酸铜电极底部与土壤良好接触。

（3）管地通电电位测量接线（图 6-8）。

（4）将电压表调至适宜的量程上，所读取数据即为管道的通电电位。

4. 断电电位（V_{off}）

断电瞬间测得的管道对电解质的电位即为管道的断电电位，也称管道的保护电位。电化学的极化电位和土壤中的欧姆电压降具有不同的时间常数，因此，保护电流所引起的电压降可通过瞬时断开保护电流来予以消除。断电电位测量步骤如下：

（1）测量前，管道阴极保护正常运行，且已充分极化。

（2）测量时，在所有电流能流入管道的阴极保护电源处安装电流同步断续器，并设置在合理的周期性通/断循环状态下同步运行，同步误差小于 0.1s。合理的通/断循环周期和断电时间设置原则是：断电时间应尽可能地短，以避免管道明显的去极化，但又应有足够长的时间保证测量采集及在消除冲击电压影响后的读数。为了避免管道明显的去极化，断电时间一般不超过 3s，典型的通/断周期设置为：通电 12s，断电 3s。

（3）将硫酸铜电极放置在管顶正上方地表的潮湿土壤上，并保持硫酸铜电极底部与土壤良好接触。

（4）管地断电电位测量接线（图 6-8）。

（5）将电压表调至适宜的量程上，读取数据，读数应在通/断电 0.5s 后进行。

（6）所测得的断电电位（V_{off}），即为硫酸铜电极安放处的管道保护电位。

5. 绝缘接头（法兰）绝缘性能测量

绝缘接头（法兰）绝缘性能测量的方法比较多，如兆欧表法、电位法、漏电电阻法、PCM 测量法、接地电阻测量仪法等。兆欧表法主要适用于未安装在管道前的绝缘性能测量，其他方法适用于安装在管道上的绝缘接头（法兰）的测量。

1）兆欧表法

兆欧表法可测量绝缘接头（法兰）的绝缘电阻值，其测量方法比较简单，用两根导线将 500V/500MΩ（误差不大于 10%）兆欧表与绝缘接头（法兰）两端进行连接，摇动手柄到规定的转速并持续 10s，稳定指示的电阻值即为绝缘接头（法兰）的绝缘电阻值。

2）电位法

按图 6-9 所示的测量接线示意图接线。绝缘接头（法兰）电位法测量步骤如下：

（1）用数字万用表测量未保护端 a 端分别在管道阴极保护未通电和通电下的电位值 V_{a1}、V_{a2}及在通电下的 b 端的电位值 V_b。

（2）如果 V_{a1}与 V_{a2}变化不大，则可认为绝缘接头（法兰）的绝缘性能良好。

（3）如果 $|V_{a2}|>|V_{a1}|$，且 V_{a2}接近 V_b值，则绝缘接头（法兰）可能存在漏电，此时如果非保护端管道与保护端管道没有搭接，则可判定绝缘接头（法兰）绝缘性能很差。

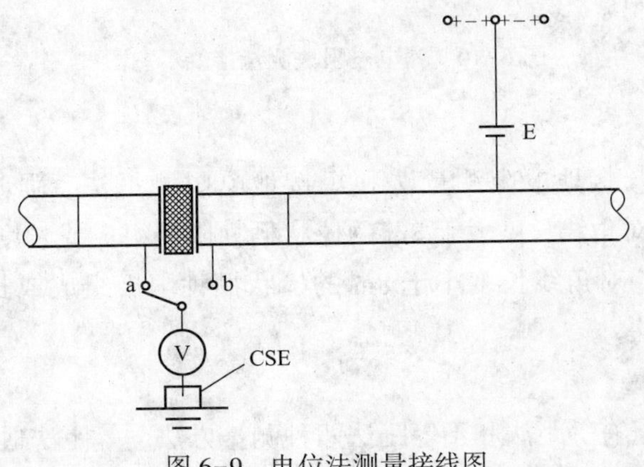

图 6-9 电位法测量接线图

但在实际生产中，绝缘接头（法兰）都安装在站场内，且进出站内埋地输送管道往往不止一条，一旦测出如图6-9所示的值，也不容易确定站内漏电的原因是由于站存在内搭，或者所测接头或其他绝缘接头（法兰）漏电所引起的。

3）漏电电阻法

按图6-10所示的测量接线示意图进行漏电电阻或漏电百分率测量。绝缘法兰（接头）漏电电阻法测量步骤如下：

（1）按图6-10接好测量线路，其中a、b之间的水平距离不得小于πD，bc段的长度宜为30m。

（2）调节强制电源E的输出电流I，使保护侧的管道达到阴极保护电位值。

（3）用数字万用表测量绝缘法兰（接头）两侧d、e间的电位差ΔV。

（4）按电压降法测试bc段的电流I_1。

（5）计算绝缘法兰（接头）漏电电阻，计算式如下：

$$R_H=\frac{\Delta V}{I-I_1} \tag{6-1}$$

式中 R_H——绝缘法兰（接头）漏电电阻，Ω；

I——强制电源E的输出电流，A；

I_1——bc段的管内电流，A。

计算绝缘法兰（接头）漏电百分率，计算式如下：

$$\eta=\frac{I-I_1}{I}\times 100\% \tag{6-2}$$

式中 η——漏电百分率，%。

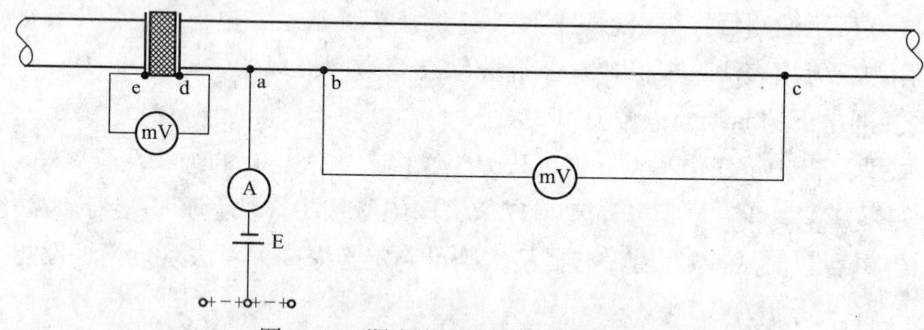

图6-10　漏电电阻法测量接线示意图

6. 接地电阻测量

接地电阻测量分长接地电阻测量法和短接地电阻测量法。强制电流辅助阳极地床（浅埋式或深埋式）、对角线长度大于8m的棒状牺牲阳极组成或长度大于8m的锌带，采用长接地电阻测量法；对角线长度小于8m的棒状牺牲阳极组成或长度小于8m的锌带，采用短接地电阻测量法。

7. 土壤电阻率测量

土壤电阻率的测量有等距法和不等距法两种测量方法。等距法适用于从地表至深度为

等距离值 a 的平均土壤电阻率的测量；不等距法适用于测深不小于 20m 情况下的土壤电阻率的测量。

1）等距法

（1）按图 6-11 进行接线，等距法采用四极法进行测量，常采用仪器为 ZC-8，误差不大于 30%。

（2）将测量仪的四个电极以等距 a 布置在一条直线上，电极入土深度应小于 $a/20$。

（3）转动接地阻测量仪手柄，使发电机达到额定转速，调节平衡旋钮，直到电表指针停在黑线上，此时黑线指示的度盘乘以倍率即为接地电阻值 R。

（4）计算土壤电阻率，计算式如下：

$$\rho = 2\pi aR \tag{6-3}$$

式中 ρ——地表至深度 a 土层的平均土壤电阻率，Ω·m；

a——相邻两电极之间的距离，m；

R——接地电阻仪示值，Ω。

2）不等距法

（1）按图 6-12 进行接线。

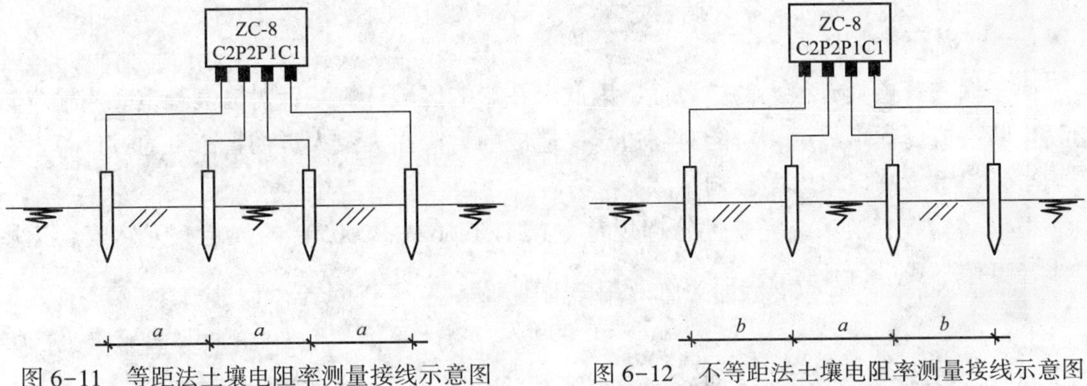

图 6-11 等距法土壤电阻率测量接线示意图

图 6-12 不等距法土壤电阻率测量接线示意图

（2）确定四个电极的间距，此时 $b>a$。a 通常取 5～10m，b 根据下式计算：

$$b = h - \frac{a}{2} \tag{6-4}$$

式中 b——外侧电极与相邻内侧电极之间的距离，m；

h——测深，m。

（3）根据确定的间距将四个电极布置在一条直线上，电极插入深度应小于 $a/20$。

（4）转动接地阻测量仪手柄，使发电机达到额定转速，调节平衡旋钮，直到电表指针停在黑线上，此时黑线指示的度盘乘以倍率即为接地电阻值 R，若 R 值小于零，应加大 a 值并重新布置电极。

（5）计算土壤电阻率，计算式如下：

$$\rho = \pi R\left(b + \frac{b^2}{a}\right) \tag{6-5}$$

式中 ρ——地表至深度 h 土层的平均土壤电阻率，Ω·m。

第三节　管道评价与评估技术

一、管道高后果区识别技术

管道的风险评价是指用系统的、分析的方法来识别管道运行过程中潜在的危险、确定发生事故的概率和事故的后果。在管道完整性管理中，风险分析和风险评价是进行完整性管理的必要步骤。它的目标是对管道完整性评估和事故减缓活动进行优先排序，评价事故减缓措施的效果，确定对已识别危险最有效的减缓措施。通过管道风险评价，对管道完整性管理活动进行排序，合理制定完整性管理计划，优化维修决策，降低管道管理运行成本。

风险评价分为系统评价和专项评价，对管道高后果区的风险评估每一年进行一次，对一般地区的风险评估每两年进行一次。专项风险评价包括地质灾害风险评价、第三方破坏风险评价等。当管道发生显著变化、外界条件发生变化或操作情况发生变化时，都应再次进行风险评估。还应将完整性评价结果作为风险再评估的因素予以考虑，以便反映管道的最新状况。

（一）潜在影响区域

由于输气管道具有很大的扩散性，因此潜在影响区域计算是针对输气管道。当输气管道发生断裂或爆炸事故后，可能对周边居民造成的财产损失及人员伤害，可通过计算潜在影响半径，得出高后果区的影响区域。

根据《输气管道系统完整性管理规范》（SY/T 6621—2005）的规定，天然气管道影响半径可按下式进行计算：

$$r=0.099\sqrt{d^2p} \tag{6-6}$$

式中 r——受影响区域半径，m；

d——管道外径，mm；

p——管段最大允许操作压力，MPa。

例如：一条直径为 762mm 的管道，最大允许压力为 7MPa，则其潜在影响半径 $r=0.099\sqrt{762^2\times7}=199.59$m（图 6-13）。

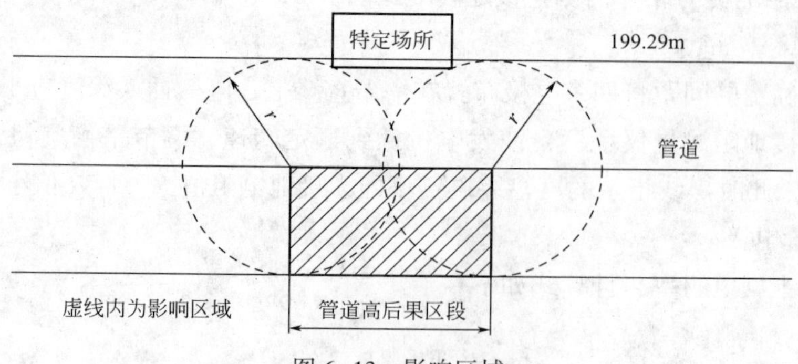

图 6-13　影响区域

（二）地区级别划分

按照《输气管道工程设计规范》（GB 50251）要求，按沿线居民户数和（或）建筑物的密集程度，划分为四个地区等级。相关规定如下：

（1）沿管道中心线两侧各200m范围内，任意划分长度为2km并能包括最大聚居户数的若干地段，按划定地段内的户数划分为四个等级。在农村人口聚集的村庄、大院和住宅楼，应以每一独立户作为一个供人居住的建筑物计算。

一级地区：户数在15户或以下的区段；

二级地区：户数在15户以上100户以下的区段；

三级地区：户数在100户或以上的区段，包括市郊居住区、商业区、工业区、发展区以及不够四级地区条件的人口稠密区；

四级地区：系指四层及四层以上楼房（不计地下室层数）普遍集中、交通频繁、地下设施多的区段。

（2）当划分地区等级边界线时，边界线距最近一户建筑物外边缘应大于或等于200m。

（3）在一、二级地区内的学校、医院以及其他公共场所等人群聚集的地方，应按三级地区选取。

（4）当一个地区的发展规划足以改变该地区的现有等级时，应按发展规划划分地区等级。

（三）特定场所

特定场所是指除三类、四类地区外，由于管道泄漏可能造成人员伤亡的潜在区域，包括以下地区：

（1）特定场所Ⅰ：医院、学校、托儿所、养老院、监狱等人群难以疏散的建筑区域；

（2）特定场所Ⅱ：在一年之内至少有50d（时间计算不需连贯）聚集20人或更多人的区域，例如集市场、寺庙、运动场、广场、娱乐休闲地、剧院、露营地等。

（四）高后果识别

输气管道途经下述任何区域的管段均为高后果区。

（1）管道经过的第四类地区。

（2）管道经过的第三类地区。

（3）管道经过的第三类和第四类地区之外的地区。

（4）如果管径小于或等于273mm，并且最大允许操作压力小于或等于1.6MPa，其管道潜在影响半径内有特定场所的区域。

（5）如果管径大于711mm，并且最大允许操作压力大于6.4MPa，管道两侧各300m以内有特定场所的区域。

（6）其他管道两侧各200m内有特定场所区域。

（五）高后果区评分标准

根据对管道的高后果区识别结果进行评分，评价细则见表6-2。

表 6-2　高后果区识别评分标准

序号	识别依据	评分标准
1	管道经过的四类地区	四层以上楼房每幢 5 分
2	管道经过的三类地区	建筑物每处 4 分
3	管径小于或等于 273mm，并且最大允许操作压力小于或等于 1.6MPa 的管道，其潜在影响半径内有特定场所Ⅰ的区域	每处 4 分
	管径大于 711mm，并且最大允许操作压力大于 6.4MPa 的管道，其两侧各 300m 以内有特定场所Ⅰ的区域	每处 4 分
	其他管道两侧各 200m 内有特定场所Ⅰ的区域	每处 4 分
4	管径小于或等于 273mm，并且最大允许操作压力小于或等于 1.6MPa 的管道，其潜在影响半径内有特定场所Ⅱ的区域	每处单次 20～100 人之间聚集 4 分，100 人以上，得分为总人数×5/100（取整）
	管径大于 711mm，并且最大允许操作压力大于 6.4MPa 的管道，其两侧各 300m 以内有特定场所Ⅱ的区域	
	其他管道两侧各 200m 内有特定场所Ⅱ的区域	

二、管道风险评价技术

（一）管道风险的定义

风险是事故发生的可能性与事故造成的后果的严重程度的综合度量。衡量风险大小的指标称为风险率或风险系数，它等于事故发生的概率与事故损失大小程度的乘积。

对单个危险：

$$风险=P_i \cdot C_i \tag{6-7}$$

对 1~9 类危险：

$$风险=\sum_{i=1}^{q}(P_i \cdot C_i) \tag{6-8}$$

$$管段总的风险=P_1 \cdot C_1+P_2 \cdot C_2+\cdots+P_9 \cdot C_9 \tag{6-9}$$

式中　P——失效概率；

C——失效后果。

采用的风险分析方法，应能确定管道系统的所有 9 种危险类型或 21 种危险因素中的任何一种危险。典型的风险影响包括事件对人员和财产的潜在影响、经营性影响和环境影响。

（二）风险评价

1. 风险评价方法

风险评估方法包括专家评价法、相对评价法、情景评价法和概率评价法。通常可采用以上一种或几种符合完整性管理程序目标的风险评估方法开展风险评价。这些方法按复杂性、先进性和数据要求，从简到繁依次加以说明。

2. 风险评价方法选择原则

（1）可结合自身情况采用以上一种或几种符合完整性管理程序目标的风险评估方法；

（2）通过对风险进行优先序排列，将更多的注意力集中在高风险管段上进行完整性评价。

3. 管道风险评价流程

1）范围和筛选分析

确定将被分析的管道系统的自然界限；收集管道沿线人口情况，明确管道严重后果区；管道分段；筛选确定严重后果区内的管段。筛选可将数据收集和管道维护、检修资源优先用到所确认的最重要的地方。

2）管段危险因素辨识

后果严重区内管段危险因素的分析，列出各管段的危险因素；相应管段内的数据收集与整理。

3）频率估计

根据所收集的数据对管段可能发生事故的可能性进行计算，确定其发生频率；可以将频率分为“高、中、低”或“高、中高、中、中低、低”等级；频率估计可以使用专家估计或相对打分法，也可使用历史事故数据、操作数据及行业内统计数据，或者使用逻辑推理的方法（如事件树分析、故障树分析等可靠性分析方法）。

4）后果评估

根据所收集的数据对管段可能发生事故的后果进行计算，确定其发生后果；可以将后果分为“高、中、低”或“高、中高、中、中低、低”等级；后果评估可以使用专家估计或相对打分法，也可使用历史事故数据、操作数据及行业内统计数据，或者使用逻辑推理的方法（如事件树分析、故障树分析等可靠性分析方法）。

5）风险值计算及评估

（1）计算特定管段上每个单个危险因素的风险值。

（2）单个危险因素的风险值等于频率与后果的乘积。

（3）特定管段的风险值等于所有单个危险因素风险值之和。

（4）管段风险排序：将管段按照风险的高低进行排序。风险排序时需要考虑以下因素：

① 优先级排序通常是按管段的整个风险的递减顺序，对每一特定管段的风险结果进行分类。当管段具有相同的风险值时，应分别考虑事故的可能性和事故后果。事故后果最严重的管段可定为较高优先级。

② 也可分别根据事故的后果和可能性，按由大到小的顺序对风险进行分类。

③ 还应评价那些会给特殊管段带来较高风险等级的风险因素。可用这些因素对需要进行检测的地方（如需进行静水试压、管道内检测或直接评价的地方等）进行选择、排序和做出计划安排。例如，某一管段可能因为单个危险因素而排在风险非常高的位置，但综合考虑各种危险后，却排在比其他所有管段风险都低的位置。风险排序较高的单个危险因素按综合危险又可排到低得多的位置。及时确定单个危险最高的管段，可能比确定综合危险最高的管段更适合些。

④ 排序时可考虑管道效率和系统输量要求等因素。

（5）根据风险评价判据，确定需要降低风险的管段。风险结果按“高、中、低”或“高、中高、中、中低、低”或数值进行评价。例如，可以使用风险评价矩阵对管段的风

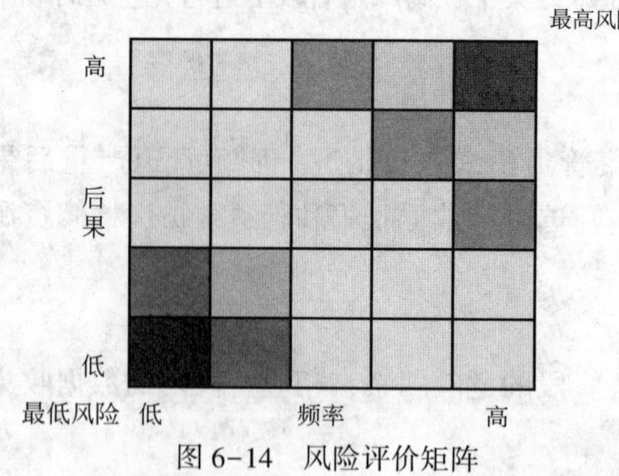

图 6-14　风险评价矩阵

险进行评价（图 6-14），根据频率和后果的组合与风险矩阵中的方格对应，越靠近矩阵的右上方，风险越大。也可利用模糊评判、层次分析等其他方法进行评判。

4. 风险控制

（1）根据风险计算结果采用相应的风险控制方法，降低管段风险值，使管段风险值降低到可接受的程度；

（2）可以通过降低事故发生频率和事故发生后果达到降低管段风险值的目的；

（3）制定风险控制策略时应进行风险成本分析，并应结合管道风险评价判据和经营目标进行分析。

5. 风险评价判据

（1）定性风险评价评判标准：根据专家建议判断管段的风险值的高低，确定风险等级和是否采取风险降低措施。

（2）半定量风险评价判据：如果采用 W. Kent Muhlbauer 打分法，建议对管段评分值进行如下划分（分值越高者风险越低），对中高风险管段应当采取措施使其风险评分达到 800 分以上。

① 分值 0~400：高风险管段。

② 分值 400~800：中高风险管段。

③ 分值 800~1200：中度风险管段。

④ 分值 1200~1600：中低风险管段。

⑤ 分值大于 1600：低风险管段。

（3）定量风险评价（概率风险评价）判据：

① 个人风险标准：管道后果严重区内居民个人风险的期望值为死亡率应当小于 10^{-6} 人/年。

② 管道经济风险标准：经济损失应小于 100 元/(a · km)。

三、外腐蚀直接评价

外腐蚀直接评价法（ECDA）是针对管段上的外腐蚀危险评价管段的完整性。该过程将设施参数与管道特性的当前和历史的现场检测数据相结合，采用无损检测技术（一般为地上或间接检测）对防腐效果进行评价。

ECDA 要求进行直接检查和评价。直接检查和评价可验证通过间接检测确定的管道上当前和历史的腐蚀位置。

要求进行后评价以确定腐蚀速率，从而确定检测时间间隔，重新评价效能的量度标准及其当前的适用性，确认前面几个阶段所作假设的正确性。

ECDA 分预评价、检测、检查和评价、后评价 4 个步骤。

ECDA过程要求采用至少两种检测方法，通过检查和评价进行确认性检查，并进行后评价验证。

（一）预评价

预评价步骤为选择每一管段提供了指导，并提供了相应的间接检查方法。此外，还可通过数据收集和分析，判断和确定被评价管道进行ECDA的区域。ECDA区域是指管道上有数据表明适合用于间接检查方法进行检查的区域。不同的ECDA区域，可以使用不同的辅助间接检查方法。

首先必须收集管道的历史资料，包括设备资料、运行历史以及前期对管道进行地面间接检查和直接检查的结果，还可另外收集多种数据以提高有效性。应对这些数据进行分析，评价前期的腐蚀程度和可能性。还应考虑可能影响ECDA的其他因素（如邻近管道、侵入结构或明显的操作变化等）。

采用此预评价步骤评定管道前期的腐蚀和现行腐蚀的位置，必须确定在这些位置是否可以采用ECDA方法。

在ECDA区域确定后，至少要选择两种间接检查方法：第一种是主要检查方法，第二种是补充检查方法。因为任何一种方法都不能完全可靠地确定缺陷迹象的位置，所以两种方法都需要。选用补充检查方法是为了验证主要检查方法的有效性，并尽可能识别主要检查方法可能遗漏的区域。对于这两种方法所得结果相互矛盾的区域，应考虑采用第三种方法进行检查。

（二）间接检查

间接检查是指采用主要的和补充的间接检查方法来检查涂层缺陷。首先，对上述预评价识别出的区域进行初步检查，其次用补充方法对同一区域进行检查。补充检查应包括：在第一次检查时难以确定结果的区域、所有特别关注的区域（与历史数据对比可看出）和最近发生了变化的区域。第二种方法必须至少检查每一个ECDA区域的25%。

把主要的和补充的间接检查结果进行比较，确定是否发现新的缺陷。如果在补充检查时，发现了新的涂层缺陷，则必须对检查结果相互矛盾的原因做出解释和/或采取另外的（第三种）间接检查方法再次检查。如果采用第三种检查方法又检查出了其他的涂层缺陷和/或对补充检查时查出来的腐蚀缺陷不能做出解释，必须回到预评价阶段，选择其他的评价方法重新评价。

在每一个ECDA区域，应对涂层缺陷的特征加以说明（离散的或连续的），并根据间接检查数据预计的腐蚀严重程度，对涂层缺陷进行先后排序。例如，根据管道的历史数据，可利用腐蚀状态（如阳极/阳极、阳极/阴极、阴极/阴极等），确定哪些涂层缺陷最有可能成为严重腐蚀区域。严重腐蚀可能性最大的区域，应优先进行开挖验证。

应对发现的所有管壁金属损失情况进行评价，确定相应的再检测和/或再试验的时间间隔。相同的间接检查方法不一定适用于正在评价的每一条管道或管段，可根据检查结果改用不同的方法进行。

（三）直接检验

直接检验阶段需要开挖，使管道外露以便测量金属损失，估算腐蚀增长速率，测定间接检查时评估的腐蚀形态。开挖前应收集足够的数据，以便确定正在评估的管道上可能出现的腐蚀缺陷的特征，并验证间接检查方法的有效性。

对发现有涂层缺陷的每一个 ECDA 区域的一个或多个地方以及间接检查未发现异常的一个或多个地方，应进行直接检查。应对直接检查时发现的所有腐蚀缺陷进行测定、记录，并按要求修复。

每次开挖时，应测定和记录一般环境特性（如土壤电阻率、水文、排水等）。可用这些数据估算腐蚀速率。平均腐蚀速率与土壤电阻率的关系见表 6-3。

表 6-3 腐蚀速率与土壤电阻率的关系

腐蚀速率，mil/a（1mil/a=0. 0254mm/a）	土壤电阻率，Ω · cm
3	>15000 无活性腐蚀
6	1000~15000 和/或活性腐蚀
12	<1000（最坏情况）

如果能为使用其他腐蚀速率或基于直接检查测量的估计值提供可靠的技术依据，则可以使用实际腐蚀速率代替表 6-3 中的腐蚀速率。

应使用 ASME B31G 或类似的方法，确定开挖处涂层缺陷区域所有腐蚀缺陷的严重程度。对未检查涂层缺陷的管段，必须按以下方法估计可能存在的腐蚀的最大尺寸：

（1）如果无其他数据，则必须假设最大缺陷尺寸是直接检查时测得的最大缺陷深度和长度的两倍。

（2）可以采用直接检查时测得的腐蚀缺陷严重程度的统计分析结果，估计其他涂层缺陷处的缺陷严重程度。在这种情况下，必须进行开挖，在一个足够大的涂层缺陷试样上进行直接检查，以 80%的置信度对其余腐蚀缺陷的结构完整性进行统计估测。

应继续开挖、测定、分类和修补，直至有相关增长速率的其余缺陷在下一次完整性评价之前，不会发展成为结构明显的缺陷。

（四）后评价

后评价确定再检测的时间间隔，验证整个 ECDA 过程的有效性，对完整性管理程序进行效能测试。再检测的时间间隔取决于有效性检查和维修活动。

对于预定的完整性管理程序的 ECDA，如果对间接检查发现的所有腐蚀迹象进行开挖检查，并对 10 年内可能造成破裂的所有缺陷进行修补，那么再检测的时间间隔就应为 10 年。如果只对一小部分有腐蚀迹象的地方进行开挖检查，并通过评价，保证 10 年内可能造成破裂的所有缺陷（置信度为 80%）都得到修补，那么再检测的时间间隔就应为 5 年。

对整个 ECDA 方法的有效性检查应至少进行一次另外的开挖检查。开挖的位置应在有这样一种涂层缺陷的位置，即预测靠近该处有一个最严重的、没有进行过直接检查的缺陷。应确定该处的腐蚀程度，并与直接检查预测出的最严重程度进行比较。

（1）如果实际腐蚀缺陷的严重程度不到预估最严重程度的一半，则确认 ECDA 的有效性。

（2）如果实际腐蚀缺陷的严重程度介于预估最严重程度和最严重程度的一半之间，

则把预估的最严重程度增加一倍，并进行第二次开挖验证。如果检查得到的实际腐蚀严重程度又比预估的最严重程度小，则确认 ECDA 的有效性。否则，ECDA 方法可能不合适，必须重新评价和设定缺陷发展速度的预测值。必须按要求进行另外的直接检查，并报告后评价的评价结果。

（3）如果实际腐蚀缺陷的严重程度高于预估的最严重程度，则 ECDA 方法可能不合适，必须重新评价和设定缺陷发展速度的预测值。必须按要求进行另外的直接检查，并报告后评价的评价结果。

可以采用同一管段上前期开挖得到的历史数据进行 ECDA 有效性检查。必须评价前期开挖的位置，确定其与 ECDA 方法开挖的位置一致，确保二者具有可比性。若由此确定了 ECDA 方法的有效性，就可以根据前期的腐蚀数据，预估最大腐蚀深度。

四、内腐蚀直接评价

（一）方法介绍

内腐蚀直接评价方法（ICDA）是一种在输气管道某一给定管长范围内评价腐蚀可能性的方法，根据 NACE SP 0206 2006 标准：干气内腐蚀直接评估（DG-ICDA）适用于正常条件下输送干气但可能遭受非经常性短期液体侵扰而引起损坏的天然气管道，腐蚀性的水在管道中的积聚是引起天然气管道内腐蚀的先决条件，管道积水与腐蚀位置如图 6-15 所示，水平管与倾斜下降管通常不会积液；在倾斜上升管中，重力阻滞液体向下游流动，会发生积液，从而引起内腐蚀。

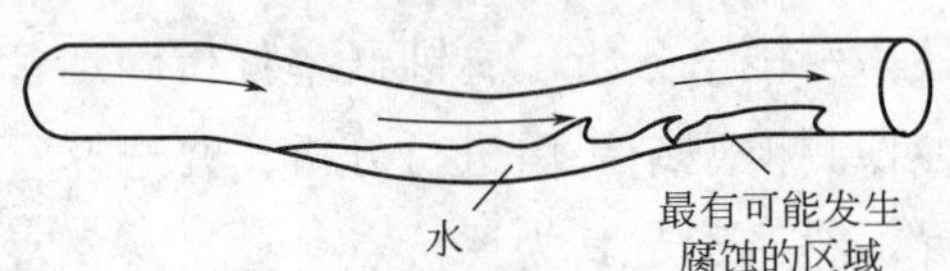

图 6-15　管道积水与腐蚀示意图

最先积水的地方最可能发生腐蚀，这是 ICDA 方法的基本理念。ICDA 的基础是沿着管道详细检查最有可能积水（或其他电解液）的部位，由此推断下游剩余管长部分的完整性；如果最有可能积液的部位没有受到腐蚀，则可认为其下游一定范围内的管道都没有腐蚀，这就减轻了管道腐蚀检测的工作量，如果最可能积液的部位经检测发现确实受到了腐蚀，则排查了一处隐患，如果评价过程发现管道许多部位都出现了大面积腐蚀，则表明输送的气体非正常的干气。

进行腐蚀部位预测的目标是在一定的管段区间内，用流动模拟结果预测最可能发生内腐蚀的位置。其主要内容包括三个方面：一是绘制管道高程剖面图和倾角分布图；二是使用所收集的数据资料进行多相流计算，确定持液的最大临界倾角；三是对比分析流动模拟计算结果、管道高程剖面和倾角分布图，判断内腐蚀可能出现的位置。致使液体向后流动的重力和造成液体沿着流动方向向前流动的气体与液体之间的剪应力之间的平衡定义为液体在管道中聚集的临界角。

ICDA 关键流程如图 6-16 所示。

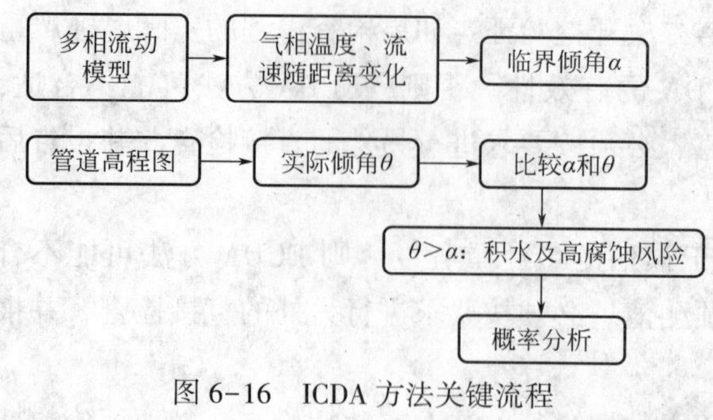

图 6-16　ICDA 方法关键流程

（1）管道高程图绘制，即实际高程与管道埋深测量，确定管道实际倾角。

（2）建立单相或多相流模型，以便预测积水最可能发生的部位，并计算管道临界倾角。

（3）建立基于概率统计的不确定性模型。基于工艺参数存在波动、腐蚀速率存在概率分布、缓蚀剂与清管存在影响等实际情况，需要建立基于概率统计的不确定性模型以保证 ICDA 的准确性。

（二）评价步骤

1. 预评价

预评价步骤包括收集和整理所有关于内腐蚀评价管道已有的、相关的、最重要的、历史和当前的操作数据以及判断管道内腐蚀直接评价方法是否适用于被评价管段。收集的数据类型在设计和建设记录（如地形、路线、材料、设计压力、温度和微结构等）、运行和维护历史、流量、校正表、腐蚀调查记录、气体和流体分析报告以及前期的完整性评价和/或维护活动的检测报告里很常见。

2. 内腐蚀敏感性预测

内腐蚀敏感性预测步骤包括：通过多相流建模定义随流态而变的管道内腐蚀直接评价亚区域；通过腐蚀速率模型预测一个管段在不同位置的腐蚀程度；通过临界积液分析确定管道中易积液的管段；通过积水概率分析、腐蚀概率分析确定管道各段的腐蚀总概率；综合分析多相流模型和内腐蚀预测模型结果后进行分析，并选择一个管道内腐蚀直接评价区域里最可能出现腐蚀的位置，然后确定其为评价点。

3. 直接检测

按内腐蚀敏感性大小由高到低的顺序对直接评价点进行直接检测。首先根据测绘放样进行直接检测点现场定位，并进行位置标识；然后按要求开挖检测坑；采用多种无损检测手段（如 X 射线检测、超声波 C 扫描、超声波 A 扫描和超声波测厚等），视现场具体情况和仪器的操作条件确定使用的检测手段；检测完成后进行防腐层恢复和探坑回填；对检测结果进行系统分析，若分析发现有新的内腐蚀敏感区，应增加直接检测点，直到所有内腐蚀敏感区都被覆盖。得出管道各段的内腐蚀程度和内腐蚀速率。

4. 后评价

后评价将分析上述三个步骤所收集的数据，以评价管道内腐蚀直接评价有效性；结合管道地区类别，对缺陷进行剩余强度评估；确定再评价的间隔时间。

5. 管道内腐蚀管理措施建议

根据检测结果，结合管道的具体情况提出腐蚀控制和维护措施建议，包括重点关注管段、加注缓蚀剂建议、水分控制建议、维修换管建议、日常监测建议等，以发挥评价对现场工作的实际指导作用。

五、地质灾害评价

（一）管道地质灾害风险定义及其主要特征

1. 定义

1）管道地质灾害

管道地质灾害是指在自然或人为因素的作用下形成或诱发的，对管道安全和运营环境造成破坏和损失的地质作用（现象）。管道地质灾害可分为岩土类灾害、水力类灾害和构造类灾害。岩土类灾害包括滑坡、崩塌、泥石流、地面塌陷（包括采空区塌陷和岩溶塌陷）、特殊类岩土（如黄土湿陷、膨胀土胀缩、冻土冻融、盐渍土溶陷盐胀、风蚀沙埋等）等；水力类灾害包括坡面水毁、河沟道水毁、台田地水毁等；地质构造类灾害包括断层错动和地震。

2）管道地质灾害风险

管道地质灾害风险是指地质灾害易发性及其影响下的管道易损性和管道失效后果的综合度量。地质灾害易发性是指在某一给定时间内，某一特定地质灾害发生的概率；管道易损性是指在地质灾害影响下，管道发生强度破坏或失稳的容易程度。

2. 管道地质灾害风险主要特征

1）必然性或普遍性

地质灾害是地质动力活动、人类社会经济活动相互作用的结果。由于地球活动不断进行，人类社会不断发展，所以地质灾害将不断发生。从这一意义上说，地质灾害是一种必然现象或普遍现象。

2）不确定性或随机性

地质灾害虽然是一种必然现象，但由于它的形成和发展受多种自然条件和社会因素的影响，所以具体某一时间，某一地点，地质灾害事件的发生时机，将造成的人员伤亡及财产损失程度，都具有很大的不确定性。

3. 管道地质灾害特点

（1）突发性，不确定性。取决于触发活动的类型（如地震、降雨、温度变化、人工活动等）。

（2）长期性、动态性。管道地质灾害无法根本解决，将伴随管道的整个生命周期。

（3）危害巨大。

4. 地质灾害类别

地质灾害类别通常分岩土类、水力类、构造类三个类型。

1）岩土类

由于侵蚀、人工活动、地震、冻融等因素引起的岩土体移动。例如，滑坡、崩塌、泥石流、地面塌陷（岩溶塌陷、采空区塌陷）、特殊岩土灾害（黄土湿陷、膨胀土胀缩、冻土冻融、盐渍土溶陷盐胀、风蚀沙埋）。

2）水力类

由水力因素造成。例如，坡面水毁、台田地水毁、河沟道水毁（局部冲刷、河床下切、堤岸坍塌、堤岸侵蚀、河流改道）。

3）构造类

由火山、地震等内营力因素造成。例如，海啸、地裂、断层、火山喷发等。

（二）管道地质灾害风险基本要素

1. 易发性要素

管道地质灾害风险的易发性要素包括地质条件要素、地貌条件要素、气象条件要素、人为地质动力活动要素以及地质灾害密度、规模、发生概率（或发展速率）等要素。

地质灾害活动的动力条件主要包括地质条件（岩土性质与结构、活动性构造等）、地貌条件（地貌类型、切割程度等）、气象条件（降水量、暴雨强度等）、人为地质动力活动（工程建设、采矿、耕植、放牧等）。通常情况下，地质灾害活动的动力条件越充分，地质灾害活动越强烈，所造成的破坏损失越严重，灾害风险越高。

2. 易损性要素

管道地质灾害风险的易损性要素包括人口易损性要素、管道、工程设施与社会财产易损性要素、经济活动与社会易损性要素、资源与环境易损性要素。

管道等人类经济活动的易损性，即承灾区管道和各项经济活动对地质灾害的抵御能力与可恢复能力，主要包括人口密度及人居环境、财产价值密度与财产类型、资源丰度与环境脆弱性等。通常情况下，承灾区（地质灾害影响区）的人口密度与工程、财产密度越高，人居环境和工程、财产对地质灾害的抗御能力以及灾后重建的可恢复性越差，生态环境越脆弱，管道遭受地质灾害的破坏越严重，所造成的损失越大，地质灾害的风险越高。

（三）典型地质灾害识别

1. 断层、地裂缝

断层和地裂缝是在地质形成过程中由于地壳的相互挤压、造山运动、火山、地震和人类活动等引起的地层断裂和错动而形成的。

断层对管道的危害：断层滑动导致管道变形（包括拉伸变形和挤压变形）和剪切破坏；断层容易引发山体崩塌和滑坡。

2. 滑坡

滑坡是指斜坡上的岩体或土体，由于地下水和地表水的影响，在重力作用下，沿着滑动面所做的整体下滑运动。

滑坡分类：

（1）根据物质可分为黄土、黏土、碎屑和基岩滑坡。

（2）根据岩性和构造可分为顺层面、构造面和不整合面滑坡等。

（3）根据滑坡体厚度可分为浅层（数米）、中层（数米至20m）和深层（数十米以上）滑坡。

（4）根据触发原因可分为人工切滑、冲刷、超载、饱水、潜蚀和地震滑坡等。

（5）按年代可分为新、老、古滑坡。

（6）按运动形式可分为牵引和推动滑坡。

滑坡的形成主要包括两方面的因素：滑坡岩体结构和外部诱因。岩体结构包括岩性组成和构造裂隙；外部诱因包括降雨、降雪和人类活动等。滑坡的形成和发展大致可分为蠕动变形阶段、滑动阶段和停息阶段，掌握其形态特征、发生发展和分布规律，滑坡是可以判别、预报和防治的。

滑坡对管道的危害主要表现在：滑坡引起管道变形，甚至导致管道破坏（图 6-17）。

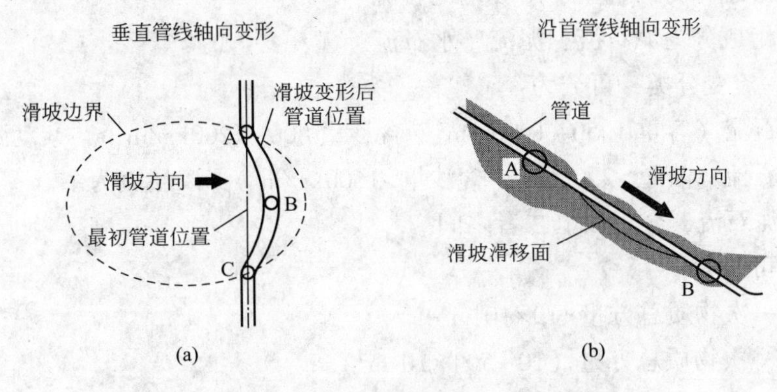

图 6-17 滑坡管道变形示意图

3. 黄土湿陷及冲沟

（1）黄土湿陷性是黄土遇水浸湿后，突然发生沉陷的性质。

（2）黄土的化学成分以 SiO_2 为主，其次为 Al_2O_3、CaO 和 Fe_2O_3 等。黄土的物理性质表现为疏松、多孔隙，垂直节理发育，极易渗水，且有许多可溶性物质，很容易被流水侵蚀形成沟谷，也易造成沉陷和崩塌。

（3）黄土颗粒之间结合不紧，孔隙度一般为 40%~50%。

黄土湿陷及冲沟的发生主要是在水力作用下黄土失去自承力，并在重力作用下形成陷落洞，在水力冲刷作用下形成冲沟。

对管道的危害性：黄土湿陷容易造成管道悬空，当悬空长度超过允许量后可造成管道断裂破坏；黄土冲沟可造成管道暴露、悬空和外力损伤。

4. 泥石流

（1）产生于山区沟谷中或山坡地上的，含有大量松散固体碎屑的、不均质的特殊洪流。

（2）具有突然暴发、历时短暂、来势凶猛、破坏力大等特点，是山区常见的一种地质灾害。

（3）根据固体物质成分的不同可分为泥流、泥石流和水石流三种。

（4）泥石流的形成必须同时具备 3 个条件：流域内有丰富的、松散的固体物质；流域内谷坡陡、沟床比降大；沟谷的中、上游区有暴雨洪水或冰雪融水和湖泊、水库决溃等提供充分的水源。

（5）在断裂构造发育、地震频发、降水集中、水土流失严重的山区，以及古冰川发育、现代冰川活跃的高山地区易形成泥石流。在时间上，泥石流多产生于数年干旱后，或人类不合理开发山地后的多雨暴雨年份，或气候转暖、冰川衰退、积雪消融、冻土解冻的年份。泥石流是高浓度的固、液两相流。固体物质含30%~80%，流体容重1.50~2.30t/m^3。固体物质的多少、成分、补给方式决定了泥石流的性质、类型和规模。

（6）泥石流有多种分类：

① 按形成特点可分为冰川型、降雨型泥石流。

② 按沟谷形态分为沟谷型、山坡型泥石流。

③ 按物质组成分为泥石流、泥流、水石流。

④ 按结构-流变分类，可分为：

a. 稀性泥石流（容重1.50~1.80t/m^3，含沙量800~1200kg/m^3），紊动强。

b. 黏性泥石流（容重>2.0t/m^3，含沙量>1600kg/m^3），以层流为主。

c. 过渡性泥石流，介于以上二者之间。

⑤ 按规模可分为：

a. 小型（一次物质总方量<10×10^{4}m^3）。

b. 中型（一次物质总方量（10~50）×10^{4}m^3）。

c. 大型（一次物质总方量为（50~100）×10^{4}m^3）。

d. 特大型（一次物质总方量>100×10^{4}m^3）。

（7）泥石流对管道危害：泥石流对管道具有很大的破坏性，可以冲刷覆盖层而使管道暴露，对管道产生很大的冲击力，造成管道变形破损。

5. 地表冲蚀

由于洪水导致河流暴涨，或山区河水汇集径流而下，造成包括侧向和垂向的河床冲刷，以及管道通过带地表冲蚀和塌陷，引起管道露管、悬管或漂移，往往夹带巨石等重物，在洪水的冲击、涡击振动影响下导致疲劳断裂，这是管道典型的失效模式。

6. 地震

（1）地震对管道的影响主要是造成地层断裂和土壤液化（引起地层塌陷和大滑坡）。地震造成地层错动而导致管道断裂失效。

（2）地震造成土壤液化是由于在振动状态下，孔隙水压力不断上升，有效应力下降，直至为零，土壤表现为完全的液体行为所造成的。

（3）地层液化判别：

① 确定地下水位和地层岩性。

② 采用标准贯入法对地下水位以下的地层进行液化判别。

当饱和土标贯实测值$N_{63.5}$小于标贯临界值N_{cr}时可判为液化，反之为不液化。其判别式如下：

$$N_{cr}=N_0[0.9+0.1(d_s-d_w)]\sqrt{3/\rho_c} \tag{6-10}$$

式中 N_{cr}——液化判别标贯锤击临界值；

$N_{63.5}$——饱和土标贯锤击实测值；

N_0——液化判别标贯击数基准值；

d_s——饱和土标贯点深度，m；

d_w——地下水位，m；

ρ_c——黏粒含量，当小于 3 或为砂土时，均采用 3。

（4）震陷是地震引起的土地竖向残余变形。因形成的机制不同，可以分为构造震陷、液化震陷、软土震陷、黄土及其他震陷。震动作用下的主要效果是使土层变软，模量降低，因而产生震陷。

7. 采空区

1）采空区形成

采煤后，采空区上覆岩层发生跨落、裂隙和沉降，当采厚大采深小时，波及地表使地表产生移动、下沉、裂缝和塌陷。一般情况下，当采深 H 与煤层总采厚 M 之比 $H/M \leqslant 20$ 或 $H<100\sim150$m 时，地表将可能发生塌陷或裂缝。

2）采空区的影响临界条件

根据国内外采矿经验，当 $H/M>30$，且地层中没有较大的地质破坏情况下，煤采出一定面积后，会引起岩层移动并波及地表，其地表沉陷和变形在空间上和时间上都有明显的连续特征和一定的分布规律，常表现为地表移动盆地。在 $H/M<30$ 的情况下，煤采出一定面积后，会引起岩层移动并波及地表，其地表沉陷和变形在空间和时间上都有明显的不连续特征，常表现为地面裂缝和塌陷。

3）塌陷体积和面积与开采的关系

统计资料表明，地面塌陷面积与井下煤层开采面积之比平均值为 1.20，塌陷容积与开采体积之比平均值为 0.6~0.7，缓倾斜和倾斜煤层，地表最大塌陷深度一般为煤层开采总厚度的 70%。

4）采空区对管道的危害

煤矿采空后，地表变形是一个比较复杂的过程，它与采深、采厚、构造、顶板岩性、采煤方法、机械化程度、回采率大小有密切关系。

采空区对管道的危害主要是引起地面沉降，进而导致管道弯曲下沉或悬空，造成管道一些部位应力集中，当应力超过管道强度极限后，管道就会发生破裂。另外，采空区还可能导致地裂缝和滑坡等灾害，影响管道的安全。

（四）单体管道地质灾害风险评价

单体地质灾害风险评价采用定性评价法或半定量评价法，将单体地质灾害风险分为五级：高、较高、中、较低、低。分级原则可参照表 6-4 进行。

表 6-4　地质灾害风险分级原则

风险等级	风险描述
高	该等级风险为不可接受风险
较高	该等级风险为不希望有的风险
中	该等级风险为有条件接受风险
较低	该等级风险为可接受风险
低	该等级风险处于可忽略程度

半定量风险评价内容应包括风险概率评价和失效后果评价，其关系如下述公式所示：

$$R=P(R)\cdot E \tag{6-11}$$

式中 R——管道地质灾害风险指数；

$P(R)$——风险概率指数；

E——后果指数。

风险概率指数可按下述公式计算：

$$P(R)=H(1-H')SV(1-V') \tag{6-12}$$

式中 H——自然条件下灾害发生的概率的指数，取值范围为0~1；

H'——已采取的灾害体防治措施能完全阻止灾害发生的概率的指数，取值范围为0~1；

S——灾害发生影响到管道的概率的指数，取值范围为0~1；

V——没有任何防护措施的管道受到灾害作用后发生破坏的概率的指数，取值范围为0~1；

V'——管道防护措施能完全防止管道破坏的概率的指数，取值范围为0~1。

各参数可采用指标评分法确定。失效后果损失指数的确定宜考虑泄漏介质产品的危害性、泄漏量、扩散性和环境情况。

（五）地质灾害监测与防治

1. 基本原则

（1）查清有重大影响的大型地质灾害点性质、规模，分析其可能的致灾程度。对于危害严重的地质灾害点应尽量采取避绕措施。

（2）对于线路必须通过的地质灾害点，应根据地质灾害不同的性质和发育条件，采取适当的防治措施，并在施工阶段完成其治理工程。

（3）对于管道施工可能引发或加剧发展的地质灾害，要从设计与施工管理方面制定方案与措施。

（4）黄土湿陷地段，加强疏排水设计。

2. 崩塌防治措施

崩塌落石常具突发性，在工程施工及管道运营阶段常会造成管道损伤事故。对于山体不稳定，可能崩塌的落石方量大于5000m^3、破坏力强、难以处理的严重崩塌区，路线应予避绕，确无避绕可能时，必须采取切实可靠的防护措施；对于可能崩塌的落石方量小于500m^3，破坏力小，易于处理的轻微崩塌区，应以全部清除不稳定岩块为原则；介于上述两类之间的一般崩塌区，若坡脚与管道之间没有保证安全的足够距离，必须对可能崩塌的岩体进行加固处理。

3. 滑坡防治措施

对于大型滑坡，路线应采取避绕措施，在确需通过时，尽量避免在滑坡体前缘深挖土方。与管道关系密切，有可能产生整体或局部复活的滑坡，应根据滑坡类型、规模、主要影响因素，采取相应的治理措施，具体包括：

（1）设置地表、地下截排水措施，以消除水对滑坡稳定性的影响。

（2）采取支挡措施，包括挡墙、抗滑桩、锚固工程措施等。

(3) 改变滑坡体的几何形态，在滑坡的主滑段清方减载或抗滑段填土反压，以达到稳定滑坡体的目的。

4. 泥石流防治措施

生物防治措施：指在影响路线区域采用封山育林与合理耕牧相结合的方法，通过防止坡面侵蚀，控制地表径流，以减轻泥石流的危害。

工程治理措施：应因地制宜，上、中、下游相结合，选用固稳、拦截、排导、蓄水、分水等措施，减小泥石流物质来源，降低其发生频率。当路线跨越泥石流沟谷时，采用增大桥涵跨度或改涵洞为桥梁等措施，以避免其危害。

对于工程在沟谷中的弃土、弃渣场应作好排洪设计，临空坡面过高时采取护面墙、挡土墙等挡护措施。位于沟口或沟谷内的大型弃土场，应考虑泥石流的淤积危害。

对于采矿场的弃渣应与有关部门协调，作好统一规划，并采取必要防护措施，以防止其形成泥石流物源，威胁管道安全。

5. 煤矿采空区

煤矿采空区有可能引起地表沉降、塌陷变形、地表开裂等。对于地表已产生沉降、裂缝和塌陷的采空区，选线时，首先采用避绕方式。不能避绕的，可采用回填或压力灌浆的方法进行处理。对于正在开采的矿区，应与采矿单位协商，采煤时在线路下方应留足保安煤柱，确保管道安全。

6. 断层

监测：通过地质调查确定断层的大小和性质（人工方法和勘探方法）。

危害程度：计算分析断层可能导致的地层变形移动规律和规模，确定其对管道的危害程度。

防治：对于较大的活动断层，易采取避让措施；管道加固和增强；对地裂缝地段地层进行填埋加固处理。

7. 黄土失陷或冲沟

分析模型：室内利用浸水侧限压缩试验来测定黄土的湿陷能力和湿陷等级，并通过物理化学试验，建立黄土化学组成、粒度组成、力学性质等与水饱和度之间的关系，定量分析黄土湿陷等级。

防治：对黄土湿陷性的治理，主要采用土质改良方式和采取防（排）水措施。灰土垫层是我国古老的地基改良加固方法，我国已有成熟的经验和良好的工程效果。一般可采用黄土掺和一定量的石灰（采用三七灰土或二八灰土）夯实固化，用以消除黄土湿陷性、加固管道管底黄土地基。土质改良的实质是增加黄土的密实程度，降低其渗透性，提高黄土的湿化性、力学强度和抗冲蚀能力。

黄土冲沟可采取导流排水、工程加固和水工保护等综合治理方法。对冲沟不同部位，应采取不同治理措施。

8. 地表冲蚀

地表冲蚀的防治方法是修筑水工保护设施。

六、场站完整性评价

场站资产完整性管理（Asset Integrity Management，AIM）是一个系统的管理过程，是用整体优化的方式管理资产的整个生命周期，以达到资产的可靠性、安全性、环保性以及经济性的要求并可持续发展。要达到这一目标，基于风险的资产完整性管理方法是有效的途径之一。

场站资产完整性管理的主要核心技术为基于风险的管理（Risk Based Management，RBM），系统化的以风险为基础的技术方法是确定场站资产风险及使其最优化的有效管理工具，通过风险评价，确定站内各设备的风险状况，制定基于风险的检验、维护和测试计划并实施，以达到最终降低安全、环境和运营风险的目的。

针对场站的不同类别、承担不同功能的设备，场站资产完整性管理应采用不同的技术方法，主要包含基于风险的检验、以可靠性为中心的维护、安全完整性等级分析三种。

（一）基于风险的检验（RBI）

承压设备在使用过程中，其完整性会受到某些损伤机理的影响而逐渐恶化，RBI是一个以风险为基础的优化检验活动的系统方法，最初由DNV开发并在海洋平台上采用，20世纪90年代初该项技术应用到石油及化工设备的管理中，经过不断地修订和完善以往的RBI草案，美国石油协会（API）于2000年正式颁布了《基于风险的检验方法》（API 581）。RBI可用于所有承压设备，分析可能导致设备及管道无法承压的损伤机理及失效后果，例如，均匀腐蚀或局部腐蚀、应力腐蚀裂纹、脆断等。

RBI方法根据失效可能性和失效后果确定每个设备项的风险大小，根据风险大小对从场站工艺设备和管道进行风险排序；根据风险可接受准则、风险的大小和未来的发展，确定检验的优先次序，检验日期和周期，将检验聚焦于高风险设备和存在潜在的失效破坏可能性的设备；根据损伤机理推荐有效的检验方法、检验位置及范围，最终提供一个最佳检验管理计划建议，从而建立一套完整的基于风险的检验计划和策略，达到风险和成本的优化。RBI可以计算当前和未来的风险，可以多次重复、不断更新，并可以文件化并建立数据库。

（二）以可靠性为中心的维护（RCM）

在场站资产中，泵、压缩机、阀门等一些设备占据了重要位置，对这些设备的维护、管理，经历了被动维修、定期维修、预防性维修、主动维修等不同的发展阶段，在降低设备故障、减少维护成本等方面取得了很大的进展。但即使是主动维修仍然存在维护过度或不足、成本高、维护策略主要依靠主观和经验等缺点，由于转动设备涉及机械、电气、仪表自动化等专业，易出故障且维护、维修复杂，连续性生产对这些设备的长周期运行又提出了更高的要求；供货商提供的维修维护规程，只是从产品的角度出发，没有考虑且无法考虑到产品未来具体的使用状态和特性，所以其所提供的维修维护规程容易造成维修过度或维修不足，带来安全的隐患。因此迫切需要设备（包括转动设备及机械、电气、仪表自动化、静设备）的维护管理技术和方法有一个本质的改变及发展，以适应此要求。

RCM 是一种以风险为基础的，力求建立准确的且具有良好目标性的维护优化任务包的系统技术方法。RCM 采用失效模式、后果影响分析和风险分析过程为每个分析对象进行详细的安全、环境和商业（生产损失和成本）的风险评价。对于中、高风险项详细分析失效原因和失效根本原因，制定针对失效原因或失效根本原因的维护策略，对低风险项则进行纠正性维护，其目的在于使装置达到最佳可靠性，避免潜在的失效和非计划性停车，根据风险进行适当的维护以避免维护过度和维护不足。

RCM 的最终研究结果是一个优化的维护包，维护策略涉及却不局限于下列方面，具体的策略根据不同的设备类型，设备不同的失效故障模式以及失效原因和失效根本原因，通过 RCM 分析确定：

（1）基于状态的维护（包括状态监控）。

（2）基于时间的维护。

（3）纠正性维护。

（4）日常巡检。

（5）功能性测试。

（6）设计或操作更改。

（三）安全完整性等级分析（SIL）

安全仪表系统对于场站的安全及可靠生产必不可缺。安全仪表系统所起的作用包括：工艺分段、火灾监测、气体监测、工艺保护及排放等。这些安全仪表系统的功能通常会与 E/E/PES 技术（E/E/PES 这一术语由标准 IEC 61508 给出，为电气/电子/可编程电子系统的简称）以及其他可降低外部风险的设备结合起来。而这些关键安全系统一旦在危险发生时不能动作即会导致人员伤亡、环境破坏等重大事故。

SIL 评估就是对关键安全仪表系统进行管理。SIL 评估方法按照绝对风险准则进行风险分析。针对场站中的系统、设备的每一个安全系统都是以这个准则为基础来进行可靠性等级划分，建立相应的维护、运转和测试计划。

第四节　完整性管理维护与维修技术

一、管道日常维护

管道线路部分的维护管理措施一般包括管道的巡逻和日常维修、管道水土工程检查、管道防洪和越冬巡查等。

（一）管道巡逻和日常维护

（1）检查管道线路部分的里程桩、护坡保坎、阀井阀室切断阀（包括压力表及放空管）、穿跨越结构、分水器等设备的技术状况，沿线可能危及管道安全的情况（如第三方施工、违章建筑等）。

（2）检查管道泄漏和绝缘层损害的地方。

（3）测量管道的保护电位，维护阴极保护装置。

（4）进行管道设施的小量维修（如阀室、阀井内阀门的活动和润滑，设备和管道标志的清洁和刷漆，连接件的紧固和调整，线路构筑物的粉刷，管道保护带的管理，排水沟的疏通，管沟的修整和填补等）。

（5）与维修管道有关的沿线对外业务联系（如沿线群众联系）。

（6）根据管道运行情况进行计划性清管。

（二）管道水土工程检查

管道应当定期进行水土工程的检查，主要包括：

（1）河沟穿越处管道是否有浮管。

（2）河沟穿越处护岸是否有水土流失、移动或垮塌。

（3）管道穿越坡面、公路处的护坡是否有垮塌。

（4）管道的截水墙是否有垮塌。

（5）灌区管道是否有露管。

（6）管道加固处是否牢固。

（7）管道是否发生位移和土壤沉降。

（三）管道的防洪和越冬巡查

为了管道的安全运行，每年洪水季节和冬季到来之前，应有计划地进行防洪和越冬的检查，并做好修好机具和备足材料的准备。由于管道及所在地区的气候和地形的特点，根据不同的地区采取不同的措施，通常应考虑以下内容。

1. 防洪工作

（1）检查和维修管道的管沟、保坎、护坡和排水沟。

（2）检修大小河流、水库和沟壑的穿跨越。

（3）维修管道巡逻便道和桥梁。

（4）检修通信线路，备足维修管道的各种材料。

2. 管道的防洪和越冬准备

（1）注意回填裸露管道，加固管沟。

（2）检查地面和地上管段的温度补偿措施。

（3）检查和消除管道泄漏的地方。

二、管道日常管理

管道日常管理除按各单位相应的管道管理办法进行的管道巡线、高后果区识别、管道风险评价外，还应做好对管道的维修、维护的管理工作。除做好一般性维修（日常性维护）工作外，还应做好如下维修、维护管理工作。

（一）例行的维修维护工作

（1）检修管道阀门和其他管道附属设备。

（2）检修和刷新管道阴极保护的检查头，里程桩和其他管道标志。

（3）检修通信线路，清刷绝缘子，刷新杆号。

（4）清除管道防护带内深根植物和杂草。

（5）洪水后的季节性维修工作。

（6）露天管道和设备的涂漆。

（二）根据实际需要计划性维修工作

（1）更换已经损坏的管段，更换绝缘层。

（2）更换切断阀等干线阀门、支线控制阀、失效绝缘接头（法兰）。

（3）检查和维修水下穿越。

（4）部分或全部更换通信线和电杆。

（5）修筑和加固穿跨越两岸的护坡、保坎、开挖排水沟等土建工程。

（6）阴极保护站的阳极、牺牲阳极、排流线等电化学保护装置。

（7）管道的内涂工程。

（三）管道水工保护

随着管道建设工程的逐渐增多，管道经过的地域及地质条件也越来越复杂，如山地、平原、戈壁、黄土、水网、风沙等不良工程地质地区。水工保护是管道建设中的一个重要环节，由于对其认识和重视程度不够，每年汛期管道都会出现不同程度的水害问题。为了确保管道安全、正常运行，了解并掌握水工保护工程，采取相应的防护措施，对管道保护也至关重要。管道水工保护根据其作用的不同，主要分为坡面防护和河沟、沟道冲刷防护。

1. 管道遭受水害的各种现象及原因

管道遭受水害影响通常是在河流、冲沟、黄土地、河谷、陡坡、沙漠和矿区等地段。

1）河流

依水量情况将河流分为常年有水河流和季节性河流。常年有水河流，一般水势较猛、流速较大，人们对此普遍比较重视。在此处施工要求管道埋设较深，工艺更加精确，水工保护的施工质量也要比较牢靠，因此在这些地方的管道水害较少。季节性河流，枯水期河床干涸，汛期洪水流量大、流速快，对敷设管道产生着直接和潜在的危害，而人们对此却往往容易忽视。

2）冲沟

黄土地区的季节性中、小型河流，区域汇水面积相对较小，但坡降较大，时常干涸，洪水暴发时，水流急冲刷力较强，常导致沟头上溯，沟底下切，岸坡塌陷。冲沟的长度、深度及宽度在日积月累中不断发生变化，很难掌握其变化规律，这给敷设在此的管道带来巨大的潜在的压力和危害。因此对此类地段必须加强巡视，在汛期前后要采取合理措施，以保证管道的安全运行。

3）黄土地

黄土地貌主要集中在我国西北地区，是一种常见的灾害性地质区域。其土质内含一定盐分，在干燥气候下，土质呈盐土结晶状，质地坚硬，但受雨水冲刷后，土体内盐分分解，基本框架结构遭到破坏，土壤的黏结力、剪切力消减，土质变得极其松散，很容易产生流失和塌陷现象。因而黄土地段，总是沟壑纵横交错，支离破碎，而且地下还蕴含着大量空洞穴。因此在黄土地区敷设管道，其水害现象尤为严重，水土流失、塌陷、裸管现象时常发生。

4）河谷

一般情况下，管道顺河谷滩地敷设，应尽量避开河流主流冲刷地段，这样汛期洪水漫沿到滩地时，对管道的冲刷作用就减小了许多。但在河床摆动地段其冲击程度还是比较明显，所以就要求在这些地段采用一定的缓冲墩来抵御水害的产生。

5）陡坡和陡坎

在陡坡和陡坎地段，由于开挖管沟破坏了原始的生态土壤，管沟的回填土质松散，在汛期坡面汇水的冲击下很容易流失，形成顺沟冲刷，造成管道裸露，甚至浮管等现象，最终在拉扭应力作用下产生管道断裂。这是一种最危险的水害现象。

6）沙漠

沙漠地区的植被稀少，固定管道比较困难，若管道的敷设深度不够，在汛期和风季易将原来的回填沙土冲刷到其他地段而使管道严重裸露。

7）矿场

管道敷设要力求顺直，有时就不得不经过采矿区。某些缺乏安全意识的人在管道周围乱挖乱采，将其四周矿物质采集一空，便会使管道两侧产生塌陷、滑坡，或直接伤及管道，使管道完全裸露悬空。因此对矿场地段的管道安全情况，要定期巡察，同时还要作好矿区的安全宣传教育工作，以避免更大事故发生。

8）灌区

管道经过灌区，难免穿越沟渠设施和农田。而当地农民在开挖沟渠时，经常伤及管道，防腐层遭受破坏，使管道外部腐蚀加剧。这就要求增加管道埋设深度，以避免破坏。

2. 管道水工防护措施

1）坡面防护

坡面防护主要应用于管道在经过地形起伏比较大的边坡时，保护管道不会因冲刷而裸露甚至悬空。因施工过程中对边坡的处理不当，降雨时沟内回填土极易造成坡面在径流的冲刷下发生流失。

管道穿越坡面通常有顺坡和横坡敷设，采取的措施通常有生态防护及工程防护。

（1）生态防护即植被防护，主要包括植草、植树、植生带、浆砌石拱形骨架等。

（2）植生带是采用专用机械设备，依据特定的生产工艺，把草种、肥料、保水剂等按一定的密度定植在可自然降解的无纺布或其他材料上，并经过机器的滚压和针刺的复合定位工序，形成的一定规模的产品。

植生带宜用于坡比不陡于 1∶1.25 的稳定土质边坡，沿水流方向进行铺设，并用楔形短木桩进行固定，表面再铺 1~2cm 细粒土，可以起到水土保持以及边坡绿化的作用。

(3) 浆砌石拱形骨架。

浆砌石拱形骨架植被是将浆砌石拱形骨架与植草、铺草皮等方法结合的一种保护技术。

浆砌石拱形骨架护坡适用于一般土质膨胀土边坡加固，不适用于细砂边坡加固，边坡坡度不陡于 1：0. 75，单级护坡高度不宜大于 12m，分级设置平台时，平台不宜小于 2m，骨架埋深不宜小于 0. 4m。

(4) 工程防护包括抹面、捶面，以及设置挡土墙。

2) 河沟、沟道冲刷防护

水流冲刷是影响沿河地段管道稳定的主要因素，因此常采用适宜的护岸、护底、护脚、稳管、加固等防护措施。

(1) 护岸。

护岸是对河岸坡面进行直接加固，以抵抗水流冲刷。常用的护岸形式有浆砌石护岸、石笼护岸、干砌石护岸、草袋护岸植物、抛石护岸。

(2) 护底。

护底是通过管道位置或管道下游河、沟床布置构筑物，以防止管道覆土流失和河床、沟床冲刷下切而采取的措施。

过水面护底可用于基本稳定的河、沟道内穿越段管道覆土流失的防护，过水面护底结构材料包括石笼、干砌石和浆砌石过水面，护底底部距管顶不应小于 0. 3m，且顶部不宜高于原河、沟床面。过水面的长度应覆盖管道穿越段长度且嵌入两侧河沟岸，宽度不宜小于管沟上口宽度。

(3) 护脚。

护脚用于防止护岸结构局部冲刷下切而采取的防护措施。常用的护脚方式有抛石护脚、石笼护脚、柴枕护脚、柴排护脚。

(4) 稳管。

稳管是用于防止管道在水的冲击力与浮力作用下出现漂移或断裂而采取的防护措施。管道在穿越江河湖泊及大型农田灌区时，一般都要采取稳管措施。主要形式有混凝土连续浇灌、混凝土配重块、袋装土稳管等。

(5) 加固。

在冲刷剧烈的河段中，稳管设施若没有固定，则极有可能被水冲击而移动，不但不能对管道起到稳定作用，还会给管道带来一个更大的外加载荷，增大管道的扭应力，因此通常采取一定的加固措施。

三、管道清管作业

为了减少管道内积水、污物，提高管道的输送效率，减缓管道内腐蚀，通常要进行管道的清管作业。

（一）清管器种类及应用

目前，常用的清管器大致分为常规清管器和特殊清管器两类。常规清管器包括注水清管球、高密度泡沫清管器、标准清管器；特殊清管器包括带钢刷的标准清器、带磁铁的标准清管器、除垢器等。

注水清管球及泡沫清管器通常适用于含水量较多的湿气管道的清管作业，清洁管道内的积水和污物。而标准清管器除适合上述情况外，更有利于对管道内的稠状污物及粉尘的清洁。

对于输送干气但露点没有控制好的长输管道，采用常规清管器清管通常难以达到清洁的目的，而随着管内壁沉积污物的逐渐增多和增厚，会对今后管道的清洁造成安全隐患。因此，在日常清管过程中，应至少结合带钢刷和带磁铁的标准清管器加强对管道的清洁，避免临时采用特殊清管器清洁时，因管内固态污物、粉尘较多，造成管道的堵塞而无法清管，同时也影响管道的安全运行。

（二）清管作业技术要求

清管作业是一项风险较大的作业，特别是针对清管次数少、管内积水多、管道输气量大且输压较高、下游有脱水站和增压站的管道的清管作业，为保证安全，减少事故率，一定要提前做好相应的准备工作，并掌握相应的技术要求。

（1）根据管道输送气质情况和管道的输送压差确定合理的清管周期。

（2）标准要求清管过程中清管器的运行速度不宜超过 5m/s。

（3）目前清管器的类型及其相应的尺寸都已标准化，因此对外径尺寸相近的大管道（如 ϕ457、ϕ508、ϕ559）在清管前一定要进行确认。

（4）清管器的接收和发送一定要做好监听工作，避免清管器未发出或不确定是否收到而影响生产。

（5）清管过程中应随时掌握清管压差及变化情况，同时对比以前的清管记录，掌握管道的清管异常情况。

（6）清管器卡阻后宜根据运行情况采取调整清管器上下游压差、发送第二个清管器顶推等办法解卡。

（7）对于水量大、气量大、压力高的管道，在方案中应做好相应的应急预案，避免因层层汇报，影响现场的应急处置。

（8）长输管道的清管应将特殊清管器的清管作用纳入日常管理范围。

（三）清管作业操作方法

清管作业的操作在确保安全的前提下，应根据管道生产运行的具体情况而定，但大体上在遵循分公司管理规定的基础上，可按如下方法进行。

1. 清管器的发送

检查：发送清管器前，应进行发球站和收球站的球筒放空阀、排污阀、引流阀、球筒球阀及盲板的开关和密封性检查，确保不影响正常清管作业。

球筒放空：进入收球流程后，发球站打开球筒放空阀进行球筒放空，确认球筒压力为零（在实际生产中，因放空火炬处于常明火状态，因此球筒放空完后，可关闭放空阀，开球筒泄压阀），全开球筒平衡阀，打开盲板。

装清管器：将清管器送入球筒，推至大小头处，并压紧。

球筒平压：依次全关放空阀（或泄压阀）、球筒盲板、开引流阀进行球筒平压（平压前进行空气置换），全开引流阀。

清管器发送：依次全开球筒球阀、全关平衡阀、缓慢关闭生产阀，直至清管器发出。

流程恢复：确认清管器发出后，依次全开生产阀、全关引流阀和球筒球阀，开放空阀对球筒泄压后，关放空阀。

2. 清管器的接收

收球流程倒换：依次缓开引流阀对球筒平压、全开引流阀、全开球筒球阀、全关生产阀（如果管输气量大，可控制生产阀的开度，并做好干线中最后一个监听点及站内监听点的监听，以备及时关闭生产阀）；

收球准备：控制排污阀，做好排污准备，下游有脱水或增压站时应同时做好一、二分离器的排污准备，直至收到清管器；

收球：确认清管器进入球筒后，根据生产气量及压力情况，控制生产阀开度直至全开。依次关闭球筒球阀、引流阀及排污阀，控制放空阀对球筒泄压至零，打开盲板取出清管器。

流程恢复：关闭盲板、关放空阀。

四、防腐层修复

管道防腐绝缘层是埋地管道防腐的重要措施之一，其作用是使管道表面与周围介质隔离开来，切断腐蚀电池的电路，从而避免管道发生腐蚀，防腐层的质量好坏将直接影响阴极保护系统输出电流的大小以及阴极保护距离的长短。目前常用的绝缘层材料有石油沥青、煤焦油瓷漆、溶结环氧粉末（FBE）、聚乙烯等。

常用的绝缘层修复（补口、补伤）材料有石油沥青、煤焦油瓷漆、无溶剂液态环氧/聚氨酯、冷缠胶带、压敏胶热收缩带、粘弹体+外防护带。防腐层修复一般应具备以下要求：

（1）经检测确认埋地管道外防腐层已发生龟裂、剥离、残缺破损，或有明显的腐蚀老化迹象时，应进行防腐层修复。

（2）缺陷点分布零散时，应进行局部修复，缺陷点集中且连续时，应进行整个管段的大修。

（3）防腐层大修应在金属管道缺陷修复（如智能检测缺陷修复）后进行。

（4）所选防腐材料应相互匹配。

（5）防腐材料在使用前和使用期间不应受污染或损坏，应分类存放，并在保质期内。

管道外防腐层修复材料应根据原防腐层类型、修复规模及管道运行工况等条件进行选择，常用防腐层材料见表6-5，也可采用经过试验且满足技术要求的其他防腐材料。

表6-5　常用管道防腐层修复材料及结构

原防腐层类型	局部修复			大修
	缺陷直径≤30mm	缺陷直径>30mm	补口修复	
石油沥青、煤焦油瓷漆	石油沥青、煤焦油瓷漆、冷缠胶带、黏弹体+外防护带	冷缠胶带、黏弹体+外防护带	冷缠胶带、黏弹体+外防护带	无溶剂液态环氧/聚氨酯、无溶剂液态环琉璃钢、冷缠胶带
溶结环氧粉末	无溶剂液态环氧	无溶剂液态环氧	无溶剂液态环氧/聚氨酯	
聚乙烯	热熔胶+补伤片、压敏胶+补伤片、黏弹体+外防护带	冷缠胶带、压敏胶热收缩带、黏弹体+外防护带	无溶剂液态环氧+外防护带、压敏胶热收缩带、黏弹体+外防护带	

注：①天然气管道常温段宜采用聚丙烯冷缠胶带；
②外防护带包括冷缠胶带、压敏胶热收缩带等。

五、常见管道本体缺陷维修

管道因受到腐蚀存在缺陷，经评价若可能威胁到生产的安全，应进行补强修复。目前复合材料补强修复技术已广泛应用于石油天然气管道的维修中，与传统的修复方法不同，补强修复主要是利用复合材料与原有缺陷管壁共同承担管道的圆周应力，具有安全性、经济性的优势。目前常用的主要有玻璃纤维复合材料修复和套筒修复两种。

（一）复合材料补强修复

管道纤维复合材料补强修复技术是90年代发展起来的一种结构修复补强技术，常见的补强材料有玻璃纤维复合材料和碳纤维复合材料。

玻璃纤维是一种性能优异的无机非金属材料，具有绝缘性好、耐热性强、抗腐蚀性好、机械强度高的特点，但同时也存在脆性、耐磨性较差的缺点。

碳纤维是含碳量高于90%的无机高分子纤维。具有耐高温、耐摩擦、导电、导热及耐腐蚀、耐疲劳等特点，但其耐冲击性较差，在强酸作用下发生氧化，与金属复合时会发生金属碳化、渗碳及电化学腐蚀现象。与玻璃纤维复合材料相比，尽管碳纤维复合材料的强度更大，但因与钢质管道复合时可能产生电化学腐蚀，因此常用的为玻璃纤维复合材料，主要对位于直管、弯头及焊缝上的腐蚀缺陷、凹坑、沟槽等缺陷进行修复。

（二）钢质套筒修复

钢质套筒补强材料主要由两片管道夹具、环氧树脂注入料两部分组成。适用于修复各类输油气钢质管道的缺陷，传统的修复工艺是钢管外壁直接焊接钢套管或钢板补丁对缺陷处进行补强，而复合套管是将钢壳管卡套在管道上并保持一定环缝隙，环缝隙两端用胶封闭，再用环氧填胶灌注封闭环缝隙，形成坚固的复合套管，对管道缺陷进行补强。

习　　题

一、名词解释

1. 管道完整性管理
2. 高后果区
3. 管道风险

二、简答题

1. 实施完整性管理的步骤是什么？
2. 完整性评价的方法有哪些？
3. 简述漏磁检测工作程序。
4. 简述 PCM 工作原理。
5. 简述管道地质灾害的特点及典型的灾害类型。

三、思考题

1. 场站完整性评价的方法有哪些？适用范围各是什么？
2. 管道清管作业技术要求是什么？

第七章 天然气的计量

第一节　计量基础知识

计量是指实现单位统一、量值准确可靠的活动。计量学（简称计量）是关于测量的科学。计量的概念源于商品交换，由于人们生活中最早迫切需要测量长度、容量和重量，所以计量在历史上称为度量衡和权度，其主要的计量器具为尺、斗、秤。现代计量的范围已经远远超过了度量衡和权度，计量比度量衡和权度更确切、更概括、更科学。

计量涉及工农业生产、国防建设、科学试验、国内外贸易及人民生活、健康、安全等各方面，是国民经济的一项重要技术基础。随着社会经济迅速发展，计量在以往度量衡的基础上，逐步发展为长度、温度、力学、电磁学、光学、声学、化学、无线电、时间频率、电离辐射等各种专业，形成了有关测量知识领域的一门独立的学科——计量学。可以说，凡是为实现单位统一，保障量值准确可靠的一切活动，均属于计量的范围。另外，我国的计量是法制计量，同国家法律、法规和行政管理紧密结合，这在其他学科中是少有的，系其最显著的特点。

天然气计量涉及多种学科，主要有热学、力学、电学、化学等。天然气计量实际上是天然气流量的测量，是在天然气流动过程中间接测量的，测量的准确度取决于整套测量系统的设计、建设、操作和维护等全过程的质量。为了保证计量系统按统一的技术要求进行全面质量管理，保证天然气计量的准确度，制定科学合理的天然气计量标准是非常必要的。在天然气计量的相关标准中，流量计量标准是主要的，另外它还应包括天然气密度、组成、发热量、压缩因子等相关参数的测量和计算标准，还有仪器仪表、设计及安全等标准。天然气计量涉及设计、建设、投产、操作、维修、检验、检定以及安全环保等各个方面，因此其相关标准是很广泛的。国内目前在天然气计量中采用《用标准孔板流量计测量天然气流量》（GB/T 21446—2008）、《天然气发热量、密度、相对密度和沃泊指数的计算方法》（GB/T 11062—2014）等计量标准。

一、计量的发展史

计量发展的历史是与社会的进步联系在一起的，它是人类文明的一个重要组成部分。计量的发展大体可分为 3 个阶段。

（一）古典阶段

计量起源于量的概念，量的概念在人类产生的过程中就开始形成。人类从利用工具到制造工具，包含着对事物大小、多少、长短、轻重、软硬等的思维过程，逐渐产生了形与量的概念。在同自然界漫长的斗争中，人们首先学会了用感觉器官耳听、眼观、手量来进行计量。作为最高依据的计量基准，也多用人体的某一部分，或其他天然物如动物丝毛、植物果实或乐器等。例如，我国古代的布手知尺、掬手为什、取权定重、迈步定亩、滴水计时等；英王亨利一世将其手臂向前平伸，从其鼻尖到指尖的距离定为码；英王查理曼大帝以自己的脚长为标准，把它定为英尺等。可见，计量的古典阶段是以经验为主的初级阶段。

我国计量工作具有悠久的历史，在计量古典阶段中为人类作出了突出的贡献。早在公元前 26 世纪，传说黄帝就设置了“衡、量、度、亩、数”五量。尤其在秦朝，秦始皇不仅统一了六国，主张车同轨、书同文，而且发了诏书，统一了全国度量衡，为我国古代计量史写下光辉的一页。

（二）经典阶段（近代阶段）

从世界范围看，1875 年米制公约的签订，标志着计量经典阶段的开始。这阶段的主要特征是计量摆脱了利用人体、自然物体作为计量基准的原始状态，进入以科学为基础的发展时期。由于科技水平的限制，这个时期的计量基准大都是经典理论指导下的宏观实物基准。例如，根据地球子午线四分之一的一千万分之一长度制成长度基准米原器；根据 1 立方分米的纯水在密度最大时的质量制成了质量基准千克原器等。

这类实物基准，随着时间的推移，由于腐蚀、磨损，量值难免发生微小变化；由于原理和技术的限制，准确度也难以大幅度提高，以致不能适应日益发展的社会、经济的需要。于是不可避免地提出了建立更准确、更稳定的新型计量基准的要求。

（三）现代阶段

现代计量的标志是由以经典理论为基础，转为以量子理论为基础，由宏观实物基准转为微观自然基准。也就是说，现代计量以当今科学技术的最高水平，使基本单位计量基准建立在微观自然现象或物理效应的基础之上。迄今为止，国际单位制中 7 个 SI 基本单位，已有 5 个实现了微观自然基准，即量子基准。量子基准的稳定性和统一性为现代计量的发展奠定了坚实的基础。

二、我国测试技术存在的问题和国外的差距

纵观我国计量测试技术及仪器设备的历史与现状，和国外先进水平相比，存在以下不足：

（1）对技术创新重视不够，自主创新能力较差，原创技术少。在已有的主流计量测试技术及仪器设备中，很少有我们自己的原创技术。诚然，和其他学科类似，原创涉及理论基础和行业积累，长期以来我国和工业发达国家在制造技术上的差距，相当程度上影响了计量测试技术的研发能力，但不可否认的是，对计量测试技术的作用和地位认识不充分、研究力度和资金投入不足、研究工作不扎实、急功近利、只重数量不重质量、不重视工程应用等因素，也直接促成了当前研究缺乏活力的状况。

（2）高端、高附加值测量仪器设备几乎空白。当前主流行业应用中的高端仪器设备，国内品牌被排斥在外。高端仪器有着很高的附加值和商业利润，常常是一只进口的便携式仪器箱容纳的设备价值超过100万元，甚至更多，而一套大型的国产仪器设备只有相对低廉的利润。高端仪器设备的高额利润建立在高技术含量的基础上，因为利润高，保证了后续研发有充足的资金投入，形成了良性循环。与此形成反差的是，国内建立在原材料和人力成本优势基础上的仪器设备，必然利润微薄，继而造成研发投入不足，严重制约着我国测试计量技术及仪器设备的进一步发展。

（3）测试计量技术是面向工程应用的学科，推动学科发展的主要动力来源于应用需求，理论成果如果无工程背景，不能解决工程应用中的测量问题，则意义和价值将大打折扣。况且，我国在测试计量理论上也很薄弱，近年来虽发表了大量的学术论文，出现了很多研究成果，但是高水平、实用性强的成果不够多，而较多的则是低水平重复。此外，由于行业原因，我国计量测量从业人员较少，业务素质整体水平不高，人才流失，尤其是高层次人才流失严重，也严重阻碍了学科的发展。

三、计量相关术语简介

（一）检定

查明和确认测量仪器符合法定要求的活动，它包括检查、加标记和/或出具检定证书。

（二）校准

在规定条件下的一组操作，第一步是确定由测量标准提供的量值与相应示值之间的关系；第二步则是用此信息确定由示值获得测量结果的关系。这里测量标准提供的量值与相应示值都具有测量不确定度。

（三）比对

在规定条件下，对相同准确度等级或指定不确定度范围的同种测量仪器复现的量值之间的比较过程。

（四）校验

在没有检定规程时，由企业编写检验方法对计量仪器进行校验，以确保量值准确。

（五）标定

使用标准的计量仪器对所使用仪器的准确度（精度）进行检测是否符合标准，一般大多用于精密度较高的仪器。

四、计量法法制要求

（一）我国计量法规体系的构成

按照审批的权限、程序和法律效力的不同，计量法规体系可分为三个层次：一是法律；二是行政法规；三是规章。此外，按照立法的规定，省、自治区、直辖市及较大城市也可制定地方性计量法规和规章。目前，我国已形成了以《中华人民共和国计量法》（简称《计量法》）为基本法，若干计量行政法规、规章以及地方性计量法规、规章为配套的计量法律法规体系。

1. 计量法律

1985 年 9 月 6 日，第六届全国人民代表大会常务委员会审议通过了《计量法》。2013 年 12 月 28 日，第十二届全国人民代表大会常务委员会第六次会议对其进行了修订，《计量法》（2013 年修订版）自 2014 年 3 月 1 日起施行。《计量法》作为国家管理计量工作的基本法，是实施计量监督管理的最高准则。制定和实施《计量法》是国家完善计量法制、加强计量管理的需要，是我国计量工作全面纳入法制化管理轨道的标志。《计量法》的基本内容：计量立法宗旨、调整范围、计量单位制、计量基准、计量标准和标准物质、计量检定、计量校准、商贸计量、计量技术机构、计量监督和计量法律责任等，共计十章一百三十五条。

2. 计量行政法规

国务院制定（或批准）的计量行政法规主要包括：《中华人民共和国计量法实施细则》《国务院关于在我国统一实行法定计量单位的命令》《全面推行我国法定计量单位的意见》《中华人民共和国强制检定的工作计量器具检定管理办法》等。

3. 计量规章

国务院计量行政部门发布的有关计量规章主要包括：《中华人民共和国法制管理的计量器具目录》《计量基准管理办法》《计量标准考核办法》《标准物质管理办法》《计量检定人员管理办法》、《计量检定印、证管理办法》《计量违法行为处罚细则》《仲裁检定和计量调解办法》《商品量计量违法行为处罚规定》《计量授权管理办法》《原油、天然气和稳定轻烃销售交接计量管理规定》等。

此外，一些省、自治区、直辖市人大和政府，以及较大城市人大也根据需要制定了一批地方性的计量法规和规章。

在我国的计量法律、计量行政法规和计量规章中，对我国计量监督管理体制、法定计量检定机构、计量基准和标准、计量检定、计量器具产品、商品量的计量监督和检验、产品质量检验机构的计量认证等计量工作的法制管理要求，以及计量法律责任都做出了明确的规定。

以上三个方面的计量法律、法规、规章及规范性文件，构成了我国计量法规体系，这些法规体系中的法律、法规和规章具有不同的层级效力，其中《计量法》是具有最高法律效力的。

（二）我国计量监督管理体系

计量监督是计量管理的一种特殊形式。计量监督管理体制是指计量监督工作的具体组织形式，它体现国家与地方各级计量行政部门之间，各主管部门、各企业、事业单位之间在计量监督中的关系。

《计量法》第四条明确规定：“国务院计量行政部门对全国计量工作实施统一监督管理。县级以上地方人民政府计量行政部门对本行政区域内的计量工作实施监督管理”。

我国的计量监督管理实行按行政区划统一领导、分级负责的体制。全国的计量工作由国务院计量行政部门负责实施统一监督管理。县级以上行政区域内的计量工作由当地计量行政部门负责实施监督管理。县级以上计量行政部门是本行政区域内的计量监督管理机构。县级以上计量行政部门要监督本行政区域内的机关、团体、部队、企事业单位和个人遵守与执行计量法律、法规，中国人民解放军的计量工作按照《中国人民解放军计量条例》实施。各有关部门设置的计量行政机构负责监督计量法律、法规在本部门的贯彻实施。

计量行政部门所进行的计量监督，是纵向和横向的行政执法性监督；部门计量行政机构对所属单位的监督和企事业单位的计量机构对本单位的监督，则属于行政管理性监督，一般只对纵向发生效力。国家和部门的计量监督是相辅相成的，各有侧重，相互渗透，互为补充，构成一个有序的计量监督网络。从法律实施的角度，部门和企事业单位的计量机构，不是专门的行政执法机构。因此，对计量违法行为的处理，部门和企事业单位或者上级主管部门只能给予行政处分。而县级以上地方计量行政部门对计量违法行为，则可依法给予行政处罚，因为计量行政处罚是由特定的具有执法监督职能的计量行政部门行使的。

目前，我国的各级质量技术监督部门及法定计量技术机构的关系如图 7-1 所示。

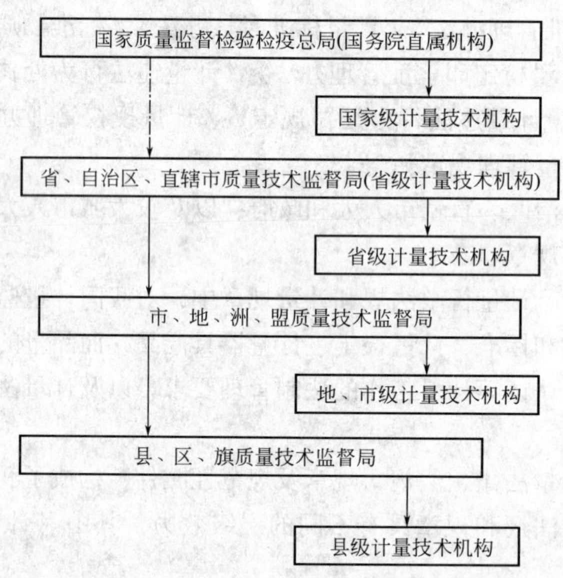

图 7-1　各级质量技术监督部门及法定计量技术机构关系图

（图中实线箭头为直属关系）

（三）计量检定的法制管理

1. 法制管理计量器具目录

《计量法》第五条规定：国家对用于贸易结算、安全防护、医疗卫生、环境监测、资源保护、法定评价、公正计量方面的计量器具实施法制管理。

国家对法制管理的计量器具实施制造许可制度和计量检定制度。《中华人民共和国法制管理的计量器具目录》由国务院计量行政主管部门制定并发布实施。

2. 计量器具检定制度

《计量法》第四十七条明确规定：国家对用于贸易结算、安全防护、医疗卫生、环境监测、资源保护、法定评价、公正计量方面并列入《中华人民共和国法制管理的计量器具目录》实施计量检定管理的计量器具，实施计量检定。

国家对进口列入《中华人民共和国法制管理的计量器具目录》实施计量检定管理的计量器具，实施销售前计量检定制度。

3. 计量检定申请

使用《计量法》第四十七条第一款规定的计量器具的单位或者个人，应当向省级以上人民政府计量行政主管部门授权的计量技术机构申请计量检定。未按照规定申请计量检定、计量检定不合格或者超过计量检定周期的计量器具，不得使用。

进口《计量法》第四十七条第二款规定的计量器具，销售前应当由外商或者其代理商向省级以上人民政府计量行政部门授权的计量技术机构申请计量检定。未按照规定申请计量检定或者检定不合格的计量器具，不得销售。

4. 计量器具修理后的检定

属于《计量法》第四十七条第一款规定的计量器具，修理后应当由使用者按照《计量法》第四十八条第一款的规定，申请修理后检定。未按照规定申请修理后检定或者修理后检定不合格的计量器具，不得使用。

5. 计量检定的依据

计量检定必须执行计量检定系统表和国家计量检定规程。计量检定的周期，由国家计量检定规程确定，并由执行计量检定的计量技术机构告知送检单位。

计量检定系统表和国家计量检定规程，由国务院计量行政主管部门组织制定，并以公告的形式发布实施。

6. 计量检定印、证

执行计量检定的计量技术机构对计量检定合格的计量器具，发给计量检定证书、计量检定合格证或者在计量器具上加盖计量检定合格印；对计量检定不合格的，发给计量检定不合格通知书或者注销原计量检定合格印、证。

7. 计量校准

对《计量法》第四十七条第一款规定以外的其他计量器具，使用者应当自行或者委托其他有资格向社会提供计量校准服务的计量技术机构进行计量校准，保证其量值的溯源性。

（四）天然气计量标准参比条件

在《天然气标准参比条件》（GB/T 19205—2008）中规定：在测量和计算天然气流体时，使用的压力和温度的标准参比条件是 101.325kPa，20℃（293.15K）。也可采用合同规定的其他压力、温度作为标准参比条件。

五、法定计量单位

（一）法定计量单位

《计量法》规定：国家实行统一的法定计量单位制度。

国际单位制计量单位和国家选定的其他计量单位，为国家法定计量单位。国家法定计量单位的名称、符号由国务院计量行政主管部门制定，报国务院批准后发布实施。

从事下列活动，需要使用计量单位的，应当使用国家法定计量单位：

（1）制发公文、公报、统计报表。

（2）编播广播、电视节目，传输信息。

（3）出版、发行出版物。

（4）制作、发布广告。

（5）生产、销售产品，标注产品标识，编制产品使用说明书。

（6）印制票据、票证、账册。

（7）出具证书、报告等技术文件。

（8）制作公共服务性标牌、标志。

（9）国家规定应当使用国家法定计量单位的其他活动。

其他特殊需要使用非国家法定计量单位的，按照国家有关规定执行。

（二）法定计量单位的构成

《计量法》规定：我国的法定计量单位由国际单位制计量单位和国家选定的其他计量单位组成，包括国际单位制的基本单位；国际单位制的辅助单位；国际单位制中具有专门名称的导出单位；国家选定的非国际单位制单位；由以上单位构成的组合形式的单位；由国际单位制词头和以上单位所构成的进倍数单位和分数单位。

1. 国际单位制

国际单位制（SI）由SI基本单位（7个）和SI导出单位及SI单位的倍数单位和分数单位构成。SI导出单位包括两部分：SI辅助单位在内的具有专门名称的SI导出单位（21个）和组合形式的SI导出单位。SI单位的倍数单位和分数单位由SI词头（从 10^{-24} ~ 10^{24} 共20个）与SI单位（包括SI基本单位和SI导出单位）构成。

1）SI基本单位

国际单位制选择了彼此独立的七个量作为基本量，即长度、质量、时间、电流、热力学温度、物质的量和发光强度。对每一个量分别定义了一个单位，称为国际单位制的基本单位，SI基本单位的名称和符号见表7–1。

表7–1　SI基本单位的名称和符号

量的名称	单位名称	单位符号
长度	米	m
质量	千克（公斤）	kg
时间	秒	s

续表

量的名称	单位名称	单位符号
电流	安［培］	A
热力学温度	开［尔文］	K
物质的量	摩［尔］	mol
发光强度	坎［德拉］	cd

注：圆括号中的名称是它前面名称的同义词；方括号［］内的字在不致混淆的情况下，可以省略。

2）SI 导出单位

SI 导出单位由两部分组成，一部分是包括 SI 辅助单位在内的具有专门名称的 SI 导出位（21 个），另一部分是组合形式的 SI 导出单位。

国际单位制中具有专门名称的导出单位见表 7-2。

表 7-2 国际单位制中具有专门名称的导出单位

量的名称	单位名称	单位符号
［平面］角	弧度	rad
立体角	球面度	sr
频率	赫［兹］	Hz
力	牛［顿］	N
压力，压强，应力	帕［斯卡］	Pa
能［量］，功，热量	焦［耳］	J
功率，辐［射能］通量	瓦［特］	W
电荷［量］	库［仑］	C
电压，电动势，电位	伏［特］	V
电容	法［拉］	F
电阻	欧［姆］	Ω
电导	西［门子］	S
磁通［量］	韦［伯］	Wb
磁通［量］密度，磁感应强度	特［斯拉］	T
电感	亨［利］	H
摄氏温度	摄氏度	℃
光通量	流［明］	lm
［光］照度	勒［克斯］	lx
［放射性］活度	贝可［勒尔］	Bq
吸收剂量	戈［瑞］	Gy
剂量当量	希［沃特］	Sv

除上述由 SI 基本单位组合成具有专门名称的 SI 导出单位外，还有用 SI 基本单位间或 SI 基本单位和具有专门名称的 SI 导出单位的组合通过相乘或相除构成的但没有专门名称的 SI 导出单位，例如，速度单位 $m \cdot s^{-1}$，加速度单位 $m \cdot s^{-2}$，面积单位为 m^2，体积单位为 m^3，力矩单位 $N \cdot m$，表面张力单位 N/m 等。

SI 单位的倍数单位和分数单位是由 SI 词头加在 SI 基本单位或 SI 导出单位的前面所构成的单位，如千米（km）、毫伏（mV）、兆帕（MPa）。但千克（kg）除外。SI 词头一共有 20 个。

用于构成倍数单位和分数单位的 SI 词头见表 7-3。

表 7-3 倍数单位和分数单位的 SI 词头

因数	词头名称	国际符号	中文符号
10^{24}	尧它	Y	尧［它］
10^{21}	泽它	Z	泽［它］
10^{18}	艾可萨	E	艾［可萨］
10^{15}	拍它	P	拍［它］
10^{12}	太拉	T	太［拉］
10^{9}	吉咖	G	吉［咖］
10^{6}	兆	M	兆
10^{3}	千	k	千
10^{2}	百	h	百
10^{1}	十	da	十
10^{-1}	分	d	分
10^{-2}	厘	c	厘
10^{-3}	毫	m	毫
10^{-6}	微	μ	微
10^{-9}	纳诺	n	纳［诺］
10^{-12}	皮可	p	皮［可］
10^{-15}	飞母托	f	飞［母托］
10^{-18}	阿托	a	阿［托］
10^{-21}	仄普托	z	仄［普托］
10^{-24}	幺科托	y	幺［科托］

注：10^4 称为万，10^8 称为亿，10^{12} 称为万亿，这类数词的使用不受词头名称的影响，但不应与词头混淆。

2. 国家选定的非国际单位制单位

国家选定的非国际单位制单位共 16 个，见表 7-4。

表 7-4 国家选定的非国际单位制单位

量的名称	单位名称	单位符号	与 SI 单位关系
时间	分 ［小］时 天（日）	min h d	1min = 60s 1h = 60min = 3600s 1d = 24h = 86400s
［平面］角	［角］秒 ［角］分 度	″ ′ °	1" =（π/648000）rad 1′ = 60" =（π/10800）rad 1° = 60′ =（π/180）rad
旋转速度	转每分	r/min	1r/min =（1/60）s^{-1}
长度	海里	n mile	1n mile = 1852m（只用于航程）
速度	节	kn	1kn = 1n mile/h =（1852/3600）m/s （只用于航行）

续表

量的名称	单位名称	单位符号	与 SI 单位关系
质量	吨 原子质量单位	t u	$1t=10^3kg$ $1u\approx1.660540\times10^{-27}kg$
体积	升	L，(l)	$1L=1dm^3=10^{-3}m^3$
能	电子伏	eV	$1eV\approx1.602177\times10^{-19}J$
级差	分贝	dB	
线密度	特［克斯］	tex	$1tex=10^{-6}kg/m$
面积	公顷	hm^2	$1hm^2=10^4m^2$

（三）法定计量单位的使用

1. 法定计量单位的名称

法定计量单位的名称有全称和简称之分。《中华人民共和国法定计量单位》所列出的 44 个单位名称（国际单位制的基本单位 7 个、国际单位制中具有专门名称的导出单位 21 个、国家选定的非国际单位制单位 16 个）和用于构成十进倍数单位的词头名称均为单位的全称。在使用时，把其中的方括号内的字省略掉即为该单位的简称，例如，力的单位全称为牛顿，简称为牛；电阻单位全称为欧姆，简称为欧。对没有方括号的（即没有简称的）单位名称，就只能用全称，例如，摄氏温度的单位为摄氏度，不能称为度；立体角的单位为球面度。在不致混淆的场合下，简称等效于它的全称，使用方便。

法定计量单位名称的使用方法如下：

（1）组合单位的中文名称与其符号表示的顺序一致。符号中的乘号没有对应的名称，除号的对应名称为“每”字，无论分母中有几个单位，“每”字只出现一次。

例如，比热容单位的符号是 J/(kg·K)，其单位名称是“焦耳每千克开尔文”，而不是“每千克开尔文焦耳”或“焦耳每千克每开尔文”。

（2）乘方形式的单位名称，其顺序应是指数名称在前。相应的指数名称由数字加“次方”二字而成。

例如，断面惯性矩的单位 m^4 的名称为“四次方米”。

（3）如果长度的 2 次幂和 3 次幂分别表示面积和体积时，则相应的指数名称为“平方”和“立方”并置于长度单位之前，否则应称为“二次方”和“三次方”。

例如，体积单位 dm^3 的名称是“立方分米”，而断面系数单位 m^3 的名称是“三次方米”。

（4）书写单位名称时，不加任何表示乘或除的符号或其他符号。

例如，电阻率单位 Ω·m 的名称为“欧姆米”，而不是“欧姆·米”、“欧姆一米”、“[欧姆][米]”等。

例如，密度单位 kg/m^3 的名称为“千克每立方米”，而不是“千克/立方米”。

2. 法定计量单位和词头的符号

法定计量单位和词头的符号的使用方法如下：

(1) 在初中、小学课本和普通书刊中，有必要时，可将单位的简称（包括带有词头的单位简称）作为符号使用，这样的符号称为“中文符号”。

(2) 法定计量单位和词头的符号，不论拉丁字母或希腊字母，一律用正体，不加间隔号。

(3) 单位符号的字母一般用小写体，若单位名称来源于人名，则其符号的第一个字母用大写体。

例如，时间单位“秒”的符号是 s。压力、压强的单位“帕斯卡”的符号是 Pa。

(4) 词头符号的字母当其所表示的因数小于或等于 10^3 时，一律用小写体，如 10^3 为 k(千)、10^{-1} 为 d(分)、10^{-2} 为 c(厘)；大于或等于 10^6 时用大写体，如 10^6 为 M(兆)、10^9 为 G(吉) 等。

(5) 由两个以上单位相乘构成的组合单位，其符号有下列两种形式：N · m、Nm。

若组合单位符号中某单位的符号同时又是某词头的符号，并有可能发生混淆时，则应尽量将它置于右侧。

例如，力矩单位“牛顿米”的符号应写成 Nm，而不宜写成 mN，以免误解为“毫牛顿”。

(6) 由两个以上单位相乘所构成的组合单位，其中文符号只用一种形式，即用居中圆点代表乘号。

例如，动力黏度单位“帕斯卡秒”的中文符号是“帕 · 秒”而不是“帕秒”、“[帕][秒]”、“帕 · [秒]”、“帕—秒”、“(帕)(秒)”“帕斯卡 · 秒”等。

(7) 由两个以上单位相除所构成的组合单位，其符号可用下列三种形式之一：kg/m^3、$kg \cdot m^{-3}$、kgm^{-3}。

当可能发生误解时，应尽量用间隔号（居中圆点）或斜线（/）的形式。

例如，速度单位“米每秒”的符号用 $m \cdot s^{-1}$ 或 m/s，而不宜用 ms^{-1} 以免误解为“每毫秒”。

(8) 由两个以上单位相除所构成的组合单位，其中文符号可采用以下两种形式之一：千克/米^3、千克 · 米$^{-3}$。

(9) 在进行运算时，组合单位中的除号可用水平横线表示。

例如，速度单位可以写成 $(\frac{m}{s})$ 或 $(\frac{\text{米}}{\text{秒}})$。

(10) 分子无量纲而分母有量纲的组合单位即分子为 1 的组合单位的符号，一般不用分式而用负数幂的形式。

例如，波数单位的符号是 m^{-1}，一般不用 1/m。

(11) 在用斜线表示相除时，单位符号的分子和分母都与斜线处于同一行内。当分母中包含两个以上单位符号时，整个分母一般应加圆括号。在一个组合单位的符号中，除加括号避免混淆外，斜线不得多于一条。

例如，热导率单位的符号是 W/(K · m)，而不能表示成 w/(K · m)，W/K · m 或W/K/m。

（12）词头的符号和单位的符号之间不得有间隙，也不加表示相乘的任何符号。

（13）单位和词头的符号应按其名称或者简称读音，而不得按字母读音。

（14）摄氏温度的单位“摄氏度”的符号℃，可作为中文符号使用，可与其他中文符号构成组合形式的单位。

3. 量值正确表述

（1）单位的名称或符号要置于整个数值之后。

例如，5~7kg 应写成 5kg~7kg 或（5~7）kg；642+6mm 应写成（642+6）mm；±3~5mm 应表示为±（3~5）mm；±0.2%~0.5%应表示为±（0.2%~0.5%）。

（2）十进制的单位一般在一个量值中只应使用一个单位。

例如，1.81m 不应写成 1m 81cm。

对于非十进制的单位，允许在一个量值中使用几个单位。

例如，可以写 28037′11″；3h45min15s。

（3）选用 SI 单位的倍数单位或分数单位时，一般应使数值处于 0.1~1000 范围内。

例如，1.2×10^4 N，应写成 12kN；0.00394m 应写成 3.94mm；11401Pa 应写成 11.401kPa；3.1×10^{-8}s 可写成 31ns。

某些场合习惯使用的单位可以不受上述限制。

例如，大部分机械制图使用的长度单位用“mm（毫米）”；导线截面积使用的面积单位可以用“mm^2（平方毫米）”。

在同一量的数值表中或叙述同一量的文字中，为对照方便而使用相同的单位时，数值不受限制。

4. 部分非法定计量单位与法定计量单位的换算举例

过去较为常用的部分非法定计量单位与法定计量单位的换算举例见表 7-5。

表 7-5　过去较为常用的部分非法定计量单位与法定计量单位的换算举例

量的名称	非法定计量单位	法定计量单位	换算关系
面积	英亩	m^2（平方米）	1 英亩 = 4046.86m^2
	［市］亩	m^2	1［市］亩 = 666.7m^2
长度	光年	m（米）	1 光年 = 9.46053×10^{15}m
	码（yd）	m	1yd = 0.9144m
	英尺（ft）	m	1ft = 0.3048m
	英寸（in）	m	1in = 0.0254m
	英里（mile）	m	1mile = 1609.344m
	［市］里	m	1［市］里 = 500m
	丈	m	1 丈≈3.3m
	［市］尺	m	1［市］尺≈0.33m
	［市］寸	m	1［市］寸≈0.033m

续表

量的名称	非法定计量单位	法定计量单位	换算关系
体积、容积	石	L（升）	1 石 = 100L
	英加仑（UKgal）	L	1UKgal = 4. 54609L
	美加仑（USgal）	L	1USgal = 3. 78541L
	美（石油）桶（bbl）	L	1bbl = 158. 987L
质量（重量）	公担（q）	kg（千克）	1q = 100kg
	磅（lb）	kg	1lb = 0. 45359237kg
	克拉、米制克拉（k）	kg	$1k = 2\times10^{-4}kg$
	盎司（oz）（常衡）	g（克）	1oz（常衡） = 28. 3495g
	盎司（oz）（药衡）	g	1oz（药衡） = 31. 1035g
	盎司（oz）（金衡）	g	1oz（金衡） = 31. 1035g
力	千克力，公斤力（kgf）	N（牛）	1kgf = 9. 80665N
	磅力（lbf）	N	1lbf = 4. 44822N
	吨力（tf）	N	1tf = 9806. 65N
加速度	伽（Gal）	m/s^2（米/秒^2）	$1Gal = 10^{-2}m/s^2$
	标准重力加速度（g_n）	m/s^2	$1g_n = 9.80665m/s^2$
压力	巴（bar）	Pa（帕）	$1bar = 10^5Pa$
	千克力每平方米（kgf/m^2）	Pa	$1kgf/m^2 = 9.80665Pa$
	毫米水柱（mmH_2O）	Pa	$1mmH_2O = 9.80665Pa$
	毫米汞柱（mmHg）	Pa	1mmHg = 133. 322Pa
	工程大气压（at）	Pa	1at = 98066. 5Pa
	标准大气压（atm）	Pa	1atm = 101325Pa
功、能、热	千瓦时（kW · h）	J（焦）	1kW · h = 3. 6MJ
	千克力米（kgf · m）	J	1kgf · m = 9. 80665J
	大卡、千卡	J	1 大卡 = 4186. 8J
	马力小时	J	$1 马力小时 = 2.64779\times10^6J$
功率	马力	W（瓦）	1 马力 = 735. 499W
	伏安（V · A）	W	1V · A = 1W
温度、温差	华氏度（°F）	℃（摄氏度）	1°F = （5/9）℃

5. 应废除的和错误的或不恰当的计量单位举例

应废除的计量单位与法定计量单位的换算举例见表 7-6。错误或不恰当的计量单位举例见表 7-7。

表 7-6　应废除的计量单位与法定计量单位的换算举例

量的名称	应废除的单位名称	应废除的单位符号	用法定计量单位表示及换算关系
长度	公尺		1 公尺 = 1m
	公分		1 公分 = 1cm
	［市］里		1［市］里 = 1/2km = 500m
	丈		1 丈 = 10/3m ≈ 3. 3m
	［市］尺		1 尺 = 1/3m ≈ 0. 3m
	［市］寸		1 寸 = 1/30m ≈ 0. 03m
	［市］分		1 分 = 1/300m ≈ 0. 003m
	码	yd	1yd = 91. 44cm
	英尺	ft	1ft = 30. 48cm
	英寸	in	1in = 2. 54cm
质量（重量）	［市］斤		1 斤 = 1/2kg = 500g
	［市］两		1 两 = 50g
	［市］钱		1 钱 = 5g
	磅	lb	1lb = 453. 59g
	［米制］克拉		1 克拉 = 200mg
	盎司（常衡）	oz	1oz（常衡）= 28. 349g
	盎司（药衡、金衡）	oz	1oz（药衡、金衡）= 31. 103g
力	千克力（公斤力）	kgf	1kgf = 9. 80665N
压力（压强、应力）	标准大气压	atm	1atm = 1.01325×10^5Pa
	工程大气压	at	1at = 9.80665×10^4Pa
	毫米汞柱	mmHg	1mmHg = 1.333224×10^2Pa
	毫米水柱	mmH_2O	$1mmH_2O$ = 9. 80638Pa
	巴	bar	1bar = 1×10^5Pa
重力加速度	伽	Gal	1Gal = $1cm/s^2$
功率	［米制］马力		1 马力 = 735. 499W
面积	［市］亩		1 亩 = $666.7m^2$
体积、容积	英加仑	UKgal	1UKgal = $4.54609dm^3$
	美加仑	USgal	1USgal = $3.78541dm^3$
	美（石油）桶	bbl	1bbl = $158.987dm^3$

表 7-7　错误的或不恰当的计量单位举例

量的名称	错误的或不符合规定的单位	正确的表示方法
长度	MM，m/m	mm（毫米）
质量	公两	100g（100 克）
	公钱	10g
	公吨	t（吨）
容积、体积	公升，立升	L（l）（升）
	C. C.，c. c.	mL（毫升）

续表

量的名称	错误的或不符合规定的单位	正确的表示方法
时间	y，y_r	a（年）
	Sec，（″），S	s（秒）
	hr	h（时）
摄氏温度	度，百分度	℃（摄氏度）
热力学温度	开氏度，°K	K（开）
频率	C，c/s（周）	Hz（赫）
功率	瓦千	kW（千瓦）
电能	度	kW·h（千瓦时）

第二节　工作计量器具

在天然气的开采、处理、运输过程中，需要对天然气的压力、温度、物位、组分分析、流量等参数进行测量，以便有效地指导气田的开发和生产。在采气过程中用于天然气计量的仪表主要包括压力计、温度计、液位计等。

一、压力测量仪表

（一）压力测量

1. 压力概念

压力的定义：介质垂直均匀作用在单位面积上的力。

根据定义，压力的基本表示式为：

$$p=\frac{F}{S} \tag{7-1}$$

式中　p——压力，N/m^2（Pa）；

F——作用力，N；

S——面积，m^2。

2. 压力的单位

（1）在我国法定计量单位中，规定压力的基本单位为帕斯卡（简称帕），符号为 Pa，它的定义为：1 牛顿力垂直均匀作用在 1 平方米的面积上所形成的压力。

压力的导出单位有千帕，符号为 kPa；兆帕，符号为 MPa。

压力单位之间的换算关系为：$1MPa=10^3kPa=10^6Pa$。其他形式单位之间的换算见表 7-8。

表 7-8　压力常用的法制计量单位与法定计量单位换算表

单位符号	帕斯卡，Pa	毫米水柱，mmH_2O	标准大气压，atm	工程大气压，kgf/cm^2	毫米汞柱，mmHg
Pa	1	1.0197×10^{-1}	9.8692×10^{-6}	1.0197×10^{-5}	7.5006×10^{-3}
mmH_2O	9.8067	1	9.6784×10^{-5}	10^{-4}	7.3556×10^{-2}

续表

单位符号	帕斯卡，Pa	毫米水柱，mmH_2O	标准大气压，atm	工程大气压，kgf/cm^2	毫米汞柱，mmHg
atm	1.0133×10^5	1.0332×10^4	1	1.0332	760
kgf/cm^2	9.8067×10^4	1×10^4	9.6784×10^{-1}	1	7.3556×10^2
mmHg	1.3332×10^2	1.3595×10^1	1.3158×10^{-3}	1.3595×10^{-3}	1

（2）在压力测量中，常用的表示方法有绝对压力、表压力、负压或真空度、大气压力。

① 大气压力：指空气的重力作用在地球表面所产生的压力，其值可用气压计测得，一般用符号 Pa 表示。

② 绝对压力：是指作用在物体表面的全部压力，其零点以绝对真空为基准，又称总压力或全压力，一般用符号 $p_{绝}$ 表示。

③ 表压力：高于大气压力的绝对压力与大气压力之差称表压力，它是以大气压力为基准的。一般压力表的读数为表压力，用符号 $p_{表}$ 表示。它与绝对压力之间的关系为：

$$p_{表}=p_{绝}-p_a \tag{7-2}$$

④ 负压或真空度：指低于大气压力的绝对压力，一般用符号 $p_{真}$ 表示。它与绝对压力之间的关系为：

$$p_{真}=p_a-p_{绝} \tag{7-3}$$

3. 压力分类

（1）在工业生产中，按介质工作压力大小的不同，将压力划分为以下几个等级：

① 微压：$p<0.01$MPa；

② 低压：0.01MPa$\leqslant p<$0.25MPa；

③ 中压：0.25MPa$\leqslant p<$100MPa；

④ 高压：100MPa$\leqslant p<$1000MPa；

⑤ 超高压：$p\geqslant$1000MPa。

（2）测量压力的仪表根据其测量原理的不同，可分四类：

① 液柱式压力计：将被测压力转换为液柱高度进行测量。工业生产中的压力测量一般不用此类压力计。

② 弹性式压力计：将被测压力转换为弹性元件的弹性变形位移进行测量。工业生产中的压力测量多用此类压力计，例如，波纹膜片、波纹管、单圈弹簧管、多圈弹簧管。

③ 活塞式压力计：将被测压力转换为活塞上所加平衡砝码的重量进行测量。其精度较高，一般用于校验压力表。

④ 电气式压力计：将被测压力转换为各种电量进行测量。自控装置多用此类压力计，例如，压力传感器、压力变送器等。

（二）常用压力测量仪表

1. 弹簧管压力表

弹簧管压力表具有刻度清晰、结构简单、安装使用方便、测量范围较宽、牢固耐用等

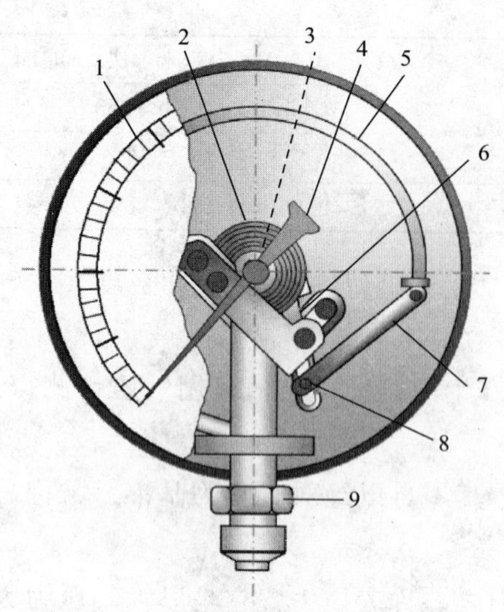

图 7-2　弹簧管压力表结构示意图
1—面板；2—游丝；3—中心齿轮；4—指针；5—弹簧管；6—扇形齿轮；7—拉杆；8—调整螺钉；9—接头

优点。它采用弹性元件作为压力检测元件，在力平衡原理的基础上，弹性元件以弹性变形的形式将压力转换为弹性元件的机械位移信号，然后测量其位移量确定被测压力的大小。缺点是测量准确度不高，不适宜动态测量。

1）弹簧管压力表的结构

弹簧管压力表主要由单圈弹簧管、传动放大机构、指示机构和表壳四部分组成，其结构如图 7-2 所示。

2）弹簧管压力表的工作原理

当被测压力由引压接头 9 通入弹簧管内时，椭圆形截面在压力 p 的作用下趋于向圆形变化，弹簧管随之产生向外挺直的扩张变形，从而使弹簧管的自由端向右上方移动，但是这个位移量较小，因此必须通过放大机构才能指示出来。自由端的弹性变形位移，通过拉杆 7 使扇形齿轮 6 作逆时针偏转，扇形齿轮 6 带动中心齿轮 3 作顺时针偏转，使与中心齿轮同轴的指针 4 也作顺时针偏转，在面板 1 的刻度标尺上指示出来被测压力 p 的数值。由于自由端的位移与被测压力之间具有一定的比例关系，因此弹簧管压力表的刻度标尺是线性的。

3）弹簧管压力表的选择

压力表的选择包括类型、量程及准确度的选择。

（1）类型的选择：根据被测介质的性质，例如被测介质的温度、腐蚀性、脏污程度、易燃易爆性等及现场环境条件（高温、腐蚀、潮湿、振动等）来选择。

（2）量程的选择：在压力波动不大的情况下，最大压力值不应超过满量程的 2/3；在压力波动较大的情况下，最大压力值不应超过满量程的 1/2；为保证测量准确度，被测压力最小值不应低于满量程的 1/3。常用弹簧管压力表的量程有 $1\times10n$，$1.6\times10n$，$2.5\times10n$，$4\times10n$，$6\times10n$ 规格（单位：MPa），其中，n 为正整数、负整数或零。

（3）准确度的选择：在满足生产工艺要求的条件下，尽量选择准确度低的压力表。

4）弹簧管压力表使用中应注意的事项

（1）压力计应工作在允许的压力范围之内。

（2）压力计的安装环境应满足规定要求，安装地点应力求避免振动和高温影响。

（3）压力计应安装在易观察和检修的地方，且垂直安装，接头阀门应无泄漏。

（4）压力计应定期检定，使用中若出现弹簧管破裂、指针脱落、指示失真等现象时应停止使用。

（5）仪表在使用过程中应注意保持其干燥和清洁。

（6）更换压力表时，必须先关闭压力表的截断阀，松动压力表接头，缓慢降压，不要使指针猛然回落，以免损坏指针。待压力表内的压力逐步卸完后，才能拆出压力表。拆下的压力表应存放在防尘、干燥、无腐蚀的环境中。

2. 电接点压力表

电接点信号压力表常使用在需要控制压力的管线或设备上，作为压力报警之用。当被控制的流体压力超过或低于给定值时，仪表的触点装置发出信号，提醒操作值班人员采取措施进行处理。电接点压力表结构如图 7-3 所示。

图 7-3　电接点压力表示意图

1）工作原理

电接点信号压力表结构是在弹簧管压力表的基础上，在指针上设有 1 个动触点，另设两个调节的指针，分别有静触点 2 个（需控制压力的低值和高值触点），3 个触点用线路与电流和红绿灯（信号灯）分别连接。当压力超过或低于上下限给定值时，动触点分别与静触点高值或静触点低值接触，信号灯就发光，两个静触点是可以根据需要进行调节的。

2）使用注意事项

（1）电接点压力表维修时严禁带电开盖。

（2）电接点压力表应工作在允许的压力范围之内，按标准调整好压力表的指针及电接点，按使用设定点定位。

（3）压力计的安装环境应满足规定要求，安装地点应力求避免振动和高温影响。

（4）压力计应安装在易观察和检修的地方，且垂直安装，接头阀门应无泄漏。

3. 活塞式压力计

活塞式压力计主要由造压系统、活塞系统、管路组成，其结构如图 7-4 所示。

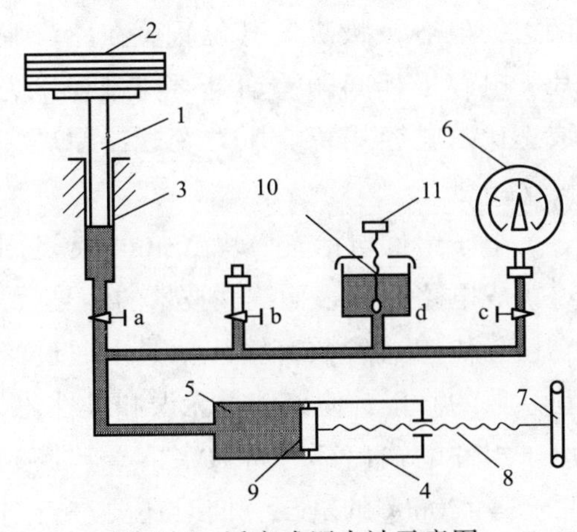

图 7-4　活塞式压力计示意图

1—测量活塞；2—砝码；3—活塞柱；4—螺杆泵；5—工作液；6—压力表；7—手轮；8—丝杆；9—工作活塞；10—油杯；11—进油阀；a、b、c—切断阀；d—进油阀

活塞式压力计的工作原理：活塞式压力计既是一种标准压力测量仪表，又是一种压力发生器。作为标准压力测量仪器使用时，用来校验标准压力表和测量井口压力。标准压力值由平衡时所加砝码的重量确定；作为压力发生器使用时，则用 a 阀切断测量部分通路，在 b 阀上端接被校验的工业用压力表，在 c 阀上接标准压力表（准确度等级应高于被校压力表）。由螺杆泵改变工作液压力，比较两只压力表上的指示值，进行压力表的校验。设活塞、砝码、连杆的重为 F，活塞的有效面积 S，则压力等于：

$$p=\frac{F}{100S} \tag{7-4}$$

$$F=mg$$

式中　p——被测压力值，MPa；

S——活塞的有效面积，cm^2；

F——专用活塞、砝码、连杆的总重力，N；

m——活塞、砝码、连杆的总质量，kg；

g——当地重力加速度，m/s^2。

活塞式压力计的使用注意事项：

（1）压力计应放在便于操作和坚固无震的平台上，操作前调水平。

（2）压力计使用时活塞、承重底盘和砝码编号一致，不能互换。

（3）压力计操作时，以 30~60r/min 的旋转速度使活塞顺时针方向自由旋转。

（4）压力计的砝码保持清洁和干燥，以免锈蚀和沾污而影响砝码质量。

4. 压力变送器

压力变送器将被测压力转换成电信号进行测量。根据被测变量的不同，可分为压力变送器和差压变送器。按检测转换技术分为位移平衡式、力平衡式和微位移式。按转换放大电路及传感器结构，组合仪表方式分为 DDZ-Ⅰ型、DDZ-Ⅱ型和 DDZ-Ⅲ型。从 DDZ-Ⅲ型后，由于电子技术的飞速发展和微电脑的广泛应用，已打破了原有组合仪表的界限，出现了很多带微电脑的多功能仪表，如电容式和单晶硅式智能变送器。目前在天然气生产过程中使用最多的就是这两类变送器。

1）电容式智能压力变送器

电容式智能的变送器由传感器组件、电子组件两部分组成。

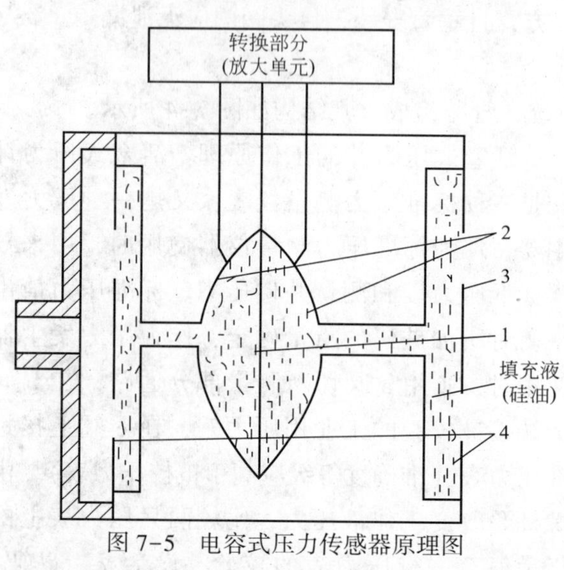

图 7-5　电容式压力传感器原理图

1—中心感应膜片；2—固定电极；3—测量侧；4—隔离膜片

传感器组件选用高精度的电容传感器，过程压力通过隔离膜片及灌充物变送到电容室中心的感应膜片，感应膜片两边的电容极板决定其位置。在感应膜片和电容极板间的差动电压与过程压力成正比。电容式智能压力变送器原理如图 7-5 所示。

电子组件包括有一块 ASIC（特定用途集成电路）和表面镶嵌技术的信号板，它接受传感器的数字输入信号。通过修正系数的修正，使该信号无误和线性化。电子组件的输出部分将数字信号转换成一个 4~20mA 的输出，同时还要进行与 268 型和 ROSEMOUNT 控制系统的通信。一个可选的 LCD（液晶显示屏）插在电子板上，用来显示压力处理单元的数字输出或模拟范围值的百分数。

2）单晶硅式智能压力变送器

单晶硅式智能差压（压力）变送器是 20 世纪 90 年代发展起来的新型变送器。单晶硅谐振传感器是在硅片上加工了两个大小相同的 H 形谐振梁，谐振梁处于永久磁铁提供的磁场中，谐振梁的两端与变压器组成一个正反馈电路，通电后由于磁场的作用使谐振梁在回路中产生振荡。当被测差压信号进入变送器高低压室时，通过隔离膜片将力传递给表内工作介质，从而使单晶硅片的上下表面受到力的作用并形成压力差。由于设计加工谐振梁时，一个位于硅片的边缘，另一个位于硅片的中心，因此当受到同一压力时，位于中心的谐振梁因受压缩力使振荡频率变小，而位于边缘的谐振梁因受拉伸力使振荡频率增加，两个频率信号进入膜盒组件的脉冲计数器，形成频率差，此频率差正比于差压信号，这样膜盒组件就实现了将输入差压信号转换为频率变化。特性修正存贮器里保存有传感器型号、环境温度、静压以及输入/输出特性等修正参数，这些数据经微处理器运算，可使变送器获得优良的温度特性、静压特性和输入/输出特性。

3）使用注意事项

（1）压力变送器不能超过规定的最大工作压力运行。

（2）切勿用高于36V电压加到变送器上，导致变送器损坏。

（3）取压口应开在流程管道顶端，并且压力变送器也应安装在流程管道上部，以便积累的液体易注入流程管道中。

（4）冬季发生冰冻时，安装在室外的变送器必须采取防冻措施，避免引压口内的液体因结冰体积膨胀，导致传感器损坏。

（5）接线时，将电缆穿过防水接头或绕性管，并拧紧密封螺帽，以防雨水等通过电缆渗漏进变送器壳体内。

（6）安装差压变送器时，请注意检查高压端和低压端，以免损坏传感器。

5. 数字压力表

数字压力表是采用数字显示被测压力量值的压力表，可用于测量表压、差压和绝压。

（1）数字压力表由压力传感器、信号处理单元、显示部分、工作电源等组成。

（2）数字压力表的工作原理如图7-6所示，被测压力经传压介质作用于压力传感器上，压力传感器输差相应的电信号或数字信号，由信号处理单元处理后在显示器上直接显示出被测压力的量值。

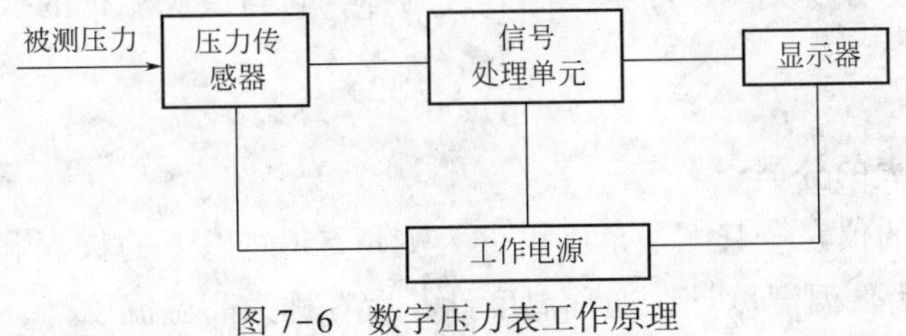

图7-6 数字压力表工作原理

（3）数字压力表使用注意事项：

① 不要用锐器或硬物捅引压孔，也不要用手等按压膜片，以免损坏膜片或造成膜片永久变形。

② 对于被测点压力有瞬间冲击的情况须加压力缓冲装置，避免瞬间脉冲高压直接冲击压力传感器，导致传感器损坏。

③ 环境温度超出产品标准时，应采取现场防护措施，以防损坏液晶显示器。

④ 在安装仪表时，需将截止阀关闭，同时打开放空阀，以免因为憋压而引起的压力过高损坏压力传感器。

二、温度测量仪表

（一）温度测量

1. 温度的概念

温度是表示物体冷热程度的物理量。

2. 温度的单位

用来量度温度高低的标尺称为温标，温标是用数值来表示温度的方法。常用的温标有国际实用温标和摄氏温标。

（1）摄氏温标——测量单位是摄氏度，用符号“℃”表示。物体的温度符号一般用“t”表示。它规定在标准大气压下水的凝固点为0℃，水的沸点为100℃，其间划分100等份，每一等份为1℃。工程上常用摄氏温标。

（2）国际实用温标——以热力学温标为基础的一种温标。物理学认为−273.15℃时，理想气体的分子停止运动，即分子热运动的动能等于零，这个温度称为热力学温度，这种计量温度数值的方法就是热力学温标。热力学温标的单位是“开”（开尔文），用符号“K”表示，使用热力学温标时，物体的温度符号用“T”表示。

热力学温标与摄氏温标的不同之处，在于起点温度的规定不同，两者的温度间隔是相同的。两种温标的换算关系如下：

$$T=t+273.15 \tag{7-5}$$

我国法定的温度计量单位是热力学温标开尔文，即K，也可以用摄氏温标，即℃。一般温度计标的温度单位是℃，使用时可用式(7-5)换算。

（3）华氏温标——测量单位是华氏度，用符号“°F”表示，物体的温度符号一般用“t_F”表示。它规定水的凝固点为32华氏度，沸点为212华氏度，其间划分为180等份，每一等份为一华氏度。欧美国家经常使用华氏温标，它与摄氏温标的换算关系为：

$$t=\frac{5}{9}(t_F-32) \tag{7-6}$$

3. 温度测量仪表的分类

（1）测量温度的仪表按其测量范围可分为测量550℃以下的仪表和测量550℃以上的仪表两类，前者称为低温温度计，通称温度计，后者称为高温温度计，通称高温计。

（2）按仪表的作用原理可分为接触式温度计与非接触式温度计两类。接触式测温仪表具有结构简单、可靠、精确、便宜等优点，采气工作中用得比较多，其中常用的有玻璃管式温度计、压力表式温度计、热电偶温度计和热电阻温度计。

（二）常用温度测量仪表

1. 玻璃温度计

玻璃温度计是利用玻璃感温包内的测温物质（水银、酒精或甲苯等）受热膨胀，遇冷收缩的原理进行测温的，故亦称为膨胀式温度计。

1）结构原理

玻璃温度计由玻璃温包、毛细管和刻度标尺三部分构成，有直式、90°角式及135°角式几种，其刻度有棒式、内标尺式、外标尺式几种。工业用玻璃液体温度计一般做成内标尺式，其温度刻度另外刻在乳白色玻璃板上，与毛细管一起封装在玻璃外壳之中，如图7-7所示。

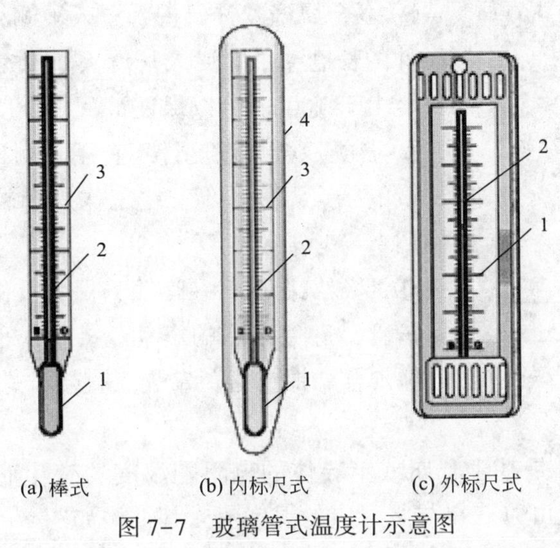

图7-7 玻璃管式温度计示意图

1—温包；2—毛细管；3—刻度标尺；4—玻璃外壳

玻璃温度计中的水银温度计，在采气生产中广泛应用，其测量范围为-30~750℃。为防止因碰撞而损坏，井站常使用有金属保护套的玻璃温度计。

2）玻璃水银温度计断线的处理方法

（1）甩动复原，用手紧握温度计上端，并急速甩动或旋转，直到酒精柱复原为止。

（2）震动复原，将温度计的球部垂直向下，在手指上或橡皮上轻轻震动至酒精柱复原为止。

（3）冷热水复原，若温度计毛细管上端有安全泡，可将温度计直立起来，浸在温水中，慢慢加热到中断的酒精柱复原为止。然后将温度计浸入冷却剂中，使温度逐渐降低，直到酒精柱断裂处缩入球内为止，取出温度计使温度慢慢升高到复原。

3）玻璃温度计使用注意事项

（1）修复后的温度计须经零位检查和校验后才能使用。

（2）操作时，应认真仔细，以免损坏温度计。

2. 双金属温度计

（1）双金属温度计是采用膨胀系数不同的两种金属片，叠焊在一起制成螺旋形感温元件，并置于金属保护套管中，一端固定在套管底部，称为固定端，另一端连接在一根细轴上，称为自由端，细轴上安装有指针用以指示温度，其结构如图7-8所示。

（2）双金属温度计的工作原理：双金属片受热后由于两金属片的膨胀长度不同而产

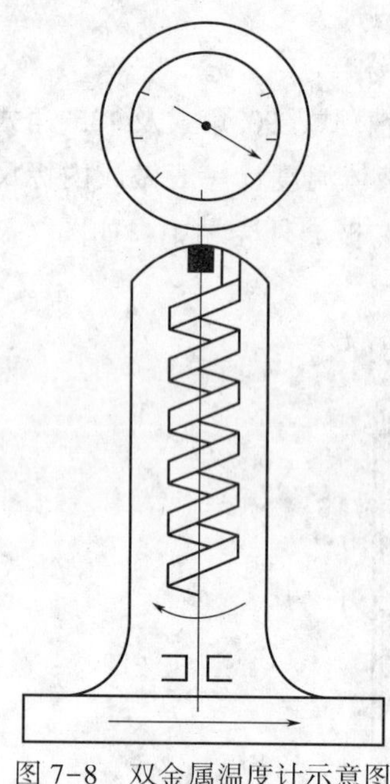
图 7-8　双金属温度计示意图

生弯曲，温度越高产生的线膨胀长度差越大，因而引起的弯曲角度就越大。当温度变化时，双金属螺旋感温元件的自由端便绕固定端转动，从而带动与自由端连接的轴上的指针转动，指示出温度值。双金属温度计属耐振型仪表，结构简单、刻度清晰、使用方便。测量范围为-80~600℃。

（3）双金属温度计使用注意事项：

① 双金属温度计保护管浸入被测介质中长度必须大于感温元件的长度，一般浸入长度大于75mm，0~50℃量程的浸入长度大于100mm，以保证被测量介质温度的准确性。

② 各类双金属温度计不宜用于测量敞开容器内介质的温度，带电接点温度计不宜在工作震动较大的环境的控制回路中使用。

③ 双金属温度计在运输、保管及使用安装中，应避免碰撞保护管，避免强烈的震动，外保护管一定不能像热电阻、热电偶那样弯曲。避免拿表头直接拧螺丝的现象。

3. 热电阻温度计

（1）热电阻温度计是基于金属或半导体的电阻随温度的变化而变化，当测出金属或半导体的电阻值时，就可以获得与之对应的温度值，其结构如图 7-9 和图 7-10 所示。

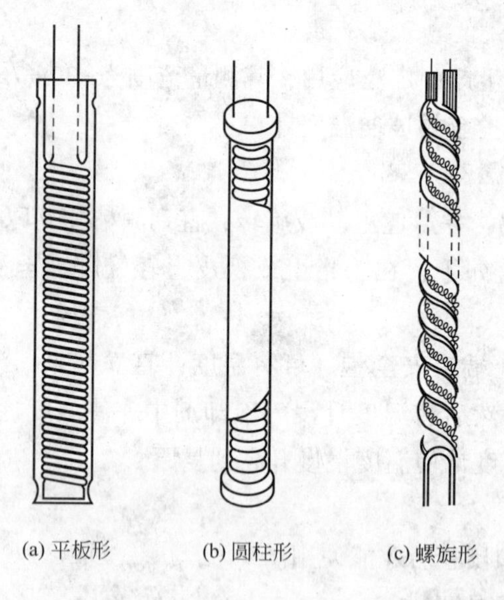

图 7-9　热电阻支架结构图

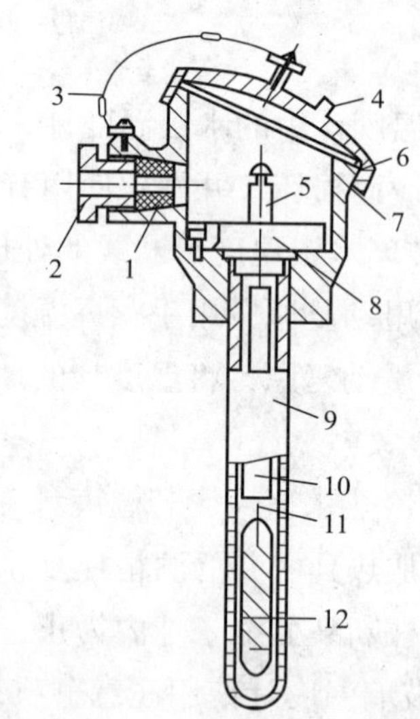

图 7-10　热电阻结构图
1—引出线孔；2—引线孔螺母；3—链条；4—盖子；5—接线柱；6—密封圈；7—接线盒；8—接线座；9—保护套管；10—绝缘管；11—引出线；12—电阻体

（2）热电阻温度计工作原理：热电阻温度计由感温元件热电阻、显示仪表和连接导线组合而成。使用时将热电阻感温元件置于被测温介质之中，介质温度的变化，引起感温元件电阻的变化，此变化由导线传至显示仪表，即指示出被测介质温度值。热电阻温度计结构简单，精确度高，使用方便，还可以远传、显示和记录，测温范围-200~600℃。

从热电阻的测温原理可知，被测温度的变化是直接通过热电阻值的变化来测量的，因此，热电阻体的引出线等各种导线电阻的变化会给温度测量带来影响。为消除引线电阻的影响一般采用三线制或四线制。

（3）热电阻温度计使用注意事项：

① 热电阻的型号和量程要与显示仪表匹配，热电阻的类型有铂电阻、铜电阻、镍电阻。

② 为了消除连接导线电阻变化的影响，必须采用三线制接法。

③ 为了减少热电阻的时效变化，应尽可能避免处于温度急剧变化的环境。

④ 为保证测量准确度，应在经过充分接触换热，即约为时间常数的5~7倍以后再开始测量。

⑤ 当热敏电阻采用金属保护管时，为减少由热传导引起的误差，要保证有足够的插入深度，当介质为气体时，其插入深度应为管径的25倍以内。

⑥ 如果引线间或者绝缘体表面上附着有水滴或灰尘时，将使测量结果不稳定并产生误差，因此，要注意使热电阻具有防水、耐湿、耐寒等性能。

4. 热电偶温度计

热电偶温度计的测温范围很广，可测量生产过程中0~1600℃范围内（在某些情况下，上下限还可扩展）液体、蒸汽和气体介质以及固体表面的温度。这类仪表结构简单、使用方便、测温准确可靠、便于远传、自动记录和集中控制，因而在工业生产中应用极为普遍。

（1）热电偶测温系统主要由三部分组成：热电偶、显示仪表与连接导线，如图7-11所示。

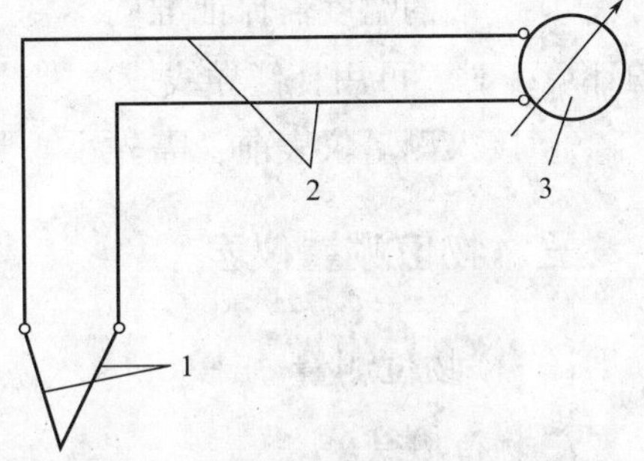

图7-11 热电偶测温系统

1—热电偶；2—连接导线；3—显示仪表

（2）热电偶温度计的工作原理：热电偶温度计是基于热电效应这一原理测量温度的。它是将两种不同金属导体的一端焊接在一起构成热电极，焊接的一端作为热端，另一端作为冷端。测量时将热电偶的热端置于被测温度场中，冷端处于环境温度下，由于热电偶冷热两端的温度不同，在热电偶上将产生与冷热两端的温度差大小有关的热电势，测量时若保持冷端温度不变，热电偶的热电势就是所测温度的单值函数。这样，测出热电势E的大小，就可知道所测温度的大小。

热电偶是由热电极、绝缘管、保护套管、接线盒四部分组成，其外形与热电阻相像。热电偶一般都是在冷端温度为0℃时进行分度的。由于冷端温度（环境温度）是变化的，并且很难保持在0℃不变，这样，就会产生较大的测量误差。为了提高测量精度，一般都要采用补偿导线和考虑冷端温度补偿。

（3）我国统一设计的标准化热电偶有S、B、E、K、R、J、T七种类型，其分度号及温度范围见表 7–9。

表 7–9　热电偶的类型、分度号和温度范围

序号	热电偶类型	分度号	温度范围,℃
1	铂铑 10%—铂	S	0～1600
2	铂铑 30%—铂铑 6%	B	600～1700
3	镍铬—镍硅	K	0～1200
4	镍铬硅—镍硅	N	0～1200
5	镍铬—康铜	E	0～900
6	铜—康铜	T	-200～350
7	铁—康铜	J	-40～750

（4）热电偶温度计使用注意事项：

① 选择热电偶时应注意，在使用温度范围内，温差电势与温度最好呈线性关系选温差电势温度系数大的热电偶，以增加测量的灵敏度。

② 易氧化的金属热电偶（铜—康铜）不应插在氧化环境中，易还原的金属热电偶（铀—铂铬）则不应插在还原环境中。

③ 热电偶可以和被测物质直接接触，一般都直接插在被侧物中。如不能直接接触的，则需将热电偶插在一个适当的套管中，再将套管插在待测物中，在套管中加适当的石蜡油，以便改进导热情况。

④ 冷端的温度需保证准确不变，一般放在冰水中。如果由于使用条件限制温度波动的环境中时，可用补偿导线或冷端补偿器来进行校正。

⑤ 接入测量仪表前，需先小心判别其“+”、“–”端。

三、物位测量仪表

（一）物位测量

1. 物位概念

物位是指物料相对于某一基准的位置，是液位、料位和相界面的总称。

在石油和化工等工业生产过程中，常需要对一些设备和容器内的物位进行测量和控制，例如，气体—液体间的液位高度；气体—固体颗粒或粉末的料位高度；液体—固体间、液体—液体间的界面高度的测量等，统称为物位的测量。天然气生产过程中主要是液位的测量，测量液位的仪表称为液位计。

2. 物位测量仪表分类

按基本工作原理，主要有以下几种类型：

（1）直读式物位仪表，利用连通器原理，通过与被测容器连通的玻璃管或玻璃板来直接显示容器中的液位高度，例如，玻璃管液位计、玻璃板液位计等。

（2）浮力式物位仪表，依据力平衡原理，利用浮子一类悬浮物的位置随液面的变化而变化来反映液位。它可分为两种：一是维持浮力不变的恒浮力式液位计，如浮标式液位

计、浮球式液位计；二是变浮力式液位计，如浮筒式液位计。

（3）静压式物位仪表，利用容器内的液位改变时，液柱产生的静压也相应变化的原理而工作的。静压式物位仪表又可分为压力式物位仪表和差压式物位仪表。

（4）电气式物位仪表，将物位的变化转换为电量的变化，通过测量这些电量的变化间接测量物位。根据电量参数的不同，可分为电导式、电容式和电感式。

（5）核辐射式物位仪表，利用核辐射透过物料时，物质对放射性同位素放射的射线吸收作用为基础来进行物位测量。

（6）声波式物位仪表，利用超声波在气体、液体或固体中的传播速度及在不同相界面之间的反射特性来测量物位。

（7）光学式物位仪表，利用物位对光波的遮断和反射原理来进行物位测量，主要有激光式物位计，可测液位和物料等。

（二）常用物位仪表

1. 玻璃管液位计、玻璃板液位计

玻璃管液位计适用于工业生产过程中一般贮液设备中的液体位置的现场检测，其结构简单，属于现场就地显示仪表，但读数不是十分准确，是传统的现场液位测量工具。

1）结构

玻璃管液位计、玻璃板液位计是一种直读式液位测量仪表，通过与被测容器连通的玻璃管或玻璃板来直接显示容器中的液位高度，其结构如图 7-12 所示。观察管 4 多为玻璃管，其上刻有对应的液位值。实际应用中，也可外包金属或其他材料制成的保护管，但需露出标尺或刻度。该液位计两端各装有一个针形阀，当玻璃管发生意外事故而破碎时，可关闭针形阀，以防止容器内介质继续外流。

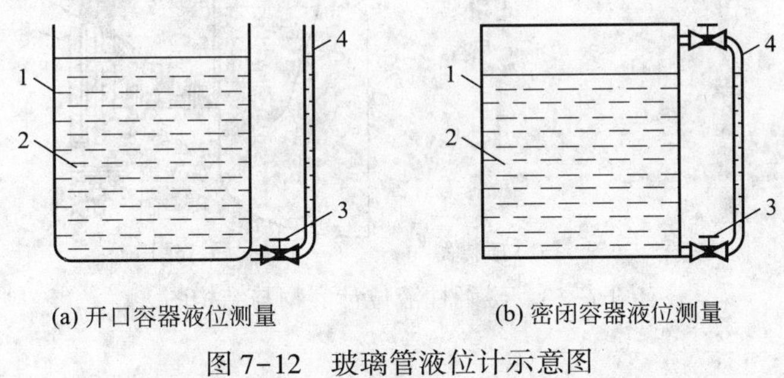

图 7-12　玻璃管液位计示意图

1—容器；2—被测液体；3—阀门；4—玻璃管

2）工作原理

仪表采用连通器原理，在上下阀上都装有螺纹接头，通过法兰与容器连接构成连通器，透过玻璃板可直接读得容器内液位的高度。

3）使用注意事项

（1）玻璃管、玻璃板液位计在安装时，不可撞击或敲打，以防玻璃管和玻璃片破碎。

（2）安装完成后，当介质温度较高时，不应立即开启阀门，应预热 20~30min，目的

是防止玻璃热胀冷缩导致破裂，待玻璃管有一定温度后，再缓慢开启阀门。

（3）阀门开启程序：先缓慢开启上阀门，再缓慢开启下阀门，使被测介质慢慢进入玻璃管内。

（4）在使用中，应定期清洗玻璃管内外壁污垢，以保持液位显示清晰。清洗程序：先关闭与容器连接的上、下阀门，打开排污阀，放净玻璃管内残液，使用适当清洗剂或采用长杆毛刷拉擦方法，清除管内壁污垢。

2. 磁翻柱液位计

磁翻柱液位计是以磁浮子为测量元件，磁钢驱动翻柱显示，无需能源。磁翻柱液位计可以配置上、下限开关输出，实现远距离报警、限位控制；也可配置变送器，可实现液位的远距离指示、检测与控制，是石油、化工等工业部门的理想液位测量产品。磁翻柱液位计全过程测量无盲区、显示醒目、读数直观、测量范围大，且可以做到高密封、防泄漏，适应高压、高温、腐蚀性条件下的液位测量，具有可靠的安全性。目前生产现场多用于分离器污水液位、吸收塔液位的测量。

1）结构

磁翻柱液位计由磁性指示器和浮球两部分组成；磁性指示器由装有小磁钢的红白相间的磁翻柱及护板等组成。根据在容器安装位置的不同，磁翻柱液位计有侧装和顶装两种形式，其结构如图 7-13 所示。

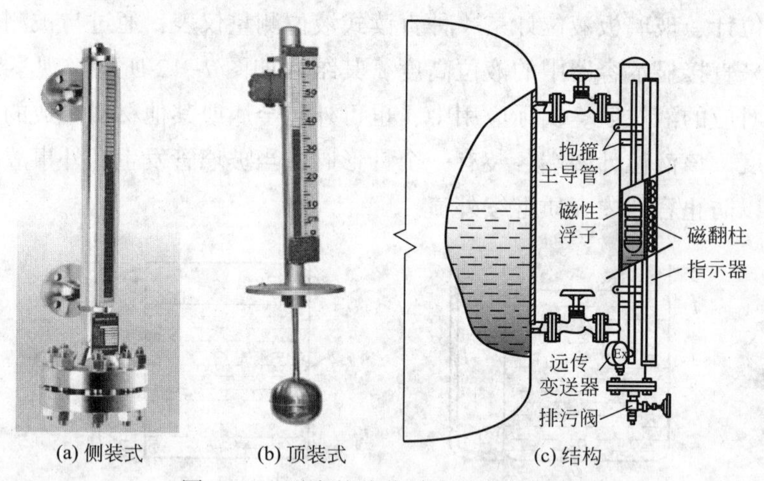

(a) 侧装式　(b) 顶装式　(c) 结构

图 7-13　磁翻柱液位计实物与结构图

2）工作原理

磁翻柱液位计根据浮力原理和磁性耦合作用研制而成。它有一个容纳浮球的腔体（称为主体管或外壳），腔体通过法兰或其他接口与容器组成一个连通器。这样，仪表腔体内的液面与容器内的液面是相同高度的，所以腔体内的浮球会随着容器内液面的升降而升降；腔体的外面安装有一个翻柱显示器，在浮球沉入液体与浮出部分的交界处安装了磁钢，它与浮球随液面升降时，它的磁性透过外壳传递给翻柱显示器，推动磁翻柱翻转 180°，由于磁翻柱是有红、白两个半圆柱合成的圆柱体，所以翻转 180°后朝向翻柱显示器外的会改变颜色（液面以下红色、以上白色），两色交界处即是液面的高度。

为了扩大磁翻柱液位计的使用范围，还可以根据相关标准及要求增加液位变送装置，以输出多种电信号（如电阻、电压、电流信号）。例如，在监测液位的同时安装磁控开关信号，可用于对液位进行控制或报警；在翻柱液位计的基础上增加了4~20mA变送传感器，在现场监测液位的同时，将液位的变化通过变送传感器、线缆及仪表传到控制室，实现远程监测和控制。

3）使用注意事项

（1）液位计安装必须垂直，以保证浮球组件在主体管内能上下运动自如。

（2）液位计主体周围200mm距离内不容许有导磁体靠近，否则直接影响液位计正常工作。

（3）液位计安装完毕后，需要用磁钢进行校正，对翻柱导引一次使零位以下显示红色，零位以上显示白色。

（4）液位计进入运行前，应先打开上阀，然后缓慢地打开下阀，使介质慢慢地流入筒体，让翻板逐一翻动跟踪指示，并用调节螺钉调整零液位。

（5）液位计投入运行时，应先打开下引液管阀门让液体介质平稳进入主体管，避免液体介质带着浮球组件急速上升，而造成翻柱转失灵和乱翻。

（6）在使用过程中，因液位突然变化或其他原因造成个别翻板失灵，可用调整磁钢校正。

（7）磁翻柱液位计经长期使用后，本体内如果有介质的沉淀物，会影响浮子的正常工作，应定期进行清洗。

3. 浮筒式液位计

1）结构

浮筒式液位计属于变浮式液位计，是专用于测量压力容器内液位，由浮筒、弹簧、磁钢室和指示器四个基本部分组成（图7-14）。

2）工作原理

浮筒式液位计是根据阿基米德定律和磁耦合原理设计而成。当浸在液体中的浮筒受到向下的重力、向上的浮力和弹簧弹力的复合作用，这三个力达到平衡时，浮筒就静止在某一位置。当液位发生变化时，浮筒所受浮力相应改变，平衡状态被打破，从而引起弹力变化即弹簧的伸缩，以达到新的平衡。弹簧的伸缩使其与刚性连接的磁钢产生位移。这样，通过指示器内磁感应元件和传动装置使其指示出液位。限位开关的仪表即可实现液位信号的报警功能。基于位移测量原理，悬挂在测量弹簧上的位移筒体沉浸在被测液体中，并受到阿基米德向上浮力作用，其作用力与排开液体质量成正比。根据液位高低，筒体浸入深度不同，向上浮力发生变化，测量弹簧将要作相应延伸，以达到测量结果。

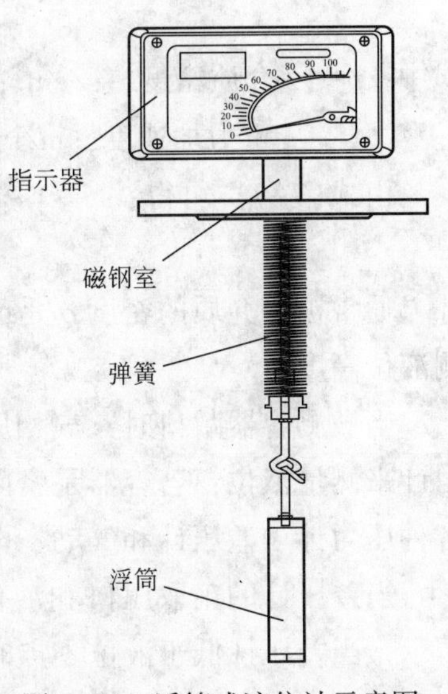

图7-14 浮筒式液位计示意图

3）使用注意事项

（1）使用时，不能对变送器及角度转换器造成撞击，否则会损坏液位计。

（2）避免在扭力管上施力过大，造成扭力管的损坏。

（3）不可强行斜拉浮子及浮子挂钩。

（4）检修时，不得随意松动变送器内的螺钉。

4. 差压式液位计

1）结构

差压式液位计将被测信号转换成4~20mA DC输出信号（智能型变送器可带Hart协议通信），与其他单元组合仪表或工业控制计算机配合，组成检测、记录、控制等工业自动化系统。

2）工作原理

差压式液位计是利用容器内的液位改变时，由液柱产生的静压也相应变化的原理工作的，如图7-15(a)所示。

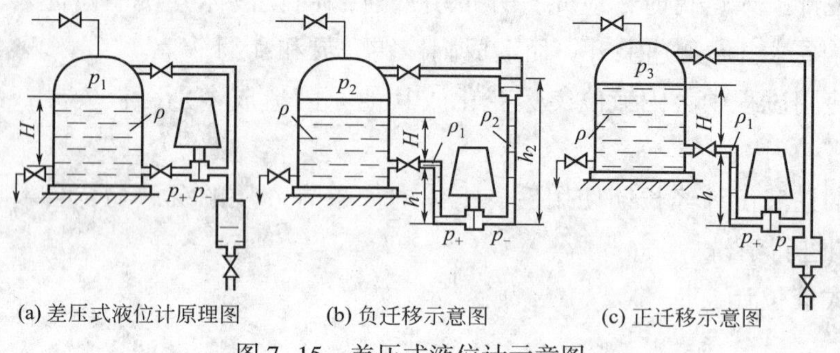

(a) 差压式液位计原理图　(b) 负迁移示意图　(c) 正迁移示意图

图7-15　差压式液位计示意图

对于密闭贮槽或反应罐，设底部压力为 p，液面上的压力为 p_s，液位高度为 H，则有：

$$p=p_s+\rho gH \tag{7-7}$$

式中　ρ——介质密度，g/cm^3；

g——重力加速度，m/s^2。

由式(7-7)可得：

$$\Delta p=p-p_s=\rho gH \tag{7-8}$$

通常被测介质的密度 ρ 是已知的，压差 Δp 与液位高度 H 成正比，测出压差就知道被测液位高度。

当被测容器敞口时，气相压力为大气压。差压计的负压室通大气即可，此时也可用压力计来测量液位；若容器是密闭的，则需将差压计的负压室与容器的气相相连接。因此，各种压力计、差压计和气动、电动差压变送器都可以用来测量液位的高度。

当差压计的正取压口和液位零点在同一水平位置时，不需零点迁移，如图7-15(a)所示；当差压计低于液位零点时，且导压管内有隔离液或冷凝液时，需对差压计的零点进行负迁移，如图7-15(b)所示；当差压计低于液位零点时，需对差压计的零点进行正迁移，如图 7-15(c) 所示。

3）使用注意事项

(1) 为使液位 H 为零时，差压液位仪表指示为零，应采取调整差压计的零点，需要进行零点迁移。

(2) 检测器离底部应有一定距离，防止泥沙、污物堵塞受压部件。

(3) 如果液体流动，应安装防波管或挂重锤使之稳定。

5. 雷达式液位计

雷达液位计是通过天线向被测介质发射微波，然后测出微波发射回来和反射回来的时间而得到容器内液位的一种仪表。总体来说分可分为接触式(导波式雷达液位计，图 7-16) 和非接触式(智能雷达液位计) 两大类。导波雷达液位计包括单杆式、双杆式、同轴式三种；智能雷达液位计包括棒式天线和喇叭口天线两种。其中每类又都有高频雷达和低频雷达之分。导波雷达料位计运用先进的雷达测量技术，在槽罐中有搅拌、温度高、蒸汽大、介质腐蚀性强、易结疤等恶劣的测量条件下，显示出其卓越的性能，广泛地应用于工业生产中。

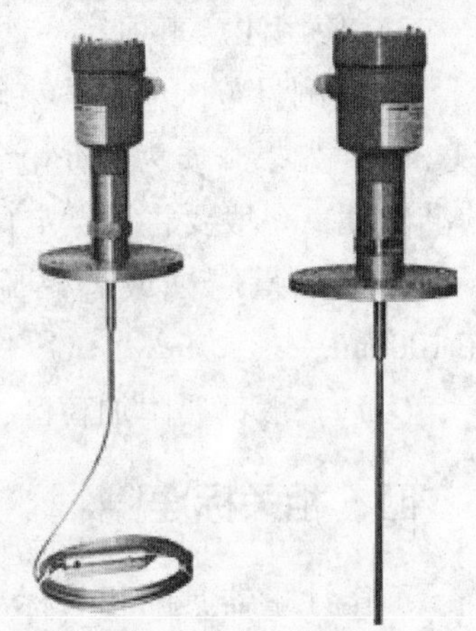

图 7-16　导波式雷达液位计示意图

1）导波式雷达液位计的结构

常用的导波式雷达液位计采用接触式的测量方法，带有金属棒或柔性缆的导波杆，安装时从测量罐的灌顶直达罐底，工作时微波会沿着导波杆外侧向下传播，在碰到液位时由于介电常数与空气不同，就会产生反射并被接收。

导波雷达料位计主要由发射和接收装置、信号处理器、天线、操作面板、显示、故障报警等部分组成。

2）工作原理

雷达液位计采用发射—反射—接收的工作模式。雷达液位计的天线发射出电磁波，这些波经被测对象表面反射后，再被天线接收，电磁波从发射到接收的时间与到液面的距离成正比，关系式如下：

$$D=Ct/2 \tag{7-9}$$

式中　D——雷达液位计到液面的距离，m；

C——光速，m/s；

t——电磁波运行时间，s。

雷达液位计记录脉冲波经历的时间，而电磁波的传输速度为常数，则可计算出液面到雷达天线的距离，从而获知液面的液位（图 7-17）。

在实际运用中，雷达液位计有调频连续波式和脉冲波式。采用调频连续波技术的液位计功耗大，须采用四线制，电子电路复杂。采用雷达脉冲波技术的液位计功耗低，可用二线制的 24VDC 供电，容易实现本质安全，精确度高，适用范围更广。

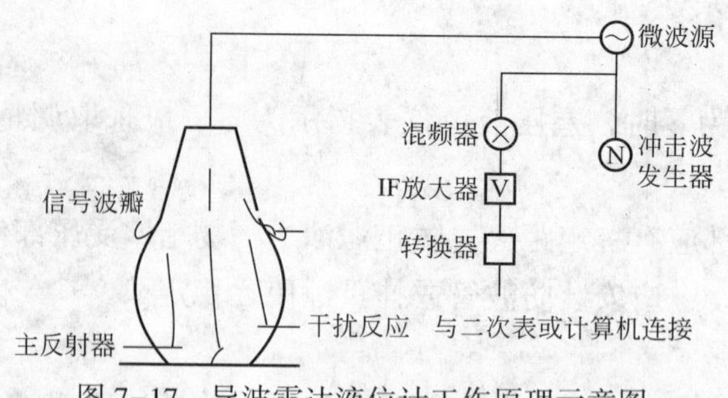

图 7-17　导波雷达液位计工作原理示意图

3）使用注意事项

（1）测量范围应从波束触及容器底部开始算起。

（2）如果介质为低介电常数，在处于低液位时，或者罐底可见，这时为了保证测量的准确度，一般要将零点定位在最低处位置，这样才能保证精确测量。

（3）测量腐蚀或者黏附的液体，测量范围的终值应距离天线的尖端至少要保持在 100mm。

（4）一般都要附加盲区，设定一个安全距离。

四、相关标准

工作计量器具的相关标准有：《弹簧管式一般压力表、压力真空表和真空表检定规程》（JJG 52—2013）、《活塞式压力计检定规程》（JJG 59—2007）、《压力变送器检定规程》（JJG 882—2015）、《数字压力计检定规程》（JJG 875—2005）、《工业用液体玻璃温度计检定规程》（JJG 130—2011）、《双金属温度计检定规程》（JJG 226—2001）、《工业铂、铜热电阻检定规程》（JJG 229—2010）、《工作用廉价金属热电偶检定规程》（JJG 351—1996）。

第三节　天然气流量计量

天然气流量计量是多参数（压力、温度、压缩因子等）采集组合的计算，没有一种流量仪表能够适用于任何流体、任何量程、任何流动状态以及任何使用条件。差压式流量计是一类应用最广泛的流量计，通过一次仪表（节流装置）测量流体流经阻力件时产生的差压，经二次检测仪表（压力、差压、温度变送器及计量系统等）得到流量的流量计。智能流量计是集流量、温度、压力检测功能于一体，并能进行温度、压力、压缩因子自动补偿，例如，腰轮流量计、涡轮流量计、旋进旋涡流量计和超声流量计等。本节介绍目前天然气流量计量中常用的流量计。

一、流量测量

（一）流量的概念

单位时间内流过管道横截面积的流体数量称为流量。流量可用体积流量 q_v、质量流

量 q_m 和能量流量 q_e 三种方法表示。

体积流量：单位时间内流过管道横截面积的流体体积为体积流量。

质量流量：单位时间内流过管道横截面积的流体质量为质量流量。

能量流量：可以通过体积流量或质量流量与发热量的乘积计算得到。

流体的体积流量 q_v 等于流体的流速 v 与流通截面积 F 之积，即：

$$q_v = Fv \tag{7-10}$$

式中　q_v——体积流量，m^3/s，m^3/h，m^3/d，km^3/d；

F——流通截面积，m^2；

v——流速，m/s。

设在测量压力、温度下流体的密度为 ρ，管路横断面上流体的质量流量 q_m 和体积流量 q_v 之间的关系为：

$$q_m = q_v \rho \tag{7-11}$$

式中　q_m——质量流量，kg/s；

ρ——流体的密度，kg/m^3。

（二）流量的常用单位

天然气流量常用体积流量来表示，其法定单位为 m^3/s，m^3/h，m^3/d，km^3/d 等。

（三）流量计算实用公式

1. GB/T 21446《用标准孔板流量计测量天然气流量》计算实用公式

（1）天然气在标准参比条件下的体积流量计算实用公式：

$$q_{vn} = A_{vn} C E d^2 F_G \varepsilon F_z F_T \sqrt{p_1 \Delta p} \tag{7-12}$$

式中　q_{vn}——天然气在标准参比条件下的体积流量；

A_{vn}——体积流量计量系数视采用计量单位而定，秒体积流量（m^3/s）计量系数 $A_{vns} = 3.1795 \times 10^{-6}$，小时体积流量（$m^3/h$）计量系数 $A_{vnh} = 0.011446$，日体积流量（m^3/d）计量系数 $A_{vnd} = 0.27471$；

C——流出系数；

E——渐近速度系数；

d——孔板开孔直径，mm；

F_G——相对密度系数；

ε——可膨胀性系数；

F_z——超压缩系数；

F_T——流动温度系数；

p_1——孔板上游侧取压孔气流绝对静压，MPa；

Δp——气流流经孔板时产生的差压，Pa。

（2）天然气质量流量计算实用公式：

$$q_m = A_m C E d^2 \frac{1}{F_G} \varepsilon F_Z F_T \sqrt{p_1 \Delta p} \tag{7-13}$$

式中 A_m——质量流量计量系数视采用计量单位而定，秒质量流量（kg/s）计量系数 $A_{ms}=3.8295\times10^{-6}$，小时质量流量（kg/h）计量系数 $A_{mh}=0.013786$，日质量流量（kg/d）计量系数 $A_{md}=0.33087$。

（3）天然气在标准参比条件下的能量流量计算实用公式：

① 当天然气流量用在标准参比条件下的体积流量计量时，能量流量计算公式为：

$$q_{Evn}=q_{vn}\tilde{H}_{vs} \tag{7-14}$$

式中 $\tilde{H}_{vs}$——标准参比条件下天然气的体积发热量，可采用直接测量或按《天然气发热量、密度、相对密度和沃泊指数的计算方法》（GB/T 11062—2014）计算，MJ/m^3。

② 当天然气流量用质量流量计量时，能量流量计算公式为：

$$q_{Em}=q_m\tilde{H}_{ms} \tag{7-15}$$

式中 $\tilde{H}_{ms}$——标准参比条件下天然气的质量发热量，可采用直接测量或按《天然气发热量、密度、相对密度和沃泊指数的计算方法》（GB/T 11062—2014）计算，MJ/m^3。

式(7-14)、式(7-15)中的在标准参比条件下天然气体积发热量 $\tilde{H}_{vs}$ 和质量发热量 $\tilde{H}_{ms}$ 可以按天然气摩尔组成进行计算，也可以直接测量。

2. 智能流量计流量计算实用公式

1）体积流量计算

（1）操作条件下瞬时体积流量计算：

$$q_{vf}=\frac{f}{K} \tag{7-16}$$

式中 q_{vf}——操作条件下的体积流量，m^3/s；

f——输出频率，Hz；

K——流量计系数，$(m^3)^{-1}$。

（2）标准参比条件下的瞬时流量计算，在标准参比条件下的流量应根据在线实测的气流静压和温度，按气体状态方程进行计算：

$$q_{vn}=q_{vf}\left(\frac{p_f}{p_n}\right)\left(\frac{T_n}{T_f}\right)\left(\frac{Z_n}{Z_f}\right) \tag{7-17}$$

式中 q_{vf}——操作条件下的体积流量，m^3/s；

p_f——操作条件下的绝对静压力，MPa；

p_n——标准参比条件下的绝对静压力，其值为 0.101325MPa；

T_n——标准参比条件下的热力学温度，其值为 293.15K；

T_f——操作条件下的热力学温度，K；

Z_n——标准参比条件下的压缩因子；

Z_f——操作条件下的压缩因子。

（3）标准参比条件下的累积体积量计算：

$$Q_n = \int_0^t q_n \mathrm{d}t \tag{7-18}$$

式中　Q_n——累积体积量，m^3。

2）质量流量计算

质量流量由下式计算：

$$q_m = q_f \rho_f = q_n \rho_n \tag{7-19}$$

式中　ρ_f——操作条件下的天然气密度，kg/m^3；

ρ_n——标准参比条件下的天然气密度，kg/m^3。

3）能量流量计算

① 按体积流量计算：

$$q_e = q_n \tilde{H}_{vs} \tag{7-20}$$

式中　q_e——瞬时能量流量，MJ/s。

② 按质量流量计算：

$$q_e = q_m \tilde{H}_{ms} \tag{7-21}$$

二、常用流量测量仪表

按流量测量原理的不同，流量测量仪表可分为差压式流量计、容积式流量计、速度式流量计。

（一）差压式流量计

差压式流量计按节流装置（亦称差压发生器）的结构形式分类主要有标准孔板、标准喷嘴、经典文丘里管和文丘里喷嘴等。

标准孔板流量计是一种在天然气流量测量中历史悠久、技术成熟、使用广泛的差压式流量计。

1. 组成

标准孔板差压式流量计由节流装置、信号引线和二次仪表系统组成（图7-18）。

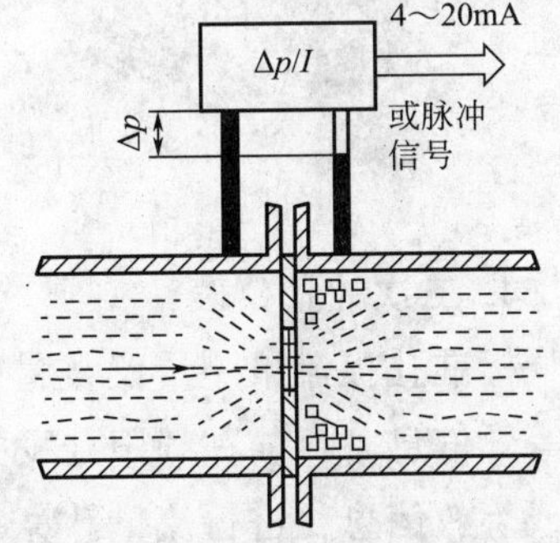

图7-18　典型孔板流量计结构图

2. 工作原理

天然气流经节流装置时，流束在孔板处形成局部收缩，从而使流速增加，静压力降低，在孔板前后产生静压力差（差压），气流的流速越大，孔板前后产生的差压也越大，从而可通过测量差压来衡量天然气流过节流装置的流量大小。这种测量流量的方法是以能量守恒定律和流动连续性方程为基础的。

3. 孔板阀

孔板阀又称为孔板切换阀，是一种类似阀门的流量计量节流装置。

孔板阀是一种结构新颖、密封性能可靠，在国内外已经广泛应用的标准孔板节流装置。使用高级孔板阀后，可以不设计量旁通管路，消除了旁通内漏的现象，提高了计量的精度，实现了不需要停气或倒换气体流程就可以更换、清洗、检查孔板，操作迅速简便，每次提取孔板只需 3~5min。

高级孔板阀阀体由上下两部分组成（图 7-19），下阀体上设有取压孔，上下阀体用滑阀连通或切断，设有密封脂注入机构。下阀腔与孔板上游连通，当孔板阀正常工作时，滑阀关闭，下阀腔压力与上游管内压力相等，上阀腔压力与大气压力相等，在上、下阀腔之间产生较大的压力差，此压力差作用在滑阀下方，从而增强其密封性。

上、下阀腔之间设有平衡开关，在滑阀截断的情况下，可开启平衡开关，使上、下阀腔压力平衡，减小滑阀密封预紧力，以便轻松地开启滑阀。

孔板阀内还设有孔板导板，便于提取、放入孔板，孔板带有橡胶密封环，使孔板与阀座间密封可靠。

孔板阀的底部还设有排污阀，用于定期吹扫排除阀内污物杂质。上阀腔也设置有放气孔，可接一开关，排除上阀腔内介质（图 7-20）。

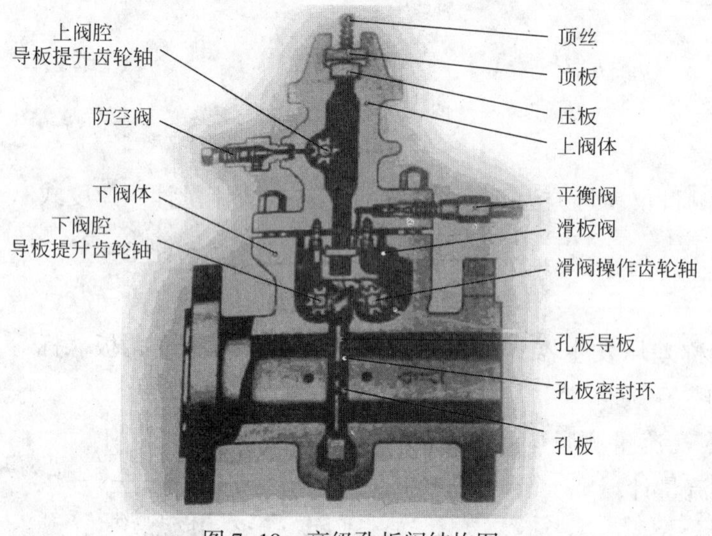

图 7-19　高级孔板阀结构图

图 7-20　高级孔板阀外形图

4. 二次计量仪表

标准孔板流量测量仪表属计量器具，它必须把被测参数转化为可供直接观测的指示值或等效信息。目前在气田开发中广泛应用的是电动变送器等仪表，可将各参数转换为指示值或等效信息，进行流量计算，它由产生差压的一次装置和二次检测仪表等组成，其组合方式可以有多种选择。

（1）电动差压、压力、温度变送器，在线气体色谱分析仪，单片机积算仪（或流量专用 RTU、流量计算机），工控机（作为上位机）等。

（2）电动差压、压力、温度变送器，单片机积算仪（或流量专用 RTU、流量计算机）等。

（3）电动差压、压力、温度变送器，工控机等。

（4）双波纹管式差压计（附带压力计）、玻璃棒式水银温度计、求积仪、计算器等。

对二次仪表的准确度及组合形式至少应符合《天然气计量系统技术要求》（GB/T 18603—2014）的规定。

5. 流量计算机系统

孔板流量计算机系统从结构上可分为单机式、上下位机式和一体化式。

1）单机式、上下位机式

通常在用户数量较多的情况下选用单机式、上下位机式的孔板流量计算机系统，其结构如图 7-21 所示。

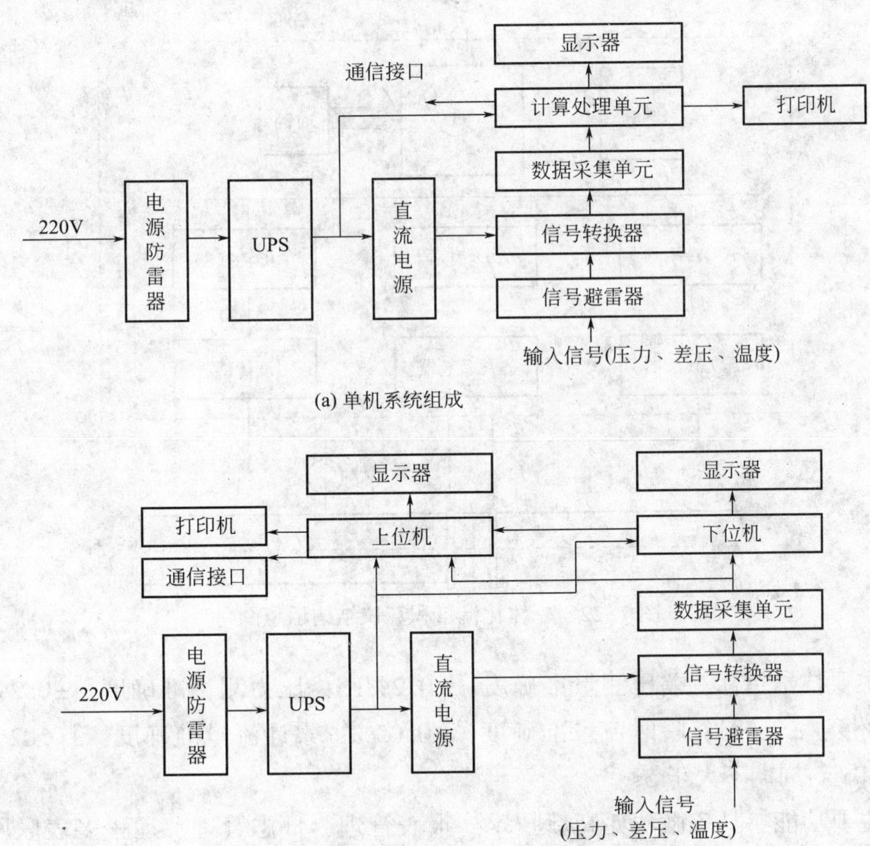

(a) 单机系统组成

(b) 上下位机系统组成

图 7-21　单机、上下位机结构示意图

（1）硬件：信号转换器（安全栅、配电器、隔离器等）准确度等级不低于 0.2 级；数据采集模块（A/D）转换位数不应少于 16 位，精度不低于 0.1 级；计算机时钟误差不大于 5s/d。

为保证系统抗浪涌电流的能力，通常在系统的电源端和信号输入端加装电源避雷器和信号避雷器，信号避雷器的加装不能带来任何额外的测量误差。

（2）软件：具备流量计算数学模型按 GB/T 21446—2008 标准建立、数据显示与刷新、设置参数、存储信息、报表自动生成及打印、系统安全管理（管理权限）等功能。

2）一体化式

一体化式流量积算仪通常在用户数量较少或现场电源条件不具备的情况下使用，其将各传感器、数据采集器、流量计算机、液晶显示器、轻触键盘、高能电池（或太阳能电池）、有线和无线通信接口等部件有机地集成为一体（图7-22），具有温、压自动补偿。

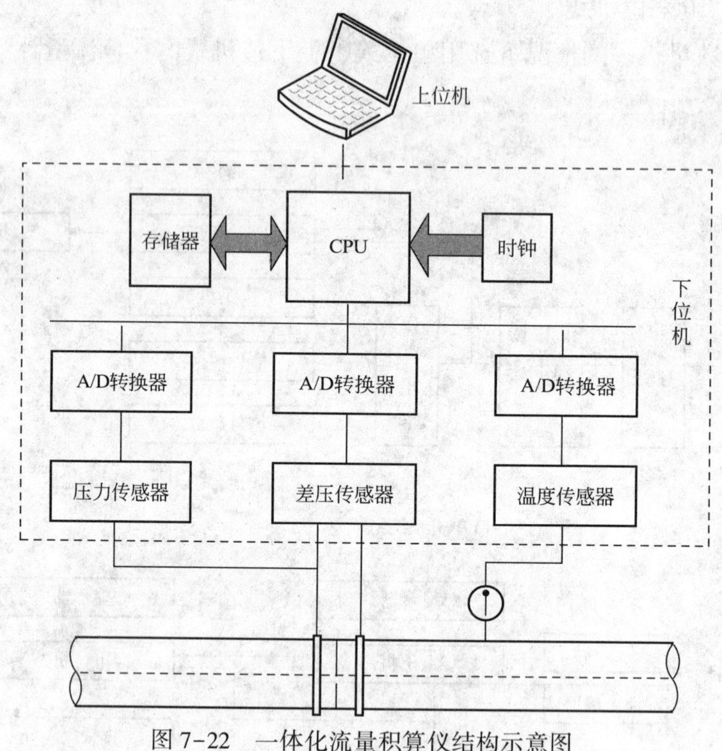

图7-22　一体化流量积算仪结构示意图

(1) 主要技术指标，差压测量准确度：±0.2%FS；压力测量准确度：±0.2%FS；温度测量准确度：±0.5℃；瞬时流量准确度：±0.05%；累计流量准确度：±0.02%；数据采集处理和刷新周期不大于5s。

(2) 主要功能：具备微功耗高新技术、报表管理、日志管理、远程多表联网、防雷击浪涌保护等功能。

6. 使用注意事项

(1) 高级孔板阀的清洗、检查操作可带压进行。若进行带压操作时，则应严格按相应的设备操作规程进行，并且要有切实可行的应急预案。

(2) 操作高级孔板阀的员工，必须具备相应的上岗资质；带压操作高级孔板阀时，操作人员及其他协作员工身体不得正对设备放空口及可能有气体喷出的泄漏口。

(3) 对于含硫较高的应用现场，操作高级孔板阀必须有相应的技术防范措施（如穿戴防毒面具等）、安全应急预案，有人监护。

(4) 节流装置应定期清洗，二次计量仪表定期周期检定。

(二) 容积式流量计

容积式流量计品种繁多，按结构分类主要有转子式、刮板式、旋转活塞式和膜式。以下主要介绍常用的罗茨流量计和膜式燃煤气表。

1. 罗茨流量计

(1) 罗茨流量计主要由壳体、转子和减速计数装置等部件构成（图 7-23）。

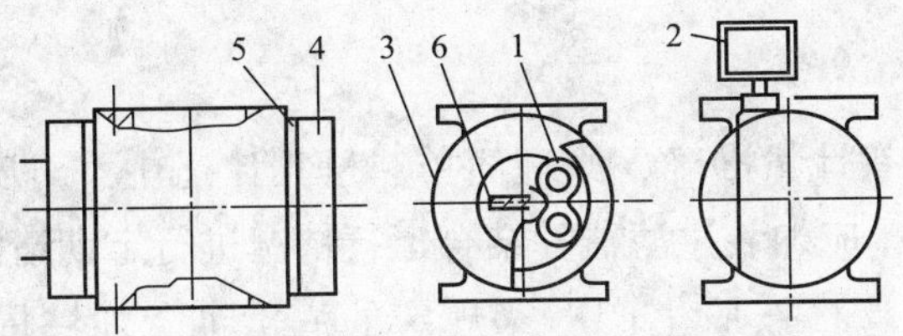

图 7-23　罗茨流量计结构图

1—转子；2—显示器；3—壳体；4—端盖；5—隔板；6—减速计数器

(2) 罗茨流量计工作原理：当被测气体流经计量室时，流量计的进出口端形成一个差压，在此差压力推动下，使两个腰轮交换驱动旋转。由于计量腔的容积是一个固定值，所以，被测气体的流量与腰轮转数成正比，并通过变速机构传给计数器，计数器的累计值即是被测气体在某段时间内的体积量（图 7-24）。

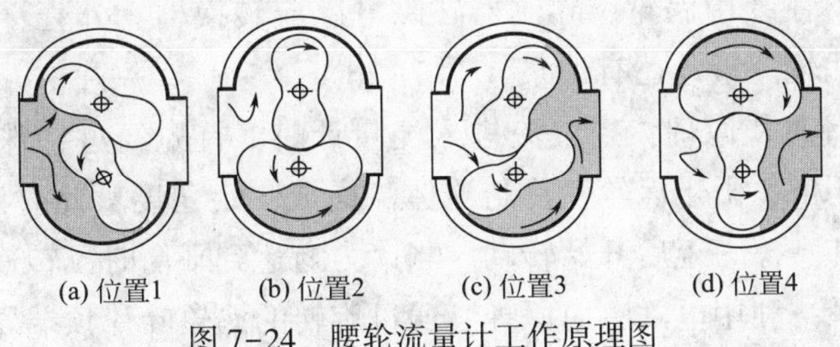

(a) 位置1　(b) 位置2　(c) 位置3　(d) 位置4

图 7-24　腰轮流量计工作原理图

腰轮流量计有上、下相反转向的 8 字形转子，用四个位置（从左至右）说明其计量原理。

① 位置 1：当下转子以反时针方向转到水平位置时，气体进入壳体和转子的空间。

② 位置 2：下转子在水平位置，底部室内存有一个固定体积的气体。

③ 位置 3：当上下转子继续旋转时，底部计量室内气体被排出。

④ 位置 4：与上述过程同时，上转子以顺时针旋转至水平位置，仪表上部计量室存有与底部计量室相同体积的气体。每对转子旋转一周，排出等体积气体 4 次。

2. 膜式燃煤气表

(1) 膜式燃煤气表由皿形隔膜形成的能自由伸缩的计量室，以及与之联动的滑阀组成的流量测量件及外壳等组成（图 7-25）。

(2) 膜式燃煤气表工作原理：由皿形隔膜形成的能自由伸缩的计量室 1、2、3、4，以及与之联动的滑阀组成的流量测量件，在薄膜伸缩及滑阀的作用下，连续将气体从入口送至出口，测出这种动作的循环次数，即可获得所通过的体积。

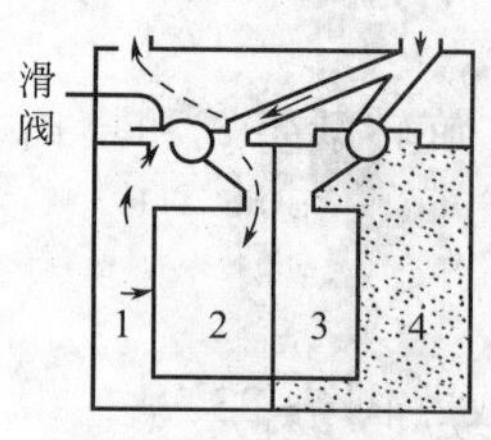

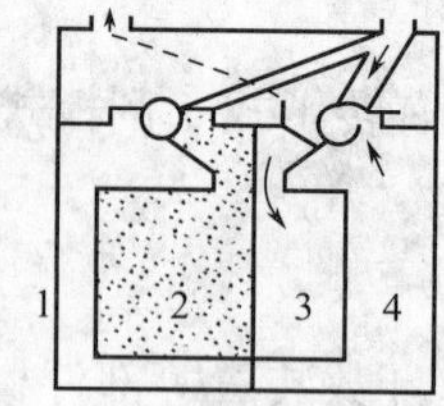

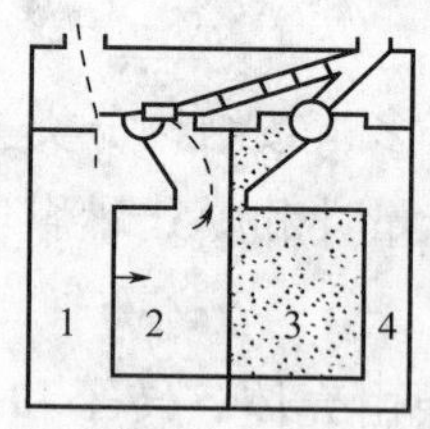

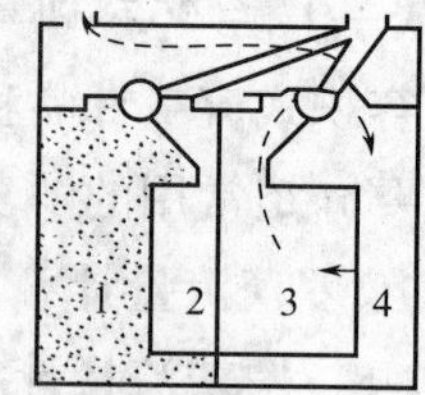

图 7-25　膜式燃煤气表结构图

3. 使用注意事项

（1）容积式流量计有计量准确、原理简单、量程比适中、对安装条件要求不严格等优点，但要求气质干净，应加装过滤器并结合运行情况进行定期清洗、维护。

（2）罗茨流量计应严格按照生产厂家规定的润滑油、加注周期、数量和品种进行加注。

（3）流量计定期送检。

（三）速度式流量计

通过测量流体流速来得到流量的流量计统称为速度式流量计。它的种类很多，常用的流量计有：涡轮流量计、旋进旋涡流量计和超声流量计等。

1. 涡轮流量计

（1）涡轮流量计主要由涡轮、导流器、磁电感应转换器、外壳、前置放大器和积算单元等组成，部分涡轮流量计还有油泵（图 7-26）。

（2）涡轮流量计工作原理：当气流进入流量计时，首先经过特殊结构的前导流体并加速，在流体的作用下，由于涡轮叶片与流体流向成一定角度，此时涡轮产生转动力矩，在涡轮克服阻力矩和摩擦力矩后开始转动。当诸力矩达到平衡时，转速恒定，涡轮转动速度与流量呈线性关系。利用电磁感应原理，通过旋转的涡轮叶片顶端导磁体周期性地改变磁阻，从而在线圈两端感应出与流体体积流量成正比的脉冲信号。测出脉冲信号的频率便得到流量的大小。

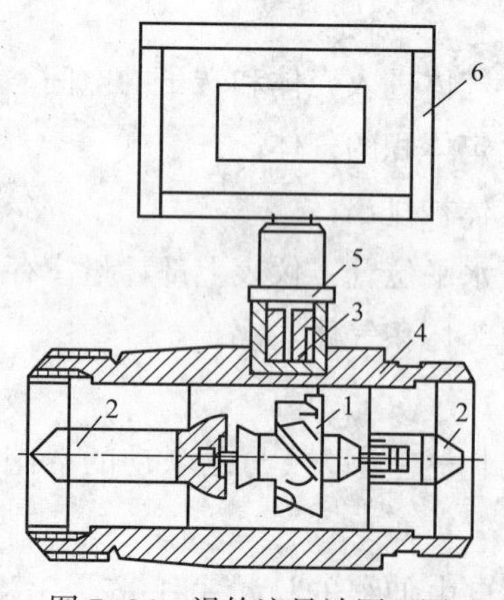

图 7-26　涡轮流量计原理图

1—涡轮；2—导流器；3—磁电感应转换器；4—外壳；5—前置放大器；6—积算单元

（3）使用注意事项：

① 定期对仪表设置的仪表系数 K，天然气物性参数等有关参数进行检查。

② 流量计启动时，应缓慢升压，逐步增加流速。停表时，应缓慢降压。为避免滤网或过滤器的堵塞，应结合运行情况进行定期清洗、维护。

③ 对涡轮流量计转子的维护应严格按照生产厂家规定的润滑油加注周期、数量和品种进行加注。

④ 流量计定期送检。

2. 旋进旋涡智能流量计

在测量天然气流量时，由于气体的密度受温度压力参数的影响较大，一般在常温附近温度每变化 10℃，密度变化约为3%，而在常压附近，压力每变化0.01MPa，密度变化约为9%。因而要准确测量天然气的体积流量，就必须同时跟踪测量天然气的工况压力和温度，从而将工况下的气体体积流量转变为标准状态下的体积流量。旋进旋涡智能流量计就是基于这一要求，在早期的旋进旋涡流量计的基础上开发研制的一种流量仪表。它集温度、压力传感器、流量计算机、就地显示于一体，具有测量范围较宽，线性误差和重复性误差较小，可使用电池供电等优点。

（1）旋进旋涡智能流量计主要由四大部件组成，即由流量传感器（亦称主体结构）、温度传感器、压力传感器、流量计算处理显示组成（图7-27），其中：流量传感器由流量计壳体、旋涡发生体、压电传感器、除旋整流器组成。

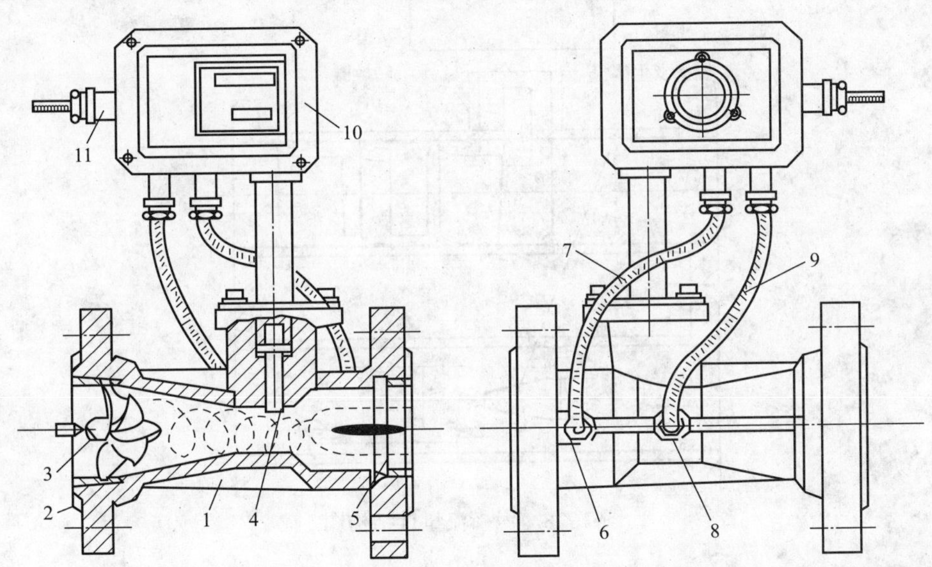

图7-27　旋进旋涡智能流量计结构示意图

1—主体结构；2—壳体；3—旋涡发生体；4—压力传感器；5—除旋整流器；6—温度传感器；7—防爆软管；8—压力传感器；9—防爆软管；10—流量处理显示组件；11—引出线

（2）旋进旋涡智能流量计工作原理：进入旋进旋涡智能流量计的气体，在旋涡发生体的作用下，产生旋涡流，旋涡流在文丘利管中旋进，到达收缩段突然节流，使旋涡加速；当旋涡流突然进入扩散段后，由于压力的变化，使旋涡流逆着前进方向运动；在进入区域内该信号频率与流量大小成正比。根据这一原理，采取通过流量传感器的压电传感器检测出这一频率信号，并与固定在流量计壳体上的温度传感器和压力传感器检测出的温度、压力信号一并送入流量计算机中进行处理，最终显示出被测流量在标准状态下（T=20℃，p_a=101.325kPa）的体积流量。

（3）使用注意事项：

① 注意电池是否欠压，并及时更换。

② 智能型流量计注意比对压力和温度测量值；定期采样分析气质组分，定期更换气质参数；定期清洗过滤器、旋涡发生器等。

③ 用于外销计量、关联交易计量、内部交接计量的旋进旋涡流量计，其公称通径一

般不得大于 50mm。

④ 在新安装仪表或管线试压时，应注意保护智能型流量计的压力传感器免受损坏。

⑤ 流量计定期送检。

3. 涡街流量计

(1) 涡街流量计由传感器和转换器两部分组成（图 7-28)。传感器包括旋涡发生体（阻流体)、检测元件、仪表表体等；转换器包括前置放大器、滤波整形电路、D/A 转换电路、输出接口电路、端子、支架和防护罩等。近年来智能式流量计还把微处理器、显示通信及其他功能模块亦装在转换器内。

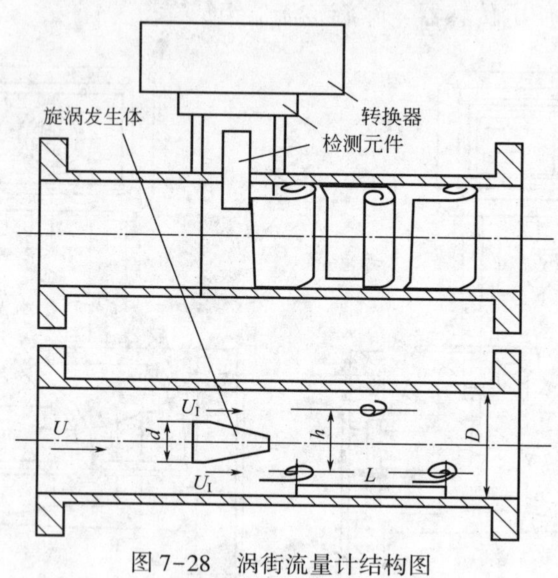

图 7-28 涡街流量计结构图

(2) 涡街流量计工作原理：在流体中安放一根（或多根）非流线型阻流体（旋涡发生体)，流体在阻流体两侧交替地分离释放出两串规则的旋涡，在一定的流量范围内旋涡分离频率正比于管道内的平均流速，通过采用各种形式的检测元件测出旋涡频率就可以推算出流体的流量。

(3) 使用注意事项：外界振动、流体脉动对涡街流量计的计量性能影响很大，对天然气流量计量来说应慎用。

4. 超声波流量计

(1) 超声流量计主要由壳体、换能器（探头)、流量积算仪等组成。

(2) 超声波流量计工作原理：频率高于 20kHz 的声音波称为超声波，声波在空气中的传播速度为 551.50m/s；在水中的传播速度为 1482.66m/s；在铁中的传播速度为 5850m/s。

超声波气体流量计分单声道和多声道，最多可达到 6 个声道，无论声道多少，其工作原理都是相同的。两个能发射和接收声脉冲的探头安装在管道一侧或两侧，其中一个探头发射超声波脉冲被另一个探头接收（图 7-29、图 7-30)。这样，两个探头便构成了声道。在几毫秒之内两个探头轮流发射和接收超声波脉冲，沿顺流方向的声道传播的超声波脉冲和气流速度分量叠加，声速增大，而沿逆流方向声道上的超声波脉冲的速度要减去一个气体流速的速度分量，声速减小，这就形成了顺流方向和逆流方向传输时间的时间差，其传播时间差与气体的平均流速有关，时间差越大，则流速也越大，只要精确地测出传播时间差，就可以准确计算出流速。

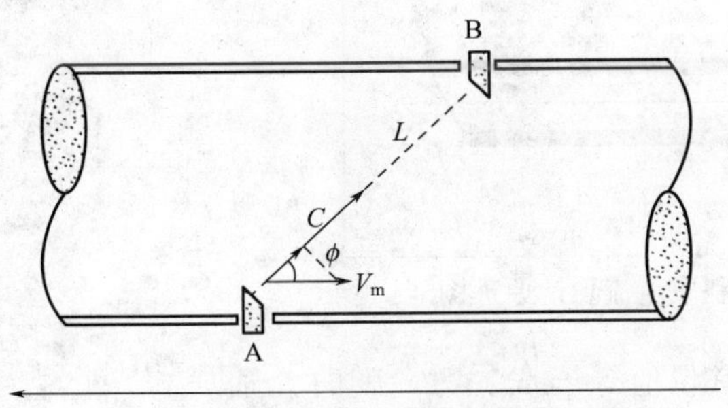

图 7-29　探头置于管壁两侧

A、B—探头；V_m—主体流通；C—气流速度；L—发送距离；ϕ—发送角度

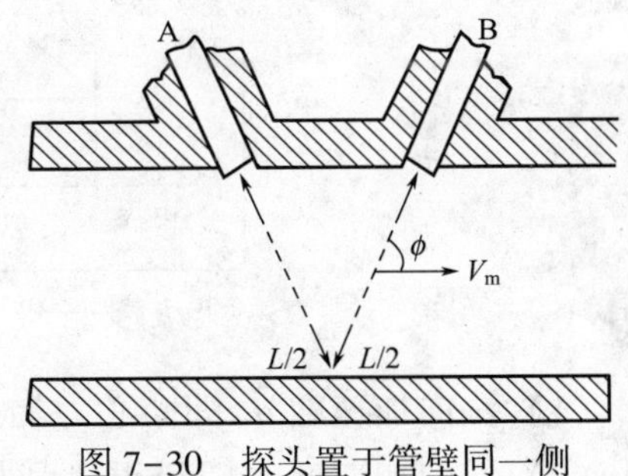

图 7-30　探头置于管壁同一侧

（3）特点及使用注意事项：

① 超声波流量计目前在气田计量中使用较少，但它具有适用于各种管径的计量，管径最大可达 1600mm，管径越大计量精度越高，量程比大，可达到 1：160，同时在计量过程中重复性好，能实现双向流量计量，无压损，不受气质、流态、压力、温度等变化的影响；系统的信号接收完全数字化，可将每个脉冲与预设标准进行对比，检测信号质量，可获得高质量的检测结果。因此，在集气干线的计量中得到广泛应用。

② 定期对超声波流量计的温度、压力、天然气组成和超声流量计性能参数等进行检查；定期清洗超声探头。

③ 定期送检流量计。

（四）科里奥利质量流量计

1. 结构

科里奥利质量流量计结构如图 7-31 所示，主要由 A 驱动线圈和 B 检测探头组成。

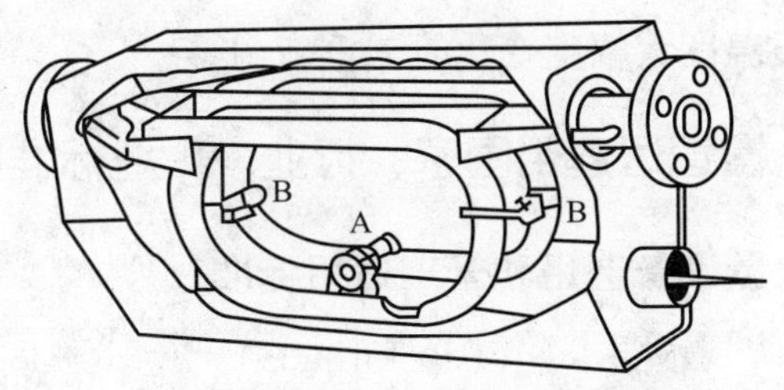

图 7-31　科里奥利质量流量计结构图

2. 工作原理

当位于一旋转管内的质点相对于旋转管作离心或向心的运动时，将产生一个作用于旋转管体的惯性力。而质点的旋转运动是通过有流体流动的振动管的振动产生的，由此产生

的惯性力与流经振动管的流体质量流量成比例（图 7-32），当质量为 m 的质点以速度 v 在围绕固定点 P 轴并以角速度 ω 旋转的管道内移动时，这个质点将获得两个加速度分量：

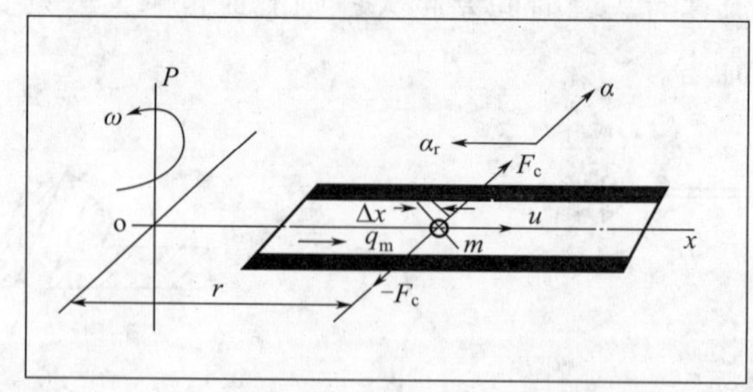

图 7-32　科里奥利质量流量计原理图

（1）法向加速度 α_r 即向心力加速度，其量值等于 ω_r，方向朝向 P 轴。

（2）切向加速度 α_t 即科里奥利加速度，其量值等于 $2\omega u$，方向与 α_r 垂直。由于复合运动，在质点的 α_t 方向上作用着科里奥利力 $F_c=2\omega u$，管道对质点作用着一个反向力 $-F_c=-2\omega u$。

当密度为 ρ 的流体在旋转管道中以恒定速度 u 流动时，任何一段长度 Δx 的管道都将受到一个 ΔF_c 的切向科里奥利力。

$$\Delta F_c = 2\omega u\rho A\Delta x \tag{7-22}$$

式中　A——管道的流通内截面积。

由于质量流量计流量 $q_m=\rho uA$，所以：

$$q_m = \frac{\Delta F_c}{2\omega\Delta x} \tag{7-23}$$

因此，直接或间接测量在旋转管道中流动流体产生的科里奥利力就可以测的得质量流量，这就是科里奥利质量流量计的基本工作原理。

3. 使用注意事项

（1）流量计投入现场使用第 1 年内的每季度应检查零点漂移和调零。

（2）调零必须在安装现场进行，仪表先通电预热，一般需要 30min 以上，启动流体运行，直至传感器温度等于流体的操作温度，关闭流量计上下游阀门（并确保没有泄漏），在接近工作温度的条件下调零。

（3）重新安装或介质温度大幅度变化时需重新调零。

三、天然气交接计量管理适用国家、行业、企业标准目录

（一）天然气交接计量设备选用和管理适用标准

（1）《天然气计量系统技术要求》（GB/T 18603）。

（2）《石油石化行业能源计量器具配备和管理要求》（GB/T 20901）。

（3）《原油天然气和稳定轻烃交接计量站计量器具配备规范》（SY/T 5398）。

（二）质量检验实验室管理适用标准

《检测和校准实验室能力的通用要求》（GB/T 27025）。

(三) 天然气数量计量适用标准

(1)《用气体超声流量计测量天然气流量》(GB/T 18604)。

(2)《用标准孔板流量计测量天然气流量》(GB/T 21446)。

(3)《用气体涡轮流量计测量天然气流量》(GB/T 21391)。

(4)《用旋进旋涡流量计测量天然气流量》(SY/T 6658)。

(5)《用科里奥利流量计测量天然气流量》(SY/T 6659)。

(6)《用旋转容积式气体流量计测量天然气流量》(SY/T 6660)。

(四) 天然气管道运输损耗指标适用标准

1. 损耗计算方法适用标准

《油气管道损耗计算方法 第2部分：天然气管道》(Q/SY 197.2)。

2. 正常运行的油气管道损耗控制指标

天然气损耗≤0.25%。

(五) 天然气质量检验适用标准

《天然气》(GB 17820)。

习 题

一、名词解释

1. 强制检定
2. 法定计量单位
3. 体积流量

二、简答题

1. 天然气计量标准参比的条件是什么？
2. 我国法定计量单位由什么构成？
3. 简述数字压力表使用注意事项。
4. 简述旋进旋涡智能流量计的工作原理及使用注意事项。
5. 简述气体超声波流量计的工作原理及特点。

三、思考题

标准孔板差压式流量计二次计量仪表的组合形式有哪些？

第八章 自动化控制

第一节 控制系统分类

一、按参考输入形式

控制系统按参考输入形式可分为恒值系统和随动系统。

（1）恒值系统是指参考输入量保持常值的系统，其任务是消除或减少扰动信号对系统输出的影响，使被控制量（即系统的输出量）保持在给定或希望的数值上。

（2）随动系统是指参考输入量随时间任意变化的系统，其任务是要求输出量以一定的精度和速度跟踪参考输入量，跟踪的速度和精度是随动系统的两项主要性能指标。

二、按组成系统的元件特性

控制系统按组成系统的元件特性可分为线性系统和非线性系统。

（1）线性系统是指构成系统的所有元件都是线性元件的系统，其动态性能可用线性微分方程描述，系统满足叠加原理。

（2）非线性系统是指构成系统的元件中含有非线性元件的系统，只能用非线性微分方程描述，不满足叠加原理。同时把可以进行线性化处理的系统或元件特性称为非本质非线性特性，反之，称为本质非线性，它只能用非线性理论分析研究。

三、按系统内信号的传递形式

控制系统按系统内信号的传递形式可分为连续系统和离散系统。

（1）连续系统是指系统内各处的信号都是以连续的模拟量传递的系统。

（2）如果系统内某处或数处信号是以脉冲序列或数码形式传递的系统则称为离散系统。其脉冲序列可由脉冲信号发生器或振荡器产生，也可用采样开关将连续信号变成脉冲序列，这类控制系统又称为采样控制系统或脉冲控制系统。而用数字计算机或数字控制器控制的系统又称为数字控制系统或计算机控制系统。

第二节　自动控制原理

一、控制系统构成

控制系统主要由被控对象、自动控制装置两个基本部分组成。实现自动控制作用所需的自动控制装置主要由测量单元（测量变送器、检测变送器）、控制单元（控制器、调节器）、执行单元（执行机构，包括执行器和调节机构），如图 8-1 所示。

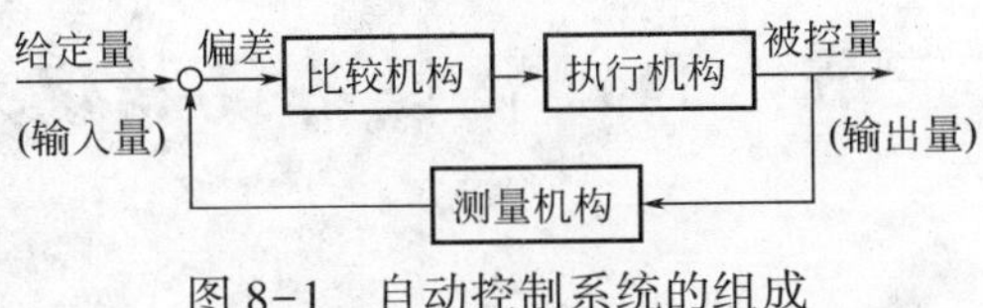

图 8-1　自动控制系统的组成

给定元件：其职能是给出与期望的被控量相对应的系统输入量，一般为电位器。

比较元件：其职能是把测量到的被控量实际值与给定元件给出的输入量进行比较，求出他们之间的偏差。常用的有差动放大器、机械差动装置、电桥电路、计算机等。

测量元件：其职能是检测被控制量的物理量，例如，测速机、热电偶、自整角机、电位器、旋转变压器、浮子等。

放大元件：其职能是将比较元件给出的偏差信号进行放大，用来推动执行元件去控制受控对象，例如，晶体管、集成电路、晶闸管等组成的电压、功率放大器。

执行元件：其职能是直接推动受控对象，使其被控量发生变化，例如，阀门、电机、液压马达等。

校正元件：也称为补偿元件，它是结构或参数便于调整的元件。用串联或并联（反馈）的方式连接于系统中，以改善系统的性能，例如，电阻、电容组成的无源或有源网络，还有计算机。

二、开环控制与闭环控制

（一）开环控制系统

开环控制（图 8-2）是指系统的被控制量（输出量）只受控于控制作用，而对控制作用不能反施任何影响的控制方式（图 8-2）。采用开环控制的系统称为开环控制系统，其优点为结构简单，成本低廉，易于实现；缺点为对扰动没有抑制能力，控制精度低。

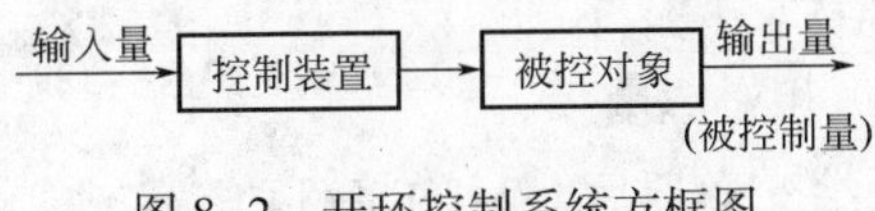

图 8-2　开环控制系统方框图

（二）闭环控制系统

闭环控制（图 8-3）是指系统的被控制量（输出量）与控制作用之间存在着负反馈

的控制方式。采用闭环控制的系统称为闭环控制系统或反馈控制系统，其优点为具有自动补偿由于系统内部和外部干扰所引起的系统误差（偏差）的能力，因而有效地提高了系统的精度；缺点为系统参数应适当选择，否则可能不能正常工作。

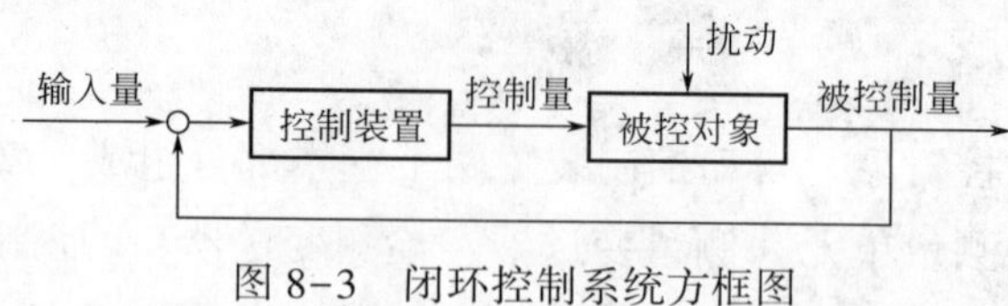

图 8-3　闭环控制系统方框图

第三节　自动化设备仪器仪表

一、压力变送器

（一）压力变送器的使用和维护

1. 压力变送器的使用

1）安装

（1）在安装压力变送器之前，不得给其上电。

（2）端子柜内的压力变送器接线头须挂锡，不得出现毛刺。

（3）确定接线无误后，给压力变送器上电，并将压力变送器的量程、单位等参数设置好，观察压力变送器输入控制室的压力值，并与现场可视压力表进行比较。

2）拆卸

（1）在拆压力变送器之前，必须将端子柜内压力变送器的电源端子拔掉，擦拭干净变送器盖上的灰尘，雨水或油污。

（2）拆压力变送器防爆软管时，必须取下软管的活动接头，将压力变送器线头处理后，取下防爆软管。

（3）拆压力变送器时，须用工具卡住表接头，旋下压力变送器。

（4）若暂时不安装压力变送器，应把线头用绝缘胶布缠住，以免腐蚀。

3）技术要求

（1）使用介质：液体、气体、蒸汽。

（2）电源：需要外接电源，空载时变送器运行电压为 10.50~55V（直流）。

（3）输出：两线制，4~20mA 直流信号输出。

（4）环境温度：−20~80℃。

（5）湿度限定：0~100%相对湿度。

（6）启动时间：在供电给变送器后，2s 内将启动。

2. 维护保养

（1）保持铭牌清楚、明晰，应经常擦拭并作好防锈工作。

（2）各部件应配装牢固，不应有松动、脱焊或接触不良等现象。

（3）注意防爆接头处密封，防止进水，及时除锈。

（4）通电时，不得在爆炸性环境下拆卸变送器表盖。

（二）压力变送器的检定

1. 检定条件

（1）选用的标准器及配套设备所组成的检定装置，其测量总不确定度应不大于被检定变送器允许误差的1/4。

（2）环境温度为（20±5）℃，每10min变化不大于1℃；相对湿度为45%~75%。

（3）测量上限值大于0.25MPa的变送器，传压介质一般为液体；测量上限值小于0.25MPa的变送器，传压介质为空气或其他无毒、无害、化学性能稳定的气体。

（4）检定所用标准器及设备：活塞式压力计、液体压力计（及配套气源）、数字式压力发生器、数字压力计（及配套压力发生器）、精密压力表、直流电流表、直流电压表、精密电阻、绝缘电阻表、耐电压试验仪、直流电阻箱、交流毫伏表、真空机组、交流稳压器、直流稳压器、气源装置及定值器，另附检定所需接头和导管。

2. 技术要求

（1）变送器的铭牌应完整、清晰、应注明产品名称、型号、规格、测量范围等技术指标，高、低压容室应有明显标记。还应标明制造厂的名称或商标、出厂编号、制造年月。

（2）变送器零部件应完整无损，紧固件不得有松动和损伤现象，可动部分应灵活可靠。

（3）新制造变送器的外壳、零件表面涂覆层应光洁、完好、无锈蚀和霉斑，内部不得有切屑、残渣等杂物。使用中和修理后的变送器不允许有影响使用和计量性能的缺陷。

（4）变送器的测量部分在承受测量上限压力（差压变送器为额定工作压力）时，不得有泄漏和损坏现象。

3. 检定步骤

（1）外观检查：手感和目力观察。

（2）密封性检查：平稳升压（或疏空），使变送器测量室压力达到测量上限值（或当地大气压力90%疏空度）后，切断压力源，密封15min，在最后5min内通过压力表观察，其压力值下降（或上升）不得超过测量上限值的2%。检查差压变送器密封性时，高低压力容室连通，并同时引入额定工作压力进行观察。

（3）基本误差的检定：检定时，从下限值开始平稳地输入压力信号到各检定点，读取并记录输出值至上限；然后反方向平稳地改变压力信号到各检定点，读取并记录输出值至下限。这样上下行程的检定作为1次循环，有疑义及仲裁时需3次循环。在检定过程中不允许调零点和量程，不允许轻敲或振动变送器。在接近检定点时，输入压力信号应足够慢，避免过冲现象。上限值只在上行程时检定，下限值只在下行程时检定。

（4）静压影响的检定：将差压变送器高低压力容室连通后通大气，测输出下限值；引入静压力，从大气压力缓慢改变到额定工作压力，稳定3min后，测输出下限值，并计算两下限值差值。具有输入量程可调的变送器，除特殊规定，应在最小量程上进行此项检定，检定后恢复原来量程。

（5）电动变送器的电性能检定：

① 输出开路影响的检定：输入50%压力信号，将各端子断开5min后接线，作一次基本误差检定。

② 输出交流分量的检定：在输出回路的负载电阻中串接一取样电阻，按负载电阻最大最小，输入不同的压力信号，测取样电阻交流电压有效值。

③ 绝缘电阻的检定：将变送器电源断开，短接电路自身端钮，测规定部位电阻，10s后读数。

④ 绝缘强度的检定：将变送器电源断开，短接电路自身端钮，用耐压试验仪测量，1min内观察是否出现击穿和飞弧，最后将电压降零，断开电源。

（三）压力变送器常见故障及处理

（1）压力变送器表头与LCD面板或MCC站控计算机显示不一致。首先比较各值与该检测点的实际值是否一致，如果表头一致，说明故障由信号隔离器或RTU内部设备引起，应立即上报；如果LCD面板或MCC站控计算机值与该检测点的实际值一致，说明现场变送器显示部分故障，不影响该检测点的值，应上报；由相关部门处理解决。

（2）压力变送器表头与LCD面板或MCC站控计算机显示一致，但该显示值与该点的实际检测值不一致，说明现场压力变送器存在问题。首先应对变送器进行吹扫，对于计量仪表，应冻结计量，对于控制仪表，应改自动为手动后，再进行吹扫。经吹扫后，看显示值与该点的实际检测值是否一致，如果还不一致，应立即上报由相关部门处理解决。注意：在对差压变送器进行吹扫时，应打开平衡阀，防止单向受压。

（3）压力变送器表头无显示，LCD面板或MCC站控计算机显示为该表的负四分之一满量程值，说明该表掉电，应立即上报由相关部门处理解决。

二、温度变送器

（一）温度变送器的使用和维护

1. 温度变送器的使用

1）安装

（1）在安装温度变送器之前，不得给其上电。

（2）温度传感器必须垂直插入保护导管中，防止探头弯曲或折断。

（3）确定接线无误后，给温度变送器上电，观察温度变送器输入控制室的温度值，并与现场温度计进行比较。

2）拆卸

（1）在拆温度变送器前，必须将端子柜内的温度变送器电源端子拔掉，擦拭干净变送器盖上的灰尘、雨水或油污。

（2）拆温度变送器防爆软管时，必须取下软管的活动接头，将温度变送器线头处理后，取下防爆软管。

（3）拆温度变送器时，须用工具卡住表接头，旋下温度变送器。

（4）若暂时不装温度变送器，应把线头用绝缘胶布缠住，以免腐蚀。

3）技术要求

（1）外观：

① 变送器的铭牌应完整、清晰，应注明产品名称、型号、规格、测量范围等技术指标，还应标明厂家、出厂编号、出厂日期。

② 变送器零部件应完整无损，紧固件不得有松动和损伤现象，可动部分应灵活可靠。

③ 新制造的变送器的外壳、零部件表面涂覆层应光洁、完好、无锈蚀和霉斑，内部不得有切屑、残渣等杂物，使用中和修理后的变送器不允许有影响使用的缺陷。

（2）密封性：变送器的接线盒必须严格密封，不得有泄漏和损坏现象。

2. 温度变送器的维护保养

（1）定期用干布擦拭热电阻，保持铭牌的清楚，无污损。

（2）注意螺钉螺母的维护，防止生锈、损坏。

（3）定期检查电信号线路的连接，特别是热电阻弯曲使用时，应注意在测量端的端部150mm范围内不允许有弯曲，以免折断铂电阻元件和保护管，引起短路或断路。

（4）注意热电阻的接线盒不可碰到被测介质的容器壁，接线盒的温度不宜超过100℃，并尽可能保持稳定不变。

（二）温度变送器的检定

1. 检定条件

（1）检定热电阻的标准器和设备：二等标准铂电阻温度计、成套工作的0.02级测温电桥（电桥最小量程应不大于0.0001Ω）、接触热电势小于0.40μV的四点转换开关、冰点槽、恒温槽、高温炉、液氮杜瓦瓶、水三相点瓶及保温容器、读数望远镜（放大倍数5~10倍）、100V绝缘电阻表、万用表。

（2）工作环境：（20±2）℃。

（3）热电阻感温元件应放入玻璃试管中，连同试管插入介质进行检定。

（4）检定时，通过热电阻的电流应不大于1mA。

（5）恒温槽温度变化每10min不超过0.04℃。

2. 技术要求

（1）装配质量和外观应符合下列要求：

① 各部件装配应正确、可靠、无缺件。

② 不得断路、短路。

③ 感温元件不得破裂，不得有显著的弯曲现象（不可拆卸的热电阻不作此检查）。

④ 保证管应完整无损，不得有凹痕、划痕和显著锈蚀。

⑤ 外表涂层应牢固。

⑥ 热电阻应有铭牌，铭牌应具有以下标志：制造厂名或商标、热电阻型号、分度号、允许偏差等级、适用温度范围、出厂日期及制造计量器具许可证等。

（2）当环境温度为15~35℃、相对湿度不大于80%时，铂热电阻的感温元件与保护管之间以及多支感温元件之间的绝缘电阻应不小于 100MΩ；铜热电阻应不小于 50MΩ。

3. 检定步骤

（1）装配质量和外观检查：热电阻有无短路或断路用万用表检查，其余用目力直接检查。

（2）绝缘电阻的测量：用绝缘电阻表进行测量。测量时应将热电阻各个接线端子相互短路，并接至绝缘电阻表的一个接线柱上，另一接线柱的导线紧夹于热电阻的保护管上。

（3）R（0℃）、R（T）的检定：

① 热电阻是在 0℃、100℃和必要时在 T 检定。

② 当热电阻 α 超差而在 0℃、100℃点的允许偏差均合格时，应增加在热电阻的上限温度检定。注意：当热电阻的上限温度超过 300℃时，若设备条件不完善，允许用 300℃点检定。

③ 接线方法：测量二线制热电阻或感温元件的电阻值，应按四线制进行接线；三线制热电阻，须采用两次测量的方法，以消除内引线电阻的影响，每次测量均按四线制进行接线。

（4）插入深度：热电阻的插入深度一般不少于 300mm。

（5）0℃电阻值 R（0℃）的测量：用二等标准铂电阻温度计在冰点槽中进行检定，热电阻周围冰层厚度不小于 30mm，并进行回程循环检定。A 级铂热电阻每次测量不少于 3 个循环，B 级铂热电阻每次测量不少于 2 个循环，取平均值。

（6）100℃电阻值 R（100℃）的测量：用二等标准铂电阻温度计在恒温槽中进行检定，方法同 0℃电阻值的测量。

（7）T 电阻值 R（T）的测量可在高温炉中进行，方法同 0℃电阻值的测量。

（8）稳定度检定：必要时，才对新制铂热电阻的稳定度进行抽样检定。应测量上下限温度和 0℃的电阻值，时间 250h。

（三）温度变送器常见故障及处理

（1）温度传感器检测点的实际值与 LCD 面板或 MCC 站控计算机显示不一致，说明这一测试回路（回路包括温度传感器、信号隔离器、RTU 模块）存在故障。应上报由相关部门处理解决。

（2）LCD 面板或 MCC 站控计算机显示为该测试点的负四分之一满量程值，说明该表掉电，应立即上报由相关部门处理解决。

三、液位变送器

（一）液位变送器的工作原理

超声波式液位变送器主要通过超声波传感器到水面的时间来测量水位，输出信号为 4~20mA。

（二）液位变送器的使用和维护

1. 液位变送器的使用

液位变送器在使用之前，应检查各个零部件是否处于正常工作状态，保证浮筒始终在套管中自由移动，并对变送器进行基本性能校验后，即可投入使用。

（1）新制造的液位变送器外表应有良好的表面处理，无可见毛刺、划痕、裂纹、锈蚀或霉斑等缺陷。

（2）变送器的铭牌应完整、清晰并应注明产品名称、型号、规格、测量范围等主要技术指标，还应标明厂家、出厂编号、出厂日期。

（3）变送器的部件应完整无缺，不得有松动和损伤的现象。

（4）工作压力：标准型为 4.0MPa，特殊型为 6.40～32.00MPa；介质温度：－60～+400℃；介质密度：0.45～3.00g/cm^3；环境温度：－40～65℃。

2. 液位变送器的维护保养

（1）液位变送器在运行期间，一般无须维护，必须注意保证浮筒始终在压力套管中自由移动，但是如果杂质在压力套管里形成积垢，就会防碍浮筒或磁钢、悬挂弹簧的自由移动，为此必须拆开压力套管并清洗。

（2）设备外部的清洁，保持铭牌的清楚，螺钉螺母无锈蚀。

（3）定期检查电信号接线头的密封情况，防松、防水、除锈。

（4）注意检查液位计是否在垂直位置，防止浮筒螺纹接头松动和介质泄漏。

（三）液位变送器液位浮筒的调试

1. 调试条件

（1）调试工具及器材：活动扳手（一套）、直流毫安表、直流电源、螺丝刀、内六角套筒、导线、接头若干。

（2）调试工作须在变送器所在现场进行。

2. 技术要求

（1）在易爆区进行调试，须采用本安供电。

（2）输出采用二线制（4～20mA）。

（3）温度效应：小于 0.5%/10℃。

（4）负载电阻：≤600Ω。

（5）变送器满度值设定为 100%，数据通过凸板进行线性化，不可更换。

3. 调试步骤

（1）松开调试门螺钉并打开调试门。

（2）将红色运输螺钉移走。

（3）将电流表串联到变送器中，并提供 24V 直流电压，将电流表设在电流挡。

（4）确认插座 P2 在正确位置上。

（5）松开螺钉将零点和量程调整螺钉露在外面。

（6）将量程旋钮逆时针转到底后，再顺时针旋转两周。注意：如果干量程旋钮旋转方向不正确将导致凸轮损坏，从自动位置只能顺时针旋转干量程旋钮；返回自动位置，只能逆时针旋转干量程旋钮。

（7）锁定干量程刻度盘中间位置步骤如下：

① 将旋钮顺时针旋至零位。

② 松开干量程旋钮上固定螺钉。

③ 将干量程旋钮按住不动，顺时针旋转刻度盘到不动为止，记格数，然后逆时针旋转刻度盘至不动为止，记格数。取平均值，并将刻度盘放在中间位置上。

（8）拧紧刻度盘螺钉。

（9）将干量程旋钮旋至零位。

（10）向浮筒内灌水至最低水位。

（11）无论左装还是右装，将线弹簧放在 R 位置上。

（12）用内六角套筒从底部孔内伸入，套在扭力管螺母上，先松开螺母后再上紧。

（13）将线弹簧恢复原位。

（14）将干量程旋钮旋至自动位置。

（15）调整输出电流旋钮，将输出电流调至 4mA。

（16）确定设定点。当凸轮接触偏心销钉时，到 4.16mA 出现时为止。

（17）如果干量程刻度盘读数在±5 格内，直接到第（27）步；否则，记读数，并执行以下步骤。

（18）松开扭力管上螺母。

（19）将线弹簧放在 R 位置上。

（20）确定一个新的匹配位置。

（21）将干量程旋钮旋至新的匹配位置。

（22）重新拧紧扭力管上螺母。

（23）将线弹簧放回中间位置。

（24）将干量程旋钮旋至自动位置。

（25）重新调整零点至 4mA。

（26）将干量程旋钮旋至 4.16mA 为止。

（27）松开刻度盘上螺母。

（28）将刻度盘旋至+1 格位置，此时须保持干量程旋钮不动；如果还不能将刻度盘旋至+1 格，回到第（17）步。

（29）上紧刻度盘螺丝。

（30）将干量程旋钮旋至自动位置。

（31）将水位加至满量程。

（32）调整量程旋钮，直至输出电流对应满量程（如果用水调试，满量程电流值不是 20mA）。

（33）将浮筒内水位放至最低。

（34）重新调整零位。

（35）调整干量程刻度位置到输出范围指示，首先将线弹簧放在 R 位置。

（36）将干量程旋钮旋至对应输出电流值。

（37）记下刻度盘位置和读数。

（38）将干量程旋钮逆时针旋至自动位置。

（39）将线弹簧放回中间位置。

（40）如果浮筒被移动，将红色螺钉拧回原处。

（41）关掉调试门并拧紧螺钉。

（42）将零点和量程旋钮盖板转回原处，并拧紧螺钉。注意：实际调试中只需调至第（34）步，将水放至零点后调零位，再加水至满量程，重复 2、3 次即可。

（四）液位变送器常见故障及处理

（1）液位变送器检测点的实际值与 LCD 面板或 MCC 站控计算机显示不一致，说明这一测试回路（回路包括液位变送器、安全栅或信号隔离器、RTU 模块）存在故障。原因可能是液位变送器、安全栅或信号隔离器、RTU 模块的精度不够，也可能是液位变送器筒体太脏，浮筒移动不灵活，需清洗浮筒和筒体（站场人员应在相关部门的指导下进行清洗工作）。应上报由相关部门处理解决。

（2）LCD 面板或 MCC 站控计算机显示为该测试点的负四分之一满量程值，说明该液位变送器掉电，应立即上报由相关部门处理解决。

（3）液位变送器表头、LCD 面板或 MCC 站控计算机显示为满量程，与检测点的实际值不符时，说明弹簧挂钩脱落；LCD 面板或 MCC 站控计算机显示为满量程，现场液位变送器表头显示与实际液位一致时，说明液位变送器的 ESK 转角变送器故障。应立即上报由相关部门处理解决。

四、可燃性气体传感变送器

（一）可燃性气体传感变送器的工作原理

半导体式可燃气体传感器原理：主要材质是利用一些金属氧化物的材质做成的半导体材质，在一定的温度下，电导率会随着周围环境成分的变化而变化，例如，酒精传感器，就是利用二氧化锡在高温下遇见酒精气体时就会使电阻急剧减小。半导体式气体传感器适用于甲烷、一氧化碳、丙乙烯等多种气体的检测。催化型可燃气体传感器原理：这种传感器是在白金电阻的表面制备耐高温的催化剂层，在一定的温度下，可燃性的气体就可以在它的表面催化燃烧，燃烧是白金电阻的温度升高，电阻的变化，变化值是可燃性气体的浓度函数。

（二）可燃性气体传感变送器的使用与维护

可燃性气体传感变送器起用前要检查仪表的连线是否正确，然后检查各个接线头、零部件接头是否有松动，确认无问题后仪表即可投入工作。

1. 技术指标

（1）采样方式：扩散式。

（2）测量范围：0~100% LEL（LEL——最低爆炸极限）。

（3）响应时间：<5s。

（4）输出信号：4~20mA DC（最大负载电阻750Ω）。

（5）防爆等级：ExdⅡCT5。

（6）信号传输距离：1000m（4~20mA，24V DC）。

（7）供电电压：24V DC。

（8）功耗：≤5W。

（9）使用温度：−30~70℃。

2. 维护保养

（1）定期检查传感变送器的防爆盒盖是否密闭，如有松动，适当加以拧紧。

（2）保护好仪表铭牌完好无损，不得有划痕和显著锈蚀。

（3）注意观察仪表显示窗的读数，如果在上电情况下无显示，应及时汇报。

（4）传感变送器探头隔爆片上不能被粘污涂漆，否则，会阻碍被监测气体扩散进入传感器。

（5）传感器探头采样面朝下，并装好防雨罩，要杜绝雨水的滴入、地面水的溅入，禁止用水喷淋传感器的探头。

（6）传感变送器电源电压为11~24V DC，一般推荐工作电压为24V DC，严禁电压超过30V DC，否则将永久损坏仪表。

（7）禁止用打火机气体去试验传感变送器反应是否灵敏、正常，否则易使传感器探头中毒。

（8）严禁拆卸传感器上任何器件，传感器探头防雨罩上禁用胶条密封。

（9）定期检查防爆密封胶泥是否完全封闭电线管路，如有漏点，应及时密封。

（10）更换传感器，必须重新调整桥路电流，重新标定。

（三）可燃性气体传感变送器的标定

1. 准备工作

（1）仔细检查传感变送器的供电及输出信号接线是否正确。

（2）检查供电电源电压是否正常。

（3）检查传感变送器转换放大板TS2−4（正端）、TS2−5（负端）间电压是否正常。

（4）接受传感变送器输出信号的仪器仪表应置于“标定”状态，以免出现连锁误动作。

（5）准备一台量程为0~20V DC的三位半数字电压表。

（6）检查用于遥控标定的遥控发送器是否正常。

（7）准备好标准SA−L. E. L标定箱。

2. 技术要求

（1）标定工作应确认传感变送器周围无可燃性、爆炸性气体存在。

（2）标定过程中要对传感变送器的基本性能进行测试。

（3）对普通型、抗中毒型传感变送器要按标准设定值分别加以设定。

（4）标定后的传感变送器应具有高灵敏度、高可靠性。

3. 标定步骤

（1）旋下防雨帽，将零位帽旋在传感变送器探头进气口上。

（2）旋下传感变送器的盖子。

（3）等待数分钟或直至传感变送器显示屏上读数稳定，调节 R7，使读数为零。

（4）取下零位帽，装上标定接头。

（5）接通标定用标准气体约 1. 50min，或直到传感器显示屏上的读数稳定。

（6）调节设在下面一块印刷线路板上的量程调节电位器 R14，直到显示出正确的气体量程值。

（7）撤去标准气体。

（8）旋下标准接头。

（9）盖紧传感变送器的盖子，旋上防雨帽，将外部仪表恢复到工作状态。

（四）可燃性气体传感变送器常见故障及处理

（1）可燃性气体传感变送器现场显示和 LCD 面板或 MCC 站控计算机显示为负值时，此时可燃性气体传感变送器未处于正常工作状态，不能正常监视被监视点的天然气浓度，需重新标定。

（2）可燃性气体传感变送器现场无显示，LCD 面板或 MCC 站控计算机显示为负百分之二十五，说明该可燃性气体传感变送器掉电，应立即上报由相关部门处理解决。

（3）可燃性气体传感变送器现场无显示，LCD 面板或 MCC 站控计算机显示正常，说明该可燃性气体传感变送器显示板坏，应报由相关部门处理解决。

五、信号隔离器

（一）信号隔离器的工作原理

将变送器或仪表的信号，通过半导体器件调制变换后，通过光感或磁感器件进行隔离转换，再进行解调变换回隔离前原信号，同时对隔离后信号的供电电源进行隔离处理，保证变换后的信号、电源、地之间绝对独立。

信号隔离器的功能为：

（1）保护下级的控制回路。

（2）消弱环境噪声对测试电路的影响。

（3）抑制公共接地、变频器、电磁阀及不明脉冲对设备的干扰；同时对下级设备具有限压、额流的功能是变送器、仪表、变频器、电磁阀 PLC/DCS 输入输出及通信接口的忠实防护。

DIN 系列信号隔离器采用导轨结构，易于安装，可有效隔离输入、输出和电源及大地之间的电位。能够克服变频器噪声及各种高低频脉动干扰。

（二）信号隔离器的使用和维护

1. 使用

仪表使用前，应对该仪表的基本性能进行校验，确信仪表工作正常后，方可投入使用，应特别注意负载应符合要求。

信号隔离器正常工作状态：

（1）电源指示灯（POWER）亮。

（2）熔断管（FUSE）状态指示灯不亮。

（3）输出（OUT）指示灯亮度表示输出值的大小。

（4）面板上电源开关（ON/OFF）置为开（ON）状态。

2. 技术指标

（1）输入为4~20mA DC或标准热电偶、标准热电阻。

（2）输出信号：4~20mA DC。

（3）响应时间：小于1s。

（4）负载电阻为250~350Ω（4~20mA输出时）。

（5）供应电源为：24VDC±10%或220VAC（电源信号隔离器）。

（6）功耗：小于1.5W或小于3W。

（7）环境温度：0~50℃，相对湿度：小于90%。

3. 维护保养

（1）隔离器投入使用时，查看面板上的开关按钮是否处于开的位置。保持常开。

（2）定期检查隔离器的信号连接线是否正确，保证无松、断、脱的现象。

（3）当隔离器输出信号超过额定输出范围时，应及时通知技术人员维修。

（4）定期检查仪表的基本误差及本安额定值。

（三）信号隔离器的校验

1. 校验条件

（1）校验隔离器之前应准备好校验设备：数字万用表、毫安电流表、24V供电电源、精密电阻箱、钟表螺丝刀。另需导线若干。

（2）校验设备的精度应高于隔离器精度（0.1%）4倍以上。

（3）隔离器应断电取下后再进行校验。

2. 技术要求

（1）零点和量程应符合自控精度要求。

（2）隔离器零部件应完整无损，紧固件不得有松动和损伤现象，可动部分应高度可靠。

（3）校验时应防止共模干扰（50Hz时，<5mV）。

（4）校验后的隔离器不允许有影响使用和其性能的缺陷。

3. 校验步骤

（1）接好线路，预热10~30min后进行校验。

（2）给出输入信号最小值，用数字万用表或电流表测量输出值，若输出值不在允许误差范围可调整仪表左侧 ZERO 零点电位器。

（3）给出输出信号最大值，用数字万用表或电流表测量输出值，若输出值不为满量程时，可调整仪表左侧 SPAN 满度电位器。

（4）反复调整第（2）步、第（3）步，使其误差最小，直至达到精度要求。

（四）信号隔离器常见故障及处理

（1）当信号隔离器所隔离的仪表信号在 LCD 面板或 MCC 计算机上显示值与该表测试的真实值不一致时，可能是信号隔离器故障或精度不够。应立即上报，由有关部门解决。

（2）当信号隔离器所隔离的仪表信号在 LCD 面板或 MCC 计算机上显示值为该表的负四分之一满量程时，可能是信号隔离器座子松动或接线松动或接线脱落。检查如果是，进行恢复；否则，应立即上报，由有关部门解决。

六、浪涌保护器

（一）浪涌保护器的工作原理

电涌保护器（Surge Protection Device，SPD）是电子设备雷电防护中不可缺少的一种装置，也称为避雷器或过电压保护器。电涌保护器的作用是把窜入电力线、信号传输线的瞬时过电压限制在设备或系统所能承受的电压范围内，或将强大的雷电流泄流入地，保护被保护的设备或系统不受冲击而损坏。

电涌保护器的类型和结构按不同的用途有所不同，但它至少应包含一个非线性电压限制元件。用于电涌保护器的基本元器件有放电间隙、充气放电管、压敏电阻、抑制二极管和扼流线圈等。

开关型：其工作原理是当没有瞬时过电压时呈现为高阻抗，但一旦响应雷电瞬时过电压时，其阻抗就突变为低值，允许雷电流通过。用作此类装置时，主要器件有放电间隙、气体放电管、闸流晶体管等。

限压型：其工作原理是当没有瞬时过电压时为高阻扰，但随电涌电流和电压的增加其阻抗会不断减小，其电流电压特性为强烈非线性。用作此类装置时，主要器件有氧化锌、压敏电阻、抑制二极管、雪崩二极管等。

分流型或扼流型：分流型，与被保护的设备并联，对雷电脉冲呈现为低阻抗，而对正常工作频率呈现为高阻抗；扼流型，与被保护的设备串联，对雷电脉冲呈现为高阻抗，而对正常的工作频率呈现为低阻抗。用作此类装置时，主要器件有扼流线圈、高通滤波器、低通滤波器、1/4 波长短路器等。

（二）技术指标

（1）额定放电电流 I_{sn}：给保护器施加波形为 8/20μs 的标准雷电波冲击 10 次时，保护器所耐受的最大冲击电流峰值。

（2）最大放电电流 I_{max}：给保护器施加波形为 8/20μs 的标准雷电波冲击 1 次时保护器所耐受的最大冲击电流峰值。

（三）校验步骤

（1）零点和量程应符合自控精度要求。

（2）避雷器零部件应完整无损，紧固件不得有松动和损伤现象，可动部分应高度可靠。

（3）校验后的避雷器不允许有影响使用和其性能的缺陷。

（四）常见故障及处理

当信号避雷器在受到干扰或者雷击后，应及时检查避雷器是否已经损坏，如损坏应立即上报，由相关部门解决。

七、RTU/PLC

（一）RTU 原理

RTU 主要采集的是井口及集、输气装置的温度、压力、流量、液位可燃气体浓度、阴保电位等模拟量，然后将这些 4~20mA 的信号经工程转换为实际值，送给 SCS 和 LCD 显示，并用之与各报警门限和控制门限比较，产生报警或参与其他回路的控制，同时参与 AGA 计量和污水计量。

对应现场采集的 4~20mA 信号，max 和 min 分别为量程高、低限，用 Toolbox 或在 SCS 及 MCC 上均可在线修改。当现场仪表量程修改之后，必须及时在线修改 RTU 内部量程值，否则 RTU 计算不正确，会产生不可预测的后果。

对于每个模拟量值，RTU 均有断线保持和判断仪表故障的功能。仪表断线门限和故障门限设为仪表量程的-5%和 105%。当 RTU 判断仪表断线或故障后，立即报警和突发，对于参与控制和计量的值，RTU 会保持最后一次采集的有效值，直到该模拟量值恢复正常。RTU 的断线保持和仪表故障功能不影响 LCD 和 SCS 的正常显示功能。仪表断线或故障后，用户应及时恢复正常，否则会产生不可预测的后果。

RTU 与 LCD 之间通过 MODBUS 协议通信，为提高显示精度，RTU 送给 LCD 的模拟量值是经过转换的，LCD 接收到经转换的数值，再通过量程转换后显示在 LCD 上。

（二）PLC 原理

可编程控制器（Programmable Logic Controller，PLC）是基于电子计算机，且适用于工业现场工作的电控制器。它源于继电控制装置，但不像继电装置那样通过电路的物理过程实现控制，而主要靠运行存储于 PLC 内存中的程序，进行入出信息变换实现控制。与 RTU 不同，PLC 着重逻辑控制，对现场采集的数据信号进行分析计算给出运行指令。

（三）模拟量采集与控制功能

1. 数据采集与转换

RTU 主要采集的是井口及集、输气装置的温度、压力、流量、液位可燃气体浓度、阴保电位等模拟量，把现场过来的 4~20mA 信号经工程转换为实际值，送给 SCS 和 LCD 显示。

2. 控制

RTU 采集的数据与各报警门限和控制门限比较，产生报警发出控制信号指令。

3. 技术指标

RTU 具有历史数据存储功能，以达到数据恢复的目的，具备逻辑编程功能等。

第四节　自控设备

一、自控阀门

（一）AQ 系列电动头

AQ 系列电动头位于分离器之下，用于排污，如图 8-4 所示。当电动头接收到控制信号带动阀门开启进行排污。

图 8-4　AQ 系统电动头

1. 手动操作

如在停电或异常情况下可使用手动操作。扳动挂挡手杆，挂入手动挡，旋转手操轮，可进行开关操作。

2. 电动操作

确认电动头已上电，观察指示灯（观察窗内）是否点亮，点亮有电，熄灭无电。

（1）就地电动操作，确认电动头已上电，旋动黑色选择开关，选择就地电动，旋动黑色开关旋钮，可进行就地电动开关操作。

（2）远程操作，确认电动头已上电，旋动选择旋钮，选择遥控电动，可进行远程开关操作。

（3）电动停止，旋动选择旋钮，选择电动停止，可使电动停在任意开度。

（二）BIFI 电动头

BIFI 电动头用于驱动阀门（图 8-5），当电动头接收到控制信号带动阀门开关。

就地电动时，面板指示灯的具体含义：

（1）绿灯闪烁/黄灯亮：电动头正处于开过程。

（2）绿灯亮/黄灯灭：电动头已开到位。

（3）黄灯闪烁/绿灯亮：电动头正处于关过程。

（4）黄灯亮/绿灯灭：电动头已关到位。

（5）绿灯亮/黄灯亮：电动头处于中间位，即开关都不到位。

（6）红灯闪烁：报警（三相电不正确）。

1. 手动操作

扳动挂挡把手，将齿轮挂入手动，旋转手轮操作（若无挂挡啮合杆的 BIFI 电动头可直接扳动手轮进行手动操作）。

2. 电动操作

（1）确认是否上电，如果已上电，则图 8-5 中 8、4、5 三个指示灯中必有一个或两个是点亮的。

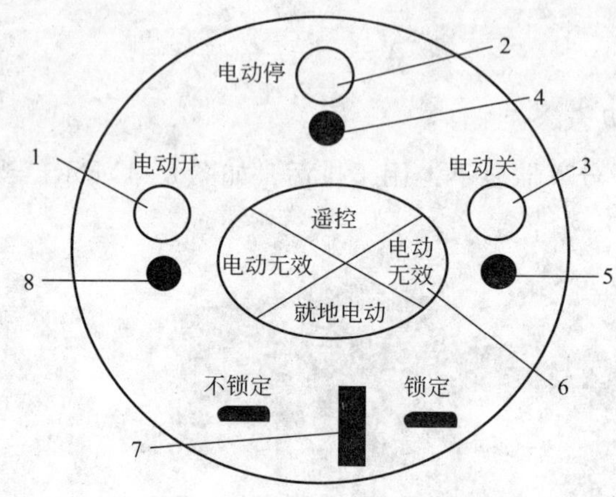

图 8-5　BIFI 电动头

1—电动开；2—电动停；3—电动关；4—报警灯（红）；5—关状态指示灯（淡黄）；6—选择开关；7—选择锁定杆；8—开状态指示灯（绿）

（2）使用就地电动操作，应首先将选择锁定杆旋转至 UNLOCK 位置，在将选择开关旋至 LOCAL 位置。

（3）当开关阀门时，只需按下相应的 OPEN 或 CLOSE 按钮，电动头就会自动开关阀门。

（4）阀门开关是否到位，可观看电动头上的开度指示盘，以箭头所指为准，OPEN 表示开，CLOSE 表示关，以及 8、4、5 三种指示灯，8（绿灯）亮，开到位；5（黄灯）亮，关到位。

（5）选择开关打至 REMOTE 时，可进行遥控电动头开关阀门。

（三）ROTORK　IQ 系列电动头

POTORK IQ 系列电动头用于驱动阀门（图 8-6），当电动头接收到控制信号带动阀门

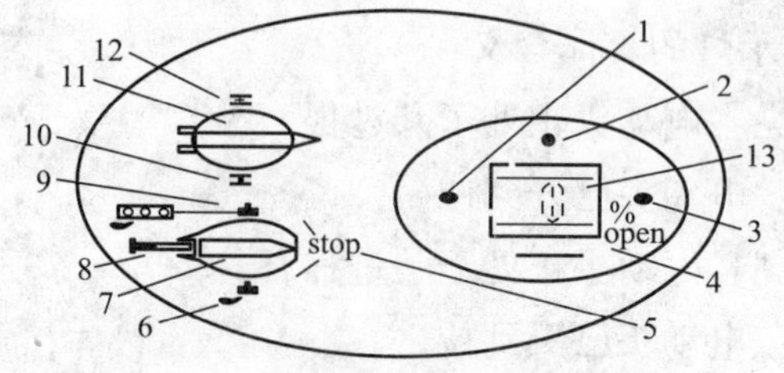

图 8-6　ROTORK　IQ 系列电动头

开关，除驱动部分球阀，还用于驱动水套炉节流阀。

1. 手动操作

（1）压下手/自动啮合杆同时扳动手操轮使与啮合器啮合。

（2）放开手/自动啮合杆，它将自动回到原来的位置。

（3）转动手操轮，顺时针为关，逆时针为开。

说明：在进行电动操作时，啮合器自动与手操分开，进入电动操作。

2. 电动操作

（1）检查电源是否符合规定（不能高出铭牌上规定的电压，相电 220V，线电 380V），确认有动力电正常接入。

（2）在遥控器设置各项参数后再进行电动操作（设置工作由自控维护中心技术干部设定，井站操作工禁止该项设定）。

（3）可旋动图 8-6 中 7 所指红色就地、遥控位置选择旋钮进行就地、遥控操作。

（4）先拔出图 8-6 中 8 所指锁紧杆，顺时针旋动红色位置选择旋钮，选择就地选择操作，旋动图 8-6 中 11 所指黑色开、关选择旋钮进行开、关操作。逆时针旋动位置选择旋钮，可使阀停在任一开度。

（5）逆时针旋转图 8-6 中 7 所指红色位置选择旋钮，选择遥控位可远程进行自动开、关阀体操作。

二、UPS

交流不间断电源设备有逆变器和 UPS 两种，小容量设备可采用逆变器或 UPS，大容量设备一般都采用 UPS。

按不停电供电方式可分为：后备式、在线式和在线互动式。

（1）后备式是相对在线式而言，区分方法是看逆变器是否工作，如图 8-7 所示。当交流输入电源正常时，UPS 只是将输入电源过滤后输出，同时通过充电器为电池充电；交流输入电源中断后，UPS 切换为电池和逆变器电路供电。逆变器只有在交流输入电源中断后才开始工作。后备式电路结构如图 8-7 所示。后备式是静止式 UPS 的最初形式，应用广泛，技术成熟，一般只用于小功率供电的范围。

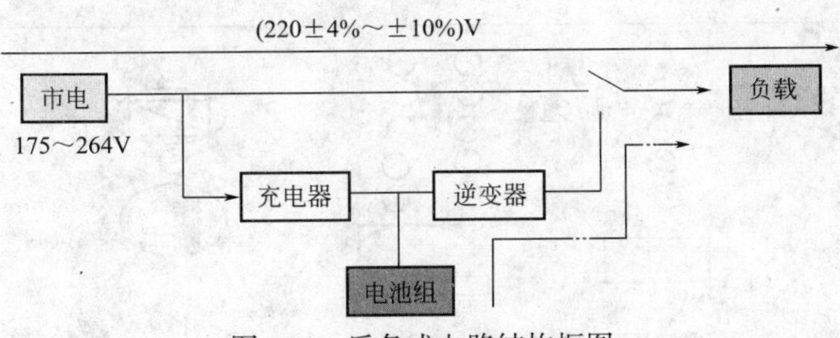

图 8-7　后备式电路结构框图

（2）在线式 UPS 结构见图 8-8，大功率 UPS 仍多采用传统双变换在线式电路结构，它属于串联功率调整传输方式。其原理是市电存在时，将市电交流电通过整流滤波电路变换为直流电，然后再将直流电通过 DC/AC 逆变器变换成纯净稳定的正弦波电压向负载供电。后备电池接在直流母线上，市电掉电后，由电池逆变后给负载继续供电。

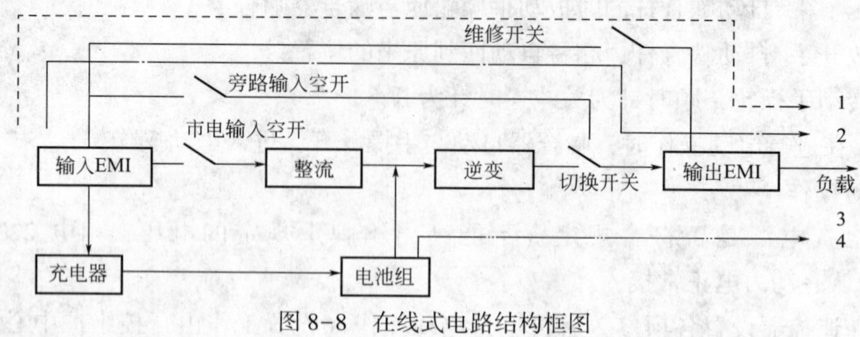

图 8-8　在线式电路结构框图

（一）DELTEC UPS

1. 主要技术参数

DELTEC　UPS 主要技术参数：

（1）输入交流电电压范围：190~270V（单相）。

（2）输入交流电频率范围：47~53Hz。

（3）输出交流电电压设定值：220V（单相）。

（4）输出交流电频率设定值：50Hz。

2. 操作步骤

DELTEC　UPS 操作 UPS 步骤：

（1）测试市电电压，看其是否符合标准。

（2）按一次开/关按钮，UPS 开机。

（3）按一次 OFF 关机按钮，UPS 切入旁通，再按一次 OFF 按钮，UPS 退出旁通。

（4）ON/OFF（开/关）、OFF（关机）两按钮一起按，UPS 关机。

（5）按测试/复位按钮 3s，UPS 开始自检。

3. 操作面板说明

DELTEC　UPS 操作面板见图 8-9。

（1）输入市电灯指示市电电压情况，如果超高，最上面的灯点亮，如果过低，最下

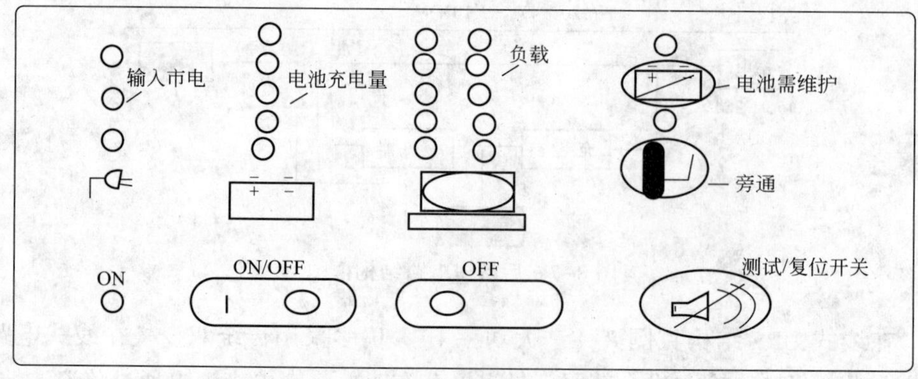

图 8-9　DELTEC UPS 操作面板示意图

面的灯点亮，正常时，中间灯点亮，无市电时三个灯熄灭。

（2）电池充电情况指示电池蓄电量。

（3）负载指示现场所加负载占 UPS 输出功率的比率。

（4）电池维护灯，如果电池有坏，该灯点亮，正常情况下该灯熄灭。

（5）旁通指示 UPS 是否工作在离变情况下，如果点亮则 UPS 工作在旁通方式。

（6）ON 指示 UPS 是否开机，如果开机，该灯点亮。

（二）APC Smart-UPS

1. 主要技术参数

（1）输入交流电电压范围：190～270V（单相）。

（2）输入交流电频率范围：48～52Hz。

（3）输出交流电电压设定值：220V（单相）。

（4）输出交流电频率设定值：50Hz。

2. 操作步骤

（1）测试市电电压，看其是否符合标准，保证市电正常连入。

（2）按下上方大启动/检测按钮，UPS 开机自检。

（3）按下下方的小断电按钮，关掉 UPS。

3. 操作面板说明

APC Smart-UPS 操作面板见图 8-10。

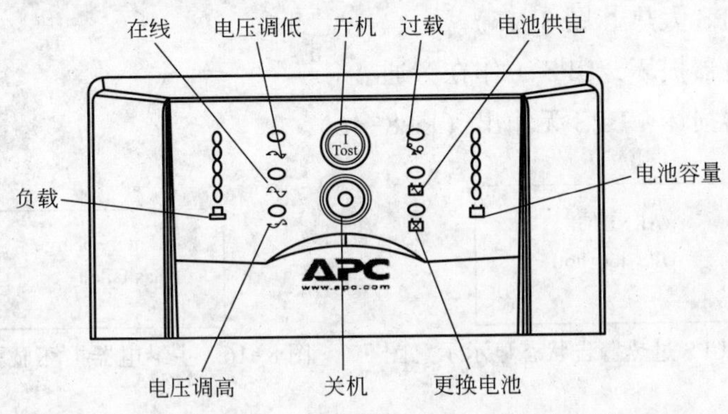

图 8-10 APC Smart-UPS 操作面板示意图

（三）APC MartrixTM-UPS

1. 主要技术参数

（1）输入交流电电压范围：190～270V（单相）。

（2）输入交流电频率范围：47～53Hz。

（3）输出交流电电压设定值：220V（单相）。

（4）输出交流电频率设定值：50Hz。

2. 操作步骤

（1）测试市电电压，看其是否符合标准，保证市电正常连入。

（2）开机操作，按任意三键中的一键，液晶面板显示见图 8-11。通过按对应按钮，按“YES”对应按钮，UPS 开机。

（3）如果电池蓄电量低于 20%立即将 UPS 切入 bypass 模式，可通过按键选择 bypass mode 项，以免损坏电池（图 8-12）。按键选择“YES”，进入 Bypass mode。

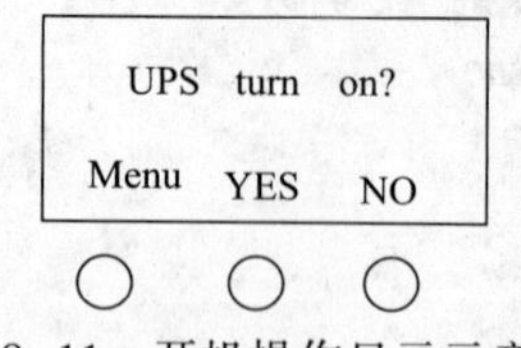

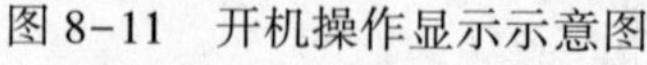

UPS turn on?
Menu YES NO

图 8-11　开机操作显示示意图

Bypass mode?
Menu YES NO

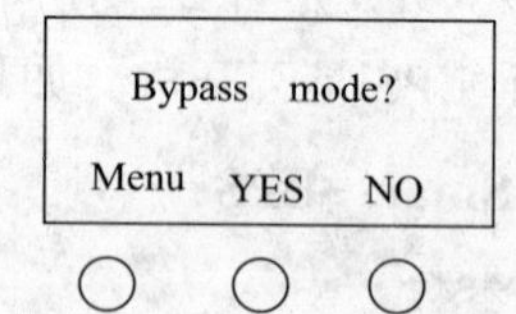

图 8-12　bypass 模式切入显示示意图

（4）关机，可通过 LCD 屏幕显示，选择对应“YES”按钮进行关机（图 8-13）。

3. 状态显示和故障说明

（1）直流不平衡，UPS 工作在旁通状态（图 8-14）。

UPS turn off ?
Menu YES NO

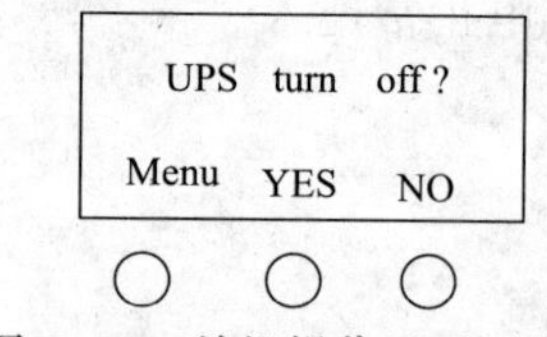

图 8-13　关机操作显示示意图

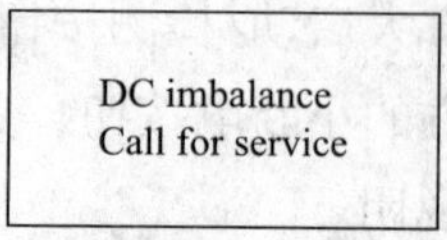

DC imbalance
Call for service

图 8-14　直流不平衡状态显示意义图

（2）警告！UPS 太热（图 8-15）。

（3）电池充电器损坏，UPS 工作在旁通。

（4）主继电器损坏，UPS 无输出（图 8-16）。

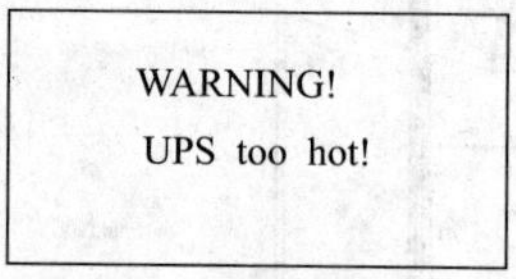

WARNING!
UPS too hot!

图 8-15　UPS 过热警告状态显示示意图

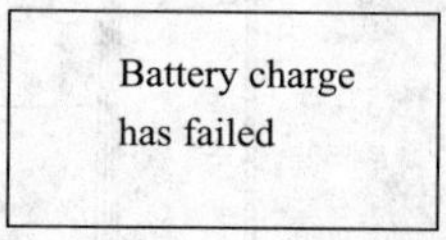

Battery charge
has failed

图 8-16　主继电器损坏显示示意图

（5）底部风扇坏（图 8-17）。

（6）辅助电源供应失败，UPS 无输出（图 8-18）。

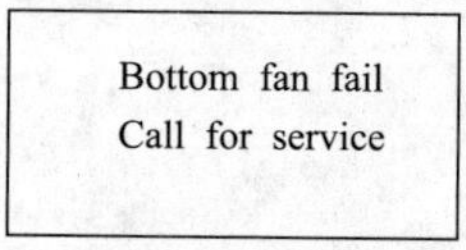

Bottom fan fail
Call for service

图 8-17　风扇坏显示示意图

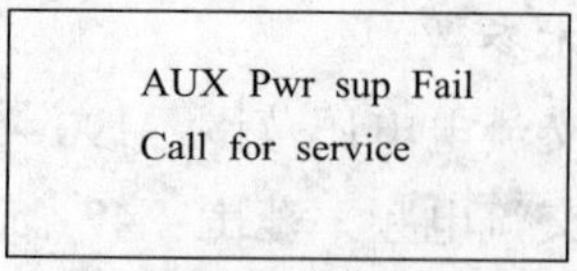

AUX Pwr sup Fail
Call for service

图 8-18　辅助电源缺失显示意义图

（7）输出电压选择失败，UPS 工作在旁通（图 8-19）。

（8）旁通继电器坏，UPS 永久工作在旁通（图 8-20）。

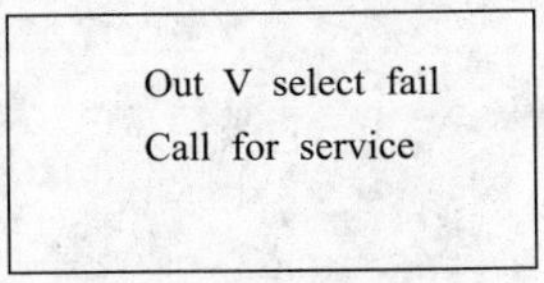

Out V select fail
Call for service

图 8-19　输出电压选择失败显示示意图

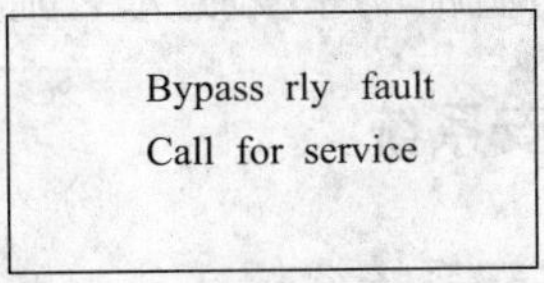

Bypass rly fault
Call for service

图 8-20　旁通继电器坏显示示意图

（四）PCM UPS 使用说明

PCM UPS 前面板见图 8-21。

LINE
BATT
FULL
ON
BYPASS
INVENTER
FAULT
OFF
LOAD
100%

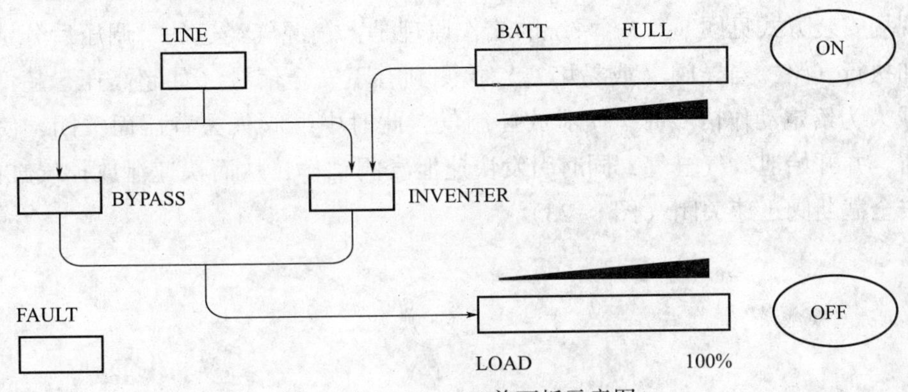

图 8-21　PCM UPS 前面板示意图

ON 按键：开机键。按下该键并持续 0. 50s 以上，设备开机运行。若此时无市电而使用电池启动 UPS 时，需按下该键 3s 以上，此时 UPS 消耗电池电能对外供电。

OFF 按键：关机键。

LINE 指示灯：灯亮，表示市电输入正常。

BYPASS 指示灯：灯亮，表示市电经过 UPS 旁路对负载供电。

INVENTER 指示灯：灯亮，表示 UPS 通过逆变器输出对负载供电。

FAULT 指示灯：灯亮，表示 UPS 故障。

BATT 条形指示灯：表示电池容量百分比。

LOAD 条形指示灯：表示负载大小。

报警声说明：

（1）断电电池供电警告声，每 4s 告警一次。

（2）断电电池低电压警告声，每 1s 告警一次。

（3）UPS 异常或更换电池告警声，蜂鸣器长鸣，故障灯亮。

三、变频器

主电路的作用是给异步电动机提供调压调频电源的电力。变换部分变频器的主电路大体上可分为两类：电压型是将电压源的直流变换为交流的变频器，直流回路的滤波是电容；电流型是将电流源的直流变换为交流的变频器，其直流回路滤波是电感。主电路由三部分构成：将工频电源变换为直流功率的整流器；吸收变流器和逆变器产生的电压脉动的平波回路；将直流功率变换为交流功率的逆变器。

四、井安系统

（一）井安系统介绍

井口安全截断系统采用控制翼阀截断的模式，在井口一级节流后超高压、出站管线超低压，以及井口和分离器等部位发生天然气泄漏着火时，可实现自动截断井口气源，同时在紧急情况下，可就地关井或通过SCADA系统远程控制关井。井口安全截断系统主要由截断阀、导阀、控制箱、气动执行器、易熔塞、PLC远程控制系统、ESD紧急截断系统组成，现场安装方式见图8-22。系统的工作原理是：气源气经过滤、调压后分别进入控制气路和执行气路，当导阀（或易熔塞）检测到有不安全信号（如超高压、超低压、火灾等）或人为给定动作信号时，便泄放控制气，此时中继阀失去背压而关闭，使执行气进气截断，并开始泄放气缸气，同时引发快速泄气阀动作，从而快速泄放掉气缸内的气，使井口安全截断阀迅速关闭（图8-23）。

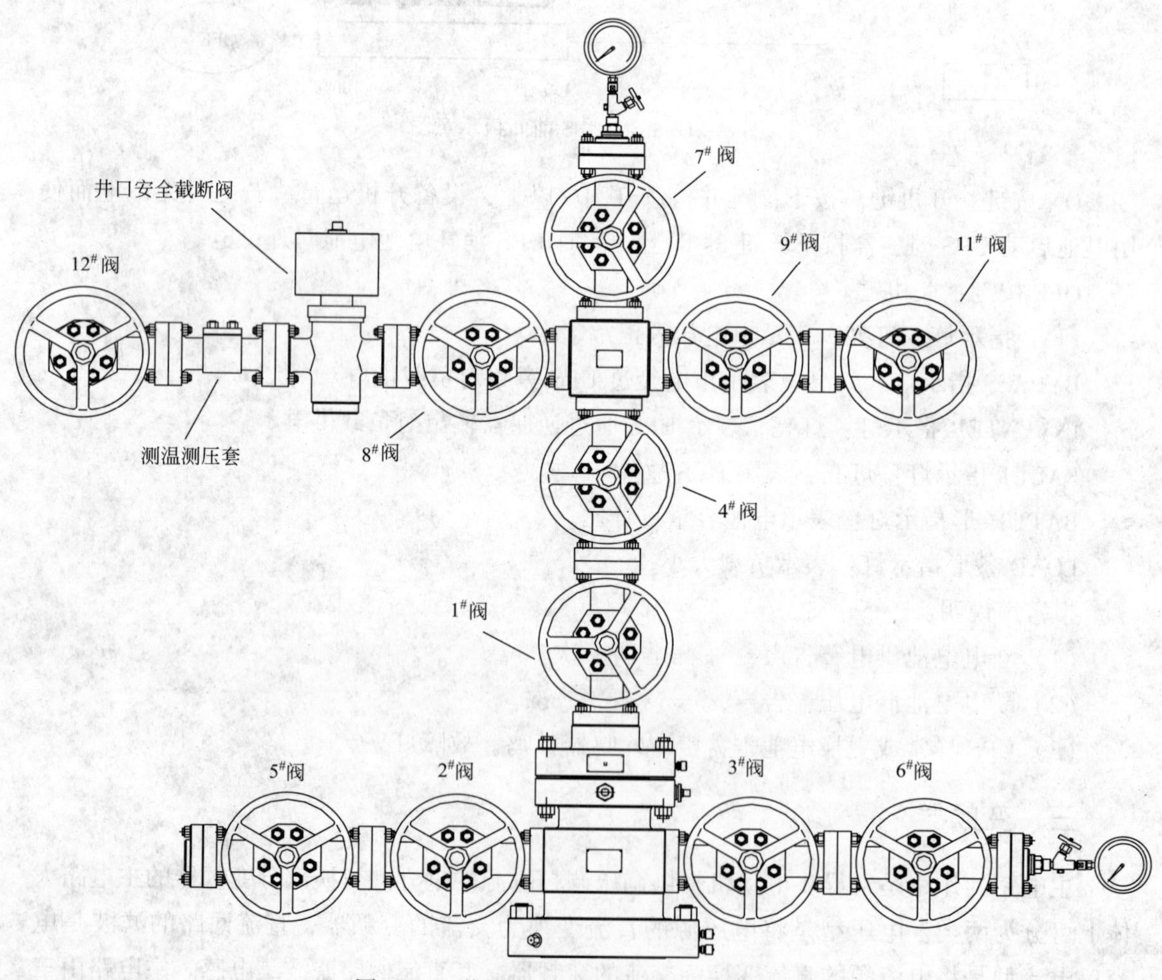

图8-22　井口安全截断阀现场安装示意图

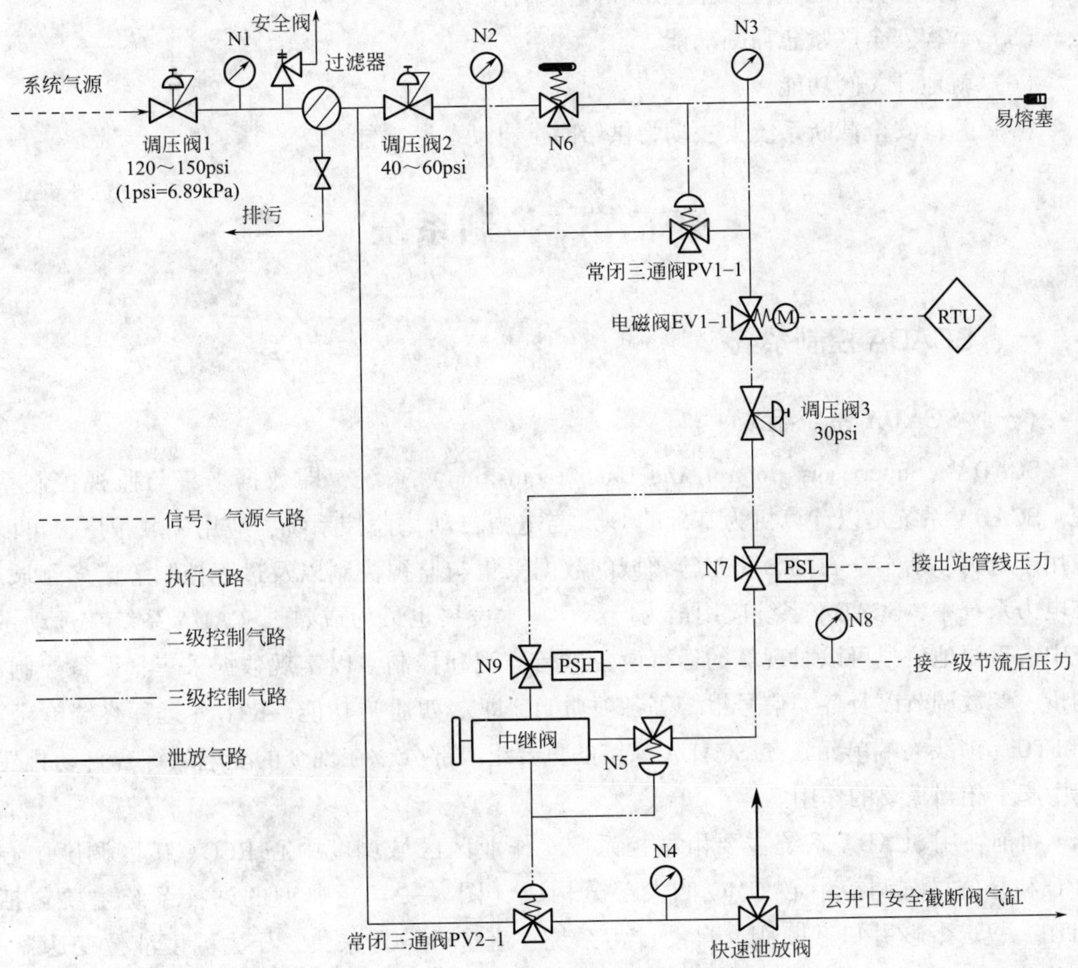

图 8-23　井口安全截断系统控制原理

(二) 井安系统分类

井安系统按照驱动方式可分为气动和液动两大类。目前，大部分使用气动井安系统，其动力气源为氮气或者净化天然气。液动井安系统在部分井站也使用，其动力为液压油，需定期对液压油系统压力进行检查。

(三) 井安系统功能

(1) 压力超高自动截断，对于只有一级节流的井站，压力超高设定值应根据采油树下游管道系统和设备的最低设计压力等级来确定；对于有多级节流的井站，压力采样点和压力超高设定值应根据采油树下游管道系统和设备的不同设计压力等级来确定；安装了井下截断阀或采油树主截断阀的井口安全截断系统，必须在井口也安装压力取样点。

(2) 出站管道压力超低自动截断，压力超低设定值应根据管线生产运行情况合理确定。

(3) 站内工艺区火灾自动截断，火灾取样点应根据取样设备的有效范围和重要工艺设备的分布来合理布置。

(4) 压力取样点的远程数据显示和阀位显示。

(5) 远程安全区紧急截断功能。

(6) 就地开关阀功能。

(7) 井口安全截断系统失去动力供给时，自动截断功能。

第五节　控制系统

一、SCADA 控制系统

(一) SCADA 系统组成

SCADA (Supervisory Control And Data Acquisition) 系统，即数据采集与监视控制系统。SCADA 系统是以计算机为基础的 DCS 与电力自动化监控系统，应用领域很广，可以应用于电力、冶金、石油、化工等领域的数据采集与监视控制以及过程控制等诸多领域。在电力系统中，SCADA 系统应用最为广泛，技术发展也最为成熟。SCADA 系统在远动系统中占重要地位，可以对现场的运行设备进行监视和控制，以实现数据采集、设备控制、测量、参数调节以及各类信号报警等各项功能，即“四遥”功能。RTU (远程终端单元) 和 FTU (馈线终端单元) 是 SCADA 系统的重要组成部分，在现今的变电站综合自动化建设中起了相当重要的作用。

目前在用 SCADA 系统主要由站控系统、作业区区域调度中心 RCC、矿区调度中心 DCC 和分公司总调控中心 GMC 四大部分构成 (图 8-24)。典型的站控系统主要包括 RTU、井安系统/井口截断阀、自动排污系统、流量计数据采集、压力温度液位变送器、可燃有毒气体探测仪、供电系统 (太阳能)、有线无线传输设备、摄像机、被动入侵报警器、拾音器、有源喇叭、声光报警器等数据采集传输。RCC 及以上系统软硬件主要构成为：实时数据服务器、历史数据服务器、OPC 服务器、磁盘阵列、工程师站、操作员站、

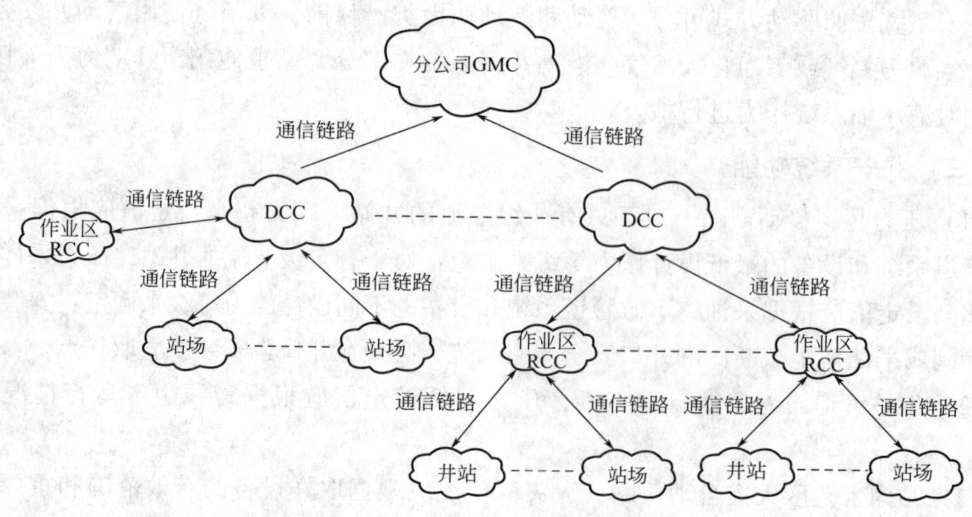

图 8-24　SCADA 系统架构示意图

实时数据库软件、历史数据库软件、路由器、交换机、多路复用设备等。

（二）SCADA 系统工作原理

RTU 主要作用是进行数据采集及本地控制，进行本地控制时作为系统中一个独立的工作站，这时 RTU 可以独立的完成连锁控制、前馈控制、反馈控制、PID 等工业上常用的控制调节功能；进行数据采集时作为一个远程数据通信单元，完成或响应本站与或其他站的通信和遥控任务。

RTU 的主要配置有 CPU 模板、I/O（输入/输出）模板、通信接口单元，以及通信机（RADIO）、天线、电源、机箱等辅助设备。

RTU 能执行的任务流程取决于下载到 CPU 中的程序，CPU 的程序可用工程中常用的编程语言编写，如梯形图、C 语言等。

I/O 模板上的 I/O 通道是 RTU 与现场信号的接口，这些接口在符合工业标准的基础上有多种样式，满足多种信号类型。I/O 模板一般都插接在 RTU 的总线板槽上，通过总线与 CPU 相连。这种结构易于 I/O 模板的更换和扩展。

除 I/O 通道外，RTU 的另一个重要的接口是 RTU 的通信端口，RTU 具有多个通信端口，以便支持多个通信链路。

SCADA 系统的通信网络主要用于 RTU 与通信及与其他 RTU 通信。链路种类有无线、有线、微波、光纤。RTU 可支持的通信方式有触发的通信方式和 RTU 触发的通信方式。

触发的通信方式包括：

（1）轮询方式：由系统设置一个时间周期，每隔一个时间段系统进行一次查询，收所需要的现场数据。

（2）广播方式：由向所有 RTU 或某分组内的 RTU 下发命令。

（3）控制命令下发方式：如下发开、关控制命令，修改报警及控制权限，在通信上有较高的优先级。

RTU 触发的通信方式包括事件触发方式、突发传输方式、RTU 对 RTU 的通信。RTU 可以在程序中根据现场情况设置条件，以便在非常情况下突发数据，这种突发方式在通信中有较高的传输优先级。RTU 与 RTU 之间也可以进行数据传输，这种数据传输要靠编程来实现。

SCADA 系统是一个局域网，可包含多个工作站和支持网络功能的设备，以完成不同的工作。利用软件管理系统数据库，每个工作站可通过组态画面监测现场站点，下发控制命令进行控制，并完成工况图、统计曲线、报表等功能。

SCADA 系统的主要功能包括数据采集、本地和远程控制、多种通信介质连接、易于重新配置及本地和远程诊断。

SCADA 系统的工作过程是通过组态软件监视现场的工作情况，监控数据来源于定期轮询和 RTU 的主动突发。而且可以下发控制命令，这时 RTU 响应的控制命令，其他时候 RTU 独立的按照自己的程序流程进行数据 I/O、发出和响应通信任务、完成逻辑和控制功能。

站控系统对生产站场工艺参数、设备状态数据的采集，由本地 RTU 实现对工艺过程、设备状态的控制。并向上一级控制中心传输数据，接受、执行上一级控制中心的指令。当与上一级控制中心的通信中断时能独立自主地完成对生产站场的控制，保证生产安全、正常进行。

二、DCS控制系统

DCS（Distributed Control System）控制系统，即分散控制系统，国内一般习惯称为集散控制系统，它是一个由过程控制级和过程监控级组成的以通信网络为纽带的多级计算机系统，综合了计算机（Computer）、通信（Communication）、显示（CRT）和控制（Control）等4C技术，其基本思想是分散控制、集中操作、分级管理、配置灵活、组态方便。

三、自控数据传输系统

（一）工业控制系统网络基础知识

1. 内部通信

客户与服务器间以及服务器与服务器间一般有三种通信形式：请求式、订阅式和广播式。

（1）请求式：客户周期性向服务器发出请求，然后服务器为客户准备数据，传送给客户。

（2）订阅式：客户向服务器注册所关心数据，服务器记录每个用户关心的数据。当数据变化通知相应的用户。

（3）广播式：当数据的变化时，服务器向所有客户发出通知。

1）通信模式

设备驱动程序与I/O设备通信一般采用请求式，大多数设备都支持这种通信方式，当然也有的设备支持主动发送方式。主动发送方式即I/O设备在数据改变时主动向外界报告数据。有的设备也支持订阅式通信。设备驱动程序应该能够支持各种通信模式。

2）通信协议

通信协议即与设备间的会话格式，可以理解为一种简单的交流语言。这些语言有一定的地方性，尤其是国产的PLC、智能仪表，常见的协议有Modbus，Profibus等。设备驱动程序必须为每种协议编制相应的代码。开发一设备驱动一般为1~5周，这要根据协议的复杂程度决定。软件商一般将该部分做成标准开发包，用户可以自己开发。

服务器可同时带有多个不同种类的驱动程序，这样服务器就可以同时跟多种设备进行通信。

2. 与外界通信

为了提高效率，服务器上的实时数据和历史数据一般都以私有格式存放，实时数据驻留在内存中，而历史数据保存在磁盘中，事件记录也可能以私有格式保存在磁盘中，但有些软件可以将其直接存放到关系数据库（如SQL Server、ORACLE）中。由于无论采用直接方式还是ODBC与关系数据库通信，速度都是比较慢的，所以不可能将快速变化的数据都存放到关系数据库中。

SCADA 系统可通过多种方式与外界通信。一般外界系统都会提供 OPC 客户端，用来与设备厂家提供的 OPC 服务器进行通信。因为 OPC 有微软内定的标准，所以 OPC 客户端无须修改就可以与各家提供的 OPC 服务器进行通信。现在国外的硬件厂商大多都能提供 OPC 服务器，而国内的硬件厂商确很少。SCADA 供应商一般也会提供自己的 OPC 服务器，以便其他系统通过 OPC 访问，这样也实现了不同 SCADA 间的互联。此外还有其他的一些通信手段，例如，ODBC：第三方程序通过 ODBC 访问历史数据，事件记录等；API 接口：可以在编程环境（如 VB、VC）中使用该接口；OLE 控件：可以在各种编程环境下使用，也可以嵌入到支持 OLE 包容器的程序中，如 Ms Word；DDE：微软的动态数据交换协议。

（二）数据传输系统的组成和工作原理

由服务器和客户端构成了 SCADA C/S 结构，由服务器、Web 服务器和 Web 客户构成了 SCADA B/S 结构。服务器配置在不同的机器上，甚至不同的操作系统平台上，彼此分工协作，形成统一整体，构成了 SCADA 的分布式体系结构。

为了增加系统的可靠性，服务器端允许双机热备，重要场合可以一机多备。服务器双机热备一般是将两台机器配置相同，一台作为主站，另一台机器作为副站，主站完成服务器的正常工作，另一台与其同步。当主站故障时，副站接替主站的工作。主站与副站是相对的，可互换的。双机热备包含 I/O 通道的热备。由于多个客户可以同时访问一个服务器端，所以客户端本来就是多重的。

一个系统中，可以有多个服务器，每个服务器可带有多个 I/O 设备。客户端可以访问一台或多台服务器。Web 服务器可以作为多个服务器的代理，将 Web 客户与各服务器连接起来。典型的硬件配置见图 8-25。

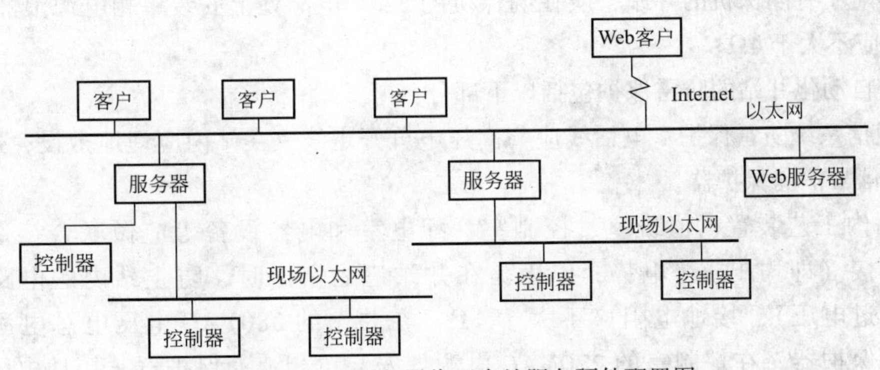

图 8-25　Web 服务器代理多处服务硬件配置图

（三）数据传输系统分类

目前的通信方式主要有有线方式和无线方式。

（1）有线方式：光纤（SDH）、租用地方电路 E1、DDN。

（2）无线方式：3G/GPRS/CDMA、卫星、无线网桥、W-LAN。

四、自动化防雷系统

（一）自动化井站防雷系统设计需求

（1）整体防雷：以井站整体防雷为理念，根据现场情况对整个站场采取接闪、接地、均压、分流、合理布线和屏蔽等防雷措施进行全面的保护。

（2）根据井站的地理位置和所处环境，确定井站是否需要进行直击雷防护（直击雷防护措施：避雷针、避雷网、避雷带）。

（3）对于强雷击区的井站（地处多雷区，且位于局部高点的井站），站场内应安装避雷针，其独立避雷针接地电阻不大于10Ω。

（4）对于地处多雷击区，但位于郊外平地、洼地及河流附近的井站，站场内应安装避雷针，其独立避雷针接地电阻不大于10Ω。

（5）对地处城区内，不位于局部高点，周围有高大建筑物的井站，站场内不宜安装避雷针。

（6）避雷针本身就是引雷针，通过引雷来保护其他设施、设备不被直击雷损坏，但避雷针在引雷泄放的同时，会对其他设施、设备产生电磁感应、电磁波辐射等情况，当安装位置不正确时，会对设施、设备、人员造成损害，其安装要求如下：

① 独立避雷针及其接地装置与道路、工艺区或建筑物的出入口等的距离应大于3m，当小于3m时，应采取均压措施或敷设沥青地面。

② 独立避雷针应设置独立的集中接地装置，该接地装置与其他接地网的地中距离应不小于3m，当难以满足上述要求时，该接地装置可与其他接地网连接。

（7）高压电部分防雷：变压器前后安装氧化锌避雷器，防止因雷电产生的过电压对井站的电气设备和人员造成伤害。

（8）对于有阴保机的井站，应在阴保机的220V电源处上安装单相电源浪涌保护器，接地电阻应不大于4Ω。

（9）自动化井站的防雷保护包括以下部分：

① 通信系统防雷保护：电话线应与高压电分开走线，在站内应埋地敷设，进入室内处应安装信号浪涌保护器。

② 站内工艺装置、值班室、控制室、配电室和电器设备等应做联合接地，形成等电位连接（即均压或等电势，作用是在井站遭受雷击时，防止站内的电路和信号回路产生过电压），接地电阻应不大于1Ω，在井站的380VAC电压电总电源处安装三相浪涌保护器，在控制室的220VAC电源处安装单相浪涌保护器，接地电阻应不大于1Ω。

③ 信号浪涌保护器：井站的整体防雷应首先做好站内设施布局、直击雷防护、接地、等电位连接、屏蔽、布线，做好井站的本质防雷安全。在采取上述措施后仍无法保护生产设备时，再安装浪涌保护器进行分流、限压保护。浪涌保护器不是万能的，自身就是电子设备，同样存在老化、被雷击损坏等问题。对于有自动控制系统的井站和外销自动化计量系统井站，应在被保护设备（自动化仪表、设备）前安装信号浪涌保护器；对于内部自

动化计量系统井站，应综合井站所处地理位置、感应雷对天然气生产的影响程度等因素，分析计量系统是否需要安装信号浪涌保护器。

④ 设置专用防雷端子柜，防雷端子柜内信号及电源线采取左进右出，浪涌保护器后端线路不得与前端未受保护的线路、接地引下线交叉并行（图 8-26）。室内通信线路不得与控制柜内未受防雷器保护的线路交叉并行。

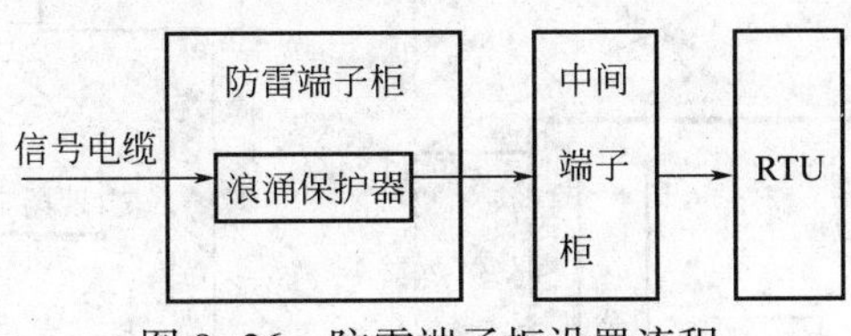

图 8-26　防雷端子柜设置流程

⑤ 若现场条件不允许，需在 RTU 及通信设备前安装浪涌保护器。使用该方法，将使信号回路中的浪涌保护器过多，对信号质量的影响较大，信号回路的故障概率会相应增大，所以应尽量少使用该种方法。

（二）自动化井站防雷系统的施工技术需求

1. 直击雷防护设施（避雷针、避雷带、避雷网）的安装要求

（1）独立避雷针应设置独立的集中接地装置，其独立接地电阻值应不大于 10Ω。当有困难时，该接地装置可与站场接地网连接（但避雷针与低压设备同地网的两个连接点，沿地网的长度不小于 15m。），其避雷针接地电阻与站场接地网的接地电阻值相同。

（2）独立避雷针的接地装置与井站联合接地网之间的距离应不小于 3m。

（3）对于有自动控制系统的井站，应在控制室屋面上安装避雷网（带），避雷网（带）应沿屋角、屋脊、屋檐和檐角等易受雷击部分敷设，并应在整个屋面组成不大于 10m×10m 或 12m×8m 的网格，所有避雷带和避雷网应紧密连接。避雷网和避雷带应采用圆钢或扁钢制成，优先选用圆钢，圆钢直径不小于 8mm，扁钢截面不小于 $48mm^2$，其厚度不小于 4mm。

2. 防雷接地保护（接地）

根据国家和行业的相关规范要求及井站的现场情况，井站内的低压电气设施、建筑物（避雷针除外）、工艺生产设施宜共用一个防雷接地网（联合接地网），站内高压部分（变压器部分）宜采用独立接地。

（1）自控系统井站（有大天池 SCADA 系统、大 SCADA 系统、两线脱水系统的井站及有自控系统的增压站）、使用单片机计量的井站和有阴保机的井站的控制室、配电室、值班室、自控系统、电气设备、通信系统和生产工艺设施（输气管线、分离器、水套炉、脱硫装置、脱水装置、计量装置、仪表等）的防雷接地宜共用一个联合接地网，自控系统井站的联合接地网的接地电阻应不大于 1Ω，使用单片机计量井站和有阴保机的井站的联合接地网接地电阻应不大于 4Ω。自控系统井站防雷接地见图 8-27。

（2）普通井站的值班室、配电室和生产工艺设施宜共用一个联合接地网，其防雷接

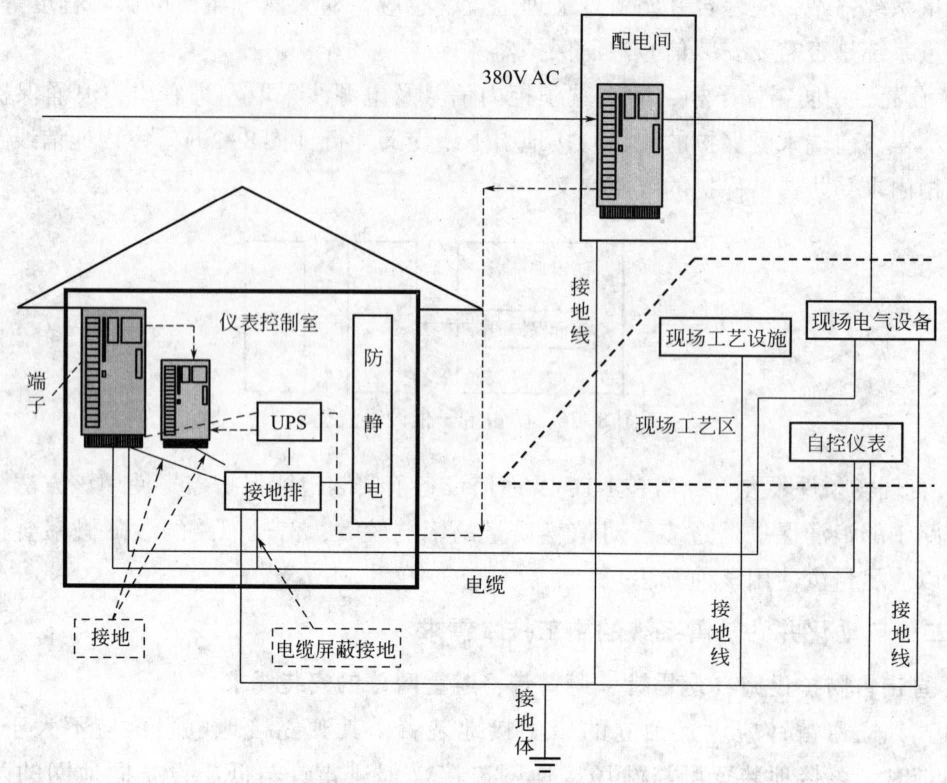

图 8-27　自控系统井站防雷接地示意图

地电阻应不大于 10Ω。

（3）井站避雷针应安装接地引下线，其接地引下线应采用最短路径接地，采用多根引下线时，应在各引下线上于距地面 0.30~1.80m 装设断接卡。

（4）控制室和配电房内的防雷电感应的接地干线和接地装置的连接不应少于两处，接地装置应采用平面大于 $120cm^2$ 的铜板。

（5）现场架空电缆桥架和架空管线应在始、末两端和转弯处做接地保护，架空电缆桥架的两端应与金属支柱焊接，桥架的每个金属槽之间应用不小于 $6mm^2$ 的多股铜芯线相连接。

（6）每个信号浪涌保护器的接地端应单独采用不小于 $1.50mm^2$ 的多股铜芯线与接地干线相连接；电源浪涌保护器的接地引下线应尽量短、直，其接地引下线应采用不小于 $6mm^2$ 的多股铜芯线接在防雷接地装置上。

（7）接地引下线应做防腐保护，直接埋入土壤中的接地装置的金属件应镀锌保护。

（8）连接站场联合接地网的防雷接地引下线应采用镀锌圆钢或镀锌扁钢，圆钢直径不小于 8mm，扁钢截面不小于 $48mm^2$，厚度不小于 4mm，为便于统一管理，矿井站内设施设备的接地扁钢宜采用 25×4 镀锌扁钢。

（9）同一个设备的工作接地、保护接地及防雷接地应接同一个地网。

（10）按照国家规范 GB 50093—2002，端子柜内的备用线应接地。

为防止雷电对站场电气设备的破坏，站内的低压电设施、自控系统和通信系统必须有完善的防感应雷钳位装置，站场 380VAC 电源进线处、阴保机电源处、控制室内 UPS、24V 直流电源输出端应安装电源浪涌保护器，现场自身不具备防雷功能的自动化仪表、通信设备电源端口、各个信号回路应安装浪涌保护器，浪涌保护器指标要求见表 8-1。

表 8-1 浪涌保护器指标要求表

设备	工作电压	启动电压	残压，V（8/20μS 波形，3kA 电流冲击）	漏电流，μA	通流容量，kA		响应时间，ns	频率 Hz
					线对线	单线对地		
4~20mA 信号 SPD	24V DC	26V≤U≤40V DC	≤50	≤30	≥5		≤30	60
热电阻信号 SPD	24V DC	26V≤U≤40V DC	≤50	≤30	≥5		≤30	60
热电偶信号 SPD	24V DC	26V≤U≤40V DC	≤50	≤30	≥5		≤30	60
24V DC 电源 SPD	24V DC	26V≤U≤40V DC	≤50	—	≥5	≥5	≤30	60
220V DC 电源 SPD	220V AC	250V≤U≤300V AC	≤700	—	≥40	≥40	≤30	60
380V AC 电源 SPD	380V AC	480V≤U≤600V AC	≤1000	—	≥60	≥60	≤30	60
开关量信号 SPD	24V AC	26V≤U≤40V DC	≤50	≤30	≥5		≤30	60

浪涌保护器安装位置如图 8-28 所示，其安装方式如图 8-29 所示。

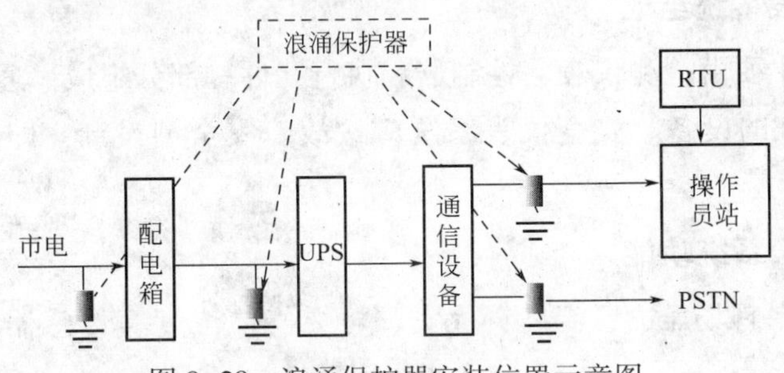

图 8-28 浪涌保护器安装位置示意图

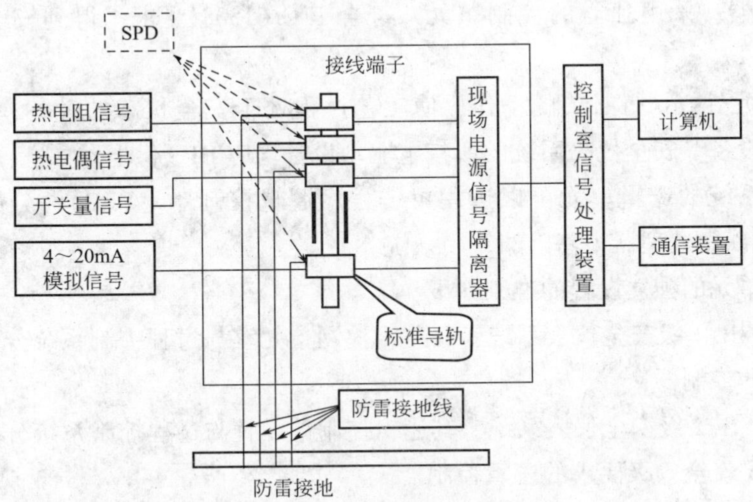

图 8-29 浪涌保护器安装示意图

3. 其他要求

（1）合理布线：从室外进入仪表控制室内的电缆应采取相应的屏蔽和隔离措施；室内电源线应尽可能远离计算机信号线。

（2）通信系统防雷保护：电话线应与高压电分开走线，在站内埋地敷设，并在井站通信设备前安装浪涌保护器进行防雷保护。

（3）接地线的焊接要求：接地线在焊接时，扁钢接地线的搭接长度应为宽度的2倍，应做多面焊接；圆钢接地线的搭接长度应为直径的6倍，应做2面焊接。

（4）每个电气装置的接地应以单独的接地线与接地干线相连接，不得在一个接地线中串接多个需要接地的电气装置。

（5）对于安装在避雷针上的照明灯的防雷措施如下：

① 将照明灯单独立杆照明，电缆的金属护层或金属管接地，接地电阻不大于4Ω。

② 装有避雷针和避雷线的构架上的照明灯电源线，必须采用直埋于土壤中的带金属护层的电缆或穿入金属管的导线，埋入土壤中10m以上长度，电缆的金属护层或金属管在进入配电室处接地，接地电阻不大于4Ω，配电室的照明灯电源输出端宜加装电源浪涌保护器。

五、自控安全仪表系统

（一）安全仪表系统组成

安全仪表系统主要由检测仪表、控制器和执行元件三部分组成。通常，各部分均应采用具有相应SIL认证的设备。安全仪表系统应按故障安全型设计，即在正常状态下ESD控制回路应是励磁的。

（二）安全仪表系统功能

（1）检测仪表：现场压力，温度，火灾、可燃气体浓度等传感器，其设置与过程控制系统的仪表分开。

（2）控制器：采用独立的控制单元，符合IEC 61508要求，得到安全等级认证的设备。

（3）执行元件：执行必要的动作，使工艺过程处于安全状态的设备，如ESD阀门、安全切断阀等设备。安全仪表系统的所有电驱动设备均应UPS供电。

安全仪表系统的逻辑单元可以选用可编程序逻辑控制器（PLC）、分散型控制系统（DCS）或其他以微处理器为基础的专用系统。

逻辑控制单元的独立设置的准则如下：

（1）对于SIL 1级安全仪表系统，其逻辑控制单元宜与过程控制系统分开，可采用相同或相异形式的控制器；

（2）对于SIL 2级安全仪表系统，其逻辑控制单元宜与过程控制系统分开，安全仪表系统宜选用满足安全等级要求的逻辑控制器。

（3）对于SIL 3级安全仪表系统，其逻辑控制单元应与过程控制系统分开，安全仪表系统应选用满足安全等级要求的逻辑控制器。

（4）如专用的控制系统（如透平控制系统）中含有安全联锁功能和过程控制功能，则该控制系统应符合安全等级要求。

六、自控火气系统

（一）火气系统定义

火气系统的首要功能是完成对检测范围内可能的气体泄漏和火焰进行检测并报警。通过安装于现场危险区域的气体及火焰探测器探测现场险情，当发生气体泄漏或火灾时，通过控制室的操作员站发出有针对性的报警信号，提醒操作人员采取相应措施并将信号送达集散控制系统（DCS）及安全仪表系统（SIS），准备装置联锁停车。

（二）火气系统（F&GS）功能

（1）F&GS的控制器最低应采用冗余、容错和自诊断技术；系统控制器及各类I/O卡件、通信卡件、系统电源、系统软件的安全等级必须取得IEC61508 SIL2认证，同时，F&GS控制器必须获得公安部CCCF认证。

（2）F&GS应具有对所有AI、DI、DO回路进行断路和短路诊断的功能，当诊断到故障时，发出相应的报警信号。

（3）F&GS应设置后备电源，具有掉电保护功能，当电源断开时，其内部存储的数据不应丢失。当电源恢复后，应能显示相关的掉电及报警信息。

（4）F&GS应建立一套全厂和装置单元的现场设备的“电子地图”，包含每一个现场设备的位置信息，当现场设备发出报警时，全厂监视画面报警显示，并且弹出分区画面显示报警点的具体位置。

（5）F&GS是采用标准化、模块化和系列化的设计，可进行系统结构、组态回路的在线修改、局部故障的在线维修。

（6）开放的网络结构，模块化设计，系统应采用开放式的数据库。

（7）开放的操作系统，人机界面采用Windows。

（8）应具有强大的人机对话能力，标准的控制组态工具。

（9）显示报警一览表、数据存储及处理。

（10）打印报警和事件报告功能。

（11）F&GS应具备完善的系统自诊断功能和强有力的维护功能，并且定时自动或人工启动诊断系统，并在操作站/工程师站LCD上显示自诊断状态和结果。自诊断系统包括全面的离线和在线诊断软件，诊断程序能对系统设备故障进行检查和对外部设备运行状态进行检查。系统各个设备，包括工作站、控制站都有在线更换的功能，即在进行这些设备的更换时，不影响装置的正常生产，需提供范例说明。

（12）在线组态修改和在线组态下装功能，要求系统具备在线修改组态能力，并在不影响装置正常生产的情况下，完成组态的下装任务。

（13）F&GS各种数据的时间标签以数据源所在地的计算机时钟为基准。如果发生通信故障，本地的计算机或 CPU 能够在内存中存储这段时间内的数据直到故障排除。

七、视频监控系统

（一）视频监控系统功能

视频监控系统主要对站场工艺区、脱水装置区、增压装置区和井口进行重点监控的本地远程视频监控设备。

（二）视频监控系统组成

视频监控系统由超低照度彩色一体化摄像仪、防爆红外一体化定焦摄像仪、工业级视频硬盘录像机、不锈钢隔爆摄像仪防护罩、不锈钢隔爆电动云台、液晶显示器、防爆接线箱、光端机、画面分割器等组成。

八、大屏幕显示系统

（一）大屏幕显示系统组成

将多个显示单元拼接一起，作为统一显示平台。

（二）大屏幕显示系统功能

大屏幕显示系统应具备功能分区显示模式和多路视频信号显示、混合功能。各路视频信号经处理后能够以窗口的形式在拼接显示墙上任意位置任意移动、无级缩放、跨屏或者重叠等（图 8-30）。

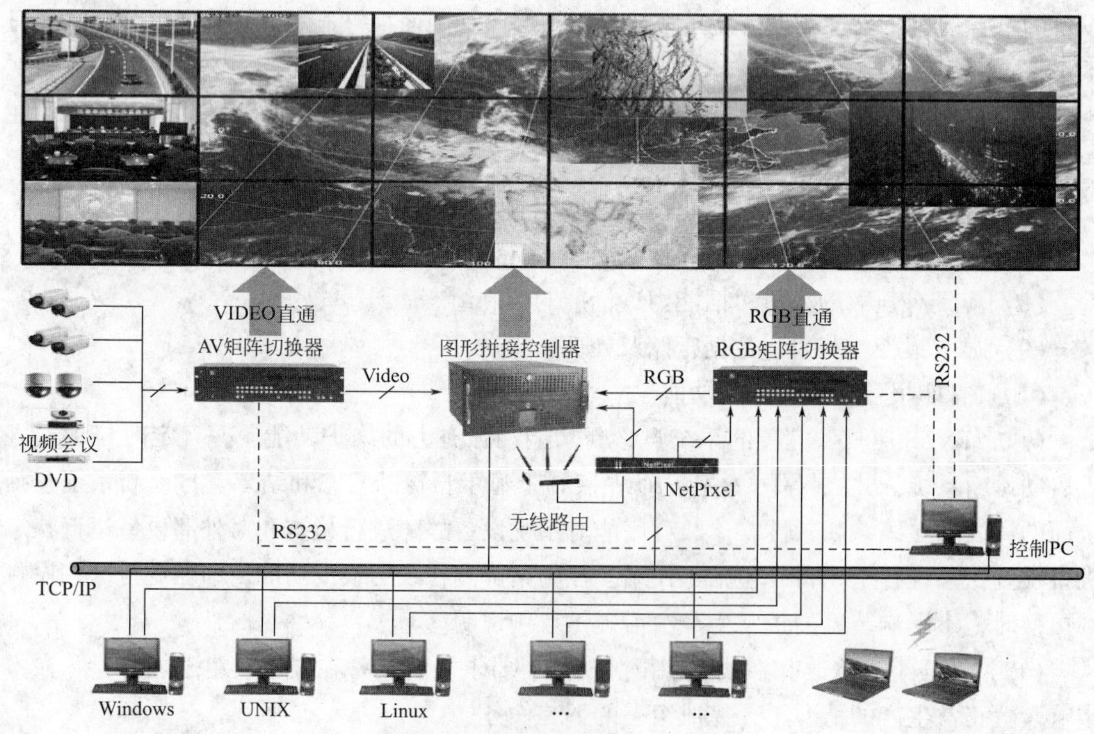

图 8-30　大屏幕系统结构示意图

九、入侵检测报警系统

（一）入侵报警系统组成

入侵报警系统由站场 RTU、入侵检测器、报警器组成。特殊重要井站部署周界非法入侵探测；井站工艺流程区域原则上都要求布设非法入侵探测；入侵监测报警信号接入 RTU。

（二）入侵报警系统功能

检测到非法入侵时，RTU 控制系统自动启动声光报警器，提醒操作人员和现场人员注意安全及进行处理。

十、数据平台

（一）生产过程仿真系统

通过基础数据再现生产过程的每一个环节。

（二）生产数据平台

生产数据平台将生产一线各类日常生产、管理数据和视频图片的采集、传输、存储、转换，有效解决了基层单位数据重复录入问题，提高了数据自动采集能力。统一向上提供原始数据服务，支撑上层各类综合应用的发展，实现一次采集、集中管理、多业务应用。

（三）应用系统介绍

应用系统是在构建的基础平台及数据平台的基础上，实现数据的深度应用。

第六节　自动化控制认证和版权

一、身份认证

西南油气田分公司 SCADA 系统内的所有计算机须采用硬件安全认证的方式来对用户进行身份验证，从而保障 SCADA 系统的机密数据、网络和各种应用的安全。SCADA 系统所使用的硬件安全认证系统需有国家保密局涉密信息系统安全保密测评中心颁发的《涉密信息系统产品检测证书》或具有世界同级别的信息安全认证。

二、授权

身份验证可确定该用户是否具有访问网络资源的资格，而授权规定了访问资源后该用户的操作权限。授权对于不同的用户是不同的，这取决于用户的工作职责。

三、审核

为了有效地分析网络的安全性并且对安全事件做出响应，系统应采取有效的方式进行采集网络活动数据。

审核数据包括用户试图通过身份验证和获得授权的尝试，同时还包括对用户所做的改变访问权限尝试的记录，并且审核日志中的所有数据均带有时间标签。

四、数据加密

加密是一个对数据进行编码的过程，目的是为了防止目标接受权限以外的用户读取数据。加密设备在把数据放入网络之前对其进行加密，解密设备则在把数据传送到应用程序之前对其进行解密。路由器、服务器及终端设备均可以作为加密和解密设备。SCADA 软件在必要时应设置数据加密功能。

加密是一个非常有效的安全部件，它提供了数据的保密性，同时也可以用来确认数据发送者的身份。

五、数据过滤包

在路由器和交换机上建立数据包过滤器，从而接受或拒绝来自特定地址或服务器的数据包。数据包过滤器扩充了身份验证和授权的机制，能够保护网络资源免受越权使用、盗用、破坏和服务攻击。

六、防火墙

防火墙是在两个或多个网络的边界处用来加强安全策略的一个系统或若干系统的组合。系统可以在控制中心与公网的入口配置硬件防火墙以保证网络安全。

七、入侵检测

入侵检测是指对网络活动的实时监测和数据分析，以发现潜在的薄弱环节和正在进行的网络攻击。在网络内部，授权用户在网络上进行的越权操作可以被实时地检测到，并立即被阻止。对于企图闯入网络的外部入侵也可采用同样的方式处理。

针对以上安全问题建议新建 SCADA 系统服务器采用 Unix 平台，工作站采用 Windows 的结构来确保系统安全性。Unix 系统漏洞少，不需要上网打补丁，并可以管理其网络，有效防止恶意的入侵。因此，系统服务器采用 Unix 平台，可有效防止病毒和非法入侵对系统的干扰。当 Windows 平台的工作站受病毒破坏时，系统服务器可以不受影响而继续完成数据采集和监控，确保系统核心部分的安全。系统除本身结构能确保安全外，应考虑提高其他外围设备的安全性能，主要包括：

（1）采取防雷措施，在信号、电源进出端设置防浪涌设备，防止雷击损坏；设置良好的接地系统。

（2）SCADA 系统接入各地区调度管理中心上传数据的接口，以及对外发布数据的服务器的出口均设置安全隔离器，防止病毒及外部入侵系统，保证系统的安全。

安全隔离器作为一种超越防火墙的高等级安全技术产品，使得网络用户在物理隔离的同时仍能与外网交换信息，保障内网不被黑客入侵。安全隔离器应能够在保证安全的前提下，通过物理隔离这一手段，实现内部网络与外部网络的信息交换。保证任何时刻被隔离的两个网络中的计算机资源不能被互相访问，并且通过系统设置在数据进入 SCADA 系统前进行数据分析，防止威胁、破坏等敌意攻击。

除采用安全隔离器外，发布服务器上还应安装专业防病毒软件，预防病毒通过其他网络入侵 SCADA 系统。

（3）对数据传输介质的选取，应选用高安全、抗干扰级别的线缆和通信设备，例如，光缆、三层交换机等，防止通信网络受到攻击，确保数据传输安全。

系统安全是一项复杂的工程，需要结合多方面的因素综合进行考虑，任何一处考虑不周都会留下安全隐患。在健全系统本质安全结构的同时，还需要建立一套科学可行的运行管理制度，用管理制度来提高操作管理人员的安全意识。

第七节 常见故障判断与处理

一、故障判断的一般思路

根据实时数据的变化提前分析判断可能出现的故障，并找出相应的处理方法。

二、故障处理的一般方法

（1）自动化控制设备发生故障，应按照故障分级处理及时进行处理。

（2）在安排处理每项故障前，必须有相应的措施，明确专人负责，防止故障扩大影响。

（3）自动化控制设备发生故障直接影响生产后应认真检查、分析原因。

（4）作业区不能够处理的，由作业区协调专业外委维护单位处理。

（5）未能及时排除的自动化控制故障，作业区（运销部）必须在每天生产工作会上研究决定处理措施。

（6）故障处理完成后，作业区（运销部）必须针对故障原因进行分析并提出预防或改进意见，将有关情况纳入工程月报的自动化控制部分，同时形成正式材料上报开发科。

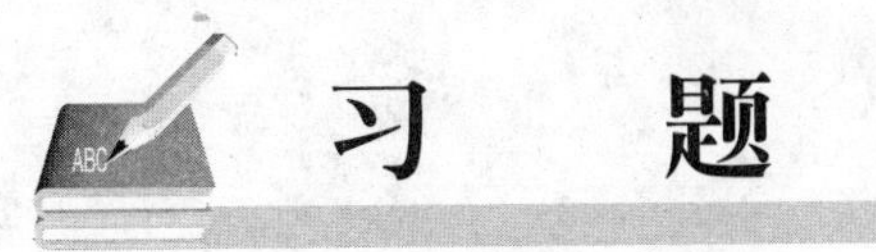

习 题

一、名词解释

1. 自动控制系统

2. 测量元件

二、简答题

1. 简述自动控制系统组成。
2. 简述 UPS 分类及工作原理。
3. 简述信号隔离器的工作原理。

三、思考题

井安系统具备哪些功能?

第九章 气田水

第一节　气田水的定义、危害及防护措施

一、气田水的定义

所谓气田水，是指油气田开发生产过程中所产生的地层水、集输管线清管通球等生产作业废水以及其他作业废水等。目前气田水处置方法主要有回注、处理后达标外排、综合利用。

（一）气田水分类

根据气田水离子含量，将气田水分为残酸水、地层水、凝析水。主要有 $CaCl_2$ 型、Na_2SO_4 型、$NaHCO_3$ 型。

（二）气田水水性特征

不同气田、不同产水层位，其所产地层水的组分不一样，就川渝地区而言，所产气田水的组分主要为钾、钠、钙、镁离子和氯根、碳酸根离子，此外还有少量的碘、溴、硼离子等，而其他重金属离子如汞、钡等离子一般很少。从井中采出的地层水除含有上述组分外，还含有一些固液类物质，如钻井时漏入地层中的钻井液、岩屑等；地层水对管道、设备腐蚀产生的腐蚀产物；上游气井因增产措施、防冻堵添加的各种化学药剂，诸如起泡剂、消泡剂、防冻剂等；增压机油污及其气井本身产凝析油等。气田水主要特征如下：

（1）悬浮物含量高，颗粒粒径大。气田水中悬浮物含量普遍很高，如川渝地区某回注井处理的气田水悬浮物含量平均高达 678mg/L；颗粒粒径大，悬浮固体颗粒粒径小于 10μm 的仅占 9.42%。

（2）石油类等有机物含量高。川渝地区卧龙河气田卧 23 井处理站的化学需氧量（简称 COD，下同）和石油类物质都很高，其中 COD 平均高达 6276mg/L，石油类物质含量 591mg/L。主要原因为卧 23 井站处理的卧龙河地区的气田水中含有凝析油；张 10 井站处理的板桥气田水中也含有凝析油，使得 COD 和石油类物质分别为 4269mg/L 和 278mg/L。

（3）Cl^- 含量高，呈弱酸性。气田水中含盐量普遍偏高，Cl^- 含量为 5000~50000mg/L，甚至超过 100000mg/L，如成 35 井，Cl^- 含量高达 108650mg/L。

二、危害及防治措施

在天然气的开发中，尤其是在气田开发的中后期，由于气田水可沿断层及构造裂隙侵入气藏进入井底，使气藏能量损失增大，井口压力降低，带水能力变差，造成气井减产或水淹停产，因此必须进行排水（气田水）采气，才能维持天然气的生产。气田水给天然气生产造成难题的同时，所引起的环保问题也应引起重视。

（一）气田水危害

气田水中普遍含有 S^{2-}、COD、油、悬浮物（SS）及重金属离子等污染物，其矿化度在几万到几十万毫克每升，如不经处理直接排放必将对环境（土壤板结，引起地下水污染）和人体健康造成危害。另外气田水中的 Cl^- 含量在 20000mg/L 以上，氯离子对金属的腐蚀也不容忽视。

在酸性油气田水中，带负电荷的氯离子，基于电价平衡，它总是争先吸附到钢铁的表面，因此，氯离子的存在往往会阻碍保护性的硫化铁膜在钢铁表面的形成。氯离子可以通过钢铁表面硫化铁膜的细孔和缺陷渗入其膜内，使膜发生显微开裂，于是形成孔蚀核。由于氯离子的不断移入，在闭塞电池的作用下，加速了孔蚀破坏。酸性天然气气井中与矿化水接触的油套管腐蚀严重，穿孔速率快，往往与氯离子的作用有着十分密切的关系。川渝地区成 35 井站内接头采用不锈钢材质，使用不到半年时间已腐蚀穿孔（图 9-1），池 38 井 2003 年 11 月上试作业时取出油管发现，300 ~ 800m 油管接箍坑深 5mm 左右，其他部位均匀腐蚀，分析认为是气田水中 Cl^- 含量较高所致。

图 9-1　成 35 井不锈钢接头腐蚀图

（二）气田水防护措施

鉴于气田水存在上述诸多危害，为降低安全环保风险，目前主要采取自然蒸发、回注地层、处理后达标排放和综合利用等措施处置气田水。对于产水极少的井采用自然蒸发方式，但绝大多数情况下自然蒸发处理难以实现，化学药物处理排放成本较高，处理外排因环保要求高难度太大，寻找合适的报废井（或新钻井）漏层回注地层，具有处理量大、成本低等优点，是目前国内外气田水处理较为常用的方法。随着技术的进步，气田水蒸发结晶分离技术的应用，将进一步减少氯离子对地下水源污染的潜在影响。

对于产水井站、回注井站应做好以下几项工作：

（1）油气井井场应给气田水池加盖，实行清、污分流，避免雨水进入气田水储存池（罐），不得将生活垃圾和其他固体废弃物排入气田水储存池（罐）。

（2）定期巡检气田水储存量，发现储存池（罐）渗漏等异常情况，应立即汇报和整改，并做好记录。

（3）气田水储存量达到要求后，应及时将气田水输运至回注井回注，避免气田水从储存池（罐）溢出。

（4）气田水必须经过处理达标，才能回注、外排和综合利用。

（5）回注井优先选择玻璃钢油管，否则应选择普通抗硫和高抗硫的金属油管，并采取牺牲阳极防腐措施，减缓腐蚀。

（6）高压回注部分阀门选用抗硫、耐腐蚀阀门，高含硫气田水回注泵选用不锈钢材质的阀门（如宝1井），低压部分选用塑料阀门。

第二节　气田水排放和转输

油气田开发生产过程中的气田水，一般经过分离器分离后，排放至井站气田水储存池。集输管线清管通球排放气田水，则通过收球装置排污阀排放至气田水储存池。待气田水储存量达到要求后，经过气田水转输管线或罐车拉运至气田水处理站处理回注或处理排放。

一、气田水排放

生产场站气田水的排放主要通过手动、自动两种方式实现气田水到气田水储存池的排放。为保证应急状态下能快速排放气田水，排放系统至少应设置两级阀门控制，或者两级之间增加电动阀或气动阀。对于排水量大的井站可选用疏水阀排放。

（一）手动排放

一般情况下，前端闸阀处于常开状态，后端的节流阀（或截止阀）处于关闭状态。实施气田水排放时，打开节流阀（或截止阀），根据排放情况调节排放水量。手动排污不可避免地会出现排放过程中的天然气泄漏损失。

（二）自动排放

自动排放包括电动、气动与机械排放三种。

1. 电动/气动排放

电动/气动排放系统一般前后排污阀均处于开启状态，中间的电动/气动阀处于关闭状态。电动/气动阀与分离器液位实行联动控制，当液位处于高限值时，自动启动电动/气动阀，开启排放通道，实现气田水自动排放，如图9-2、图9-3所示。

图9-2　气液分离器气动排污

图9-3　气液分离器电动排污

电动阀/气动阀的执行机构不一致，气动阀的活塞执行机构采用压缩空气作动力源，通过活塞的运动带动曲臂进行90°回转，达到使阀门自动启闭；电动阀使用电能作为动力，通过电动执行机构来驱动阀门，实现阀门的开关动作。

2. 机械排放。

机械排放主要是指疏水阀排放（图9-4）。天然气疏水阀在不使用其他任何动力的条件下，其阀腔内浮子利用浮力和重力的交替作用，再利用杠杆原理打开或关闭排水端的阀瓣，实现连续自动排液。使用过程中无天然气泄漏，避免了手动排液所带来的天然气损失。此类排污适合于排水量较大的井站使用。

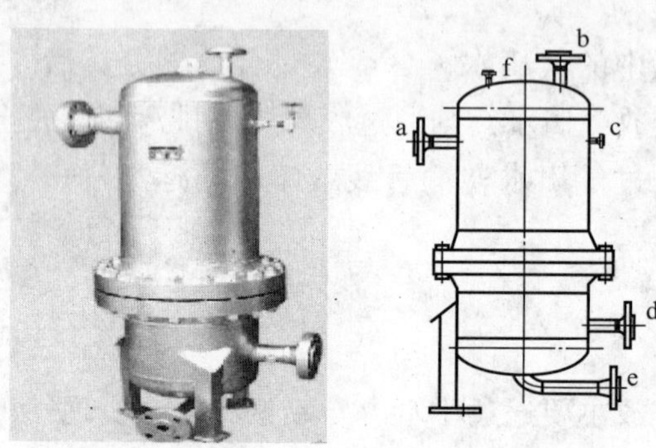

图9-4　疏水阀示意图

a—进水管；b—回气管；c—检查孔；d—排水管；e—排污管；f—温度计

二、气田水转输

由于气田水矿化度较高且溶解了硫化氢等有害物质，因此，当气田水池储存量达到要求后，必须采取密闭的方式进行气田水的转运。目前常见的转运行方式有管输和罐车拉运两种。对于产气田水井站比较集中且能连成线的区域，主要采取管线输送；产气田水井站比较分散的地区，主要采取气田水罐车拉运。

（一）气田水管输

根据气田产水井、回注井（站）分布状况，建立气田水管输系统，包括气田水输送管道、转水用的机泵、阀门等。通过气田水输送管道实现产水井站到回注井站的气田水转运。

1. 气田水输送管道建设

（1）高含硫气田水应避免长距离输送，防止因管线损坏造成环境污染事故。

（2）气田水输送管道应选取防腐防垢性能良好的管材，如钢骨架复合管、玻璃钢管等。由于玻璃钢管抗拉、抗振能力差，施工时应加强玻璃钢管现场锥面切削，黏结剂涂刷、固化，弯头防移位固定、与钢管焊接、试压验漏等施工关键环节的监督，确保施工质量。

2. 气田水输送管道管理

（1）应定期开展气田水输送管线巡检，对地处河流、水库、水塘、公路穿越、人口密集等敏感区域段应加大巡检频率，并制定环境风险应急预案。

（2）对气田水输送管线沿线居住人员，进行管道保护的宣传教育，设置永久性管道标识，对地处滑坡和易被人畜破坏的局部管段采取防护措施，设置警示标识。

（3）对气田水输送管道中的机泵、阀门等设备应定期进行维护保养，确保输水设备和设施处于正常状态，出现异常情况时应及时组织维修整改。

（4）气田水输送管道发生泄漏等事故时，应及时启动应急预案，及时抢险整改，避免泄漏事态扩大。

（二）气田水拉运

部分产水井站因距回注井站较远，或产水量较小，可定期采取罐车拉远方式实现气田水的转运。罐车拉远应遵守以下几个原则：

（1）根据产水井站、回注井站分布状况，制定气田水罐车拉运方案，明确行车路线，不得舍近求远。

（2）气田水承运单位应具备 HSE 准入资格和运输服务准入资格，承运前签订气田水车辆运输合同和 HSE 合同，明确职责和义务。

（3）气田水承运单位应对运输人员进行相关安全环保知识培训，气田水运输车辆、装卸工具必须符合安全环保要求，装卸和运输气田水过程中不得溢出和渗漏，含硫气田水必须实行密闭输送。严禁任意倾倒、排放或向第三方转移气田水。

（4）气田水承运人员进入井场装卸气田水，必须遵守有关安全环保管理规定，服从井站值班人员管理，不得擅自进入生产装置区和操作井场设备设施。

（5）严格执行签认制度，经双方现场签认和审核签字的原件作为气田水运输量结算依据。

（6）水井站和回注井站装卸气田水的值班人员，应监督指导承运单位安全清洁装卸气田水，严格按实际装载量进行签认。杜绝不明废水或无生产调度的废水进入气田水回注系统。

第三节 气田水处理

一、气田水处理原则

气田水处理主要有以下几种形式：有回注地层、达标外排、回用等方法，对于回注，在《高含硫化氢气田地面集输系统设计规范》（SY/T 0612—2008）中规定：高含硫化氢气田采出水影优先考虑回注地层，回注水质符合回注地层的要求。污水外排，排放污水有害物质含量远远超过国家《农田灌溉水质标准》（GB 5084）、《渔业水质标准》（GB 11607）和地方规定的排放标准。目前国内外用得最多的是回注地层。因此，本教材以回注地层为重点，介绍气田水处理的工艺选择。

（一）气田水回注

气田水回注前应达到《碎屑岩油藏注水水质推荐指标及分析方法》（SY/T 5329）、

《气田水回注方法》（SY/T 6596—2004）、《气田水回注水质指标》（Q/CY 399）等标准的相关要求。回注水水质必须满足以下基本要求：

（1）回注水水质稳定，与地层水相混合后不产生沉淀。

（2）回注水注入地层后，不使黏土矿物产生水化膨胀或悬浮。

（3）回注水应控制回注水的悬浮物、有机淤泥、油和乳化液含量。

（4）回注水对回注设施腐蚀性小。

（5）不同水源的水混合回注时，应首先进行室内试验。证实其相互间及其与回注层岩石以及地层水之间配伍性良好，对回注层无伤害方可注入。

推荐水质指标见表9-1。

表9-1　气田水回注推荐水质指标

悬浮固体含量，mg/L	$K>0.2\mu m^2$时	<25
	$K\leqslant 0.2\mu m^2$时	≤15
悬浮物颗粒直径中值，μm	$K>0.2\mu m^2$时	<10
	$K\leqslant 0.2\mu m^2$时	≤8
含油，mg/L	<30	
pH	6~9	

注：K为渗透率。

四川气田水回注水质标准（Q/CY 399—1997）中对悬浮固体含量做出了相关规定，见表9-2，同时也指出，对于回注地层的水与回注井的地层、地层水应有相容性，即不产生结垢、沉淀而堵塞回注系统通道。

表9-2　悬浮固体含量指标

回注层特征	悬浮固体含量，mg/L
大缝、大洞	<1000
渗透率$K<0.2\mu m^2$	<20
渗透率$K>0.2\mu m^2$	<30

具体制定回注水水质指标应在大量调研，弄清回注层情况、水质情况的基础上区别对待，总体原则：在确保回注井长期稳定回注的前提下，气田水经过较简便的工艺处理就能达到回注标准，尽可能节约成本。

对于以孔隙为主和以裂缝为主的储集地层，回注地层水在地下的运移和储集的机理不同，回注水的水质和处理工艺也不同。

对于以孔隙为主（砂岩层）的回注井，地层的孔隙既是渗滤通道，又是储集空间，一旦井底附近孔隙被堵，则回注水就不可能向远处地层流动。因为孔隙直径很小，要求回注水中固体微粒的处理就更精细，根据《油田含油污水处理设计规范》，颗粒直径不超过10μm，回注水必须经过精细过滤才能达到，为此会增加设备和能耗，水处理成本更高。

对于以裂缝、溶洞为主（碳酸盐岩层）的回注井，地层的裂缝、溶洞既是储集空间又是渗透通道，这类井孔隙、微孔隙、微裂缝所占空间比例很小，一般仅10%以下，这类空间处于低渗透带所储存的气很难采出，因而也很难通过渗滤流进回注水。也就是说，碳酸盐岩裂缝性地层作回注层时，回注地层水的水质就不如像孔隙性地层要求那样高。

综合上述两种水质指标，结合不同回注层情况，川渝地区暂定气田回注水标准为固体悬浮物≤100mg/L，油含量<15mg/L，pH 为 6.50~8.50。

20 世纪 90 年代中后期，川渝地区建成的气田水处理系统均采用加药、沉降、气浮、过滤处理后回注，工艺流程复杂，处理成本高。2004 年后，根据回注井回注层位渗透率、漏失情况和回注气田水水质等实际情况，针对不同回注井提出了不同的气田水回注指标，简化了处理流程，节约了成本。例如，张 10 井处理站，2004 年前加药处理气田水后回注，处理成本为 85 元/m^3左右，取消加药、斜管沉降、气浮流程后，气田水处理成本降至 20 元/m^3左右。

（二）达标排放

气田水处理后达标外排目前主要针对其中的 S^{2-}、COD 等特征污染物。为此，四川气田先后开发出针对低含硫（S^{2-}≤20mg/L）、高含硫（50mg/L≤S^{2-}≤200mg/L）、特高含硫（S^{2-}≥500mg/L）的气田水脱硫工艺；针对气田水脱 COD 研究开发了电解气田水、催化氧化、内电解法等工艺。当处理后的污水无条件回注必须外排时，要求达到《污水综合排放标准》（GB 8978）。其标准分级如下：

（1）排入《地表水环境质量》（GB 3838）中Ⅲ类水域（划定的保护区和游泳区除外）和排入《海水水质质量标准》（GB 3097）中二类海域的污水执行一级标准。

（2）排入 GB 3838 中Ⅳ、Ⅴ类水域和排入 GB 3097 中三类海域的污水执行二级标准。

（3）排入设置二级污水处理厂的城镇排水系统的污水，执行三级标准。

（4）排入未设置二级污水处理厂的城镇排水系统的污水，必须根据系统出水受纳水域的功能要求，分别执行上述（1）、（2）的规定。

（5）GB 3838 中Ⅰ类、Ⅱ类水域和Ⅲ类水域中划定的保护区，GB 3097 中的一类海域，禁止新建排污口，现有排污口应按水体功能要求实现污染物总量控制，以保证受纳水体水质符合规定使用。

主要污染物指标的排放标准见表 9-3。

表 9-3　气田水排放标准

污染物	油	COD	S^{2-}	SS	Mn	F
浓度，mg/L	10	100	1.00	70	0.10	0.50

注：pH 值为 6~9。

（三）综合利用

在《污水再生利用工程设计规范》（GB 50335）中，对污水再生利用按用途进行分类，包括农牧业用水、城市杂用水（主要用于城市冲厕、道路清扫、消防、城市绿化、车辆冲洗、建筑施工等）、工业用水、景观用水等，并分别对其水质进行了限制。

气田水作为一种综合性的液矿资源，在四川气田具有独特的资源优势。对其进行综和利用，可促进无机化工的发展，弥补我国钾盐资源的短缺，其社会效益和经济效益十分显著。

四川气田水是当今世界罕见的富钾、富硼气田水，已形成九大含钠水岩系及21个区域气田水层。它常与天然气伴生，不仅氯化钠含量高，适宜制取食盐，且富含溴、碘、硼、钾、锂、锶、铷等多种元素，含量通常能达到或超过工业指标。如川西气田水钾、硼含量远高于西藏札布耶盐湖水和美国西尔斯盐湖水，川东的高碘气田水是单独开采品位的17倍，气田水的溴含量为开采品位的11倍。

对于气田水的综合利用，目前实施最多、最为广泛的是盐化工，也就是浓缩提盐，例如，平锅熬盐，由于规模、能耗太高被勒令停产。事实上，气田产水井中有不少卤水井，富含 K_2SO_4、Br^-、Li^+、Ba^{2+}等有综合利用价值的物质和元素。

随着技术的进步，目前普遍采用热法分离技术，又称为真空蒸发结晶分离技术，将污水中离子含量较多的矿物结晶出来，蒸发冷凝水达到污水排放标准外排，该方法适合不同矿物质含量的污水。该方案处理费用约为60~90元/m^3。原水通过简单预处理后进入蒸发结晶分离系统，根据原水条件和装置能力等条件，确定蒸发流程。该方案能将污水中含量较高且有价值的矿物质分离出来作为产品销售，污水中的水转化成水蒸气形式分离出来，该方案处理后水达到《污水综合排放标准》一级标准，可回用也可排放。

该技术已在中石化川西采气厂地层水综合利用站成功应用。在四川德阳投资建设了一套4效真空蒸发结晶分离技术治理含盐采气废水的装置（图9-5、图9-6），该装置通过锅炉蒸汽传热，1效、2效、3效、4效蒸发罐蒸发，最终将废水中氯离子和水分离成盐、冷凝外排水和母液。装置于2012年4月28日正式投产运行，目前已平稳运行20个月，设计处理能力360m^3/d，运行成本79元/m^3，耗气250m^3/h，耗电275kW·h/h。截至2013年年底，累计处理地层水约$15\times10^4m^3$，达到了处理水外排进入农业灌溉系统的要求。

图9-5 川西采气厂地层水蒸发结晶分离工艺实物图

二、气田水处理工艺

气田水处理工艺是针对气田水水质进行固体杂质、液体杂质、溶解气体和溶解盐类等复杂杂质的处理工艺。目前通常采用物理处理、化学处理、物理-化学处理以及生物处理，将其中的杂质污物处理达到排放或回注标准。气田水处理流程见图9-7。

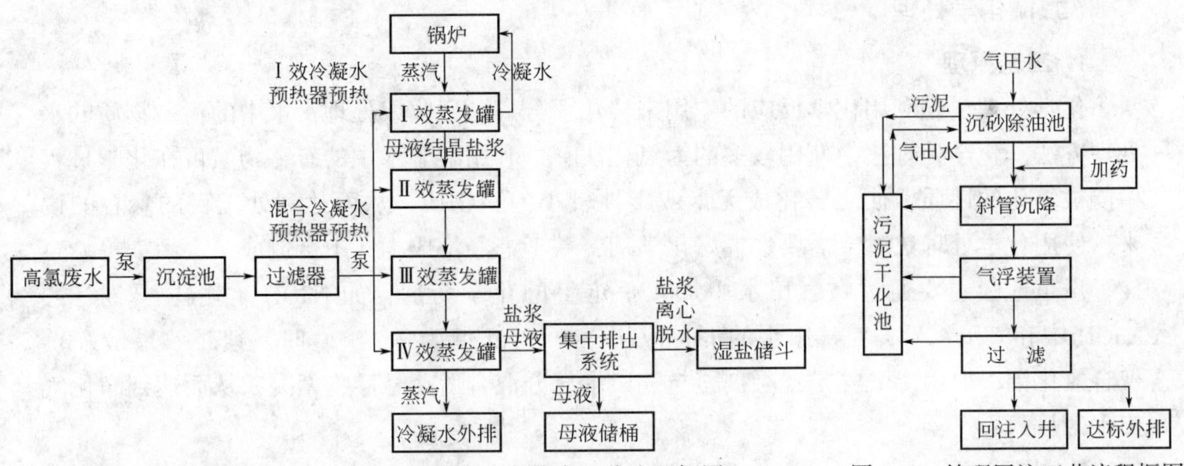

图 9-6 川西采气厂地层水蒸发结晶分离技术工艺流程框图

图 9-7 处理回注工艺流程框图

(一) 物理处理

1. 工艺原理

物理处理法主要有机械过滤法和膜分离法。机械过滤法用以除去水中悬浮物或固相颗粒。膜分离法是利用一种特殊的半透膜来分离水中离子和分子的技术，又包括反渗透（RO）、纳滤（NF）、超滤（UF）、微滤（MF）等。在大多数膜分离过程中，物质不发生相变化，分离系数大，操作可在室温进行，所以膜分离过程具有节能、高效的优点。膜分离法是一种发展速度较快的高新污水处理技术，其中纳滤也称为纳米过滤，是介于 UF 和 RO 之间的一种以压力为驱动力的新型膜分离技术，可截断相对分子质量为 300~3000 的物质，具有耐热性良好、适应 pH 范围广、耐有机溶剂及稳定性好等优点，最适合于有机污水的处理。

2. 处理步骤

常见的物理处理工艺主要是机械过滤式工艺，主要流程如图 9-8 所示。气田水首先进入气田水池沉淀，沉砂、隔油，去除气田水中大的悬浮颗粒、油污等；其次通过斜管沉淀将 50~100mg/L 悬浮物除去，再经机械过滤将气田水出口悬浮物控制在 10mg/L，回注至井底。

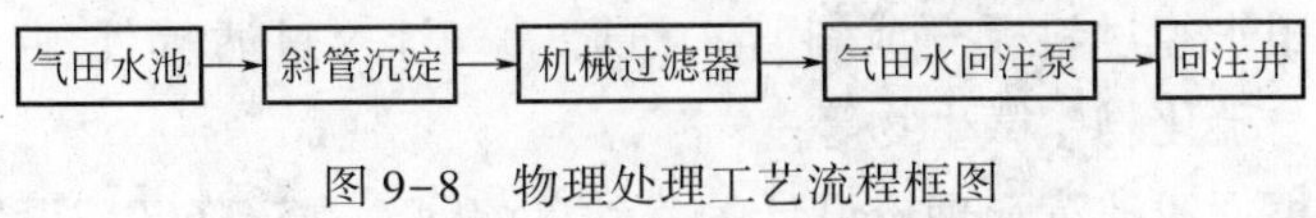

图 9-8 物理处理工艺流程框图

3. 工艺优缺点

处理工艺简单、成本低，但不能完全去除上游气井因增产措施添加的各种化学药剂，如起泡剂、消泡剂等。适合于气田水水质较好、不含油污，且气田水不与地层水反应结垢的气田水处理。必要时也可对原有沉淀池进行改造，增加斜管、堰板，起沉淀、隔油作用，提高处理效果。

（二）化学处理

1. 工艺原理

化学处理法是利用化学反应的作用来转化、分离、回收或处理污水中的污染物质的水处理方法。化学处理法中使用较多的为氧化法，即利用溶于水中的有害物质可在化学过程中能被氧化的性质，使之转化成无毒或毒性较小的新物质，从而达到处理目的。总的说来，使用化学处理法时，需要选择好化学剂，并考虑经济成本、不会造成二次污染等。

川东地区主要通过在气田水中加入一定量的化学药剂，如 NaOH、聚铝、聚胺等，NaOH 中和气田水后，使气田水的 pH 值为 6~9（pH 值为 7~7.20 时，絮凝效果最好），聚合氯化铝、聚丙烯酰氨是絮凝剂，与气田水充分混合后让悬浮物絮凝，从而达到净化气田水的目的。

2. 处理步骤

在物理处理工艺的基础上，增加加药装置，加药后需进行混凝→过滤→精滤，其关键设备为精滤单元。目前采用的精滤组件主要有陶瓷烧结管、PE 滤棒、改性纤维球等。

3. 工艺优缺点

工艺复杂、运行成本高，对于气田水中的特征污染物难以确定，导致不能针对性的添加化学药剂，多种药剂组合不相容导致絮凝效果差。同时处理设备结垢严重。

（三）物理—化学处理

1. 工艺原理

物理—化学处理法是指处理过程中，不仅存在化学反应，还包括了一些物理过程。较常用的物理—化学处理法有混凝法、电解法、气浮选法和吸附法。常见的物理—化学处理工艺流程如图 9-9 所示，主要是在物理处理的基础上增加了药剂加注、气浮处理等环节。

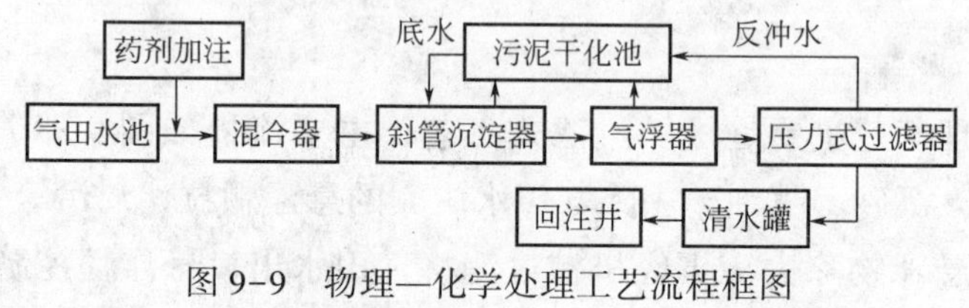

图 9-9　物理—化学处理工艺流程框图

2. 处理步骤

加了药剂的气田水经过斜板（或斜管）沉降、气浮、过滤等处理，去除气田水中悬浮颗粒、油类物质、硫化物、微生物等。

斜板沉降池是根据浅池沉淀理论设计的一种沉淀池，在沉降区域设置许多密集的斜管或斜板，使水中悬浮杂质（相对密度大于 1）在斜板或斜管中进行沉淀，水沿斜板或斜管上升流动，分离出的泥渣在重力作用下沿着斜板或斜管向下流入池底，再集中排出；从斜板或斜管沉降池中出来的气田水，比重大于水的悬浮颗粒基本已在斜板或斜管沉降池中去除，水中仍有较小的悬浮物，气浮装置利用高压溶气水在骤然减压释放时，形成大量的微小气泡，由这些微小气泡对气田水中已形成的絮花进行黏附，使其视密度小于水，然后黏附的颗粒被气泡挟带浮升至水面，用气浮装置内的刮泥板刮掉，从而实现气田水中的微小悬浮物和泥水分离；过滤即将含有一定浊度的原水通过一定厚度的粒料或非粒状材料，使水净化的过程。

3. 工艺优缺点

处理流程复杂、污泥量大、运行成本高。适合于气田水较差，回注层孔隙、裂缝不发育，要求精细处理的气田水处理工艺。

（四）生物处理

1. 工艺原理

生物处理指用生物学的方法处理污水的总称，主要借助微生物的分解作用把污水中有机物转化为简单的无机物，使污水得到净化。按对氧气需求情况可分为厌氧生物处理和好氧生物处理两大类。生物处理法是气田水处理的一个主要发展趋势，目前应用较少。

好氧处理：在污水中含有充分溶解氧的条件下，利用好氧性微生物使水中的有机物分解成二氧化碳、氨及水等，使污水得到净化。一般采用活性污泥法、生物滤池法、生物转盘、氧化、曝气法以及灌溉田法等进行处理。如活性污泥、污水灌溉等。作用机理如图 9-10 所示。

厌氧处理：在污水中缺氧的条件下，利用厌氧性微生物使水中的有机物分解成甲烷、二氧化碳、硫化氢、氮及水等，一般采用甲烷发酵法（消化法）等进行处理。如厌氧塘、化粪池、污泥的厌气消化和厌氧生物反应器等。作用机理如图 9-11 所示。

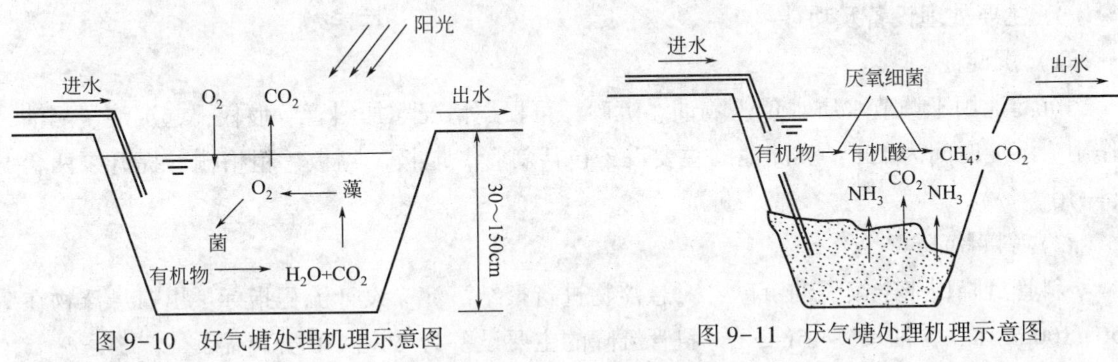

图 9-10 好气塘处理机理示意图

图 9-11 厌气塘处理机理示意图

2. 处理步骤

当废水流经填料表面时，有机物被所载生物膜吸附，同时，空气中的氧也由废水表面进入生物膜，膜上的微生物在氧参与下对有机物进行分解，最终使废水得到净化。

3. 工艺优缺点

生物处理效果好、费用低、技术较简单、应用比较简单。尤其是厌氧生物处理法具备有机物去除率高、工艺操作简单可靠和维护费用低等优点。

当简单的沉淀和化学处理不能保证达到足够的净化程度时，就要用生物的方法作进一步处理。生物处理中要特别注意掌握净化气田水的微生物的基本特点，满足其要求条件；气田水中 BOD 与 COD 比值要大于 0.3。

该工艺受温度影响较大，冬季一般效果较差。该工艺是一种降低污水中的有机物和营养物质，尤其是氮、磷物质的处理方法。

三、处理工艺选择

（一）选择依据

根据气田水水质、回注井回注层储渗条件，结合回注水水质指标、试注情况、处理成本等综合因素选择处理工艺。

（二）处理流程设置影响因素

气田水处理后水与地下水的配伍性；回注水的特定指标；投资成本；尽量降低运行成本的经济合理性；设备易维护；滤料再生能力；减少在污水处理过程中带来的二次损害及产生污泥量；各单元工艺的选型和设备选型对运转可靠性的影响；各集成单元的迁移性能等。其中气田水中机械杂质和高黏度的油是堵塞回注层、影响回注效果的主要因素，因此在处理工艺选择上应重点考虑。

川渝地区自1983年卧龙河气田卧20井回注井投运以来，回注井管理、回注效果评价取得了较为丰富的经验，相关科研成果用于生产实践，指导气田水回注效果明显。本教材依据其成果利用回注泵压、回注速度及其泵压变化率三项指标确定的Ⅰ、Ⅱ、Ⅲ类回注井进行处理工艺设置。

（三）气田水处理工艺流程

1. 主要处理设备及功能

1）沉淀池

沉淀池用于调节水质水量，隔油、沉砂，可根据情况增加斜管、堰板，起沉淀、隔油作用。沉淀时间为10h，沉淀池的主要设备包括斜管、堰板、隔板、粗格栅、提升泵两台（一用一备）。

2）斜管沉降

斜管沉降用于继续隔油沉砂，对悬浮物进行聚结沉淀。设计流程指标：出口悬浮物在50~100mg/L，含油≤5~15mg/L。斜管沉降的主要设备为WSC-30分离器。

3）粗过滤

粗过滤用于对悬浮物和油进行预处理，反洗水回到沉淀池。设计流程指标：出口悬浮物≤10~30mg/L，含油≤5~10mg/L，设计压力0.60MPa。粗过滤的主要设备为过滤泵1台，反洗泵1台，过滤器1台。

4）污泥干化池

污泥干化池用于将沉淀池、沉淀罐内的污泥收集在干化池内干化。主要设备为真空泵1台，运泥推车1辆。

5）储水罐

储水罐用于蓄水，供过滤器反洗用水。

6）加药系统

加药系统用于添加增加气田水絮凝作用的化学药剂，主要设备为加药筒、搅拌桶等。

7）综合设备间

值班控制室：控制值班用；工具室：存放工具、零配件用；泵房：安装注水泵和离心泵。

2. 处理工艺流程

（1）Ⅰ类回注井气田水处理：隔砂、除油，如图 9-12 所示。

图 9-12　Ⅰ类回注井处理流程

（2）Ⅱ类回注井气田水处理：隔砂、除油、过滤，如图 9-13 所示。

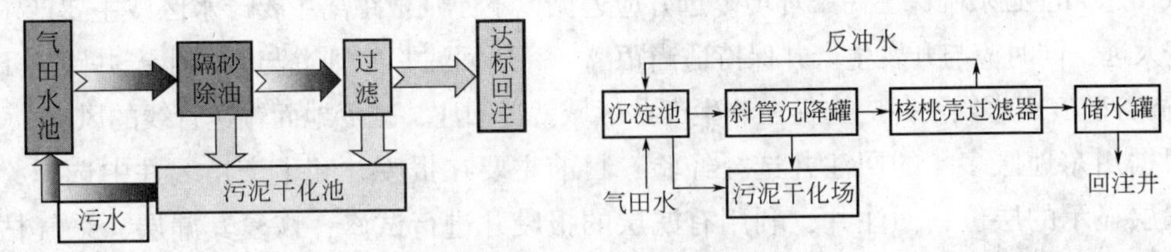

图 9-13　Ⅱ类回注井处理流程

（3）Ⅲ类回注井气田水处理：精细处理，即加药、沉降、气浮、过滤等，如图 9-14 所示。

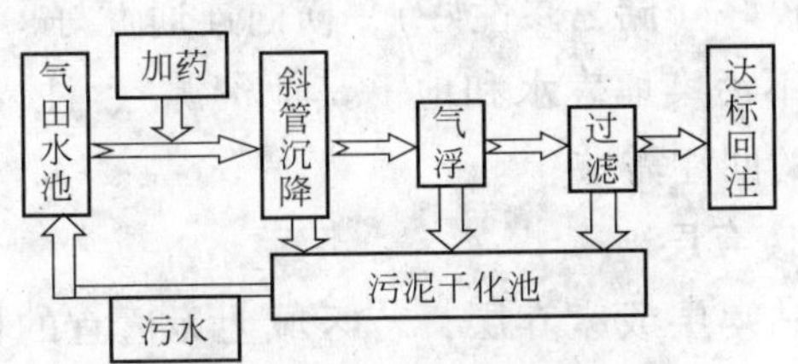

图 9-14　Ⅲ类回注井处理流程

Ⅱ类回注井气田水处理流程针对性较强，根据气田水水质特点，主要考虑悬浮物和油的过滤处理。操作简单，关键是不投加药剂，避免投加药剂产生的大量污泥量，运行费用低。与加药和精滤的Ⅲ类处理流程对比，每个回注站可节约投资 200~300 万元。

纳溪气田纳 8 井于 1964 年 6 月 9 日投产，生产层位为茅口组碳酸盐岩，产层中部井深 2077.50m。该井原始地质储量 $0.42\times10^8m^3$，1976 年已枯竭，计算储集空间 $17.60\times10^4m^3$。纳 8 井 1977 年 1 月开始作为地层水回注井，截至 2006 年 9 月已累计回注 $16.80\times10^4m^3$ 地层水。纳 8 井回注层位为茅口组，属裂缝—孔隙型气藏，在长期的回注中，卤水只经过污水池沉淀与隔油池初级处理而未进行精细过滤就回注，至今已回注近 30 年，从未发生堵塞，现回注量已接近该井的储集空间，仍在回注。该井储集空间主要是裂缝系统，由于裂缝发育，渗流通道连通好，因此对回注水质的要求不高，气田水只经简单沉淀处理就可以实现正常回注。从纳 8 井这一类型的回注井可以得出以下结论：气田回注井主要是利用地下大缝、大洞形成的储集空间，储层为裂缝—孔隙型的井，储水能力较强。因此，对于裂缝-孔隙型储层的回注井，在水处理工艺中，可以不考虑精细处理流程，只需沉淀、过滤就能顺利回注。通过蜀南气矿已有精细过滤装置的运行成本分析，如果不进行搞精细过滤，每立方米水的处理成本可以降低 10 元以上。

第四节　气田水回注

一、回注井选井原则

回注井选井应遵循“注得进，封得住，无泄漏”原则，以实现气田安全生产与环境保护的持续和谐发展。

（一）井位选择

气田水回注必须确保不污染环境。选井应遵循以下原则：距离主要产水区或主要产水井距离不宜太远，同时应与开发生产井保持适当距离，高压回注井原则上与开发生产井距离不小于2km；高含硫气田水回注井应选择在非生产井区域就近回注，减少地面输送管线的风险。

根据川东地区多年的回注井选择经验，目前主要在报废井和生产枯竭井中选择，即选择有漏层显示的层位钻回注井，利用有漏层的报废井进行试修，恢复其漏层，采气枯竭井直接作为回注井。这类井注水性能好，地面工程投资少、工作量小。

（二）层位选择

总体要求回注层物性较好（储、渗性好），横向连通性好，有足够的储集空间；注水层离地面有足够的深度（不污染地表水和地下其他资源）；注入气田水与地层配伍性好；井筒完好等，满足较长期的回注需求。

1. 优先选择枯竭层或废弃层

回注层位应优先选择枯竭层或废弃层，若区域上无适宜的枯竭层或废弃层作为回注层，也可选择区域上大面积分布，埋藏深度超过1000m，物性较好的渗透层作为回注层。

川东气田 J_2s 的储集岩岩性为砂岩，属裂缝—孔隙型，但砂岩层薄、泥质含量重、储层储渗性差，利用该层系作回注井，应考虑有多个回注层；回注层位为 T_3x 的回注井岩性为砂岩，储集岩类型均为裂缝—孔隙型，砂岩厚层、质纯，储、渗性好，该层应为回注井首选层位；$T_1j_2^5-T_1j_1^5$、$T_1j_3^4$储集岩为白云岩，属裂缝—孔隙型，也是川东气田回注井的重要选择层位；T_1j^1、T_1f^3、P_2ch 等储集岩岩性均为灰岩，属裂缝型，由于裂缝性储层随机性大，可考虑利用采出程度高的生产枯竭井作为回注井。川渝地区 T_3x 回注层占回注井主导地位，占38.9%，回注效果比较好（图9-15）。

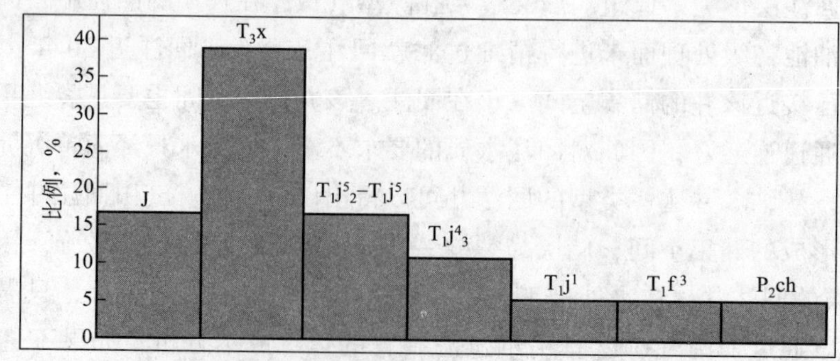

图9-15　重庆气矿不同回注层位回注井占比示意图

2. 具有良好的盖层和上下隔离层

回注层应具有良好的盖层和上下隔离层，在回注气田水波及区域内与浅层和地表无连通的断层、无地表露头或出露点，可以满足长期回注气田水后不会发生相互窜漏，不会对生产井造成影响，也不会对地表淡水层造成影响和自然界造成环境污染。

3. 回注空间确定

回注井的回注空间对回注井选择，以及回注井的经济性极其重要。选择枯竭气井作为回注井时，其储集空间可由式(9-1) 计算确定。

$$V=0.101325\left[\sum q_{sc}/(p_f/Z)\right]+\sum q_w \tag{9-1}$$

式中　V——储水容积，m^3；

$\sum q_{sc}$——累积采气量，m^3；

p_f——原始地层压力，MPa；

Z——压缩因子；

$\sum q_w$——累积产水量，m^3。

(三) 井下管串要求

1. 套管要求

新钻回注井要求套管技术状况良好，固井质量合格，各层套管固井质量应无窜槽现象，油层套管能够承受设计注入压力，井口装置密封良好，满足回注最高压力的需要。新钻回注井技术套管下深应超过400m，高含硫气田水回注井的技术套管下深应超过800m；油层套管下到回注层顶部（裸眼完井）或底部（射孔完井），技术套管和油层套管固井质量良好。回注层上部套管固井质量应具有连续厚度大于25m的优质固井段，防止气田水沿井筒上窜发生泄漏。若回注层属于漏失层，可采用管外封隔器或可钻桥塞暂封工艺提高固井质量。

旧井作为回注井时，要求套管完好，技术套管和油层套管固井质量符合回注安全需要，回注层以上固井质量应具有连续厚度大于25m的优质固井段。原有资料无法准确分析套管固井质量的，应重新检测套管固井质量。

2. 油管要求

根据下入深度和回注压力等回注条件，优先选择玻璃钢油管作为回注井完井油管，并在油套环空注入一定量氮气或注入加有除氧剂的保护液以保护油层套管；对于不能采用玻璃钢油管作为完井油管的井，可根据硫化氢含量分别选用普通抗硫和高抗硫的金属油管完井，高含硫气田水回注井完井管柱可采用封隔器完井或井下油管采取牺牲阳极防腐措施，但完井管柱应尽可能考虑后期修井需要。

二、回注井试注

选好回注井及回注层位后，必须开展试注。通过试注获取回注压力、回注速率、地层吸水能力等重要参数，从而指导地面配套设施选型，达到在满足回注量要求前提下实现投资最优化的目的。原则上，新选取回注井或回注层都应开展试注工作。

（一）试注要求

回注井试注应在保证井口和井下管柱安全的前提下进行，试注参数应执行设计要求。试注用水为经过沉淀和过滤处理的气田水或清水，不得采用泥浆或未经处理的脏水进行试注；试注水量应达到 100m^{3}或连续试注时间在 2h 以上。

根据试注情况，结合气田水回注需求，确定合理的气田水回注参数。

（二）试注效果

回注井的试注效果好坏，主要在于试注期间的几个关键技术参数，如回注井井口压力、回注泵压、回注速度等。回注方式有自吸和加压两种，试注过程中，在泵压为零的情况下，回注井能自吸回注，表明回注效果好。

经过四川气田多年实践证明，利用泵压、回注速度、回注 1×10^{4}m^{3}气田水泵压增加量等三项参数作为回注效果评价标准（表 9-4），也可作为试注效果的评价。

Ⅰ级：泵压小于 2MPa，回注速度大于或等于 10m^3/h，平均每回注 1×10^{4}m^{3}泵压增加小于 0. 5MPa，同时满足这 3 个条件，评价为回注效果好。

Ⅱ级：泵压介于 2～10MPa，回注速度为 5～10m^3/h，每回注 1×10^{4}m^{3}泵压增加 0. 5～1MPa，同时满足这 3 个条件，评价为回注效果较好。

Ⅲ级：泵压大于或等于 10MPa，回注速度小于 5m^3/h，每回注 1×10^{4}m^{3}泵压增加大于 0. 5MPa，只要满足其中一个条件，评价为回注效果差。

表 9-4 回注效果评价标准

级别	泵压 MPa	回注速度 m^3/h	泵压增加/平均回注 MPa/10^{4}m^3	回注效果评价
Ⅰ	<2	≥10	<0. 5	好
Ⅱ	2～10	5～10	0. 5～1	较好
Ⅲ	≥10	<5	>1	差

三、回注工艺选择

气田水回注工艺应首选密闭输送回注，无法实施密闭输送回注的井，回注水质可进行机械杂质过滤后回注，确实需加药处理的也要尽量简化、优化加药处理工艺，避免加入过多化学剂造成悬浮物堵塞地层和地面产生大量脏物形成二次环境污染。

（一）回注水质要求

满足石油天然气行业标准《气田水回注方法》（SY/T 6596）对回注水水质的基本要求，同时，针对钻试废水等非气田水，要求不能与气田水混合回注，应指定专用回注站处理后回注到专用回注井。

（二）回注数据采集与分析

加强回注井日常运行管理，建立回注井资料台账，为回注效果分析提供依据。

1. 回注井运行数据录取

回注井运行参数主要包括回注油、套压（如技术套管环空有压力，应录取和监测技术套管环空压力)、泵压、排量、累计回注量、回注水质、化学药剂加注等。

目前主要以人工巡检、录取数据为主，随着科技的不断进步，自动化控制如数据自动采集、远程启停泵、视频监控等设施也逐步应用于气田水回注站，实现回注站的远程远控。如川渝地区双家坝气田七里17井于2013年建成自动化站控系统（SCS），通过RTU控制系统、现场变送器、电磁阀流量计自动采集气田水池液位、回注泵压力、回注井井口压力、气田水流量等，极大地提升了回注站自动化管理水平。

2. 周边水源监测

气田水回注地层仍然存在一定风险，如泄漏风险、对邻井影响的风险，因此加强气田水回注监测跟踪分析尤其重要。根据回注压力和回注量制定回注井监测周期，加强回注井在役过程中井口、井场及周边河流、饮用水源监测，发现异常立即停注，并进行相应的整改。

（三）回注工艺选择

回注站建设规模、回注工艺选择，应视气田产水情况、气田水水质及回注井回注参数综合确定。回注工艺的关键设备是机泵，目前以离心泵和往复泵为主；回注工艺的关键是回注压力确定和泵的选型。

1. 回注压力的确定

1）常压回注

目前所选回注井多为采气枯竭井，井深一般超过1000m，注水时，井筒液柱压力超过10MPa，因而对于采气枯竭气藏，注水压力常常为零。有时注水速度较高，地层吸收较慢，注水压力稍有上升，但1~2MPa也足够。

在产水量大的集气站，常利用疏水阀的压力直接回注，这时，回注压力就是疏水阀的排出压力：

$$p_Z=p_t+\Delta p \tag{9-2}$$

式中　p_Z——回注压力，MPa；

p_t——油管压力（油管注水），MPa；

Δp——疏水阀出口至回注井口管线的压力损失，MPa。

Δp可根据气井产水量（输水量）、管道情况（管径、长度、材质）、管道沿线高程变化等进行计算。

当排水管道沿线高程变化较小时：

$$\Delta p=9.81\times10^{-4}\lambda[\beta u^2L/(2gd)] \tag{9-3}$$

式中　Δp——排水管线压力降，MPa；

λ——摩阻系数；

β——液体密度，取1030kg/m^3；

u——流速，m/s；

L——管道长度，m；

g——重力加速度，9.81m/s^2；

d——管道内径，mm。

2）高压回注

如果所选回注井地层渗透性差，须经过压裂人工造缝后才能回注。如川中油气矿磨69井，地层经过压裂后进行注水，该井注水层位为大安寨砂岩，孔缝较差，井段1371~1353m，井内油管为51mm玻璃钢下至1345.95m。2004年4月6日至20日试注，累积注水量296m^3，注水泵压由6MPa上升至19MPa，目前注水泵压力保持在25MPa左右，每日注水10h，日注水量20m^3，从2004年11月至2005年5月累积注水6110m^3。

2. 回注泵选择

1）泵选型总体原则

泵选型应遵循以下原则：

（1）所选泵型和性能符合装置流量、扬程、压力、温度、汽蚀流量、吸程等工艺参数要求；

（2）机械方面可靠性高、噪声低、振动小；

（3）经济上综合考虑设备费、运转费、维修费和管理费的总成本最低。

2）离心泵和往复泵的特点

离心泵靠叶轮搅动流体旋转的离心力产生压力输送流体。具有转速高、体积小、重量轻、效率高、流量大、扬程高、结构简单、输液无脉动、性能平稳、容易操作和维修方便等特点。离心泵比往复泵便宜；泵送压力稳定，而无振（脉）动；可以直接与电机联结，而无需齿轮或皮带；出口管线上的阀可以完全关闭，而不会损坏；可以处理含大量固体颗粒的悬浮液。

往复泵通过泵头进、出口阀的开闭来实现流量输送，可以设计比离心泵更高的压头；入口压力可以低于大气压，而无须专门的装置；操作上更灵活；在很宽的操作流量范围里，可以基本保持恒定的效率。

根据气田水转水和回注的不同特点，结合离心泵、往复泵各自优势，及其具体参数进行泵的选型。

3）泵的选型计算

根据工艺流程，给排水要求，主要考虑液体输送量、装置扬程、液体性质、管路布置及操作运转条件等因素。

（1）流量是选泵的重要性能数据之一，它直接关系到整个装置的生产能力和输送能力。选泵时，以最大流量为依据，兼顾正常流量；在没有最大流量时，可取正常流量的1.10倍作为最大流量。

（2）扬程是选泵的又一重要性能数据，一般要用放大5%~10%余量后扬程来选型。

（3）液体性质，包括液体介质名称、物化学性质和其他性质，物理性质有温度、密度、黏度，介质中固体颗粒直径和气体的含量等，这涉及系统的扬程，有效气蚀余量计算和合适泵的类型。化学性质主要指液体介质的化学腐蚀性和毒性，是选用泵材料和选用哪一种轴封型式的重要依据。

（4）装置系统的管路布置条件是指送液高度送液距离送液走向，吸入侧最低液面，排出侧最高液面等一些数据和管道规格及其长度、材料、管件规格、数量等，以便进行系统扬程计算和汽蚀余量的校核。

4）回注（转输）泵的振动防治与节能措施

回注泵、转输泵运行中的安全风险主要表现为泵密封处渗漏、运行振动、噪声大、易损件磨损消耗、泵内堵塞等。对振动大的机泵，建议安装减震器，降低由于机泵震动造成的玻璃钢管道磨损穿孔，气田水泄漏对环境造成污染；安装变频器降低能耗。

池1井在2009年8月10日至9月7日向池39井转水期间，管线连续发生3次泄漏事件，平均运行34h发生1起磨损穿孔。9月8日在转水泵出口安装减震器后，运行状况良好，未出现类似泄漏事件。经过现场测试，管道减震器安装前管线振幅为1.20mm，安装后管线振幅为0.15mm，大大降低了机泵运行对管线造成的影响。

回注泵安装变频器，通过调节用电频率达到节能降耗目的。如池55井未启用变频器时，日回注气田水350m^3，机泵额定流量为30m^3/h时，日回注时间约12h，日耗电量约1800kW·h；安装两台EV2000-4T1600P变频器后，摸索变频器35Hz为最佳工况，机泵额定流量21m^3/h，日回注时间约17h，日耗电量约1445kW·h，启用变频器后机泵日耗电量减少355kW·h，日降低成本266元，年降低成本9.71万元。随着机泵转速下降，机泵活塞和进排水阀单位时间运行次数也降低了，同时，也明显地降低了机泵运行时产生的振动和噪声。

5）新型泵的应用

往复泵虽效率较离心泵高，但往复泵动密封点多、易损件多、振动大、噪声大、故障率高、维修工作量大且费用高。鉴于注水电泵（离心式潜油电泵派生产品，图9-16、图9-17）具有振动小、噪声低、结构简单、密封可靠、易损件少、维修期长等特点，且在各油田应用情况良好，建议开展注水电泵现场应用试验。

图9-16　大庆力神泵业QCZ注水电泵

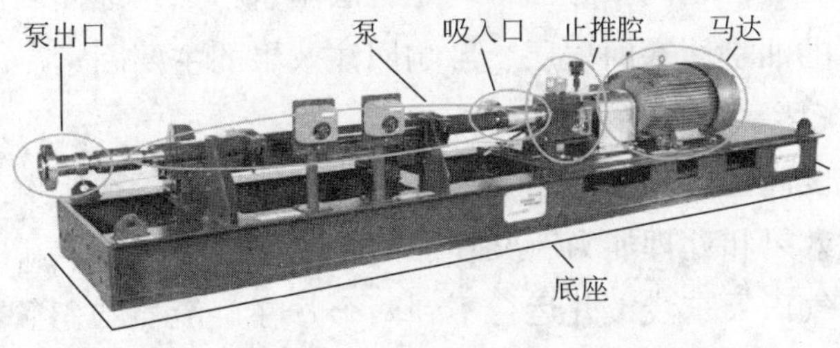

图9-17　贝克休斯水平泵

四、回注效果评价

1. 回注效果评判

回注效果好坏，一方面，取决于回注井回注层的渗透性与有效储集空间的大小；另一方面，取决于回注水质情况，主要是地层水组分、水中悬浮物、氧化物与回注井地层岩石配伍情况。按照前面试注效果评判标准对川渝地区回注井回注效果评价（表9-5）。

表9-5　重庆气矿回注井回注层回注效果评价

层位		J_2s	T_3x	$T_1j_2^5-T_1j_1^5$	$T_1j_3^4$	T_1j^1	T_1f^3	P_2ch	合计
储集岩性		砂岩，泥质含量重	厚层砂岩	云岩	云岩	灰岩	灰岩	灰岩	
储集类型		裂缝—孔隙型	裂缝—孔隙型	裂缝—孔隙型	裂缝—孔隙型	裂缝型	裂缝型	裂缝型	
回注井情况	数量（口）	3	7	3	2	1	1	1	18
	比例（%）	16.7	38.9	16.7	11.1	5.6	5.6	5.6	
Ⅰ类回注井发育情况	数量（口）	0	5	2	1	1	1	0	10
	比例（%）	0	50	20	10	10	10	0	
Ⅱ类回注井发育情况	数量（口）	2	1	1	1	0	0	0	5
	比例（%）	40	20	20	20	0	0	0	
Ⅲ类回注井发育情况	数量（口）	1	1	0	0	0	0	1	3
	比例（%）	33.3	33.3	0.0	0.0	0.0	0.0	33.3	
评价结果		储渗性较差，选该层可同时射开多个层位，如邓1井	孔、缝发育储渗性好，回注井首先考虑层位	孔、缝发育，回注井选择时重要考虑层		裂缝性储层，随机性大，可考虑利用生产枯竭井			

例如，××井位于沙坪场构造北段东翼，2004年3月作为回注井投入使用，截止2013年年底累计回注气田水106.20×10^{4}m^3，该井回注情况一直比较稳定（图9-18）。目前泵注压力和井口压力均约为1.59MPa，日回注量350~400m^3，回注速度25m^3/h，回注效果非常好。该井回注层位为T_3x、$T_2l_3^1$，T_3x层孔隙段发育，$T_2l_3^1$裂缝发育。构造位置虽然位于翼部，但紧邻断层，裂缝发育，北至天东91井南值天东86井顺轴与12km的范围内钻井均有井漏显示，因此该井的回注效果好。

2. 回注系统堵塞与解除

回注系统堵塞主要表现在两个方面：一是地层堵塞，二是地面回注系统堵塞。气田水中机械杂质和高黏度的油是堵塞回注层、影响回注效果的主要因素。

1）地面回注系统堵塞与解除

由于气田水矿化度高且部分处理站在处理过程中使用了各种化学药剂，致使设备结垢严重，既影响了处理效果和处理能力，又在加药处理过程中产生了新的污染物。

川渝地区沙坪场气田天东浅1井运行不到两个月在旋流器与斜管沉降池之间的57mm连接管线内取出厚约13mm的垢物（图9-19），大大降低了水处理设备的处理能力（原设计处理能力 15m³/h，设备结垢后处理能力降至 10m³/h）和处理效果（除垢前浊度 41.19mg/L，除垢后浊度 5.35mg/L）。同时，因天东 90 井所产水矿化度高，分离器至污水池排污管线内壁结垢严重，Φ89 排污管线的内径被堵了三分之二。

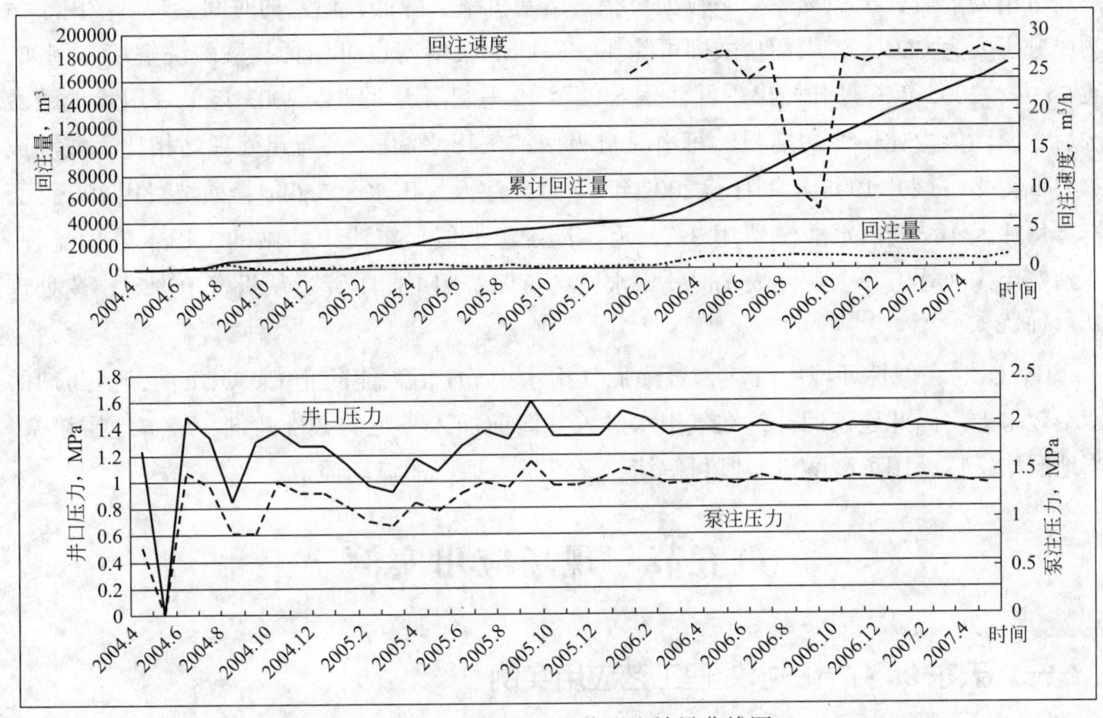

图 9-18 川渝地区××井回注效果曲线图

 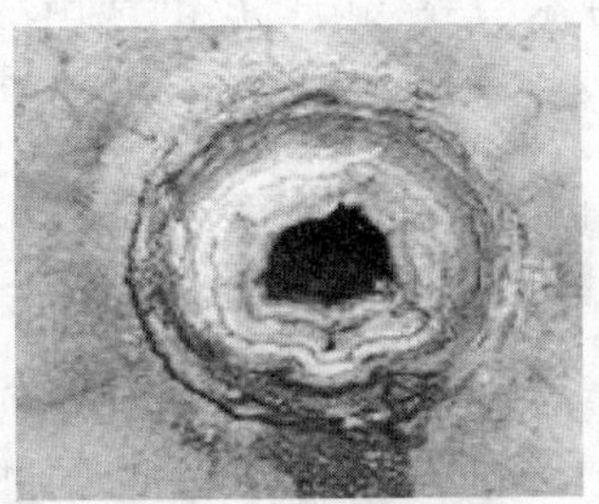 

图 9-19 天东浅 1 井（左）、天东 90 井（中）、卧 23 井（右）结垢图示

取垢样送四川大学分析测试中心用 X 射线衍射物相分析，垢物成分主要为 $CaCO_3$。因为 $CaCO_3$ 在碱性环境易沉淀，降低 NaOH 用量后设备结垢有所缓解。从处理后水质指标看，pH 值降低后，药剂絮凝效果要差些（pH 值为 7~7.20 时，絮凝效果最好）。因此，对天浅 1 井站 NaOH 的用量有待进一步探索。类似地面设备出现结垢的还有卧 23（斜管沉降池和气浮装置内部结垢约 10~15mm，导致处理能力降低，由结垢前 5m³/h 降至 3m³/h）、张 10、池 1、蒲 2 井站（空气压缩机的齿轮上也有 0.6mm 厚且较硬的垢物）等。

加强气田水回注设备的管理，从设施的合理配置、选型、购置、分配、安装、使用、维护保养、修理、更新改造、报废，实行全过程管理。建立气田水回注设施的使用、维护和药品添加制度，并严格执行岗位责任制，降低气田水地面回注系统的堵塞。

2）回注井地层堵塞与解除

气田水注入地层后，水中的沉积物也会堵塞回注层的流动通道，即地层的堵塞是不可避免的，即使气田水经过精处理，水中的沉积物渗入地层后，日积月累也会堵塞地层，只是经过精处理后，沉积物少些，粒径小些，堵塞机率会降低，堵塞的时间会延后。由于垢物成分主要为 $CaCO_3$，用稀盐酸即可除垢，因此地层堵塞也可用稀盐酸酸洗解堵。例如，池 24 井，2002 年 6 月开始出现回注困难，至 12 月已无法回注，2003 年 1 月用稀盐酸酸洗后，回注能力比回注初期强，每小时自吸回注气田水 $30m^3$，与建处理站相比，酸洗成本要低得多。该井 1998 年 1 月至 2002 年 12 月已注入气田水 $80536m^3$，酸洗费用 30 万元，折算每注入 $1m^3$气田水酸洗费用 3. 72 元，若新建类似天东浅 1 井站的气田水处理流程，建站费用需 370 万元，每注入 $1m^3$气田水设备折旧费用 16. 41 元。从投资角度看，建处理站不划算。

$CaCO_3$易在碱性环境中沉淀，若降低气田水中 pH 值，能防止 $CaCO_3$沉淀，但药剂的絮凝效果差。因此建议回注站在气田水进入井筒前加入一定的酸性药剂，缓解地层堵塞。当地层堵塞后，用稀酸酸洗，既可解堵，又可扩大地层的流动通道。

第五节　现场应用实例

一、天东 90 井气田水处理工艺应用实例

2002 年川渝地区在天东 90 井建成一套标准的、物理—化学处理法的气田水处理工艺，用于处理龙门、沙坪场、肖家沟等气田产出的气田水。

（一）回注井选择

2002 年沙坪场气田有产水井 12 口，日均产水量约 $70m^3$。产水量最大的是天东 90 井，日产水约 $60m^3$，其余 11 口井日产水量均低于 $2m^3$。天东 90 井 2001 年 2 月 10 日投产，不久就大量出水，最大日产水量达到 $100m^3$。由于气田水出路问题未解决，导致该井被迫关井停产。为保证 $45×10^4m^3/d$ 天然气的连续开采，在同井场（天东 90 井）开钻一口污水回注井—天东浅 1 井，沙坪场气田污水集中在天东 90 井，处理后回注至天东浅 1 井。

（二）气田水分析

根据天东 90 井气田水水性分析资料可知，该井气田水型为 $CaCl_2$型，矿化度较高。从环境监测站对沙坪场主要产水井气田水常规污染指标监测情况看，气田水主要污染物是悬浮物和石油类（表 9-6）。

表 9-6　川渝地区沙坪场气田主要产水井水分析数据

项目 / 井号	pH	COD mg/L	SS mg/L	OIL mg/L	挥发酚 mg/L	硫化物 mg/L	氯离子 mg/L
天东 90 井	7. 70	148. 00	27. 40	8. 30	0. 018	0. 02	$863×10^4$

续表

项目 / 井号	pH	COD mg/L	SS mg/L	OIL mg/L	挥发酚 mg/L	硫化物 mg/L	氯离子 mg/L
月东 1 井	5. 30	3. 70	490. 40	42. 70	0. 135	26. 90	1.83×10^4
天东 29 井	6. 10	324. 00	511. 40	180. 00	1. 490	9. 42	6.47×10^4

根据气藏的地质地层条件以及气田水水质状况，制定回注水水质指标：悬浮物≤10mg/L；石油类≤10mg/L。

(三) 气田污水处理回注工艺设计

1. 工艺方案确定

根据沙坪场气田水水质情况、回注水质指标和多年对气田污水处理回注的经验，确定选用物理化学处理工艺。在处理前端投入化学药剂，对气田污水进行破乳、絮凝，再用成熟可靠的分离技术除去污水中的石油类、悬浮物达到回注水质指标后，回注天东浅 1 井。

2. 工艺流程及设备

气田水首先经过隔油调节池调节稳定、除油后进入斜管沉淀装置进行第一次沉淀，去除污水中大颗粒悬浮物质，再进入气浮装置，通过上浮空气泡去除污水中细小悬浮物质，然后进入单介质过滤和精滤，去除污水中微小悬浮物质，确保出水水质达标。过滤后的水储存在清水罐内，再用回注泵注入天东浅 1 井。部分气田水处理设备见图 9-20，工艺流程见图 9-21。

(a) 斜管沉淀器

(b) 气浮器

(c) 精滤器

(d) 压力过滤器

图 9-20 天东浅 1 井部分气田水处理设备实物图

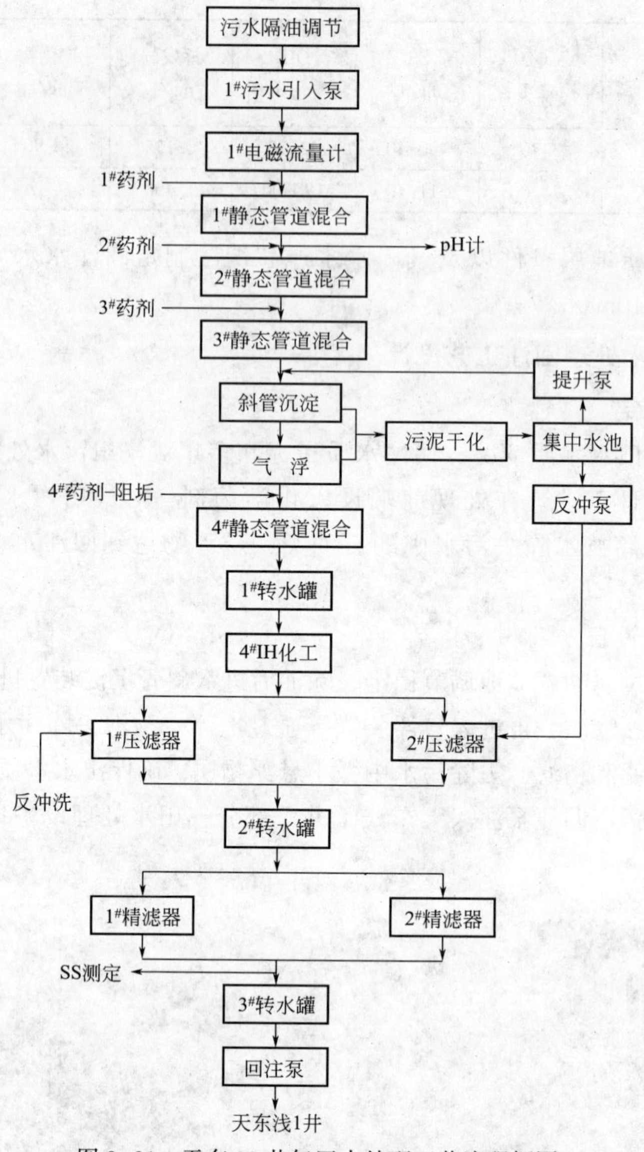

图 9-21　天东 90 井气田水处理工艺流程框图

二、天东 71 井气田水处理工艺应用实例

天东 71 井气田水回注站于 2004 年 11 月 20 日投入运行，负责处理和回注川渝地区五百梯、巫山坎气田气井所产气田水。

（一）回注井选择

五百梯气田于 1992 年投入试采，石炭系气藏出水越来越多，日产水量约 30m³，且呈上升趋势。五百梯气田无气田水处理设施，全靠罐车拉运到邓 1 井处理回注，由于该气田井场公路条件恶劣，路况差、路途远，造成运力大、成本高，安全隐患严重，因此有必要选取回注井进行回注。2003 年 10~11 月对石炭系采气枯竭井天东 71 井上试 $T_1j_1^5$，试注气田水，日注水 234m^3（当时五百梯气田各井站月产水 900m^{3}左右）。2004 年 11 月天东 71 井气田水处理站建成，11 月 20 日投入运行。

（二）气田水分析

根据五百梯气田主要产水井水性分析资料可知，该井气田水型为 $CaCl_2$型，矿化度较高。从环境监测站对主要产水井天东 1 井、大天 2 井气田水常规污染指标监测数据看，该气田污水主要污染物是悬浮物和石油类（表 9–7）。

表 9–7 川渝地区五百梯气田主要产水井水分析数据

项目 井号	pH	COD mg/L	SS mg/L	OIL mg/L	挥发酚 mg/L	硫化物 mg/L	氯离子 mg/L
天东 1 井	7.70	148.00	27.40	8.30	0.018	0.02	863×10^4
大天 2 井	5.30	3.70	490.40	42.70	0.135	26.90	1.83×10^4

根据气藏的地质地层条件以及气田水水质状况，制定回注水水质指标：悬浮物≤10mg/L；石油类≤10mg/L。

（三）气田污水处理回注工艺设计

1. 工艺方案确定

根据五百梯气田水水质情况、回注水质指标和多年对气田污水处理回注的经验，确定选用物理化学处理工艺。同时，为简化操作，减轻劳动强度，确保处理水质稳定、达标，设计了加药系统自动监测，处理流量自动调节稳定，压滤、堵塞自动报警等自动控制系统。该井主要处理大天 2 井片区、天东 2 井片区、天东 11 井片区、南雅片区来水，设计净化、过滤、回注处理水量 65m^3/d，2013 年平均处理水量 117m^3/d。

2. 工艺流程及设备

该站设计处理和回注能力均为 10m^3/h，设计回注泵压 20MPa，设计回注水质指标：悬浮物≤70mg/L、石油类≤100mg/L、pH 值为 6～9。站内采用地下水池作为气田水临时储存，其他井站气田水采取车载和管输方式注入该井污水隔油池，通过进水泵将气田水输送至回注系统进行回注。主要处理流程：气田水池→加药→沉降→斜管→气浮→过滤→回注，目前回注工艺流程见图 9–22。

站内气田水处理回注系统构成及其作用：

（1）隔油沉淀池：主要用于汇集各井站转运以及拉运至天东 71 井的气田水，并对气田水表面漂浮的污油及杂质进行初步分离。

（2）污水提升泵：ZW50–15–30 型离心泵 2 台，2009 年 1 月投入使用，用于提升气田水。

（3）ICDC 一体化旋流脱硫反应器：处理气田水中的 H_2S，即恶臭治理。

（4）CWA 硫化氢气体强制吸收装置：将回注处理系统各设备、容器、气田水池、干化池产生的废气集中收集至 CWA 进行气体脱硫处理（恶臭治理）。

（5）药剂加注泵：GM0090 型机械隔膜计量泵 3 台，主要用于加注氢氧化钠、聚丙烯

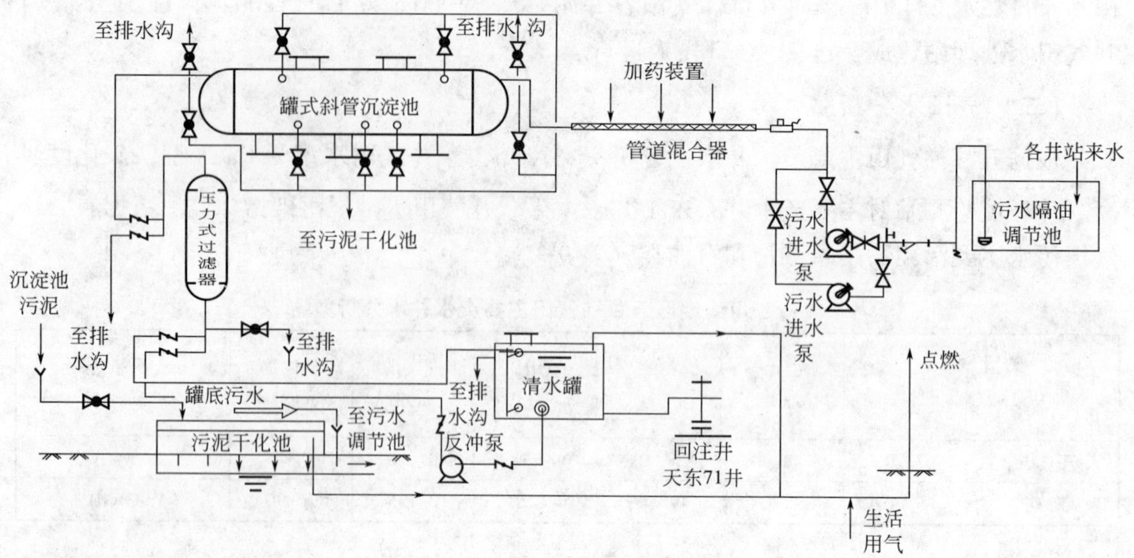

图 9-22　天东 71 井回注系统流程示意图

酰胺以及聚合氯化铝。

（6）管道混合器：ϕ300×2000 一套，用于氢氧化钠、聚丙烯酰胺及聚合氯化铝等药剂，与气田水进行充分反应。

（7）罐式斜管沉淀池：ϕ3000×6000 一套，用于气田水与药剂的反应物沉淀。

（8）压力式过滤器：主要用于气田水中杂质的过滤分离。

（9）反冲泵：IH150-125-250A 型耐腐蚀离心泵 1 台，用于排出压力式过滤器中杂质。

（10）清水罐：主要用于气田水回注前的存储，沉淀。

（11）回注泵：3DS11. 5/20 型电动往复泵 1 台，IH65-50-160 型耐腐蚀离心泵 1 台（图 9-23），主要用于回注气田水。

图 9-23　天东 71 井天气田水处理设备实物图

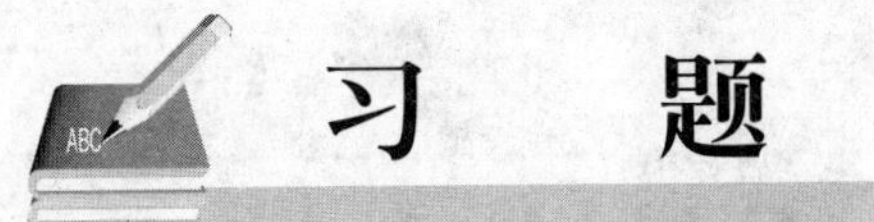

习 题

一、名词解释

1. 气田水

2. 气田水处理工艺

二、简答题

1. 简述气田水的分类。

2. 简述场站气田水的排放方式，自动排放包含哪几种方式？描述其工作原理。

3. 简述石油天然气行业标准《气田水回注方法》（SY/T 6596）对回注水水质必须满足的基本要求。

4. 简述气田水物理处理的工作原理及主要步骤。

三、思考题

回注井的选井原则主要包括哪些内容？

第十章 集输系统安全技术

第一节 地面建设安全技术

一、地面建设施工准备

（一）地面建设管理程序及要求

（1）严格执行基本建设程序，坚持先勘察、后设计、再施工的原则。

（2）工程开工建设前，工程建设项目管理机构应按有关规定完成开工前审计、质量监督申报、主要设备采购招标、参建单位招标、施工图设计审批、施工图设计技术交底等工作，并在开工报告得到批复后才能正式开工建设。

（3）地面工程建设项目应执行工程监理、检测和质量监督制度。

（二）承包商 HSE 管理

1. 准入管理

（1）在公司范围内承担物探、钻井、固井、录井、测井、试油、井下作业、装置设备维修检修、油气田建设、管道建设、基地建设等工程技术服务的勘察、施工、检测、监理单位或组织（以下简称承包商）进入公司市场应具备《HSE 准入证》。

（2）《HSE 准入证》应加盖质量安全环保管理部门公章。

2. 承包商培训

（1）承包商应参加公司或项目管理单位（部门）组织的 HSE 准入培训。

（2）承包商参加 HSE 培训的人员为：法定代表人或安全生产主要负责人、项目经理、安全部门负责人。

（3）公司对年度准入承包商的培训时间每次不少于 12 学时，一事一准入的培训时间每次不少于 6 学时。

（4）对承包商的日常教育培训工作，每次培训时间不少于 4 学时；施工作业项目入场教育培训不少于 2 学时，具体规定参照《西南油气田公司外来人员入厂（场站）安全教育管理规定》执行。

（5）各级质量安全环保部门应建立承包商 HSE 培训与考核记录台账，并作为 HSE 检查考核内容。

（6）承包商应建立、健全本单位安全、环保生产责任制，制定完备的 HSE 管理规章制度和操作规程。

（7）承包商应建立培训管理制度和培训记录。

（8）承包商应具有质量管理体系、HSE 管理体系或其他企业管理体系认证证明。

3. 过程监管

（1）参加项目实施的承包商，应编制 HSE 应急措施或事故应急处理预案，并报建设单位审查，经审查通过后方可实施。

（2）建设方与承包商应按照《中华人民共和国安全生产法》有关规定，签订工程服务项目安全生产合同（HSE 合同），安全生产合同（HSE 合同）应当与相应的工程服务合同同时谈判、同时报审、同时签订，未签订安全生产合同书的工程服务项目一律不得开工。

（3）承包商进入生产作业场所，应持有效的“HSE 准入证”和“临时出入证”，并接受入场安全教育。

（4）建设单位应建立《承包商 HSE 监督检查记录》和《工程（项目）HSE 业绩考评表》等记录。

（5）各级质量安全环保部门有权（应）对承包商的健康、安全、环境保护措施落实情况进行监督检查，对承包商的违章、违法行为给予纠正，并应视情节轻重给予相应处罚。

（6）各级 HSE 监督应按照国家法规、标准及集团公司、公司有关规定对承包商执行安全生产、环境保护法律法规、标准规范、企业规章制度情况，采取的安全消防设施、气体防护设备、劳动保护用品及其他安全防护措施的到位情况、污染控制情况，以及落实安全生产合同、HSE 作业计划书等情况进行监督检查。

4. 业绩考核与评价

（1）建设单位应建立《承包商 HSE 监督检查记录》、《工程（项目）HSE 业绩考评表》记录内容应包括采取的健康、安全、环境保护措施情况、出现问题和事故隐患的解决情况、违章处罚、事故记录、排污申报等。

（2）公司对承包商实行动态监管和 HSE 业绩考核，各承包商应在项目结束后及时将本单位《HSE 准入证》呈送给建设单位，建设单位应对承包商的健康、安全、环境表现做出评价，并如实填写承包商《HSE 准入证》中的《工程（项目）HSE 业绩考评表》，《工程（项目）HSE 业绩考评表》应加盖考评单位或部门公章。各单位质量安全环保部门应建立承包商 HSE 业绩考评档案，每年 12 月向质量安全环保处报送当年《承包商 HSE 业绩综合考评表》。

（3）对全年 HSE 业绩、HSE 表现未达到本办法或合同约定、设计要求的承包商应采取相应处罚措施。

（4）监督检查发现承包商存在安全环境隐患和“三违”行为的应视情节轻重给予通报批评、警告等处罚，直至取消 HSE 准入资格。

5. 其他规定

（1）承包商不得购买、使用不符合国家、行业标准规定的原材料、设备、装置、防护用品、器材、安全检测仪等。

（2）承包商在施工作业过程中应严格按照 HSE 作业计划书的内容，落实各项措施。

（3）承包商在施工作业过程中应严格按照 HSE 作业计划书的内容，落实各项措施。

（4）各级项目管理部门或机构应加强对承包商的 HSE 监督，任何单位和个人不得允许不具备相应资质、资格的承包商超越资质或资格承揽公司工程项目。

（三）监理单位的 HSE 管理

（1）监理单位应当审查施工组织设计中的 HSE 技术措施和专项施工方案。现场应监督检查施工作业单位的 HSE 管理措施落实情况。

（2）监理单位实施监理过程中，应做好监理日记。发现存在安全、环保等事故隐患的，应当要求施工单位整改；情况严重的，应当要求施工单位暂时停止施工，并及时报告建设项目管理机构。

（3）工程开工前，组织进行施工图设计交底，开工条件的审查。

（4）监理单位应在甲方要求时限范围内报送监理组织机构、监理项目部人员信息及职责、监理设施配备情况等。

（5）当监理人员发生变化时，应书面通知建设单位和承包单位。

（6）一名总监理工程师只宜担任一项委托监理合同的项目总监理工程师工作。当需要同时担任多项委托监理合同的项目总监理工程师工作时，须经建设单位同意，且最多不得超过三项。

（四）施工单位 HSE 管理

（1）签订施工合同时，必须同时签订 HSE 合同。

（2）主要负责人和安全生产管理人员应经培训并考核合格，特种作业人员依法取得特种作业操作资格证书。

（3）建立 HSE 管理机构，配备 HSE 管理人员。

（4）承包商申请开工验收，应具备下列基本条件：

① HSE 作业计划书获得建设方批准；

② 员工熟悉 HSE 作业计划书中与其相关的要求和内容；

③ 完成了对岗位员工的 HSE 培训。

（5）参加项目实施的承包商，应深入施工作业现场，调查录取资料，认真编制 HSE 应急措施或事故应急处理预案，并报建设单位审查，经审查通过后方可实施。生产安全、环境污染事故应急预案应有针对性，应急组织机构健全，应急装备齐全。

（6）根据工程施工特点，对施工现场易发生重大事故的部位、环节进行监控，并做好施工现场 HSE 事故应急救援预案的演练。

（7）施工单位应开展风险评价，并采取措施来削减风险及其影响。风险削减措施应包括预防事故（即减少事故发生的可能性）、控制事故（限制事故影响范围和时间）、降低事故长期和短期影响（即减少事故后果）等。

（8）施工单位应当遵守有关环境保护法律、法规的规定，在施工现场采取措施，防止或减少粉尘、废气、废水、固体废物、噪声、振动和施工照明对人和环境的危害和污染。坚持文明施工，做到“工完、料尽、场地清”。

（9）施工单位应当向作业人员提供安全防护用具和安全防护服装，并书面告知危险岗位的操作规程和违章操作的危害。

（10）定期组织开展HSE自检自查并做好记录，制止三违行为和低老坏现象，及时整改落实各类检查发现的问题和隐患，实行闭环管理。

（五）项目部机构及人员HSE管理要求

（1）凡公司油气田地面工程建设项目必须实行项目管理，推行项目经理负责制，执行项目经理、副经理必须持证上岗和主要项目管理人员持证上岗制度。

（2）项目管理机构的有效期起于项目管理机构批复，止于竣工验收。在项目管理机构有效期内，项目管理机构的项目经理、副经理或主要专业负责人发生变动的，需上报地面部审批，否则，不允许变动。

（3）应成立以项目经理为现场第一应急指挥的应急反应机构，编制应急预案，应急预案应经过相关部门审批。

（4）项目部应设置安全监督管理人员。

（5）现场人员应正确穿戴好与工作相适应的防护用品。

（6）项目专（兼）职安全监督人员均应培训合格。

（7）应组织对承包商施工作业人员开展HSE培训教育。

（六）营地HSE管理

（1）营地与高压输电线路、公路、铁路、在用生产设施等应保持安全距离；距离公路应不小于100m，距离铁路应不小于200m，且不应设置在架空输电线路保护区内。

（2）营房基础应平稳、牢固，不应摆放在填方上、高岩边及易滑坡、垮塌地带，避开易受洪水冲刷的地方。楼梯及平台应有防坠落措施。

（3）营地应与施工区域隔离，布局应合理，道路畅通，营地房间距符合安全防火要求。

（4）营地、营房内所有照明、用电设备、电气线路安装，应符合《施工临时用电规范》（JGJ 46—2012）的规定。

（5）营房应安装过载、短路、漏电保护和良好的接地保护，应做到人走断电。

（6）营地内应设置符合规定数量和条件的消防器材，设置要求应符合《建筑灭火器配置设计规范》（GB 50140—2005）的规定。

（7）营地内部应保持干净卫生，不应乱扔废物、垃圾，固体废物应集中收集，并应按当地环保部门规定要求处置。

（8）厨房应清洁卫生，生、熟食品应分类存放，生活污水应进行隔油、除渣处理。

（9）营地、营房应定期消毒。

（10）营房内不应存放和使用易燃易爆物品。

（七）安全警示标牌

（1）下列部位应设置醒目的安全警示标志：作业场所的大门口；作业场所的主要道

路两旁和交叉路口；作业场所内所有易发生事故的特种作业岗位和危险区域；正在施工的主体工程上；固定的职工休息场所；逃生通道及紧急集合点；其他应设置安全标志的部位和场所。安全标志分禁止标志、警告标志、指令标志和提示标志四大类。安全标志的图形标志、名称、标志各类、基本型式及参数、制作方式、颜色等应执行《安全标志及其使用导则》（GB 2894—2008）的有关规定。

（2）标志牌应设在与安全有关的醒目地方，环境信息标志宜设在有关场所的入口处和醒目处，局部信息标志应设在所涉及的相应危险地点或设备（部件）附近的醒目处。

（3）标志牌不应设在门、窗、架等可移动的物体上，且标志牌前不应放置妨碍认读的障碍物。

（八）安全防护设施

（1）安全防护设施和安全保护装置应检查验收合格后准许使用。

（2）需要临时拆除或移位的，应报告并经批准后方可拆移，同时应采取必要、有效的防护措施，完工后应及时恢复。

（3）在室内调配油漆时，如自然通风条件下足，应采用强制通风措施，并应正确使用个人劳动防护用品。

（4）在对沥青的操作过程中有粉尘出现，应采取措施使环境湿润，并强制通风，正确使用个人劳动防护用品。

（5）焊接安全防护及控制措施应包括：

① 采用置换作业法时，应先化验容器、管道内的空气成分，保证含氧量在19%以上；

② 在容器、管道内焊接时，应指定专人监护，实行轮换作业；

③ 在有毒物质的化工设备管道上带压不置换动火操作时，焊工应戴防毒面具，且应在上风侧操作；

④ 确定焊接时可能聚集有毒气体或有毒蒸气的地区，应设置警示标志；

⑤ 焊接经过脱脂处理或涂漆的设备管道时，应装设局部排烟装置，并预先清除焊缝周围的漆层；

⑥ 应定期对焊工进行身体检查，做好体检记录存档，检查中发现不宜继续从事焊接工作的人员，应及时调离工作岗位。

（6）现场应修建临时污水沉降池和清水池，池底与四壁应做防渗处理，其容积应能满足现场规模和处理的需要。

（7）现场产生的废液或被废液污染的土壤应回收单独存放，并设置警示标志，存放点应远离火源，并应采取防渗透、防雨、防火措施。

（8）油料储存区和加油处应采取防渗、防雨、防晒、防火措施，加油口下方应设置具备防渗功能的集油池，其容积应能满足在阀门失效情况下应急抢修的需要。

（9）油料、油漆、涂料或其他化学溶剂应按要求设专门的库房，应做防渗处理，其位置应远离水源、沟渠。

（九）施工机具与设备

（1）各种安全防护装置及监测、指示、仪表、报警等自动报警、信号装置应完好齐全。

(2) 施工机具与设备不应带病运转，运转中发现不正常时，应先停机检查，排除故障后方可使用。

(3) 机械集中存放的场所，应指定专人看管，并应设置消防器材及工具、机房、操作室及机械四周不应堆放易燃、易爆物品。

(4) 所有施工机具传动部分要有可靠防护罩或防护措施。

(5) 固定式机械基础应可靠，移动式机械应于平坦坚硬的地坪上用方木或撑架捆牢，并应保持水平。

(6) 作业后，应及时将机内、水箱内、管道内的存料、积水放尽，并应清洁保养机械，清理工作场所，切断电源，锁好开关箱。

(7) 起重运输机械工作场地应满足作业要求，起重臂起落及回转半径内的障碍物应清除。

(8) 起重机应装有音响清晰的喇叭、电铃或汽笛等信号装置，在起重臂、吊钩、平衡重等转动体或移动体上应有鲜明的色彩标志。

(9) 起重机的变幅指示器、力矩限制器、起重量限制器以及各种行程限位开关等安全保护装置，应完好齐全、灵敏可靠。

(10) 起吊重物不应长时间悬挂在空中，在突然停电时，应立即把所有控制器按到零位，断开电源总开关，并采取措施使重物降到地面。

(11) 起重机使用的钢丝绳，应具有有效的钢丝绳制造厂签发的产品技术性能和质量的证明文件。

(12) 现场电气设备的金属外壳应采用保护接地或保护接零，同一供电系统中，不应将一部分电气设备作保护接地，而将另一部分电气设备作保护接零。

(13) 严禁利用大地作工作零线或借用机械本身金属结构作工作零线。

(14) 手持电动工具使用前，应达到下列要求：①外壳、手柄不出现裂缝、破损；②电缆软线及插头等应完好无损，开关动作正常，保护接零连接正确、牢固、可靠；③各部防护罩应齐全牢固，电气保护装置可靠。不应在靠近架空输电线路的场所采用手持电动工具作业。

(15) 打桩机作业区内应无高压线路，作业区应设置明显标志或围栏，桩锤在施打过程中，操作人员应在距离桩锤中心 5m 以外监视。

(16) 在打桩机作业中，当停机时间较长时，应将桩锤落下垫好，检修时不应悬吊桩锤。

(17) 雷雨、六级以上大风等恶劣天气，应停止室外作业。

(十) 安全技术措施

(1) 在专项施工方案及预案中，针对结构复杂、危险性较大、特性较多的特殊工程，例如爆破、大型吊装、沉井、各种特殊架设作业、高层脚手架、井架、拆除工程等必须编制相应的安全技术措施。

(2) 工程开工前，项目经理应组织向全体作业人员进行安全技术措施交底，安全交底应有双方签字的书面材料。

（3）安全技术措施中的各种安全设施、防护装置的实施应列出任务清单，责任落实到人，并实行验收制度。

（4）项目技术负责人、措施的编制人员和安全技术人员应就安全技术措施的实施情况进行检查，对任何与施工作业不符的情况，应及时纠正、补充和修改。

（5）脚手架的设置参照《健康、安全与环境检查规范》第 2 部分安全设备及设施中“表 A. 5 安全防护设施检查表”。

（6）现场临时用电管理参照《健康、安全与环境检查规范》第 1 部分综合检查中“A9 作业许可检查表”。

（7）作业许可管理参照《健康、安全与环境检查规范》第 1 部分综合检查中“A9 作业许可检查表”。

二、建设项目施工过程安全技术

（一）基本 HSE 要求

（1）施工现场所有作业人员和监理人员应按规定正确穿戴劳保用品。戴好安全帽（安全帽符合《安全帽》GB 2811—2007 要求）。着装应符合要求，按单位统一。

（2）凡特种作业人员除正确穿戴劳保用品和佩戴胸卡外，还应按国家有关规定持有效资格证上岗，并随身携带资格证复印件。

（3）凡焊工入场正式施焊前都必须按规定进行过关考试，合格后方能正式施焊。

（4）射线检测人员健康状况应符合《电离辐射与辐射源安全基本标准》（GB 18871—2002）的有关规定，上岗前应按《辐射安全培训规定》（GB 11924—1989）的规定进行辐射安全知识的培训应严格按无损检测工艺卡进行检测作业。

（二）堆管场施工现场 HSE 规范化

（1）堆管场应选在邻近管道作业现场的平坦、宽阔的地方，并应远离架空输电线路，场地内无石块、坚硬根茎等损伤防腐层的物体。

（2）管材堆放应有防滚和防塌措施。

（3）堆管场应设置信息牌，其信息应包含工程名称、标段、堆管场编号，施工单位名称及责任人、联系电话。

（4）堆管场正面和两侧应设置“禁止攀爬”、“闲人免进”等警示标志牌，并在堆管场边界设置安全警示带，警示带应系在稳定的立杆上。

（三）装卸管、布管、下沟施工现场 HSE 规范化

（1）在装卸过程中，当起吊高度超过 3m 时，应在管子两端系风绳并专人控制；作业时，应在作业区范围设置警戒线和警示标志（危险、禁止入内等），禁止无关人员进入。

（2）堆管场装卸管作业需占用公路时，应事先取得公路管理部门同意，并在离装卸作业点公路两端 50~100m 处设置醒目的警示标志（前方正在施工，请车辆慢行，限速标志等）和专人引导车辆安全通行。

（3）布管时，除按规范和设计要求布管外，管道应均匀布在管沟堆土的另一侧，距管沟边缘安全间距为：干燥硬实土不小于1m，潮湿软土不小于1.50m。

（4）经防腐处理过的管线和弯管不得与地面直接接触，应采取措施保护防腐层不受损伤。

（5）在山地斜坡地段布管时，应采取合理的防滚管、滑管措施。

（6）管道下沟吊装前，应复查管沟深度，清除沟内塌方、石块、积水等有损防腐层的异物，对于山区石方段管沟沟底宜先用细土或细沙做垫层，沟内不得站人。

（7）沟上焊后，管道整体下沟吊装宜使用吊管机，严禁使用推土机或撬杠等非起重机具。

（8）沟下吊装作业时禁止使用三木搭和“人”字架进行沟下吊装作业。

（四）管沟开挖与回填施工现场HSE规范化

（1）开挖管沟前，施工单位（施工技术人员）应向施工人员进行现场技术、安全交底，说明地下设施的分布情况和施工注意事项，并设置好警示标志。

（2）站场开挖管沟前，应查明施工场地明、暗设置物（电线、地下电缆、管道、坑道等）的地点及走向，不应在离电缆1m距离以内作业。

（3）一般地段管沟开挖，应将开挖土石方堆放到焊接和布管施工对面一侧，堆土距沟边不小于1m，且距管沟边1m范围内不得有滚石落石。

（4）与在役管道并行敷设时，并行敷设间距执行《油气管道并行敷设设计规定》（CDP-G-OGPPL-001-2001-1）。管沟开挖时，应在新建管道靠在役管道侧的5m处，沿并行管段设置警示带和“禁止机械开挖”、“非施工人员禁止入内”等警示标志，警示标志宜间隔20m设置。

（5）开挖土石方不得堆放在在役管道、光（电）缆边界2m范围内。开挖后，若需对在役管道、光（电）缆采取保护措施的，应采取合理的保护措施。

（6）管沟回填应分层进行，回填土应平整密实。石方段管沟应先在管沟底部用沙或细土回填200mm，对于山区石方段管沟底部宜用袋装土作垫层。管道两侧与管顶上方300mm范围内均应回填细土，细土的最大粒径不应超过10mm，然后用原土石方回填，但石头的最大粒径不得超过250mm。耕作土地段的管沟表层应回填耕植土。陡坡地段管沟回填宜采取袋装土分段回填。

（五）管道组焊施工现场HSE规范化

（1）焊接工艺规程、焊接工艺卡、焊接台班人员及分工信息应张贴在可移动的现场告示牌或移动焊接机组设备上。

（2）施工前安全条件确认单、现场HSE活动记录和上岗操作记录卡应由专（兼）职安全监督员随身携带，及时记录施工现场安全情况。

（3）沟上焊时，管道组焊应在距管沟边缘1.50m外的区域进行；沟下焊时，动设备距管沟边缘不应小于1.50m，静设备距管沟边缘不应小于1m。

（4）沟下焊接作业时，禁止清沟、管道下沟等交叉作业，非焊接人员应撤出管沟，并做好监护工作。

（5）进入管内检查焊口时，必须配有绳子、通信和照明工具，外部设专人监护，随时联系，防止中暑、晕倒和窒息。

（6）焊接作业现场应设置警示带，醒目位置插挂安全警示牌。

（7）氧气、乙炔软管不能互用，不应放置在高温管道和电源线上，不应将软管与电焊用导线敷设、混合缠绕在一起，软管经过车行道时应加护套或盖板。

（8）氧气、乙炔瓶要采取防倾倒措施，夏季高温天气要采取防曝晒措施。

（9）氧气瓶与乙炔气瓶之间，应留有5m以上的安全距离，与明火点距理应保持10m以上的距离；在电源线及管线下，禁止放置乙炔气瓶。

（10）清除焊渣应配戴护目镜。

（六）焊缝热处理施工现场HSE规范化

焊缝热处理作业现场应采取防雨、防触电和防烫伤等措施，应设置警示带，防触电、防烫伤等警示牌。

（七）无损检测作业现场HSE规范化

（1）射线检测作业前，应设置警戒区。

（2）现场应配备辐射剂量测试设备。

（3）射线检测警戒区应设置“当心辐射”、“禁止入内”等警示标志。警示标志应设置在醒目和有人出入的位置。夜间进行射线检测作业时应设置红色警示灯。

（4）射线检测曝光时，应设专人负责安全警戒、监护和引导人员出入，防止人员误入警戒区。

（八）大开挖穿越施工现场HSE规范化

（1）发电机、配电柜（箱）等电器设备应设临时防雨措施（防雨棚或防雨伞），防雨棚宜用钢脚手架管作骨架，彩钢板或防雨篷布作棚顶。

（2）导流渠上应设置人行便桥。

（3）施工单位应设现场专职安全员，禁止非作业人员进入施工区，监督制止不安全行为；加强夜间值守和巡视，防止不安全事故发生。

（4）在公路未恢复正常通车前，应安排专人临时指挥交通，维护安全。穿越段应实行车辆单向行驶，夜间设置并开启警示灯和照明灯，以便警示行人、车辆注意安全。

（5）穿越段施工距管沟边2m处应用钢架管做防护栏，并设警示带和禁入警示标识，禁止非施工人员进入作业区，以免影响施工和安全。

（九）隧道工程施工现场HSE规范化

（1）施工人员作业前应参加班前会，并在安全教育记录本上签字确认。

（2）隧道工程施工现场应设置信息牌。信息牌应包括：工程概况、施工总平面布置图（注明逃生通道）、组织机构项目QHSE管理目标、西南油气田公司反违章十条禁令、特种作业票证张贴牌等。

（3）设备应实行挂牌管理。重要运转设备（发电机、空气压缩机、搅拌机等）旁设置安全操作规程牌。

(4) 在隧道洞口、运转设备、边坡作业、易燃易爆等高风险作业场所的醒目位置应设置相应的安全警示标志。

(5) 隧道进、出口应设立值班室(门岗亭),派专人24小时值守,负责对进、出洞人员登记、挂牌管理。

(6) 外来人员进洞前必须进行安全教育,配备必要的安全防护用品。

(7) 隧道施工期间,应配置医药急救箱,为作业人员配备必要的预防药品和急救医用器械放置于洞口值班室(门岗亭)内,并设专人负责管理。

(8) 火工品库房实行双人双锁管理制度,严格执行火工品保管、领用和清退登记制度。做到账目清楚,账物相符。

(9) 在隧道内的供电回路上严禁设置自动合闸。手动合闸前,必须与隧道内值班员联系,确认安全后再进行操作。

(10) 隧道施工应设置备用发电机,制定安全可靠的运行保障措施,实行专人管理。自发电与外供电间应按规范要求设置安全保护设施,保证用电安全。

(十) 深坑作业施工现场 HSE 规范化

(1) 深坑($H \geqslant 2.0$m)应至少设置两处安全逃生通道,通道设置应可靠、合理,位置宜对称设置,方便紧急情况下逃生。在通道出口和醒目位置设置逃生路线指示牌。

(2) 深坑周边应设置防重物、落石、滚石和施工机器具等坠落的措施,距坑边1.5m范围内不得堆土,不得存在滚石和施工用机器具。

(3) 若遇酷暑天气施工,应设置遮阳伞和有效的通风设施,并现场备好必要的防中暑药品,防止施工作业人员中暑。

(4) 对于在深坑内进行新老管线碰口连头作业,应设防中毒和防窒息措施,根据实际情况配置必要的含氧检测仪、可燃气体监测报警仪、有毒气体监测报警仪和通风设施。

(5) 人工开挖基坑,操作人员之间应保持安全距离,一般大于2.50m;多台机械开挖,机械之间距离应大于10m。

(6) 基坑施工深度超过1m,坑边应设临时防护措施,采用“警示立杆+警戒线方式”设置临边安全防护措施,作业区域上方应设专人监护。

(十一) 爆破作业 HSE 规范化

(1) 爆破施工作业前,施工单位应办理爆破作业许可。

(2) 爆破作业前,监理单位应组织相关单位、人员进行安全技术交底。

(3) 民爆品保管坚持双人双锁制。

(4) 民爆物品应进行收存和发放登记,领取数量不得超过当班的使用量,剩余的要当天退回,不得在作业现场临时保管。

(十二) 试压与氮气置换作业 HSE 规范化

(1) 吹扫、试压作业应制定专项安全技术方案。

(2) 试压时盲板对面不应站人,试压过程中不应带压紧固螺栓、修补焊缝。

（3）吹扫试压设备至装置、设备、管道之间的临时连接管路的警示警戒要求：

① 临时连接管路应有效固定。

② 管线与设备两侧 6m 处按要求设置警示带和警示标识进行作业安全隔离。

③ 作业安全警戒边界应设置“当心爆炸”、“禁止跨越”等安全警示标识。

（4）采用空气吹扫试压、氮气置换时，气体排出口应设置安全警示防护措施。

（十三）易燃易爆场所安全作业技术

（1）凡是进行新的作业、非常规性（临时）的作业、承包商作业、改变现有的作业、评估现有的作业、实行作业许可的作业均应开展工作前安全分析。

（2）作业申请单位应组织对申请的作业进行风险评估，风险评估的内容应包括工作步骤、存在的风险及危害程度、相应的控制措施等。

（3）作业单位应根据风险评估的结果编制作业方案和应急预案。通过风险评估，确定风险程度，制定针对性的控制措施。

（4）作业前，作业现场负责人应组织对安全措施落实情况进行现场确认，安全措施落实后方可进行作业。

（5）对凡是可能存在缺氧、富氧、有毒有害气体、易燃易爆气体、粉尘的作业环境，都应进行气体检测，并确认检测结果合格。同时在作业方案中注明工作期间的气体检测时间和频次。在作业实施过程中，作业单位应按照作业方案的检测要求进行气体检测，填写气体检测记录，注明气体检测的时间和检测结果。

（6）凡是涉及有毒有害、易燃易爆作业场所的作业，作业单位均应按照相应要求配备个人防护装备，并监督相关人员正确使用。

（7）使用气焊割动火作业时，氧气瓶与乙炔气瓶间距不小于 5m，二者与动火作业地点均不小于 10m，并不得在烈日下曝晒。

（8）正常生产的装置和罐区内，凡是可不动火的一律不动，凡是能拆下来的必须拆下移到安全地点动火。

（9）工业动火前应首先切断物料来源并加好盲板，经彻底吹扫、清洗、置换后，打开人孔，通风换气，经检测气体分析合格后方可动火。

（10）储装氧气的容器、管道、设备必须与动火部位隔绝（加盲板），动火前，必须进行置换，保证系统氧的体积分数不大于 23.5%。

（11）与动火部位相连的油气管线必须进行可靠的隔离、封堵或拆除处理。

（12）与动火直接有关的阀门必须挂牌标明状态并实行锁定管理；与动火施工相关的设备、设施由属地单位安排专人操作和监护。

（13）距动火点 15m 内的生产污水系统的漏斗、排水口、各类井、排气管、管道等必须封严盖实；动火点周围半径 30m 内不准有液态烃泄漏；半径 15m 内不准有其他可燃物泄漏和暴露；动火现场应无积水、无障碍物，便于在紧急情况下施工人员迅速撤离。

（14）动火作业人员在动火点的上风作业，应位于避开油气流可能喷射和封堵物射出的方位。特殊情况，应采取围隔作业并控制火花飞溅。

（15）高处作业应与架空电线保持安全距离。夜间应尽量避免高处作业，确需作业应有充足的照明。

(16) 高处作业禁止投掷工具、材料和杂物等，工具应有防掉绳，并放入工具袋。所用材料应堆放平稳，作业点下方应设安全警戒区，应有明显警戒标志，并设专人监护。

(17) 工艺隔离应首先切断物料来源，隔离可采取加装盲板、实现断开、双重隔离或其他有效隔离方式，隔离实施完成后应确认隔离有效，并在作业区域设置警戒，严禁与作业无关人员或车辆进入作业区域。

(18) 双阀隔离原则上不适用于动火作业、进入受限空间作业前的有毒、有害介质隔离，当工艺条件限制而采取此类方式进行隔离时，应增加额外的控制措施。

(19) 电气设备电源隔离应有明显断开点，电源设备应断开全部电源，对可能存有残余电荷的电气设备应逐相充分放电，确认隔离有效后上锁挂牌。

(20) 若电压低于 220V，拔掉电源插头可视为有效隔离，若插头不在作业人员视线范围内，应对插头上锁挂牌，以阻止他人误插。

(21) 电气隔离的回路若是采用保险丝/继电器控制盘供电方式，无法上锁时，应装上假保险丝并加警示标签。

(22) 具有远程控制功能的用电设备，不能仅依靠现场的启动按钮来测试确认电源是否断开，远程控制端必须置于“就地”或“断开”状态并上锁挂牌。

(23) 属地单位与作业单位在执行工作界面交接时，应对照“隔离方案”共同确认能量已隔离或去除。当任意一方对上锁、隔离的充分性、完整性有疑虑时，均应现场核查隔离方案并确认隔离有效性。

(24) 作业活动结束，作业许可证签发人确认条件具备后，应安排解除隔离。隔离解除后，有关执行人在隔离方案和相关票证上签字确认。

第二节　天然气采输安全技术

一、采、集、输、配气站区域和总平面布置检查表安全技术

(1) 采、集、输、配气站场与 100 人以下的散居房屋保持至少 22. 50m 的防火间距。

(2) 采、集、输、配气站场与相邻厂矿企业保持至少 22. 50m 的防火间距。

(3) 采、集、输、配气站场与国家铁路线保持至少 22. 50m 的防火间距。

(4) 采、集、输、配气站场与工业企业铁路线保持至少 15m 的防火间距。

(5) 采、集、输、配气站场与高速公路保持至少 15m 的防火间距。

(6) 采、集、输、配气站场与其他公路保持至少 7. 50m 的防火间距。

(7) 采、集、输、配气站场与 35kV 及以上独立变电所保持至少 22. 5m 的防火距离。

(8) 采、集、输、配气站场与爆炸作业场地保持至少 300m 的防火间距。

(9) 采、集、输、配气站场与架空电力线路和架空通信线路保持至少 1. 50 倍杆高的防火间距。

(10) 气井、注气井与 100 人以上的居住区、村镇、公共福利设施保持至少 45m 的防

火间距；当气井关井压力或注气井注气压力超过25MPa时，与100人以上的居住区、村镇、公共福利设施保持至少67.50m的防火间距。

（11）气井、注气井与相邻厂矿企业保持至少40m的防火间距；当气井关井压力或注气井注气压力超过25MPa时，与相邻厂矿企业保持至少60m的防火间距。

（12）气井、注气井与国家铁路线保持至少40m的防火间距；与工业企业铁路线保持至少30m的防火间距。

（13）气井、注气井与高速公路保持至少30m的防火间距；与其他公路保持至少15m的防火间距。

（14）气井、注气井与国家一、二级架空通信线保持至少40m的防火间距；与其他通信线保持至少15m的防火间距。

（15）气井、注气井与35kV及以上独立变电所保持至少40m的防火间距。

（16）气井与架空电力线的防火间距保持至少1.50倍杆高的间距。

（17）天然气压缩机及压缩机房与油气井保持至少20m的防火间距。

（18）水套炉与油气井至少保持9m的防火间距；与压缩机房至少保持15m的防火间距；与露天工艺设备、设施保持至少5m的防火间距。

（19）加热炉、锅炉房与油气井至少保持20m的防火间距；与露天工艺设备至少保持10m的防火间距；与压缩机房保持至少15m的防火间距。

（20）10kV及以下户外变压器、配电间与油气井至少保持15m的防火间距；与压缩机房保持至少12m的防火间距。

（21）计量仪表间、配电室与油气井至少保持9m的防火间距；与露天工艺设备至少保持5m的防火间距；与压缩机房保持至少10m的防火间距；与水套炉、加热炉、锅炉房保持至少10m的防火间距。

（22）污水池与油气井、露天工艺设备、压缩机房、水套炉、加热炉、锅炉房、10kV及以下户外变压器、配电间保持至少5m的防火间距；与计量仪表间、值班室保持至少10m的防火间距。

（23）站内生产设备与人员值班休息室（宿舍、厨房、餐厅）保持至少22.50m的防火间距。

（24）天然气放空管排放口与明火或散发火花地点的防火间距部应小于25m，与非防爆厂房之间的防火间距应小于12m。

（25）消防车道的净空高度不应小于5m。

二、采、集、输、配气站主要工艺装置

（一）井口装置

（1）应建立井口日常维护（包括井口装置维护保养、井口泄压管线维护保养、井口巡检）工作制度，确保井口装置灵活、可靠，相关设施完好、不漏气、清洁无腐蚀。

（2）井口装置的闸阀只能处于全开或全关状态，节流阀不能作截断用。

(3) 在正常使用中，井口 1#、2#、3#、4#阀应处于全开或全关状态。

(4) 井口装置上安装使用的压力表应校检合格。压力表的使用应保持工作压力在表的最大量程的 1/3~2/3。

(5) 生产井的阀门应有开关状态标识，标识牌两面同为开（绿色）或关（红色）。

(6) 井口装置未使用的阀门出口端应进行物理隔离，并配齐旋塞阀（取压截止阀）和压力表。

(7) 没有井场围墙（或围栏）的，可在井口周围修建井口围墙，围墙距井口中心不低于 3m、高度不低于 2m。

(8) 方井应无积水。

(9) 井口方井应设置相应的防坠落措施。

(10) 开关井操作应按规定程序和要求进行，并佩戴相应的安全防护器材。

(11) 井口安全截断系统应确保在检验的有效期内能正常运行。

(12) 闸阀护罩应保持完好，不得去掉，如果阀杆护罩是有机玻璃的，不得涂漆。

(13) 用针阀调节流体流量合适后，必须旋紧丝杆并帽。

(14) 针阀的轴承部位要通过润滑油咀定期加注润滑脂，保证手轮转动灵活。

(15) 对井口进行巡检时，巡检人员应佩戴便携式气体检测仪，对于高含硫井，还应佩戴空气呼吸器。

(16) 井口装置维护作业应有经过审批的施工方案、任务书或操作卡；工作前要进行作业危害识别；操作井口阀门或对井口阀门泄压作业时禁止在井口周围开展动火作业。

(17) 对井口 1#、2#、3#主控阀及其以内的无控部分的整改，应列入分控项目，由公司组织审查立项和审批。

(18) 井口 1#、2#、3#主控阀能有效关闭、可控部分能有效泄压至零，对主控阀以外井口可控部分的整改，列入矿控项目，由气矿负责组织审查立项和审批。

(19) 对异常、高压、高含硫井，应制定相应的监控措施和应急预案（应急处置程序）。

（二）加热炉

(1) 未采用全自动燃烧装置的加热炉应设置泄爆装置，泄爆装置排泄口不应正对着操作人员的操作方位和通道，且不应危及其他设备安全。

(2) 火筒式加热炉壳程应设置可靠的安全泄放装置。

(3) 立式圆筒管式加热炉底部支柱应采取必要的防火措施。

(4) 加热炉应设置安全附件，且保持安全附件完好、可靠。安全附件应包括安全阀、压力表、液位计、测量仪表、报警装置、燃烧系统安全设施等。

(5) 火筒式加热炉壳程和管式加热炉炉管进出口处应装设压力表。

(6) 加热炉在正常运行时，玻璃管（板）液面计与加热炉连接管上的阀应处于全开启状态。

(7) 加热炉应至少在介质进出口、对流段传热面尾部、管式加热炉炉膛和燃料进燃烧器处装设侧温仪表，有空气预热器的加热炉在预热出口处也应装设测温仪表。

（8）应根据生产工艺要求和加热炉的技术性能制定加热炉的安全操作规程，并严格执行。

（9）加热炉使用过程中不应超温、超压运行，不应频繁突然升温、降温。

（10）对备用或停用的加热炉应采取保护措施，做好保养工作。

（11）加热炉的在线外部检查应每年进行一次。内外部检验、投入使用后首次检验周期不应超过三年。

（12）加热炉在线外部检查应包括下列内容：

① 加热炉的保温层及设备铭牌是否完好；

② 加热炉的外表面有无裂纹、变形、局部过热等现象；

③ 加热炉的受压元件有无渗漏；

④ 安全附件是否齐全、灵敏、可靠；

⑤ 自动点火和熄火保护装置是否灵敏、可靠；

⑥ 紧固螺栓有无松动；

⑦ 基础有无不均匀下沉、倾斜等现象；

⑧ 炉膛内部和燃烧道耐火衬里有无裂缝、松动或脱落；

⑨ 火管、炉管有无凹陷变形等。

（13）外部有保温层的加热炉，外部检查和内外部检验时，若怀疑壳体有缺陷，应拆除保温层检查。

（14）经过定期检验的加热炉，检验单位应出具相应的检验报告。

（15）水套炉在启用前应先全开炉膛配风系统排空，排空时间不少于 5min，以排净炉膛内的残余天然气，点火时应先点火，后开气。

（16）水套炉使用时应随气量的大小调整配风系统，确保火焰完全燃烧。

（17）水套炉火焰检测仪应正常工作，确保其对火焰燃烧情况进行连续监控。

（18）用高压放空解堵或提井底污物时，应关闭水套炉节流阀，避免井底污物堵塞气盘管。

（19）水套炉烟囱拉线应固定牢靠，并设置夜间反光标识。

（20）定期分析水套炉热效率，热效率差的水套炉应清掏炉膛并煮炉。

（21）水套炉的燃料气应为达标的净化天然气。

（三）过滤分离器

（1）分离器应有清晰的产品铭牌标志。

（2）分离器应配备超压泄放装置。

（3）过滤分离器进出口压差大于规定要求时，应清洗或更换分离器滤芯。

（4）应根据生产实际情况确定污水排放时间，分离器液位不能高于最大允许液位。

（5）采取泡排措施的气井，分离器前应加注消泡剂，并及时排污，避免泡沫带入下游。

（6）过滤分离器设置的液位计显示应清晰。

（7）巡回检查时应对雷达液位计和磁浮子液位计的液位显示进行对比，确保液位显示准确。

(8) 分离器手动排液、排污时应缓慢操作，合理控制阀门开度，避免污水飞溅、冲击污水池（储罐）或排污管口受震位移。

(9) 定期根据工况核算分离器处理能力。

(10) 分离器投用时，应严格控制进气速度，防止分离器升压速度过快，引起震动或突然受力，分离器长时间不用时，应放空泄压，排尽积液。

(四) 干法脱硫塔

(1) 干法脱硫塔进气口应设置调压系统。

(2) 定期检查调压装置，将脱硫装置的进气压力控制在设计工作压力之内。

(3) 定期对干法脱硫后的产品气 H_2S 进行检测。脱硫后的天然气 H_2S 含量应不超过 $20mg/m^3$。

(4) 装填、拉运、接收脱硫剂的单位应对废脱硫剂处理全过程的安全及环保负责，不得造成环境污染。

(5) 脱硫塔投用、脱硫剂更换前后应用惰性气体进行置换。更换脱硫剂时，应采取喷淋等措施，确保塔体温度控制在规定范围内。

(6) 在生产运行期间，脱硫塔上下空气置换阀应加盲板。

(7) 进脱硫塔的原料气中不能夹带游离水，单塔脱硫前后压力差应在规定范围内。

(8) 脱硫塔的升压和降压操作时，升降压速度应控制在规定范围内。

(9) 脱硫塔上操作平台及栏杆应符《固定式钢梯及平台安全要求 第3部分：工业防护栏杆及钢平台》(GB 4053.3—2009) 的要求。

(五) 收发球装置

(1) 清管器收发球筒快开盲板，不应正对距离超过60m的居住区或建（构）筑物。

(2) 快速开盲板应按具有的驱动方式定期开关活动。

(3) 收发球筒快开盲板、通球指示器、阀门完好，无渗漏。

(4) 快开盲板各部件及连接处不松不旷，密封处不渗、不漏。

(5) 开盲板前球筒内压力必须降到零，并全开放空阀，关盲板后应及时装好防松楔块。

(6) 对含硫的干燥气体，接收站应有防止FeS自燃的相应措施。

三、压缩机组及机泵

(一) 压缩机

(1) 压缩机进出口应设置压力高、低限报警和低限越限停机装置。

(2) 压缩机的原动机（除电动机外）应设置转速高限报警和超限停机装置。

(3) 启动气和燃料气管线应设置限流及超压保护设施。燃料气管道应设置停机或故障时得自动切断气源及排空设施。

(4) 压缩机油系统应有报警和停机装置。

（5）压缩机应设置振动监控装置及振动高限报警、超限自动停机装置。

（6）压缩机组应设置轴承温度及燃气轮机透平进口气体温度监控装置、温度高限报警、超限自动停机装置。

（7）压缩机的干气密封系统应有泄放超限报警装置。

（8）压缩机棚或封闭式厂房应设置事故应急照明。

（9）压缩机房应设置固定式可燃气体检测仪。

（10）进出压缩机的天然气必须清除机械杂质，必要时还应清除凝液。

（11）压缩后的天然气需要冷却时，宜优先采用空冷。当采用水冷却时，应优先采用循环水或循环不冻液冷却。

（12）以燃气为动力的压缩机的废气排放口应高于新鲜空气进气系统的进气口，宜位于进气口当地最小风频上风向，废气排放口与新鲜空气进气口应保持足够的距离，避免废气重新吸入进气口。

（13）可燃气体压缩机的吸入管道，应有防止产生负压的措施。多级压缩的可燃气体压缩机各段间，应设冷却和气液分离设备，防止气体带液进入气缸。

（14）应根据天然气压缩机所配套的动力机的类型，采用以下相应防止和消除火花的措施：

① 当采用电机驱动时，必须选择防爆型电动机；

② 当采用燃气发动机或燃气轮机驱动时，应将原动机的排气管出口引至室外安全地带或在出口处采用消除火花的措施；

③ 压缩机和动力机之间的传动设施应采用三角皮带或防护式联轴器，不应使用平皮带。

（15）压缩机及其连接的管汇应接地，接地电阻不大于 10Ω。

（16）压缩机的吸入管应有防止进入空气的措施，高压排出管线应设单向阀。

（17）往复式压缩机出口与第一个截断阀之间应装设安全阀和放空阀，安全阀的泄放能力应不小于压缩机的最大排量。

（18）压缩机的安全保护联锁装置应完好、可靠。

（19）投运新安装的或检修完的压缩机系统装置前，应对机组、管道、容器、装置系统进行氮气置换。置换时，管道和在机组、容器、装置孔口处的置换速度应不大于 5m/s，当气体排放口和检修部位取样分析氧含量低于 2%时即为置换合格。

（20）压缩机房的每一操作层及其高出地面 3m 以上的操作层（不包括单独的发动机平台），应至少有两个安全出口及通向地面的梯子。操作平台上任意点沿中心线与安全出口之间和最大距离不应大于 25m。安全出口的通往安全地带的通道，必须畅通无阻。

（21）压缩机间电缆沟应用砂砾埋实，并与配电间电缆沟的连通处用土填实严密隔开。

（22）天然气压缩机棚或封闭式厂房的顶部应采用通风措施。

（23）增压装置的启动与正常停机应在调度指令下完成，紧急情况下的停机可以先处理后汇报，所有操作应严格按照操作规程进行，并及时填写 HSE 作业记录单。

（24）操作人员应熟练掌握压缩机组操作规程，达到："四懂三会"即：懂原理、懂结构、懂性能、懂用途；会操作、会维护保养、会检查和排除故障。

（25）各单位应根据增压站的实际情况建立健全增压站的巡检保证体系、巡检标准和巡检周期，巡检质量实行分级负责制，并进行定期监督和考核。

（26）压缩机组维护保养周期：每班为 8 小时，周保为 150 小时，月保为 700 小时，半年为 4000 小时、年度为 8000 小时，维护保养具体内容按相应机型的使用说明书和"维护保养规程"进行。

（27）增压设备闲置期间，按相应机型的维护规程进行封存和定期保养，保持设备的良好状况。

（28）各单位应根据辖区内压缩机组运行动态情况及检测情况，定期开展增压机组安全技术状态评估，同时跟踪分析机组各项关键技术参数及劣化趋势，查找薄弱环节，以实现预防维修和提前控制。

（二）机泵

（1）对运动传动部件，如皮带轮、皮带、齿轮、导轨、齿杆、传动轴产生的危害的防护，应采用有效防护装置。

（2）电动往复泵、齿轮泵或螺杆泵的出口管道上应设安全阀；安全阀放空管应接至泵入口管道上，并宜设事故停车联锁装置。

（3）机泵禁止超温、超压、超负荷运行，附件齐全完好。

（4）设计有备用机泵的，应按定期进行切换，并做好记录。

（5）隔爆型电机的轴与轴孔、风扇与端罩之间在正常工作状态下，不应产生碰擦。

四、阀门

（1）球阀、平板阀、闸阀只作全开或全闭操作，不得作为节流阀使用。

（2）截断阀、球阀、放空阀、排污阀、快开盲板应按具有的驱动方式定期开关活动，并做好相应记录。

（3）阀门应按照《油气田地面管线和设备涂色规范》（SY/T 0043—2006）的规定涂色。

（4）定期对阀门进行维护保养，阀门开关灵活、开关状态指示正确。

（5）阀门的执行机构传动部位润滑良好，无锈蚀，传动部位外露丝杆清洁，无锈蚀，且润滑良好。

（6）阀门排污嘴、注脂嘴等密封点无泄漏，各连接部位的所有紧固件无松动。

（7）阀门执行机构变速箱无积水、冻冰现象，且润滑良好。

（8）各种阀门编号清楚，且有明显的开关标识。

（9）阀杆无弯曲、锈蚀，阀杆与填料压盖配合良好，螺纹无缺陷。

（10）阀门控制系统各元件功能良好，设定值正确。

（11）大型阀门安装时，应先安装好支架，不得将阀门重量附加在设备或管线上。

（12）阀门安装应按阀门的指示标记及介质流向，确定其安装方向。

（13）法兰连接时应使用同一规格螺栓，安装方向一致，螺栓拧紧应按对称次序进行，螺栓拧紧后，两个密封面应相互平行，用板尺对称检查，其间隙允许偏差应小于0.50mm，螺栓露出螺母2~3牙。

五、计量系统

（1）各类计量器具的使用必须严格遵循操作规程，在检定周期内使用，未经检定或检定不合格的计量器具一律不准使用。

（2）对直接与介质接触，应选用与介质性质相适应的仪表或采取隔离措施。

（3）可燃气体和易燃液体的引压、取源管路严禁引入控制室内。

（4）每天对站控机、显示器操作台、内外流量计算机等以及站控室、通信室地面进行清洁，保持无灰尘。

（5）定时、定期检查分析室，确认分析仪的纸带、记录纸有无等，并查看分析数据是否准确，出现问题要记录汇报。

（6）在线气体分析工作正常，取样系统压力正常，无泄漏，滤芯、膜片无堵塞破损。

（7）控制室间断电源可正常供电。

（8）高级孔板阀的孔板检查、清洗周期一般不超过2周，各外销计量点站的具体检查、清洗周期由各单位根据节流件应没有肉眼可见损伤和附着物的原则在上述范围内确定；外销计量的计量管段的清洗、检查周期一般不超过6个月。

（9）高级孔板阀下端应安装有排污阀门，便于排放阀体内污物。孔板阀应定期进行吹扫、排污，维护及保养，使设备保持良好的技术状态。

（10）双波纹差压计紧固件不得有松动和损伤现象。

（11）双波纹差压计正、负压室同时承受公称压力持续一定时间，差压计不得有泄漏和损坏。

（12）露天安装旋进旋涡流量计时宜加装防护装置，避免雨水进入和烈日暴晒影响流量计使用寿命。

（13）旋进旋涡流量计各项标识正确，读数装置上的防护玻璃应有良好的透明度，没有使读数畸变等妨碍读数的缺陷。

六、放空和排污系统

（1）放空管和放空管拉绳无锈蚀。

（2）放空竖管管顶可不装接闪器，但放空竖管底部和放空管拉绳应做接地，接地电阻$R \leqslant 10\Omega$。

（3）放空管道必须保持畅通，不同排放压力的可燃气体放空管接入同一排放系统时，应确保不同压力的放空点能同时安全排放。

（4）放空火炬应有防止回火的措施，放空火炬应有可靠的点火设施。

（5）距火炬筒30m范围内，严禁可燃气体放空。

（6）液体、低热值可燃气体、空气和惰性气体，不得排入火炬系统。

（7）连续排放的可燃气体排气筒顶或放空管口，应高出 20m 范围内的平台或建筑物顶 2.0m 以上。对位于 20m 以外的平台或建筑物顶，并应高出所在地面 5m。

（8）间歇排放的可燃气体排气筒顶或放空管口，应高出 10m 范围内的平台或建筑物顶 2.0m 以上。对位于 10m 以外的平台或建筑物顶，并应高出所在地面 5m。

（9）进站天然气管道上的截断阀前应设泄压放空阀。

（10）自动点火系统的控制箱等设备应按规定周期进行维护保养和测试，确保其完好和可靠。

（11）凝析气田站场放空必须经过放空分离器，并采用放空火炬点火燃烧。

（12）高含硫井站的放空系统应设置长明火。

（13）污水池离气井、露天油气井密闭设备及阀组、可燃气体压缩机及压缩机房、泵房、水套炉、锅炉房、10kV 及以下户外变压器、配电间、隔油池、事故污油池（罐）、卸油池的防水间距不应小于 5m，离计量仪表间、值班室或配水间、辅助生产厂房及辅助生产设施的防火间距不应小于 10m。

（14）污油罐及污水沉降罐顶部应设呼吸阀、液压安全阀及阻火器。

（15）工艺管道、设备或容器排污可能释放出大量气体或蒸汽时，应将其引入分离设备，分出的气体引入气体放空系统，液体引入有关储罐或污油系统。不得直接排入大气。

（16）工艺管道、设备或容器低压或小流量排放干气时，可直接排入大气，排放口应高出操作平台（或地坪）2m 以上。15m 以内不应有明火或产生火花的设施。

（17）设备或容器内的残液应集中排入有关储罐或污油系统。

（18）排污系统应通畅，管线及阀门无堵塞。

（19）污水池池体应完好，无渗漏。污水池内污水存储应满足空高要求。

（20）含硫污水应进行密闭输送。

七、集（长）输气管道运行维护管理

（一）运行管理

（1）天然气管道属地管理单位应建立管辖范围内各条天然气管道技术参数和运行参数，并严格按照各参数执行。

（2）具备自动截断功能的天然气管道线路截断阀室，应根据管道技术参数和运行参数设置自动截断的压力上限、下限、压降速率，并启动自动截断功能。

（3）调度指令只能在同一调度指挥系统中自上而下下达；调整运行参数由值班调度下达；变更生产流程、运行方式及特殊情况下的调度指令应经批准后下达。

（4）紧急调度指令由值班调度决定和传达，用于管道事故状态或管道运行受到事故威胁的情况下。

（5）天然气管道属地管理单位应制定管道安全管理规章制度；开展管道安全风险评价；开展安全技术培训；组织安全检查，落实隐患治理；配备安全防护设施与劳动防护用品；编制管道事故应急预案并组织演练；建立完善管道技术管理档案。

（6）天然气管道属地管理单位应编制并遵守安全技术操作规程和巡线制度，其内容至少包括：管道工艺流程图及操作工艺指标；启停操作程序；异常情况处理措施及汇报程序；防冻、防堵操作处理程序；清管操作程序；巡线流程图和紧急疏散路线。

（7）湿气管道管输效率小于80%时，应安排清管作业；含硫干气或净化气管道，管径DN400以下管线管输效率小于80%、管径DN400及以上管线管输效率小于85%时，应安排清管作业。当管输效率难以计算，可根据管道输送压差的变化合理安排清管作业。

（8）管径DN300及以下管道（段）每次清出污水应小于$10m^3$；管径DN300以上管道（段）每次清出污水折算到每千米管道应小于$0.50m^3$，如清出污物量超过上述参考量，应考虑缩短清管周期。

（9）气液混输管道的清管周期不应超过1个月；湿气管道清管周期不应超过3个月；含硫干气或净化气管道的清管周期不应超过半年；清管条件差（流速低、运行压力低且管道较长）、卡堵后影响大（如城市单一供气或主供气源管线的清管作业）的管线，最长清管周期不宜超过1年。

（10）天然气输送管线在停运检修前应进行清管作业。

（11）清管作业计划应纳入各单位月度生产运行计划管理；重大清管作业纳入公司月度生产计划，并在各单位上报生产运行处的下月生产运行计划中明确。

（12）清管作业应编制清管作业方案，方案应包括但不限于以下主要内容：

① 管道概况；

② 清管前的运行状况；

③ 管道内杂质情况分析；

④ 清管器的选用说明及规格型号；

⑤ 清管期间运行参数计算；

⑥ 清管组织机构及职责；

⑦ 清管时间安排和操作步骤；

⑧ 清管器跟踪安排；

⑨ 风险分析及控制措施（包括但不限于卡堵、安全运行、高含硫和含凝析油管线的放空与球筒打开、智能检测工具的安全运行和保护、气量应急调配等）。

（13）对于常规清管可编制通用的《清管作业方案》，安排清管作业前根据管道实际运行情况调整；对于管道智能检测、缓蚀剂预膜可编制《清管作业总体方案》，对清管作业的安排、各类清管工具组合应用方案、风险控制措施等进行明确和规定。

（14）清管作业方案经审批同意后方能作为现场作业的依据，重大清管作业、含凝析油及高含硫天然气输送管道清管作业、管径在DN250（输气管理处为DN350）及以上管线清管作业的方案必须由气矿（输气管理处）相关部门审批；其他清管作业可由作业区（营销部）审批。

（15）清管作业前，应对清管管道（段）的进出气点、阀室阀井、穿跨越等进行全面排查，检查各相关站点（阀室）收发球筒及附件、排污放空系统、个人防护用具及消防器材、防爆通信设施等，确认满足清管要求。对检查发现的问题，要进行危害识别，整改不可接受项，完成整改后再实施清管作业，并做好检查及整改情况记录。

（16）组织清管作业人员应进行现场技术交底，开展清管作业前工作前安全分析，落实风险控制与应急处置措施，明确职责分工。

（17）清管器运行监测：应以管道全面调查资料和实际情况为依据设置监听点；在中间阀室、支线、穿跨越、高程差较大管段等特殊点设置监听点；监听点应配备信号接收装置和通过指示仪。

（18）对硫化物含量较高的输气管道，在打开收球筒前，应对收球筒进行喷水湿式作业，防止硫化亚铁自燃。

（19）清管通球应将球速控制在5m/s内，收球时要控制一定的背压，不能敞放。

（20）选择清管器的过盈量：清管球注满水过盈量为3%~10%，皮碗、直板清管器过盈量为1%~4%。

（21）进行收发清管器作业时，操作人员不应正对盲板进行操作。

（22）清出的液体和污物，应收集处理，不应随意排放。

（23）各矿（处）级单位应将生产技术管理部门作为管道完整性管理归口管理部门，完整性管理的各项工作流程应有明确的职责分工和工作标准要求。

（24）各矿（处）级单位应对所辖管理范围内的管道开展管道完整性管理，内容应包括数据收集与整理、高后果区识别、风险评价、完整性评价、维修与维护、效能评价等6个环节。

（25）应根据风险评价结果，针对管道存在的危害，制定和执行预防性的风险削减措施；对完整性评价过程中所发现的所有缺陷均应采取措施，首先评估缺陷的严重程度，按照评估结果确定响应计划，对影响管道完整性的缺陷应进行修复。所采取的修复措施应能保证直到下一个评估时间不会对管道的完整性造成损害。

（26）天然气管道属地管理单位在管道投产前应将管道竣工走向图报送地方政府主管部门备案。

（27）天然气管道属地管理单位应参照国家及行业有关规定分级建立管道事故应急救援预案，并报送地方政府相关部门备案。

（28）新建天然气管道应编制投产试运方案，经相关单位和主管部门批准后实施。

（29）新建天然气管道投运应制定事故应急预案和事故防范措施，并进行演练。

（30）新建天然气管道投运应落实抢修队伍和应急救援人员，配备各种抢修设备及安全防护措施。

（31）投产试运方案必须进行现场交底，操作人员应经现场安全技术培训合格。

（32）新建天然气管道投运应对员工及相关方进行安全宣传和教育。

（33）试运生产运行正常后，管道竣工验收前，应进行安全验收评价，安全验收评价机构不得与预评价为同一家机构，并应进行安全设施验收。

（34）天然气管道内空气置换应采用氮气或其他无腐蚀、无毒害性的惰性气体作为隔离介质，不同气体界面宜采用隔离或清管器隔离；天然气管道置换末端必须配备气体含量检测设备，当置换管道末端放空管口气体含氧量不大于2%时即可认为置换合格。

（35）管道建设项目应当依法进行环境影响评价。

（36）天然气管道属地单位应当自管道竣工验收合格之日起六十日内，将竣工测量图报管道所在地县级以上地方人民政府主管管道保护工作的部门备案；县级以上地方人民政府主管管道保护工作的部门应当将管道企业报送的管道竣工测量图分送本级人民政府规划、建设、国土资源、铁路、交通、水利、公安、安全生产监督管理等部门和有关军事机关。

（37）天然气管道属地单位应当制定本企业管道事故应急预案，并报管道所在地县级人民政府主管管道保护工作的部门备案；配备抢险救援人员和设备，并定期进行管道事故应急救援演练。

（38）管道停止运行、封存、报废的，天然气管道属地单位应当采取必要的安全防护措施，并报县级以上地方人民政府主管管道保护工作的部门备案。

（39）依照《中华人民共和国石油天然气管道保护法》的规定对管道进行巡护、检测和维修的；对不符合安全使用条件的管道及时更新、改造或者停止使用的；设置、修复或者更新有关管道标志的；制定本企业管道事故应急预案，并将管道事故应急预案报人民政府主管管道保护工作的部门备案的；对停止运行、封存、报废的管道采取必要的安全防护措施的。

（40）在管道线路中心线两侧各五米地域范围内，不应有下列危害管道安全的行为：种植乔木、灌木、藤类、芦苇、竹子或者其他根系深达管道埋设部位可能损坏管道防腐层的深根植物；取土、采石、用火、堆放重物、排放腐蚀性物质、使用机械工具进行挖掘施工；挖塘、修渠、修晒场、修建水产养殖场、建温室、建家畜棚圈、建房以及修建其他建筑物、构筑物。

（41）在穿越河流的管道线路中心线两侧各五百米地域范围内，禁止抛锚、拖锚、挖砂、挖泥、采石、水下爆破。

（42）在管道专用隧道中心线两侧各 1000m 地域范围内，禁止采石、采矿、爆破。

（二）维护管理

（1）天然气管道属地管理单位应当建立、健全管道巡护制度，配备专门人员对管道线路进行日常巡护，巡线人员应做好相应的巡检和维护记录。

（2）应定期对截断阀进行巡检，天然气管道截断阀附设的放空管接地应定期检测。

（3）定期对线路阀室（阀井）及放空区内的设备实施进行维护保养（包括对调压器的清洗、阀门注脂或注油、阀门全开和全关活动、放空区点火试验），并做好相应的记录。

（4）天然气管道属地管理单位应将管道架空部分及其附属设施的维护保养纳入管理范畴。对其运行期间或维修过程中可能出现的事故或问题，应制定抢修预案。

（5）不允许将天然气管道跨越部分当作便桥使用。

（6）对大中型河流或冲沟跨越工程，油气管道管理部门在每年汛期前应与有关水文、气象部门建立预报联系。

（7）跨越工程两侧应设置警示标志，并保持其完好。

（8）天然气管道属地单位应掌握管道架空部分及其附属设施的技术状况，定期组织检查。

(9) 管道架空部分及其附属设施的维护保养应按照其周期与内容进行，进行必要的紧（加）固、润滑、调整与防蚀。

(10) 跨越结构的避雷针装置应保持完好，禁止挖出地线的覆土。每年至少测试一次接地电阻，电阻值应不超过10Ω。

(11) 标志桩、测试桩、转角桩齐全、位置准确、完好率大于95%。

(12) 除日常巡检外，运营单位专业技术人员每年至少一次对管道进行外部检验。

(13) 新建管道应在3年内进行一次全面性检测，以后根据检验报告和管道运行安全状况确定全面检测周期。

(14) 管道停运1年后再启用，应进行全面检验及评价。

(15) 有下列情况之一的管道，应缩短全面检验周期：多次发生事故；防腐层损坏较严重；维修改造后；受自然灾害破坏；湿含硫天然气管道投运超8年，其他石油天然气管道投运超过15年。

八、集输气管道阴极保护系统

(1) 新建集输气管道应采用防腐层加阴极保护的联合防护措施，已建带有防腐层的管道应限期补加阴极保护措施。

(2) 阴极保护工程应与主体工程同时勘察、设计、施工和投运，当阴极保护系统在管道埋地6个月内不能投入运行时，应采取临时性阴极保护措施，直至正常阴极保护投产，对于受到直流杂散电流干扰影响的管道，阴极保护系统应在3个月内投入运行。

(3) 阴极保护管道应与非保护构筑物电绝缘。

(4) 应编制天然气集输管道阴极保护运行与维护手册，操作员工应按照手册的运行与维护程序工作。

(5) 阴极保护站恒电位仪操作台前、后应配置绝缘垫。

(6) 阴极保护站应建立相关制度、图标资料，并张贴上墙（包括阴极保护站管理制度；管线维护工岗位职责；阴极保护设备操作规程；所管辖管段走向示意图；管线阴极保护电位曲线图等）。

(7) 集输气管道阴极保护电位（即管/地界面极化电位）应为-850mV（CSE）或更负，但不能比-1200mV（CSE）更负。

(8) 阴极保护系统应有相应的测试装置。

(9) 管道绝缘接头两侧应分别引出两根电缆。所有电缆应直接连接或通过电阻跨接至监控装置中不同的接线端子上。

(10) 在雷电频发地区，绝缘接头和阴极保护设备，应当安装防雷保护装置。

(11) 应定期进行阴极保护系统的检查与测试，以确认阴极保护系统是否运行正常，运行期间的管/地电位是否符合保护准则。

(12) 牺牲阳极系统至少每季度对阳极运行和状态、阳极保护电位、输出电流、开路电位进行一次检查。

（13）对强制电流系统，每1~3个月（根据运行条件）对电源设备的运行状况、仪器输出电压、电流、阳极地床电阻进行检测。

（14）每天应对汇流点（即通电点）电位进行一次测试，检查是否与系统反馈信号显示一致。

（15）应定期巡查阳极线路并做好记录。

（16）架空阳极线应保证阳极杆不倾斜，瓷瓶无损坏，金具无锈蚀，拉线无锈蚀或断线，终端连接头接触良好；线路无竹树或其他物体搭接、进入防腐站前安装避雷器。埋地阳极线应有醒目的线路走向标识桩。

（17）地面上安装的绝缘装置，应定期进行检测、清扫，防止灰尘、水分等外来物造成绝缘不良或短路失效。

（18）阴极保护检测使用的仪器、仪表及设备，如参比电极等，应进行常规校验。

（19）对于阴极保护设备系统的维修，应记录以下内容和项目：整流器或其他直流电源的修理；阴极、阳极连接以及电缆的修理或更换；防腐层、绝缘装置、测试导线及其他测试设备的维护、修理和更换；汇流点、套管和远程检测设备的维护。

（20）站场管道绝缘接头（法兰）、管道沿线阴极保护电位应每月测试不少于一次。

（21）集输气管道阴极保护率应为100%，送电率应大于98%。

（22）所有测量导线应采用铜芯绝缘软线。

（23）阴极保护技术管理人员应定期调查、分析管道阴极保护效果；对管道阴极保护的有效性进行评价。

（24）应每年进行一次测试管道沿线自然电位。

九、气田水回注

（1）油气采输产生的气田水应全部回注，非气田水不得回注至气田水回注井。

（2）油气井井场应实施清污分流，清污分流管道应完善畅通，避免地面雨水进入气田水储存池（罐），并确保气田水全部进入储存池（罐）。

（3）现场人员应定期对气田水储存量和储存池（罐）渗漏情况进行巡检，发现异常情况立即汇报和整改，并做好记录。气田水储存量达到要求后应及时将气田水输运至回注井回注，避免气田水从储存池（罐）溢出。

（4）气田水输送管道的管理单位应组织巡管人员定期巡检（每半月对气田水输送管线巡检1次），对地处河流、水库、水塘、公路穿越、人口密集等敏感区域段应加大巡检频率，并制定环境风险应急预案。

（5）气田水输送管道的属地管理单位应对管线沿线居民进行管道保护的宣传教育，设置永久性管道标识，对地处滑坡和易被人畜破坏的管段采取有效的防护措施，设置警示标识。

（6）气田水承运单位为非西南油气田公司所属单位时，承运方需具备西南油气田公司HSE准入资格和相应的运输服务准入资格。同时各（油）气矿和承运方应在气田水承运前，签订气田水车辆运输合同和HSE合同，明确双方的职责和义务。

(7) 气田水承运单位在开展运输工作之前，应对运输人员进行相关安全环保知识培训，并经考试合格后，方可开展运输工作。气田水运输车辆、装卸工具必须符合安全环保要求，装卸和运输气田水过程中不得溢出和渗漏，含硫气田水必须实行密闭输送。

(8) 气田水承运人员进入井场装卸气田水，必须遵守西南油气田公司的有关安全环保管理规定，并服从井站值班人员的管理，不得擅自进入生产装置区和操作井场设备设施。

(9) 站场值班人员应认真履行岗位职责，监督指导承运单位安全清洁装卸气田水，并严格按实际装载量进行签认。杜绝不明废水或非生产调度的废水进入气田水回注系统。

(10) 不同水源的水质混合回注时，应首先进行室内配伍性实验。证实其相互间及其与回注层岩石以及地层水之间配伍性良好，对回注层无伤害后才能回注。钻试废水等非气田水不能与气田水混合回注，应指定专用回注站处理后回注到专用回注井。

(11) 各油气矿应建立气田水回注设施的使用、维护和药品添加制度，对设备的使用、维护和药品添加要严格执行岗位责任制。

(12) 各油气矿应明确主管部门和负责人，加强回注井日常运行管理。建立回注井资料台账，录取回注井回注油套压（如技术套管环空有压力时，应录取和监测技术套管环空压力）、泵压、排量、累计回注量、回注水质、化学剂加注、环空保护等相关资料。

(13) 管理单位应根据回注井回注压力和回注量制定各井的监测周期，对回注井在用过程中的井口、井场及周边河流、饮用水源的监测，发现异常情况立即停止回注，并进行相应整改。

第三节　城镇燃气安全技术

一、生产设备与设施

（一）燃气加臭

(1) 城镇燃气必须加臭。

(2) 燃气中加臭剂的最小量应符合下列规定：无毒燃气泄漏到空气中，达到爆炸下限的20%时应能察觉。

（二）门站和储配站

(1) 站内露天工艺装置区边缘距明火或散发火花地点不应小于20m。距办公、生活建筑不应小于18m，距围墙不应小于10m。与站内生产建筑的间距按工艺要求确定。

(2) 储配站生产区应设置环形消防车通道，消防车通道宽度不应小于3.5m。

(3) 固定容积储气罐之间的防火间距，不应小于相邻较大罐直径的2/3。

(4) 进出站管线应设置切断阀门和绝缘法兰。

(5) 站内管道上应根据系统要求设置安全保护及放散装置。

(6) 站内应分组设置计量和调压装置，装置前应设过滤器。

（7）站内工艺管道应采用钢管。

（8）阀门等管道附件的压力级别不应小于管道设计压力。

（9）门站与储配站内的消防设施设计应符合现行国家标准《建筑设计防火规范》（GB 50016）、《消防给水及消火栓系统技术规范》（GB 50974）的规定，并符合下列要求：储配站同一时间内的火灾次数应按一次考虑。

（三）调压站和调压装置

（1）调压装置的设置应符合下列要求：设置在地上单独的调压箱（悬挂式）内时，对居民和商业用户燃气进口压力不应大于0.40MPa；对工业用户（包括锅炉房）燃气进口压力不应大于0.8MPa。

（2）当受到地上条件限制，且调压装置进口压力不大于0.4MPa时，可设置在地下单独的建筑物内或地下单独的箱内，并应分别符合以下要求。

① 地下调压箱的设置应符合下列要求：

a. 地下调压箱不宜设置在城镇道路下。

b. 地下调压箱上应有自然通风口，其设置应符合：当燃气相对密度大于0.75时，应在柜体上、下各设1%柜底面积通风口，调压柜四周应设护栏；当燃气相对密度不大于0.75时，可仅在柜体上部设4%柜底面积通风口，调压柜四周宜设护栏。

c. 安装地下调压箱的位置应能满足调压器安全装置的安装要求。

② 地下式调压站的建筑物设计应符合下列要求：

a. 室内净高不应低于2m。

b. 宜采用混凝土整体浇筑结构。

c. 必须采取防水措施；在寒冷地区应采取防寒措施。

d. 调压器室顶盖上必须设置两个呈对角位置的人孔，孔盖应能防止地表水浸入。

e. 室内地坪应为不会产生火花的材料，并应在一侧人孔下的地坪上设置集水坑。

f. 调压器室顶盖应采用混凝土整体浇筑的结构形式。

（3）调压站内管道安装应符合：调压器的进出口箭头指示方向应与燃气流动方向一致。

（4）调压室与毗连房间之间应用实体隔墙隔开，其设计应符合下列要求：

① 建筑耐火等级不应低于二级。

② 隔墙厚度不应小于24cm。

③ 隔墙内不得设置烟道和通风设备，调压室的其他墙壁也不得设有烟道。

④ 隔墙有管道通过时，应采用填料密封或将墙洞用混凝土等材料填实。

（5）调压室的门、窗应向外开启，窗应设防护栏和防护网。

（6）室内应设置固定式可燃气体检测仪及声光报警装置。

（7）调压室应采用自然通风措施，换气次数每小时不应少于2次。

（8）当调压站内、外燃气管道为绝缘连接时，调压器及其附属设备必须接地，接地电阻应小于100Ω。

（9）调压器的燃气进、出口管道之间应设旁通管，用户调压箱（悬挂式）可不设旁通管。

（10）高压和次高压燃气调压站室外进、出口管道上必须设置阀门；中压燃气调压站室外进口管道上应设置阀门。

（11）在调压器燃气入口处应安装过滤器。

（12）在调压器燃气入口（或出口）处，应设防止燃气出口压力过高的安全保护装置（当调压器本身带有安全保护装置时可不设）。

（13）调压站放散管管口应高出其屋檐1.00m以上。

（14）调压柜的安全放散管管口距地面的高度不应小于4m；设置在建筑物墙上调压箱的安全放散管管口应高出该建筑物屋檐1.00m。

（15）调压器及过滤器前、后均应设置指示式压力表。

（16）调压箱到建筑物的门、窗或其他通向室内孔槽的水平净距应符合下列规定：

① 当调压器进口燃气压力不大于0.40MPa时，不应小于1.50m。

② 当调压器进口燃气压力大于0.40MPa时，不应小于3.00m。

（17）调压箱不应安装在建筑物的窗下和阳台下的墙上。

（18）调压箱不应安装在室内通风机进风口墙上。

（19）调压箱上应有自然通风孔。

（20）调压箱的箱底距地坪的高度宜为1.00~1.20m；当安装在用气建筑物的外墙上时，调压器进出口管径不宜大于DN50。

（21）调压柜应单独设置在牢固的基础上，柜底距地坪高度宜为0.30m。

（22）体积大于1.50m^3的调压柜应有爆炸泄压口，爆炸泄压口不应小于上盖或最大柜壁面积的50%（以较大者为准）；爆炸泄压口宜设在上盖上；通风口面积可包括在计算爆炸泄压口面积内。

（23）调压柜上应有自然通风口。

（四）高压储气罐

高压储气罐工艺设计，应符合下列要求：

（1）高压储气罐应分别设置安全阀、放散管和排污管。

（2）高压储气罐应设置压力检测装置。

（3）当高压储气罐罐区设置检修用集中放散装置时，放散管管口应高出距其25m内的建（构）筑物2m以上，且不得小于10m；集中放散装置的放散管与居民区、村镇及重要公共建筑防火间距不应小于50m；集中放散装置的放散管与高层民用建筑防火间距不应小于35m；集中放散装置的放散管与高层民用建筑的裙房、非高层民用建筑防火间距不应小于25m；集中放散装置的放散管与明火散发火花地点、室外变配电站防火间距不应小于35m；集中放散装置的放散管与站内建（构）筑物的防火间距，与明火散发火花地点不应小于30m，与压缩机室、调压室、计量室不应小于20m，与控制室、变配电室、汽车库、值班室等辅助建筑不应小于25m，与机修间、燃气热水炉间、办公与生活建筑不应小于20m，与消防泵房、消防水池取水口不应小于20m，与站内道路（路边）以及围墙不应小于2m，与储气井、固定式储气瓶组、气瓶车固定车位不应小于20m。

（五）燃气紧急自动切断阀

燃气紧急自动切断阀的设置应符合下列要求：

（1）应设在用气场所的燃气入口管、干管或总管上；

（2）紧急自动切断阀前应设手动切断阀。

二、燃气管道

（一）压力不大于 1.60MPa 的室外燃气管道

（1）地下燃气管道与建筑物、构筑物或相邻管道之间的水平和垂直净距，压力小于 0.01MPa 时不应小于 0.7m；压力不小于 0.2MPa 时不应小于 1m；压力不大于 0.4MPa 时不应小于 1.5m；压力小于 0.8MPa 时不应小于 5m；压力小于 1.6MPa 时不应小于 13.5m。

（2）地下燃气管道不得在堆积易燃、易爆材料和具有腐蚀性液体的场地下面穿越，并不宜与其他管道或电缆同沟敷设。当需要同沟敷设时，必须采取防护措施。

（3）地下燃气管道穿过排水管（沟）、热力管沟、联合地沟、隧道及其他各种用途沟槽内穿过时，应将燃气管道敷设于套管内。套管伸出构筑物外壁不应小于附录 C5 中燃气管道与该构筑物的水平净距。套管两端应采用柔性的防腐、防水材料密封。

（4）燃气管道穿越铁路、高速公路、电车轨道和城镇主要干道时应符合下列要求：

① 穿越铁路和高速公路的燃气管道，应加套管。

② 燃气管道穿越电车轨道和城镇主要干道时宜敷设在套管或地沟内。

（5）穿越或跨越重要河流的燃气管道，在河流两岸均应设置阀门。

（6）在次高压、中压燃气干管上，应设置分段阀门，并应在阀门两侧设置放散管。在燃气支管的起点处，应设置阀门。

（二）高压燃气管道

（1）高压燃气管道不宜进入四级地区；当受条件限制需要进入或通过四级地区时，应遵守下列规定：1、高压（$2.50\text{MPa}<p\leqslant4.00\text{MPa}$）地下燃气管道与建筑物外墙面之间的水平净距不应小于 30m（当管壁厚度 $\delta\geqslant9.50\text{mm}$ 或对燃气管道采取有效的保护措施时，不应小于 15m）；2、高压（$1.60\text{MPa}<p\leqslant2.50\text{MPa}$）地下燃气管道与建筑物外墙面之间的水平净距不应小于 16m（当管壁厚度 $\delta\geqslant9.50\text{mm}$ 或对燃气管道采取有效的保护措施时，不应小于 10m）。

（2）高压燃气管道架空敷设时，必须采取安全防护措施。

（3）市区外地下高压燃气管道沿线应设置里程桩、转角桩、交叉和警示牌等永久性标签。市区内地下高压燃气管道应设立管位警示标志。在距管顶不小于 500m 处应埋设警示带。

（三）室内燃气管道

（1）软管与家用燃具连接时，其长度不应超过 2m，并不得有接口。

（2）软管与移动式的工业燃具连接时，其长度不应超过 30m，接口不应超过 2 个。

（3）软管与管道、燃具的连接处应采用压紧螺帽（锁母）或管卡（喉箍）固定。在软管的上游与硬管的连接处应设阀门。

(4) 橡胶软管不得穿墙、顶棚、地面、窗和门。

(5) 地下室、半地下室、设备层和地上密闭房间敷设燃气管道时，应符合下列要求：

① 净高不宜小于2.20m。

② 应有良好的通风设施。

③ 应有固定的防爆照明设备。

④ 应采用非燃烧体实体墙与电话间、变配电室、修理间、储藏室、卧室、休息室隔开。

⑤ 当燃气管道与其他管道平行敷设时，应敷设在其他管道的外侧。

⑥ 地下室内燃气管道末端应设放散管，并应引出地上。放散管的出口位置应保证吹扫放散时的安全和卫生要求。

(6) 燃气管道不得穿过易燃易爆品仓库、配电间、变电室、电缆沟、烟道、进风道和电梯井等。

(7) 燃气管道不得敷设在卧室或卫生间内。

(8) 燃气引入管穿过建筑物基础、墙或管沟时，均应设置在套管中，并应考虑沉降的影响，必要时应采取补偿措施。套管与基础、墙或管沟等之间的间隙应填实，其厚度应为被穿过结构的整个厚度。

(9) 套管与燃气引入管之间的间隙应采用柔性防腐、防水材料密封。

(10) 高层建筑的燃气立管应有承受自重和热伸缩推力的固定支架和活动支架。

(11) 穿过卫生间、阁楼或壁柜时，燃气管道应采用焊接连接（金属软管不得有接头），并应设在钢套管内。

(12) 沿墙、柱、楼板和加热设备构件上明设的燃气管道应采用管支架、管卡或吊卡固定。管支架、管卡、吊卡等固定件的安装不应妨碍管道的自由膨胀和收缩。

(13) 室内燃气管道穿过承重墙、地板或楼板时必须加钢套管，套管内管道不得有接头，套管与承重墙、地板或楼板之间的间隙应填实，套管与燃气管道之间的间隙应采用柔性防腐、防水材料密封。

(14) 室内燃气管道的下列部位应设置阀门：

① 燃气引入管；

② 调压器前和燃气表前；

③ 燃气用具前；

④ 测压计前；

⑤ 放散管起点。

(四) 其他

(1) 进出建筑物的燃气管道的进出口处，室外的屋面管、立管、放散管、引入管和燃气设备等处均应有防雷、防静电接地设施。

(2) 使用电气控制器的所有燃气应用设备，应当让控制器连接到永久带电的电路上，不得使用照明开关控制的电路。

三、燃气设备

（1）用户燃气表严禁安装在卧室、卫生间及更衣室内。

（2）用户燃气表严禁安装在有电源、电器开关及其他电器设备的管道井内，或有可能滞留泄漏燃气的隐蔽场所。

（3）用户燃气表严禁安装在环境温度高于45℃的地方。

（4）用户燃气表严禁安装在经常潮湿的地方。

（5）用户燃气表严禁安装在堆放易燃易爆、易腐蚀或有放射性物质等危险的地方。

（6）用户燃气表严禁安装在有变、配电等电器设备的地方。

（7）用户燃气表严禁安装在高层建筑中的避难层及安全疏散楼梯间内。

（8）住宅内高位安装燃气表时，表底距地面不宜小于1.4m；当燃气表装在燃气灶具上方时，燃气表与燃气灶的水平净距不得小于30cm；低位安装时，表底距地面不得小于10cm。

（9）燃气应用设备铭牌上规定的燃气必须与当地供应的燃气一致。

（10）居民生活用气设备严禁设置在卧室内。

（11）燃气热水器应安装在通风良好的非居住房间、过道或阳台内。

（12）有外墙的卫生间内，可安装密闭式热水器，但不得安装其他类型热水器。

（13）商业用气设备应安装在通风良好的专用房间内；商业用气设备不得安装在易燃易爆物品的堆存处，亦不应设置在兼做卧室的警卫室、值班室、人防工程等处。

（14）燃气燃烧所产生的烟气必须排出室外。

四、燃气设施运行、维护和抢维修

（一）经营单位责任

（1）燃气经营单位必须取得燃气经营许可证。

（2）经营单位对城镇燃气设施的运行和维护应制定下列管理制度和操作规程；

① 安全生产管理制度；

② 城镇燃气管道及其附属系统、场站的工艺管道与设备的运行、维护制度和操作规程；

③ 用户设施的检查、维护、报修制度；

④ 日常运行中发现问题或事故处理的报告程序。

（3）企业的主要负责人、安全生产管理人员以及运行、维护和抢修人员经专业培训并考核合格。

（4）是否定期对燃气设施进行安全检查。

（5）经营单位应开展燃气危害识别及风险评估，排查治理燃气安全隐患。

（二）运行、维护

（1）经营单位应设立运行、维护和抢维修的管理部门，并应配备专（兼）职安全管理人员。

（2）应设置并向社会公布24h报修电话，抢修人员应24h值班。运行和抢维修及专职安全管理人员必须经过专业技术培训。

（3）严禁携带火种、非防爆型无线通信设备进入场站内生产区，未经批准严禁在场站内生产区从事可能产生火花性质的操作。

（4）每年雨季前应对接地电阻进行检测，其接地电阻值应符合设计要求。

（5）进入燃气调压室、压缩机房、阀门井等场所作业时，应穿戴防护用具，并佩戴可燃气体报警仪。

（6）燃气设施和用气设备的维护和检修工作，必须由具有国家相应资质的单位及专业人员进行。

（三）加臭装置的运行、维护

（1）应定期检查加臭装置储液罐内加臭剂的储量。

（2）加臭装置控制系统及各项参数应正常，出站加臭剂浓度应符合《城镇燃气设计规范》（GB 50028—2006）的规定，并应定期抽样检查。

（3）加臭装置不得泄漏。

（4）加臭装置应定期进行检验。

（5）对加臭味剂应妥善保管，加臭剂的储存应符合有关规定的要求。

（四）阀门的运行、维护

（1）应定期检查阀门，不得有燃气泄漏、损坏等现象；阀门井内不得积水、塌陷，不得有妨碍阀门操作的堆积物。

（2）应对阀门定期进行启闭操作和维护保养。

（3）对无法启闭和关闭不严的阀门，应及时维修或更换。

（五）燃气管网巡查

（1）经营单位应制定燃气管道的巡查管理制度，并按规定巡查。

（2）对有可能影响燃气管线安全运行的施工现场，应加强燃气管线的巡查与现场监护，应设立临时警示标志；施工过程中造成燃气管道损坏、管道悬空等，应及时采取有效的保护措施。

（六）燃气管网检测

（1）对燃气管道设置的阴极保护系统应定期检测，并应做好记录。

（2）对架空敷设的燃气管道应有防碰撞保护措施和警示标志；应定期对管道外表面进行防腐蚀情况检查和维护。

（七）用户设施的检查

（1）经营单位应对燃气用户进行安全用气的宣传。

（2）经营单位应对燃气用户设施定期进行检查：

① 对商业用户、工业用户、采暖等非居民用户每年检查不得少于 1 次；

② 对居民用户每 2 年检查不得少于 1 次。

（3）对燃气用户及相关单位和个人有下列行为，必须进行制止：

① 擅自操作公用燃气阀门；

② 将燃气管道作为负重支架或者接地引线；

③ 安装、使用不符合气源要求的燃气燃烧器具；

④ 擅自安装、改装、拆除户内燃气设施和燃气计量装置；

⑤ 在不具备安全条件的场所使用、储存燃气；

⑥ 盗用燃气；

⑦ 改变燃气用途或者转供燃气。

（4）入户检查应包括下列内容，并应做好检查记录：

① 确认用户设施完好；

② 管道不应被擅自改动或作为其他电器设备的接地线使用，应无锈蚀、重物搭挂，连接软管应安装牢固且不应超长及老化，阀门应完好有效；

③ 用气设备应符合安装、使用规定；

④ 不得有燃气泄漏；

⑤ 用气设备前燃气压力应正常；

⑥ 计量仪表应完好。

（八）抢修作业

（1）城镇燃气供应单位应制定事故抢修制度和事故上报程序。

（2）城镇燃气供应单位应根据供应规模设立抢修机构，应配备必要的抢修车辆、抢修设备、抢修器材、通信设备、防护用具、消防器材、检测仪器等装备，并保证设备牌良好状态。

（九）通气

（1）通气作业应编制作业方案，严格按照审批后的作业方案执行。

（2）通气前应进行全面检查，合格后方可恢复通气，并记录完整。

五、总平面、设施设备

（一）总平面

（1）门站和储配站总平面布置应符合以下要求：

① 站内的各建构筑物之间以及站外建筑物的耐火等级不应低于现行的《建筑设计防火规范》（GB 50016）的有关规定；站内建筑物的耐火等级不应低于现行的国家标准《建筑设计防火规范》（GB 50016）“二级”的规定。

② 站内露天工艺装置区边缘距明火散发火花地点不应小于 20m，距办公、生活建筑不应小于 18m，距围墙不应小于 10m，与站内生产建筑的间距按工艺要求确定。

③ 储配站生产区应设置环形消防车通道，消防车通道宽度不应小于 3.5m。

（2）当加油加气站内的锅炉房、厨房等有明火设备的房间与工艺设备之间的距离符合 GB 50156 站内设施防火间距的规定但小于或等于 25m 时，其朝向加油加气作业区的外墙应为无门窗洞口且耐火极限不低于一、二级的实体墙。

（3）加气站的工艺设施与站外建、构筑物之间的距离大于 25m 时，相邻一侧应设置隔离墙，隔离墙可为非实体围墙。

（4）面向进、出道路的一侧宜设置非实体围墙，且开敞。

（5）车辆入口和出口应分开设置。

（6）单车道宽度不应小于 3.5m，双车道宽度不应小于 6m，站内停车场和道路路面不应采用沥青路面。

（7）加气岛应高出停车场的地坪 0.15~0.20m，宽度不应小于 1.20m，加气岛上的罩棚支柱距岛端部不应小于 0.60m。

（8）进站天然气硫化氢含量不能满足《车用压缩天然气》（GB 18047）的规定时，应进行脱硫处理。脱硫装置应设在压缩机前。脱硫装置应设双塔。

（9）应设置硫化氢含量在线检测分析仪，每年应进行不少于一次的标定，并定期进行零位校对。

（10）应根据压缩天然气水露点变化情况及时切换脱水装置的吸附与再生流程，并根据干燥装置运行情况更换被污染分子筛，确保压缩天然气水露点符合 GB 18047 的要求。

（11）应设置水露点在线检测分析仪，每年应进行不少于一次的标定，并定期进行零位校对。

（12）CNG 加气站应当每天将 CNG 气体质量在充装场所显著位置向社会公示。

（二）压缩机

（1）压缩机前应设缓冲罐。

（2）压缩机出口与第一截断阀之间应设安全阀，安全阀的泄放能力不应小于压缩机的安全泄放量。

（3）压缩机进、出口应设高、低压报警和高压越限停机装置。

（4）压缩机组的冷却系统应设温度报警及停车装置。

（5）压缩机组的润滑油系统应设低压报警及停机装置。

（6）压缩机的卸载排气不得对外放散，应回收输送至压缩机进口缓冲罐。

（7）压缩机排出的冷凝液应集中处理，防止发生环境污染。

（三）加气机

（1）加气机不得设在室内。

（2）加气机额定工作压力应为 20MPa。

（3）加气机加气流量不应大于 $0.25m^3/min$（标准站和子站）。

（4）加气机应设安全限压装置。

（5）加气机的加气软管上应设拉断阀。

（6）加气机附近应设防撞柱（栏）。

（四）工艺设施的安全保护

（1）天然气进站管道上应设紧急截断阀。手动紧急截断阀的位置应便于发生事故时能及时切断气源。

（2）储气瓶组（储气井）进气总管上应设安全阀及紧急放散管、压力表。

（3）每个储气瓶（井）出口应设截止阀。

（4）车载储气瓶组应有与站内安全设施相匹配的安全保护措施。

（5）加气站内缓冲罐、脱硫塔、压缩机出口、储气瓶（井）回收罐等压力容器应设置安全阀。安全阀的启跳压力不得超过设计压力。

（6）加气站内的天然气管道和储气瓶组应设置泄压保护装置，泄压保护装置应采取防塞和防冻措施。

（7）加气站的天然气放散管设置应符合下列规定：

① 不同压力级别系统的放散管应分别设置。

② 放散管管口应高出设备平台 2m 及以上，且应高出所在地面 5m 及以上。

（五）压力表

压力表量程范围应为 2 倍工作压力，压力表的准确度不应低于 1.50 级，并应设供压力表拆卸时高压气体泄压的安全泄气孔。

（六）储气罐

（1）储气罐的工作压力不能超过 25MPa。

（2）储气罐组与站内汽车通道相邻一侧，应设安全防撞栏或采取其他防撞措施。

（3）储气罐按三类压力容器进行管理。

（七）储气井

（1）井口装置上端面宜高出地面 300~500mm。

（2）井口装置进出口应配置截止阀、压力表及排液装置。

（3）储气井与站内汽车通道相邻一侧，应设安全防撞栏或采取其他防撞措施。

（4）使用单位每年至少应对储气井进行一次年度检查及年度检查报告。

（5）检查内容：安全管理、运行状况、宏观检查及泄漏检查。

（6）储气井按第三类压力容器进行管理。

（7）储气井投入满 3 年应进行首次全面检验。

（8）对于检测不合格并无法修复和使用时间达到 25 年的储气井应予以报废。

（9）在储气井井口装置上应有铭牌标志。

（八）采暖通风、建筑物

（1）加气站内，爆炸危险区域内的房间应采取通风措施。

（2）建筑物的门、窗应向外开。

（3）压缩机房宜采用单层开敞式或半开敞式建筑，净高不宜低于 4m；屋面应为非燃烧材料的轻型结构。

（4）加气站内不应种植油性植物。

（5）加气站罩棚、营业室、压缩机间等处，均应设应急照明。

六、加气现场安全

（1）安全标识配置齐全、醒目。

（2）安全防护设备设施齐全，安全通道畅通。

（3）按规定维护保养安全消防设施，员工会正确使用灭火消防器材。

（4）生产作业场所实行准入制度，进入生产场所的人员（子站或标准站加气车辆驾驶员除外）应出示进入该场所规定的有效证件，并进行登记。

（5）非岗位操作人员未经允许不得操作工艺设备。

（6）进入生产作业现场的人员（加气车辆驾驶员除外），必须正确穿（佩）戴或使用相应的劳动防护用品。

（7）进入生产作业现场的人员，必须进行入场安全教育（加气车辆驾驶员除外），并签字确认。

（8）禁止所有人员在站内吸烟。

（9）禁止在站内使用非防爆无线电设备。

（10）加气过程中，操作人员应严格按操作规程操作，值守现场，注意观察有无漏气及其他异常现象。

（11）乘客应在站外下车，休息区域等候。禁止乘客进入加气站区域。

（12）加气前必须核对当地质量监督检验部门核发的气瓶检验合格证书。禁止对未经检验或检验不合格的气瓶加气。

（13）加气前必须对气瓶外观进行检查，发现未固定、裂纹、严重腐蚀、凹陷及鼓包等有重大缺陷的气瓶，应拒绝加气。

（14）加气车应停靠在固定车位处，在充气作业中禁止移动。

（15）加气过程中，操作人员应严格按操作规程操作。

（16）加气区域禁止非工作人员入内。

（17）禁止机动车辆在站内不熄火加气。

（18）禁止非本岗位操作人员进行加气操作。

（19）雷击天气严禁加气作业。

（20）加气站内、站外发生突发事件时（如加气区车辆、设备或附近发生着火）严禁加气作业。

（21）压力异常严禁加气作业。

（22）检查出有燃气泄漏严禁加气作业。

（23）其他不安全因素严禁加气作业。

（24）加气区的操作人员都应进行静电释放。

第四节　安全防护设备及设施管理安全技术

一、安全防护设备及设施管理

（一）职责

（1）应明确质量安全环保部门职责。

（2）应明确生产经营单位的职责。

（3）应明确生产经营单位员工的职责。

（二）使用规定

（1）使用单位应明确专人负责安全防护器材的保管和维护。

（2）禁止员工使用过期或功能失效的安全防护器材。

（3）安防器材应正确摆放，并方便取用。

（4）禁止将安全防护器材置于露天、潮湿或烈日暴晒的地方。

（5）单位应对安全防护器材的维护使用、校验和检定情况进行检查。

（6）单位应对有关人员进行技术培训，并经考核合格后上岗。

（三）校验及检定

（1）安全防护器材应按规定周期进行校验、检定。

（2）承担校验、检定的机构和人员应取得相应资质。

（3）校验、检定机构应出具校验、检定报告、检定证书和合格证。

（4）不能使用未经校验、检定的安全防护器材。

（5）单位应保证校验、检定期间生产作业场所的安全防护器材需求。

二、报警系统

（一）可燃气体报警系统

（1）易燃易爆生产作业场所及可能泄漏甲类气体或液体的场所内，应配备便携式可燃气体检测仪。

（2）固定式可燃气体检测报警器的设置、安装和使用维护按照《石油天然气工程可燃气体检测报警系统安全规范》（SY 6503—2016）执行。当气体密度大于0. 97kg/m^3（标准状态）时，检测器安装高度应距地面0. 30~0. 60m；当气体密度不超过0. 97kg/m^3（标准状态）时，检测器安装高度宜高出释放源0. 50~2. 00m。

（3）可燃气体检测（报警）仪的一级报警设定值应小于或等于爆炸下限浓度（LEL）的25%，二级报警设定值应小于或等于爆炸下限浓度（LEL）的50%；仅有一个报警设定值的检测仪，其报警设定值应在1% LEL~25% LEL。

(4) 固定式可燃气体检测(报警)仪每年校验1次，便携可燃气体检测(报警)仪每半年校验1次。

(5) 压缩天然气装卸场所，应在装卸口上方可能滞留可燃气体处设置检测器，安装高度宜距顶面0.50~1.00m，且不应妨碍车辆通行和其他作业。

(6) 在室外和室内易受到水冲刷处安装的检测器应装有防水罩。长期暴露在强烈日光下安装的检测器应安装遮阳罩。

(7) 每周应对报警器自检系统实验一次，检查指示系统运行状况。

(8) 每周进行一次外观检查。

(9) 新安装的可燃气体检测器应经检定合格，并出具检验合格证书，方予投入使用。

(二) 硫化氢报警系统

(1) 大气中硫化氢浓度可能达到或超过15mg/m^{3}的生产作业场所应配备便携式硫化氢检测仪。当硫化氢浓度超过在用硫化氢检测仪的量程时，应在现场配备一台量程达1500mg/m^{3}的检测仪。在人员进出频繁、相对密闭的作业场所，需24小时连续检测硫化氢浓度时，应安装固定式硫化氢检测仪。

(2) 硫化氢检测(报警)仪第1级报警阈值应设置为15mg/m^3，第2级报警阈值应设置为30mg/m^3。

(3) 在可能产生硫化氢及发生硫化氢泄漏的区域，操作人员应随身携带便携式硫化氢检测仪。

(4) 固定式硫化氢检测(报警)仪每年校验1次，便携硫化氢检测(报警)仪每半年校验1次。

(5) 在含硫化氢环境中的作业人员上岗前都应接受培训，经考核合格后持证上岗，培训内容按《含硫化氢的油气生产和天然气处理装置作业的推荐作法》(SY/T 6137—2005)的相关内容执行。

(6) 在含硫化氢(天然气总压≥4MPa，且硫化氢分压≥0.0003MPa)的井站的硫化氢监测应采用固定式与携带式硫化氢监测仪结合的方式。

(7) 在各单井进站的高压区、油气取样区、排污放空区、油水罐区等易泄漏硫化氢区域应设置醒目的标志，并设置固定探头，在探头附近同时设置报警喇叭。

(三) 火灾报警系统

(1) 区域火灾报警控制器或火灾报警控制器应设置在有人值班的房间或场所。

(2) 一个报警区域宜设置一台区域火灾报警控制器或一台火灾报警控制器，系统中区域火灾报警控制器或火灾报警控制器不应超过两台。

(3) 火灾探测器的设置部位应与保护对象的等级相适应。

(4) 火灾自动报警系统应设有自动和手动两种触发装置。

(5) 区域火灾报警控制器或火灾报警控制器安装在墙上时，其底边距地面高度宜为1.30~1.50m，其靠近门轴的侧面距墙不应小于0.50m，正面操作距离不应小于1.20m。

(6) 控制中心报警系统应设置火灾应急广播，集中报警系统宜设置火灾应急广播。

未设置火灾应急广播的火灾自动报警系统，应设置火灾警报装置。

（7）每个防火分区至少应设一个火灾警报装置，其位置宜设在各楼层走道靠近楼梯出口处，警报装置宜采用手动或自动控制方式。

（8）火灾报警系统检验周期为3年。

三、电气安全设备设施

（一）剩余电流保护器

（1）剩余电流保护器应具有自由脱扣机构。

（2）剩余电流保护器应有可靠的表示闭合和断开位置的指示。

（3）各级动触头，除专门用作中性极的触头可以先闭合，后断开以外，无论在手动操作或自动脱扣时，应基本上是同时闭合和同时断开。

（4）剩余电流保护装置投入运行后，运行管理单位应建立相应的管理制度，并建立动作记录。

（5）剩余电流保护装置投入运行后，必须定期操作试验按钮，检查其动作特性是否正常。雷击活动期和用电高峰期应增加试验次数。

（6）用于手持式电动工具和移动式电气设备和不连续使用的剩余电流保护装置，应在每次使用前进行试验。电子式剩余电流保护装置，根据电子元器件有效工作寿命要求，工作年限一般为6年。超过规定年限应进行全面检测，根据检测结果，决定可否继续运行。

（7）剩余电流保护装置动作后，经检查未发现动作原因时，允许试送电一次。如果再次动作，应查明原因找出故障，不得连续强行送电。

（8）剩余电流保护装置运行管理单位应定期检查分析剩余电流保护装置的使用情况，对已发现的有故障的剩余电流保护装置应立即更换。

（9）剩余电流保护装置运行中遇有异常现象，应由专业人员进行检查处理，以免扩大事故范围。

（10）在剩余电流保护装置的保护范围内发生电击伤亡事故，应检查剩余电流保护装置的动作情况，分析未能起到保护作用的原因，在未调查前，不得拆动剩余电流保护装置。

（11）剩余电流保护装置损坏后，应由专业单位进行维修。

（二）临时用电保护

（1）配电线路应装设短路保护、过负载保护和接地故障保护。

（2）低压断路器的短路电流不应小于低压断路器瞬时或短延时过电流脱扣器整定电流的1.30倍。

（3）所有的临时用电都应设置接地保护，接地电阻值应满足《施工现场临时用电安全技术规范》（JGJ 46—2005）的要求。

（4）接地线和接零线应分开设置。

(三) 配电箱

(1) 应选用具有“CCC”标志，已通过强制认证的配电板产品。

(2) 应由专业人员进行安装和电路的连接，作为最终用户不应随意改变配电板内部的结构和电气连接方式。

(3) 潮湿区域、户外的临时用电设备及临时建筑内的电源插座应安装漏电保护器，在每次使用之前应利用试验按钮进行测试。

(4) 配电箱应保持整洁、接地良好。

(5) 所有的临时配电箱应标上电压标识和危险标识。室外的临时用电配电盘、箱应设有安全锁具，有防雨、防潮措施。在距配电箱、开关及电焊机等电气设备15m范围内，不应存放易燃、易爆、腐蚀性等危险物品。

(6) 固定式配电箱、开关箱下底与地面的垂直距离应大于1.30m，小于1.50m；移动式分配电箱、开关箱下底与地面的垂直距离应大于0.60m，小于1.50m。

(7) 临时用电线路的自动开关和熔丝（片）应符合安全用电要求，不得随意加大或缩小，不得用其他金属丝代替熔丝。

(8) 所有开关箱、配电箱（配电盘）应有安全标识。

四、安全附件

(一) 安全阀

(1) 从事使用中的安全阀的运行维护、拆卸、检验工作的人员应当取得《特种设备作业人员证》。

(2) 安全阀定期校验，每年至少一次；经解体、修理或更换部件的安全阀，应当从新进行校验。

(3) 经校验合格的安全阀，需要及时重新铅封，防止调整后的状态发生改变。

(4) 铅封处必须挂有标牌，标牌上有校验机构名称及代号，校验编号、安装的设备编号，整定压力和下次校验日期等。

(5) 安全阀与容器之间的隔离阀应全开。

(6) 安全阀的定压应小于或等于受压设备和容器的设计压力。

(二) 液位计

(1) 易爆、毒性程度为极度、高度危害介质的液化气体压力容器上应安装液位计。

(2) 液位计应当安装在便于观察的位置。大型压力容器应当有集中控制的设施和报警装置。

(3) 液位计上最高和最低安全液位，应当做出明显的标志。

(4) 液位计的检定周期一般不超过1年。

(三) 压力表

(1) 压力表必须经过仪器调校合格后方可使用。

（2）压力表的使用应保持工作压力在表的最大量程的1/3~2/3。

（3）对于含油硫气井或其他含有腐蚀性介质的油、气井，必须使用抗硫压力表，配合接头的材质也必须抗硫。

（4）压力表应装于光线充足、无高温的地方，要求垂直安装。

（5）当发现压力表失灵时，切勿敲击压力表，应对压力表进行调校。

（6）井口等高压表截止阀上应有泄压孔。

（7）选用的压力表，应当与压力容器内的介质相适应。

（8）压力表安装前应当进行校验，并贴检验标签。在刻度盘上应当划出指示工作压力的红线，压力表校验后应当铅封。

（9）压力表的检定周期可根据具体情况确定，一般不超过1年。

（四）爆破片

（1）夹持器必须与爆破片配套设计、制造，以保证正确配合。

（2）夹持器只能与原设计爆破片配合使用，未经制造厂同意不得随意修改和替换。

（3）爆破试验结果应有正式试验报告。

（4）每批次爆破片产品均须有质量证明书和合格证。

（5）每个爆破片产品合格证应与该批次爆破片质量证明书的内容相符合。

（五）温度计

（1）热电偶的测量端应焊接牢固，并处于中心位置，其偏移不得大于3mm，焊点表面应平滑，无气孔。

（2）指针式仪表的刻线应清晰，应标有温度单位。

（3）经检定合格的温度计，发给检定证书。

（4）温度计的检定周期为1年。

五、安全防护设施

（一）脚手架

（1）脚手架搭设作业单位应具有脚手架作业相关资质，脚手架作业人员应经过培训并具有相应资质。

（2）脚手架管理实行绿色和红色标识，绿色表示可以使用，红色表示脚手架不合格，正在搭设或待拆除。

（3）脚手架搭设实行作业许可，应办理作业许可证。

（4）脚手架应正确设置、使用防坠落装置，每一作业层面的架体应设置完整可靠的作业台面、防护栏杆和挡脚板。

（5）脚手架的支撑脚应可靠、牢固。

（6）遇有六级以上强风、浓雾、大雪及雷雨等恶劣天气，不得进行露天脚手架搭设作业。

（7）脚手架作业过程中禁止高空抛物，上下同时拆卸。

（8）在脚手架作业前和作业过程中，应根据需求设置安全通道和隔离区。

（9）脚手架上不得防止任何活动部件。

（10）作业层脚手板应铺满、铺稳，离开墙面120~150mm。

（11）作业层端部脚手板探头长度应取150mm，其板的两端均应固定于支承杆件上。

（12）脚手架必须设置纵、横向扫地杆。

（13）单、双排脚手架拆除作业必须由上而下逐层进行，严禁上下同时作业；连墙件必须随脚手架逐层拆除，严禁先将连墙件整层或数层拆除后再拆脚手架；分段拆除高差大于两步时，应增设连墙件加固。

（14）在脚手架使用期间，严禁拆除主节点处的纵、横向水平杆，纵、横向扫地杆、连墙件。

（二）安全网

（1）在3m以上高处作业时，必须设置符合《安全网》（GB 5725—2009）要求的安全网，并应随作业位置升高及时调整。高度超过15m时，应在作业位置下方4m处或一个结构层架设一层安全网。

（2）平（立）网上所用的网绳、边绳、系绳、筋绳均应由不少于3股的单绳组成，绳头部分经编花、燎烫等处理，不应散开。

（3）平（立）网如有筋绳，则筋绳分布应合理，平网上两根相邻筋绳的距离不应小于30cm。

（4）平网宽度不得小于3m，立网宽（高）度不得小于1.20m，产品规格偏差：±4%以内。

（5）平（立）网的网目形状应为菱形或正方形，其网目边长不应大于8cm。

（6）网体上不应有断纱、破洞、变形及有碍使用的编织缺陷。

（7）密目式安全立网的宽度应介于（1.20~2m），长度由合同双方协议条款指定，但最低不应小于2m。

（8）密目式安全立网网眼孔径不应大于12mm。

（三）固定式钢梯及平台

（1）梯段高度大于3m时宜设置安全护笼。单梯段高度大于7m时，应设置安全护笼。当攀登高度小于7m，但梯子顶部在地面、地板或屋顶之上高度大于7m时，也应设置安全护笼。

（2）制造安装工艺应确保梯子及其所有部件的表面光滑、无锐边、尖角、毛刺或其他可能对梯子使用者造成伤害或妨碍其通过的外部缺陷。

（3）无基础的钢直梯，至少焊两对支撑，将梯梁固定在结构、建筑物或设备上。

（4）钢直梯应采用焊接连接。采用其他方式连接时，连接强度应不低于焊接。安装后的梯子不应有歪斜、扭曲、变形及其他缺陷。

（5）在因环境条件有可预见的打滑风险时，应对踏棍采取附加的防滑措施。

（6）护笼底部距梯段下端基准面应不小于2100mm，不大于3000mm。护笼的底部宜呈喇叭形，此时其底部水平笼箍和上一级笼箍间在圆周上的距离不小于100mm。

（7）护笼顶部在平台或梯子顶部进、出平面之上的高度应不小于《固定式钢梯及平台安装要求 第3部分：工业防护栏杆及钢平台》（GB 4053.3—2009）中规定的栏杆高度，并有进、出平台的措施或进出口。

（8）固定式钢斜梯与水平面的倾角应在30°~75°。

（9）钢斜梯应采用焊接连接。采用其他方式连接时，连接强度应不低于焊接。安装后的梯子不应有歪斜、扭曲、变形及其他缺陷。

（10）制造安装工艺应确保梯子及其所有构件的表面光滑、无锐边、尖角、毛刺或其他可能对梯子使用者造成伤害或妨碍其通过的外部缺陷。

（11）根据钢斜梯使用场合及环境条件，应对梯子进行合适的防锈及防腐涂装。

（12）在室外安装的钢斜梯和连接部分的防雷电保护，连接和接地附件符合《建筑防雷设计规范》（GB 50057—2010）的要求。

（13）踏板的前后深度应不小于80mm，相邻两踏板的前后方向重叠应不小于10mm，不大于35mm。

（14）梯宽不大于1100mm两侧封闭的斜梯，应至少一侧有扶手，宜设在下梯方向的右侧。

（15）斜梯敞开边的扶手高度应不低于GB 4053.3中规定的栏杆高度。

（16）当平台、通道及作业场所距基准面高度小于2m时，防护栏杆高度应不低于900mm；在距基准面高度大于等于2m并小于20m的平台、通道及作业场所的防护栏杆高度应不低于1050mm；在距基准面高度小于20m的平台、通道及作业场所的防护栏杆高度应不低于1200mm。

（17）在扶手和踢脚板之间，应至少设置一道中间栏杆；中间栏杆采用不小于25mm×4mm扁钢或直径16mm的圆钢。中间栏杆与上、下构件的空隙间距应不得大于500mm。

（18）防护栏杆端部应设置立柱或确保与建筑物或其他固定结构牢固连接，立柱间距应不大于1000mm。

（19）防护栏杆制造安装工艺应确保所有构件及其连接部分表面光滑、无锐边、尖角、毛刺或其他可能对人员造成伤害或妨碍其通过的外部缺陷。

（20）防护栏杆及钢平台安装后，应对其至少涂一层底漆和一层（或多层）面漆或采用等效的防腐涂装。

（四）便携式梯子

（1）严禁使用现场临时制作的梯子

（2）使用单位对新购的梯子在投入使用前应进行检查，使用期内应定期检查并贴上检查合格标识。

（3）有故障的梯子应停止使用，贴上“禁止使用”标签，并及时修理。

（4）一个梯子上只允许一人站立，并有一人监护。严禁带人移动梯子。

（5）梯子最上两级严禁站人，并应有明显警示标识。

（6）在通道门口使用梯子时，应将门锁住。

（7）严禁在吊架上架设梯子。

（8）在电路控制箱、高压动力线、电力焊接等任何有漏电危险的场所应使用专用绝缘梯，严禁使用金属梯子。

（9）存放梯子时，应将其横放并固定，避免倾倒砸伤人员。

（10）梯子存放处应干燥、通风良好，并避免高温和腐蚀。

（11）存放的梯子上严禁堆放其他物料。

（五）风向标

（1）在油气生产和天然气的加工装置操作场地上，应设置风向袋、彩旗、旗子或其他相应的装置以指示风向。

（2）具有良好的动态特性，即能迅速准确地跟踪外界的风向变化。

（3）风向标应置于人员在现场作业或进入现场容易看见的地方。

（六）逃生通道

（1）一、二、三级油气站场，至少应有两个通向外部道路的出入口。

（2）建筑物的安全疏散门应向外开启。

（3）逃生通道出口应能满足安全逃生的需要。

（4）逃生通道应设置明显的标志标示。

六、个人安全防护用具

（一）安全帽

（1）生产及施工作业现场应规范佩戴安全帽。

（2）安全帽表面应光滑平整，无明显色差、杂质、气泡、飞边、烧焦痕等缺陷。其他零件无变形、断裂、飞边、毛刺等缺陷。

（3）安全帽附件应完整。

（4）产品安全使用期为从产品制造完成之日计算，不超过两年半。

（二）安全带

（1）高空作业应根据工种和用途正确配备和选用安全带。

（2）安全带应高挂低用，注意避免摆动碰撞。

（3）不准将绳打结使用，也不准将钩直接挂在安全绳上使用，应挂在连接环上使用。

（4）安全带上的各种部件不得任意拆除，更换新绳时要注意加绳套。

（5）使用频繁的绳，要经常进行外观检查，发现异常时，应立即更换新绳。

（6）安全带应储藏在干燥、通风的场所，防止日晒、雨淋。

（7）安全带与身体接触的一面不应有突出物，结构应平滑。

（8）安全带不应使用回料或再生料，使用皮革不应有接缝。

（9）坠落悬挂安全带应带有一个足以装下连接器及安全绳的口袋。

（10）主带应是整根，不能有接头，宽度不应小于40mm，辅带宽度不应小于20mm。

（11）禁止将安全绳用作悬吊绳。悬吊绳与安全绳禁止共用连接器。

（12）所有绳在构造上和使用中不应打结。

（13）每次使用前应进行检查。每年进行一次周期检查。

（三）防静电服

（1）进入易燃易爆场所的所有人员应穿防静电服。

（2）服装外观应无破损、斑点、污物以及其他影响穿用性能的缺陷。

（3）服装各部位缝制线路顺直，整齐、平服牢固、上下松紧适宜、无跳针、断线、起落针处应有回针。

（4）服装上一般不得使用金属材质的附件，若必须使用（如纽扣、拉链）时，其表面应加掩襟，金属附件不得直接外露。

（5）服装衬里应采用防静电织物，非防静电织物的衣袋，加固面积应小于防静电服内面积的20%，防寒服或特殊服装应做成内服可拆卸式。

（四）护目镜

（1）焊接和切割作业时应佩戴护目镜保护眼睛，以免引起眼角膜和结膜组织的损伤。

（2）护目镜表面应光洁，无毛刺，无锐角或可能引起面部不适应感的其他缺陷。

（3）应具有一定的强度、弹性和刚性。

（4）选用的护目镜要选用经产品检验机构检验合格的产品。

（5）镜片磨损粗糙、镜架损坏，会影响操作人员的视力，应及时调换。

（6）焊接护目镜的滤光片和保护片要按规定作业需要选用和更换。

（五）防毒面具

（1）过滤式防毒面具仅适用于普通非密闭的有毒气体场所和硫化氢浓度低于30mg/m^{3}的区域，不适用于密闭、含氧量低于18%的场所。

（2）面罩边缘应平滑，无明显棱角和毛刺，无影响气密性的缺陷。

（3）面罩上可更换部件应易于更换。

（4）面罩观察烟窗应视物真实，有防止镜片结雾的措施。

（5）面罩上的金属材料表面应进行防腐蚀处理。

（6）呼吸阀应有保护其不受损害的呼吸阀盖，呼吸阀应具有良好的动作性。

（六）空气呼吸器

（1）大气中硫化氢浓度可能超过30mg/m^{3}或二氧化硫浓度可能超过13.50mg/m^{3}的生产作业场所及其他有毒气体生产作业场所应配备正压式空气呼吸器，重要生产场所还应配备与空气呼吸器配套的呼吸空气压缩机或备用气瓶。

（2）全面罩正压式呼吸设备宜用于大气中硫化氢浓度达到或超过30mg/m^{3}或二氧化硫浓度超过5.40mg/m^{3}的作业环境，当作业环境中有毒气体类型或浓度不清时也应使用全面罩正压式呼吸设备。

（3）每次使用前后都应进行检查，每月至少检查1次，并妥善保存检查记录。

(4) 每年进行1次技术检验，主要检验面罩系统、背板系统及压力表组件系统。其检验人员应经厂家培训合格。

(5) 至气瓶出厂之日起，铝合金碳纤维复合缠绕气瓶每3年不得少于一次安全检验，其安全使用年限不得超过15年。

(6) 呼吸器的结构应使呼吸器气瓶内的压缩空气依次经过气瓶阀、减压器、供气阀进入面罩供给佩戴者吸气，呼气则通过呼气阀排出面罩外。

(7) 当气瓶内压力下降至（5.5±0.5）MPa时，警报器应发出连续声响报警或间歇声响报警，且连续声响时间不应少于15s，间歇声响时间不应少于60s，发声声级不应小于90dB(A)。

(8) 压力表的测量范围应为0~40MPa，精度不应低于2.50级，最小分格值不应大于1MPa。

(9) 员工应能正确检查和使用空气呼吸器。

(10) 充气泵操作人员应取得相应资质。

(七) 绝缘手套

(1) 手套应能通过交流验证电压试验和耐受电压试验，验证电压下泄漏电流值应满足电气绝缘性能的要求。

(2) 所有的手套，即使是被存储的手套，若电气试验的周期已超过6个月，则不能直接使用。必须进行预防型试验。

(3) 用户购进手套后，如发现在运输、储存过程中遭雨淋、受潮湿发生霉变，或有其他异常变化，应到法定检测机构进行电性能复核试验。

(4) 使用后，应将内外污物擦洗干净，待干燥后，撒上滑石粉放置平整，以防受压受损，且勿放于地上。应储存在干燥通风室温-15~30℃相对湿度50%~80%的库房中，远离热源，离开地面和墙壁20cm以上。避免受酸、碱、油等腐蚀品物质的影响，不要露天放置避免阳光直射，勿放于地上。

(5) 检验周期为6个月，检验后应在手套上粘贴检验合格证。

(八) 绝缘棒

(1) 使用前必须对绝缘操作杆进行外观的检查，外观上不能有裂纹、划痕等外部损伤。

(2) 必须是经校验后合格的，不合格的严禁使用。

(3) 必须适用于操作设备的电压等级，且核对无误后才能使用。

(4) 雨雪天气必须在室外进行操作的要使用带防雨雪罩的特殊绝缘操作杆。

(5) 操作时在连接绝缘操作杆的节与节的丝扣时要离开地面，不可将杆体置于地面上进行，以防杂草、土进入螺纹中或黏缚在杆体的外表上，丝扣要轻轻拧紧，不可将丝扣未拧紧即使用。

(6) 使用时要尽量减少对杆体的弯曲力，以防损坏杆体。

(7) 使用后要及时将杆体表面的污迹擦拭干净，并把各节分解后装入一个专用的工具袋内，存放在屋内通风良好、清洁干燥的支架上或悬挂起来，尽量不要靠近墙壁，以防受潮，破坏其绝缘。

（8）每年对绝缘操作杆进行一次交流耐压试验，不合格的要立即报废，不可降低其标准使用。

（九）绝缘鞋

（1）应根据作业场所电压高低正确选用绝缘鞋。

（2）绝缘鞋（靴）的使用不可有破损。

（3）穿用绝缘靴时，应将裤管套入靴筒内。

（4）应查验鞋上是否有绝缘永久标记，如红色闪电符号等。

（5）每次预防性检验结果有效期限不超过6个月。

（6）应存放在干燥、通风、避光的环境下，存放时离开地面和墙壁20cm以上，离开发热源1m以上，严禁与油、酸、碱和其他腐蚀性物品存放在一起。

第五节　天然气集输事故案例分析

一、国内天然气集输事故典型案例

（一）集气站火灾事故

1. 事故经过

某气田集气站2003年6月进行扩建，增建1具清管器接收器筒，二级动火（未办动火等相关手续），站内停产。作业区技术员、集气站现场负责人给施工人员交底后，施工人员按要求卸开已建收球筒与站内相连的5个阀门，并用黑色胶囊隔离。作业区技术员对动火点进行可燃气体浓度检测，合格后允许施工单位开始动火，施工11min后，已建收球筒处着火，火势不断增大，3h 20min后将火扑灭。

2. 事故原因

（1）现场施工人员在动火作业过程中施工人员无意碰到了已建收球筒管道下游球阀阀杆，引发天然气泄漏，造成火灾。

（2）作业区集气站人员安全意识不强，同意未按审批程序、未落实规章制度和措施的施工队伍进行动火作业。

（3）施工单位在未按程序办理有效动火手续的情况下违章动火，导致动火安全措施不完全、不规范。

（二）集气支线破裂事故

1. 事故经过

某气田一集气支线2007年5月建成投产，管道规格ϕ273nm×7.5mm，长度8.21km，2009年1月底，作业区值班室接到电话，反映集气支线下游集气站外输气量出现较大波动，气量下降。支线上、下游集气核查站核查了本站所辖气井及站内设备，未发现井堵，也未发现设备运行异常情况，对外输计量装置进行了核查，均未发现异常，但外输气量持续下降，判断集气支线可能出现泄漏。两站随即停产并对集气支线进行紧急放空，现场检查后发现集气支线距起点约 4km 处有大量天然气泄漏。

由于发现及时，分析正确，处理恰当，险情及时得到有效控制，未发现人员伤亡、环境污染等次生灾害，且破裂处于荒山之巅，周围 3km 范围无人居住，未造成不良社会影响。

2. 原因分析

经现场调查，发现集气支线泄漏处弯头发生破裂，将地面冲出约长 5m、宽 3m、深 2m 的坑。断裂弯头壁厚 9mm，弯头两端裂点距焊缝 10cm，弯头腹部呈直线纵向断裂，裂口贯穿整个弯头，最宽处为 19cm，最窄处为 5.50cm。

事故发生于荒山顶部，周围无施工、山体滑坡和垮塌现象，没有公路，也未发现人群活动情况，排除人为破坏及外部损坏因素。综合分析弯头断裂情况，判断事故是由管材材质和制造工艺缺陷因素造成的。

（三）气井针阀下游管道破裂事故

1. 事故经过

某气田一气井于 2002 年 11 月投产，无阻流量为 $6.12\times10^4\ m^3/d$，H_2S 含量为 $2176.25mg/m^3$。该井因定点测压于 2005 年 1 月关井，2005 年 3 月测压完毕后开井，开井前井口压力 22.40MPa，计划产气量 $30000m^3/d$。

第二天，作业区集气站当班员工发现该井站压力由 17.55MPa 不断下降，最后降至 0.62MPa。该员工立即关闭进站阀门，随后巡查该气井采气管道及井口，发现井场地面被吹出一大坑，井口针阀下游管道弯头处破裂，该井井口紧急截断阀已关闭，巡线人员立即将井口及注醇管道相关阀门关闭，并从土堆中找到弯头碎片。由于当班员工发现及时，处理得当，井口紧急截断阀发挥正常，天然气泄漏在短时间内得到控制，没有造成人员伤亡，也未对周边环境产生破坏。

2. 事故原因

经当地权威检测中心出具的结果表明，弯头在承受持久性高温时材质发生破裂，采购和施工过程材料检验把关不严，造成该弯头存在质量问题。

（四）含硫天然气管道泄漏事故

1. 事故经过

2005 年 11 月 25 日 15 时 09 分，某气矿作业区某站当班班长及四名员工在值班室内准备交接班，突然听到一声巨响，发现该站某装置发生天然气爆炸，天然气大量泄漏，站内人员通过安全通道撤离到站外。班长同时向作业区和当地政府汇报事故情况。作业区立即启动应急预案，组织全气田关井，同时向气矿调度中心汇报事故情况，向当地县级人民政府通报事故情况。气矿、作业区领导迅速组织人员、车辆及抢险器材赶赴现场。

从 11 月 25 日 15 时 20 分开始，按照与当地政府制定的应急预案的要求，有组织转移、疏散近 2 万余人。当日 22 时群众安全返回。

2. 事故原因

1）直接原因

对清管器接收筒旁通球阀进行整改时，清管装置的进气球阀内漏，在转入正常生产流程过程中，作业人员未及时关闭分离器旋塞阀，造成生产排污管道与正常生产流程形成通道，排污内压力超过设计压力，使排污管道与四通连接处脱落，天然气泄漏。

2）间接原因

（1）作业区编制的《某站排污系统适应性大修方案》，将玻璃钢管用于站内工艺排污管道，且将压力等级定为10MPa，超出了公司对玻璃管道应用限制的规定。方案中没有明确指出该段管道为带压工艺排污管道，没有明确的输送介质。对项目方案审查时，把关不严，开工前未组织施工现场交底。同时，在对清管接收筒旁通球阀进行整改作业前，未制定修改方案和应急预案。在终止作业时，作业人员疏忽大意，未及时关闭分离器旋塞阀，导致管道断裂后天然气持续泄漏。

（2）设计单位没有对建设单位提供的设计委托和大修方案进行必要的设计和校核，完全照搬建设单位提供参考的管材选择方案，造成管材及配件选配不当，与生产实际情况不符，不能满足压带生产排污的工艺技术要求。

（3）施工单位在未经甲方和设计单位的认可的情况下，擅自将设计采用的三通改为四通，改变了管件的受力方向。在施工过程中，存在着强力组对、强度不够等现象，导致在四通处局部应力集中。施工单位未遵循《高压玻璃钢管道地下安装验收规范》，在三通、四通、变向、转向和变径处均未安装止推座，施工质量存在严重缺陷，导致管道在推力、冲击、振动作用下发生位移破坏。

（五）违章焊接引发天然气事故

1. 事故经过

2004年4月16日，某输气管理处运营部所属天然气公司对集输管道进行改造。9时，该公司负责人未经生产部技术办公室同意，直接安排维修班施工。管道碰口动火点再离井站120m左右的路沟中进行。完成了直径32mm、长度80m的管道施工后，18时20分左右开始直径为57mm（已停放空）天然气管道进行连头。连头前由一名民工将井站外DN50阀门关闭（未派专人看守），随后开始作业。当下游发现无天然气时，向该站反映，值班人员发现DN50阀门关闭，在不知有人作业的情况下将其开启（天然气出口压力为0.26MPa）。此时连头的电焊作业引燃了天然气，一名焊工当场被烧死。焊工母亲到现场通知他回家吃饭，见发生火情，试图营救，导致面部和手臂被烧伤。

2. 事故原因

（1）天然气公司在无施工组织、无施工作业方案、无动火作业手续、无应急预案、也未向管理部门领导及生产调度室请示报告的情况下就安排人员盲目动火作业，关闭DN50阀门既没有通知气站，也无人看守，以致酿成事故。

（2）天然气公司负责人越位指挥，缺乏相应专业管理能力，安全意识淡漠，安全监护不到位。负责人只是去安排施工人员去作业现场，并没有落实现场人员对动火作业的检查、督促工作，也没有按照有限空间作业要求配置相应的安全监护人员。

（六）外输管道天然气泄漏事故

1. 事故经过

2008年6月，某气田处理厂建成投产，其外输管道规格为ϕ1016mm，设计输气总规模为$100\times10^8m^3/a$，设计压力为6.00MPa，管道全线采用埋地敷设，管道最小埋深为2.50m（管底），管道长64.36km，一、二级地区管道选用螺旋缝双面埋弧焊钢管，三级地区选用直缝双面埋弧焊钢管，材质为L450，全线设2座截断阀室。外防腐采用三层PE加强结构；阴极保护采用强制电流保护，全线设阴极保护站2座。

2008年7月8日19时20分，该厂接到当地群众举报，发现ϕ1016mm外输管道某号桩附近有天然气泄漏，该厂立即对处理厂外输气量、压力与末站数据进行对比。

数据表明该管线可能发生泄漏事故，该厂即刻启动了天然气泄漏应急预案，成立现场应急小组，19时25分，该厂消防中队、抢险维修大队、探井管理作业区等抢险队伍在街道应急启动令后立即赶赴现场；19时35分向各井区管理部通报信息，并要求做好关井降产应急准备。

20时30分应急人员到达，经过现场勘察确认ϕ1016mm管道泄漏，随即采取了封堵管道伴行路，划定安全警戒区域，阻止所有人员进入，维持现场抢险秩序。现场参加抢险车辆配置为：消防车3辆，工程抢险车1辆，清水罐车4辆，另有3辆消防车、3辆清水罐车处于待命状态，同时配备了医疗救护人员2名。

在公司生产运行处的部署下紧急进行气量调配，阻止相关井区降产关井，处理厂同时开展停厂工作；20时46分紧急启动另一处理厂备用压缩机组并全负荷生产。21时10分关闭ϕ1016mm管道2#阀室截断阀及末站进站阀门，从管道2#阀室及末站手动放空。

管道压力降至0MPa后开挖管沟，发现管道6点位置焊缝裂开约200mm；现场制定动火措施，办理一级动火手续；派遣$1200m^3/h$制氮车、$300m^3/h$制氮车各2辆进行氮气置换；检测合格后进行管道切割和焊接，探伤合格；7月10日16时30分处理厂启动，生产逐步恢复正常状态。

2. 事故原因

ϕ1016mm管道某号桩在6点位置焊缝开裂，该处焊缝存在严重质量问题，施工单位和监理单位对施工质量把关不严，监督验收也未完全执行到位。

3. 经验和教训

（1）此次事件由于发现较早，处理及时果断，未造成大的社会影响，也未造成环境污染事故。

（2）在各项施工中，要不断加强施工过程中各个环节的监督工作，完善验收流程，确保施工质量。

（3）向管道周围村民深入宣传并广泛发放国务院313号令《石油天然气管道保护条例》宣传单和《保护天然气管道安全》画册，使村民看在眼里，记在心上，加强企地联手，不断完善天然气管道的保护和预警机制，有效增强了当地居民对保护气井和管道的法律意识。

（4）该次事故停止给下游用户供气长达45h，规模$1125\times10^4m^3$，处理过程中放空气量约$50\times10^4m^3$。

（七）输气站化学爆炸事故

1. 事故经过

1998年7月18日，某气田天然气管道输气站分离器管道发生特大爆炸事故。

7月17日在修复该站泄漏的法兰后，进行天然气置换管道系统内空气的作业，置换气流速度为20.6m/s，远大于标准要求的小于5m/s。随后工作人员发现管道有升温、升压现象，进行了水冷降温和放空处理，效果不明显，在打开管道系统的一个阀门时发生了管道弯头处的爆炸。爆炸管道弯头材质为20，规格为$\phi273mm\times9mm$，由无缝管弯制，材质正常。大的爆炸碎片有6块，最重的为18.8kg，飞出318m远。爆炸源区断口为塑性剪切，壁厚明显减薄，快速断裂区断口有“人”字纹，尖端指向源区。

2. 事故分析

管道内发现有硫化铁产物。为了确定爆炸性质，在现场调查的数据基础上，进行了爆炸能量估算，确认该事故为化学爆炸，是管道内天然气混合达到爆炸极限，起因是管道内有空气存在而使硫化物自然。

（八）违章进行地面管道解堵天然气泄漏事故

1. 事故经过

1999年4月，某气田作业区几名员工对某气井地面管道进行解堵作业。关闭井口阀门后，打开地面管道放空，泄压结束后，在现场等到中午仍未解通，即回驻地吃饭。14时，当地村民报告井口天然气泄漏。

2. 事故分析

（1）不遵守操作规程，人员撤离前未关闭井口阀门，也未安排值班人员，未关闭进站阀门；

（2）管道内水合物化解后，站内天然气倒流至井口，造成天然气泄漏。

（九）管道埋深不够导致村民受伤事故

1. 事故经过

2006年7月，某村民在自家的承包地挖田埂边沟时，不慎将集气站至井口注醇管道挖破1.50cm，管道内甲醇和缓蚀剂刺漏，造成该村民右腿、左膝和右手受伤。

2. 事故分析

未设置管道标志桩及警示牌，管道深埋不够。

（十）法兰破裂天然气泄漏着火事故

1. 事故经过

1999年4月2日14时55分，某站值班人员完成巡回检查后及资料的录取工作，确认该站处于正常生产状况，各项运行参数符合生产要求，未发现异常现象。15时，值班人员突然看见清管器接收筒处气流喷射而出并着火燃烧。起初火势并不猛烈，但当火焰从燃烧口处窜至微波塔下后，随着一声巨响，火势由平行向西的燃烧转向天空燃烧，数名当地农民在100余米外的公路和承包的农田劳动被烧伤，并造成2人死亡。

2. 事故分析

对该处法兰进行检验，发现法兰材质不符合技术要求，所用材质为非锻钢件，天然气中的H_2S与法兰发生化学反应后产生氢脆断裂，致使天然气泄漏，而天然气将管道内的硫化亚铁粉末带出遇空气自燃，导致着火并产生爆炸。

（十一）违章作业导致人员受伤事故

1. 事故经过

2002年2月19日8时50分，某技术员带领3名维修人员维护、保养站场阀门。在对设备和管道进行天然气放空后，确认站场各压力显示为零后。该技术员安排维修工更换汇管上某闸阀的填料。维修工先拆除压帽螺母后，用手无法取下压盖，于是用螺丝刀撬开填料压盖。突然砰的一声，阀盖、填料、垫片随气流冲出，导致维修人员受伤。

2. 事故分析

维修工在进行更换阀门填料作业时，违反阀门填料更换操作程序，在未确认已将闸阀内余气压力降为零的情况下，擅自拆除阀门阀架，在用螺丝刀撬松阀门压帽时，阀门内余气（该阀门微漏）将压帽、填料、垫片等物体冲出，使其被冲出的压帽砸伤。

二、国外天然气集输管道事故典型案例

（一）加拿大管道公司（TCPL）30号站管道起火事故

1995年7月29日5时42分横贯加拿大管道公司（TCPL）一条直径1067mm（壁厚9.42mm，管材X65）的输气管道（4号复线）在30号站出站方向200m处爆裂起火。最后对断口的金相检查发现，此次4号复线爆裂起源于管材直焊缝根部的预存缺陷，明显是外表面应力腐蚀开裂。失效是该处的应力超载的结果。在焊缝根部找到的两处缺陷且都是在管道运行期间发展的。缺陷A的深度已经延伸到管材壁厚的81%，残余壁厚无法支持工作应力。缺陷B的长度和深度都比缺陷A要大，但是它的形状是弯曲的，其承受能力反而要大些。失效后在缺陷B处看到明显得变形。检查管材表面，在这两处缺陷周围都有成群的应力腐蚀裂纹，在缺陷A处的断口上可见到新扩展的应力腐蚀裂纹。在显微镜下看出，缺陷A是从直缝根部预存缺陷发展出来的。检查多个管道横截面，在韩缝根部可见微小的分层，分析可能是由于焊接过程的热影响和残余应力造成的。4号复线爆炸起火产生的热量导致了旁边的3号复线过负荷爆裂。

（二）加拿大Monias输气管道起火事故

加拿大西部不列颠哥伦比亚省圣约翰附近，西岸能源公司所属Monias输气管道的一条输送含硫天然气的进气支线（管径219mm）在1997年4月30日上午7时55分发生爆裂起火。在圣约翰的管道控制中兴，SCADA系统显示Monias管道一条进气支线的进气截断阀因低压自动关闭。7时55分和8时05分控制中心两次通知供气单位停止向Monias管道供气，但是由于供气单位的阀门没有遥控系统，只能人到井口操作才能停气。8时45分西岸能源公司人员乘直升机赶到现场手动关闭一个截断阀，9时关闭了另外一个截断

阀。此次事故烧掉含 H_2S 天然气 $8.5\times10^4m^3$。由于泄漏的含 H_2S 天然气全部被烧掉，没有造成人员伤亡。

爆管位置在穿越一条河流的岸边，事故原因是由于当地连续三年大于，当年又下了大雪，可能触发了河岸原有滑移体的突然快速移动，因而顺管道方向发生大滑坡位移达 7m 以上，管道和土壤相互作用致使管道轴向受压供起挤扁，管道由于受力过度造成直焊缝开裂。

（三）美国 Carlsband 天然气管道泄漏事故

1. 事故经过

2000 年 8 月 19 日下午 5 时 26 分，美国 ELPaso 天然气公司（ELPaso Natural Gas Company，EPNG）在 New Mexico 州 Carlshad 附近的天然气管道断裂，释放出的气体被引燃并持续燃烧 55min，12 个附近露营的人死亡，他们的 3 辆汽车也被烧伤，直接损失共计 998296 美元。

发生爆炸的管道建于 1950 年，符合管材标准 API5LX（1948 年，第一版），管材强度等级 X52（规定的最低小屈服强度时 358MPa），管道直径 962mm，名义厚度为 8.50mm。事故发生时管道运行的压力约为运行压力的 80%。

2. 事故分析

1）事故管道检查

管道断裂的力量和逸出气体发生的爆炸使地下大约 14.90m 的管道断裂成三部分，其中两部分各自被抛出了 17.30m 和 87.50m。现场观察这三段管道的碎片，发现管道内底部严重腐蚀。这三段管道经实验室检查，没有发现明显的外部腐蚀。沿着上半部管道内表面也未发现腐蚀，但在管道底部的内表面观察到腐蚀造成严重壁厚损失。

腐蚀损伤区域长约 6.50m。在管道下半部的环焊缝合轴向焊缝区域也显示了与管道底部内腐蚀类似的腐蚀损伤。管道底部腐蚀损伤的程度（金属损失和蚀坑数量）最为严重，腐蚀最严重区域的管壁厚度减少达到管道原壁厚的 72%。

断口检查表明，断裂发生在腐蚀区域的剩余区域的剩余壁厚上，由于作用在剩余壁厚上的过量应力而断裂，没有疲劳裂纹或腐蚀退化的证据，在断裂处的腐蚀没有穿透管壁。对取自管道内部蚀坑、腐蚀损伤区域材料的 X 射线衍射光潜分析，发现金属中有高含量的氯和钠。除此之外，在这段腐蚀区域的管道上部有 5 个环状的褶皱。

2）EPNG 公司方面的原因

（1）在事故管道中观察到管内有相连的凹坑。这些凹坑呈现条纹状和凹痕状，腐蚀损伤形态同水线腐蚀相似，这经常是与微生物腐蚀有关。事故发生后，在管道断裂处下游大约 634m 的管段内发现了内腐蚀，从 2 个凹坑收集的样品中，检测到总共有 4 种微生物（硫酸盐菌、酸性菌、普通的有氧菌和厌氧菌）。在腐蚀产物/沉淀物的样品中可以观察到有氯化物，凹坑处氯化物的浓度比凹坑外的浓度高得多。因而，可以得出结论：管道断裂处发现的腐蚀是由管道内的微生物和湿气、氯化物、O_2、CO_2 和 H_2S 等因素综合造成的。

断裂处管道顶部管壁上有 5 个褶皱，褶皱的原因是管道弯曲，弯曲是在施工期间布管或者管道运行后如土体移动等外力造成的。管道由于弯曲而形成褶皱时，正对着褶皱的管道底部就出现了低点位置。在断裂管道上观察到的内腐蚀就发生在这个低点处，液体可能在此处积聚成液面上下波动的液池。因为水的密度大于管中碳氢化合物，所以水在池子底部，碳氢化合物液体在上面，给管道内腐蚀创造了良好的环境。

积水的原因是由于断裂处上游排液口局部堵塞，不能完全排除管道内的液体，经过分液管的液体通过管道并在管道弯曲造成的低点处积聚导致腐蚀。定期清管能清出管内的水和其他固、液沉物，按照 ENPG 公司内部的规定，每年应该至少进行 2 次清管器清理管道。由于设计上的原因以及管道后来的改造，使得事故发生处的这段管道不能清管，积聚的固、液不可能完全排出。该管道的其他部分能定期清管，经事故后的线内检测，这些部分没有发现需要维修的内腐蚀区域。

（2）事故发生还与 EPNG 公司的内腐蚀控制程序有关：尽管公司的气体质量标准中考虑了 H_2O、H_2S、CO_2 和 O_2 在内的几种有害成分，但是没有规定这些污染物所允许的界限。而且尽管 ENPG 与气体供应商有关于气体质量标准的合同，但是管道断裂处上游与气体供应商的大部分连接处没有设置污染物超标报警装置，其他部分也仅是对气体定期取样分析。所以，该公司没有采取必要措施，有效地监督和控制进入管道的气体性质。

3）管道安全监管上的疏漏

1968 年的《天然气管道安全法案》（The Natural Gas Pipeline Safety Act ，P. L. 96-481）是美国国会通过的第一部与管道安全有关的立法，1979 年又通过了《危险液体管道法案》（Hazardous Liquid Pipeline Act，P. L. 96-129），这两项法案是美国关于管道运输安全的基本法律，列入《美国法典》第 49 篇运输（United States Title49，Transportation），这些法律已被重新授权和修改达几十次。Carlsbad 天然气管道事故也暴露出美国联邦管道安全的法规和安全监管方面也存在疏漏。

（1）管道事故发生时，天然气管道的联邦规章中有 2 个部分涉及内腐蚀控制程序的要求，一部分要求内腐蚀控制程序的步骤应该写在管道公司的操作维修手册中。但该规章没有定义“腐蚀性气体”，只是指出如果没有调查这种气体对管道的影响，且没有采取措施使腐蚀影响降至最低，就不能用管道输送这样的气体。该规章也没有特别指出微生物能引起腐蚀或与管内水、污染物共同影响腐蚀过程，也没有特别指出以下问题的重要性：使管内的液体和液体积聚最少化、从管内清出液体、维持排液口和气体流速在腐蚀控制中的作用。因此，当时的联邦管道安全规章未能在减缓管道内腐蚀方面给管道运营商或工作人员提供适当的指南或强制措施。

（2）在管道发生事故前，管道安全办公室（OPS）对该管道进行了数次安全检验，每一次检验中，检验员在关于内腐蚀控制方面遵守的联邦规章的情况的记录都是“满意”。

1998 年 12 月，OPS 发生了一个为期 3 年的名为“系统完整性检验试点程序”。在审查了 EPNG 进入这个程序。作为“系统完整性检验试点程序”的一部分，OPS 让一组人员检查了 EPNG 的操作程序和维修程序。这些检验中也没有鉴别出该公司在内腐蚀控制程序方面的缺陷。因此，可以认为 OPS 没有对 EPNG 内腐蚀控制程序进行准确的评估。

4）事故原因总结

（1）由于严重的内腐蚀使得管壁厚度减薄到不能承受管内压力，导致管道发生断裂。管道断裂处的腐蚀可能是由管道内的微生物和湿气、氯化物、O_2、CO_2和H_2S等因素的综合作用造成的。因此，如果能有效地监控进入管道的气体质量和管道的操作条件，并且定期取样分析管道清出的液体和固体，就能够判断出管道内部发生严重腐蚀的可能性，从而避免事故的发生。

（2）由于管道断裂处上游分液管的局部堵塞，经过排液口的液体通过管道并在管道低点处积聚和导致腐蚀。如果管道的事故段能够周期性清管，管道内也可能不会产生如此严重的内腐蚀，但事故段管道恰恰无法进行清管操作，导致事故发生。

（3）事故发生前，管道公司没有充分的减缓管道内腐蚀的控制计划。

（4）现行的联邦管道安全法规不能再减缓管道内腐蚀方面给管道运营商或工作人员提供适当的指南或强制措施。管道安全办公室事故前没有对管道内腐蚀控制计划进行准确评估，因而没有发现该计划存在的缺陷。

3. 启示与建议

Carlsbad 天然气管道事故暴露出管道在设计、改造、维护、管理以及安全监管方面的系列问题，通过分析事故原因，从中应得到以下启示。

（1）天然气管道设计中必须考虑内腐蚀控制。此次事故源于管道一处不合理设计，使管道出现了低点位置积水并且不能清管，留下了安全隐患。需要注意的是，在对老管道进行改造时，要充分论证其原有结构设计中存在的问题是否会转移到新的管段上来，带来更大的隐患。此次事故中，原有分液管的设计是希望能够将液体杂质虹吸到地上储罐，然而在管道加装了清管设备后反而造成事故段无法清管，固、液杂质堵塞分液管，造成管道低点严重内腐蚀。

（2）ENPG 对管道内腐蚀的控制完全依赖于上游天然气的质量，没有警觉到有害的成分已经进入管道系统。因此，应该在气源处设计监控装置，监测进入管道的天然气质量，并采取措施监测管道的操作条件，取得天然气管道运行的第一手资料，以便有效的采取预防措施对管道内腐蚀情况加以控制。

（3）应建立完善的管道安全监控体系。天然气集输管道系统不同于其他工业设备，一旦发生事故影响面广、后果严重，尤其是天然气管道。随着越来越多的天然气管道建成，我国也将形成复杂的天然气管网。因此，应该加快天然气管道安全的方法，完善管道监管体系。

三、天然气输气管道事故分析

（一）事故规律分析

一般来说，天然气管道在试压投产运行后，其事故率都会经历“浴盆曲线”的 3 个阶段，即管道投产初期的事故多发阶段、管道进入稳定工作期的事故率稳定阶段、因管子结构和管道设备老化导致事故率上升的阶段。管道寿命初期的事故多发阶段一般是在半年至两年时间内，这期间管道首先暴露的是其内在质量隐患，包括管材质量、设计缺陷、焊接质量和施工质量问题。在管道寿命期的事故统计中，第一阶段的事故占据主要份额。第二阶段为中间稳定工作期，可持续 15~20 年。这一时期的运行环境对管道造成危害的事故较明显，如腐蚀、外力影响的损坏等，这与施工质量、输送介质及防腐层的选择有关。第三阶段，管道老化，达到设计寿命后期，因腐蚀而磨损，此阶段的事故曲线明显上升。管道操作者和管理者采用此曲线，其目的在于通过先进的检测和维护手段，借助管道系统的可靠性分析，尽量延长事故低概率部分时间，使管道的设计寿命延长到 80~100 年。

（二）事故原因分析

事故原因主要有以下几类：外界干扰、腐蚀、施工缺陷和材料失效、焊接、地面运动。输气干线管道事故的主要原因虽然在各地区、各国事故发生总次数所占比例不同，即事故主要原因的前后排序不同，但主要原因均为外部干扰、腐蚀、材料失效和施工缺陷。

1. 外部干扰

外部干扰主要指由于外在原因或由第三方的责任事故以及不可抗拒的外力而诱发的管道事故，它是天然气管道泄漏事故的主要原因之一。外部干扰是引起欧洲和美国天然气管道事故的第一大原因，外部干扰引起事故的发生频率与管道直径、壁厚和管道埋设深度有着密切的关系，因为管径越小，管道的埋设深度越小，管壁厚度越小，管道越容易在第三方施工作业过程中被破坏。随着大直径、高强度钢的使用，管道事故率逐年下降。

2. 腐蚀

腐蚀是造成天然气管道事故的主要因素之一。腐蚀可能使管道壁厚大面积减薄，从而导致管道过度变形或破裂，也有可能直接造成管道穿孔，或应力腐蚀开裂，引发漏气事故。1981—1990 年，苏联因腐蚀造成的管道事故次数累计为 300 次，其中内部腐蚀和磨蚀引起的事故 52 次，占事故总数的 6. 90%；外部腐蚀引起的事故 248 起，占 10 年中全部事故总数的 33%，是所有天然气管道事故中事故率最高的，也是造成干线天然气管道事故的最主要原因。腐蚀也是欧洲输气管道泄漏的主要原因之一，且常发生在中、小管径的薄壁管上。但从 20 世纪 80 年代开始，管道腐蚀事故率明显降低，且仅为针孔裂纹，而这类缺陷不会导致气体大量泄漏。随着防腐保护材料的不断发展，通过采用防腐性能优良的防腐层，加强日常管道维护和监测，改进阴极保护措施等手段，使管道的腐蚀状况得到一定的改善。

3. 材料失效和施工缺陷

材料失效和施工缺陷是天然气管道事故的主要原因之一。管材本身质量差所引起的事故一般是由金属缺陷所致，主要由管材卷边、分层、制管焊缝缺陷、管段热处理工艺有误等造成。管道施工缺陷主要是指管道施工过程中，因某些原因使管道造成刮伤及擦伤，或违反和不严格遵守操作规则造成的损伤缺陷等。

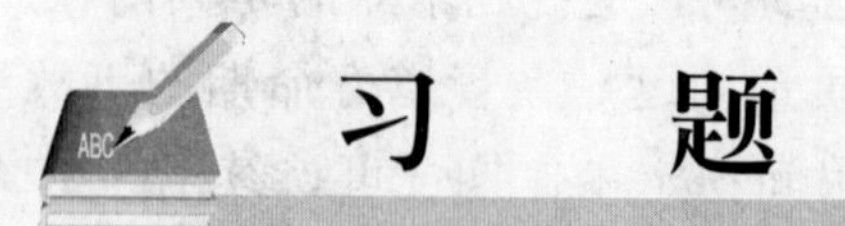

习 题

简答题

1. 地面建设承包商 HSE 培训的基本要求是什么？
2. 建设项目管沟开挖与回填施工现场 HSE 规范化基本要求是什么？
3. 燃气设备使用安全基本要求是什么？
4. 临时用电保护基本要求是什么？

参 考 文 献

[1] 苏建华. 天然气矿场集输与处理. 北京：石油工业出版社，2014.
[2] 李士伦. 天然气工程. 北京：石油工业出版社，2008.
[3] 李振泰. 油气集输工艺技术. 北京：石油工业出版社，2007.
[4] 张良鹤. 天然气集输工程. 北京：石油工业出版社，2009.
[5] 曾自强，张育芳. 天然气集输工程. 北京：石油工业出版社，2001.
[6] 茹慧灵. 油气管道保护技术. 北京：石油工业出版社，2008.
[7] 严大凡. 油气长输管道风险评价与完整性管理. 北京：化学工业出版社，2005.
[8] 郭生武，袁鹏斌. 输气管线完整性检测、评价及修复技术. 北京：石油工业出版社，2007.
[9] 董绍华. 管道完整性技术与管理. 北京：中国石化出版社，2007.
[10] 中国计量测试学会. 一级注册计量师基础知识及专业实务. 北京：中国标准出版社，2014.
[11] 满红，梁迎春，冀勇钢，等. 自动控制原理. 北京：清华大学出版社，2011.
[12] 任建国. 安全评价师. 北京：中国劳动社会保障出版社，2008.
[13] 刘炜. 天然气集输与安全. 北京：中国石化出版社，2010.
[14] 叶燕，高立新. 对四川气田水处理的几点看法. 石油与天然气化工，2001，30（5）：263-265.
[15] 郑长青. 天然气集输管道危险有害因素分析及控制. 中国石油和化工标准与质量，2014（6）：245-245.